THE BIG SILVER BOOK OF RUSSIAN VERBS

555

FULLY CONJUGATED VERBS

Jack E. Franke, Ph.D.

McGraw-Hill

New York Chicago San Francisco Lisbon London Madrid Mexico City
Milan New Delhi San Juan Seoul Singapore Sydney Toronto

The McGraw-Hill Companies

3 4 5 6 7 8 9 0 VLP/VLP 3 2 1 0 9 8 7 6 5 4

ISBN 0-07-143299-X

Interior design by Village Typographers, Inc.

McGraw-Hill books are available at special quantity discounts to use as premiums and sales promotions, or for use in corporate training programs. For more information, please write to the Director of Special Sales, Professional Publishing, McGraw-Hill, Two Penn Plaza, New York, NY 10121-2298. Or contact your local bookstore.

This book is printed on acid-free paper.

Contents

Preface

The Big Silver Book of Russian Verbs is intended for use with all major Russian language textbooks in any course from the first through the fourth years, or separately as a reference for independent study. This book is comprised of verbs from the most popular textbooks in use today, as well as reflecting frequency usage in contemporary Russian. The aim of this book is to provide students with a single reference that they can turn to for questions on conjugation, stems, collocations, and usage.

I am grateful to the following professors for their efforts in promoting Russian, and those who provided me the foundation and inspiration to write this book: Ronni Gordon, David Stillman, Jean Rose, Norma Barr, William Lewis, Gerald Earvin, Sophia Lubensky, Benjamin Rifkin, Thomas Garza, Charles McDowell, Nina Aleksandrovna Lubimova, and Anto Knezevic. I would like to express my appreciation to two colleagues who typed large portions of this manuscript: Stephanie Rodriguez and John S. Holsonbach.

Numerous references were consulted in the preparation of this book. These include:

The Russian Verb: Prepositional and Non-Prepositional Government (Andreyeva Georg and Tolmachova, Moscow: Russky yazyk Publishers, 1983) was used for verbal government.

Fundamentals of Russian Verbal Government for Students and Teachers (Thomas J. Garza, Dubuque, Iowa: Kendall/Hunt Publishing, 1994) was incorporated for the Jackobsonian one-stem verbal stem system.

Complete Handbook of Russian Verbs (L.I. Pirogova, Lincolnwood, Illinois: Passport Books, 1995) served as a basis to simplify Russian verbal conjugations into six classes and irregular verbs.

Bol'shoi Tolkovyj Slovar' Russkogo Yazyka (S.A. Kuznetsov, St. Petersburg: Norint, 1998) provided numerous contemporary examples and usage in the modern, post-soviet Russian language.

Russian-English Dictionary of Idioms (Sophia Lubensky, New York: Random House, 1995) was used to verify the collocations and phraseology of many of the idioms.

I would also like to thank my agent, Danielle Jatlow, at Waterside Productions.

Посвящается моей жене Людмиле.

RUSSIAN TENSE PROFILES

THE BASICS OF CONJUGATION

The verb is the most important part of speech in the Russian language. Quite frankly, 'to be' or 'not to be' is out of the question without a verb. The number of verbs in the Russian language is vast and amorphous, and it is important that English-speaking students learn the nuances and idiosyncrasies of the Russian verbal system. This system is predicated on the existence of the following:

1) The Persons of the Verb
2) The infinitive
3) The stem
4) Verbal Aspect
5) Tense
6) Conjugation
7) Mood

These concepts are summarized below. Acquaint yourself with them before proceeding to the profiles of each tense.

The Persons of the Verb in English

	SINGULAR	PLURAL
FIRST PERSON	I	we
SECOND PERSON	you	you
THIRD PERSON	he, she, it	they

The Persons of the Verb in Russian

The subject pronouns in Russian correspond similarly to the English system.

	SINGULAR	PLURAL
FIRST PERSON	я	мы
SECOND PERSON	ты, вы	вы
THIRD PERSON	он, она́, оно́	они́

Note the following:

1 · **ты** is the informal usage for *you*. It is used with family members, children, close friends, and pets. When Russians wish to speak informally to one another for the fist time, they say, "**Дава́йте бу́дем на ты**."

2 · The Russian has two forms for *you*. They vary according to formality and number. **Ты** is informal singular, **вы** is formal singular and informal plural. **Вы** is the marker of formality, politeness, and seniority. Whenever you are in doubt about which form to use, err on the side of caution and use the polite form (**Вы)** unless you are speaking to a child or a pet.

The Infinitive

The infinitive is the form of the verb that is typically show in dictionaries; it is not conjugated. You can recognize the infinitive by its ending: -ть, -ти, or -чь. In English a verb beginning with "to" is an infinitive. The infinitive is made up of the stem and its ending.

The Russian Spelling Rule

In determining whether the first person singular ending is **-ю** or **-у**, or the third person plural ending is **-ят** or **-ат**, it is important to memorize the spelling rule that **г, к, х, ж, ч, ш, щ, ц** are followed by **а, у**, but never **я, ю**. The reason is that these consonants are considered hard, and therefore can *not* be followed by the soft vowels **я, ю**.

The Stem

The one-stem system of Russian verbal conjugation is used throughout this book. This system was created by the world reknowned Russian-American scholar Roman Jakobson. By learning the stem of a given verb and a few conjugation paradigms, the learner should be able to create the full paradigm of a given verb. In total there are eleven verb types, all of which are represented in the model conjugations. For the sake of brevity and clarity, however, only six verb types are classified in this book. They are:

regular type 1 verb (like **рабо́тать, боле́ть, ду́ть, теря́ть**)
regular type 2 verb (like **говори́ть, ви́деть, стоя́ть, молча́ть**)
regular type 3 verb (like **па́хнуть, наде́яться, ждать**)
regular type 4 verb (like **тре́бовать, воева́ть**)
regular type 5 verb (like **нести́, красть, лезть**)
regular type 6 verb (like **печь, стричь, жечь**)

INFINITIVE		STEM
type 1 (e.g. **рабо́тать**)	>	**рабо́тай-, боле́й-, ду́й-, теря́й-**
type 2 (e.g. **говори́ть**)	>	**говори́-, ви́де-, стоя́-, молча́-**
type 3 (e.g. **па́хнуть**)	>	**па́хну-, наде́я+ся, жда́-**
type 4 (e.g. **тре́бовать**)	>	**тре́бова-, воева́-**
type 5 (e.g. **нести́**)	>	**нёс-, крад-, лез-**
type 6 (e.g. **печь**)	>	**пёк-, стриѓ-, ж|г-**

All other verbs types are classified in this book as irregular verbs (i).

The Two-Stem System

In Russian two methods of conjugating the verb are taught: the two-stem system and the one-stem system. The two-stem system is taught in many high schools and colleges for beginning students. In it, tense formation is based on an infinitive stem and a present-future stem, to which endings are added. The infinitive stem is derived from its dictionary form. The present-future stem is derived by dropping the last two letters from the third person plural of the verb. The following table shows the endings of both Conjugation I and II in the two-stem system.

	де́лать	**говори́ть**
я	де́ла-ю	говор-ю́
ты	де́ла-ешь	говор-и́шь
он, она	де́ла-ет	говор-и́т
мы	де́ла-ем	говор-и́м
вы	де́ла-ете	говор-и́те
они	де́ла-ют	говор-я́т

The One-Stem System

The one-stem system of verb formation in Russian is fairly simple, though it requires a knowledge of the third person plural of the present tense. Using the example verb **рабо́тать,** to find the stem we conjugate the verb in the third person plural, thus creating **рабо́тают**. Following Russian spelling rules, this gives us the stem **рабо́тай+ут**. The **й** is not seen in the conjugation, but whenever the letters **я, е, ё,** or **ю** are present in a conjugation, this "semi-vowel" exists between the two vowels. The **й** is considered a consonant in the conjugation, and the following two formulae are used when combining the stem with its grammatical endings.

Verb stems ending in a vowel are denoted as (V).
Verb stems ending in a cononant are denoted as (C).

Formula #1

V+C=VC	Example	**говори́- + л = говори́л**
C+V=CV	Example	**рабо́тай- + у = рабо́таю**

Formula #2

$V^1+V^2=V^2$	Example	**жда- + у = жду́**
$C^1+C^2=C^2$	Example	**рабо́тай- + л = рабо́тал**

Verbal Aspect

Virtually every verb in Russian is either imperfective or perfective in aspect. Aspect describes how the action takes place, and these aspects describe two different kinds of action. For example, the imperfective aspect describes actions of a general nature, things in progress, and repetitive or habitual actions. Perfective verbs, conversely, emphasize completion of an action (past or future) or have a restricted, focused meaning.

Here are examples with the aspectual pairs учи́ть/вы́учить and жи́ть/прожи́ть

Игорь учи́л но́вые слова́ весь ве́чер. (Igor studied the new words all evening.)
Наконе́ц, Игорь вы́учил но́вые слова́. (Finally, Igor learned the new words.)

Я жил всю жи́знь в Москве́. (I lived all my life in Moscow.)
Моя́ соба́ка прожила́ де́сять лет. (My dog lived to be ten years old.)

Although this explanation of aspect is rather simplified, it provides the basis for Russian language acquisition. However, there are numerous instances where the rules appear to be violated, and even native Russian speakers may argue on the correctness of a given sentence in certain situations.

Imperfective Aspect

The imperfective may be used in all three tenses in Russian: present, past and future. The actions must be seen as a process – incomplete, habitual, repetitive, or in general. Imperfective verbs also refer to actions that take place simultaneously or where there is an interruption. When in doubt, or if the result is unclear, the imperfective should be used as the default mode.

In addition to the above-mentioned rules, there are certain adverbs and adverbial expressions that suggest repetition or duration and encourage the use of the imperfective aspect.

всегда́ - *always*
вре́мя от вре́мени - *from time to time*
ка́ждый день - *every day*
ещё раз - *again*
иногда́ - *sometimes*
обы́чно - *usually*
ча́сто - *often*
ре́дко - *rarely*
никогда́ - *never*

Perfective Aspect

The perfective aspect, by its nature, has only two tenses in Russian: past and future. Since the present tense is "in progress," it cannot be completed. Perfective verbs are often used where there was or will be a completed action. In addition, in questions where the interlocutor specifically asks about an event using the perfective aspect, the same aspect is used in the response.

As with the imperfective aspect, there are also adverbs and adverbial expressions that suggest completion or finality and encourage the use of the perfective aspect.

вдруг - *suddenly*
наконе́ц - *finally*
неожи́данно - *unexpectedly*
пока́ не - *until*
совсе́м - *quite, completely*
сра́зу - *immediately*

Tense

Tense describes when the action takes place. In Russian there are three tenses: present, past and future. The ending shows the person who performs the act and the tense.

present tense:	I work. I do work. I am working. I have been working. (**Я рабо́таю.**)
past tense:	I worked. I did work. I was working. (**Я рабо́тал.**)
future tense:	I will work. I will be working. (**Я бу́ду рабо́тать.**)

Although Russian lacks the number of verb tenses found in English, through a combination of tense and aspect one can approximate all English tenses. The context of a given Russian sentence will often provide clues to the equivalent English tense.

Conjugation

In the present tense, a Russian verb has 6 endings, corresponding to the person of the verb (see above). The singular subjects are: **I** (1st person), **you** (2nd person), or **he/she/it** (3rd person). The plural subjects are: **we** (1st person), **you** (2nd person), or **they** (3rd person).

In Russian there are two conjugation classes. The first conjugation is referred to as the **-е-** type (**ё** when stressed), and the second conjugation is referred to as the **-и-** type. Below are the endings of the two conjugation classes for the present tense. Class II is used for type 2 regular verbs. All other regular verbs follow Class I.

Conjugation Class I (-е- type)

	SINGULAR	PLURAL
FIRST PERSON	**-ю/(-у)**	**-ем/ём**
SECOND PERSON	**-ешь/-ёшь**	**-ете/ёте**
THIRD PERSON	**-ет/ёт**	**-ют/(-ут)**

Conjugation Class II (-и- type)

	SINGULAR	PLURAL
FIRST PERSON	**-ю/(-у)**	**-им**
SECOND PERSON	**-ишь**	**-ите**
THIRD PERSON	**-ит**	**-ят/(-ат)**

Mood

Russian and English both have three moods: **indicative, imperative,** and **subjunctive.** The *indicative* mood is used to express factual statements; the *imperative* mood is used to give commands; and the *subjunctive* mood is used to express hypothetical or contrary-to-fact statements.

Warning

Different textbooks, both in Russia and abroad, tend to use different rules and methods for teaching conjugation and the Russian verbal system. However, once the basic rules, as explained above, are memorized and patterns are established, the student will be able to predict the conjugation for the majority of verbs.

The Present Tense

Examine the conjugations of the six model verbs in the present tense, shown below. You will see that endings are not added, but are truncated, for example, **й+у >ю**. This is one of the key features of the Russian one-stem verbal system.

Present Tense Conjugation Types

One example of each of the verb types is shown below; variants of each type appear on the next six pages. Although all the verbs on this page have a set stress pattern, some verbs in the following pages exhibit a floating stress.

Stem+ending		Singular	Stem+ending		Plural
рабо́тать *to work*					Type 1
рабо́тай + у	>	рабо́таю	рабо́тай + ем	>	рабо́таем
рабо́тай + ешь	>	рабо́таешь	рабо́тай + ете	>	рабо́таете
рабо́тай + ет	>	рабо́тает	рабо́тай + ут	>	рабо́тают
говори́ть *to speak*					Type 2
говори́ + у	>	говорю́	говори́ + им	>	говори́м
говори́ + ишь	>	говори́шь	говори́ + ите	>	говори́те
говори́ + ит	>	говори́т	говори́ + ят	>	говоря́т
па́хнуть *to smell*					Type 3
па́хну + у	>	па́хну	па́хну + ем	>	па́хнем
па́хну + ешь	>	па́хнешь	па́хну + ете	>	па́хнете
па́хну + ет	>	па́хнет	па́хну + ут	>	па́хнут
тре́бовать *to demand*					Type 4
тре́бова + у	>	тре́бую	тре́бова + ем	>	тре́буем
тре́бова + ешь	>	тре́буешь	тре́бова + ете	>	тре́буете
тре́бова + ет	>	тре́бует	тре́бова + ут	>	тре́буют
нести́ *to carry*					Type 5
нёс + у	>	несу́	нёс + ем	>	несём
нёс + ёшь	>	несёшь	нёс + ете	>	несёте
нёс + ёт	>	несёт	нёс + ут	>	несу́т
пе́чь *to bake*					Type 6
пёк + у	>	пеку́	пёк + ем	>	печём
пёк + ешь	>	печёшь	пёк + ете	>	печёте
пёк + ет	>	печёт	пёк + ут	>	пеку́т

Type 1 Present Tense Conjugation Samples

Type 1 verbs normally end in **-ать, -еть,** or **-ять.** These verbs typically have a stem that ends with a vowel. These verbs take Conjugation Class I endings.

де́лать *to work*					
де́лай + у	>	де́лаю	де́лай + ем	>	де́лаем
де́лай + ешь	>	де́лаешь	де́лай + ете	>	де́лаете
де́лай + ет	>	де́лает	де́лай + ут	>	де́лают

гре́ть(ся) *to warm; to warm up*				**reflexive**	
гре́й + у + ся	>	гре́ю(сь)	гре́й + ем + ся	>	гре́ем(ся)
гре́й + ешь + ся	>	гре́ешь(ся)	гре́й + ете + ся	>	гре́ете(сь)
гре́й + ет+ ся	>	гре́ет(ся)	гре́й + ут + ся	>	гре́ют(ся)

дуть *to blow*					
ду́й + у	>	ду́ю	ду́й + ем	>	ду́ем
ду́й + ешь	>	ду́ешь	ду́й + ете	>	ду́ете
ду́й + ет	>	ду́ет	ду́й + ут	>	ду́ют

ката́ть(ся) *to ride*				**reflexive**	
ката́й + у+ся	>	ката́ю(сь)	ката́й + ем+ся	>	ката́ем(ся)
ката́й + ешь+ся	>	ката́ешь(ся)	ката́й + ете+ся	>	ката́ете(сь)
ката́й + ет+ся	>	ката́ет(ся)	ката́й + ут+ся	>	ката́ют(ся)

боле́ть *to be sick, become ill; to root for*					
боле́й + у	>	боле́ю	боле́й + ем	>	боле́ем
боле́й + ешь	>	боле́ешь	боле́й + ете	>	боле́ете
боле́й + ет	>	боле́ет	боле́й + ут	>	боле́ют

теря́ть *to lose*					
теря́й + у	>	теря́ю	теря́й + ем	>	теря́ем
теря́й + ешь	>	теря́ешь	теря́й + ете	>	теря́ете
теря́й + ет	>	теря́ет	теря́й + ут	>	теря́ют

Type 2 Present Tense Conjugation Samples

Type 2 verbs normally end in **-ить.** However, a small number of verbs may end in **-ать, -еть,** or **-ять**; Some examples include: **гляде́ть, зависе́ть, звуча́ть, лежа́ть, молча́ть, смотре́ть, стоя́ть, терпе́ть,** and **шуме́ть.** Verbs in this conjugation take Class II endings.

жа́рить *to fry, grill, roast*					
жа́ри + ю	>	жа́рю	жа́ри́ + им	>	жа́рим
жа́ри + ишь	>	жа́ришь	жа́ри́ + ите	>	жа́рите
жа́ри + ит	>	жа́рит	жа́ри́ + ят	>	жа́рят

учи́ть(ся) *to teach; to study, learn*			**reflexive**		
учи + у+ся	>	учу́(сь)	учи + им+ся	>	у́чим(ся)
учи + ишь+ся	>	у́чись(ся)	учи + ите+ся	>	у́чите(сь)
учи + ит+ся	>	у́чит(ся)	учи + ят+ся	>	у́чат(ся)

стоя́ть *to stand*					
стоя́ + ю	>	стою́	стоя́ + им	>	стои́м
стоя́ + ишь	>	стои́шь	стоя́ + ите	>	стои́те
стоя́ + ит	>	стои́т	стоя́ + ят	>	стоя́т

жени́ться *to get married*			**reflexive**		
жени + ю+сь	>	женю́сь	жени + им+ся	>	же́ним(ся)
жени + ишь+ся	>	же́нишься	жени + ите+сь	>	же́ните(сь)
жени + ит+ся	>	же́нится	жени + ят+ся	>	же́нят(ся)

молча́ть *to be silent, keep silent*					
молча́ + у	>	молчу́	молча́ + им	>	молчи́м
молча́ + ишь	>	молчи́шь	молча́ + ите	>	молчи́те
молча́ + ит	>	молчи́т	молча́+ ят	>	молча́т

смотре́ть *to watch, look at*					
смотре + ю	>	смотрю́	смотре + им	>	смо́трим
смотре + ишь	>	смо́тришь	смотре + ите	>	смо́трите
смотре + ит	>	смо́трит	смотре + ят	>	смо́трят

Note: Spelling Rules influence the 1st person singular and 3rd person plural of **учи́ть(ся)** and **молча́ть**. Additionally, there is a floating stress in **учи́ть(ся), жени́ться** and **смотре́ть.**

Type 3 Present Tense Conjugation

Type 3 verbs normally end in **-нуть, -еять, -аять,** and a few verbs end in **-ать** or **-ить.** These verbs are conjugated in the present tense with Conjugation Class I, **-е-** type (**ё** when stressed).

тону́ть *to sink, drown*					
тони + у	>	тону́	тони + ем	>	то́нем
тони + ешь	>	то́нешь	тони + ете	>	то́нете
тони + ет	>	то́нет	тони + ут	>	то́нут

наде́яться *to hope, wish*			**reflexive**		
наде́я + ю + сь	>	наде́юсь	наде́я + ем + ся	>	наде́емся
наде́я + ешь + ся	>	наде́ешься	наде́я + ете + сь	>	наде́етесь
наде́я + ет+ ся	>	наде́ется	наде́я + ют + ся	>	наде́ются

жда́ть *to wait, expect*					
жда + у	>	жду́	жда + ем	>	ждём
жда + ешь	>	ждёшь	жда + ете	>	ждёте
жда + ет	>	ждёт	жда + ут	>	жду́т

тяну́ть(ся) *to pull, extend*			**reflexive**		
тяну + у+сь	>	тяну́(сь)	тяну + ем+ся	>	тя́нем(ся)
тяну + ешь+ся	>	тя́нешь(ся)	тяну + ете+сь	>	тя́нете(сь)
тяну + ет+ся	>	тя́нет(ся)	тяну + ут+ся	>	тя́нут(ся)

вяза́ть *to knit*			**з-ж stem change**		
вяза + у	>	вяжу́	вяза + ем	>	вя́жем
вяза + ешь	>	вя́жешь	вяза + ете	>	вя́жете
вяза + ет	>	вя́жет	вяза + ут	>	вя́жут

рва́ть *to tear*					
рва + у	>	рву́	рва + ем	>	рвём
рва + ешь	>	рвёшь	рва + ете	>	рвёте
рва + ет	>	рвёт	рва + ут	>	рву́т

Note: There is a floating stress in **тяну́ть** and **тону́ть**.

Type 4 Present Tense Conjugation

Type 4 verbs normally end in **-овать, -евать.** The **-ова** suffix reduces to **-уй-** throughout the present tense. Occasionally with **-евать** endings, the suffix changes to **-юй,** and with a stressed ending it will take **-ё-**. Examples of such verbs include: **воева́ть, жева́ть,** and **клева́ть.**

атакова́ть *to attack*

атакова́ + ю	>	атаку́ю	атакова́ + ем	>	атаку́ем
атакова́ + ешь	>	атаку́ешь	атакова́ + ете	>	атаку́ете
атакова́ + ет	>	атаку́ет	атакова́ + ут	>	атаку́ют

ра́довать(ся) *to please, be happy* **reflexive**

ра́дова + ю + сь	>	ра́дуюсь	ра́дова + ем + ся	>	ра́дуемся
ра́дова + ешь + ся	>	ра́ду́ешься	ра́дова + ете + сь	>	ра́дуетесь
ра́дова + ет+ ся	>	ра́дуется	ра́дова + ут + ся	>	ра́дуются

воева́ть *to be at war, fight*

воева́ + ю	>	вою́ю	воева́ + ем	>	вою́ем
воева́ + ешь	>	вою́ешь	воева́ + ете	>	вою́ете
воева́ + ет	>	вою́ет	воева́ + ют	>	вою́ют

жа́ловаться *to complain* **reflexive**

жа́лова + ю+ся	>	жа́луюсь	жа́лова + ем+ся	>	жа́луемся
жа́лова + ешь+ся	>	жа́луешься	жа́лова + ете+ся	>	жа́луетесь
жа́лова + ет+ся	>	жа́луется	жа́лова + ют+ся	>	жа́луются

жева́ть *to chew*

жева́ + ю	>	жую́	жева́ + ем	>	жуём
жева́ + ешь	>	жуёшь	жева́ + ете	>	жуёте
жева́ + ет	>	жуёт	жева́ + ют	>	жую́т

про́бовать *to try, taste*

про́бова + ю	>	про́бую	про́бова + ем	>	про́буем
про́бова + ешь	>	про́буешь	про́бова + ете	>	про́буете
про́бова + ет	>	про́бует	про́бова + ют	>	про́буют

Type 5 Present Tense Conjugation

Type 5 verbs end in **-сти, -зть,** and **-сть.** Many definite form (unidirectional) motion verbs have these endings, including their prefixed derivatives. These verbs are conjugated in the present tense with Conjugation I, -**е**- class (**ё** when stressed).

кра́сть *to sink, drown*

крад + у	>	краду́	крад + ём	>	крадём
крад + ёшь	>	крадёшь	крад + ёте	>	крадёте
крад + ёт	>	крадёт	крад + ут	>	краду́т

гры́зть(ся) *to fight, bicker* **reflexive**

грыз + у + сь	>	грызу́(сь)	грыз + ём + ся	>	грызём(ся)
грыз + ёшь + ся	>	грызёшь(ся)	грыз + ёте + сь	>	грызёте(сь)
грыз + ёт+ ся	>	грызёт(ся)	грыз + ут + ся	>	грызу́т(ся)

ле́зть *to climb, crawl*

лез + у	>	ле́зу	лез + ем	>	ле́зем
лез + ешь	>	ле́зешь	лез + ете	>	ле́зете
лез + ет	>	ле́зет	лез + ут	>	ле́зут

нести́сь *to race, tear along, rush* **reflexive**

нёс + у+сь	>	несу́сь	нёс + ём+ся	>	несёмся
нёс + ёшь+ся	>	несёшься	нёс + ёте+сь	>	несётесь
нёс + ёт+ся	>	несётся	нёс + ут+ся	>	несу́тся

мести́* *to sweep* **с-т stem change**

мёт + у	>	мету́	мёт + ем	>	метём
мёт + ешь	>	метёшь	мёт + ете	>	метёте
мёт + ет	>	метёт	мёт + ут	>	мету́т

брести́ *to stroll*

брёд + у	>	бреду́	брёд + ём	>	бредём
брёд + ёшь	>	бредёшь	брёд + ёте	>	бредёте
брёд + ёт	>	бредёт	брёд + ут	>	бреду́т

Type 6 Present Tense Conjugation

Type 6 verbs end in **-чь.** Normally the final consonant is part of the stem. These verbs are conjugated in the present tense with the Conjugation I, -**е**- class (**ё** when stressed). Often these verbs are encountered in the perfective aspect (non-present tense), but below are exceptions. In this conjugation type, alternations between 1st person singular and 3rd person plural are frequent.

жéчь *to burn*			**ч-г-ж** stem change		
ж|г + у	>	жгу	ж|г + ём	>	жжём
ж|г + ёшь	>	жжёшь	ж|г + ёте	>	жжёте
ж|г + ёт	>	жжёт	ж|г + ут	>	жгýт

берéчь(ся) *to guard, protect, take care*			**г-ж** stem change reflexive		
берёг + у + сь	>	берегý(сь)	берёг + ём + ся	>	бережёмся
берёг + ёшь + ся	>	бережёшь(ся)	берёг + ёте + сь	>	бережётесь
берёг + ёт+ ся	>	бережётся(сь)	берёг + ут + ся	>	берегýтся

тéчь *to flow*			3rd person only **ч-к** stem change		
т|к + у	>	—	т|к + ем	>	—
т|к + ешь	>	—	т|к + ете	>	—
т|к + ет	>	течёт	т|к + ут	>	текýт

стрúчь(ся) *to get a haircut*			**ч-г** stem change		reflexive
стриг + у+сь	>	стригý(сь)	стриг + ём+ся	>	стрижём(ся)
стриг + ёшь+ся	>	стрижёшь(ся)	стриг + ёте+сь	>	стрижёте(сь)
стриг + ёт+ся	>	стрижёт(ся)	стриг + ут+ся	>	стригýт(ся)

сéчь *to cut into pieces, slash*			**ч-к** stem change		
с|к + у	>	секý	с|к + ем	>	сечём
с|к + ешь	>	сечёшь	с|к + ете	>	сечёте
с|к + ет	>	сечёт	с|к + ут	>	секýт

стерéчь *to guard, watch*			**ч-ж** stem change		
стерёг + у	>	стерегý	стерёг + ём	>	стережём
стерёг + ёшь	>	стережёшь	стерёг + ёте	>	стережёте
стерёг + ёт	>	стережёт	стерёг + ут	>	стерегýт

Irregular Present Tense Conjugation

Just as in English, some verbs in the Russian language have irregular stems. Some of these verbs, especially high-frequency ones, originated in Russia many centuries ago and have totally irregular forms. Other verbs may be presented in the conjugation tables of this book with the stem, but an explanation of their conjugation pattern exceeds the scope of this book; they are therefore listed in the Russian Verb Index as (**i**), designating as deviating from the other six types of conjugations shown in the preceding pages. Many of these irregular verbs change their stem between the present and the past, or have irregular vowel/consonant mutations. Examples of such verbs are listed below:

пить *to drink*		**лить** *to pour*	
пью́	пьём	лью́	льём
пьёшь	пьёте	льёшь	льёте
пьёт	пью́т	льёт	лью́т

есть *to eat*		**мо́чь** *to be able*	
ем	еди́м	могу́	мо́жем
ешь	еди́те	мо́жешь	мо́жете
ест	едя́т	мо́жет	мо́гут

пе́ть *to sing*		**спа́ть** *to sleep*	
пою́	поём	сплю́	спи́м
поёшь	поёте	спи́шь	спи́те
поёт	пою́т	спи́т	спя́т

хоте́ть *to want*			**ч-т**		**stem change**
хоч + у	>	хочу́	хот + им	>	хоти́м
хоч + ешь	>	хо́чешь	хот + ите	>	хоти́те
хоч + ет	>	хо́чет	хот + ят	>	хотя́т

мы́ться *to wash*					**reflexive**
мой + ю+сь	>	мо́юсь	мой + ем+ся	>	мо́емся
мой + ешь+ся	>	мо́ешься	мой + ете+сь	>	мо́етесь
мой + ет+ся	>	мо́ется	мой + ют+ся	>	мо́ются

узнава́ть *to recognize, find out*					
узна + ю	>	узнаю́	узна + ём	>	узнаём
узна + ёшь	>	узнаёшь	узна + ёте	>	узнаёте
узна + ёт	>	узнаёт	узна + ют	>	узнаю́т

встава́ть *to get up, rise*					
вста + ю	>	встаю́	вста + ём	>	встаём
вста + ёшь	>	встаёшь	вста + ёте	>	встаёте
вста + ёт	>	встаёт	вста + ют	>	встаю́т

The Past Tense

For most verbs, the past tense in Russian is formed from the stem and is regular. Most Russian verbs have two past tense forms, one in the imperfective and the other in the perfective aspect. Note that many type 5 and type 6 verbs have irregular endings, particularly in the masculine form.

The past tense is conjugated in number (singular or plural) and gender (masculine, feminine, or neuter), not by the person. It is most simply formed by dropping the last two letters of the infinitive and adding either **-л,-ла,-ло** (for the singular: maculine, feminine, or neuter), or **-ли** (for the plural, all genders). With the one-stem system, the past tense is formed by joining the stem of the verb with its ending, again **-л,-ла,-ло,** or **-ли.**

Imperfective Past Tense Conjugation Examples

рабо́тать *to work* Type 1		**говори́ть** *to speak* Type 2	
рабо́тал(а)	рабо́тали	говори́л(а)	говори́ли
рабо́тал(а)	рабо́тали	говори́л(а,о)	говори́ли
рабо́тал(а,о)	рабо́тали	говори́л(а,о)	говори́ли

па́хнуть *to smell* Type 3		**тре́бовать** *to demand* Type 4	
па́хнул	па́хли	тре́бовал(а)	тре́бовали
па́хла	па́хли	тре́бовал(а)	тре́бовали
па́хло	па́хли	тре́бовал(а,о)	тре́бовали

нести́ *to carry* Type 5		**пе́чь** *to bake* Type 6	
нёс	несли́	пёк	пекли́
несла́	несли́	пекла́	пекли́
несло́	несли́	пекло́	пекли́

Perfective Past Tense Conjugation Examples

порабо́тать *to work* Type 1		**поговори́ть** *to speak* Type 2	
порабо́тал(а)	порабо́тали	поговори́л(а)	поговори́ли
порабо́тал(а)	порабо́тали	поговори́л(а)	поговори́ли
порабо́тал(а,о)	порабо́тали	поговори́л(а,о)	поговори́ли

запа́хнуть *to smell* Type 3		**обрадовать** *to please* Type 4	
запа́хнул	запа́хли	обра́довал(а)	обра́довали
запа́хла	запа́хли	обра́довал(а)	обра́довали
запа́хло	запа́хли	обра́довал(а,о)	обра́довали

понести́ *to carry* Type 5		**испе́чь** *to bake* Type 6	
понёс	понесли́	испёк	испекли́
понесла́	понесли́	испекла́	испекли́
понесло́	понесли́	испекло́	испекли́

Uses of the Past Tense

The past tense in Russian is used for actions and events that began or took place in the past. The selection of imperfective or perfective aspect depends on the context of the situation.

У́тром она́ сдава́ла экза́мен по фи́зике. *This morning she took a physics exam.*

In this example, she took the exam but it is not known whether she passed it.

У́тром она́ сдала́ экза́мен по фи́зике. *This morning she passed a physics exam.*

In this example, she took the exam and *passed* it.

Когда́ она учи́лась в шко́ле, она́ ча́сто сдава́ла экза́мены.

When she studied in school, she often took exams.

In this example, she often took exams in school, but repetition prevents a knowledge of whether she *passed* those exams. Context or follow-up questions would ascertain whether she *passed* those exams. In a narration, if she stated that she graduated, the context would demonstrate that she passed (some of) the exams.

The following examples further illustrate aspectual usage of the past tense.

Опыты да́ли хоро́шие результа́ты. *Experiments yielded good results.*
The verb "to give" is demonstrated here. The experiments are completed, and they yielded (*gave*) good results.

Они́ прожи́ли до́лгую жизнь, но так и не сде́лали друг дру́га счастли́выми.
They lived a long life, but never made one another happy.
The verb "to do" is demonstrated here. The example shows the use of the perfective aspect, although happiness was not achieved. The adverbial construction **так и не** requires the perfective aspect.

Он вдруг обнару́жил незауря́дные спосо́бности к матема́тике.
He suddenly discovered his considerable mathematical talents.
In this example of the verb "to discover," the emphasis is on the suddenness of his discovery. The word **вдруг** is used to express "at that moment" and requires the perfective aspect.

Дете́й организова́ли в гру́ппы по во́зрасту.
The children were organized into groups by age.
Here this example uses the verb "to organize," which may be both imperfective and perfective, that is, bi-aspectual. Only from context can it be discerned whether "They organized the children into groups by age" (perfective) or "They were organizing the children into groups by age" (imperfective).

Когда́ жена́ умерла́, он пил от тоски́.
When his wife died, he started drinking to drown his sorrow.
In this example of the verb "to drink," the emphasis is on the implied repetitive nature of his actions. By using the imperfective aspect, the implication is that it was not a one-time action.

The Future Tense

The future tense in Russian has two forms - imperfective and perfective. In the imperfective aspect, the future tense is known as the compound future. It is formed by using the appropriate future tense forms of the verb **быть** plus the infinitive.

Imperfective Compound Future

рабо́тать *to work*	**Type 1**
бу́ду рабо́тать	бу́дем рабо́тать
бу́дешь рабо́тать	бу́дете рабо́тать
бу́дет рабо́тать	бу́дут рабо́тать

говори́ть *to speak*	**Type 2**
бу́ду говори́ть	бу́дем говори́ть
бу́дешь говори́ть	бу́дете говори́ть
бу́дет говори́ть	бу́дут говори́ть

па́хнуть *to smell*	**Type 3**
бу́ду па́хнуть	бу́дем па́хнуть
бу́дешь па́хнуть	бу́дете па́хнуть
бу́дет па́хнуть	бу́дут па́хнуть

тре́бовать *to demand*	**Type 4**
бу́ду тре́бовать	бу́дем тре́бовать
бу́дешь тре́бовать	бу́дете тре́бовать
бу́дет тре́бовать	бу́дут тре́бовать

нести́ *to carry*	**Type 5**
бу́ду нести́	бу́дем нести́
бу́дешь нести́	бу́дете нести́
бу́дет нести́	бу́дут нести́

пе́чь *to bake*	**Type 6**
бу́ду пе́чь	бу́дем пе́чь
бу́дешь пе́чь	бу́дете пе́чь
бу́дет пе́чь	бу́дут пе́чь

In the perfective it is known as the simple future. The perfective future consists of a single word formed from the stem and its endings. As with the imperfective present, there are six main verb types; all regular verb types have Class I endings, except for type 2, which takes Class II. Below are examples of the 6 types.

Perfective Simple Future

заработать *to earn*	**Type 1**	**поговори́ть** *to speak*	**Type 2**
заработаю	заработаем	поговорю́	поговори́м
заработаешь	заработаете	поговори́шь	поговори́те
заработает	заработают	поговори́т	поговоря́т

запа́хнуть *to smell*	**Type 3**	**разжева́ть** *to chew*	**Type 4**
запа́хну	запа́хнем	разжую́	разжуём
запа́хнешь	запа́хнете	разжуёшь	разжуёте
запа́хнет	запа́хнут	разжуёт	разжую́т

понести́ *to carry*	**Type 5**	**испе́чь** *to bake*	**Type 6**
понесу́	понесём	испеку́	испечём
понесёшь	понесёте	испечёшь	испечёте
понесёт	понесу́т	испечёт	испеку́т

Uses of the Future Tense

The compound future tense is used when:

1 · there is an indication of duration.
Я бу́ду учи́ть но́вые слова́ весь ве́чер.
I will study the new words all evening.

2 · there is a general statement in the future, often when the "-ing" form could be used in English.
Ве́чером я бу́ду смотре́ть футбо́л по телеви́зору.
I am going to watch soccer on TV this evening.

3 · there is an indication of repetition or habituality.
Я бу́ду ча́сто писа́ть роди́телям о жи́зни в а́рмии.
I will often write my parents about army life.

4 · there is a specialized need for politeness.
Что вы бу́дете зака́зывать?
What would you like to order?

The simple future (perfective), in the same way as the perfective past, focuses on the result of a completed action. In addition, the perfective future expresses the action as a complete event.

Я тебе́ пото́м всё скажу́.
I will tell you all about it later.

Пётр позво́нит мне за́втра.
Peter will call me tomorrow.

The Subjunctive Mood

The subjunctive in Russian is formed from the past tense of an imperfective or perfective verb and the particle **бы**. The subjunctive is used in expressing hypothetical or contrary-to-fact statements. It can also be used to express advice, desires, or requests, often with the conjunction **чтóбы.** Below are a few examples of verbs in the subjunctive mood, followed by examples.

трéбовать *to demand*		**говори́ть** *to speak*	
трéбовал бы	трéбовали бы	говори́л бы	говори́ли бы
трéбовала бы	трéбовали бы	говори́ла бы	говори́ли бы
трéбовало бы	трéбовали бы	говори́ло бы	говори́ли бы

испéчь *to bake*	
испёк бы	испекли́ бы
испеклá бы	испекли́ бы
испеклó бы	испекли́ бы

Uses of the Subjunctive Mood

The subjunctive is used when:

1) making contrary-to-fact statements.
Éсли бы студéнты закури́ли в клáссе, то у них бы́ли бы неприя́тности.
If the students started smoking in class, they would encounter problems.

2) desire is expressed.
Я хочý, чтóбы ты брóсил кури́ть.
I wish you would stop smoking.

3) expressing desire less emphatically.
Мне бы хотéлось борщá с чеснокóм.
I would like some borscht with garlic.

4) expressing genuine or fervent hope.
Как бы тебé сдáть экзáмен!
I hope you pass the exam!

5) unreal situations are conjected (hypotheses).
Éсли бы сегóдня нé было дождя́, мы игрáли бы в футбóл.
If it had not rained today, we would have played soccer.

In addition to the examples above, there are instances when predicate adverbs are used to express a desire. These adverbs include: **желáтельно, нýжно, нáдо, вáжно** and **необходи́мо.**

Желáтельно, чтóбы вы бы́ли в Москвé на Нóвый год.
It is desirable that you be in Moscow on New Year's Day.

Note: When positive statements are made in the subjunctive mood, the perfective is used. Conversely, negative statements are rendered in the imperfective aspect.

Participles

A participle is a verbal adjective which has characteristics of both a verb and an adjective. A participle is declined like an adjective and agrees in number, gender, and case with the noun it modifies. Since participles also behave as verbs, participles may be imperfective or perfective, and may be passive or active. Participles are rarely used in spoken Russian, with the relative pronoun **кото́рый** used instead. Participles formed from reflexive verbs will always add **-ся** to the participial ending. Animate masculine nouns in the accusative case have the same endings as in the genitive case. Inanimate nouns in the accusative case have the same endings as in the nominative case.

Formation of Present Active Participles

Active participles are used to modify nouns and may replace the relative clause **кото́рый**. There are two forms of active participles: the present active participle and the past active participle. To form the present active participle using the one-stem system, add either **-ущий/-ющий** or **-ащий/-ящий** to the stem. The present active participle can also be formed from the third person plural of the present tense by dropping the final **-т**, and adding the ending **-щий**. Examples of the formation of active participles are: **читаю(т)** > **чита́ющий**, **живу́(т)** > **живу́щий**, **занима́ю(т)ся** > **занима́ющийся**, **жела́ю(т)** > **жела́ющий**.

Present Active Participle				
	Masculine	Feminine	Neuter	Plural
Nom.	чита́ющий	чита́ющая	чита́ющее	чита́ющие
Acc.	чита́ющий/ чита́ющего	чита́ющую	чита́ющее	чита́ющие/ чита́ющих
Gen.	чита́ющего	чита́ющей	чита́ющего	чита́ющих
Prep.	чита́ющем	чита́ющей	чита́ющем	чита́ющих
Dat.	чита́ющему	чита́ющей	чита́ющему	чита́ющим
Instr.	чита́ющим	чита́ющей	чита́ющим	чита́ющими

Formation of Past Active Participles

To form the past active participle using the one-stem system, add **-ший/-вший** to the stem. To form the present passive participle using the two-stem system, drop the final **-л** from the first person singular of the past tense, and add the ending **-вший**. For verbs that do not end in **-л** in the past tense, add the suffix **-ший**. Examples of the formation of past active participles are: **чита́л** > **чита́вший, занима́лся** > **занима́вшийся, сде́лал** > **сде́лавший, гре́л** > **гре́вший, перевёз** > **перевёзший.**

Note: If the stem in the past tense ends in a vowel, as in **(вёл),** the past active participle is formed by adding **-ший** to the present tense stem **(ве́дший).**

Past Active Participle				
	Masculine	Feminine	Neuter	Plural
Nom.	чита́вший	чита́вшая	чита́вшее	чита́вшие
Acc.	чита́вший/ чита́вшего	чита́вшую	чита́вшее	чита́вшие/ чита́вших
Gen.	чита́вшего	чита́вшей	чита́вшего	чита́вших
Prep.	чита́вшем	чита́вшей	чита́вшем	чита́вших
Dat.	чита́вшему	чита́вшей	чита́вшему	чита́вшим
Instr.	чита́вшим	чита́вшей	чита́вшим	чита́вшими

Formation of Present Passive Participles

Passive participles can be used to modify persons or objects, but only if the nouns they are modifying are in the accusative case. Present passive participles are formed from some transitive imperfective verbs.

To form the present passive participle using the one-stem system, add **-ем-** and the adjectival endings to the stem. To form the present passive participle using the two-stem system, take the first person plural of the present tense and adding the ending **-ый**. Examples of the formation of active participles are: **чита́ем** > **чита́емый, покупа́ем** > **покупа́емый, называ́ем** > **называ́емый, лю́бим** > **люби́мый, храни́м** > **храни́мый.**

Note that verbs ending in **-авать** keep the **-ава-** suffix in the present passive participle, for example, **познава́ть** > **познава́емый.**

Present Passive Participle				
	Masculine	Feminine	Neuter	Plural
Nom.	чита́емый	чита́емая	чита́емое	чита́емые
Acc.	чита́емый/ чита́емого	чита́емую	чита́емое	чита́емые/ чита́емых
Gen.	чита́емого	чита́емой	чита́емого	чита́емых
Prep.	чита́емом	чита́емой	чита́емом	чита́емых
Dat.	чита́емому	чита́емой	чита́емому	чита́емым
Instr.	чита́емым	чита́емой	чита́емым	чита́емыми

Formation of Past Passive Participles (PPP)

Past passive participles are formed from transitive, mostly perfective, verbs and have long and short endings. To form the past passive participle using the one-stem system, add one of three endings, **-тый/ -енный/ -нный**, to the perfective stem. Examples of the formation of active participles are: **купи́ть** > **ку́пленный, встре́тить** > **встре́ченный, оде́ть** > **оде́тый, написа́ть** > **напи́санный.**

To form the past passive participle using the two-stem system, take the masculine past tense form of all first conjugation verbs, drop the final **-л,** and add the suffix **-нный**. To form the PPP of second conjugation verbs, you take the first person singular, drop the final **-у,** and add the suffix **-енный**, as in **встре́тить** > **встре́чу** > **встре́ченный.** The final form is for verbs ending in **-нуть, -нять,** and some monosyllabic verbs. Examples of these verbs include: **заня́ть** > **за́нял** > **за́нятый** and **вы́пить** > **вы́пил** > **вы́питый**. Note that there are also consonant mutations found in the formation of some past passive participles.

Past Passive Participle				
	Masculine	Feminine	Neuter	Plural
Nom.	прочи́танный	прочи́танная	прочи́танное	прочи́танные
Acc.	прочи́танный/ прочи́танного	прочи́танную	прочи́танное	прочи́танные/ прочи́танных
Gen.	прочи́танного	прочи́танной	прочи́танного	прочи́танных
Prep.	прочи́танном	прочи́танной	прочи́танном	прочи́танных
Dat.	прочи́танному	прочи́танной	прочи́танному	прочи́танным
Instr.	прочи́танным	прочи́танной	прочи́танным	прочи́танными

Formation of Short Past Passive Participles

A number of past passive participles are used predicatively in a shortened form, both in written and conversational Russian. They are formed from the long form of the past passive participle by dropping the adjectival ending. These shortened forms agree in number and gender, but not case. Below are some examples of the formation of the short PPP, followed by examples:

long form	*short form*
оде́тый	оде́т, оде́та, оде́то, оде́ты
смя́тый	смя́т, смя́та, смя́то, смя́ты
уби́тый	уби́т, уби́та, уби́то, уби́ты

Окно́ откры́то.
The window is open.

Кни́га напи́сана.
The book is written.

Всё забы́то.
Everything is forgotten.

Она́ краси́во оде́та.
She is well-dressed.

Uses of Participles in Contemporary Russian

Present Active Participle

Как сообща́ет BBC, шотла́ндская моло́чная компа́ния Express Dairies, занима́ющаяся доста́вкой молока́ потреби́телям, подписа́ла двухгоди́чный контра́кт с TNT Mail. (Компа́ния, 14.06.2004; 23(319) Почтальо́н с бидо́ном)
As reported by the BBC, the Scottish milk company Express Dairies, which is engaged in milk deliveries to consumers, has signed a two-year contract with TNT Mail.

Past Active Participle

Ри́чард Ве́ден, занима́вший до́лжность генера́льного дире́ктора и ви́це-президе́нта American Express в Росси́и, ушёл с поста́ в связи́ с ухо́дом на пе́нсию.
Richard Veden, who was serving as the General Director and Vice-President of American Express in Russia, has stepped down from his duties due to his retirement.

Present Passive Participle

Вое́нно-полити́ческий алья́нс НА́ТО, руководи́мый Соединёнными Шта́тами, зло, с кото́рым необходи́мо боро́ться.
NATO, the military and political alliance which is led by the United States, is an evil, with which we must fight. (Русский Дом, 15.06.2004; 6)

Past Passive Participle

Два́дцать лет наза́д на это́м же ме́сте выступа́л Ро́нальд Ре́йган, приглашённый во Фра́нцию на 40-ле́тие D-Day. (olo.ru, 05.06.2004)
Ronald Reagan appeared on this very site twenty years ago, having been invited to France on the 40th anniversary of D-Day.

В настоя́щее вре́мя оди́н укра́денный снаря́д мо́жет быть испо́льзован для уничтоже́ния ты́сяч люде́й в Вашингто́не.
At the present time one stolen shell may be used to annihilate thousands of people in Washington. (inopressa.ru, 09.06.2004)

Verbal Adverbs

The verbal adverb, or gerund, has characteristics of both a verb and an adverb. Verbal adverbs are used to modify the main verb in a sentence. They indicate how, when, why or under what circumstances the action takes place. Russian has two forms of the verbal adverb, one derived from imperfective verbs, and another from perfective verbs. They are uninflected, meaning that there is only one, unchanging form. Verbal adverbs can be formed from both transitive and intransitive verbs, as well as reflexive and non-reflexive verbs.

Some observations of the Russian verbal adverb:

1 · There are no Type 6 imperfective verbal adverbs ending in **-чь** .

2 · The verb **быть** has an irregular form: **бу́дучи**.

3 · The reflexive forms always end in **-сь** (imperfective) or **-шись** (perfective).

Formation of Imperfective Verbal Adverbs

Imperfective verbal adverbs are formed by adding **-я(сь)** to the stem.

чита́ть	>	чита́я	говори́ть	>	говоря́
занима́ться	>	занима́ясь	боя́ться	>	боя́сь

Formation of Perfective Verbal Adverbs

Perfective verbal adverbs are formed by adding **-в(шись)** to the stem.

прочита́ть	>	прочита́в	отве́тить	>	отве́тив
написа́ть	>	написа́в	заня́ться	>	заня́вшись

COMMANDS (THE IMPERATIVE)

The imperative (commands) is used to tell someone to do something or not do something. The first person is used for the command "Let's..." and can be either used with the infinitive (for imperfective verbs) or the 1st person singular or plural future ending with perfective verbs. The second person is the primary command form, either in the informal or formal. The third person is used for the the command "Let him/her..." **Пуска́й** is a conversational form for the third person also. In addition, the infinitive is an official form used by the military, police, etc. Examples would be the military commands **Стоя́ть сми́рно!** *Attention!* and **Вы́йти из стро́я!** *Fall out!* Below is a chart showing all the command forms and their formation:

	Imperfective Aspect	Perfective Aspect
1st person	дава́й(те) + infinitive	дава́й(те) + 1st person future tense
2nd person	-ай(те), -и(те), -ь(те)	-ай(те), -и(те), -ь(те)
3rd person	пусть(пуска́й) + 3rd person sing. or plural	пусть(пуска́й) + 3rd person sing. or plural
official	infinitive	infinitive

The negative command forms are usually taken from the imperfective form; however, the imperative may also be used for affirmative commands when an action is in progress, repetition, continuation, or when the focus is not on the result.

ты		**вы**	
Не говори́!	*Don't speak.*	Не говори́те!	*Don't speak.*
Пе́й до дна!	*Bottoms up!*	Пе́йте до дна!	*Bottoms up!*
Не ка́шляй!	*Don't cough.*	Не ка́шляйте!	*Don't cough.*
Жди́ меня́!	*Wait for me.*	Жди́те меня́!	*Wait for me.*

The affirmative command forms are usually taken from the perfective form. The perfective may be used for a request, advice, demand and order, or when the result is desired.

ты		**вы**	
Напиши́!	*Write.*	Напиши́те!	*Write.*
Умо́йся!	*Wash up.*	Умо́йтесь!	*Wash up.*
Вста́нь!	*Get up.*	Вста́ньте!	*Get up.*
Подожди́!	*Wait.*	Подожди́те!	*Wait.*

The imperative with 1st/3rd persons is used for commands or encouragement:

Дава́й(те) танцева́ть!
Let's dance.

Пу́сть Ми́ша ре́шит э́ту пробле́му.
Let Misha decide this problem.

REFLEXIVE VERBS

Russian has a large number of reflexive verbs, although many of these verbs are not true reflexives. A true reflexive contains a reflexive pronoun referring back to the subject. A "not true" reflexive verb may express reciprocity, emotion, or verbs existing only in the reflexive form.
Reflexive verbs are intransitive and occur in all tenses, including active participles and verbal adverbs. The verb is conjugated and the ending **-ся** is added (**-сь** after vowels).

Uses of Reflexive Verbs

Reflexive verbs are used to show:

reflexive meaning.

Я бре́юсь ка́ждый де́нь. *I shave every day.*
Он умыва́ется. *He is washing up.*
Ми́ла причёсывается. *Mila is brushing her hair.*

reciprocal meaning.

Мы встре́тились в кафе́. *We met (each other) at the cafe.*
Они́ не здо́роваются. *They do not say hello (to each other).*
Мы поцелова́лись. *We kissed (each other).*

beginning, continuing, or ending an action or event.

Уро́к уже́ начался́. *The lesson has already started.*
Фильм продолжа́ется. *The film continues.*
Война́ ко́нчилась. *The war is over.*

a permanent trait of an object.

Змея́ куса́ется. *The snake bites.*
Де́рево гнётся. *The tree is bending.*
Ёж ко́лется. *The porcupine is prickly.*

In addition, there are:

verbs existing only in the reflexive form.

Я бою́сь темноты́. *I am afraid of the dark.*
Он наде́ется на тебя́. *He is counting on you.*
Они́ просыпа́ются в 8. *They wake up at 8.*

passive constructions.

Статья́ пи́шется учёным. *The article is being written by a scholar.*
Кни́га легко́ чита́ется. *The book is an easy read.*
Как э́то пи́шется? *How is that spelled?*

some impersonal verbs.

Мне спать хо́чется. *I feel like sleeping.*
Что зде́сь де́лается? *What's going on here?*
Как вам слу́жится? *How is your service going?*

VERBS OF MOTION

The verbs of motion, or motion verbs, are notorious to students of Russian and a critical component of the language and culture. When English speakers contemplate movement from one place to another, they simply use verbs such as "go," "get," or "take." When a Russian speaker describes motion, he/she immediately states whether the action is multidirectional (no specific goal), unidirectional (point A to point B), habitual or repetitive, the start of motion, or a completed event. Moreover, the speaker of Russian has over 30 choices of a verb (walking, driving, flying, sailing, etc., in addition to their prefixed forms) to simply say "to go."

Bearing in mind the above-mentioned rules, the speaker of Russian has to internalize a vast number of possibilities. For the student of Russian, the acquisition and internalization of these forms is even more challenging. Consequently, several hundred examples of motion verbs are included in this book. This introduction is merely a short explanation to verbs of motion. At the end of this chapter is an index of the verbs of motion, listed alphabetically under the multidirectional or imperfective verb.

There are 14 core motion verbs in Russian, all of which are included as model conjugations in this book, either in their unprefixed or prefixed forms. They are shown below as imperfective pairs: the multidirectional (or indefinite) and the unidirectional (or definite).

бе́гать	/	бежа́ть	*to run*
броди́ть	/	брести́	*to stroll; to take a walk*
води́ть	/	вести́	*to lead; to drive*
вози́ть	/	везти́	*to carry (by vehicle)*
гоня́ть	/	гна́ть	*to drive*
е́здить	/	е́хать	*to go (by vehicle); to drive*
ката́ть	/	кати́ть	*to ride*
ла́зить	/	ле́зть	*to climb*
лета́ть	/	лете́ть	*to fly*
носи́ть	/	нести́	*to carry; to wear*
пла́вать	/	плы́ть	*to swim*
полза́ть	/	ползти́	*to crawl*
таска́ть	/	тащи́ть	*to pull*
ходи́ть	/	идти́	*to go (on foot), to walk; to wear*

The Multidirectional Verb of Motion

In Russian the multidirectional verb has 5 primary functions. They are: 1) movement in more than one direction; 2) habitual or repetitive action; 3) general motion; 4) implied round trip; and 5) completed round trip (past tense). Below is the example verb **ходи́ть.**

ходи́ть *to go (on foot)*

	SINGULAR	PLURAL
FIRST PERSON	хожу́	хо́дим
SECOND PERSON	хо́дишь	хо́дите
THIRD PERSON	хо́дит	хо́дят

Uses of the Multidirectional Verb of Motion

Ка́ждый день оте́ц хо́дит на рабо́ту.
Every day father goes to work. (habitual or repetitive action)

Ребёнок уже́ хо́дит.
The child is already walking. (general motion)

The Unidirectional Verb of Motion

In Russian the unidirectional verb has 3 primary functions. They are: 1) movement in one direction (point A to point B); 2) set expressions; and 3) short distances. Below is the example verb **идти́**.

идти́ *to go (on foot)*

	SINGULAR	PLURAL
FIRST PERSON	иду́	идём
SECOND PERSON	идёшь	идёте
THIRD PERSON	идёт	иду́т

Uses of the Unidirectional Verb of Motion

За́втра студе́нты иду́т в рестора́н.
Tomorrow the students are going to a restaurant. (movement in one direction)

Иди́те сюда́!
Come here! (short distance)

Ви́ктор идёт на охо́ту.
Victor is going hunting. (set expression)

Но́вый фи́льм идёт в кино́х.
A new film is showing at the movie theater. (set expression)

The Perfective Verb of Motion

In Russian the prefix **по-** is added to a unidirectional verb to make a perfective. These verbs have 3 primary functions. They are: 1) the beginning of a movement in one direction (point A to point B); 2) the intent to complete one's movement; and 3) setting out somewhere (but not yet returned). Below is the example verb **пойти́**.

пойти́ *to set out (on foot)*

	SINGULAR	PLURAL
FIRST PERSON	пойду́	пойдём
SECOND PERSON	пойдёшь	пойдёте
THIRD PERSON	пойдёт	пойду́т

Uses of the Unidirectional Verb of Motion

Иди́те пря́мо вдо́ль реки́, а я пойду́ ле́сом.
Go straight along the river, and I'll go through the forest.

За́втра суббо́та, и я пойду в це́рковь.
Tomorrow is Saturday, and I am going to church.

— Гдé Игорь?
Where is Igor?

— Он пошёл к Ма́ше.
He went to see Masha. (setting out somewhere)

The Prefixed Verb of Motion

In Russian when a prefix denoting direction is added to a unidirectional motion verb, the verb becomes a perfective verb. When a prefix denoting direction is added to a multidirectional motion verb, the verb then becomes an imperfective one. Below is an example of the newly-formed aspectual pair using the unprefixed verbs **ходи́ть/идти́**.

у + ходи́ть > **уходи́ть**
у + идти́ > **уйти́**

The new aspectual pair **уходи́ть/уйти́** is formed. In English we simply add an adverb (to go "away") or use a different verb (to leave). In Russian the direction is noted specifically in the verb. Note the nuances and changes to the original unprefixed motion verb (including the "loss" of imperfective pairs denoting multi- or unidirection) in the following prefixed examples:

в + ходи́ть/идти́ >	**входи́ть/войти́**	*to enter, go in*
вз + ходи́ть/идти́ >	**всходи́ть/взойти́**	*to ascend, mount*
вы + ходи́ть/идти́ >	**выходи́ть/вы́йти**	*to exit, leave, go out*
до + ходи́ть/идти́ >	**доходи́ть/дойти́**	*to get to, reach*
за + ходи́ть/идти́ >	**заходи́ть/зайти́**	*to drop in, stop by*
об + ходи́ть/идти́ >	**обходи́ть/обойти́**	*to walk around, bypass*
от + ходи́ть/идти́ >	**отходи́ть/отойти́**	*to walk away, move away*
пере + ходи́ть/идти́ >	**переходи́ть/перейти́**	*to go across, turn, move*
под + ходи́ть/идти́ >	**подходи́ть/подойти́**	*to approach; to suit*
при + ходи́ть/идти́ >	**приходи́ть/прийти́**	*to arrive, come*
про + ходи́ть/идти́ >	**проходи́ть/пройти́**	*to go by, pass*
с + ходи́ть/идти́ >	**сходи́ть/сойти́**	*to go down, descend*
у + ходи́ть/идти́ >	**уходи́ть/уйти́**	*to leave*

Uses of Prefixed Verbs of Motion

Ви́ктор вошёл в дом.	*Victor entered the house.*
Ма́ть вы́шла из ку́хни.	*Mother left the kitchen.*
Телегра́мма дошла́ без заде́ржки.	*The telegram arrived without delay.*
Анто́н зашёл на ча́шку ча́я.	*Anton stopped by for a cup of tea.*
Лу́чше бы нам обойти́ этого челове́ка!	*It's better for us to avoid that man!*
Медсестра́ не мо́жет отойти́ от больно́го.	*The nurse cannot leave the patient.*
Мы перешли́ на «ты».	*We began speaking informally.*
Студе́нт подошёл к профе́ссору.	*The student approached the professor.*
Я пришёл на конце́рт во́время.	*I arrived at the concert on time.*
Тури́сты прошли́ че́рез весь го́род пешко́м.	*The tourists went through the entire city on foot.*
Он сошёл с авто́буса.	*He stepped down from the bus.*
Уйди́ от меня́!	*Leave me alone!*

The Verb of Motion by Vehicle

As with the core motion verb **ходи́ть/идти́/пойти́** (to go), as described above, the same concepts apply for the verb **е́здить/е́хать/пое́хать**. The only difference is that the former is for walking and the latter is for travel by vehicle. In addition, most of the prefixes on p. 29 can also be used with the driving verb. Below is the present tense conjugation of **е́здить/е́хать/пое́хать.**

е́здить	**е́хать**	**пое́хать**
е́зжу	е́ду	пое́ду
е́здишь	е́дешь	пое́дешь
е́здит	е́дет	пое́дет
е́здим	е́дем	пое́дем
е́здите	е́дете	пое́дете
е́здят	е́дут	пое́дут

Mode of Transportation

The mode of transportation is often used with the preposition **на** + the prepositional case. The following modes of transportation are frequently encountered in Russian:

на маши́не – *by automobile*
на авто́бусе – *by bus*
на трамва́е – *by streetcar*
на метро́ – *by subway*
на по́езде – *by train*
на мотоци́кле – *by motorcycle*
на тролле́йбусе – *by trolley*
на велосипе́де – *by bicycle*
на такси́ – *by taxi*
на ло́шади – *by horse*

Uses of the Verb of Motion by Vehicle

Мы е́хали отдыха́ть в Кры́м.
We went to relax in the Crimea.

Ле́том мы е́дем на да́чу.
In the summer we are going to the dacha.

Е́сли я пое́ду в Ки́ев, я тебе́ позвоню́.
If I (will) go to Kiev, I'll call you.

Я зако́нчу рабо́ту и пое́ду в о́тпуск.
I'll finish my work and go on vacation.

Когда́ мы бу́дем е́хать по у́лице Маяко́вского, я покажу́ вам но́вый универма́г.
When we're driving on Mayakovksky Street, I'll show you the new grocery store.

Пое́хали!
Let's go! (colloquial usage)

Russian Motion Verb Index

This index contains all the motion verbs found in this book. Verbs that are model conjugations appear in bold type. All verbs are listed according to their verb type in parentheses. Although some verbs in the list, such as **поднима́ться/подня́ться,** are not true "motion" verbs, they are included in this list for their usage in contemporary Russian.

555
FULLY CONJUGATED VERBS

Top 50 Verbs

The following fifty verbs have been selected for their high frequency and their use within many common idiomatic expressions. A page of example sentences and phrases provides guidance on the verbal environment (collocations) and immediately precedes or follows the conjugation table.

аплоди́ровать/зааплоди́ровать

regular type 4 verb (like **требовать**) stem: **аплоди́рова-/зааплоди́рова-**

IMPERFECTIVE ASPECT		PERFECTIVE ASPECT	
PRESENT			
аплоди́рую	аплоди́руем		
аплоди́руешь	аплоди́руете		
аплоди́рует	аплоди́руют		
PAST		**PAST**	
аплоди́ровал		зааплоди́ровал	
аплоди́ровала		зааплоди́ровала	
аплоди́ровало		зааплоди́ровало	
аплоди́ровали		зааплоди́ровали	
FUTURE		**FUTURE**	
бу́ду аплоди́ровать	бу́дем аплоди́ровать	зааплоди́рую	зааплоди́руем
бу́дешь аплоди́ровать	бу́дете аплоди́ровать	зааплоди́руешь	зааплоди́руете
бу́дет аплоди́ровать	бу́дут аплоди́ровать	зааплоди́рует	зааплоди́руют
SUBJUNCTIVE		**SUBJUNCTIVE**	
аплоди́ровал бы		зааплоди́ровал бы	
аплоди́ровала бы		зааплоди́ровала бы	
аплоди́ровало бы		зааплоди́ровало бы	
аплоди́ровали бы		зааплоди́ровали бы	
PARTICIPLES		**PARTICIPLES**	
pres. active	аплоди́рующий	*pres. active*	—
pres. passive	—	*pres. passive*	—
past active	аплоди́ровавший	*past active*	зааплоди́ровавший
past passive	—	*past passive*	—
VERBAL ADVERBS		**VERBAL ADVERBS**	
аплоди́руя		зааплоди́ровав	
COMMANDS		**COMMANDS**	
аплоди́руй		зааплоди́руй	
аплоди́руйте		зааплоди́руйте	

Usage

(+dat.)

Зал аплоди́рует люби́мому певцу́.	*The audience is applauding their favorite singer.*
Мы зааплоди́ровали ре́чи ора́тора.	*We applauded the presenter's speech.*
Студе́нты аплоди́ровали успе́ху това́рища.	*The students lauded their friend's success.*
Аплоди́рующая пу́блика не отпуска́ла актёров по́сле спекта́кля.	*The audience's sustained applause kept the actors after the performance.*
Зааплоди́ровав невпопа́д, ма́льчик смути́лся.	*Having applauded for no reason, the boy was embarrassed.*
Пу́блика вы́разила свой восто́рг, зааплоди́ровав компози́тору.	*The public expressed their joy, having applauded the conductor.*

арестóвывать/арестовáть *to arrest*

stem: **арестóвывай-/арестовá-** regular type 1 verb in imp./perf. form type 4

	IMPERFECTIVE ASPECT			PERFECTIVE ASPECT	
PRESENT					
	арестóвываю	арестóвываем			
	арестóвываешь	арестóвываете			
	арестóвывает	арестóвывают			
PAST			PAST		
	арестóвывал			арестовáл	
	арестóвывала			арестовáла	
	арестóвывало			арестовáло	
	арестóвывали			арестовáли	
FUTURE			FUTURE		
	бýду арестóвывать	бýдем арестóвывать		арестýю	арестýем
	бýдешь арестóвывать	бýдете арестóвывать		арестýешь	арестýете
	бýдет арестóвывать	бýдут арестóвывать		арестýет	арестýют
SUBJUNCTIVE			SUBJUNCTIVE		
	арестóвывал бы			арестовáл бы	
	арестóвывала бы			арестовáла бы	
	арестóвывало бы			арестовáло бы	
	арестóвывали бы			арестовáли бы	
PARTICIPLES			PARTICIPLES		
	pres. active	арестóвывающий		*pres. active*	—
	pres. passive	арестóвываемый		*pres. passive*	—
	past active	арестóвывавший		*past active*	арестовáвший
	past passive	—		*past passive*	арестóванный
VERBAL ADVERBS			VERBAL ADVERBS		
	арестóвывая			арестовáв	
COMMANDS			**COMMANDS**		
	арестóвывай			арестýй	
	арестóвывайте			арестýйте	

Usage

(+ acc.)(за+acc.)

За что егó арестовáли на э́тот раз?	*What was he arrested for this time?*
Арестóванный тревóжно смотрéл на полицéйских.	*The arrested man looked uneasily at the policemen.*
Агéнты, арестовáвшие престýпника, написáли протокóл.	*The agents who arrested the criminal filled out the report.*
Поезжáйте и арестýйте их немéдленно!	*Go and arrest them immediately!*
За дáчу лóжных показáний вас арестýют.	*You will be arrested for making a false statement.*

indefinite form type 1 / all others irregular stem: **бега́й-/irreg./irreg.**

IMPERFECTIVE ASPECT				PERFECTIVE ASPECT	
INDEFINITE		**DEFINITE**			
PRESENT		**PRESENT**			
бе́гаю	бе́гаем	бегу́	бежи́м		
бе́гаешь	бе́гаете	бежи́шь	бежи́те		
бе́гает	бе́гают	бежи́т	бегу́т		
PAST		PAST		PAST	
бе́гал		бежа́л		побежа́л	
бе́гала		бежа́ла		побежа́ла	
бе́гало		бежа́ло		побежа́ло	
бе́гали		бежа́ли		побежа́ли	
FUTURE		FUTURE		FUTURE	
бу́ду бе́гать	бу́дем бе́гать	бу́ду бежа́ть	бу́дем бежа́ть	побегу́	побежи́м
бу́дешь бе́гать	бу́дете бе́гать	бу́дешь бежа́ть	бу́дете бежа́ть	побежи́шь	побежи́те
бу́дет бе́гать	бу́дут бе́гать	бу́дет бежа́ть	бу́дут бежа́ть	побежи́т	побегу́т
SUBJUNCTIVE		SUBJUNCTIVE		SUBJUNCTIVE	
бе́гал бы		бежа́л бы		побежа́л	
бе́гала бы		бежа́ла бы		побежа́ла	
бе́гало бы		бежа́ло бы		побежа́ло	
бе́гали бы		бежа́ли бы		побежа́ли	
PARTICIPLES		PARTICIPLES		PARTICIPLES	
pres. active	бе́гающий	бегу́щий		—	
pres. passive	—	—		—	
past active	бе́гавший	бежа́вший		побежа́вший	
past passive	—	—		—	
VERBAL ADVERBS		VERBAL ADVERBS		VERBAL ADVERBS	
бе́гая		бе́гав		побежа́в	
COMMANDS		**COMMANDS**		**COMMANDS**	
бе́гай		беги́		побеги́	
бе́гайте		беги́те		побеги́те	

Usage

(в, на+ acc.)(в, на+prep.)(за+instr.)(из+gen.)(от+gen.)(по+dat.)

Невозмо́жно бежа́ть от свои́х пробле́м.	*You can't run away from your problems.*
Ма́ленькие но́жки побежа́ли по доро́жке.	*The little feet scampered across the trail.*
Ка́ждую зарпла́ту она́ бе́гает ода́лживать де́ньги.	*She runs to borrow money every paycheck.*
Бегу́щая по волна́м я́хта сверка́ла на со́лнце.	*The yacht, cutting through the waves, shimmered in the sun.*
По́сле рабо́ты я всегда́ бегу́ за проду́ктами, а пото́м - на остано́вку авто́буса.	*After work I always make a run for groceries, and then I go to the bus stop.*
– Ты не зна́ешь, где Ма́ша сейча́с?	*"Do you know where Masha is right now?"*
– Побежа́ла в библиоте́ку.	*"She ran to the library."*

бере́чь(ся)/побере́чь(ся) *to guard, protect; to take care*

stem: **берёг+ся/сберёг+ся** regular type 6 verb

IMPERFECTIVE ASPECT		PERFECTIVE ASPECT	
PRESENT			
берегу́(сь)	бережём(ся)		
бережёшь(ся)	бережёте(сь)		
бережёт(ся)	берегу́т(ся)		
PAST		PAST	
берёг(ся)		поберёг(ся)	
берегла́(сь)		поберегла́(сь)	
берегло́(сь)		поберегло́(сь)	
берегли́(сь)		поберегли́(сь)	
FUTURE		FUTURE	
бу́ду бере́чь(ся)	бу́дем бере́чь(ся)	поберегу́(сь)	побережём(ся)
бу́дешь бере́чь(ся)	бу́дете бере́чь(ся)	побережёшь(ся)	побережёте(сь)
бу́дет бере́чь(ся)	бу́дут бере́чь(ся)	побережёт(ся)	поберегу́т(ся)
SUBJUNCTIVE		SUBJUNCTIVE	
берёг(ся) бы		поберёг(ся) бы	
берегла́(сь) бы		поберегла́(сь) бы	
берегло́(сь) бы		поберегло́(сь) бы	
берегли́(сь) бы		поберегли́(сь) бы	
PARTICIPLES		PARTICIPLES	
pres. active	берегу́щий(ся)	*pres. active*	—
pres. passive	—	*pres. passive*	—
past active	берёгший(ся)	*past active*	поберёгший(ся)
past passive	бережённый	*past passive*	побережённый
VERBAL ADVERBS		VERBAL ADVERBS	
—		поберёгшись	
COMMANDS		COMMANDS	
береги́(сь)		побереги́(сь)	
берегите(сь)		поберегите(сь)	

Usage

(+acc.)(+gen.)(от+gen.)

Ма́ма бережёт дете́й от просту́ды. — *Mother protects the kids from catching a cold.*

Спортсме́н уме́л бере́чь си́лы пе́ред забе́гом. — *The athlete was able to focus his energies before the race.*

Тру́дно сбере́чь репута́цию в э́том коллекти́ве. — *It is difficult to protect your reputation with this group.*

Побереги́сь - на площа́дке рабо́тает кран! — *Be careful at the building site; a crane is there!*

Proverbs/Sayings

Бережёного Бог бережёт. (поговорка) — *God helps those who help themselves.*

Копе́йка ру́бль бережёт. (поговорка) — *A penny saved is a penny earned.*

Береги́ честь смо́лоду. (пословица) — *Take care of your integrity in your youth.*

to worry, bother беспоко́ить(ся)/побеспоко́ить(ся) 5

regular type 2 verb (like **говори́ть**) stem: **беспоко́и+ся/побеспоко́и+ся**

IMPERFECTIVE ASPECT

PRESENT

беспоко́ю(сь)	беспоко́им(ся)
беспоко́ишь(ся)	беспоко́ите(сь)
беспоко́ит(ся)	беспоко́ят(ся)

PAST

беспоко́ил(ся)
беспоко́ила(сь)
беспоко́ило(сь)
беспоко́или(сь)

FUTURE

бу́ду беспоко́ить(ся)	бу́дем беспоко́ить(ся)
бу́дешь беспоко́ить(ся)	бу́дете беспоко́ить(ся)
бу́дет беспоко́ить(ся)	бу́дут беспоко́ить(ся)

SUBJUNCTIVE

беспоко́ил(ся) бы
беспоко́ила(сь) бы
беспоко́ило(сь) бы
беспоко́или(сь) бы

PARTICIPLES

pres. active	беспоко́ящий(ся)
pres. passive	—
past active	беспоко́ивший(ся)
past passive	—

VERBAL ADVERBS

беспоко́я(сь)

COMMANDS

беспоко́й(ся)
беспоко́йте(сь)

PERFECTIVE ASPECT

PAST

побеспоко́ил(ся)
побеспоко́ила(сь)
побеспоко́ило(сь)
побеспоко́или(сь)

FUTURE

побеспоко́ю(сь)	побеспоко́им(ся)
побеспоко́ишь(ся)	побеспоко́ите(сь)
побеспоко́ит(ся)	побеспоко́ят(ся)

SUBJUNCTIVE

побеспоко́ил(ся) бы
побеспоко́ила(сь) бы
побеспоко́ило(сь) бы
побеспоко́или(сь) бы

PARTICIPLES

pres. active	—
pres. passive	—
past active	побеспоко́ивший(ся)
past passive	—

VERBAL ADVERBS

побеспоко́ивши(сь)

COMMANDS

побеспоко́й(ся)
побеспоко́йте(сь)

Usage

(+acc.)(за+acc.)(о+prep.)

Лу́чше беспоко́йся о своём здоро́вье.	*You should better worry about your health.*
Пора́ побеспоко́иться о сро́ках рабо́ты.	*It's time to start worrying about the work schedule.*
Беспоко́ившаяся о судьбе́ дете́й, мать ча́сто не спала́ ноча́ми.	*The mother, who was worrying about the fate of her children, often didn't sleep at night.*
Беспоко́ясь об экза́менах, она́ все вечера́ сиде́ла в библиоте́ке.	*Worrying about the exams, she sat every evening in the library.*
Я всегда́ беспоко́юсь, как дотяну́ть до зарпла́ты.	*I always worry how to make ends meet to the end of the month.*

6

би́ть(ся)/проби́ть(ся)

to hit, strike

stem: **бьй+(ся)/пробьй+(ся)**

irregular; imperative adds -**е**-

Proverbs/Idioms

Посу́да бьётся на сча́стье. (поговорка)	*A broken glass will bring happiness.*
Ещё не вре́мя бить в колокола́.	*It's no time to sound the alarm.*
Рабо́тать на́до, а не бить баклу́ши.	*You need to work, and not twiddle your thumbs.*
Я бьюсь как ры́ба об лёд, но не могу́ помо́чь семье.	*I struggle to keep my head above water, but I can't help my family.*
Жизнь бьёт ключо́м. (поговорка)	*Life is booming.*
Тру́дно проби́ться без свя́зей.	*It's hard to get anywhere without connections.*
Он бил меня́ в лицо́ кулако́м.	*He punched me in the face with his fist.*
Отря́д с боя́ми пробива́лся вперёд.	*The detachment was able to fight .*
Часы́ бью́т по́лночь, пора́ подня́ть бока́лы.	*The clock struck midnight; it's time to raise our glasses.*
Из ку́хни послы́шался звук бью́щейся посу́ды.	*The sound of broken glass was heard in the kitchen.*

6

to hit, strike — би́ть(ся)/проби́ть(ся)

irregular; imperative adds -**е**-

stem: **бьй+(ся)/пробьй+(ся)**

IMPERFECTIVE ASPECT		PERFECTIVE ASPECT	
PRESENT			
бью(сь)	бьём(ся)		
бьёшь(ся)	бьёте(сь)		
бьёт(ся)	бьют(ся)		
PAST		**PAST**	
бил(ся)		проби́л(ся)	
би́ла(сь)		проби́ла(сь)	
би́ло(сь)		проби́ло(сь)	
би́ли(сь)		проби́ли(сь)	
FUTURE		**FUTURE**	
бу́ду би́ть(ся)	бу́дем би́ть(ся)	пробью́(сь)	пробьём(ся)
бу́дешь би́ть(ся)	бу́дете би́ть(ся)	пробьёшь(ся)	пробьёте(сь)
бу́дет би́ть(ся)	бу́дут би́ть(ся)	пробьёт(ся)	пробью́т(ся)
SUBJUNCTIVE		**SUBJUNCTIVE**	
би́л(ся) бы		проби́л(ся) бы	
би́ла(сь) бы		проби́ла(сь) бы	
би́ло(сь) бы		проби́ло(сь) бы	
би́ли(сь) бы		проби́ли(сь) бы	
PARTICIPLES		**PARTICIPLES**	
pres. active	бью́щий(ся)	*pres. active*	—
pres. passive	—	*pres. passive*	—
past active	би́вший(ся)	*past active*	проби́вший(ся)
past passive	—	*past passive*	проби́тый
VERBAL ADVERBS		**VERBAL ADVERBS**	
би́вши(сь)		проби́в	
COMMANDS		**COMMANDS**	
бей(ся)		пробе́й(ся)	
бе́йте(сь)		пробе́йте(сь)	

Usage

(+acc.)(за+acc.)(в, на+acc.)(+instr.)(по+dat.)

Он бил меня́ в лицо́ кулако́м.	*He punched me in the face with his fist.*
Отря́д с боя́ми пробива́лся вперёд.	*The detachment fought their way forward.*
Часы́ бьют по́лночь, пора́ подня́ть бока́лы.	*The clock struck midnight; it's time to raise our glasses.*
Из ку́хни послы́шался звук бью́щейся посу́ды.	*The sound of broken glass was heard in the kitchen.*

7 благодари́ть/поблагодари́ть *to thank*

stem: **благодари́-/поблагодари́-** regular type 2 verb (like **говори́ть**)

IMPERFECTIVE ASPECT

PRESENT

благодарю́	благодари́м
благодари́шь	благодари́те
благодари́т	благодаря́т

PAST

благодари́л
благодари́ла
благодари́ло
благодари́ли

FUTURE

бу́ду благодари́ть	бу́дем благодари́ть
бу́дешь благодари́ть	бу́дете благодари́ть
бу́дет благодари́ть	бу́дут благодари́ть

SUBJUNCTIVE

благодари́л бы
благодари́ла бы
благодари́ло бы
благодари́ли бы

PARTICIPLES

pres. active	благодаря́щий
pres. passive	—
past active	благодари́вший
past passive	—

VERBAL ADVERBS

благодаря́

COMMANDS

благодари́
благодари́те

PERFECTIVE ASPECT

PAST

поблагодари́л
поблагодари́ла
поблагодари́ло
поблагодари́ли

FUTURE

поблагодарю́	поблагодари́м
поблагодари́шь	поблагодари́те
поблагодари́т	поблагодаря́т

SUBJUNCTIVE

поблагодари́л бы
поблагодари́ла бы
поблагодари́ло бы
поблагодари́ли бы

PARTICIPLES

pres. active	—
pres. passive	—
past active	поблагодари́вший
past passive	—

VERBAL ADVERBS

поблагодари́в

COMMANDS

поблагодари́
поблагодари́те

Usage

(+acc.)(за+acc.)

Благодари́ Бо́га, что оста́лся жив.	*Thank God you're still alive.*
Благодарю́ вас за ока́занное мне дове́рие.	*Thank you for trusting me.*
Оте́ц поблагодари́л госте́й за пода́рки.	*Father thanked the guests for the gifts.*
Благодаря́ ва́шей подде́ржке я око́нчил прое́кт в срок.	*Thanks to your support I finished the project on time.*

regular type 1 verb (like **рабо́тать**) stem: **бол́ей-/забол́ей-**

IMPERFECTIVE ASPECT		PERFECTIVE ASPECT	
PRESENT			
боле́ю	боле́ем		
боле́ешь	боле́ете		
боле́ет	боле́ют		
PAST		**PAST**	
боле́л		заболе́л	
боле́ла		заболе́ла	
боле́ло		заболе́ло	
боле́ли		заболе́ли	
FUTURE		**FUTURE**	
бу́ду боле́ть	бу́дем боле́ть	заболе́ю	заболе́ем
бу́дешь боле́ть	бу́дете боле́ть	заболе́ешь	заболе́ете
бу́дет боле́ть	бу́дут боле́ть	заболе́ет	заболе́ют
SUBJUNCTIVE		**SUBJUNCTIVE**	
боле́л бы		заболе́л бы	
боле́ла бы		заболе́ла бы	
боле́ло бы		заболе́ло бы	
боле́ли бы		заболе́ли бы	
PARTICIPLES		**PARTICIPLES**	**PARTICIPLES**
pres. active	боле́ющий	*pres. active*	—
pres. passive	—	*pres. passive*	—
past active	боле́вший	*past active*	заболе́вший
past passive	—	*past passive*	—
VERBAL ADVERBS		**VERBAL ADVERBS**	
боле́я		заболе́в	
COMMANDS		**COMMANDS**	
боле́й		заболе́й	
боле́йте		заболе́йте	

Usage

(+ instr.)(за+acc.)

Я боле́ю за «Дина́мо».	*I root for the team "Dynamo."*
Боле́вший весь день зуб вдруг успоко́ился.	*My tooth which hurt all day suddenly calmed down.*
Он всегда́ бу́дет боле́ть за рабо́ту.	*He will always be concerned about his job.*
Ребёнок серьёзно заболе́л гри́ппом.	*The child was seriously ill with the flu.*
Заболе́в, она́ получи́ла возмо́жность мно́го чита́ть.	*Having been sick, she was able to read a lot.*

9 боле́ть/заболе́ть *to hurt, ache, be sore*

stem: **боле-/заболе-** regular type 2 verb (like **говори́ть**); 3rd person only

IMPERFECTIVE ASPECT		PERFECTIVE ASPECT	
PRESENT			
—	—		
—	—		
боли́т	боля́т		
PAST		PAST	
боле́л		заболе́л	
боле́ла		заболе́ла	
боле́ло		заболе́ло	
боле́ли		заболе́ли	
FUTURE		FUTURE	
—	—	—	—
—	—	—	—
бу́дет боле́ть	бу́дут боле́ть	заболи́т	заболя́т
SUBJUNCTIVE		SUBJUNCTIVE	
боле́л бы		заболе́л бы	
боле́ла бы		заболе́ла бы	
боле́ло бы		заболе́ло бы	
боле́ли бы		заболе́ли бы	
PARTICIPLES		PARTICIPLES	
pres. active	боля́щий	*pres. active*	—
pres. passive	—	*pres. passive*	—
past active	боле́вший	*past active*	заболе́вший
past passive	—	*past passive*	—
VERBAL ADVERBS		VERBAL ADVERBS	
—		заболе́в	
COMMANDS		COMMANDS	
—		—	

Usage

(у+gen.)(от+gen.)

Что у вас боли́т? — *What is hurting you?*

У рабо́чего боле́ла спина́ от тяжёлой рабо́ты. — *The worker's back hurt from the hard labor.*

У меня́ стра́шно боли́т голова́. — *I have a splitting headache.*

От хо́лода да́же зу́бы боля́т. — *It is so cold that my teeth hurt.*

По́сле до́лгой ходьбы́ у меня́ заболе́ли но́ги. — *My feet started hurting from the long walk.*

У него́ душа́ боле́ла за дете́й. — *His soul ached for his children.*

regular type 2 verb (like **говори́ть)** stem: **боро+ся-/поборо+ся-**

IMPERFECTIVE ASPECT		PERFECTIVE ASPECT	
PRESENT			
борю́сь	бо́ремся		
бо́решься	бо́ретесь		
бо́рется	бо́рются		
PAST		**PAST**	
боро́лся		поборо́лся	
боро́лась		поборо́лась	
боро́лось		поборо́лось	
боро́лись		поборо́лись	
FUTURE		**FUTURE**	
бу́ду боро́ться	бу́дем боро́ться	поборю́сь	побо́ремся
бу́дешь боро́ться	бу́дете боро́ться	побо́решься	побо́ретесь
бу́дет боро́ться	бу́дут боро́ться	побо́рется	побо́рются
SUBJUNCTIVE		**SUBJUNCTIVE**	
боро́лся бы		поборо́лся бы	
боро́лась бы		поборо́лась бы	
боро́лось бы		поборо́лось бы	
боро́лись бы		поборо́лись бы	
PARTICIPLES		**PARTICIPLES**	
pres. active	бо́рющийся	*pres. active*	—
pres. passive	—	*pres. passive*	—
past active	боро́вшийся	*past active*	поборо́вшийся
past passive	—	*past passive*	—
VERBAL ADVERBS		**VERBAL ADVERBS**	
боря́сь		поборо́вшись	
COMMANDS		**COMMANDS**	
бори́сь		побори́сь	
бори́тесь		побори́тесь	

Usage

(с+ instr.)(за+acc.)(против+gen.)

Спо́рить с нача́льством - э́то боро́ться с ветряны́ми ме́льницами. — *Arguing with management is like fighting windmills.*

Мы всю ночь боро́лись про́тив врага́. — *We fought the enemy all night.*

В Аме́рике эмигра́нты бо́рются за лу́чшую жи́знь. — *In America, immigrants struggle for a better life.*

Мы бу́дем боро́ться не на жизнь, а на смерть! — *We will fight to the death!*

Бу́дет бу́ря - мы поспо́рим и побо́ремся мы с ней. (Н. Язы́ков) — *The storm is coming; we will argue and fight it. (N. Yazykov)*

Proverbs/Sayings

С си́льным - не бори́сь, а с бога́тым - не суди́сь. (поговорка) — *Don't fight a strong man, nor sue a rich one.*

За что боро́лись, на то и напоро́лись. (пословица) — *What we fought for has been our undoing.*

бoя́ться

to worry, be afraid

stem: **боя+ся**

regular type 2 verb (like **говори́ть**)/no perf.

IMPERFECTIVE ASPECT

PRESENT

бою́сь	бои́мся
бои́шься	бои́тесь
бои́тся	боя́тся

PAST

боя́лся
боя́лась
боя́лось
боя́лись

FUTURE

бу́ду боя́ться	бу́дем боя́ться
бу́дешь боя́ться	бу́дете боя́ться
бу́дет боя́ться	бу́дут боя́ться

SUBJUNCTIVE

боя́лся бы
боя́лась бы
боя́лось бы
боя́лись бы

PARTICIPLES

pres. active	боя́щийся
pres. passive	—
past active	боя́вшийся
past passive	—

VERBAL ADVERBS

боя́сь

COMMANDS

бо́йся
бо́йтесь

Usage

(+inf.)(+gen.)(за+acc.)

Бою́сь сказа́ть, но идёт большо́е сокраще́ние шта́тов.	*I am afraid that there will be a large reduction in the number of employees.*
Моя́ дочь боя́лась пла́вать до десяти́ лет.	*My daughter was scared to swim until she was ten years old.*
Я бою́сь за мать, она́ так слаба́ по́сле боле́зни.	*I'm worried about Mother; she is so weak after her illness.*
Де́ти боя́тся темноты́.	*Children are afraid of the dark.*

Proverbs

Не бо́йся го́стя сидя́чего, а бо́йся го́стя стоя́чего.	*Don't fear a sitting guest, but a standing one.*
Волко́в боя́ться — в лес не ходи́ть.	*Nothing ventured, nothing gained.*

regular type 3 verb in imp./perf. form irregular stem: **б|ра+ся/irreg.**

IMPERFECTIVE ASPECT		PERFECTIVE ASPECT	
PRESENT			
беру́(сь)	берём(ся)		
берёшь(ся)	берёте(сь)		
берёт(ся)	беру́т(ся)		
PAST		PAST	
бра́л(ся)		взя́л(ся)	
брала́(сь)		взяла́(сь)	
брало́(ся)		взя́ло(сь)	
брали́(ся)		взя́ли(сь)	
FUTURE		FUTURE	
бу́ду брать(ся)	бу́дем брать(ся)	возьму́(сь)	возьмём(ся)
бу́дешь брать(ся)	бу́дете брать(ся)	возьмёшь(ся)	возьмёте(сь)
бу́дет брать(ся)	бу́дут брать(ся)	возьмёт(ся)	возьму́т(ся)
SUBJUNCTIVE		SUBJUNCTIVE	
бра́л(ся) бы		взя́л(ся) бы	
брала́(сь) бы		взяла́(сь) бы	
брало́(сь) бы		взя́ло(сь) бы	
брали́(сь) бы		взя́ли(сь) бы	
PARTICIPLES		PARTICIPLES	
pres. active	беру́щий(ся)	*pres. active*	—
pres. passive	—	*pres. passive*	—
past active	бра́вший(ся)	*past active*	взя́вший(ся)
past passive	—	*past passive*	взя́тый
VERBAL ADVERBS		VERBAL ADVERBS	
беря́(сь)		взя́в(шись)	
COMMANDS		**COMMANDS**	
бери́(сь)		возьми́(сь)	
бери́те(сь)		возьми́те(сь)	

Usage

(с+собой)(+acc.)(у+gen.)(в, на+acc.)(за+acc.)

Ле́том я возьму́ о́тпуск и пое́ду в Ки́ев. *In the summer I will go on vacation to Kiev.*
Он взя́л слова́рь у дру́га. *He borrowed the dictionary from his friend.*
Васи́лий взя́л вину́ на себя́. *Vasily took the blame.*
Они́ обеща́ли взя́ть нас с собо́й в Кры́м. *They promised to take us along to the Crimea.*
Она́ взяла́ за гада́ние больши́е де́ньги. *She charged a lot of money for the fortunetelling.*

Idioms/Sayings

Не бери́ в го́лову! *Think nothing of it.*
Взя́лся за гуж, не говори́, что не дюж. (пословица) *In for a penny, in for a pound.*

13 бри́ться/побри́ться *to shave*

stem: **irregular** irregular verb in imp. & perf.

IMPERFECTIVE ASPECT

PRESENT

бре́юсь	бре́емся
бре́ешся	бре́етесь
бре́ется	бре́ются

PAST

бри́лся
бри́лась
бри́лось
бри́лись

FUTURE

бу́ду бри́ться	бу́дем бри́ться
бу́дешь бри́ться	бу́дете бри́ться
бу́дет бри́ться	бу́дут бри́ться

SUBJUNCTIVE

бри́лся бы
бри́лась бы
бри́лось бы
бри́лись бы

PARTICIPLES

pres. active	бре́ющийся
pres. passive	—
past active	бри́вшийся
past passive	бри́тый*

VERBAL ADVERBS

бре́ясь

COMMANDS

бре́йся
бре́йтесь

PERFECTIVE ASPECT

PAST

побри́лся
побри́лась
побри́лось
побри́лись

FUTURE

побре́юсь	побре́емся
побре́ешся	побре́етесь
побре́ется	побре́ются

SUBJUNCTIVE

побри́лся бы
побри́лась бы
побри́лось бы
побри́лись бы

PARTICIPLES

pres. active	—
pres. passive	—
past active	побри́вшийся
past passive	—

VERBAL ADVERBS

побри́вшись

COMMANDS

побре́йся
побре́йтесь

Usage

(в, на+prep.)

Не меша́ет тебе́ побри́ться, а то вы́глядишь старико́м.	*It wouldn't hurt you to shave: you're looking like an old man.*
Ка́ждое у́тро оте́ц тща́тельно бри́лся.	*Every morning father shaved thoroughly.*
Он побри́л бо́роду, а усы́ оста́вил.	*He shaved off his beard, but he left his mustache.*
Мой сын на́чал бри́ться в семна́дцать лет.	*My son started shaving at seventeen.*
Бре́ясь, он слу́шал но́вости по ра́дио.	*While he was shaving, he listened to the news on the radio.*
Бре́йтесь электробри́твой, э́то безопа́сно.	*Shave with an electric razor; it's not dangerous.*

**non-reflexive form.*

indef. form type 2/def. & perf. type 5 stem: **броди-/брёд-/побрёд-**

IMPERFECTIVE ASPECT				PERFECTIVE ASPECT	
INDEFINITE		DEFINITE			
PRESENT		PRESENT			
брожу́	бро́дим	бреду́	бредём		
бро́дишь	бро́дите	бредёшь	бредёте		
бро́дит	бро́дят	бредёт	бреду́т		
PAST		PAST		PAST	
броди́л		брёл		побрёл	
броди́ла		брела́		побрела́	
броди́ло		брело́		побрело́	
броди́ли		брели́		побрели́	
FUTURE		FUTURE		FUTURE	
бу́ду броди́ть	бу́дем броди́ть	бу́ду брести́	бу́дем брести́	побреду́	побредём
бу́дешь броди́ть	бу́дете броди́ть	бу́дешь брести́	бу́дете брести́	побредёшь	побредёте
бу́дет броди́ть	бу́дут броди́ть	бу́дет брести́	бу́дут брести́	побредёт	побреду́т
SUBJUNCTIVE		SUBJUNCTIVE		SUBJUNCTIVE	
броди́л бы		брёл бы		побрёл бы	
броди́ла бы		брела́ бы		побрела́ бы	
броди́ло бы		брело́ бы		побрело́ бы	
броди́ли бы		брели́ бы		побрели́ бы	
PARTICIPLES		PARTICIPLES		PARTICIPLES	
pres. active	бродя́щий	бреду́щий		—	
pres. passive	—	—		—	
past active	броди́вший	бре́дший		побре́дший	
past passive	—	—		—	
VERBAL ADVERBS		VERBAL ADVERBS		VERBAL ADVERBS	
бродя́		бредя́		побредя́	
COMMANDS		**COMMANDS**		**COMMANDS**	
броди́		бреди́		побреди́	
броди́те		бреди́те		побреди́те	

Usage

(по+dat.)(+acc.)(вдоль+gen.)(в, на+acc.)

Что́бы добра́ться до го́рода, пришло́сь до́лго брести́ по бездоро́жью. *In order to reach the city, we had to wander through the back roads.*

Соба́ка побрела́, уны́ло опусти́в го́лову. *The dog was wandering, her head sadly lowered.*

Броди́в по́ лесу, мы наконе́ц вы́шли к желе́зной доро́ге. *Having wandered through the forest, we finally reached the railroad tracks.*

Мы уви́дели коро́в, броди́вших по лу́гу. *We saw the cattle wandering in the meadow.*

15 брони́ровать/заброни́ровать *to reserve*

stem: **бронирова-/забронирова-** regular type 4 verb (like **тре́бовать)**

IMPERFECTIVE ASPECT		PERFECTIVE ASPECT	
PRESENT			
брони́рую	брони́руем		
брони́руешь	брони́руете		
брони́рует	брони́руют		
PAST		**PAST**	
брони́ровал		заброни́ровал	
брони́ровала		заброни́ровала	
брони́ровало		заброни́ровало	
брони́ровали		заброни́ровали	
FUTURE		**FUTURE**	
бу́ду брони́ровать	бу́дем брони́ровать	заброни́рую	заброни́руем
бу́дешь брони́ровать	бу́дете брони́ровать	заброни́руешь	заброни́руете
бу́дет брони́ровать	бу́дут брони́ровать	заброни́рует	заброни́руют
SUBJUNCTIVE		**SUBJUNCTIVE**	
брони́ровал бы		заброни́ровал	
брони́ровала бы		заброни́ровала бы	
брони́ровало бы		заброни́ровало бы	
брони́ровали бы		заброни́ровали бы	
PARTICIPLES		**PARTICIPLES**	
pres. active	брони́ровавший	*pres. active*	—
pres. passive	—	*pres. passive*	—
past active	брони́рованный	*past active*	заброни́ровавший
past passive	—	*past passive*	заброни́рованный
VERBAL ADVERBS		**VERBAL ADVERBS**	
брони́ровав		заброни́ровав	
COMMANDS		**COMMANDS**	
брони́руй		заброни́руй	
брони́руйте		заброни́руйте	

Usage

(+acc.)

Мы заброни́ровали но́мер в гости́нице.	*We reserved a room in the hotel.*
Заброни́руйте, пожа́луйста, два биле́та на Москву́.	*Reserve two tickets for Moscow, please.*
Обы́чно я брони́рую биле́ты на самолёт за ме́сяц.	*Usually I reserve plane tickets a month in advance.*
Заброни́ровав биле́ты в цирк, я позвони́л ей.	*Having reserved tickets to the circus, I called her.*
Заче́м брони́ровать гости́ницу? Сейча́с не туристи́ческий сезо́н.	*Why reserve a hotel? It's not the tourist season.*

to throw; to throw oneself at **броса́ть(ся)/бро́сить(ся)**

regular type 1 verb in imp./perf. form type 2 — stem: **броса́й+ся/бро́си+ся**

IMPERFECTIVE ASPECT		PERFECTIVE ASPECT	
PRESENT			
броса́ю(сь)	броса́ем(ся)		
броса́ешь(ся)	броса́ете(сь)		
броса́ет(ся)	броса́ют(ся)		
PAST		**PAST**	
броса́л(ся)		бро́сил(ся)	
броса́ла(сь)		бро́сила(ся)	
броса́ло(сь)		бро́сило(ся)	
броса́ли(сь)		бро́сили(ся)	
FUTURE		**FUTURE**	
бу́ду броса́ть(ся)	бу́дем броса́ть(ся)	бро́шу(сь)	бро́сим(ся)
бу́дешь броса́ть(ся)	бу́дете броса́ть(ся)	бро́сишь(ся)	бро́сите(сь)
бу́дет броса́ть(ся)	бу́дут броса́ть(ся)	бро́сит(ся)	бро́сят(ся)
SUBJUNCTIVE		**SUBJUNCTIVE**	
броса́л(ся) бы		бро́сил(ся) бы	
броса́ла(сь) бы		бро́сила(ся) бы	
броса́ло(сь) бы		бро́сило(ся) бы	
броса́ли(сь) бы		бро́сили(ся) бы	
PARTICIPLES		**PARTICIPLES**	
pres. active	броса́ющий(ся)	*pres. active*	—
pres. passive	броса́емый	*pres. passive*	—
past active	броса́вший	*past active*	бро́сивший(ся)
past passive	—	*past passive*	бро́шенный
VERBAL ADVERBS		**VERBAL ADVERBS**	
броса́я (сь)		бро́сив(шись)	
COMMANDS		**COMMANDS**	
броса́й (ся)		брось/ся	
броса́йте (сь)		бро́сьте/сь	

Usage

(к+dat.)(+acc.)(за+instr.)(в, на+acc.)(+dat.)(+inf.)

Дочь бро́силась ко мне́ в объя́тия. — *My daughter ran up and hugged me.*

Па́рень бро́сился в во́ду с высо́кой скалы́. — *The young boy jumped into the water from a high cliff.*

Бро́шенные в ата́ку войска́ потесни́ли врага́. — *The troops thrown into the attack strongly confronted the enemy.*

Он бро́сился на коле́ни и стал проси́ть проще́ния. — *He fell to his knees and asked for forgiveness.*

У неё в крови́ – броса́ться лю́дям на по́мощь. — *It's her nature to run and help people.*

Больно́й бро́сил пить год наза́д. — *The patient stopped drinking a year ago.*

Ма́ша бро́сила му́зыку в де́тстве. — *Masha gave up music in her childhood.*

Idioms

Что ты броса́ешься из одно́й кра́йности в другу́ю? — *Why are you jumping from one extreme to another?*

17 буди́ть/разбуди́ть — *to wake up*

stem: **буди-/разбуди-** regular type 2 verb (like **говори́ть)**

IMPERFECTIVE ASPECT		PERFECTIVE ASPECT	
PRESENT			
бужу́	бу́дим		
бу́дишь	бу́дите		
бу́дит	бу́дят		
PAST		PAST	
буди́л		разбуди́л	
буди́ла		разбуди́ла	
буди́ло		разбуди́ло	
буди́ли		разбуди́ли	
FUTURE		FUTURE	
бу́ду буди́ть	бу́дем буди́ть	разбужу́	разбу́дим
бу́дешь буди́ть	бу́дете буди́ть	разбу́дишь	разбу́дите
бу́дет буди́ть	бу́дут буди́ть	разбу́дит	разбу́дят
SUBJUNCTIVE		SUBJUNCTIVE	
буди́л бы		разбуди́л бы	
буди́ла бы		разбуди́ла бы	
буди́ло бы		разбуди́ло бы	
буди́ли бы		разбуди́ли бы	
PARTICIPLES		PARTICIPLES	
pres. active	будя́щий	*pres. active*	—
pres. passive	буди́мый	*pres. passive*	—
past active	буди́вший	*past active*	разбуди́вший
past passive	—	*past passive*	разбу́женный
VERBAL ADVERBS		VERBAL ADVERBS	
будя́		разбуди́в	
COMMANDS		**COMMANDS**	
буди́		разбуди́	
буди́те		разбуди́те	

Usage

(+acc.)(у+gen.)(в+acc.)

Невозмо́жно разбуди́ть сове́сть в сы́не. — *It's impossible to awaken our son's conscience.*
Разбу́женный звонко́м ребёнок до́лго пла́кал. — *The child, awoken by the bell, cried a long time.*
Буди́те его, он опозда́ет на рабо́ту. — *Wake him up; he's late for work.*
Разбуди́в всех в до́ме, он побежа́л на ре́чку. — *Having awakened everyone in the house, he ran to the river.*

Пти́цы разбуди́ли лес свои́м пе́нием. — *The birds awoke the forest with their song.*
Статьи́ в газе́те буди́ли не́нависть к врагу́. — *The articles in the newspaper aroused hatred towards the enemy.*

Sayings/Idioms

Не буди́ во мне зве́ря! — *Don't bring out the beast in me!*
Не буди́ ли́ха, пока́ ти́хо. (пословица) — *Let sleeping dogs lie.*

regular type 1 verb (like **рабо́тать**) stem: **бывай-/побыва́й-**

IMPERFECTIVE ASPECT		PERFECTIVE ASPECT	
PRESENT			
быва́ю	быва́ем		
быва́ешь	быва́ете		
быва́ет	быва́ют		
PAST		PAST	
быва́л		побыва́л	
быва́ла		побыва́ла	
быва́ло		побыва́ло	
быва́ли		побыва́ли	
FUTURE		FUTURE	
бу́ду быва́ть	бу́дем быва́ть	побыва́ю	побыва́ем
бу́дешь быва́ть	бу́дете быва́ть	побыва́ешь	побыва́ете
бу́дет быва́ть	бу́дут быва́ть	побыва́ет	побыва́ют
SUBJUNCTIVE		SUBJUNCTIVE	
быва́л бы		побыва́л бы	
быва́ла бы		побыва́ла бы	
быва́ло бы		побыва́ло бы	
быва́ли бы		побыва́ли бы	
PARTICIPLES		PARTICIPLES	
pres. active	быва́ющий	*pres. active*	—
pres. passive	—	*pres. passive*	—
past active	быва́вший	*past active*	побыва́вший
past passive	—	*past passive*	—
VERBAL ADVERBS		VERBAL ADVERBS	
быва́я		побыва́в	
COMMANDS		**COMMANDS**	
быва́й		побыва́й	
быва́йте		побыва́йте	

Usage

(у+gen.)(в, на+prep.)

Тепе́рь мы бу́дем быва́ть у вас ча́ще. — *We will visit you more often now.*
Бу́дете в Ки́еве - побыва́йте на Влади́мирской го́рке. — *When you're in Kiev, visit Vladimir Hill.*
Быва́я на конфере́нциях, вы знако́митесь с но́выми иде́ями. — *Attending conferences, you have acquainted yourself with new ideas.*
Он ча́сто быва́ет в командиро́вках. — *He often travels on business.*
Я мечта́ю побыва́ть в Пари́же весно́й. — *I dream of being in Paris in the spring.*

Sayings/Idioms

Двум смертя́м не быва́ть, а одно́й - не минова́ть. (пословица) — *A man can die but once.*
Ну, быва́й, па́рень! — *See you later!*

19 быть/побы́ть — *to be*

stem: **irregular** — irregular verb; no present tense

	IMPERFECTIVE ASPECT		PERFECTIVE ASPECT	
PRESENT				
	—	—		
	—	—		
	есть*	—		
PAST				
	был		по́был	
	была́		побыла́	
	бы́ло		по́было	
	бы́ли		по́были	
FUTURE				
	бу́ду	бу́дем	побу́ду	побу́дем
	бу́дешь	бу́дете	побу́дешь	побу́дете
	бу́дет	бу́дут	побу́дет	побу́дут
SUBJUNCTIVE				
	был бы		по́был бы	
	была́ бы		побыла́ бы	
	бы́ло бы		по́было бы	
	бы́ли бы		по́были бы	
PARTICIPLES				
pres. active		—		—
pres. passive		—		—
past active		бы́вший		побы́вший
past passive		—		—
VERBAL ADVERBS				
	бу́дучи		побы́в	
COMMANDS				
	будь		побу́дь	
	бу́дьте		побу́дьте	

Usage

(у+gen.)(в, на+prep.)(+gen.[with negation])(за+instr.)(+instr.)

Прести́жно быть студе́нтом э́того институ́та. — *It is prestigous to be a student at this institute.*
Мы бы́ли в теа́тре до десяти́ ве́чера. — *We were at the theater until 10:00 P.M.*
Оте́ц был на войне́ четы́ре го́да. — *Father was in the war for four years.*
Бу́дучи нача́льником, он ча́сто остава́лся рабо́тать допоздна́. — *Being a boss, he often stayed late at work.*
У вас здесь есть универма́г? — *Is there a department store in your area?*
Есть дела́ поважне́е. — *There are more pressing issues.*

Proverbs/Sayings

Будь своему́ сло́ву хозя́ин. — *Be the master of your word.*
Переме́лется - мука́ бу́дет. — *It will all come out in the wash.*
Наси́льно мил не бу́дешь. — *You can't force someone to love you.*
Будь умён, а не силён. — *Better brains than brawn.*

There is no present tense for this verb, but the conjugation* **есть *still exists for possession and archaic expressions.*

regular type 2 verb (like **говори́ть**) stem: **вари+(ся)/свари+(ся)**

IMPERFECTIVE ASPECT		PERFECTIVE ASPECT	
PRESENT			
варю́(сь)	ва́рим(ся)		
ва́ришь(ся)	ва́рите(сь)		
ва́рит(ся)	ва́рят(ся)		
PAST		PAST	
вари́л(ся)		свари́л(ся)	
вари́ла(сь)		свари́ла(сь)	
вари́ло(сь)		свари́ло(сь)	
вари́ли(сь)		свари́ли(сь)	
FUTURE		FUTURE	
бу́ду вари́ть(ся)	бу́дем вари́ть(ся)	сварю́(сь)	сва́рим(ся)
бу́дешь вари́ть(ся)	бу́дете вари́ть(ся)	сва́ришь(ся)	сва́рите(сь)
бу́дет вари́ть(ся)	бу́дут вари́ть(ся)	сва́рит(ся)	сва́рят(ся)
SUBJUNCTIVE		SUBJUNCTIVE	
вари́л(ся) бы		свари́л(ся)	
вари́ла(сь) бы		свари́ла(сь) бы	
вари́ло(сь) бы		свари́ло(сь) бы	
вари́ли(сь) бы		свари́ли(сь) бы	
PARTICIPLES		PARTICIPLES	
pres. active	варя́щий(ся)	*pres. active*	свари́вший(ся)
pres. passive	вари́мый	*pres. passive*	—
past active	вари́вший(ся)	*past active*	сва́ренный
past passive	ва́ренный	*past passive*	—
VERBAL ADVERBS		VERBAL ADVERBS	
варя́(сь)		свари́в(шись)	
COMMANDS		COMMANDS	
вари́		свари́	
вари́те		свари́те	

Usage

(+acc.)(в, на+prep.)

Я свари́л украи́нский борщ. — *I made some Ukrainian borscht.*

Тури́сты вошли́ в цех, где вари́ли сталь. — *The tourists went into the factory where steel was smelted.*

На плите́ в кастрю́ле вари́лось что-то вку́сное. — *Something tasty was cooking on the stove.*

Proverbs/Sayings/Idioms

Они́ не име́ют друзе́й, а лишь ва́рятся в со́бственном соку́. — *They have no friends, but rather are left to their own resources.*

У него́ голова́ ва́рит. — *He has a good head on his shoulders.*

Что в се́рдце ва́рится, то в лице́ неута́ится. (пословица) — *The face is the window to the heart.*

Что сва́ришь, то и съе́шь. (пословица) — *As you cook, so shall you eat.*

21

вводи́ть/ввести́

to introduce, bring in, declare

stem: **вводи-/ввёд-**

regular type 2 verb in imp./perf. form type 5

IMPERFECTIVE ASPECT		PERFECTIVE ASPECT	
PRESENT			
ввожу́	вво́дим		
вво́дишь	вво́дите		
вво́дит	вво́дят		
PAST		PAST	
вводи́л		ввёл	
вводи́ла		ввела́	
вводи́ло		ввело́	
вводи́ли		ввели́	
FUTURE		FUTURE	
бу́ду вводи́ть	бу́дем вводи́ть	введу́	введём
бу́дешь вводи́ть	бу́дете вводи́ть	введёшь	введёте
бу́дет вводи́ть	бу́дут вводи́ть	введёт	введу́т
SUBJUNCTIVE		SUBJUNCTIVE	
вводи́л бы		ввёл бы	
вводи́ла бы		ввела́ бы	
вводи́ло бы		ввело́ бы	
вводи́ли бы		ввели́ бы	
PARTICIPLES		PARTICIPLES	
pres. active	вводя́щий	*pres. active*	—
pres. passive	вводи́мый	*pres. passive*	—
past active	вводи́вший	*past active*	вве́дший
past passive	—	*past passive*	введённый
VERBAL ADVERBS		VERBAL ADVERBS	
вводя́		введя́	
COMMANDS		COMMANDS	
вводи́		введи́	
вводи́те		введи́те	

Usage

(+acc.)(в, на+acc.)

Ну́жно ввести́ но́вые да́нные в програ́мму.	*The new data needs to be input into the program.*
Его́ ввели́ в о́бщество.	*He was introduced to society.*
Введи́те свиде́теля!	*Bring a witness!*
Ле́том конве́йер бу́дут вводи́ть в строй.	*The conveyer will be put on line in the summer.*
Когда́ вводи́ли в зал неве́сту, все глаза́ бы́ли обращены́ на неё.	*When the bride was escorted into the hall, all eyes converged on her.*
Собира́ются ввести́ в де́йствие но́вый зако́н о нало́гах.	*They are planning on introducing new tax law.*
Команди́р о́тдал прика́з вводи́ть в бой та́нки.	*The commander gave the order to bring the tanks into the battle.*

regular type 2 verb (like **говори́ть**) stem: **вери-/повери-**

IMPERFECTIVE ASPECT		PERFECTIVE ASPECT	
PRESENT			
ве́рю	ве́рим		
ве́ришь	ве́рите		
ве́рит	ве́рят		
PAST		PAST	
ве́рил		пове́рил	
ве́рила		пове́рила	
ве́рило		пове́рило	
ве́рили		пове́рили	
FUTURE		FUTURE	
бу́ду вери́ть	бу́дем вери́ть	пове́рю	пове́рим
бу́дешь вери́ть	бу́дете вери́ть	пове́ришь	пове́рите
бу́дет вери́ть	бу́дут вери́ть	пове́рит	пове́рят
SUBJUNCTIVE		SUBJUNCTIVE	
ве́рил бы		пове́рил бы	
ве́рила бы		пове́рила бы	
ве́рило бы		пове́рило бы	
ве́рили бы		пове́рили бы	
PARTICIPLES		PARTICIPLES	
pres. active	ве́рящий	*pres. active*	—
pres. passive	—	*pres. passive*	—
past active	ве́ривший	*past active*	пове́ривший
past passive	—	*past passive*	—
VERBAL ADVERBS		VERBAL ADVERBS	
веря́		пове́рив	
COMMANDS		**COMMANDS**	
верь		пове́рь	
ве́рьте		пове́рьте	

Usage

(в+acc.)(+dat.)

Я не привы́к ве́рить чьи́м-то обеща́ниям. *I am not used to believing someone's promises.*
Солда́ты ве́рили в свои́ си́лы. *The soldiers believed in their might and victory.*
Ве́рить в успе́х - э́то уже́ полде́ла. *To believe in success is half the battle.*
Пове́рьте мне, я вас не подведу́! *Believe me, I will not lead you astray!*
Мы ве́рим в Бо́га. *We believe in God.*

23 ве́шать/пове́сить *to hang*

stem: **вешай-/пове́си-** regular type 1 verb in imp./perf. form type 2

IMPERFECTIVE ASPECT		PERFECTIVE ASPECT	
PRESENT			
ве́шаю	ве́шаем		
ве́шаешь	ве́шаете		
ве́шает	ве́шают		
PAST		**PAST**	
ве́шал		пове́сил	
ве́шала		пове́сила	
ве́шало		пове́сило	
ве́шали		пове́сили	
FUTURE		**FUTURE**	
бу́ду ве́шать	бу́дем ве́шать	пове́шу	пове́сим
бу́дешь ве́шать	бу́дете ве́шать	пове́сишь	пове́сите
бу́дет ве́шать	бу́дут ве́шать	пове́сит	пове́сят
SUBJUNCTIVE		**SUBJUNCTIVE**	
ве́шал бы		пове́сил бы	
ве́шала бы		пове́сила бы	
ве́шало бы		пове́сило бы	
ве́шали бы		пове́сили бы	
PARTICIPLES		**PARTICIPLES**	
pres. active	ве́шающий	*pres. active*	—
pres. passive	ве́шаемый	*pres. passive*	—
past active	ве́шавший	*past active*	пове́сивший
past passive	—	*past passive*	пове́шенный
VERBAL ADVERBS		**VERBAL ADVERBS**	
ве́шая		пове́сив	
COMMANDS		**COMMANDS**	
ве́шай		пове́сь	
ве́шайте		пове́сьте	

Usage

(+acc.)(в, на+acc.)(в, на+prep.)

Пре́жде чем ве́шать карти́ны на сте́ны, ну́жно снять паути́ну. — *Before you hang the pictures on the walls, you need to remove the cobwebs.*

Дете́й приуча́ли ве́шать свою́ оде́жду в шкаф. — *The children have been taught to hang their clothes in the closet.*

Я хоте́л пове́сить портре́ты в гости́ной. — *I wanted to hang the portraits in the living room.*

С пове́шенного в пере́дней плаща́ текла́ вода́. — *Water dripped from the raincoat hanging in the hallway.*

Я пове́сила бы ико́ну в углу́, да муж про́тив. — *I would hang the icon in the corner, but my husband is against it.*

regular type 1 verb in imp./perf. form type 3 stem: **вздыха́й-/вздохну́-**

IMPERFECTIVE ASPECT		PERFECTIVE ASPECT	
PRESENT			
вздыха́ю	вздыха́ем		
вздыха́ешь	вздыха́ете		
вздыха́ет	вздыха́ют		
PAST		PAST	
вздыха́л		вздохну́л	
вздыха́ла		вздохну́ла	
вздыха́ло		вздохну́ло	
вздыха́ли		вздохну́ли	
FUTURE		FUTURE	
бу́ду вздыха́ть	бу́дем вздыха́ть	вздохну́	вздохнём
бу́дешь вздыха́ть	бу́дете вздыха́ть	вздохнёшь	вздохнёте
бу́дет вздыха́ть	бу́дут вздыха́ть	вздохнёт	вздохну́т
SUBJUNCTIVE		SUBJUNCTIVE	
вздыха́л бы		вздохну́л бы	
вздыха́ла бы		вздохну́ла бы	
вздыха́ло бы		вздохну́ло бы	
вздыха́ли бы		вздохну́ли бы	
PARTICIPLES		PARTICIPLES	
pres. active	вздыха́ющий	*pres. active*	—
pres. passive	—	*pres. passive*	—
past active	вздыха́вший	*past active*	вздохну́вший
past passive	—	*past passive*	—
VERBAL ADVERBS		VERBAL ADVERBS	
вздыха́я		вздохну́в	
COMMANDS		**COMMANDS**	
вздыха́й		вздохни́	
вздыха́йте		вздохни́те	

Usage

(о, по+prep.)

Не́чего вздыха́ть о про́шлом. — *There's no sense sighing about the past.*

Ба́бушка вяза́ла и о чём-то вздыха́ла. — *Grandmother was knitting and sighed about something.*

Рабо́та око́нчилась, и я свобо́дно вздохну́ла. — *The work was finished, and I finally relaxed.*

Вздохну́в, он продолжа́л писа́ть письмо́. — *Sighing, he continued writing the letter.*

Сосе́дки, ве́чно вздыха́вшие о плохо́м снабже́нии магази́нов, немно́го успоко́ились. — *The neighbors, always saddened by the poor supplies in the stores, calmed down a bit.*

25 взрыва́ть/взорва́ть

to explode, blow up

stem: **взрыва́й-/взорви-** — regular type 1 verb in imp./ perf. form type 3

	IMPERFECTIVE ASPECT		PERFECTIVE ASPECT	
PRESENT				
	взрыва́ю	взрыва́ем		
	взрыва́ешь	взрыва́ете		
	взрыва́ет	взрыва́ют		
PAST				
	взрыва́л		взорва́л	
	взрыва́ла		взорва́ла	
	взрыва́ло		взорва́ло	
	взрыва́ли		взорва́ли	
FUTURE				
	бу́ду взрыва́ть	бу́дем взрыва́ть	взорву́	взорвём
	бу́дешь взрыва́ть	бу́дете взрыва́ть	взорвёшь	взорвёте
	бу́дет взрыва́ть	бу́дут взрыва́ть	взорвёт	взорву́т
SUBJUNCTIVE				
	взрыва́л бы		взорва́л бы	
	взрыва́ла бы		взорва́ла бы	
	взрыва́ло бы		взорва́ло бы	
	взрыва́ли бы		взорва́ли бы	
PARTICIPLES				
	pres. active	взрыва́ющий	*pres. active*	—
	pres. passive	взрыва́емый	*pres. passive*	—
	past active	взрыва́вший	*past active*	взорва́вший
	past passive	—	*past passive*	взо́рванный
VERBAL ADVERBS				
	взрыва́я		взорва́в	
COMMANDS				
	взрыва́й		взорви́	
	взрыва́йте		взорви́те	

Usage

(+acc.)(+instr.)

На э́той ба́зе ста́ли взрыва́ть ста́рые снаря́ды.	*They started blowing up old ammo on that base.*
Невозмо́жно бы́ло всё взорва́ть за неде́лю.	*It's impossible to blow up everything in a week.*
Для постро́йки но́вого до́ма бу́дут взрыва́ть ста́рый.	*In order to build a new house here, the old one will be blown up.*
Враг отступа́л, сжига́я и взрыва́я всё на своём пути́.	*The enemy retreated, burning and exploding everything in his path.*
Зал взорва́лся аплодисме́нтами.	*The hall broke into applause.*

Idioms

Он взорва́лся от гне́ва.	*He exploded in a rage.*

regular type 2 verb (like **говори́ть)** stem: **ви́де-/уви́де-**

IMPERFECTIVE ASPECT			PERFECTIVE ASPECT	
PRESENT				
ви́жу	ви́дим			
ви́дишь	ви́дите			
ви́дит	ви́дят			
PAST			**PAST**	
ви́дел			уви́дел	
ви́дела			уви́дела	
ви́дело			уви́дело	
ви́дели			уви́дели	
FUTURE			**FUTURE**	
бу́ду ви́деть	бу́дем ви́деть		уви́жу	уви́дим
бу́дешь ви́деть	бу́дете ви́деть		уви́дишь	уви́дите
бу́дет ви́деть	бу́дут ви́деть		уви́дит	уви́дят
SUBJUNCTIVE			**SUBJUNCTIVE**	
ви́дел бы			уви́дел бы	
ви́дела бы			уви́дела бы	
ви́дело бы			уви́дело бы	
ви́дели бы			уви́дели бы	
PARTICIPLES			**PARTICIPLES**	
pres. active	ви́дящий		*pres. active*	—
pres. passive	ви́димый		*pres. passive*	—
past active	ви́девший		*past active*	уви́девший
past passive	ви́денный		*past passive*	уви́денный
VERBAL ADVERBS			**VERBAL ADVERBS**	
ви́дя			уви́дев	
COMMANDS			**COMMANDS**	
смотри́			уви́дь	
смотри́те			уви́дьте	

Usage

(в, на+acc.)(+acc.)

Постара́йтесь уви́деть э́тот фи́льм поскоре́е.	*Try to go see that film as soon as possible.*
Легко́ ви́деть чужи́е оши́бки.	*It's easy to see other's mistakes.*
Ивано́вых ча́сто мо́жно ви́деть на конце́ртах.	*The Ivanovs can often be seen at concerts.*
Я ви́дел свои́ми глаза́ми э́ту ава́рию.	*I saw that accident with my own eyes.*
Учи́тель уви́дел по глаза́м ученико́в, что что́-то случи́лось.	*The teacher saw in the student's eyes that something had happened.*
Он ви́дел во мне лу́чшего дру́га.	*He saw his best friend in me.*
Необходи́мо ви́деть смы́сл в рабо́те.	*It is important to see meaning in the job.*

27 висе́ть/повисе́ть

to hang, be hanging

stem: **висе́-/повисе́-** regular type 2 verb (like **говори́ть)**

IMPERFECTIVE ASPECT		PERFECTIVE ASPECT	
PRESENT			
вишу́	виси́м		
виси́шь	виси́те		
виси́т	вися́т		
PAST		**PAST**	
висе́л		повисе́л	
висе́ла		повисе́ла	
висе́ло		повисе́ло	
висе́ли		повисе́ли	
FUTURE		**FUTURE**	
бу́ду висе́ть	бу́дем висе́ть	повишу́	повиси́м
бу́дешь висе́ть	бу́дете висе́ть	повиси́шь	повиси́те
бу́дет висе́ть	бу́дут висе́ть	повиси́т	повися́т
SUBJUNCTIVE		**SUBJUNCTIVE**	
висе́л бы		повисе́л бы	
висе́ла бы		повисе́ла бы	
висе́ло бы		повисе́ло бы	
висе́ли бы		повисе́ли бы	
PARTICIPLES		**PARTICIPLES**	
pres. active	вися́щий	*pres. active*	—
pres. passive	—	*pres. passive*	—
past active	висе́вший	*past active*	повисе́вший
past passive	—	*past passive*	—
VERBAL ADVERBS		**VERBAL ADVERBS**	
вися́		повисе́в	
COMMANDS		**COMMANDS**	
виси́		повиси́	
виси́те		повиси́те	

Usage

(в, на+prep.)(над+instr.)

На ку́хне вися́т часы́ с куку́шкой.	*A cuckoo clock hung in the kitchen.*
Ра́ньше на стене́ висе́л портре́т роди́телей.	*A portrait of my parents used to hang on the wall.*
На тебе́ пиджа́к виси́т, как на ве́шалке.	*The jacket hangs on you like on a coat hanger.*
Награ́ды повисе́ли до́ма, пото́м - в музе́е.	*The medals were hung at home, and then in a museum.*

Idioms

Я вишу́ у них " на хвосте́ " уже́ неде́лю.	*I've been on their tail for a week.*

regular type 1 verb in imp./perf. form type 2 — stem: **включа́й-/включи́-**

IMPERFECTIVE ASPECT		PERFECTIVE ASPECT	
PRESENT			
включа́ю	включа́ем		
включа́ешь	включа́ете		
включа́ет	включа́ют		
PAST		PAST	
включа́л		включи́л	
включа́ла		включи́ла	
включа́ло		включи́ло	
включа́ли		включи́ли	
FUTURE		FUTURE	
бу́ду включа́ть	бу́дем включа́ть	включу́	вклю́чим
бу́дешь включа́ть	бу́дете включа́ть	включи́шь	вклю́чите
бу́дет включа́ть	бу́дут включа́ть	вклю́чит	включа́т
SUBJUNCTIVE		SUBJUNCTIVE	
включа́л бы		включи́л бы	
включа́ла бы		включи́ла бы	
включа́ло бы		включи́ло бы	
включа́ли бы		включи́ли бы	
PARTICIPLES		PARTICIPLES	
pres. active	включа́ющий	*pres. active*	—
pres. passive	включа́емый	*pres. passive*	—
past active	включа́вший	*past active*	включи́вший
past passive	—	*past passive*	включённый
VERBAL ADVERBS		VERBAL ADVERBS	
включа́я		включи́в	
COMMANDS		**COMMANDS**	
включа́й		включи́	
включа́йте		включи́те	

Usage

(в+acc.)(+acc.)

Он включи́л радиоприёмник в сеть, но он не рабо́тал.	*He plugged the radio in the socket, but it didn't work.*
Мать включи́ла га́зовую плиту́ и поста́вила кипяти́ть во́ду.	*The mother turned on the gas stove and put water on to boil.*
Води́тель па́ру раз пыта́лся включи́ть мото́р.	*The driver tried to start the engine a few times.*
Но́вого ученика́ уже́ включа́ют в спи́сок кла́сса.	*The new student is included in the class roster.*
Вопро́с об о́тпуске включа́т в пове́стку дня.	*The issue of vacation will be included in the agenda.*
Э́то стихотворе́ние включа́йте в програ́мму конце́рта.	*Include this poem in the concert program.*

29 владе́ть/овладе́ть

to possess; to own, seize

stem: **владе́й-/овладе́й-**

regular type 1 verb (like **рабо́тать)**

	IMPERFECTIVE ASPECT		PERFECTIVE ASPECT	
PRESENT				
	владе́ю	владе́ем		
	владе́ешь	владе́ете		
	владе́ет	владе́ют		
PAST				
	владе́л		овладе́л	
	владе́ла		овладе́ла	
	владе́ло		овладе́ло	
	владе́ли		овладе́ли	
FUTURE				
	бу́ду владе́ть	бу́дем владе́ть	овладе́ю	овладе́ем
	бу́дешь владе́ть	бу́дете владе́ть	овладе́ешь	овладе́ете
	бу́дет владе́ть	бу́дут владе́ть	овладе́ет	овладе́ют
SUBJUNCTIVE				
	владе́л бы		овладе́л бы	
	владе́ла бы		овладе́ла бы	
	владе́ло бы		овладе́ло бы	
	владе́ли бы		овладе́ли бы	
PARTICIPLES				
	pres. active	владе́ющий	*pres. active*	—
	pres. passive	—	*pres. passive*	—
	past active	владе́вший	*past active*	овладе́вший
	past passive	—	*past passive*	—
VERBAL ADVERBS				
	владе́я		овладе́в	
COMMANDS				
	владе́й		овладе́й	
	владе́йте		овладе́йте	

Usage

(+instr.)

Овладе́ть но́вой те́хникой оказа́лось тру́дно. — *It was difficult to master the new technology.*

Я не владе́ю францу́зским языко́м. — *I do not know the French language.*

Владе́вший мно́гими програ́ммами, он твори́л чудеса́ на компью́тере. — *Having mastered several programs, he could do wonders on the computer.*

Им овладе́ла тоска́ по родны́м места́м. — *He was overcome with a longing for his homeland.*

Владе́я зе́млями в Калифо́рнии, фи́рма разверну́ла большо́е строи́тельство. — *Owning land in California, the company started a major construction project.*

Idioms

Он уме́л вмиг овладе́ть собо́й. — *He was able to compose himself in a heartbeat.*

regular type 1 verb (like **рабо́тать)** stem: **вме́шивай+ся/вмеша́й+ся**

IMPERFECTIVE ASPECT		PERFECTIVE ASPECT	
PRESENT			
вме́шиваюсь	вме́шиваемся		
вме́шиваешься	вме́шиваетесь		
вме́шивается	вме́шиваются		
PAST		PAST	
вме́шивался		вмеша́лся	
вме́шивалась		вмеша́лась	
вме́шивалось		вмеша́лось	
вме́шивались		вмеша́лись	
FUTURE		FUTURE	
бу́ду вме́шиваться	бу́дем вме́шиваться	вмеша́юсь	вмеша́емся
бу́дешь вме́шиваться	бу́дете вме́шиваться	вмеша́ешься	вмеша́етесь
бу́дет вме́шиваться	бу́дут вме́шиваться	вмеша́ется	вмеша́ются
SUBJUNCTIVE		SUBJUNCTIVE	
вме́шивался бы		вмеша́лся бы	
вме́шивалась бы		вмеша́лась бы	
вме́шивалось бы		вмеша́лось бы	
вме́шивались бы		вмеша́лись бы	
PARTICIPLES		PARTICIPLES	
pres. active	вме́шивающийся	*pres. active*	—
pres. passive	—	*pres. passive*	—
past active	вме́шивавшийся	*past active*	вмеша́вшийся
past passive	—	*past passive*	—
VERBAL ADVERBS		VERBAL ADVERBS	
вме́шиваясь		вмеша́вшись	
COMMANDS		**COMMANDS**	
вме́шивайся		вмеша́йся	
вме́шивайтесь		вмеша́йтесь	

Usage

(в+acc.)

Нельзя́ вме́шиваться в отноше́ния ме́жду му́жем и жено́й.	*You cannot get mixed up in the relations between a husband and a wife.*
Не вме́шивайтесь в э́тот прое́кт, тогда́ успе́х обеспе́чен.	*Don't interfere in this project, and success will be guaranteed.*
Ты зря вмеша́лся не в своё де́ло.	*You stuck your nose in that business for nothing.*
Ситуа́ция усложня́ется - пора́ вмеша́ться.	*The situation has become more complicated; it is time to intervene.*

вноси́ть/внести́

to carry in; to introduce

stem: **вноси-/внёс-**

regular type 2 verb in imp./perf. form type 5

IMPERFECTIVE ASPECT

PRESENT

вношу́	вно́сим
вно́сишь	вно́сите
вно́сит	вно́сят

PAST

вноси́л
вноси́ла
вноси́ло
вноси́ли

FUTURE

бу́ду вно́сить	бу́дем вно́сить
бу́дешь вно́сить	бу́дете вно́сить
бу́дет вно́сить	бу́дут вно́сить

SUBJUNCTIVE

вноси́л бы
вноси́ла бы
вноси́ло бы
вноси́ли бы

PARTICIPLES

pres. active	внося́щий
pres. passive	вноси́мый
past active	вноси́вший
past passive	—

VERBAL ADVERBS

внося́

COMMANDS

вноси́
вноси́те

PERFECTIVE ASPECT

PAST

внёс
внесла́
внесло́
внесли́

FUTURE

внесу́	внесём
внесёшь	внесёте
внесёт	внесу́т

SUBJUNCTIVE

внёс бы
внесла́ бы
внесло́ бы
внесли́ бы

PARTICIPLES

pres. active	—
pres. passive	—
past active	внёсший
past passive	внесённый

VERBAL ADVERBS

внеся́

COMMANDS

внеси́
внеси́те

Usage

(+acc.)(в+acc.)

Сле́дует внести́ измене́ния в расписа́ние. — *Changes to the schedule will have to be made.*
Внесённый в ко́мнату стол бы́стро уста́вили блю́дами. — *The table that was brought into the room was quickly covered with food.*
Я внёс бы э́тот вопро́с на обсужде́ние коллекти́ва. — *I would introduce that question in the group discussion.*
Ка́ждый день вноси́л переме́ны в на́шу жи́знь. — *Every day brought changes in our life.*
Я вно́шу де́ньги в банк два ра́за в ме́сяц. — *I deposit money in the bank twice a month.*
Ве́ра обы́чно вноси́ла разнообра́зие в ску́чную рабо́ту. — *Vera was usually able to shake up an otherwise boring workplace.*

Idioms

Мно́гие ве́рят, что вно́сят большо́й вклад в де́ло, кото́рому слу́жат. — *Many people believe that they are making a contribution to the job that they serve.*
Эта же́нщина вно́сит разла́д в семью́. — *That woman causes dissension in the family.*

indef. form type 2/def. & perf. type 5 stem: **води-/вёд-/повёд-**

IMPERFECTIVE ASPECT				PERFECTIVE ASPECT	
INDEFINITE		DEFINITE			
PRESENT		PRESENT			
вожу́	во́дим	веду́	ведём		
во́дишь	во́дите	ведёшь	ведёте		
во́дит	во́дят	ведёт	веду́т		
PAST		PAST		PAST	
води́л		вёл		повёл	
води́ла		вела́		повела́	
води́ло		вело́		повело́	
води́ли		вели́		повели́	
FUTURE		FUTURE		FUTURE	
бу́ду води́ть	бу́дем води́ть	бу́ду вести́	бу́дем вести́	поведу́	поведём
бу́дешь води́ть	бу́дете води́ть	бу́дешь вести́	бу́дете вести́	поведёшь	поведёте
бу́дет води́ть	бу́дут води́ть	бу́дет вести́	бу́дут вести́	поведёт	поведу́т
SUBJUNCTIVE		SUBJUNCTIVE		SUBJUNCTIVE	
води́л бы		вёл бы		повёл бы	
води́ла бы		вела́ бы		повела́ бы	
води́ло бы		вело́ бы		повело́ бы	
води́ли бы		вели́ бы		повели́ бы	
PARTICIPLES		PARTICIPLES		PARTICIPLES	
pres. active	водя́щий	веду́щий		—	
pres. passive	води́мый	ведо́мый		—	
past active	води́вший	ве́дший		пове́дший	
past passive	—			поведённый	
VERBAL ADVERBS		VERBAL ADVERBS		VERBAL ADVERBS	
водя́		ведя́		поведя́	
COMMANDS		COMMANDS		COMMANDS	
води́		веди́		поведи́	
води́те		веди́те		поведи́те	

Usage

(в, на+acc.)(+acc.)(к+dat.)

Я научи́лась води́ть маши́ну в 50 лет.	*I learned to drive a car when I was fifty.*
Соба́ка во́дит слепо́го че́рез весь го́род.	*The dog is leading the blind man through the city.*
Войска́ вели́ тяжёлые бои́ уже тре́тьи су́тки.	*Troops have been engaged in combat for three days already.*
Зави́сит от вас всех, как повести́ сего́дня разгово́р.	*How we conduct today's conversation will depend on all of you.*
Ученики́ веду́т перепи́ску со шко́лой в США.	*Students are corresponding with a school in the USA.*
Росси́я ведёт интенси́вную торго́влю со стра́нами тре́тьего ми́ра.	*Russia is heavily trading with third world countries.*

води́ть/вести́/повести́

to lead; to drive

stem: **води-/вёд-/повёд-** indef. form type 2/def. & perf. type 5

В на́шем до́ме хозя́йство ведёт моя́ жена́.	*In our house, my wife runs things.*
Она́ води́ла смычко́м по стру́нам, но му́зыки не получи́лось.	*She ran the bow across the strings, but no music came out.*
В 1917-ом году́ Ле́нин повёл наро́д за собо́й к побе́де коммуни́зма.	*In 1917, Lenin led the people to the victory of communism.*
Вы смо́жете повести́ сего́дня больну́ю сосе́дку к до́ктору?	*Can you take our sick neighbor to the doctor today?*
Не́сколько раз в году́ шко́льников во́дят в музе́и на экску́рсии.	*Several times a year the students are taken to the museums on excursions.*
Наш профе́ссор ведёт ле́кцию на высо́ком у́ровне.	*Our professor gives (us) a high-quality lecture.*

Idioms

Не на́до води́ть меня за́ нос.	*Why are you giving me the runaround!*
Она́ во́дит му́жа на коро́тком поводке́.	*She keeps her husband on a short leash.*

вести́ себя́ *to behave*

Ну́жно учи́ть дете́й вести́ себя́ в о́бществе.	*You have to teach children to behave in public.*

вести́ речь *to get at*

К чему́ Ви́ктор ведёт?	*What is Victor driving at?*
О чём Ви́ктор ведёт речь?	*What is Victor talking about?*

Other Uses

Она́ ведёт борьбу́ за справедли́вость.	*She is waging a war for justice.*

regular type 4 verb (like **тре́бовать)**/no perf. stem: **воева́-**

IMPERFECTIVE ASPECT

PRESENT

вою́ю	вою́ем
вою́ешь	вою́ете
вою́ет	вою́ют

PAST

воева́л
воева́ла
воева́ло
воева́ли

FUTURE

бу́ду воева́ть	бу́дем воева́ть
бу́дешь воева́ть	бу́дете воева́ть
бу́дет воева́ть	бу́дут воева́ть

SUBJUNCTIVE

воева́л бы
воева́ла бы
воева́ло бы
воева́ли бы

PARTICIPLES

pres. active	вою́ющий
pres. passive	—
past active	воева́вший
past passive	—

VERBAL ADVERBS

вою́я

COMMANDS

вою́й
вою́йте

Usage

(с+instr.)(против+gen.)

Сове́тский наро́д воева́л про́тив фаши́зма четы́ре го́да. — *The Soviet people fought against fascism for four years.*

Он всегда́ вою́ет с нача́льством. — *He always fights with management.*

Во второ́й мирово́й войне́ США воева́ли на стороне́ СССР. — *In World War II, the USA fought on the side of the USSR.*

Под Сталингра́дом о́бе стороны́ воева́ли до после́дней ка́пли кро́ви. — *At the Battle of Stalingrad both sides fought to the last drop of blood.*

Воева́ть с ва́шими дурны́ми привы́чками бесполе́зно. — *It's useless to struggle with your foolish habits.*

34 возвраща́ться/возврати́ться* *to return; to come back*

stem: **возвраща́й+ся/возврати́+ся** regular type 1 verb in imp./perf. form type 2

	IMPERFECTIVE ASPECT		PERFECTIVE ASPECT	
PRESENT				
	возвраща́юсь	возвраща́емся		
	возвраща́ешься	возвраща́етесь		
	возвраща́ется	возвраща́ются		
PAST			**PAST**	
	возвраща́лся		возврати́лся	
	возвраща́лась		возврати́лась	
	возвраща́лось		возврати́лось	
	возвраща́лись		возврати́лись	
FUTURE			**FUTURE**	
	бу́ду возвраща́ться	бу́дем возвраща́ться	возвращу́сь	возврати́мся
	бу́дешь возвраща́ться	бу́дете возвраща́ться	возврати́шься	возврати́тесь
	бу́дет возвраща́ться	бу́дут возвраща́ться	возврати́тся	возвратя́тся
SUBJUNCTIVE			**SUBJUNCTIVE**	
	возраща́лся бы		возврати́лся бы	
	возраща́лась бы		возврати́лась бы	
	возраща́лось бы		возврати́лось бы	
	возраща́лись бы		возврати́лись бы	
PARTICIPLES			**PARTICIPLES**	
	pres. active	возвраща́ющийся	*pres. active*	—
	pres. passive	—	*pres. passive*	—
	past active	возвраща́вшийся	*past active*	возврати́вшийся
	past passive	—	*past passive*	—
VERBAL ADVERBS			**VERBAL ADVERBS**	
	возвраща́ясь		возврати́вшись	
COMMANDS			**COMMANDS**	
	возвраща́йся		возврати́сь	
	возвраща́йтесь		возврати́тесь	

Usage

(в, на+acc.)(+acc.)(к+dat.)(с, из+gen.)

Он возврати́лся домо́й по́сле путеше́ствия.	*He returned home after the trip.*
Корабли ско́ро возвратя́тся в га́вань на ремо́нт.	*The ships will soon return to the harbor for repairs.*
Возврати́вшиеся с войны́ лю́ди не нашли́ свои́х родны́х.	*The people returning from the war could not find their loved ones.*
Иногда́ ему́ о́чень хоте́лось возврати́ться к про́шлой жи́зни.	*Sometimes he longed to go back to his previous life.*
Возврати́тесь наза́д и пойди́те друго́й доро́гой.	*Go back and take another road.*

***верну́ться** is a secondary perfective form

indef. form type 2/def. and perf. type 5 stem: **вози-/вёз-/повёз-**

IMPERFECTIVE ASPECT				PERFECTIVE ASPECT	
INDEFINITE		**DEFINITE**			
PRESENT		**PRESENT**			
вожу́	во́зим	везу́	везём		
во́зишь	во́зите	везёшь	везёте		
во́зит	во́зят	везёт	везу́т		
PAST		PAST		PAST	
вози́л		вёз		повёз	
вози́ла		везла́		повезла́	
вози́ло		везло́		повезло́	
вози́ли		везли́		повезли́	
FUTURE		FUTURE		FUTURE	
бу́ду вози́ть	бу́дем вози́ть	бу́ду везти́	бу́дем везти́	повезу́	повезём
бу́дешь вози́ть	бу́дете вози́ть	бу́дешь везти́	бу́дете везти́	повезёшь	повезёте
бу́дет вози́ть	бу́дут вози́ть	бу́дет везти́	бу́дут везти́	повезёт	повезу́т
SUBJUNCTIVE		SUBJUNCTIVE		SUBJUNCTIVE	
вози́л бы		вёз бы		повёз бы	
вози́ла бы		везла́ бы		повезла́ бы	
вози́ло бы		везло́ бы		повезло́ бы	
вози́ли бы		везли́ бы		повезли́ бы	
PARTICIPLES		PARTICIPLES		PARTICIPLES	
pres. active	возя́щий	везу́щий		—	
pres. passive	вози́мый	везо́мый		—	
past active	вози́вший	вёзший		повёзший	
past passive	—	—		повезённый	
VERBAL ADVERBS		VERBAL ADVERBS		VERBAL ADVERBS	
возя́		везя́		повезя́	
COMMANDS		**COMMANDS**		**COMMANDS**	
вози́		вези́		повези́	
вози́те		вези́те		повези́те	

Usage

(в, на+acc.)(+acc.)(к+dat.)(с, из+gen.)(на+prep.)(от+gen.)

Поезда́ везу́т пассажи́ров во все́ концы́ страны́.	*The trains are taking passengers to all parts of the country.*
Де́вочку во́зят на като́к два́жды в неде́лю.	*They take the girl to skating twice a week.*
Сего́дня ну́жно повезти́ тётю в больни́цу.	*You need to take your aunt to the hospital today.*
Этот груз на́до сро́чно везти́ в Крым.	*This cargo must be transported to the Crimea immediately.*
У нас тради́ция – ле́том везти́ дете́й на мо́ре.	*We have a tradition of taking the children to the coast in the summer.*
Нача́льник ча́сто вози́л пода́рки свои́м колле́гам из Ло́ндона.	*The boss often brought gifts to his colleagues from London.*
Я вожу́ сы́на в шко́лу по пути́ на рабо́ту.	*I drive my son to school on the way to work.*

dat + везёт, повезло́ *to be lucky*

Ей везёт.	*She is lucky.*
Нам повезло́.	*We were lucky.*
Мне наконе́ц повезло́ – я получи́л э́ту рабо́ту.	*I was finally lucky; I got the job.*

36 возмущáть(ся)/возмутúть(ся) *to be outraged, disturb*

stem: **возмущáй+(ся)/возмутú+(ся)** regular type 1 verb in imp./perf. form type 2

	IMPERFECTIVE ASPECT		PERFECTIVE ASPECT	
PRESENT				
	возмущáю(сь)	возмущáем(ся)		
	возмущáешь(ся)	возмущáете(сь)		
	возмущáет(ся)	возмущáют(ся)		
PAST				
	возмущáл(ся)		возмутúл(ся)	
	возмущáла(сь)		возмутúла(сь)	
	возмущáло(сь)		возмутúло(сь)	
	возмущáли(сь)		возмутúли(сь)	
FUTURE				
	бýду возмущáть(ся)	бýдем возмущáть(ся)	возмущý(сь)	возмутúм(ся)
	бýдешь возмущáть(ся)	бýдете возмущáть(ся)	возмутúшь(ся)	возмутúте(сь)
	бýдет возмущáть(ся)	бýдут возмущáть(ся)	возмутúт(ся)	возмутя́т(ся)
SUBJUNCTIVE				
	возмущáл(ся) бы		возмутúл(ся) бы	
	возмущáла(сь) бы		возмутúла(сь) бы	
	возмущáло(сь) бы		возмутúло(сь) бы	
	возмущáли(сь) бы		возмутúли(сь) бы	
PARTICIPLES				
	pres. active	возмущáющий(ся)	*pres. active*	возмутúвший(ся)
	pres. passive	—	*pres. passive*	—
	past active	возмущáвший(ся)	*past active*	—
	past passive	—	*past passive*	возмущённый
VERBAL ADVERBS				
	возмущáя(сь)		возмутúв(шись)	
COMMANDS				
	возмущáй(ся)		возмутú(сь)	
	возмущáйте(сь)		возмутúте(сь)	

Usage

(+acc.)(+instr.)

Егó поведéние возмущáет дáже егó друзéй.	*His behavior outraged even his friends.*
Онá возмутúла нас своéй грýбостью.	*She disturbed us by her rudeness.*
Рабóтник возмутúлся несправедлúвым решéнием начáльства.	*The employee was outraged by management's decision.*
Грáждан возмущáет экономúческое положéние в странé.	*The citizens are outraged by the economic situation in the country.*
Возмущённый плохúм обслýживанием, турúст выéхал из гостúницы.	*Outraged by the poor service, the tourist left the hotel.*
Бýдете возмущáться - проблéм не оберётесь.	*If you become outraged, you will not be able to get rid of the problems.*

regular type 1 verb in imp./perf. form type 3 stem: **возника́й-/возни́кну-**

IMPERFECTIVE ASPECT		PERFECTIVE ASPECT	
PRESENT			
возника́ю	возника́ем		
возника́ешь	возника́ете		
возника́ет	возника́ют		
PAST		**PAST**	
возника́л		возни́к	
возника́ла		возни́кла	
возника́ло		возни́кло	
возника́ли		возни́кли	
FUTURE		**FUTURE**	
бу́ду возника́ть	бу́дем возника́ть	возни́кну	возни́кнем
бу́дешь возника́ть	бу́дете возника́ть	возни́кнешь	возни́кнете
бу́дет возника́ть	бу́дут возника́ть	возни́кнет	возни́кнут
SUBJUNCTIVE		**SUBJUNCTIVE**	
возника́л бы		возни́к бы	
возника́ла бы		возни́кла бы	
возника́ло бы		возни́кло бы	
возника́ли бы		возни́кли бы	
PARTICIPLES		**PARTICIPLES**	
pres. active	возника́ющий	*pres. active*	—
pres. passive	—	*pres. passive*	—
past active	возника́вший	*past active*	возни́кший
past passive	—	*past passive*	возни́кнувший
VERBAL ADVERBS		**VERBAL ADVERBS**	
возника́я		возни́кнув	
COMMANDS		**COMMANDS**	
возника́й		возни́кни	
возника́йте		возни́кните	

Usage

(у+gen.)

Он возни́к неожи́данно, как и исчёз до э́того. — *He appeared unexpectedly, just as he had disappeared before then.*

Возни́кшая перестре́лка бы́стро прекрати́лась. — *The crossfire sprung up and quickly ceased.*

Ча́сто ссо́ра возника́ет из ничего́. — *A quarrel often breaks out over nothing.*

Возника́ющий пожа́р во́время погаси́ли. — *The fire that broke out was quickly extinguished.*

Если возни́кнут тру́дности, обрати́тесь к Ивано́ву. — *If any problems arise, turn to Ivanov.*

Когда́ возника́ют подозре́ния, ну́жно проверя́ть фа́кты. — *When suspicions arise, you should check the facts.*

волнова́ть(ся)/взволнова́ть(ся) *to worry, be nervous*

stem: **волнова́+(ся)/взволнова́+(ся)** regular type 4 verb (like **тре́бовать)**

	IMPERFECTIVE ASPECT		PERFECTIVE ASPECT	
PRESENT				
	волну́ю(сь)	волну́ем(ся)		
	волну́ешь(ся)	волну́ете(сь)		
	волну́ет(ся)	волну́ют(ся)		
PAST				
	волнова́л(ся)		взволнова́л(ся)	
	волнова́ла(сь)		взволнова́ла(сь)	
	волнова́ло(сь)		взволнова́ло(сь)	
	волнова́ли(сь)		взволнова́ли(сь)	
FUTURE				
	бу́ду волнова́ть(ся)	бу́дем волнова́ть(ся)	взволну́ю(сь)	взволну́ет(ся)
	бу́дешь волнова́ть(ся)	бу́дете волнова́ть(ся)	взволну́ешь(ся)	взволну́ете(сь)
	бу́дет волнова́ть(ся)	бу́дут волнова́ть(ся)	взволну́ет(ся)	взволну́ют(ся)
SUBJUNCTIVE				
	волнова́л(ся) бы		взволнова́л(ся) бы	
	волнова́ла(сь) бы		взволнова́ла(сь) бы	
	волнова́ло(сь) бы		взволнова́ло(сь) бы	
	волнова́ли(сь) бы		взволнова́ли(сь) бы	
PARTICIPLES				
	pres. active	волну́ющий(ся)	*pres. active*	—
	pres. passive	—	*pres. passive*	—
	past active	волнова́вший(ся)	*past active*	взволнова́вший(ся)
	past passive	—	*past passive*	взволно́ванный
VERBAL ADVERBS				
	волну́я(сь)		взволнова́в(шись)	
COMMANDS				
	волну́й(ся)		взволну́й(сь)	
	волну́йте(сь)		взволну́йте(сь)	

Usage

(+acc.)(+instr.)(от, из-за+gen.)(за+acc.)

С ю́га пришёл цикло́н, и мо́ре сно́ва волну́ется.	*A cyclone started in the south, and the sea began rumbling.*
Вопро́с зарпла́ты волну́ет всех.	*The question of wages concerns everyone.*
Возвраща́йся во́время - не на́до волнова́ть роди́телей.	*Come back on time; you don't need to worry your parents.*
Не волну́йтесь, всё обойдётся.	*Don't worry, everything will work out.*
Я обы́чно волну́юсь по пустяка́м.	*I usually worry over nothing.*
Пе́ред встре́чей с дире́ктором он стра́шно волнова́лся.	*Before the meeting with the director, he worried horribly.*

to raise, rear **воспи́тывать/воспита́ть** **39**

regular type 1 verb (like **рабо́тать)** stem: **воспи́тывай-/воспита́й-**

IMPERFECTIVE ASPECT		PERFECTIVE ASPECT	
PRESENT			
воспи́тываю	воспи́тываем		
воспи́тываешь	воспи́тываете		
воспи́тывает	воспи́тывают		
PAST		**PAST**	
воспи́тывал		воспита́л	
воспи́тывала		воспита́ла	
воспи́тывало		воспита́ло	
воспи́тывали		воспита́ли	
FUTURE		**FUTURE**	
бу́ду воспи́тывать	бу́дем воспи́тывать	воспита́ю	воспита́ем
бу́дешь воспи́тывать	бу́дете воспи́тывать	воспита́ешь	воспита́ете
бу́дет воспи́тывать	бу́дут воспи́тывать	воспита́ет	воспита́ют
SUBJUNCTIVE		**SUBJUNCTIVE**	
воспи́тывал бы		воспита́л бы	
воспи́тывала бы		воспита́ла бы	
воспи́тывало бы		воспита́ло бы	
воспи́тывали бы		воспита́ли бы	
PARTICIPLES		**PARTICIPLES**	
pres. active	воспи́тывающий	*pres. active*	—
pres. passive	воспи́тываемый	*pres. passive*	—
past active	воспи́тывавший	*past active*	воспита́вший
past passive	—	*past passive*	воспи́танный
VERBAL ADVERBS		**VERBAL ADVERBS**	
воспи́тывая		воспита́в	
COMMANDS		**COMMANDS**	
воспи́тывай		воспита́й	
воспи́тывайте		воспита́йте	

Usage

(+acc.)

Любо́вь к труду́ воспи́тывают с де́тства.	*Since their youth they were raised to love work.*
Пе́тя – хорошо́ воспи́танный ма́льчик.	*Pete is a well-behaved boy.*
Воспита́вшая семеры́х детей же́нщина получи́ла орден "Мать - герои́ня".	*Raising seven children, the woman received the order "Heroine-Mother."*
Они́ воспита́ли сы́на в ду́хе пре́данности ро́дине.	*They developed a sense of patriotism in their son.*
Учи́тель воспи́тывал в ученика́х чу́вство отве́тственности.	*The teacher cultivated a sense of responsibility in the students.*
Молодёжь воспи́тывали на приме́рах геро́ев.	*The youth were reared on examples of heroes.*

40 восстана́вливать/восстанови́ть *to restore, reestablish*

stem: **восстана́вливай-/восстанови-** regular type 1 verb in imp./perf. form type 2

	IMPERFECTIVE ASPECT		PERFECTIVE ASPECT	
PRESENT				
	восстана́вливаю	восстана́вливаем		
	восстана́вливаешь	восстана́вливаете		
	восстана́вливает	восстана́вливают		
PAST				
	восстана́вливал		восстанови́л	
	восстана́вливала		восстанови́ла	
	восстана́вливало		восстанови́ло	
	восстана́вливали		восстанови́ли	
FUTURE				
	бу́ду восстана́вливать	бу́дем восстана́вливать	восстановлю́	восстано́вим
	бу́дешь восстана́вливать	бу́дете восстана́вливать	восстано́вишь	восстано́вите
	бу́дет восстана́вливать	бу́дут восстана́вливать	восстано́вит	восстано́вят
SUBJUNCTIVE				
	восстана́вливал бы		восстанови́л бы	
	восстана́вливала бы		восстанови́ла бы	
	восстана́вливало бы		восстанови́ло бы	
	восстана́вливали бы		восстанови́ли бы	
PARTICIPLES				
	pres. active	восстана́вливающий	*pres. active*	—
	pres. passive	восстана́вливаемый	*pres. passive*	—
	past active	восстана́вливавший	*past active*	восстанови́вший
	past passive	—	*past passive*	восстано́вленный
VERBAL ADVERBS				
	восстана́вливая		восстанови́в	
COMMANDS				
	восстана́вливай		восстанови́	
	восстана́вливайте		восстанови́те	

Usage

(+acc.)(в, на+prep.)(против+gen.)(+instr.)

По́сле войны́ необходи́мо бы́ло сро́чно восстана́вливать промы́шленность.	*It was necessary to urgently rebuild industry after the war.*
Восстанови́ть отноше́ния оказа́лось нелегко́.	*It turned out to be difficult to reestablish relations.*
Восстано́вленный заво́д вошёл в строй к зиме́.	*The restored factory was put into operation by winter.*
Восстана́вливая колхо́зы, крестья́не наде́ялись на по́мощь прави́тельства.	*By reestablishing kolkhozes, the peasants hoped for government assistance.*
Восстанови́в мост, ро́та стара́лась вы́йти из окруже́ния.	*Having rebuilt the bridge, the company tried to break out of encirclement.*
В госпиталя́х ра́ненные до́лго восстана́вливали здоро́вье.	*The wounded have been recovering in military hospitals for a long time.*
Его́ восстанови́ли на рабо́те по реше́нию суда́.	*By a decision of the court, he was reinstated to his job.*

IMPERFECTIVE ASPECT			PERFECTIVE ASPECT		
PRESENT					
вру́	врём				
врёшь	врёте				
врёт	вру́т				
PAST			PAST		
врал			совра́л		
вра́ла			соврала́		
вра́ло			совра́ло		
вра́ли			совра́ли		
FUTURE			FUTURE		
бу́ду врать	бу́дем врать		совру́		соврём
бу́дешь врать	бу́дете врать		соврёшь		соврёте
бу́дет врать	бу́дут врать		соврёт		совру́т
SUBJUNCTIVE			SUBJUNCTIVE		
врал бы			совра́л бы		
вра́ла бы			соврала́ бы		
вра́ло бы			совра́ло бы		
вра́ли бы			совра́ли бы		
PARTICIPLES			PARTICIPLES		
pres. active	вру́щий		*pres. active*		—
pres. passive	—		*pres. passive*		—
past active	вра́вший		*past active*		совра́вший
past passive	—		*past passive*		—
VERBAL ADVERBS			VERBAL ADVERBS		
—			совра́в		
COMMANDS			**COMMANDS**		
врй			соврй		
врйте			соврйте		

Usage

(+dat.)

Де́вочка игра́ла на пиани́но и ча́сто врала́. — *The girl was playing the piano and often made mistakes.*

Вы врёте! Как же вам не сты́дно? — *You're lying! Aren't you ashamed of yourself?*

Вра́вший ребёнок был нака́зан роди́телями. — *The child who lied was punished by his/her parents.*

Idioms/Sayings

Он соврёт - недо́рого возьмёт. (поговорка) — *He doesn't think twice about lying.*
Врать - не мешки́ таска́ть. (поговорка) — *Lying is an easy task.*
Ври́ - да не завира́йся! (поговорка) — *You don't expect me to believe you, do you?*
Врёт - и гла́зом не моргнёт. (поговорка) — *He can lie without blinking an eye.*
Совра́вший одна́жды дове́рия не име́ет. — *One who lied once is not trusted any more.*
Мои́ часы́ что-то вру́т. — *Something is wrong with my watch.*
Она́ врёт на ка́ждом шагу́. — *She lies all the time.*

вспомина́ть/вспо́мнить

to remember, recollect

stem: **вспомина́й-/вспомни́-**

regular type 1 verb (like **рабо́тать**)

	IMPERFECTIVE ASPECT		PERFECTIVE ASPECT	
PRESENT	вспомина́ю	вспомина́ем		
	вспомина́ешь	вспомина́ете		
	вспомина́ет	вспомина́ют		
PAST	вспомина́л		вспо́мнил	
	вспомина́ла		вспо́мнила	
	вспомина́ло		вспо́мнило	
	вспомина́ли		вспо́мнили	
FUTURE	бу́ду вспомина́ть	бу́дем вспомина́ть	вспо́мню	вспо́мним
	бу́дешь вспомина́ть	бу́дете вспомина́ть	вспо́мнишь	вспо́мните
	бу́дет вспомина́ть	бу́дут вспомина́ть	вспо́мнит	вспо́мнят
SUBJUNCTIVE	вспомина́л бы		вспо́мнил бы	
	вспомина́ла бы		вспо́мнила бы	
	вспомина́ло бы		вспо́мнило бы	
	вспомина́ли бы		вспо́мнили бы	
PARTICIPLES	*pres. active*	вспомина́ющий	*pres. active*	—
	pres. passive	вспомина́емый	*pres. passive*	—
	past active	вспомина́вший	*past active*	вспо́мнивший
	past passive	—	*past passive*	вспо́мненный
VERBAL ADVERBS	вспомина́я		вспо́мнив	
COMMANDS	вспомина́й		вспо́мни	
	вспомина́йте		вспо́мните	

Usage

(+acc.)(о+prep.)

Я вспо́мнил го́род, где быва́л в мо́лодости. — *I recalled the city I had been in, in my youth.*

"Бойцы́ вспомина́ют мину́вшие дни и би́твы, где вме́сте руби́лись они́!" ("Песнь о Ве́щем Оле́ге", А. С. Пу́шкин, 1824г.) — *"The warriors remember bygone days and battles where they fought together." (A. S. Pushkin, "Poem of Wise Oleg," 1824)*

Вспомина́йте о нас иногда́. — *Remember us sometimes.*

Вспо́мнивший обо мне́ ста́рый друг присла́л письмо́. — *An old friend who had remembered me sent me a letter.*

Вспомина́я свои́х сокла́ссников, мы ча́сто забыва́ем об учителя́х. — *Remembering our classmates, we often forget our teachers.*

"Вспо́мнишь и ли́ца, давно́ позабы́тые." (стари́нный ру́сский рома́нс) — *"You'll remember even long-forgotten faces." (old Russian song)*

"На чужо́й стороне́ вспо́мни ты обо мне́." - (рома́нс) — *"Absence makes heart grow fonder." (Russian song)*

irregular verb in imp. & perf. stem: **встава́й-/вста́н-**

IMPERFECTIVE ASPECT		PERFECTIVE ASPECT	
PRESENT			
встаю́	встаём		
встаёшь	встаёте		
встаёт	встаю́т		
PAST		PAST	
встава́л		вста́л	
встава́ла		вста́ла	
встава́ло		вста́ло	
встава́ли		вста́ли	
FUTURE		FUTURE	
бу́ду встава́ть	бу́дем встава́ть	вста́ну	вста́нем
бу́дешь встава́ть	бу́дете встава́ть	вста́нешь	вста́нете
бу́дет встава́ть	бу́дут встава́ть	вста́нет	вста́нут
SUBJUNCTIVE		SUBJUNCTIVE	
встава́л бы		вста́л бы	
встава́ла бы		вста́ла бы	
встава́ло бы		вста́ло бы	
встава́ли бы		вста́ли бы	
PARTICIPLES		PARTICIPLES	
pres. active	встаю́щий	*pres. active*	—
pres. passive	—	*pres. passive*	—
past active	встава́вший	*past active*	вста́вший
past passive	—	*past passive*	—
VERBAL ADVERBS		VERBAL ADVERBS	
встава́я		вста́в	
COMMANDS		COMMANDS	
встава́й		вста́нь	
встава́йте		вста́ньте	

Usage

(с, из-за+gen.)(в, на+prep.)(перед+instr.)

Ле́том со́лнце встаёт о́чень ра́но. — *In summer, the sun rises very early.*

Что́бы встать во́время, я завёл буди́льник. — *To get up on time, I set the alarm clock.*

Вста́вший на ноги́ Петро́в переста́л нам звони́ть. — *After Petrov got back on his feet, he stopped calling us.*

На́ша семья́ вста́ла на о́чередь на телефо́н. — *Our family got in line for a telephone.*

Ба́бушка вста́ла с дива́на и подсе́ла к телеви́зору. — *Grandmother rose from the sofa and took a seat by the TV set.*

Она́ вста́ла разби́той и е́ле пошла́ на рабо́ту. — *She got up worn out and barely made it to work.*

Idioms

Он сего́дня с ле́вой ноги́ встал. — *Today he got up on the wrong side of the bed.*

С не́й тру́дно разгова́ривать - она́ всегда́ встаёт в по́зу. — *It's tough to talk to her; she always assumes an attitude.*

встреча́ть(ся)/встре́тить(ся) *to meet (with)*

stem: **встреча́й+(ся)/встре́ти+(ся)** regular type 1 verb in imp./perf. form type 2

	IMPERFECTIVE ASPECT			PERFECTIVE ASPECT	
PRESENT					
	встреча́ю(сь)	встреча́ем(ся)			
	встреча́ешь(ся)	встреча́ете(сь)			
	встреча́ет(ся)	встреча́ют(ся)			
PAST			PAST		
	встреча́л(ся)			встре́тил(ся)	
	встреча́ла(сь)			встре́тила(сь)	
	встреча́ло(сь)			встре́тило(сь)	
	встреча́ли(сь)			встре́тили(сь)	
FUTURE			FUTURE		
	бу́ду встреча́ть(ся)	бу́дем встреча́ть(ся)		встре́чу(сь)	встре́тим(ся)
	бу́дешь встреча́ть(ся)	бу́дете встреча́ть(ся)		встре́тишь(ся)	встре́тите(сь)
	бу́дет встреча́ть(ся)	бу́дут встреча́ть(ся)		встре́тит(ся)	встре́тят(ся)
SUBJUNCTIVE			SUBJUNCTIVE		
	встреча́л(ся) бы			встре́тил(ся) бы	
	встреча́ла(сь) бы			встре́тила(сь) бы	
	встреча́ло(сь) бы			встре́тило(сь) бы	
	встреча́ли(сь) бы			встре́тили(сь) бы	
PARTICIPLES			PARTICIPLES		
	pres. active	встреча́ющий(ся)		*pres. active*	—
	pres. passive	встреча́емый		*pres. passive*	—
	past active	встреча́вший(ся)		*past active*	встре́тивший(ся)
	past passive	—		*past passive*	встре́ченный
VERBAL ADVERBS			VERBAL ADVERBS		
	встреча́я(сь)			встре́тив(шись)	
COMMANDS			COMMANDS		
	встреча́й(ся)			встре́ть(ся)	
	встреча́йте(сь)			встре́тьте(сь)	

Usage

(с+instr.)(+acc.)

Я случа́йно встре́тил его́ в теа́тре.	*I happened to meet him in a theater.*
Мы договори́лись встре́титься и посиде́ть где-нибу́дь.	*We agreed to meet somewhere and sit for a while.*
Они́ на́чали встреча́ться в ма́рте, а в декабре́ пожени́лись.	*They started dating in March and got married in December.*
Лю́ди, встреча́вшие поезда́, вы́шли на платфо́рму.	*The people waiting for trains came out onto the platform.*
Встреча́ясь с тру́дностями, бу́дьте начеку́!	*While encountering difficulties, be on the alert!*
"Три го́да ты мне сни́лась, а встре́тилась вчера́." (пе́сня)	*"I dreamt about you for three years, and I met you yesterday." (song)*
Иностра́нную делега́цию раду́шно встреча́ли в порту́.	*They cordially met the foreign delegation at the port.*

Idioms/Proverbs

По одёжке встреча́ют, по уму́ провожа́ют. (посло́вица)	*Clothes count only for first impressions.*
Госте́й встреча́ли хле́бом - со́лью.	*The guests were greeted with bread and salt.*
Вся́кое но́вое предложе́ние встреча́ют в штыки́.	*Any new suggestion encounters a hostile reception.*

regular type 1 verb in imp./perf. form type 2 stem: **вступа́й-/вступи-**

IMPERFECTIVE ASPECT		PERFECTIVE ASPECT	
PRESENT			
вступа́ю	вступа́ем		
вступа́ешь	вступа́ете		
вступа́ет	вступа́ют		
PAST		**PAST**	
вступа́л		вступи́л	
вступа́ла		вступи́ла	
вступа́ло		вступи́ло	
вступа́ли		вступи́ли	
FUTURE		**FUTURE**	
бу́ду вступа́ть	бу́дем вступа́ть	вступлю́	всту́пим
бу́дешь вступа́ть	бу́дете вступа́ть	всту́пишь	всту́пите
бу́дет вступа́ть	бу́дут вступа́ть	всту́пит	всту́пят
SUBJUNCTIVE		**SUBJUNCTIVE**	
вступа́л бы		вступи́л бы	
вступа́ла бы		вступи́ла бы	
вступа́ло бы		вступи́ло бы	
вступа́ли бы		вступи́ли бы	
PARTICIPLES		**PARTICIPLES**	
pres. active	вступа́ющий	*pres. active*	—
pres. passive	—	*pres. passive*	—
past active	вступа́вший	*past active*	вступи́вший
past passive	—	*past passive*	—
VERBAL ADVERBS		**VERBAL ADVERBS**	
вступа́я		вступи́в	
COMMANDS		**COMMANDS**	
вступа́й		вступи́	
вступа́йте		вступи́те	

Usage

(в, на+acc.)

В девятна́дцать лет он вступи́л в па́ртию.	*He joined the party when he was nineteen.*
Пенсионе́ры вступи́ли в но́вую фа́зу своей жи́зни.	*The retired people turned over a new chapter of life.*
Не вступа́йте с ни́ми в разгово́ры!	*Don't get into conversations with them!*
Она́ вступа́ет в препека́ния по по́воду и без по́вода.	*She starts arguments with and without reasons.*
Вступа́ющих в брак торже́ственно поздра́вили.	*The people entering into matrimony were solemnly greeted.*
Всех вступи́вших на престу́пный путь ждёт распла́та.	*All who take a criminal path encounter retribution.*
Новобра́нцы вступа́ли в но́вую жизнь.	*The recruits entered a new life.*
Ста́рый конве́йер наконе́ц вступи́л в стро́й.	*The old conveyor was finally put into operation.*
Вступа́ть в перегово́ры с террори́стами президе́нт отка́зался.	*The president refused to enter into negotiations with the terrorists.*
Вступи́в на престо́л, короле́ва издала́ но́вый ука́з.	*Having ascended the throne, the queen issued a new decree.*

входи́ть/войти́

to enter, go in

stem: **входи-/irreg.**

indef. form type 2/all others irregular

Прика́з коменда́нта вхо́дит в де́йствие незамедли́тельно.	*The commandant's order will go into effect immediately.*
Эти измене́ния войду́т в но́вую реда́кцию словаря́.	*These changes will be included in the new editon of the dictionary.*
Потихо́ньку жи́знь вошла́ в свою́ колею́.	*Life slowly settled down.*
Войдя́ в дом, она́ уста́ло опусти́лась в кре́сло.	*Entering the house, she feebly sat into the chair.*
У неё вошло́ в привы́чку говори́ть с людьми́ свысока́.	*She got into the habit of speaking down to people.*
Воше́дшие в мо́ду в 60-ые го́ды ю́бки сейча́с сно́ва популя́рны.	*The skirts that were in fashion in the 60's now are popular again.*
Положе́ния междунаро́дного догово́ра вхо́дят в си́лу с но́вого го́да.	*The international treaty will go into effect in the new year.*

Idioms/Sayings

Снача́ла он пома́лкивал, но пото́м вошёл во вкус и стал дава́ть указа́ния.	*At first he kept quiet, but then he began to enjoy it and started giving instructions.*
Ей пона́добился ме́сяц, что́бы войти́ в роль.	*She needed a month to get into the role.*
"Оста́вь наде́жду всяк, сюда́ входя́щий." (Да́нте)	*"Abandon hope all ye that enter herein!" (Dante)*
Прошу́ вас войти́ в моё положе́ние.	*I ask you to put yourself in my situation.*
Пре́жде, чем войти́, ду́май, как вы́йти.	*Before you enter, think about how to get out.*

indef. form type 2/all others irregular — stem: **входи-/irreg.**

	IMPERFECTIVE ASPECT			PERFECTIVE ASPECT	
PRESENT					
	вхожу́	вхо́дим			
	вхо́дишь	вхо́дите			
	вхо́дит	вхо́дят			
PAST			**PAST**		
	входи́л			вошёл	
	входи́ла			вошла́	
	входи́ло			вошло́	
	входи́ли			вошли́	
FUTURE			**FUTURE**		
	бу́ду входи́ть	бу́дем входи́ть		войду́	войдём
	бу́дешь входи́ть	бу́дете входи́ть		войдёшь	войдёте
	бу́дет входи́ть	бу́дут входи́ть		войдёт	войду́т
SUBJUNCTIVE			**SUBJUNCTIVE**		
	входи́л бы			вошёл бы	
	входи́ла бы			вошла́ бы	
	входи́ло бы			вошло́ бы	
	входи́ли бы			вошли́ бы	
PARTICIPLES			**PARTICIPLES**		
	pres. active	входя́щий		*pres. active*	—
	pres. passive	—		*pres. passive*	—
	past active	входи́вший		*past active*	воше́дший
	past passive	—		*past passive*	—
VERBAL ADVERBS			**VERBAL ADVERBS**		
	входя́			войдя́	
COMMANDS			**COMMANDS**		
	входи́			войди́	
	входи́те			войди́те	

Usage

(в, на+acc.)(из, с+gen.)(под, с+instr.)(+inf.)

Воше́дшая в наш двор соба́ка испу́ганно озира́лась. — *The dog that entered our yard looked around, frightened.*

Отдыха́ющие приве́тствовали входя́щую в га́вань шху́ну. — *The vacationers welcomed the schooner that entered the harbor.*

Не бу́дем входи́ть в подро́бности, обсу́дим гла́вное. — *We will not go into details; we'll discuss the main points.*

Что́бы войти́ в институ́т, ну́жно пройти́ прове́рку докуме́нтов. — *To get into the university, it's necessary to go through a document check.*

Входи́ть в наш дом лу́чше с у́лицы, из-за угла́. — *It's better to enter our home from the street, from around the corner.*

В соста́в уча́стников конфере́нции вошли́ то́лько име́ющие учёную сте́пень. — *Only those holding a degree were participants at the conference.*

Ста́лин вошёл в исто́рию как один из са́мых стра́шных тира́нов. — *Stalin went down in history as one of the most horrific tyrants.*

Каде́ты входи́ли стро́ем в зал под зву́ки орке́стра. — *The cadets entered in formation into the hall accompanied by an orchestra.*

выбира́ть/вы́брать

to choose, select

stem: **выбира́й-/ вы́б|ра-** regular type 1 verb (like **рабо́тать**)

IMPERFECTIVE ASPECT		PERFECTIVE ASPECT	
PRESENT			
выбира́ю	выбира́ем		
выбира́ешь	выбира́ете		
выбира́ет	выбира́ют		
PAST		**PAST**	
выбира́л		вы́брал	
выбира́ла		вы́брала	
выбира́ло		вы́брало	
выбира́ли		вы́брали	
FUTURE		**FUTURE**	
бу́ду выбира́ть	бу́дем выбира́ть	вы́беру	вы́берем
бу́дешь выбира́ть	бу́дете выбира́ть	вы́берешь	вы́берете
бу́дет выбира́ть	бу́дут выбира́ть	вы́берет	вы́берут
SUBJUNCTIVE		**SUBJUNCTIVE**	
выбира́л бы		вы́брал бы	
выбира́ла бы		вы́брала бы	
выбира́ло бы		вы́брало бы	
выбира́ли бы		вы́брали бы	
PARTICIPLES		**PARTICIPLES**	
pres. active	выбира́ющий	*pres. active*	—
pres. passive	выбира́емый	*pres. passive*	—
past active	выбира́вший	*past active*	вы́бравший
past passive	—	*past passive*	вы́бранный
VERBAL ADVERBS		**VERBAL ADVERBS**	
выбира́я		вы́брав	
COMMANDS		**COMMANDS**	
выбира́й		вы́бери	
выбира́йте		вы́берите	

Usage

(+acc.)(из+gen.)(между+instr.)(в, на+acc.)(+instr.)

Если бы я сно́ва выбира́ла му́жа, я бы вы́брала того́ же. — *If I were to pick a husband again, I would select the same one.*

Выбира́я те́му докла́да, он по́мнил об основны́х тре́бованиях. — *While choosing the topic of his report, he remembered the basic requirements.*

Вы́бранный на второ́й срок президе́нт продолжа́л наме́ченный им курс. — *The president, who was elected for a second term, continued on the course he had outlined.*

Мы вы́брали на́шего колле́гу представи́телем шко́лы на Учёном Сове́те. — *We elected our colleague as a school representative at the Academic Council.*

Вы́брав лу́чшие фру́кты, она́ ушла́ с база́ра. — *Selecting the best fruit, she left the market.*

Студе́нты вы́брали прекра́сный рестора́н для выпускно́го ве́чера. — *The students chose a nice restaurant for the graduation dinner.*

Вы́бранный пода́рок сто́ил недёшево. — *The gift selected was expensive.*

Он наде́ется, что его́ вы́берут дека́ном. — *He hopes that they will select him as the dean.*

Пора́ уже́ вы́брать свой жи́зненный путь. — *It's already time to choose one's life path.*

Докла́дчик тща́тельно выбира́л материа́л для своего́ выступле́ния. — *The presenter thoroughly selected the material for his presentation.*

Если выбира́ть ме́жду Монтере́ем и Да́лласом, я бы предпочёл Теха́с. — *If I had to choose between Monterey and Dallas, I would prefer Texas.*

regular type 1 verb in imp./perf. form type 2 stem: **выбра́сываю-/вы́броси-**

IMPERFECTIVE ASPECT		PERFECTIVE ASPECT	
PRESENT			
выбра́сываю	выбра́сываем		
выбра́сываешь	выбра́сываете		
выбра́сывает	выбра́сывают		
PAST		PAST	
выбра́сывал		вы́бросил	
выбра́сывала		вы́бросила	
выбра́сывало		вы́бросило	
выбра́сывали		вы́бросили	
FUTURE		FUTURE	
бу́ду выбра́сывать	бу́дем выбра́сывать	вы́брошу	вы́бросим
бу́дешь выбра́сывать	бу́дете выбра́сывать	вы́бросишь	вы́бросите
бу́дет выбра́сывать	бу́дут выбра́сывать	вы́бросит	вы́бросят
SUBJUNCTIVE		SUBJUNCTIVE	
выбра́сывал бы		вы́бросил бы	
выбра́сывала бы		вы́бросила бы	
выбра́сывало бы		вы́бросило бы	
выбра́сывали бы		вы́бросили бы	
PARTICIPLES		PARTICIPLES	
pres. active	выбра́сывающий	*pres. active*	—
pres. passive	выбра́сываемый	*pres. passive*	—
past active	выбра́сывавший	*past active*	вы́бросивший
past passive	—	*past passive*	вы́брошенный
VERBAL ADVERBS		VERBAL ADVERBS	
выбра́сывая		вы́бросив	
COMMANDS		COMMANDS	
выбра́сывай		вы́броси	
выбра́сывайте		вы́бросите	

Usage

(+acc.)(в, на, за+acc.)(из+gen.)

Не спеши́ выбра́сывать ста́рые газе́ты. — *Don't rush to throw out your old newspapers.*

Грех выбра́сывать дома́шних живо́тных из до́ма. — *It's a sin to throw pets out of the house.*

Во вре́мя што́рма балла́ст выбра́сывают за борт корабля́. — *During a storm, the ballast is thrown overboard.*

Италья́нцы в новогоднюю ночь выбра́сывают из окна́ ста́рую ме́бель. — *On New Year's Eve, Italians throw old furniture out the window.*

За неупла́ту за жильё семью́ вы́бросили на у́лицу. — *The family was evicted out on the street for not paying the apartment rent.*

Вулка́н вре́мя от вре́мени выбра́сывает ла́ву и га́зы. — *From time to time the volcano gushes lava and gases.*

Я по́днял буты́лку, вы́брошенную на бе́рег, с письмо́м внутри́. — *I picked up a bottle, with a letter inside, that had been cast ashore.*

Idioms

Вы́брось дурны́е мы́сли из головы́! — *Get those foolish thoughts out of your head!*

49 выводи́ть/вы́вести *to lead out, bring out*

stem: **выводи-/вывёд -** type 2 verb in imp./perf. form type 5

IMPERFECTIVE ASPECT		PERFECTIVE ASPECT	
PRESENT			
вывожу́	выво́дим		
выво́дишь	выво́дите		
выво́дит	выво́дят		
PAST		**PAST**	
выводи́л		вы́вел	
выводи́ла		вы́вела	
выводи́ло		вы́вело	
выводи́ли		вы́вели	
FUTURE		**FUTURE**	
бу́ду выводи́ть	бу́дем выводи́ть	вы́веду	вы́ведем
бу́дешь выводи́ть	бу́дете выводи́ть	вы́ведешь	вы́ведете
бу́дет выводи́ть	бу́дут выводи́ть	вы́ведет	вы́ведут
SUBJUNCTIVE		**SUBJUNCTIVE**	
выводи́л бы		вы́вел бы	
выводи́ла бы		вы́вела бы	
выводи́ло бы		вы́вело бы	
выводи́ли бы		вы́вели бы	
PARTICIPLES		**PARTICIPLES**	
pres. active	выводя́щий	*pres. active*	—
pres. passive	выводи́мый	*pres. passive*	—
past active	выводи́вший	*past active*	вы́ведший
past passive	—	*past passive*	вы́веденный
VERBAL ADVERBS		**VERBAL ADVERBS**	
выводя́		вы́ведя	
COMMANDS		**COMMANDS**	
выводи́		вы́веди	
выводи́те		вы́ведите	

Usage

(+acc.)(в, на+acc.)(из, с+gen.)

Соба́ку ну́жно выводи́ть гуля́ть два́жды в день. *A dog should be taken out for a walk twice a day.*
Выводи́те коня́ из сто́йла. *Take the horse out of the stable.*
Выводя́ маши́ну из гаража́, я ре́зко останови́лся. *While driving the car out of the garage, I stopped abruptly.*
Вы́веденное пятно́ всё-таки оста́вило след на блу́зке. *The stain that was removed still left a trace on the blouse.*
Всё ле́то я стара́лся вы́вести сорняки́ из са́да. *The whole summer I tried to remove the weeds from the garden.*
Лейтена́нт спеши́л вы́вести солда́т из-под обстре́ла. *The lieutenant hurried to lead his soldiers out from under fire.*
Пожа́рники пе́рвыми выводи́ли из зда́ния дете́й и старико́в. *The firemen took children and the elderly out of the building first.*
Но́вое прави́тельство обеща́ет вы́вести эконо́мику из кри́зиса. *The new government is promising to lead the economy out of the crisis.*

Idioms

Не выводи́ меня́ из себя́, помолчи́ лу́чше! *Don't infuriate me; you'd better be quiet!*
Пора́ вы́вести на чи́стую во́ду всё происходя́щее. *It's time to show what is happening in its true colors.*

regular type 2 verb (like **ви́деть**)/no perf. stem: **вы́гляде-**

IMPERFECTIVE ASPECT

PRESENT

вы́гляжу	вы́глядим
вы́глядишь	вы́глядите
вы́глядит	вы́глядят

PAST

вы́глядел
вы́глядела
вы́глядело
вы́глядели

FUTURE

бу́ду вы́глядеть	бу́дем вы́глядеть
бу́дешь вы́глядеть	бу́дете вы́глядеть
бу́дет вы́глядеть	бу́дут вы́глядеть

SUBJUNCTIVE

вы́глядел бы
вы́глядела бы
вы́глядело бы
вы́глядели бы

PARTICIPLES

pres. active	вы́глядящий
pres. passive	—
past active	вы́глядевший
past passive	—

VERBAL ADVERBS

вы́глядя

COMMANDS

Usage

(+instr.)

Ты вы́глядишь, как но́вая копе́йка.	*You look like a new penny.*
Он вы́глядел соверше́нно больны́м.	*He looked quite sick.*
Ему́ то́лько 18 лет, но он вы́глядит взро́слым.	*He's only 18 but looks like an adult.*
Это вы́глядит зло́й шу́ткой.	*This looks like a vicious joke.*
До́чери вы́глядели то́чно, как мать.	*The daughters looked exactly like their mother.*
Не люблю́ вы́глядеть дурако́м.	*I don't like to look like a fool.*

выдава́ть/вы́дать

to give out, issue, award

stem: **выдава́й-/irreg.** irregular; stem alternates from **-авай-** to **-ай-**

	IMPERFECTIVE ASPECT		PERFECTIVE ASPECT	
PRESENT				
	выдаю́	выдаём		
	выдаёшь	выдаёте		
	выдаёт	выдаю́т		
PAST				
	выдава́л		вы́дал	
	выдава́ла		вы́дала	
	выдава́ло		вы́дало	
	выдава́ли		вы́дали	
FUTURE				
	бу́ду выдава́ть	бу́дем выдава́ть	вы́дам	вы́дадим
	бу́дешь выдава́ть	бу́дете выдава́ть	вы́дашь	вы́дадите
	бу́дет выдава́ть	бу́дут выдава́ть	вы́даст	вы́дадут
SUBJUNCTIVE				
	выдава́л бы		вы́дал бы	
	выдава́ла бы		вы́дала бы	
	выдава́ло бы		вы́дало бы	
	выдава́ли бы		вы́дали бы	
PARTICIPLES				
	pres. active	выдаю́щий	*pres. active*	—
	pres. passive	выдава́емый	*pres. passive*	—
	past active	выдава́вший	*past active*	вы́давший
	past passive	—	*past passive*	вы́данный
VERBAL ADVERBS				
	выдава́я		вы́дав	
COMMANDS				
	выдава́й		вы́дай	
	выдава́йте		вы́дайте	

Usage

(+acc.)(+dat.)(из+gen.)(по+dat.)(за+acc.)

Во вре́мя войны́ проду́кты выдава́ли по ка́рточкам.	*During the war, food products were distributed by ration coupons.*
На по́чте мне вы́дали заказно́е письмо́.	*At the post office I was given a registered letter.*
Вы́данный врага́м партиза́н был расстре́лян.	*The partisan who had been handed over to the enemies was shot to death.*
Вы́дав кни́ги чита́телям, библиоте́карь око́нчил рабо́ту.	*Having given out books to the readers, the librarian ended his work.*
Зарпла́ту выдаю́т по пя́тницам.	*The paycheck is issued on Fridays.*
Она́ не вы́даст секре́т.	*She will not betray the secret.*
Они́ вы́дали вну́чку за богача́ из Калифо́рнии.	*They gave away their granddaughter to a rich man from California.*
Вы́дав заслу́ги бра́та за свои́, он жил в дово́льстве.	*Misrepresenting his brother's merits as his own, he lived in contentment.*

Idioms

Он выдаёт себя́ за худо́жника.	*He passes himself off as an artist.*
Одни́м случа́йным сло́вом престу́пник вы́дал себя́.	*The criminal gave himself away by a slip of the tongue.*

regular type 1 verb in imp./perf. form irregular stem: **выезжа́й-/irreg.**

IMPERFECTIVE ASPECT		PERFECTIVE ASPECT	
PRESENT			
выезжа́ю	выезжа́ем		
выезжа́ешь	выезжа́ете		
выезжа́ет	выезжа́ют		
PAST		PAST	
выезжа́л		вы́ехал	
выезжа́ла		вы́ехала	
выезжа́ло		вы́ехало	
выезжа́ли		вы́ехали	
FUTURE		FUTURE	
бу́ду выезжа́ть	бу́дем выезжа́ть	вы́еду	вы́едем
бу́дешь выезжа́ть	бу́дете выезжа́ть	вы́едешь	вы́едете
бу́дет выезжа́ть	бу́дут выезжа́ть	вы́едет	вы́едут
SUBJUNCTIVE		SUBJUNCTIVE	
выезжа́л бы		вы́ехал бы	
выезжа́ла бы		вы́ехала бы	
выезжа́ло бы		вы́ехало бы	
выезжа́ли бы		вы́ехали бы	
PARTICIPLES		PARTICIPLES	
pres. active	выезжа́ющий	*pres. active*	—
pres. passive	—	*pres. passive*	—
past active	выезжа́вший	*past active*	вы́ехавший
past passive	—	*past passive*	—
VERBAL ADVERBS		VERBAL ADVERBS	
выезжа́я		вы́ехав	
COMMANDS		**COMMANDS**	
выезжа́й		выезжа́й	
выезжа́йте		выезжа́йте	

Usage

(+acc.)(к+dat.)(из, с+gen.)(+instr.)(на+prep.)(за+acc.)

Я вы́ехал бы пора́ньше, но начала́сь гроза́.	*I would have left earlier but the storm began.*
По́езд выезжа́ет из Кие́ва в Москву́ в 9 часо́в ве́чера.	*The train departs from Kiev for Moscow at 9:00 P.M.*
Маши́на, выезжа́вшая из воро́т, столкну́лась с мотоцикли́стом.	*The car that drove out of the gate collided with a motorcyclist.*
Вы́ехав в командиро́вку, он плани́ровал ещё зае́хать к сестре́.	*Having departed on a business trip, he planned to stop by his sister's place.*
Никто́ не хоте́л выезжа́ть с Камча́тки зара́нее, несмотря́ на непого́ду.	*Nobody wanted to depart from Kamchatka earlier, regardless of the bad weather.*
К ме́сту происше́ствия вы́ехал отря́д поли́ции.	*A police unit drove to the accident site.*
Мы лю́бим выезжа́ть в дере́вню на выходны́е.	*We like to drive to the country on our days off.*
Семья́ ско́ро вы́едет в США на постоя́нное ме́сто жи́тельства.	*The family will soon depart to the USA as the place of their permanent residence.*
В темноте́ води́тель по оши́бке вы́ехал на го́рную доро́гу.	*In the darkness the driver drove out, mistakenly, on a mountain road.*
Они́ вы́ехали поѐздом.	*They left on a train.*

Idioms

Он лю́бит выезжа́ть за чужо́й счёт.	*He likes exploiting others.*

53 выздора́вливать/вы́здороветь *to recover, get well*

stem: **выздора́вливай-/вы́здоровей-** regular type 1 verb (like **рабо́тать**)

IMPERFECTIVE ASPECT		PERFECTIVE ASPECT	
PRESENT			
выздора́вливаю	выздора́вливаем		
выздора́вливаешь	выздора́вливаете		
выздора́вливает	выздора́вливают		
PAST		**PAST**	
выздора́вливал		вы́здоровел	
выздора́вливала		вы́здоровела	
выздора́вливало		вы́здоровело	
выздора́вливали		вы́здоровели	
FUTURE		**FUTURE**	
бу́ду выздора́вливать	бу́дем выздора́вливать	вы́здоровею	вы́здоровеем
бу́дешь выздора́вливать	бу́дете выздора́вливать	вы́здоровеешь	вы́здоровеете
бу́дет выздора́вливать	бу́дут выздора́вливать	вы́здоровеет	вы́здоровеют
SUBJUNCTIVE		**SUBJUNCTIVE**	
выздора́вливал бы		вы́здоровел бы	
выздора́вливала бы		вы́здоровела бы	
выздора́вливало бы		вы́здоровело бы	
выздора́вливали бы		вы́здоровели бы	
PARTICIPLES		**PARTICIPLES**	
pres. active	выздора́вливающий	*pres. active*	—
pres. passive	—	*pres. passive*	—
past active	выздора́вливавший	*past active*	вы́здоровевший
past passive	—	*past passive*	—
VERBAL ADVERBS		**VERBAL ADVERB**	
выздора́вливая		вы́здоровев	
COMMANDS		**COMMANDS**	
выздора́вливай		вы́здоровей	
выздора́вливайте		вы́здоровейте	

Usage

(после+gen.)(от+gen.)

По́сле пневмони́и стари́к до́лго выздора́вливал.	*After pneumonia, the old man was recovering for a long time.*
За три дня де́вочка вы́здоровела и пошла́ в шко́лу.	*The little girl recovered in three days and went to school.*
Выздора́вливая, он получа́л мно́го телефо́нных звонко́в.	*While recovering, he got many phone calls.*
Вы́здоровев, я реши́ла взять о́тпуск и отдохну́ть.	*Having recovered, I decided to take a vacation and rest.*
Выздора́вливающий больно́й не тре́бовал к себе́ мно́го внима́ния.	*The patient who was getting better didn't require a lot of attention.*
Когда́ я вы́здоровею, мы обяза́тельно соберёмся все вме́сте.	*After I get well, all of us will surely get together.*
Ребёнок лу́чше выздора́вливал в дере́вне у ба́бушки.	*The child was better able to recover at his granny's in the village.*

Idioms

Наконе́ц-то он вы́здоровел от свое́й наи́вности.	*At long last he awakened from his naïveté.*

regular type 1 verb in imp./perf. forms irregular   stem: **вызыва́й-/вы́з|ва-**

IMPERFECTIVE ASPECT		PERFECTIVE ASPECT	
PRESENT			
вызыва́ю	вызыва́ем		
вызыва́ешь	вызыва́ете		
вызыва́ет	вызыва́ют		
PAST		PAST	
вызыва́л		вы́звал	
вызыва́ла		вы́звала	
вызыва́ло		вы́звало	
вызыва́ли		вы́звали	
FUTURE		FUTURE	
бу́ду вызыва́ть	бу́дем вызыва́ть	вы́зову	вы́зовем
бу́дешь вызыва́ть	бу́дете вызыва́ть	вы́зовешь	вы́зовете
бу́дет вызыва́ть	бу́дут вызыва́ть	вы́зовет	вы́зовут
SUBJUNCTIVE		SUBJUNCTIVE	
вызыва́л бы		вы́звал бы	
вызыва́ла бы		вы́звала бы	
вызыва́ло бы		вы́звало бы	
вызыва́ли бы		вы́звали бы	
PARTICIPLES		PARTICIPLES	
pres. active	вызыва́ющий	*pres. active*	—
pres. passive	вызыва́емый	*pres. passive*	—
past active	вызыва́вший	*past active*	вы́звавший
past passive	—	*past passive*	вы́званный
VERBAL ADVERBS		VERBAL ADVERBS	
вызыва́я		вы́звав	
COMMANDS		**COMMANDS**	
вызыва́й		вы́зови	
вызыва́йте		вы́зовите	

Usage

(+acc.)(в, на+acc.)(к, по+dat.)(из, с, у+gen.)(+instr.)

Свиде́теля вы́звали в суд по пове́стке. — *The eyewitness was summoned to court.*
Учи́тель вы́звал к доске́ Пе́тю. — *The teacher called Peter to the blackboard.*
Меня́ с утра́ вы́звали к нача́льнику. — *I was called to the supervisor this morning.*
По про́сьбе жены́ его́ вы́звали из за́ла. — *At his wife's request, he was called out to the hall.*
Певца́ уже́ в тре́тий раз вызыва́ют на бис. — *The singer has already been called to perform encores three times.*
Вызыва́йте роди́телей в шко́лу, а то учителя́ не мо́гут спра́виться с их сы́ном. — *Call the parents to school because the teachers can't manage their son.*
Вы́зовите бухга́лтера из о́тпуска гото́вить докуме́нты для коми́ссии. — *Summon the accountant from her vacation to prepare documents for the committee.*
В девятна́дцатом ве́ке бы́ло мо́дно вызыва́ть сопе́рника на ду́эль. — *In the nineteenth century it was fashionable to challenge one's rival in a duel.*
Его́ вид вы́звал у нас у́жас. — *His appearance horrified us.*
Она́ вызыва́ет во мне́ неприя́знь. — *She provokes hostility in me.*
Эта статья́ вы́зовет противоречи́вые чу́вства. — *This article will cause contradictory feelings.*

вызыва́ть/вы́звать

to summon, call, appeal

stem: **вызыва́й-/вы́з|ва-**

regular type 1 verb in imp./perf. form irregular

Вызыва́йте ско́рую по́мощь, у него́ о́чень высо́кая температу́ра. — *Call for an ambulance; he has a very high temperature.*

Мы не мо́жем идти́ в поликли́нику, вы́зовите врача́ на́ дом. — *We cannot go to the clinic; summon the doctor to the house.*

Де́йствия президе́нта вы́звали проте́сты. — *The president's actions provoked protests.*

Её стиль рабо́ты вызыва́ет осужде́ние и кри́тику. — *Her work habits bring about judgment and criticism.*

Вы́званные войно́й тру́дности мы бу́дем до́лго преодолева́ть. — *It will take a long time to overcome the hardships brought about by war.*

Это блю́до вы́звало у меня тошноту́ и рво́ту. — *This dish caused me to be nauseous and vomit.*

Снача́ла вас вызыва́ют на открове́нность, а пото́м предаю́т. — *At first you will be asked to be forthcoming and then they will betray you.*

Его́ вы́звали с рабо́ты домо́й по телефо́ну. — *He was called home from work by phone.*

regular type 1 verb (like **рабо́тать**) stem: **выи́грывай-/вы́играй-**

	IMPERFECTIVE ASPECT		PERFECTIVE ASPECT	
PRESENT	выи́грываю	выи́грываем		
	выи́грываешь	выи́грываете		
	выи́грывает	выи́грывают		
PAST	выи́грывал		вы́играл	
	выи́грывала		вы́играла	
	выи́грывало		вы́играло	
	выи́грывали		вы́играли	
FUTURE	бу́ду выи́грывать	бу́дем выи́грывать	вы́играю	вы́играем
	бу́дешь выи́грывать	бу́дете выи́грывать	вы́играешь	вы́играете
	бу́дет выи́грывать	бу́дут выи́грывать	вы́играет	вы́играют
SUBJUNCTIVE	выи́грывал бы		вы́играл бы	
	выи́грывала бы		вы́играла бы	
	выи́грывало бы		вы́играло бы	
	выи́грывали бы		вы́играли бы	
PARTICIPLES				
pres. active	выи́грывающий		*pres. active*	—
pres. passive	выи́грываемый		*pres. passive*	—
past active	выи́грывавший		*past active*	вы́игравший
past passive	—		*past passive*	вы́игранный
VERBAL ADVERBS	выи́грывая		вы́играв	
COMMANDS	выи́грывай		вы́играй	
	выи́грывайте		вы́играйте	

Usage

(+acc.)(в, на+acc.)(в+prep.)(по+dat.)(у, от+gen.)

Выи́грывая э́ту би́тву, мы выи́грываем побе́ду.	*By winning this battle we are achieving victory.*
На́ша кома́нда наде́ется вы́играть в соревнова́нии.	*Our team hopes to win the competition.*
Вы́играв пе́рвый тайм, футболи́сты успе́шно продолжа́ли игру́.	*Having won the first half, the soccer players successfully continued with the match.*
Я никогда́ не выи́грывала по лотере́йному биле́ту.	*I have never won with a lottery ticket.*
Игро́к вы́играл в ка́рты больши́е де́ньги.	*The gambler won a lot of money at cards.*
Он выи́грывает пари́ не в пе́рвый раз.	*It's not the first time he's winning his bet.*
Тру́дно вы́играть суде́бное де́ло, когда́ у вас нет де́нег.	*It's hard to win a case in court when you don't have money.*
Корчно́й вы́играл ша́хматный турни́р у мно́гих проти́вников.	*Korchnoi defeated many opponents at chess tournaments.*
Он вы́играл на паде́нии ку́рса а́кций.	*He was successful when the stock prices fell.*

Idioms

Ну́жно во что́ бы то ни ста́ло вы́играть вре́мя.	*Regardless of what happens, it's necessary to gain (some) time.*
Свои́м поведе́нием он выи́грывал в глаза́х о́бщества.	*He was winning in the eyes of society by his behavior.*

56 выключа́ть/вы́ключить

to turn off

stem: **выключа́й-/вы́ключи-**

regular type 1 verb (like **рабо́тать**)

	IMPERFECTIVE ASPECT		PERFECTIVE ASPECT	
PRESENT				
	выключа́ю	выключа́ем		
	выключа́ешь	выключа́ете		
	выключа́ет	выключа́ют		
PAST				
	выключа́л		вы́ключил	
	выключа́ла		вы́ключила	
	выключа́ло		вы́ключило	
	выключа́ли		вы́ключили	
FUTURE				
	бу́ду выключа́ть	бу́дем выключа́ть	вы́ключу	вы́ключим
	бу́дешь выключа́ть	бу́дете выключа́ть	вы́ключишь	вы́ключите
	бу́дет выключа́ть	бу́дут выключа́ть	вы́ключит	вы́ключат
SUBJUNCTIVE				
	выключа́л бы		вы́ключил бы	
	выключа́ла бы		вы́ключила бы	
	выключа́ло бы		вы́ключило бы	
	выключа́ли бы		вы́ключили бы	
PARTICIPLES				
	pres. active	выключа́ющий	*pres. active*	—
	pres. passive	выключа́емый	*pres. passive*	—
	past active	выключа́вший	*past active*	вы́ключивший
	past passive	—	*past passive*	вы́ключенный
VERBAL ADVERBS				
	выключа́я		вы́ключив	
COMMANDS				
	выключа́й		вы́ключи	
	выключа́йте		вы́ключите	

Usage

(+acc.)(из+gen.)

В связи́ с ремо́нтом до́ма вы́ключили на́ день электри́чество, газ и во́ду. — *In connection with the repairs to the house, gas, water, and electricity were turned off for a day.*

Вы́ключи ра́дио, я не могу́ рабо́тать! — *Turn off the radio, I can't work!*

Выключа́йте телеви́зор, досмо́трите фильм в друго́й раз. — *Turn off the TV; you can watch the movie to the end another time.*

Заправля́я бак бензи́ном, вы́ключите мото́р. — *While filling the tank with gas, turn off the engine.*

Во избежа́ние ава́рии лу́чше вы́ключить конве́йер. — *To avoid an accident, it's better to turn off the conveyer.*

Кто вы́ключил мой компью́тер? — *Who shut down my computer?*

regular type 1 verb in imp./perf. form type 2 stem: **вылета́й-/вы́лете-**

IMPERFECTIVE ASPECT		PERFECTIVE ASPECT	
PRESENT			
вылета́ю	вылета́ем		
вылета́ешь	вылета́ете		
вылета́ет	вылета́ют		
PAST		PAST	
вылета́л		вы́летел	
вылета́ла		вы́летела	
вылета́ло		вы́летело	
вылета́ли		вы́летели	
FUTURE		FUTURE	
бу́ду вылета́ть	бу́дем вылета́ть	вы́лечу	вы́летим
бу́дешь вылета́ть	бу́дете вылета́ть	вы́летишь	вы́летите
бу́дет вылета́ть	бу́дут вылета́ть	вы́летит	вы́летят
SUBJUNCTIVE		SUBJUNCTIVE	
вылета́л бы		вы́летел бы	
вылета́ла бы		вы́летела бы	
вылета́ло бы		вы́летело бы	
вылета́ли бы		вы́летели бы	
PARTICIPLES		PARTICIPLES	
pres. active	вылета́ющий	*pres. active*	—
pres. passive	—	*pres. passive*	—
past active	вылета́вший	*past active*	вы́летевший
past passive	—	*past passive*	—
VERBAL ADVERBS		VERBAL ADVERBS	
вылета́я		вы́летев	
COMMANDS		**COMMANDS**	
вылета́й		вы́лети	
вылета́йте		вы́летите	

Usage

(в, на+acc.)(на+prep.)(из, с, из-за+gen.)

Журавли́ вы́летели из гнезда́ и улете́ли на юг. *The cranes flew out of the nest and went south.*
Делега́ция писа́телей вылета́ет из Москвы́ в Пари́ж у́тренним ре́йсом. *The writers' delegation flies from Moscow to Paris on a morning flight.*
Эмигра́нты вы́летели в США на Бо́инге 747. *The emigrants flew to the USA on a Boeing 747.*
Вылета́я из-за горы́, вертолёт шёл на небольшо́й высо́те. *Flying from behind a mountain, the helicopter flew at a low altitude.*
Вы́летевший с ба́зы разве́дывательный самолёт до́лго не подава́л сигна́лов. *The reconnaissance aircraft that had taken off from the base did not send signals for a long time.*

Idioms

Она́ пу́лей вы́летела из на́шего до́ма. *She took off out of our house like a bullet.*
От уста́лости у меня́ мно́гое вы́летело из головы́. *Because of fatigue, many things went right out of my head.*
Вы́лететь с рабо́ты мо́жно в два счёта. *One can loose a job in a blink of an eye.*
Он вы́летел из на́шей кома́нды, как про́бка из шампа́нского. *He left our team like a cork out of a champagne bottle.*

58 вылéчивать/вы́лечить *to cure, heal*

stem: **вылечивай-/вы́лечи-** regular type 1 verb in imp./perf. form type 2

	IMPERFECTIVE ASPECT			PERFECTIVE ASPECT	
PRESENT					
	вылéчиваю	вылéчиваем			
	вылéчиваешь	вылéчиваете			
	вылéчивает	вылéчивают			
PAST			**PAST**		
	вылéчивал			вы́лечил	
	вылéчивала			вы́лечила	
	вылéчивало			вы́лечило	
	вылéчивали			вы́лечили	
FUTURE			**FUTURE**		
	бýду вылéчивать	бýдем вылéчивать		вы́лечу	вы́лечим
	бýдешь вылéчивать	бýдете вылéчивать		вы́лечишь	вы́лечите
	бýдет вылéчивать	бýдут вылéчивать		вы́лечит	вы́лечат
SUBJUNCTIVE			**SUBJUNCTIVE**		
	вылéчивал бы			вы́лечил бы	
	вылéчивала бы			вы́лечила бы	
	вылéчивало бы			вы́лечило бы	
	вылéчивали бы			вы́лечили бы	
PARTICIPLES			**PARTICIPLES**		
	pres. active	вылéчивающий		*pres. active*	—
	pres. passive	вылéчиваемый		*pres. passive*	—
	past active	вылéчивавший		*past active*	вы́лечивший
	past passive	—		*past passive*	вы́леченный
VERBAL ADVERBS			**VERBAL ADVERBS**		
	вылéчивая			вы́лечив	
COMMANDS			**COMMANDS**		
	вылéчивай			вы́лечи	
	вылéчивайте			вы́лечите	

Usage

(+acc.)(от+gen.)(+instr.)

Вы́лечив больнóго, врач зарази́лся сам. — *Having cured a patient, the physician caught the infection himself.*

Бáбушка вылéчивала рáзные болéзни нарóдными срéдствами. — *Grandma treated many illnesses with folk medicine.*

Вылéчивая от гри́ппа, рекомендýйте пить мнóго жи́дкости и витами́нов. — *It is recommended to drink a lot of fluid and vitamins when treating a flu.*

Женý вы́лечили сильнодéйствующими лекáрствами, но не уберегли́ от побóчных явлéний. — *The wife was cured with powerful drugs but not spared from their side effects.*

Сегóдня врачи́ предпочитáют бы́стро вылéчивать больны́х антибиóтиками. — *These days physicians prefer the quick treatment of patients with antibiotics.*

type 2 verb in imp./ perf. form type 5 stem: **выноси-/вынёс-**

IMPERFECTIVE ASPECT		PERFECTIVE ASPECT	
PRESENT			
выношу́	выно́сим		
выно́сишь	выно́сите		
выно́сит	выно́сят		
PAST		PAST	
выноси́л		вы́нес	
выноси́ла		вы́несла	
выноси́ло		вы́несло	
выноси́ли		вы́несли	
FUTURE		FUTURE	
бу́ду выноси́ть	бу́дем выноси́ть	вы́несу	вы́несем
бу́дешь выноси́ть	бу́дете выноси́ть	вы́несешь	вы́несете
бу́дет выноси́ть	бу́дут выноси́ть	вы́несет	вы́несут
SUBJUNCTIVE		SUBJUNCTIVE	
выноси́л бы		вы́нес бы	
выноси́ла бы		вы́несла бы	
выноси́ло бы		вы́несло бы	
выноси́ли бы		вы́несли бы	
PARTICIPLES		PARTICIPLES	
pres. active	вынося́щий	*pres. active*	—
pres. passive	выноси́мый	*pres. passive*	—
past active	выноси́вший	*past active*	вы́несший
past passive	—	*past passive*	вы́несенный
VERBAL ADVERBS		VERBAL ADVERBS	
вынося́		вы́неся	
COMMANDS		**COMMANDS**	
выноси́		вы́неси	
выноси́те		вы́несите	

Usage

(+acc.)(в, на+acc.)(с, из+gen.)

Же́нщины и де́ти, рабо́тавшие в тылу́, вы́несли тя́готы войны́. — *Women and children, who worked in the rear, shouldered the burden of war.*

"Вы́несет всё, и широ́кую, я́сную гру́дью доро́гу проло́жит себе́..." (Некрасов) — *"They will bear everything, and will build a wide and clear road (with their chest)..." (Nekrasov)*

Вы́несенный с по́ля бо́я ра́неный ти́хо стона́л. — *The wounded man, who was taken off the battlefield, moaned silently.*

Выноси́те ме́бель из гости́ной на черда́к. — *Carry out the furniture from the den to the attic.*

Ну́жно вы́нести всё ли́шнее из кабине́та. — *One should take out everything unnecessary from the office.*

Выноси́ ве́щи на у́лицу и жди такси́. — *Carry the things out to the street and wait for a cab.*

Рабо́тая над те́кстом, я выношу́ поме́тки на поля́. — *Working on the text, I put my remarks in the margins.*

Вы́несенный пригово́р был оста́влен без измене́ния. — *The verdict handed down remained unchanged.*

Idioms

Наку́рено так, что хоть святы́х выноси́! — *It's so smoky that it's enough to try the patience of a saint!*

Выноси́ть его́ про́сто невозмо́жно. — *He is simply unbearable.*

60 выпи́сывать/вы́писать *to write out, copy, discharge*

stem: **выпи́сывай-/вы́писа-** regular type 1 verb in imp./perf. form type 3

	IMPERFECTIVE ASPECT		PERFECTIVE ASPECT	
PRESENT				
	выпи́сываю	выпи́сываем		
	выпи́сываешь	выпи́сываете		
	выпи́сывает	выпи́сывают		
PAST				
	выпи́сывал		вы́писал	
	выпи́сывала		вы́писала	
	выпи́сывало		вы́писало	
	выпи́сывали		вы́писали	
FUTURE				
	бу́ду выпи́сывать	бу́дем выпи́сывать	вы́пишу	вы́пишем
	бу́дешь выпи́сывать	бу́дете выпи́сывать	вы́пишешь	вы́пишете
	бу́дет выпи́сывать	бу́дут выпи́сывать	вы́пишет	вы́пишут
SUBJUNCTIVE				
	выпи́сывал бы		вы́писал бы	
	выпи́сывала бы		вы́писала бы	
	выпи́сывало бы		вы́писало бы	
	выпи́сывали бы		вы́писали бы	
PARTICIPLES				
	pres. active	выпи́сывающий	*pres. active*	—
	pres. passive	выпи́сываемый	*pres. passive*	—
	past active	выпи́сывавший	*past active*	вы́писавший
	past passive	—	*past passive*	вы́писанный
VERBAL ADVERBS				
	выпи́сывая		вы́писав	
COMMANDS				
	выпи́сывай		вы́пиши	
	выпи́сывайте		вы́пишите	

Usage

(+acc.)(в, на+acc.)(из+gen.)(+dat.)(по+dat.)

Выпи́сывать кни́ги по по́чте - удо́бно. *Ordering books by mail is convenient.*
Я выпи́сываю два журна́ла по педаго́гике. *I subscribe to two journals on teaching.*
Выпи́сывая реце́пт больно́му, врач перезвони́л в апте́ку. *Writing out a prescription to a patient, the physician called the drugstore.*
Вы́писанная на моё имя́ газе́та по оши́бке попа́ла к сосе́дям. *The newspaper that I subscribed to reached our neighbors by mistake.*
Изуча́я англи́йский, я выпи́сывала слова́ в тетра́дь. *Studying English, I copied down the words in my notebook.*
Ско́ро мы вас вы́пишем из больни́цы. *Soon we will discharge you from the hospital.*
Живя́ в Аме́рике, я иногда́ выпи́сываю литерату́ру из Росси́и. *Residing in America, I sometimes order literature from Russia.*
По́сле многи́х лет ожида́ния нам наконе́ц вы́писали о́рдер на кварти́ру. *After many years spent waiting, they finally issued us a voucher for an apartment.*
Что́бы попа́сть на вое́нную ба́зу, ну́жно зара́нее вы́писать про́пуск. *To get on the military base, one needs to fill out a pass in advance.*
Но́вые ру́сские выпи́сывают к себе́ из-за грани́цы гуверна́нток, учителе́й и поваро́в для свои́х дете́й. *The New Russians invite nannies, teachers, and cooks from abroad for their children.*

regular type 1 verb in imp./perf. form type 2 stem: **выполняй-/вы́полни-**

IMPERFECTIVE ASPECT		PERFECTIVE ASPECT	
PRESENT			
выполня́ю	выполня́ем		
выполня́ешь	выполня́ете		
выполня́ет	выполня́ют		
PAST		PAST	
выполня́л		вы́полнил	
выполня́ла		вы́полнила	
выполня́ло		вы́полнило	
выполня́ли		вы́полнили	
FUTURE		FUTURE	
бу́ду выполня́ть	бу́дем выполня́ть	вы́полню	вы́полним
бу́дешь выполня́ть	бу́дете выполня́ть	вы́полнишь	вы́полните
бу́дет выполня́ть	бу́дут выполня́ть	вы́полнит	вы́полнят
SUBJUNCTIVE		SUBJUNCTIVE	
выполня́л бы		вы́полнил бы	
выполня́ла бы		вы́полнила бы	
выполня́ло бы		вы́полнило бы	
выполня́ли бы		вы́полнили бы	
PARTICIPLES		PARTICIPLES	
pres. active	выполня́ющий	*pres. active*	—
pres. passive	выполня́емый	*pres. passive*	—
past active	выполня́вший	*past active*	вы́полнивший
past passive	—	*past passive*	вы́полненный
VERBAL ADVERBS		VERBAL ADVERBS	
выполня́я		вы́полнив	
COMMANDS		**COMMANDS**	
выполня́й		вы́полни	
выполня́йте		вы́полните	

Usage

(+acc.)(из+gen.)

Зда́ние вы́полнено из стекла́ и ста́ли.	*The building is made of glass and steel.*
На́ша брига́да обы́чно во́время выполня́ет план.	*Usually our brigade executes the plan on time.*
Выполня́я секре́тное зада́ние, разве́дчик рискова́л жи́знью.	*Carrying out the secret mission, the intelligence officer risked his life.*
Вы́полненный прое́кт не прошёл утвержде́ние коми́ссии.	*The completed project didn't receive the committee's confirmation.*
Он бу́дет выполня́ть абсолю́тно все указа́ния свы́ше.	*He will absolutely comply with all instructions from above.*
Прошу́ вас вы́полнить мою́ про́сьбу.	*I ask you to fulfill my request.*
Э́то челове́к, кото́рый выполня́ет обеща́ния.	*This is a man who keeps his promises.*

вы́пуска́ть/вы́пустить

to let, publish, put out, produce

stem: **выпускай-/вы́пусти-**

regular type 1 verb in imp./perf. form type 2

	IMPERFECTIVE ASPECT			PERFECTIVE ASPECT	
PRESENT					
	выпуска́ю	выпуска́ем			
	выпуска́ешь	выпуска́ете			
	выпуска́ет	выпуска́ют			
PAST			PAST		
	выпуска́л			вы́пустил	
	выпуска́ла			вы́пустила	
	выпуска́ло			вы́пустило	
	выпуска́ли			вы́пустили	
FUTURE			FUTURE		
	бу́ду выпуска́ть	бу́дем выпуска́ть		вы́пущу	вы́пустим
	бу́дешь выпуска́ть	бу́дете выпуска́ть		вы́пустишь	вы́пустите
	бу́дет выпуска́ть	бу́дут выпуска́ть		вы́пустит	вы́пустят
SUBJUNCTIVE			SUBJUNCTIVE		
	выпуска́л бы			вы́пустил бы	
	выпуска́ла бы			вы́пустила бы	
	выпуска́ло бы			вы́пустило бы	
	выпуска́ли бы			вы́пустили бы	
PARTICIPLES			PARTICIPLES		
	pres. active	выпуска́ющий		*pres. active*	—
	pres. passive	выпуска́емый		*pres. passive*	—
	past active	выпуска́вший		*past active*	вы́пустивший
	past passive	—		*past passive*	вы́пущенный
VERBAL ADVERBS			VERBAL ADVERBS		
	выпуска́я			вы́пустив	
COMMANDS			COMMANDS		
	выпуска́й			вы́пусти	
	выпуска́йте			вы́пустите	

Usage

(+acc.)(в, на+acc.)(из+gen.)

Ну́жно вы́пустить ребёнка погуля́ть во дворе́. *You should let the child walk in the yard.*
Заво́д стал выпуска́ть но́вые това́ры. *The factory started producing new goods.*
Наш институ́т вы́пустил со́тни инжене́ров. *Our institute has trained hundreds of engineers.*
Подпи́сывайтесь на вновь вы́пущенный заём. *Sign for the reissued loan.*
Вы́пущенные неда́вно но́вые денежные купю́ры име́ют друго́й цвет. *The recently issued new banknotes have a different color.*
Вы́пустив но́вый рома́н, изда́тели не учли́ всех пожела́ний чита́телей. *Having released the new novel, the publishers didn't take into account all the readers' wishes.*
Скоре́е вы́пусти во́ду из ва́нной! *Quick, let the water out of the bathroom!*
По́сле десяти́ лет заключе́ния его вы́пустили из тюрьмы́ на свобо́ду. *After ten years of imprisonment, they released him from prison.*
От неожи́данности я вы́пустила кни́гу из рук. *I dropped the book out of surprise.*
Снача́ла де́душка пойма́л пти́цу, но пото́м вы́пустил её на свобо́ду. *At first grandpa caught the bird, but then he released it.*

Idioms

Он вы́пустил из ви́ду замеча́ние това́рища. *He overlooked his friend's remark.*
Но́вая сотру́дница уже́ вы́пустила ко́гти. *The new colleague has already showed her claws.*
Я так хочу́ уви́деться с тобо́й и вы́пустить пар. *I really want to see you and blow off some steam.*

выража́ть/вы́разить

regular type 1 verb in imp./perf. form type 2 — stem: **выражай-/вы́рази-**

IMPERFECTIVE ASPECT		PERFECTIVE ASPECT	
PRESENT			
выража́ю	выража́ем		
выража́ешь	выража́ете		
выража́ет	выража́ют		
PAST		**PAST**	
выража́л		вы́разил	
выража́ла		вы́разила	
выража́ло		вы́разило	
выража́ли		вы́разили	
FUTURE		**FUTURE**	
бу́ду выража́ть	бу́дем выража́ть	вы́ражу	вы́разим
бу́дешь выража́ть	бу́дете выража́ть	вы́разишь	вы́разите
бу́дет выража́ть	бу́дут выража́ть	вы́разит	вы́разят
SUBJUNCTIVE		**SUBJUNCTIVE**	
выража́л бы		вы́разил бы	
выража́ла бы		вы́разила бы	
выража́ло бы		вы́разило бы	
выража́ли бы		вы́разили бы	
PARTICIPLES		**PARTICIPLES**	
pres. active	выража́ющий	*pres. active*	—
pres. passive	выража́емый	*pres. passive*	—
past active	выража́вший	*past active*	вы́разивший
past passive	—	*past passive*	вы́раженный
VERBAL ADVERBS		**VERBAL ADVERBS**	
выража́я		вы́разив	
COMMANDS		**COMMANDS**	
выража́й		вы́рази	
выража́йте		вы́разите	

Usage

(+acc.)(+dat.)(+instr.)(в, на+prep.)

Он не уме́ет чётко вы́ражать свои́ мы́сли.	*He doesn't know how to clearly express his thoughts.*
Ма́ма вы́разила жела́ние повида́ть сестёр.	*Mom expressed her wish to see her sisters.*
Выража́я мне свои́ чу́вства, он о́чень смуща́лся.	*Expressing his feelings to me, he was very embarrassed.*
Вы́разив любо́вь к ро́дине, он не криви́л душо́й.	*Having expressed his love of the homeland, he didn't play a hypocrite.*
Мы иногда́ выража́ем же́стами свои́ жела́ния.	*Sometimes we express our wishes through our gestures.*
Вы́раженные фо́рмулами расчёты бы́ли ясны́ их созда́телям.	*The calculations expressed in the formulas were clear to their creators.*
Ма́льчик вы́разил на лице́ испу́г, когда́ уви́дел сосе́да.	*The boy's face expressed fright when he saw his neighbor.*
Худо́жник вы́разил себя́ на э́том полотне́.	*The artist expressed himself on this canvas.*
Я и́скренне выража́ю вам благода́рность.	*I sincerely express my gratitude to you.*

64 выступа́ть/вы́ступить *to come forward, appear, perform*

stem: **выступа́й-/вы́ступи-** regular type 1 verb in imp./perf. form type 2

IMPERFECTIVE ASPECT		PERFECTIVE ASPECT	
PRESENT			
выступа́ю	выступа́ем		
выступа́ешь	выступа́ете		
выступа́ет	выступа́ют		
PAST		PAST	
выступа́л		вы́ступил	
выступа́ла		вы́ступила	
выступа́ло		вы́ступило	
выступа́ли		вы́ступили	
FUTURE		FUTURE	
бу́ду выступа́ть	бу́дем выступа́ть	вы́ступлю	вы́ступим
бу́дешь выступа́ть	бу́дете выступа́ть	вы́ступишь	вы́ступите
бу́дет выступа́ть	бу́дут выступа́ть	вы́ступит	вы́ступят
SUBJUNCTIVE		SUBJUNCTIVE	
выступа́л бы		вы́ступил бы	
выступа́ла бы		вы́ступила бы	
выступа́ло бы		вы́ступило бы	
выступа́ли бы		вы́ступили бы	
PARTICIPLES		PARTICIPLES	
pres. active	выступа́ющий	*pres. active*	—
pres. passive	—	*pres. passive*	—
past active	выступа́вший	*past active*	вы́ступивший
past passive	—	*past passive*	—
VERBAL ADVERBS		VERBAL ADVERBS	
выступа́я		вы́ступив	
COMMANDS		**COMMANDS**	
выступа́й		вы́ступи	
выступа́йте		вы́ступите	

Usage

(в, на, за+acc.)(из, против+gen.)(по+dat.)(с, перед+instr.)(+instr.)(в, на+prep.)

Река́ вы́ступила из берего́в.	*The river flew over its banks.*
Ора́тор вы́ступил из толпы́ и привлёк к себе́ внима́ние.	*The speaker stepped out of the crowd and attracted attention to himself.*
Ча́сто выступа́я на собра́ниях, он вошёл во вкус.	*Having frequently appeared at meetings, he began to enjoy it.*
Вы́ступив успе́шно на суде́, адвока́т вы́играл де́ло.	*Having successfully addressed the court, the attorney won the case.*
Ученики́ выступа́ют с ре́чью по телевиде́нию.	*The students deliver speeches on TV.*
Дека́н вы́ступил пе́ред всем институ́том.	*The dean appeared before the entire institute.*
Демонстра́нты выступа́ли про́тив войны́.	*The protesters came out against war.*
Он выступа́ет докла́дчиком на конфере́нции.	*He appears as a presenter at a conference.*
Уча́стники съе́зда вы́ступили за незави́симость всех стран ми́ра.	*The participants at the congress stood up for independence of all countries in the world.*

regular type 1 verb in imp./perf. form type 2 stem: **выта́скивай-/вы́тащи-**

IMPERFECTIVE ASPECT		PERFECTIVE ASPECT	
PRESENT			
выта́скиваю	выта́скиваем		
выта́скиваешь	выта́скиваете		
выта́скивает	выта́скивают		
PAST		PAST	
выта́скивал		вы́тащил	
выта́скивала		вы́тащила	
выта́скивало		вы́тащило	
выта́скивали		вы́тащили	
FUTURE		FUTURE	
бу́ду выта́скивать	бу́дем выта́скивать	вы́тащу	вы́тащим
бу́дешь выта́скивать	бу́дете выта́скивать	вы́тащишь	вы́тащите
бу́дет выта́скивать	бу́дут выта́скивать	вы́тащит	вы́тащат
SUBJUNCTIVE		SUBJUNCTIVE	
выта́скивал		вы́тащил бы	
выта́скивала		вы́тащила бы	
выта́скивало		вы́тащило бы	
выта́скивали		вы́тащили бы	
PARTICIPLES		PARTICIPLES	
pres. active	выта́скивающий	*pres. active*	—
pres. passive	выта́скиваемый	*pres. passive*	—
past active	выта́скивавший	*past active*	вы́тащивший
past passive	—	*past passive*	вы́тащенный
VERBAL ADVERBS		VERBAL ADVERBS	
выта́скивая		вы́тащив	
COMMANDS		**COMMANDS**	
выта́скивай		вы́тащи	
выта́скивайте		вы́тащите	

Usage

(+acc.)(в, на+acc.)(из+gen.)(+dat.)(к+dat.)

Я мно́го раз выта́скивала его́ из риско́ванных ситуа́ций.	*I pulled him out of risky situations many times.*
Де́ти вы́тащили я́щик со ста́рыми пи́сьмами.	*The children pulled out a box with old letters.*
Рыбаки́ вы́тащили из воды́ се́ти, по́лные ры́бы.	*The fishermen pulled nets full of fish out of the water.*
Из-под обло́мков зда́ния пожа́рники выта́скивали ве́щи бы́вших жильцо́в.	*The firemen were pulling the belongings of the former tenants from under the building's debris.*
Выта́скивая ста́рые кни́ги с чердака́, мы уви́дели то, что до́лго иска́ли.	*While pulling old books out of the attic, we saw what for a long time we had been searching for.*
Вы́тащив зано́зу из па́льца, я сма́зал боле́вшее ме́сто ма́зью.	*Having pulled a splinter out of my finger, I applied ointment over the painful area.*

Idioms

Мы е́ле-е́ле но́ги вы́тащили из э́того прое́кта.	*We barely got out of this project.*

66 вытира́ть/вы́тереть — *to wipe, dry*

stem: **вытира́й-/вы́тр-** regular type 1 verb in imp./perf. form irregular

	IMPERFECTIVE ASPECT			PERFECTIVE ASPECT	
PRESENT					
	вытира́ю	вытира́ем			
	вытира́ешь	вытира́ете			
	вытира́ет	вытира́ют			
PAST			PAST		
	вытира́л			вы́тер	
	вытира́ла			вы́терла	
	вытира́ло			вы́терло	
	вытира́ли			вы́терли	
FUTURE			FUTURE		
	бу́ду вытира́ть	бу́дем вытира́ть		вы́тру	вы́трем
	бу́дешь вытира́ть	бу́дете вытира́ть		вы́трешь	вы́трете
	бу́дет вытира́ть	бу́дут вытира́ть		вы́трет	вы́трут
SUBJUNCTIVE			SUBJUNCTIVE		
	вытира́л бы			вы́тер бы	
	вытира́ла бы			вы́терла бы	
	вытира́ло бы			вы́терло бы	
	вытира́ли бы			вы́терли бы	
PARTICIPLES			PARTICIPLES		
	pres. active	вытира́ющий		*pres. active*	—
	pres. passive	вытира́емый		*pres. passive*	—
	past active	вытира́вший		*past active*	вы́терший
	past passive	—		*past passive*	вы́тертый
VERBAL ADVERBS			VERBAL ADVERBS		
	вытира́я			вы́терев	
COMMANDS			**COMMANDS**		
	вытира́й			вы́три	
	вытира́йте			вы́трите	

Usage

(+acc.)(+dat.)(c+gen.)(+instr.)(в, на+prep.)

Я вытира́ю пыль с ме́бели раз в неде́лю. — *I dust my furniture once a week.*

Вы́терев но́ги в пере́дней, он вошёл в ко́мнату. — *Having wiped his feet in the hallway, he entered the room.*

Искупа́в ребёнка, мать вытира́ла его махро́вым полоте́нцем. — *Having given a bath to her child, the mother was drying her off with a terry towel.*

Вытира́я пот со лба, крестья́нин коси́л пшени́цу. — *Wiping sweat from his brow, the peasant reaped the wheat.*

Возьми́ плато́к и вы́три ему́ нос! — *Take a handkerchief and wipe his nose!*

Его́ пиджа́к был совсе́м вы́тертым. — *His jacket was completely threadbare.*

Proverbs

Вы́три глаза́ - слеза́ми го́рю не помо́жешь... — *Wipe your eyes - tears will not help you...*

regular type 2 verb in imp./perf. form irregular stem: **выходи-/irreg.**

IMPERFECTIVE ASPECT		PERFECTIVE ASPECT	
PRESENT			
выхожу́	выхо́дим		
выхо́дишь	выхо́дите		
выхо́дит	выхо́дят		
PAST		PAST	
выходи́л		вы́шел	
выходи́ла		вы́шла	
выходи́ло		вы́шло	
выходи́ли		вы́шли	
FUTURE		FUTURE	
бу́ду выходи́ть	бу́дем выходи́ть	вы́йду	вы́йдем
бу́дешь выходи́ть	бу́дете выходи́ть	вы́йдешь	вы́йдете
бу́дет выходи́ть	бу́дут выходи́ть	вы́йдет	вы́йдут
SUBJUNCTIVE		SUBJUNCTIVE	
выходи́л бы		вы́шел бы	
выходи́ла бы		вы́шла бы	
выходи́ло бы		вы́шло бы	
выходи́ли бы		вы́шли бы	
PARTICIPLES		PARTICIPLES	
pres. active	выходя́щий	*pres. active*	—
pres. passive	—	*pres. passive*	—
past active	выходи́вший	*past active*	вы́шедший
past passive	—	*past passive*	—
VERBAL ADVERBS		VERBAL ADVERBS	
выходя́		вы́йдя	
COMMANDS		**COMMANDS**	
выходи́		вы́йди	
выходи́те		вы́йдите	

Usage

(в, на+acc.)(за+acc.)(из, из-за, из-под+gen.)(к+dat.)

Выходя́ из до́ма, он встре́тил сосе́дку. — *While leaving his home, he met his neighbor.*
Вы́йдя из маши́ны, он попра́вил дво́рники. — *Having left his car, he fixed the windscreen wipers.*
Вы́шедший из тюрьмы́ не знал, куда́ ему́ тепе́рь е́хать. — *The man who left the prison didn't know where to go.*
Я выхожу́ из борьбы́. — *I'm leaving the fight.*
Не зна́ю, как вы́йти из затрудне́ния. — *I don't know how to get out of the problem.*
Ре́чка выхо́дит из берего́в ка́ждую весну́. — *Every spring the small river overflows.*
Ско́ро моя́ кни́га вы́йдет из печа́ти. — *My book will be printed soon.*
Ме́сяц вы́шел из-за туч. — *The moon emerged from behind thick clouds.*

Idioms

Мото́р вы́шел из стро́я. — *The engine broke down.*
Моя́ оде́жда уже́ вы́шла из мо́ды. — *My clothes are already unfashionable.*
Он давно́ вы́шел из дове́рия у нача́льника. — *His boss stopped trusting him long time ago.*
Па́рень вы́шел из-под контро́ля семьи́. — *The guy got out from the control of his family.*

выходи́ть/вы́йти за́муж *to get married (of a woman)*

Она́ вы́шла за́муж в про́шлом году́. — *She got married last year.*

вышива́ть/вы́шить

to embroider

stem: **вышива́й-/вышьй-** regular type 1 verb in imp./perf. form irregular

IMPERFECTIVE ASPECT		PERFECTIVE ASPECT	
PRESENT			
вышива́ю	вышива́ем		
вышива́ешь	вышива́ете		
вышива́ет	вышива́ют		
PAST		PAST	
вышива́л		вы́шил	
вышива́ла		вы́шила	
вышива́ло		вы́шило	
вышива́ли		вы́шили	
FUTURE		FUTURE	
бу́ду вышива́ть	бу́дем вышива́ть	вы́шью	вы́шьем
бу́дешь вышива́ть	бу́дете вышива́ть	вы́шьешь	вы́шьете
бу́дет вышива́ть	бу́дут вышива́ть	вы́шьет	вы́шьют
SUBJUNCTIVE		SUBJUNCTIVE	
вышива́л бы		вы́шил бы	
вышива́ла бы		вы́шила бы	
вышива́ло бы		вы́шило бы	
вышива́ли бы		вы́шили бы	
PARTICIPLES		PARTICIPLES	
pres. active	вышива́ющий	*pres. active*	—
pres. passive	вышива́емый	*pres. passive*	—
past active	вышива́вший	*past active*	вы́шивший
past passive	—	*past passive*	вы́шитый
VERBAL ADVERBS		VERBAL ADVERBS	
вышива́я		вы́шив	
COMMANDS		**COMMANDS**	
вышива́й		вы́шей	
вышива́йте		вы́шейте	

Usage

(+acc.)(по+dat.)(+instr.)

Моя́ дочь учи́лась вышива́ть в шко́ле. — *My daughter studied embroidery in school.*

Она́ хорошо́ вышива́ет гла́дью. — *She embroiders well with a satin stitch.*

Де́вушка вышива́ла руба́шку жениху́ на сва́дьбу. — *The girl embroidered her fiancé a shirt for the wedding.*

Вы́шитая блу́зка име́ла успе́х. — *The embroidered blouse was a success.*

Ба́бушка всю жизнь вышива́ла полоте́нца. — *Grandma embroidered towels her whole life.*

regular type 1 verb in imp./perf. form type 2 stem: **выясня́й-/вы́ясни-**

IMPERFECTIVE ASPECT		PERFECTIVE ASPECT	
PRESENT			
выясня́ю	выясня́ем		
выясня́ешь	выясня́ете		
выясня́ет	выясня́ют		
PAST		PAST	
выясня́л		вы́яснил	
выясня́ла		вы́яснила	
выясня́ло		вы́яснило	
выясня́ли		вы́яснили	
FUTURE		FUTURE	
бу́ду выясня́ть	бу́дем выясня́ть	вы́ясню	вы́ясним
бу́дешь выясня́ть	бу́дете выясня́ть	вы́яснишь	вы́ясните
бу́дет выясня́ть	бу́дут выясня́ть	вы́яснит	вы́яснят
SUBJUNCTIVE		SUBJUNCTIVE	
выясня́л бы		вы́яснил бы	
выясня́ла бы		вы́яснила бы	
выясня́ло бы		вы́яснило бы	
выясня́ли бы		вы́яснили бы	
PARTICIPLES		PARTICIPLES	
pres. active	выясня́ющий	*pres. active*	—
pres. passive	выясня́емый	*pres. passive*	—
past active	выясня́вший	*past active*	вы́яснивший
past passive	—	*past passive*	вы́ясненный
VERBAL ADVERBS		VERBAL ADVERBS	
выясня́я		вы́яснив	
COMMANDS		**COMMANDS**	
выясня́й		вы́ясни	
выясня́йте		вы́ясните	

Usage

(+acc.)

Сле́дует вы́яснить э́тот вопро́с поскоре́е. *The issue should be clarified soon.*
Дава́йте вы́ясним отноше́ния. *Let's clarify the relationship.*
Я хочу́ вы́яснить у дру́га, что случи́лось. *I want to find out from my friend what happened.*

Что́бы вы́яснить обстоя́тельства де́ла, сле́дователь вы́ехал на ме́сто происше́ствия. *To clarify the circumstances of the case, the investigator came out to the crime scene.*
Вы́ясни, куда́ они́ уе́хали. *Find out where they went.*

70 вяза́ть/связа́ть — *to knit*

stem: **вяза-/связа-** regular type 3 verb (like **ре́зать**); **з-ж** stem change

IMPERFECTIVE ASPECT		PERFECTIVE ASPECT	
PRESENT			
вяжу́	вя́жем		
вя́жешь	вя́жете		
вя́жет	вя́жут		
PAST		PAST	
вяза́л		связа́л	
вяза́ла		связа́ла	
вяза́ло		связа́ло	
вяза́ли		связа́ли	
FUTURE		FUTURE	
бу́ду вяза́ть	бу́дем вяза́ть	свяжу́	свя́жем
бу́дешь вяза́ть	бу́дете вяза́ть	свя́жешь	свя́жете
бу́дет вяза́ть	бу́дут вяза́ть	свя́жет	свя́жут
SUBJUNCTIVE		SUBJUNCTIVE	
вяза́л бы		связа́л бы	
вяза́ла бы		связа́ла бы	
вяза́ло бы		связа́ло бы	
вяза́ли бы		связа́ли бы	
PARTICIPLES		PARTICIPLES	
pres. active	вя́жущий	*pres. active*	—
pres. passive	—	*pres. passive*	—
past active	вяза́вший	*past active*	связа́вший
past passive	вя́занный	*past passive*	свя́занный
VERBAL ADVERBS		VERBAL ADVERBS	
вяжа́		связа́в	
COMMANDS		**COMMANDS**	
вяжи́		свяжи́	
вяжи́те		свяжи́те	

Usage

(+acc.)(по+dat.)(+dat.)(+instr.)(на+prep.)

Свяжи́ мне ко́фточку, я хорошо́ заплачу́. — *Knit me a sweater; I'll pay you well.*

Я всегда́ мечта́ла научи́ться вяза́ть на спи́цах и крючко́м. — *I've always dreamed about learning to knit and crochet.*

Крестья́нки на по́ле вяза́ли снопы́. — *Peasant women were binding sheaves in the field.*

Престу́пника связа́ли и отвезли́ в поли́цию. — *The criminal was bound and driven to police.*

Idioms/Proverbs

Сказа́ла - связа́ла. (поговорка) — *The word is binding.*

Вы связа́ли меня́ по рука́м и нога́м. — *You tied me up.*

Он с утра́ уже́ лы́ка не вя́жет. — *Since this morning he was so drunk he hasn't been able to talk straight.*

Свя́занный кля́твой, он не отвеча́л на вопро́сы. — *Bound by an oath, he didn't answer the questions.*

Нас связа́ла дру́жба и тури́стские тро́пы. — *We were bound together by friendship and tourist outings.*

regular type 2 verb (like **ви́деть**) stem: **гла́ди-/погла́ди-**

IMPERFECTIVE ASPECT		PERFECTIVE ASPECT	
PRESENT			
гла́жу	гла́дим		
гла́дишь	гла́дите		
гла́дит	гла́дят		
PAST		PAST	
гла́дил		погла́дил	
гла́дила		погла́дила	
гла́дило		погла́дило	
гла́дили		погла́дили	
FUTURE		FUTURE	
бу́ду гла́дить	бу́дем гла́дить	погла́жу	погла́дим
бу́дешь гла́дить	бу́дете гла́дить	погла́дишь	погла́дите
бу́дет гла́дить	бу́дут гла́дить	погла́дит	погла́дят
SUBJUNCTIVE		SUBJUNCTIVE	
гла́дил бы		погла́дил бы	
гла́дила бы		погла́дила бы	
гла́дило бы		погла́дило бы	
гла́дили бы		погла́дили бы	
PARTICIPLES		PARTICIPLES	
pres. active	гла́дящий	*pres. active*	—
pres. passive	—	*pres. passive*	—
past active	гла́дивший	*past active*	погла́дивший
past passive	гла́женный	*past passive*	погла́женный
VERBAL ADVERBS		VERBAL ADVERBS	
гла́дя		погла́див	
COMMANDS		**COMMANDS**	
гла́дь		погла́дь	
гла́дьте		погла́дьте	

Usage

(+acc.)(по+dat.)(+instr.)

В Аме́рике я ре́дко гла́жу оде́жду.	*I rarely iron my clothes in America.*
Жена́ лю́бит гла́дить бельё утюго́м.	*My wife likes to iron the linen.*
Ма́льчик погла́дил ко́шку по ше́рсти.	*The boy stroked the cat on its fur.*
Де́душка погла́дил вну́чку по голове́.	*Grandpa patted his granddaughter on the head.*
Погла́дь, пожа́луйста, мою́ руба́шку.	*Iron my shirt, please.*

72 гляде́ть/погляде́ть

to look (at)

stem: **гляде́-/погляде́-** regular type 2 verb (like **ви́деть**)

IMPERFECTIVE ASPECT		PERFECTIVE ASPECT	
PRESENT			
гляжу́	глядим		
гляди́шь	гляди́те		
гляди́т	глядя́т		
PAST		PAST	
гляде́л		погляде́л	
гляде́ла		погляде́ла	
гляде́ло		погляде́ло	
гляде́ли		погляде́ли	
FUTURE		FUTURE	
бу́ду гляде́ть	бу́дем гляде́ть	погляжу́	погляди́м
бу́дешь гляде́ть	бу́дете гляде́ть	погляди́шь	погляди́те
бу́дет гляде́ть	бу́дут гляде́ть	погляди́т	поглядя́т
SUBJUNCTIVE		SUBJUNCTIVE	
гляде́л бы		погляде́л бы	
гляде́ла бы		погляде́ла бы	
гляде́ло бы		погляде́ло бы	
гляде́ли бы		погляде́ли бы	
PARTICIPLES		PARTICIPLES	
pres. active	глядя́щий	*pres. active*	—
pres. passive	—	*pres. passive*	—
past active	гляде́вший	*past active*	погляде́вший
past passive	—	*past passive*	—
VERBAL ADVERBS		VERBAL ADVERBS	
гля́дя		погляде́в	
COMMANDS		**COMMANDS**	
гляди́		погляди́	
гляди́те		погляди́те	

Usage

(в, на+acc.)(у, из, с, из-за+gen.)(+dat.)(за+instr.)

Гля́дя на о́бщую карти́ну собы́тий, я понима́ю, что произошло́. — *Looking at the general picture of events, I understand what happened.*

"...А ны́нче - погляди́ в окно́!" (А. С. Пушкин) — *"And now - look at the window! (A. S. Pushkin)*

Стари́к гляди́т на у́лицу из окна́. — *The old man looks from his window down on the street.*

Лу́на гляди́т на нас и́з-за туч. — *The moon is looking at us from behind the thick clouds.*

Ребёнок гляде́л на мир широко́ откры́тыми глаза́ми. — *The child looked at the world with his eyes wide-open.*

Они́ гляде́ли друг на дру́га с не́жностью. — *They looked at each other gently.*

Больны́е люби́ли гляде́ть на го́род че́рез стекло́ больни́цы. — *The patients liked to observe the city through the hospital glass.*

Idioms

Така́я она́ краса́вица - гляде́ть - не нагляде́ться. — *She's such a beauty - you look at her and you can't take your eyes off her.*

Ещё раз полу́чишь дво́йку - гляди́ у меня́! — *If you get an F again..., watch out!*

Он гляди́т свысока́ на окружа́ющих. — *He looks down on his acquaintances.*

regular type 2 verb in imp./perf. form type 3 stem: **говори́-/сказа-**

IMPERFECTIVE ASPECT		PERFECTIVE ASPECT	
PRESENT			
говорю́	говори́м		
говори́шь	говори́те		
говори́т	говоря́т		
PAST		PAST	
говори́л		сказа́л	
говори́ла		сказа́ла	
говори́ло		сказа́ло	
говори́ли		сказа́ли	
FUTURE		FUTURE	
бу́ду говори́ть	бу́дем говори́ть	скажу́	ска́жем
бу́дешь говори́ть	бу́дете говори́ть	ска́жешь	ска́жете
бу́дет говори́ть	бу́дут говори́ть	ска́жет	ска́жут
SUBJUNCTIVE		SUBJUNCTIVE	
говори́л бы		сказа́л бы	
говори́ла бы		сказа́ла бы	
говори́ло бы		сказа́ло бы	
говори́ли бы		сказа́ли бы	
PARTICIPLES		PARTICIPLES	
pres. active	говоря́щий	*pres. active*	—
pres. passive	говори́мый	*pres. passive*	—
past active	говори́вший	*past active*	сказа́вший
past passive	говорённый	*past passive*	ска́занный
VERBAL ADVERBS		VERBAL ADVERBS	
говоря́		сказа́в	
COMMANDS		**COMMANDS**	
говори́		скажи́	
говори́те		скажи́те	

Usage

(+acc.)(в, на+acc.)(+dat.)(о+prep.)(с, между+instr.)(+instr.)

Говори́те в микрофо́н, а то вас пло́хо слы́шно.	*Speak into the microphone; we can't hear you.*
Сейча́с ора́тор бу́дет говори́ть речь.	*Now the speaker will deliver a speech.*
Предпочита́ю говори́ть пра́вду, не ложь.	*I prefer speaking the truth, not a lie.*
Говори́ть глу́пости - её нату́ра.	*It's her nature to speak nonsense.*
Скажи́те, где здесь по́чта?	*Can you tell me where the post office is near here?*
Я скажу́ тебе́ всё поздне́е.	*I'll tell you everything later.*
Сказа́в комплиме́нт, он театра́льно покло́нился.	*Having said the compliment, he bowed dramatically.*
По э́тому телекана́лу говоря́т о но́вых откры́тиях.	*On this TV channel they speak about new discoveries.*
Ци́фры говоря́т са́ми за себя́.	*Numbers speak for themselves.*
Стари́к ча́сто говори́т сам с собо́й ти́хим го́лосом.	*The old man frequently speaks to himself in a low voice.*
Он лю́бит говори́ть стиха́ми.	*He likes to talk in verses.*
Моя́ мать говори́ла о́бразным языко́м.	*My mother spoke a colorful language.*

74 гоня́ть/гна́ть/погна́ть *to drive*

stem: **гоня́й-/гон-/погон-** regular type 1 verb in indef./def. & perf. forms irregular

	IMPERFECTIVE ASPECT		PERFECTIVE ASPECT
	INDEFINITE	**DEFINITE**	
PRESENT	гоня́ю, гоня́ешь, гоня́ет, гоня́ем, гоня́ете, гоня́ют	гоню́, го́нишь, го́нит, го́ним, го́ните, го́нят	
PAST	гоня́л, гоня́ла, гоня́ло, гоня́ли	гна́л, гна́ла, гна́ло, гна́ли	погна́л, погна́ла, погна́ло, погна́ли
FUTURE	бу́ду гоня́ть, бу́дешь гоня́ть, бу́дет гоня́ть, бу́дем гоня́ть, бу́дете гоня́ть, бу́дут гоня́ть	бу́ду гна́ть, бу́дешь гна́ть, бу́дет гна́ть, бу́дем гна́ть, бу́дете гна́ть, бу́дут гна́ть	погоню́, пого́нишь, пого́нит, пого́ним, пого́ните, пого́нят
SUBJUNCTIVE	гоня́л бы, гоня́ла бы, гоня́ло бы, гоня́ли бы	гна́л бы, гна́ла бы, гна́ло бы, гна́ли бы	погна́л бы, погна́ла бы, погна́ло бы, погна́ли бы
PARTICIPLES			
pres. active	гоня́ющий	гоня́щий	—
pres. passive	гоня́емый	гони́мый	—
past active	гоня́вший	гна́вший	погна́вший
past passive	—	—	—
VERBAL ADVERBS	гоня́я	гоня́	погна́в
COMMANDS	гоня́й, гоня́йте	гони́, гони́те	погони́, погони́те

Usage

(+acc.)(в, на+acc.)

"Ямщи́к, не гони́ лошаде́й..." (романс) — *"Driver, don't drive the horses hard..." (song)*

Ве́тер го́нит ли́стья по доро́жкам па́рка. — *The wind is chasing the leaves on the park trails.*

"Ве́тер, ве́тер, ты могу́ч, ты гоня́ешь ста́и туч..." (А. С. Пу́шкин) — *"Wind, wind, you're mighty, you can drive thick clouds..." (A. S. Pushkin)*

За таки́е посту́пки ну́жно гнать с рабо́ты. — *One should be fired from work for such deeds.*

Пасту́х гнал ста́до коро́в по лу́гу. — *The herdsman was driving a herd in a meadow.*

Гони́мые отовсю́ду, бе́женцы дошли́ до бе́рега. — *Driven from all sides, the refugees came to the riverbank.*

Idioms

По вечера́м они́ люби́ли гоня́ть чай. — *In the evenings they loved to sit around drinking tea.*

regular type 2 verb (like **видеть**)/no perf. stem: **горди+ся**

IMPERFECTIVE ASPECT		PERFECTIVE ASPECT

PRESENT

горжу́сь	горди́мся
горди́шься	горди́тесь
горди́тся	горя́тся

PAST

горди́лся
горди́лась
горди́лось
горди́лись

FUTURE

бу́ду горди́ться	бу́дем горди́ться
бу́дешь горди́ться	бу́дете горди́ться
бу́дет горди́ться	бу́дут горди́ться

SUBJUNCTIVE

горди́лся бы
горди́лась бы
горди́лось бы
горди́лись бы

PARTICIPLES

pres. active	гордя́щийся
pres. passive	—
past active	горди́вшийся
past passive	—

VERBAL ADVERBS

гордя́сь

COMMANDS

горди́сь
горди́тесь

Usage

(+instr.)

Я горжу́сь мои́ми детьми́ и вну́ками.	*I am proud of my children and grandchildren.*
Роди́тели горди́лись тем, что родили́сь в тако́й стране́.	*The parents were proud of the fact that they had been born in such a country.*
Горди́вшийся свои́ми награ́дами солда́т пока́зывал их гостя́м.	*The soldier, who took pride in his decorations, was showing them to his guests.*

76 горе́ть/сгоре́ть *to burn*

stem: **горе́-/сгоре́-** regular type 2 verb (like **ви́деть**)

IMPERFECTIVE ASPECT		PERFECTIVE ASPECT	
PRESENT			
горю́	гори́м		
гори́шь	гори́те		
гори́т	горя́т		
PAST		PAST	
горе́л		сгоре́л	
горе́ла		сгоре́ла	
горе́ло		сгоре́ло	
горе́ли		сгоре́ли	
FUTURE		FUTURE	
бу́ду горе́ть	бу́дем горе́ть	сгорю́	сгори́м
бу́дешь горе́ть	бу́дете горе́ть	сгори́шь	сгори́те
бу́дет горе́ть	бу́дут горе́ть	сгори́т	сгоря́т
SUBJUNCTIVE		SUBJUNCTIVE	
горе́л бы		сгоре́л бы	
горе́ла бы		сгоре́ла бы	
горе́ло бы		сгоре́ло бы	
горе́ли бы		сгоре́ли бы	
PARTICIPLES		PARTICIPLES	
pres. active	горя́щий	*pres. active*	—
pres. passive	—	*pres. passive*	—
past active	горе́вший	*past active*	сгоре́вший
past passive	—	*past passive*	—
VERBAL ADVERBS		VERBAL ADVERBS	
горя́		сгоре́в	
COMMANDS		COMMANDS	
гори́		сгори́	
гори́те		сгори́те	

Usage

(от, с+gen.)(+instr.)

"Гори́, гори́, моя́ звезда́..." (романс) — *"Shine, shine, my star..." (song)*

Горе́вший костёр собра́л всех вокру́г. — *The lit campfire gathered all the people together.*

Сгоре́вший дом черне́л на у́лице. — *The house that burned down darkened the street.*

Горя́щее пла́мя с трудо́м погаси́ли. — *It was difficult to put out the burning flames.*

В ци́рке глаза́ дете́й горя́т от восхище́ния. — *At the circus the children's eyes shine with delight.*

Idioms

Он "гори́т" на рабо́те. — *He's running around like crazy at work.*

Я чуть не сгоре́ла со стыда́. — *I am nearly consumed with shame.*

regular type 2 verb (like **видеть**) stem: **гости́-/погости́-**

IMPERFECTIVE ASPECT		PERFECTIVE ASPECT	
PRESENT			
гощу́	гости́м		
гости́шь	гости́те		
гости́т	гостя́т		
PAST		PAST	
гости́л		погости́л	
гости́ла		погости́ла	
гости́ло		погости́ло	
гости́ли		погости́ли	
FUTURE		FUTURE	
бу́ду гости́ть	бу́дем гости́ть	погощу́	погости́м
бу́дешь гости́ть	бу́дете гости́ть	погости́шь	погости́те
бу́дет гости́ть	бу́дут гости́ть	погости́т	погостя́т
SUBJUNCTIVE		SUBJUNCTIVE	
гости́л бы		погости́л бы	
гости́ла бы		погости́ла бы	
гости́ло бы		погости́ло бы	
гости́ли бы		погости́ли бы	
PARTICIPLES		PARTICIPLES	
pres. active	гостя́щий	*pres. active*	—
pres. passive	—	*pres. passive*	—
past active	гости́вший	*past active*	погости́вший
past passive	—	*past passive*	—
VERBAL ADVERBS		VERBAL ADVERBS	
гостя́		погости́в	
COMMANDS		COMMANDS	
гости́		погости́	
гости́те		погости́те	

Usage

(у+gen.)(в, на+prep.)

Мы гости́м у ро́дственников уже́ ме́сяц. *We've been visiting our relatives for a month already.*

В про́шлом году́ у нас в Герма́нии гости́ло мно́го наро́ду. *Last year a lot of people visited us in Germany.*

Гостя́ у друзе́й, я реши́л навести́ть и сестру́. *Visiting my friends, I decided to pay a visit to my sister.*

Гости́вшие на да́че прия́тели не причиня́ли хлопо́т. *Our friends who were visiting at our dacha didn't bother us.*

Гостя́ у нас, оте́ц вспомина́л о войне́. *When dad was visiting us, he recalled the war.*

78 гото́вить(ся)/пригото́вить(ся) *to prepare, get ready*

stem: **гото́ви+(ся)/пригото́ви+(ся)** regular type 2 verb (like **ви́деть**)

IMPERFECTIVE ASPECT

PRESENT

гото́влю(сь)	гото́вим(ся)
гото́вишь(ся)	гото́вите(сь)
гото́вит(ся)	гото́вят(ся)

PAST

гото́вил(ся)
гото́вила(сь)
гото́вило(сь)
гото́вили(сь)

FUTURE

бу́ду гото́вить(ся)	бу́дем гото́вить(ся)
бу́дешь гото́вить(ся)	бу́дете гото́вить(ся)
бу́дет гото́вить(ся)	бу́дут гото́вить(ся)

SUBJUNCTIVE

гото́вил(ся) бы
гото́вила(сь) бы
гото́вило(сь) бы
гото́вили(сь) бы

PARTICIPLES

pres. active	гото́вящий(ся)
pres. passive	—
past active	гото́вивший(ся)
past passive	гото́вленный

VERBAL ADVERBS

гото́вя(сь)

COMMANDS

гото́вь(ся)
гото́вьте(сь)

PERFECTIVE ASPECT

PAST

пригото́вил(ся)
пригото́вила(сь)
пригото́вило(сь)
пригото́вили(сь)

FUTURE

пригото́влю(сь)	пригото́вим(ся)
пригото́вишь(ся)	пригото́вите(сь)
пригото́вит(ся)	пригото́вят(ся)

SUBJUNCTIVE

пригото́вил(ся) бы
пригото́вила(сь) бы
пригото́вило(сь) бы
пригото́вили(сь) бы

PARTICIPLES

pres. active	—
pres. passive	—
past active	пригото́вивший(ся)
past passive	пригото́вленный

VERBAL ADVERBS

пригото́вив(шись)

COMMANDS

пригото́вь(ся)
пригото́вьте(сь)

Usage

(+acc.)(в, на+acc.)(для+gen.)(к+dat.)(+instr.)(в, на+prep.)(+inf.)

Пригото́вьте э́ти материа́лы на за́втра.	*Get the materials ready for tomorrow.*
Пригото́вленный вчера́ борщ прoки́с на ку́хне.	*The borscht that was prepared yesterday soured in the kitchen.*
Я взяла́сь гото́вить ученика́ к экза́менам.	*I started preparing the student to pass the exams.*
Мы хоти́м пригото́вить ему́ сюрпри́з.	*We want to suprise him.*
Лу́чше пригото́вить суп из овоще́й.	*You should prepare a soup with vegetables.*
Гото́вить на га́зовой плите́ лу́чше, чем на электри́ческой.	*It's better to cook on a gas stove than an electric one.*
Пора́ гото́виться к отъе́зду.	*It's time to get ready to leave.*
Я гото́влюсь поступа́ть на истори́ческий факульте́т.	*I am preparing to matriculate into the history department.*
Гото́вится к изда́нию но́вая кни́га по культу́ре Росси́и.	*A new book on Russian culture is being prepared for publication.*

Proverbs

Говоря́ о ми́ре, гото́вься к войне́.	*When speaking about peace, prepare for war.*

regular type 1 verb (like **рабо́тать**) stem: **гуля́й-/погуля́й-**

IMPERFECTIVE ASPECT		PERFECTIVE ASPECT	
PRESENT			
гуля́ю	гуля́ем		
гуля́ешь	гуля́ете		
гуля́ет	гуля́ют		
PAST		**PAST**	
гуля́л		погуля́л	
гуля́ла		погуля́ла	
гуля́ло		погуля́ло	
гуля́ли		погуля́ли	
FUTURE		**FUTURE**	
бу́ду гуля́ть	бу́дем гуля́ть	погуля́ю	погуля́ем
бу́дешь гуля́ть	бу́дете гуля́ть	погуля́ешь	погуля́ете
бу́дет гуля́ть	бу́дут гуля́ть	погуля́ет	погуля́ют
SUBJUNCTIVE		**SUBJUNCTIVE**	
гуля́л бы		погуля́л бы	
гуля́ла бы		погуля́ла бы	
гуля́ло бы		погуля́ло бы	
гуля́ли бы		погуля́ли бы	
PARTICIPLES		**PARTICIPLES**	
pres. active	гуля́ющий	*pres. active*	—
pres. passive	—	*pres. passive*	—
past active	гуля́вший	*past active*	погуля́вший
past passive	—	*past passive*	—
VERBAL ADVERBS		**VERBAL ADVERBS**	
гуля́я		погуля́в	
COMMANDS		**COMMANDS**	
гуля́й		погуля́й	
гуля́йте		погуля́йте	

Usage

(по+dat.)(с+instr.)(в, на+prep.)

С соба́кой ну́жно гуля́ть у́тром и ве́чером. — *You need to walk the dog in the morning and evening.*

Мы гуля́ем в па́рке ка́ждое воскресе́нье. — *Every Sunday we take a stroll in the park.*

Они́ погуля́ли с детьми́ часа́ два. — *They strolled about two hours with the kids.*

Погуля́в по го́роду, он зашёл в кафе́. — *Having strolled around the city, he stopped in at a café.*

Гуля́вший на балко́не кот замёрз и пры́гнул в ко́мнату. — *The cat that was strolling on the balcony started to freeze and jumped in the room.*

Proverbs

Ко́нчил де́ло - гуля́й сме́ло. — *The work is done, time for fun.*

дава́ть/дать

to give

stem: **давай-/irreg.**   imp./perf. forms irregular; stem alternates to **-ай-**

В че́сть прие́зда делега́ции По́льши даю́т обе́д. — *The dinner party is held in honor of the arrival of a delegation from Poland.*
Этот спекта́кль даю́т всего́ два́дцать раз. — *This play is performed only twenty times.*
Да́йте челове́ку возмо́жность показа́ть себя́. — *Give the man a chance to prove himself.*
Под Ку́рском был дан бой фаши́зму. — *They fought fascism in the Battle of Kursk.*
Ла́вры колле́ги не даю́т мне поко́я. — *My colleague's laurels are bothering me.*
Моё положе́ние даёт мне пра́во на вынесе́ние реше́ния. — *My position gives me the right to make this decision.*
Всё ска́занное даёт вам представле́ние о на́шей жи́зни. — *Everything said so far gives you an idea about our life.*
Не спеши́те дава́ть характери́стику челове́ку, кото́рого вы не зна́ете. — *Don't rush to recommend a person you do not know.*
Я дал согла́сие на перехо́д в друго́й отдел. — *I agreed to be transferred to another department.*
Ба́бушка дала́ лека́рство вну́чке. — *Grandmother gave her granddaughter medicine.*
Вечера́ми за рю́мкой во́дки он дава́л вы́ход свои́м чу́вствам. — *In the evening, after a drink of vodka, he let his feelings show.*
Не дава́йте в оби́ду бли́зких. — *Stand by your family.*
Продавщи́ца дала́ мне сда́чу с десяти́ рубле́й. — *The salesclerk gave me change from ten roubles.*

дать о себе́ знать *to let one know*
Боль разры́ва с люби́мым даёт о себе́ знать. — *The pain of a breakup with a loved one is still felt strongly.*

дава́ть/дать на чай (чаевы́е) *to tip*
Мы всегда́ даём официа́нту на чай. — *We always tip the waiter.*

дава́ть/дать сда́чи *to defend oneself*
Я учи́ла до́чку дава́ть сда́чи. — *I taught my daughter how to fight back.*

дать по ша́пке *to punish*
Когда́ ей уже́ даду́т по ша́пке? — *When are they going to punish her?*

дать пра́во *to give the right*
Мне 21 год. Это даёт мне пра́во голосова́ть. — *I am 21 years old. This gives me the right to vote.*

Other Uses
Прошёл слух, что он дал ду́ба. — *There was a rumor going around that he died.*
Даю́т - бери́, а бьют - беги́. — *Take when it is given, run when you are hit.*
Мужи́к дава́л во́лю рука́м. — *The man was free with his fists.*
Па́рень хоро́ш - ни дать, ни взя́ть. — *He is a good guy - no doubt about it.*

imp./perf. forms irregular; stem alternates to **-ай-** stem: **давай-/irreg.**

IMPERFECTIVE ASPECT

PRESENT

даю́	даём
даёшь	даёте
даёт	даю́т

PAST

дава́л
дава́ла
дава́ло
дава́ли

FUTURE

бу́ду дава́ть	бу́дем дава́ть
бу́дешь дава́ть	бу́дете дава́ть
бу́дет дава́ть	бу́дут дава́ть

SUBJUNCTIVE

дава́л бы
дава́ла бы
дава́ло бы
дава́ли бы

PARTICIPLES

pres. active	даю́щий
pres. passive	дава́емый
past active	дава́вший
past passive	—

VERBAL ADVERBS

давая́

COMMANDS

дава́й
дава́йте

PERFECTIVE ASPECT

PAST

дал
дала́
да́ло
да́ли

FUTURE

дам	дади́м
дашь	дади́те
даст	даду́т

SUBJUNCTIVE

дал бы
дала́ бы
да́ло бы
да́ли бы

PARTICIPLES

pres. active	—
pres. passive	—
past active	да́вший
past passive	да́нный

VERBAL ADVERBS

дав

COMMANDS

дай
да́йте

Usage

(+inf.)(+acc.)(+dat.)

Опыты да́ли хоро́шие результа́ты.	*The experiments yielded good results.*
Да́йте мне вздохну́ть хоть па́ру дней.	*Let me catch my breath for a few days.*
Дава́йте поéдем в о́тпуск в Бо́лгарию.	*Let's go on vacation to Bulgaria.*
Да́ли бы мне власть - всё бы́ло бы ина́че.	*If I was in power - everything would have been different.*
Не отка́зывайте, да́йте мне надéжду!	*Don't say no, give me some hope!*
Ему́ да́ли по заслу́гам за всё, что он натвори́л.	*He did not get his just deserts for everything he had done.*
Я не даю́ дéньги взаймы́ никому́.	*I do not lend money to anyone.*
Да́йте мне ваш а́дрес и но́мер телефо́на.	*Give me your address and phone number.*
Он даёт ча́стные уро́ки по ру́сскому языку́.	*He teaches private lessons in Russian.*

Idioms

Хоть раз да́йте ему́ жа́ру!	*Just once, let him have it!*

81 дари́ть/подари́ть *to present (a gift)*

stem: **дари-/подари-** regular type 2 verb (like **ви́деть**)

	IMPERFECTIVE ASPECT		PERFECTIVE ASPECT	
PRESENT				
	даpю́	да́рим		
	да́ришь	да́рите		
	да́рит	да́рят		
PAST				
	дари́л		подари́л	
	дари́ла		подари́ла	
	дари́ло		подари́ло	
	дари́ли		подари́ли	
FUTURE				
	бу́ду дари́ть	бу́дем дари́ть	подарю́	пода́рим
	бу́дешь дари́ть	бу́дете дари́ть	пода́ришь	пода́рите
	бу́дет дари́ть	бу́дут дари́ть	пода́рит	пода́рят
SUBJUNCTIVE				
	дари́л бы		подари́л бы	
	дари́ла бы		подари́ла бы	
	дари́ло бы		подари́ло бы	
	дари́ли бы		подари́ли бы	
PARTICIPLES				
	pres. active	даря́щий	*pres. active*	—
	pres. passive	дари́мый	*pres. passive*	—
	past active	дари́вший	*past active*	подари́вший
	past passive	дарённый	*past passive*	пода́ренный
VERBAL ADVERBS				
	даря́		подари́в	
COMMANDS				
	дари́		подари́	
	дари́те		подари́те	

Usage

(+acc.)(на+acc.)(+dat.)(+prep.)

Что тебе́ подари́ть на день рожде́ния? — *What do you want for your birthday?*
Обы́чно де́тям да́рят игру́шки. — *Usually children get toys for presents.*
Мой муж дари́л мне весно́й пе́рвые подсне́жники. — *In the spring, my husband gave me the first snowdrops.*
Президе́нт пода́рит го́роду библиоте́ку. — *The president will gift a library to the city.*
Дорога́я, бо́льше не дари́ мне оде́жду. — *My dear, do not give me any more clothes as gifts.*

Sayings

Посмо́трит - рублём подари́т. — *Her look is like a thousand suns.*

regular type 1 verb in imp./perf. form type 3 stem: **двигай+(ся)/двину+(ся)**

IMPERFECTIVE ASPECT		PERFECTIVE ASPECT	
PRESENT			
дви́гаю(сь)	дви́гаем(ся)		
дви́гаешь(ся)	дви́гаете(сь)		
дви́гает(ся)	дви́гают(ся)		
PAST		PAST	
дви́гал(ся)		дви́нул(ся)	
дви́гала(сь)		дви́нула(сь)	
дви́гало(сь)		дви́нуло(сь)	
дви́гали(сь)		дви́нули(сь)	
FUTURE		FUTURE	
бу́ду дви́гать(ся)	бу́дем дви́гать(ся)	дви́ну	дви́нем
бу́дешь дви́гать(ся)	бу́дете дви́гать(ся)	дви́нешь	дви́нете
бу́дет дви́гать(ся)	бу́дут дви́гать(ся)	дви́нет	дви́нут
SUBJUNCTIVE		SUBJUNCTIVE	
дви́гал(ся) бы		дви́нул(ся) бы	
дви́гала(сь) бы		дви́нула(сь) бы	
дви́гало(сь) бы		дви́нуло(сь) бы	
дви́гали(сь) бы		дви́нули(сь) бы	
PARTICIPLES		PARTICIPLES	
pres. active	дви́гающий(ся)	*pres. active*	—
pres. passive	дви́гаемый	*pres. passive*	—
past active	дви́гавший(ся)	*past active*	дви́нувший(ся)
past passive	—	*past passive*	дви́нутый
VERBAL ADVERBS		VERBAL ADVERBS	
дви́гая(сь)		дви́нув	
COMMANDS		**COMMANDS**	
дви́гай(ся)		дви́нь(ся)	
дви́гайте(сь)		дви́ньте(сь)	

Usage

(+instr.)(+acc.)(+prep.)(на+acc.)(к, по+dat.)

Рабо́та учёных дви́гает нау́ку вперёд. *The scholars' work is moving science forward.*
Войска́ дви́нулись в ю́жном направле́нии. *The troops went in a southerly direction.*
Вме́сто отве́та он дви́нул плеча́ми. *Instead of answering, he shrugged his shoulders.*
Сиди́те споко́йно, не дви́гайтесь! *Sit down quietly, and don't move!*
А ну, дви́гай отсю́да бы́стро! *Get out of here! (coll.)*
Она́ люби́ла дви́гать ме́бель с ме́ста на ме́сто. *She loved to move the furniture from one place to another.*

Им дви́жет честолю́бие. *Ambition is his driving force.*
Наш отря́д дви́гался по ста́рой доро́ге. *Our detachment went along the old road.*
Рабо́ты не́ было, и он дви́нулся в Сиби́рь. *There was no work, and so he went to Siberia.*
По́езд дви́нулся из го́рода но́чью. *The train left the city at night.*
Я ме́дленно дви́гался вдоль бе́рега. *I slowly went along the shore.*
Пёс дви́нулся за мной на расстоя́нии. *The dog moved behind me at a distance.*

Idioms

Вре́мя дви́жется сли́шком бы́стро. *Time is moving too quickly.*

83 де́йствовать/поде́йствовать *to act, use; to influence*

stem: **де́йствова-/поде́йствова-** regular type 4 verb (like **тре́бовать**)

IMPERFECTIVE ASPECT		PERFECTIVE ASPECT	
PRESENT			
де́йствую	де́йствуем		
де́йствуешь	де́йствуете		
де́йствует	де́йствуют		
PAST		**PAST**	
де́йствовал		поде́йствовал	
де́йствовала		поде́йствовала	
де́йствовало		поде́йствовало	
де́йствовали		поде́йствовали	
FUTURE		**FUTURE**	
бу́ду де́йствовать	бу́дем де́йствовать	поде́йствую	поде́йствуем
бу́дешь де́йствовать	бу́дете де́йствовать	поде́йствуешь	поде́йствуете
бу́дет де́йствовать	бу́дут де́йствовать	поде́йствует	поде́йствуют
SUBJUNCTIVE		**SUBJUNCTIVE**	
де́йствовал бы		поде́йствовал бы	
де́йствовала бы		поде́йствовала бы	
де́йствовало бы		поде́йствовало бы	
де́йствовали бы		поде́йствовали бы	
PARTICIPLES		**PARTICIPLES**	
pres. active	де́йствующий	*pres. active*	—
pres. passive	—	*pres. passive*	—
past active	де́йствовавший	*past active*	поде́йствовавший
past passive	—	*past passive*	—
VERBAL ADVERBS		**VERBAL ADVERBS**	
де́йствуя		поде́йствовав	
COMMANDS		**COMMANDS**	
де́йствуй		поде́йствуй	
де́йствуйте		поде́йствуйте	

Usage

(+instr.)(+acc.)(+prep.)(на+acc.)(к, по+dat.)

На́до де́йствовать голово́й, а не си́лой, е́сли возмо́жно. — *If at all possible, you should use your head, not your strength.*

Ка́жется, на неё никто́ не мо́жет поде́йствовать. — *It seems nobody can influence her.*

На ма́льчика мать де́йствовала угово́рами. — *The boy's mother convinced her son through suggestions.*

Сообще́ния по ра́дио де́йствуют угнета́юще. — *The news on the radio is depressing.*

Не де́йствуйте мне на не́рвы. — *Stop annoying me.*

В борьбе́ со стихи́ей лю́ди де́йствовали как геро́и. — *People acted as heroes in their struggle with nature.*

Адми́нистрация заво́да де́йствует по зако́ну. — *The factory administration is acting in accordance with the law.*

Прави́тельство должно́ де́йствовать в интере́сах наро́да. — *The government must act in people's interests.*

де́лать/сде́лать

regular type 1 verb (like **рабо́тать**) stem: **де́лай-/сде́лай-**

	IMPERFECTIVE ASPECT		PERFECTIVE ASPECT	
PRESENT				
	де́лаю	де́лаем		
	де́лаешь	де́лаете		
	де́лает	де́лают		
PAST				
	де́лал		сде́лал	
	де́лала		сде́лала	
	де́лало		сде́лало	
	де́лали		сде́лали	
FUTURE				
	бу́ду де́лать	бу́дем де́лать	сде́лаю	сде́лаем
	бу́дешь де́лать	бу́дете де́лать	сде́лаешь	сде́лаете
	бу́дет де́лать	бу́дут де́лать	сде́лает	сде́лают
SUBJUNCTIVE				
	де́лал бы		сде́лал бы	
	де́лала бы		сде́лала бы	
	де́лало бы		сде́лало бы	
	де́лали бы		сде́лали бы	
PARTICIPLES				
	pres. active	де́лающий	*pres. active*	—
	pres. passive	де́лаемый	*pres. passive*	—
	past active	де́лавший	*past active*	сде́лавший
	past passive	—	*past passive*	сде́ланный; сде́лан,-а,-о
VERBAL ADVERBS				
	де́лая		сде́лав	
COMMANDS				
	де́лай		сде́лай	
	де́лайте		сде́лайте	

Usage

(+acc.)(из+gen.)(+prep.)(+instr.)

На́ша ме́бель сде́лана из клёна.	*Our furniture is made from maple.*
Де́ло сде́лано, пора́ по дома́м.	*It's done; time to go home.*
Я сде́лала себе́ но́вый костю́м.	*I had a new suit made for me.*
Она́ уме́ет де́лать сканда́л из ничего́.	*She can start a fight out of nothing.*
Жаль, что из посре́дственностей де́лают ли́деров.	*It is a shame that leaders come from mediocrity.*
Я бо́льше всего́ люблю́ де́лать пода́рки.	*I enjoy giving gifts the most.*
Он сде́лал дру́га свои́м замести́телем.	*He made his friend his deputy.*
Монтере́й сде́лали пе́рвой столи́цей Калифо́рнии в 19-ом ве́ке.	*In the 19th century, Monterey was made the first capital of California.*
Они́ про́жили до́лгую жизнь, но так и не сде́лали друг дру́га счастли́выми.	*They lived a long life, but never made one another happy.*

Idioms/Proverbs

Он сде́лал блестя́щую карье́ру.	*He had a wonderful career.*
Не сто́ит де́лать из му́хи слона́. (пословица)	*Don't make a mountain out of a molehill.*

84

де́лать/сде́лать

to do, make

stem: **де́лай-/сде́лай-** regular type 1 verb (like **рабо́тать**)

Не люблю́ де́лать долги́.	*I don't like to incur debts.*
Он сде́лал вид, что не понима́ет вопро́са.	*He pretended not to understand the question.*
Сде́лайте мне одолже́ние, позвони́те и закажи́те биле́ты.	*Do me a favor, call and book the tickets for me.*
Друг мно́го для меня́ сде́лал.	*My friend has done a lot for me.*
Секрета́рь де́лал вы́писки из протоко́ла.	*The secretary was writing excerpts from the protocol.*
Стари́к сде́лал Петра́ свои́м насле́дником.	*An old man made Peter his heir.*
Я сама́ де́лаю тво́рог из ки́слого молока́.	*I make homemade cottage cheese from cultured milk.*

де́лать вид *to pretend*

Он сде́лал вид, что не понима́ет вопро́са.	*He pretended not to understand the question.*

regular type 2 verb (like **ви́деть**) stem: **дели́+(ся)/раздели́+(ся)**

IMPERFECTIVE ASPECT		PERFECTIVE ASPECT	
PRESENT			
делю́(сь)	де́лим(ся)		
де́лишь(ся)	де́лите(сь)		
де́лит(ся)	де́лят(ся)		
PAST		PAST	
дели́л(ся)		раздели́л(ся)	
дели́ла(сь)		раздели́ла(сь)	
дели́ло(сь)		раздели́ло(сь)	
дели́ли(сь)		раздели́ли(сь)	
FUTURE		FUTURE	
бу́ду дели́ть(ся)	бу́дем дели́ть(ся)	разделю́(сь)	разде́лим(ся)
бу́дешь дели́ть(ся)	бу́дете дели́ть(ся)	разде́лишь(ся)	разде́лите(сь)
бу́дет дели́ть(ся)	бу́дут дели́ть(ся)	разде́лит(ся)	разде́лят(ся)
SUBJUNCTIVE		SUBJUNCTIVE	
дели́л(ся) бы		раздели́л(ся) бы	
дели́ла(сь) бы		раздели́ла(сь) бы	
дели́ло(сь) бы		раздели́ло(сь) бы	
дели́ли(сь) бы		раздели́ли(сь) бы	
PARTICIPLES		PARTICIPLES	
pres. active	деля́щий(ся)	*pres. active*	—
pres. passive	дели́мый	*pres. passive*	—
past active	дели́вший(ся)	*past active*	раздели́вший(ся)
past passive	делённый	*past passive*	разделённый
VERBAL ADVERBS		VERBAL ADVERBS	
деля́(сь)		раздели́в(шись)	
COMMANDS		COMMANDS	
дели́(сь)		раздели́(сь)	
дели́те(сь)		раздели́те(сь)	

Usage

(+acc.)(на+acc.)(с+instr.)(между+instr.)

Во вре́мя войны́ лю́ди дели́лись друг с дру́гом после́дним куско́м хле́ба.	*During the war, people shared their last piece of bread.*
По́сле сме́рти роди́телей де́ти раздели́ли их иму́щество ме́жду собо́й.	*After the death of their parents, the children divided the inheritance among themselves.*
Я раздели́ла то́рт на ра́вные ча́сти и поста́вила его́ на сто́л.	*I cut the cake into equal portions, and put it on the table.*
Де́сять де́лится на два.	*Ten is divisible by two.*
Опытные сотру́дники де́лятся свои́ми достиже́ниями.	*The senior employees share their successes.*
В де́тском саду́ дете́й раздели́ли на гру́ппы.	*In kindergarden, children were divided into groups.*
Студе́нтов раздели́ли на се́кции.	*The students were divided into sections.*

Idioms

Она́ всегда́ дели́ла с ним и ра́дости, и го́ре.	*She always shared both her joy and sorrow with him.*

держа́ть(ся)/подержа́ть(ся) *to hold, keep; to bear*

stem: **держа́+(ся)/подержа́+(ся)** regular type 2 verb (like **ви́деть**)

IMPERFECTIVE ASPECT		PERFECTIVE ASPECT	
PRESENT			
держу́(сь)	де́ржим(ся)		
де́ржишь(ся)	де́ржите(сь)		
де́ржит(ся)	де́ржат(ся)		
PAST		PAST	
держа́л(ся)		подержа́л(ся)	
держа́ла(сь)		подержа́ла(сь)	
держа́ло(сь)		подержа́ло(сь)	
держа́ли(сь)		подержа́ли(сь)	
FUTURE		FUTURE	
бу́ду держа́ть(ся)	бу́дем держа́ть(ся)	подержу́(сь)	поде́ржим(ся)
бу́дешь держа́ть(ся)	бу́дете держа́ть(ся)	поде́ржишь(ся)	поде́ржите(сь)
бу́дет держа́ть(ся)	бу́дут держа́ть(ся)	поде́ржит(ся)	поде́ржат(ся)
SUBJUNCTIVE		SUBJUNCTIVE	
держа́л(ся) бы		подержа́л(ся) бы	
держа́ла(сь) бы		подержа́ла(сь) бы	
держа́ло(сь) бы		подержа́ло(сь) бы	
держа́ли(сь) бы		подержа́ли(сь) бы	
PARTICIPLES		PARTICIPLES	
pres. active	держа́щий(ся)	*pres. active*	—
pres. passive	—	*pres. passive*	—
past active	держа́вший(ся)	*past active*	подержа́вший(ся)
past passive	де́ржанный	*past passive*	поде́ржанный
VERBAL ADVERBS		VERBAL ADVERBS	
держа́(сь)		подержа́в(шись)	
COMMANDS		COMMANDS	
держи́(сь)		подержи́(сь)	
держи́те(сь)		подержи́те(сь)	

Usage

(+acc.)(за+acc.)(+gen.)(из+gen.)(за, перед+instr.)(в, на+prep.)

Ребёнок кре́пко держа́л мать за́ руку.	*The child held on firmly to his mother's hand.*
Дава́йте держа́ться друг дру́га, что́бы не потеря́ться.	*Let's hold on to each other, so we don't get lost.*
Что́бы ничего́ плохо́го не случи́лось, подержи́сь за де́рево.	*To avoid a mishap, hold on to the tree.*
Бойцы́ до́лго держа́ли оборо́ну.	*The soldiers held their defense for a long time.*
Мы не мо́жем держа́ть соба́ку в кварти́ре.	*We can't keep a dog in our apartment.*

Idioms/Proverbs

Кора́бль держа́л курс на Кана́ду.	*The ship was sailing to Canada.*
Да́вши сло́во - держи́сь, а не да́вши - крепи́сь. (пословица)	*Keep your word, otherwise - look out!*
Придётся держа́ть отве́т за ва́ши де́йствия.	*You will be held accountable for your actions.*
Могу́ держа́ть пари́, что у него́ ничего́ не вы́йдет.	*I bet he will fail.*
Здоро́вье больно́го держа́лось на ни́точке.	*The patient's health hung in the balance.*

regular type 1 verb in imp./perf. form type 2 stem: **добавля́й-/доба́ви-**

IMPERFECTIVE ASPECT		PERFECTIVE ASPECT	
PRESENT			
добавля́ю	добавля́ем		
добавля́ешь	добавля́ете		
добавля́ет	добавля́ют		
PAST		PAST	
добавля́л		доба́вил	
добавля́ла		доба́вила	
добавля́ло		доба́вило	
добавля́ли		доба́вили	
FUTURE		FUTURE	
бу́ду добавля́ть	бу́дем добавля́ть	доба́влю	доба́вим
бу́дешь добавля́ть	бу́дете добавля́ть	доба́вишь	доба́вите
бу́дет добавля́ть	бу́дут добавля́ть	доба́вит	доба́вят
SUBJUNCTIVE		SUBJUNCTIVE	
добавля́л бы		доба́вил бы	
добавля́ла бы		доба́вила бы	
добавля́ло бы		доба́вило бы	
добавля́ли бы		доба́вили бы	
PARTICIPLES		PARTICIPLES	
pres. active	добавля́ющий	*pres. active*	—
pres. passive	добавля́емый	*pres. passive*	—
past active	добавля́вший	*past active*	доба́вивший
past passive	—	*past passive*	доба́вленный
VERBAL ADVERBS		VERBAL ADVERBS	
добавля́я		доба́вив/доба́вивши	
COMMANDS		**COMMANDS**	
добавля́й		доба́вь	
добавля́йте		доба́вьте	

Usage

(в+acc.)(+gen.)(+dat.)(к+dat.)

К ска́занному доба́вить не́чего. — *I have nothing to add to the above.*
Доба́вив со́ли, я ещё раз попро́бовал борщ. — *I tasted the borscht again, after I added salt.*
Э́того малова́то, доба́вьте де́нег. — *It's not enough; give some (more) money.*
Хочу́ доба́вить к статье́ не́сколько фраз. — *I would like to add a few sentences to the article.*

Она́ доба́вила, что оста́нется ночева́ть у дру́га. — *She added that she would spend the night at her friend's house.*

88

добива́ть(ся)/доби́ть(ся) *to achieve, seek, strive*

stem: **добива́й+(ся)/добьй+(ся)** regular type 1 verb in imp./perf. form irregular

IMPERFECTIVE ASPECT		PERFECTIVE ASPECT	
PRESENT			
добива́ю(сь)	добива́ем(ся)		
добива́ешь(ся)	добива́ете(сь)		
добива́ет(ся)	добива́ют(ся)		
PAST		**PAST**	
добива́л(ся)		доби́л(ся)	
добива́ла(сь)		доби́ла(сь)	
добива́ло(сь)		доби́ло(сь)	
добива́ли(сь)		доби́ли(сь)	
FUTURE		**FUTURE**	
бу́ду добива́ть(ся)	бу́дем добива́ть(ся)	добью́(сь)	добьём(ся)
бу́дешь добива́ть(ся)	бу́дете добива́ть(ся)	добьёшь(ся)	добьёте(сь)
бу́дет добива́ть(ся)	бу́дут добива́ть(ся)	добьёт(ся)	добьют(ся)
SUBJUNCTIVE		**SUBJUNCTIVE**	
добива́л(ся) бы		доби́л(ся) бы	
добива́ла(сь) бы		доби́ла(сь) бы	
добива́ло(сь) бы		доби́ло(сь) бы	
добива́ли(сь) бы		доби́ли(сь) бы	
PARTICIPLES		**PARTICIPLES**	
pres. active	добива́ющий(ся)	*pres. active*	—
pres. passive	добива́емый	*pres. passive*	—
past active	добива́вший(ся)	*past active*	доби́вший(ся)
past passive	—	*past passive*	доби́тый
VERBAL ADVERBS		**VERBAL ADVERBS**	
добива́я(сь)		доби́в(шись)	
COMMANDS		**COMMANDS**	
добива́й(ся)		добе́й(ся)	
добива́йте(сь)		добе́йте(сь)	

Usage

(+gen.)

Мой муж все́гда добива́ется всего́ свои́м трудо́м.	*My husband achieves everything he has through hard work.*
Не могу́ доби́ться аудие́нции у дире́ктора.	*I cannot get an appointment with the director.*
Врага́ ну́жно добива́ть до конца́.	*The enemy must be finished once and for all.*
Что́бы доби́ться успе́ха в рабо́те, ну́жно идти́ на усту́пки.	*To succeed at work, you need to compromise.*
В на́шем университе́те мо́жно добива́ться призна́ния до пе́нсии.	*At our university, one can strive for recognition in vain.*
Шахмати́ст доби́лся преиму́щества по́сле пораже́ния.	*The chess player gained victory after defeat.*
Профсою́з доби́лся, что́бы администра́ция вы́платила все долги́ рабо́чим.	*The union was successful in getting back pay for the workers from the administration.*

regular type 1 verb in imp./perf. form irregular stem: **добира́й+ся/доб|ра+ся**

IMPERFECTIVE ASPECT		PERFECTIVE ASPECT	
PRESENT			
добира́юсь	добира́емся		
добира́ешься	добира́етесь		
добира́ется	добира́ются		
PAST		PAST	
добира́лся		добра́лся	
добира́лась		добрала́сь	
добира́лось		добра́лось	
добира́лись		добра́лись	
FUTURE		FUTURE	
бу́ду добира́ться	бу́дем добира́ться	доберу́сь	доберёмся
бу́дешь добира́ться	бу́дете добира́ться	доберёшься	доберётесь
бу́дет добира́ться	бу́дут добира́ться	доберётся	доберу́тся
SUBJUNCTIVE		SUBJUNCTIVE	
добира́лся бы		добра́лся бы	
добира́лась бы		добрала́сь бы	
добира́лось бы		добра́лось бы	
добира́лись бы		добра́лись бы	
PARTICIPLES		PARTICIPLES	
pres. active	добира́ющийся	*pres. active*	—
pres. passive	—	*pres. passive*	—
past active	добира́вшийся	*past active*	добра́вшийся
past passive	—	*past passive*	—
VERBAL ADVERBS		VERBAL ADVERBS	
добира́ясь		добра́вшись	
COMMANDS		**COMMANDS**	
добира́йся		доберი́сь	
добира́йтесь		добери́тесь	

Usage

(в+acc.)(до+gen.)(к+dat.)(на+prep.)

Добра́ться до да́чи под дождём бы́ло непро́сто. — *It was not easy to reach the summer house in the rain.*

К роди́телям мы добира́лись два часа́. — *It took us two hours to get to our parents.*

Добра́вшись до чердака́, де́ти уви́дели там ста́рые игру́шки. — *Once in the attic, the children found old toys there.*

Потеря́вшийся кот добра́лся домо́й че́рез не́сколько дне́й. — *The lost cat made it home in a few days.*

Idioms

Наконе́ц мы добра́лись до су́ти вопро́са. — *Finally, we are getting to the heart of the matter.*

довози́ть/довезти́ *to bring (by vehicle), drive, take*

stem: **довози-/довёз-** type 2 verb in imp.; **з-ж** stem change/perf. form type 5

IMPERFECTIVE ASPECT		PERFECTIVE ASPECT	
PRESENT			
довожу́	дово́зим		
дово́зишь	дово́зите		
дово́зит	дово́зят		
PAST		**PAST**	
довози́л		довёз	
довози́ла		довезла́	
довози́ло		довезло́	
довози́ли		довезли́	
FUTURE		**FUTURE**	
бу́ду довози́ть	бу́дем довози́ть	довезу́	довезём
бу́дешь довози́ть	бу́дете довози́ть	довезёшь	довезёте
бу́дет довози́ть	бу́дут довози́ть	довезёт	довезу́т
SUBJUNCTIVE		**SUBJUNCTIVE**	
довози́л бы		довёз бы	
довози́ла бы		довезла́ бы	
довози́ло бы		довезло́ бы	
довози́ли бы		довезли́ бы	
PARTICIPLES		**PARTICIPLES**	
pres. active	довозя́щий	*pres. active*	—
pres. passive	довози́мый	*pres. passive*	—
past active	довози́вший	*past active*	довёзший
past passive	—	*past passive*	довезённый
VERBAL ADVERBS		**VERBAL ADVERBS**	
довозя́		довезя́	
COMMANDS		**COMMANDS**	
довози́		довези́	
довози́те		довези́те	

Usage

(+acc.)(до+gen.)

Я могу́ довезти́ вас на свое́й маши́не.	*I can give you a lift in my car.*
Трамва́й довози́л её до са́мой рабо́ты.	*The tram got her right to the door of her work.*
Она́ довезла́ ребёнка в коля́ске до ясле́й.	*She took the child to the day care in the stroller.*
Довезя́ дете́й до шко́лы, он пошёл в магази́н.	*After having taken the kids to school, he went to the store.*
Такси́ст, довёзший меня́ до до́ма, оказа́лся ста́рым знако́мым.	*The taxi driver who took me home was an old acquaintance.*

regular type 1 verb (like **рабóтать**) stem: **догáдывай-/догадáй-**

IMPERFECTIVE ASPECT		PERFECTIVE ASPECT	
PRESENT			
догáдываюсь	догáдываемся		
догáдываешься	догáдываетесь		
догáдывается	догáдываются		
PAST		**PAST**	
догáдывался		догадáлся	
догáдывалась		догадáлась	
догáдывалось		догадáлось	
догáдывались		догадáлись	
FUTURE		**FUTURE**	
бýду догáдываться	бýдем догáдываться	догадáюсь	догадáемся
бýдешь догáдываться	бýдете догáдываться	догадáешься	догадáетесь
бýдет догáдываться	бýдут догáдываться	догадáется	догадáются
SUBJUNCTIVE		**SUBJUNCTIVE**	
догáдывался бы		догадáлся бы	
догáдывалась бы		догадáлась бы	
догáдывалось бы		догадáлось бы	
догáдывались бы		догадáлись бы	
PARTICIPLES		**PARTICIPLES**	
pres. active	догáдывающийся	*pres. active*	—
pres. passive	—	*pres. passive*	—
past active	догáдывавшийся	*past active*	догадáвшийся
past passive	—	*past passive*	—
VERBAL ADVERBS		**VERBAL ADVERBS**	
догáдываясь		догадáвшись	
COMMANDS		**COMMANDS**	
догáдывайся		догадáйся	
догáдывайтесь		догадáйтесь	

Usage

(о+prep.)(+inf.)

Я догадáлся о её желáнии повидáть Алúску. — *I guessed her desire to visit Alaska.*

Мáма срáзу догадáлась, что с сы́ном чтó-то случи́лось. — *Mother immediately guessed that something happened to her son.*

Онá не догáдывалась о том, что у её мýжа бы́ли други́е интерéсы. — *She had no idea that her husband had other interests in mind.*

Молодéц, что ты догадáлся позвони́ть нам. — *It's great that you thought to call us.*

Догадáйтесь, скóлько стóит моя́ маши́на. — *Can you guess how much my car cost?*

догова́ривать(ся)/договори́ть(ся) *to agree*

stem: **догова́рива́й+(ся)/договори́+(ся)** type 1 verb in imp./perf. form type 2

	IMPERFECTIVE ASPECT		PERFECTIVE ASPECT	
PRESENT				
	догова́риваю(сь)	догова́риваем(ся)		
	догова́риваешь(ся)	догова́риваете(сь)		
	догова́ривает(ся)	догова́ривают(ся)		
PAST				
	догова́ривал(ся)		договори́л(ся)	
	догова́ривала(сь)		договори́ла(сь)	
	догова́ривало(сь)		договори́ло(сь)	
	догова́ривали(сь)		договори́ли(сь)	
FUTURE				
	бу́ду догова́ривать(ся)	бу́дем догова́ривать(ся)	договорю́(сь)	договори́м(ся)
	бу́дешь догова́ривать(ся)	бу́дете догова́ривать(ся)	договори́шь(ся)	договори́те(сь)
	бу́дет догова́ривать(ся)	бу́дут догова́ривать(ся)	договори́т(ся)	договоря́т(ся)
SUBJUNCTIVE				
	догова́ривал(ся) бы		договори́л(ся) бы	
	догова́ривала(сь) бы		договори́ла(сь) бы	
	догова́ривало(сь) бы		договори́ло(сь) бы	
	догова́ривали(сь) бы		договори́ли(сь) бы	
PARTICIPLES				
	pres. active	догова́ривающий(ся)	*pres. active*	—
	pres. passive	—	*pres. passive*	—
	past active	догова́ривавший(ся)	*past active*	договори́вшийся
	past passive	—	*past passive*	договорённый
VERBAL ADVERBS				
	догова́ривая(сь)		договори́в(шись)	
COMMANDS				
	догова́ривай(ся)		договори́(сь)	
	догова́ривайте(сь)		договори́те(сь)	

Usage

(о+prep.)(с, между+instr.)(до+gen.)(+inf.)

Мы с друзья́ми договори́лись лови́ть ры́бу в суббо́ту. — *We agreed with our friends to go fishing on Saturday.*

Я договори́лась о встре́че с выпускника́ми шко́лы. — *I made arrangements to meet with the school alumni.*

Они́ никаќ не договоря́тся о цене́ до́ма. — *They cannot agree on the price of the house.*

Мы догова́ривались встре́титься у по́чты. — *We agreed that we will meet at the post office.*

Муж и жена́ не могли́ договори́ться ме́жду собо́й. — *The husband and wife could not come to an agreement.*

Они́ договори́лись до абсу́рда. — *They agreed on an absurd decision.*

type 1 verb in imp./perf. form irregular stem: **догоня́й-/irreg.**

IMPERFECTIVE ASPECT		PERFECTIVE ASPECT	
PRESENT			
догоня́ю	догоня́ем		
догоня́ешь	догоня́ете		
догоня́ет	догоня́ют		
PAST		PAST	
догоня́л		догна́л	
догоня́ла		догнала́	
догоня́ло		догна́ло	
догоня́ли		догна́ли	
FUTURE		FUTURE	
бу́ду догоня́ть	бу́дем догоня́ть	догоню́	дого́ним
бу́дешь догоня́ть	бу́дете догоня́ть	дого́нишь	дого́ните
бу́дет догоня́ть	бу́дут догоня́ть	дого́нит	дого́нят
SUBJUNCTIVE		SUBJUNCTIVE	
догоня́л бы		догна́л бы	
догоня́ла бы		догнала́ бы	
догоня́ло бы		догна́ло бы	
догоня́ли бы		догна́ли бы	
PARTICIPLES		PARTICIPLES	
pres. active	—	*pres. active*	—
pres. passive	—	*pres. passive*	—
past active	догоня́вший	*past active*	догна́вший
past passive	—	*past passive*	до́гнанный
VERBAL ADVERBS		VERBAL ADVERBS	
догоня́я		догна́в	
COMMANDS		**COMMANDS**	
догоня́й		догони́	
догоня́йте		догони́те	

Usage

(на+prep.)(+acc.)(до+gen.)

Догна́ть свои́х попу́тчиков мне удало́сь к ве́черу. — *I was able to catch up with my travelling companions in the evening.*

Догна́ть ученико́в в кла́ссе мне не удало́сь из-за боле́зни. — *I was not able to catch up with the students in my class because I was sick.*

Мы догоня́ли по́езд весь день. — *We were catching up to the train the whole day.*

Фа́брика догнала́ сосе́дние предприя́тия в произво́дстве проду́кции. — *The factory caught up with the neighboring plants in manufacturing output.*

Пасту́х догна́л ста́до коро́в до дере́вни. — *The shepherd was driving the herd all the way to the village.*

94 доезжа́ть/дое́хать

to reach (by vehicle), ride

stem: **доезжай-/irreg.**

type 1 verb in imp./perf. form irregular

IMPERFECTIVE ASPECT		PERFECTIVE ASPECT	
PRESENT			
доезжа́ю	доезжа́ем		
доезжа́ешь	доезжа́ете		
доезжа́ет	доезжа́ют		
PAST		PAST	
доезжа́л		дое́хал	
доезжа́ла		дое́хала	
доезжа́ло		дое́хало	
доезжа́ли		дое́хали	
FUTURE		FUTURE	
бу́ду доезжа́ть	бу́дем доезжа́ть	дое́ду	дое́дем
бу́дешь доезжа́ть	бу́дете доезжа́ть	дое́дешь	дое́дете
бу́дет доезжа́ть	бу́дут доезжа́ть	дое́дет	дое́дут
SUBJUNCTIVE		SUBJUNCTIVE	
доезжа́л бы		дое́хал бы	
доезжа́ла бы		дое́хала бы	
доезжа́ло бы		дое́хало бы	
доезжа́ли бы		дое́хали бы	
PARTICIPLES		PARTICIPLES	
pres. active	доезжа́ющий	*pres. active*	—
pres. passive	—	*pres. passive*	—
past active	доезжа́вший	*past active*	дое́хавший
past passive	—	*past passive*	—
VERBAL ADVERBS		VERBAL ADVERBS	
доезжа́я		дое́хав	
COMMANDS		**COMMANDS**	
доезжа́й		доезжа́й	
доезжа́йте		доезжа́йте	

Usage

(до+gen.)(на+prep.)(за+acc.)

Дое́хать до Брази́лии мне так и не удало́сь. — *I was not able to make it to Brazil.*

Солда́т дое́хал благополу́чно до ме́ста слу́жбы. — *The soldier made it safely to his place of deployment.*

Мы дое́хали до це́нтра на метро́. — *We reached downtown on the subway.*

За како́е вре́мя вы доезжа́ете на рабо́ту? — *How long does it take you to get to work?*

На чём мо́жно дое́хать до зоопа́рка? — *How do we get to the zoo?*

type 1 verb in imp./perf. form type 3 stem: **дожида́й+(ся)/дожда́+(ся)**

	IMPERFECTIVE ASPECT		PERFECTIVE ASPECT	
PRESENT				
	дожида́юсь	дожида́емся		
	дожида́ешься	дожида́етесь		
	дожида́ется	дожида́ются		
PAST				
	дожида́лся		дожда́лся	
	дожида́лась		дождала́сь	
	дожида́лось		дожда́лось	
	дожида́лись		дожда́лись	
FUTURE				
	бу́ду дожида́ться	бу́дем дожида́ться	дожду́сь	дождёмся
	бу́дешь дожида́ться	бу́дете дожида́ться	дождёшься	дождётесь
	бу́дет дожида́ться	бу́дут дожида́ться	дождётся	дожду́тся
SUBJUNCTIVE				
	дожида́лся бы		дожда́лся бы	
	дожида́лась бы		дождала́сь бы	
	дожида́лось бы		дожда́лось бы	
	дожида́лись бы		дожда́лись бы	
PARTICIPLES				
pres. active		дожида́ющийся		—
pres. passive		—		—
past active		дожида́вшийся		дожда́вшийся
past passive		—		—
VERBAL ADVERBS				
	дожида́ясь		дожда́вшись	
COMMANDS				
	дожида́йся		дожди́сь	
	дожида́йтесь		дожди́тесь	

Usage

(+gen.)

Я не могу́ дожда́ться, когда́ уви́жу Москву́.	*I can't wait to see Moscow.*
Мы реши́ли дожда́ться по́езда.	*We decided to wait for the train.*
Дожда́вшись конца́ спекта́кля, мы дви́нулись к вы́ходу.	*Once the show ended, we moved to the exit.*
Сове́тский наро́д дожида́лся побе́ды в войне́ четы́ре го́да.	*The Soviet people waited for victory in the war for four years.*
Дожида́ясь сы́на, я засмотре́лась на витри́ны.	*While waiting for my son, I got caught up in window shopping.*

96 доказывать/доказать *to prove*

stem: **доказывай-/доказа-** type 1 verb in imp./perf. form type 3

	IMPERFECTIVE ASPECT			PERFECTIVE ASPECT	
PRESENT					
	доказываю	доказываем			
	доказываешь	доказываете			
	доказывает	доказывают			
PAST			PAST		
	доказывал			доказал	
	доказывала			доказала	
	доказывало			доказало	
	доказывали			доказали	
FUTURE			FUTURE		
	буду доказывать	будем доказывать		докажу	докажем
	будешь доказывать	будете доказывать		докажешь	докажете
	будет доказывать	будут доказывать		докажет	докажут
SUBJUNCTIVE			SUBJUNCTIVE		
	доказывал бы			доказал бы	
	доказывала бы			доказала бы	
	доказывало бы			доказало бы	
	доказывали бы			доказали бы	
PARTICIPLES			PARTICIPLES		
	pres. active	доказывающий		*pres. active*	—
	pres. passive	доказываемый		*pres. passive*	—
	past active	доказывавший		*past active*	доказавший
	past passive	—		*past passive*	доказанный
VERBAL ADVERBS			VERBAL ADVERBS		
	доказывая			доказав	
COMMANDS			**COMMANDS**		
	доказывай			докажи	
	доказывайте			докажите	

Usage

(+acc.)(+dat.)(на+prep.)(+instr.)

Доказать правильность своих взглядов можно, когда тебя слушают.	*You can prove your position only when you are listened to.*
Простые люди доказывали свою преданность героическими поступками.	*Simple people proved their loyalty by heroic deeds.*
Ученик долго доказывал теорему.	*The student took a long time proving the theorem.*
Невозможно доказать коллеге её неправоту.	*It is impossible to convince a colleague that she is wrong.*
Он пытался доказать фактами суть дела.	*He was trying to use facts to substantiate the nature of the problem.*
Доказывая на практике свои достижения, мы столкнулись с непониманием.	*When we started to implement our results, we encountered a lack of understanding.*

type 1 verb in imp./perf. form type 2 stem: **доклáдывай-/доложи-**

IMPERFECTIVE ASPECT		PERFECTIVE ASPECT	
PRESENT			
доклáдываю	доклáдываем		
доклáдываешь	доклáдываете		
доклáдывает	доклáдывают		
PAST		**PAST**	
доклáдывал		доложи́л	
доклáдывала		доложи́ла	
доклáдывало		доложи́ло	
доклáдывали		доложи́ли	
FUTURE		**FUTURE**	
бу́ду доклáдывать	бу́дем доклáдывать	доложу́	доло́жим
бу́дешь доклáдывать	бу́дете доклáдывать	доло́жишь	доло́жите
бу́дет доклáдывать	бу́дут доклáдывать	доло́жит	доло́жат
SUBJUNCTIVE		**SUBJUNCTIVE**	
доклáдывал бы		доложи́л бы	
доклáдывала бы		доложи́ла бы	
доклáдывало бы		доложи́ло бы	
доклáдывали бы		доложи́ли бы	
PARTICIPLES		**PARTICIPLES**	
pres. active	доклáдывающий	*pres. active*	—
pres. passive	доклáдываемый	*pres. passive*	—
past active	доклáдывавший	*past active*	доложи́вший
past passive	—	*past passive*	доло́женный
VERBAL ADVERBS		**VERBAL ADVERBS**	
доклáдывая		доложи́в	
COMMANDS		**COMMANDS**	
доклáдывай		доложи́	
доклáдывайте		доложи́те	

Usage

(+acc.)(+dat.)(o+prep.)

Мы доложи́ли нача́льнику о результа́тах рабо́ты. — *We reported the results of our work to our supervisor.*

Ему́ доложи́ли из Пари́жа о заверше́нии перегово́ров. — *They reported to him from Paris that the negotiations were completed.*

Капита́ну доложи́ли, что в каза́рме грипп. — *They reported to the captain that there was flu in the barracks.*

Секрета́рша доклáдывает нача́льнику о посети́телях. — *The secretary informs the supervisor about visitors.*

98

допра́шивать/допроси́ть — *to interrogate, question*

stem: **допра́шивай-/допроси́-** — type 1 verb in imp./perf. form type 2

	IMPERFECTIVE ASPECT		PERFECTIVE ASPECT	
PRESENT				
	допра́шиваю	допра́шиваем		
	допра́шиваешь	допра́шиваете		
	допра́шивает	допра́шивают		
PAST				
	допра́шивал		допроси́л	
	допра́шивала		допроси́ла	
	допра́шивало		допроси́ло	
	допра́шивали		допроси́ли	
FUTURE				
	бу́ду допра́шивать	бу́дем допра́шивать	допрошу́	допро́сим
	бу́дешь допра́шивать	бу́дете допра́шивать	допро́сишь	допро́сите
	бу́дет допра́шивать	бу́дут допра́шивать	допро́сит	допро́сят
SUBJUNCTIVE				
	допра́шивал бы		допроси́л бы	
	допра́шивала бы		допроси́ла бы	
	допра́шивало бы		допроси́ло бы	
	допра́шивали бы		допроси́ли бы	
PARTICIPLES				
	pres. active	допра́шивающий	*pres. active*	—
	pres. passive	допра́шиваемый	*pres. passive*	—
	past active	допра́шивавший	*past active*	допроси́вший
	past passive	—	*past passive*	допро́шенный
VERBAL ADVERBS				
	допра́шивая		допроси́в	
COMMANDS				
	допра́шивай		допроси́	
	допра́шивайте		допроси́те	

Usage

(+acc.)

Мы допра́шивали верну́вшихся с Восто́ка о вое́нных де́йствиях. — *We questioned those returning from the East about the course of the war.*

Разве́дчика допра́шивали не́сколько дне́й. — *The scout was interrogated for several days.*

Допроси́ть ира́кца поручи́ли мне. — *I was ordered to interrogate the Iraqi.*

В пя́тницу сле́дователи на́чали допра́шивать пострада́вших в результа́те тера́кта. — *On Friday, investigators began to question victims of the terrorist attack.*

type 1 verb in imp./perf. form type 2 stem: **допускáй-/допусти́-**

IMPERFECTIVE ASPECT		PERFECTIVE ASPECT	
PRESENT			
допускáю	допускáем		
допускáешь	допускáете		
допускáет	допускáют		
PAST		**PAST**	
допускáл		допусти́л	
допускáла		допусти́ла	
допускáло		допусти́ло	
допускáли		допусти́ли	
FUTURE		**FUTURE**	
бу́ду допускáть	бу́дем допускáть	допущу́	допу́стим
бу́дешь допускáть	бу́дете допускáть	допу́стишь	допу́стите
бу́дет допускáть	бу́дут допускáть	допу́стит	допу́стят
SUBJUNCTIVE		**SUBJUNCTIVE**	
допускáл бы		допусти́л бы	
допускáла бы		допусти́ла бы	
допускáло бы		допусти́ло бы	
допускáли бы		допусти́ли бы	
PARTICIPLES		**PARTICIPLES**	
pres. active	допускáющий	*pres. active*	—
pres. passive	допускáемый	*pres. passive*	—
past active	допускáвший	*past active*	допусти́вший
past passive	—	*past passive*	допу́щенный
VERBAL ADVERBS		**VERBAL ADVERBS**	
допускáя		допусти́в	
COMMANDS		**COMMANDS**	
допускáй		допусти́	
допускáйте		допусти́те	

Usage

(+acc.)(к+dat.)(в, на+acc.)(до+gen.)

Гру́ппа журнали́стов былá допу́щена на объéкт. *A group of journalists was allowed to enter the site.*

Посторóнние на э́ту бáзу не допускáются. *Strangers are not allowed to enter the base.*

Врач разреши́л допусти́ть родны́х к больнóму. *The doctor allowed relatives to visit the patient.*

Допу́стим, вы прáвы. *Let's suppose you are right.*

Вы допусти́ли непрости́тельную оши́бку. *You made an unforgivable mistake.*

Онá допускáет сли́шком бли́зко к себé случáйных людéй. *She lets strangers get too close.*

Idioms

Я не допускáю и мысли́, что онá говори́т плóхо óбо мнé. *I cannot even fathom that she speaks ill of me.*

100 доставáть/достáть *to obtain; to reach, get*

stem: **доставáй-/достáн-** irregular verb, stem change, resembles type 6

IMPERFECTIVE ASPECT		PERFECTIVE ASPECT	
PRESENT			
достаю́	достаём		
достаёшь	достаёте		
достаёт	достаю́т		
PAST		**PAST**	
доставáл		достáл	
доставáла		достáла	
доставáло		достáло	
доставáли		достáли	
FUTURE		**FUTURE**	
бу́ду доставáть	бу́дем доставáть	достáну	достáнем
бу́дешь доставáть	бу́дете доставáть	достáнешь	достáнете
бу́дет доставáть	бу́дут доставáть	достáнет	достáнут
SUBJUNCTIVE		**SUBJUNCTIVE**	
доставáл бы		достáл бы	
доставáла бы		достáла бы	
доставáло бы		достáло бы	
доставáли бы		достáли бы	
PARTICIPLES		**PARTICIPLES**	
pres. active	достаю́щий	*pres. active*	—
pres. passive	доставáемый	*pres. passive*	—
past active	доставáвший	*past active*	достáвший
past passive	—	*past passive*	—
VERBAL ADVERBS		**VERBAL ADVERBS**	
доставáя		достáв	
COMMANDS		**COMMANDS**	
доставáй		достáнь	
доставáйте		достáньте	

Usage

(до, из, с, из-под+gen.)(на+prep.)

Я достáла тарéлки с пóлки. — *I took the plates from the shelf.*

Достáть билéты в Большóй теáтр нелегкó. — *It is quite difficult to get the tickets to the Bolshoi Theater.*

Нам приходи́лось мнóгое доставáть по блáту. — *We had to use our connections to get a lot of things.*

Отéц достáл чемодáн из-под кровáти и стал в негó вéщи уклáдывать. — *Father pulled the suitcase from under the bed and started packing his things in it.*

Сын достаёт мне ужé до плечá! — *My son is already up to my shoulder!*

type 1 verb in imp./perf. form type 2 stem: **доставляй-/достави-**

IMPERFECTIVE ASPECT		PERFECTIVE ASPECT	
PRESENT			
доставля́ю	доставля́ем		
доставля́ешь	доставля́ете		
доставля́ет	доставля́ют		
PAST		**PAST**	
доставля́л		доста́вил	
доставля́ла		доста́вила	
доставля́ло		доста́вило	
доставля́ли		доста́вили	
FUTURE		**FUTURE**	
бу́ду доставля́ть	бу́дем доставля́ть	доста́влю	доста́вим
бу́дешь доставля́ть	бу́дете доставля́ть	доста́вишь	доста́вите
бу́дет доставля́ть	бу́дут доставля́ть	доста́вит	доста́вят
SUBJUNCTIVE		**SUBJUNCTIVE**	
доставля́л бы		доста́вил бы	
доставля́ла бы		доста́вила бы	
доставля́ло бы		доста́вило бы	
доставля́ли бы		доста́вили бы	
PARTICIPLES		**PARTICIPLES**	
pres. active	доставля́ющий	*pres. active*	—
pres. passive	доставля́емый	*pres. passive*	—
past active	доставля́вший	*past active*	доста́вивший
past passive	—	*past passive*	доста́вленный
VERBAL ADVERBS		**VERBAL ADVERBS**	
доставля́я		доста́вив	
COMMANDS		**COMMANDS**	
доставля́й		доста́вь	
доставля́йте		доста́вьте	

Usage

(+acc.)(+dat.)(в, на+acc.)(до, из, с+gen.)(на+prep.)

Мне доставля́ет удово́льствие говори́ть с ней.	*It is a pleasure to talk to her.*
Она́ доста́вила мне мно́го хлопо́т.	*She caused me a lot of trouble.*
В Аме́рике посы́лки доставля́ют на́ дом.	*In the United States, packages are delivered to the house.*
Гру́ппу тури́стов доста́вили до аэропо́рта на авто́бусе.	*The bus delivered the group of tourists to the airport.*
Ра́неного доста́вили в го́спиталь.	*The injured were transported to the hospital.*
Овощи доставля́ют в Аме́рику из Чи́ли.	*Vegetables are delivered to the United States from Chile.*
Доста́вьте э́то донесе́ние в штаб!	*Deliver this message to headquarters!*

102 достига́ть/дости́гнуть* *to reach, achieve, attain*

stem: **достига́й-/дости́гну-** type 1 verb in imp./perf. form type 3

IMPERFECTIVE ASPECT		PERFECTIVE ASPECT	
PRESENT			
достига́ю	достига́ем		
достига́ешь	достига́ете		
достига́ет	достига́ют		
PAST		**PAST**	
достига́л		дости́г/дости́гнул	
достига́ла		дости́гла	
достига́ло		дости́гло	
достига́ли		дости́гли	
FUTURE		**FUTURE**	
бу́ду достига́ть	бу́дем достига́ть	дости́гну	дости́гнем
бу́дешь достига́ть	бу́дете достига́ть	дости́гнешь	дости́гнете
бу́дет достига́ть	бу́дут достига́ть	дости́гнет	дости́гнут
SUBJUNCTIVE		**SUBJUNCTIVE**	
достига́л бы		дости́г бы	
достига́ла бы		дости́гла бы	
достига́ло бы		дости́гло бы	
достига́ли бы		дости́гли бы	
PARTICIPLES		**PARTICIPLES**	
pres. active	достига́ющий	*pres. active*	—
pres. passive	достига́емый	*pres. passive*	—
past active	достига́вший	*past active*	дости́гший
past passive	—	*past passive*	дости́гнутый
VERBAL ADVERBS		**VERBAL ADVERBS**	
достига́я		дости́гнув	
COMMANDS		**COMMANDS**	
достига́й		дости́гни	
достига́йте		дости́гните	

Usage

(+gen.)

Сла́ва певца́ дости́гла апогéя. — *The singer's fame reached unbelievable heights.*

Что́бы дости́гнуть бе́рега, ему́ пришло́сь плы́ть далеко́. — *He had to swim very far to reach the shore.*

Студе́нты дости́гли успе́ха огро́мным трудо́м. — *Students achieved success through very hard work.*

Наконе́ц о́бе стороны́ дости́гли взаимопонима́ния. — *Finally both sides were able to reach mutual understanding.*

* **дости́чь** *is a secondary perfective of this verb.*

type 2 verb in imp./perf. form irregular — stem: **доходи-/irreg.**

IMPERFECTIVE ASPECT		PERFECTIVE ASPECT	
PRESENT			
дохожу́	дохо́дим		
дохо́дишь	дохо́дите		
дохо́дит	дохо́дят		
PAST		PAST	
доходи́л		дошёл	
доходи́ла		дошла́	
доходи́ло		дошло́	
доходи́ли		дошли́	
FUTURE		FUTURE	
бу́ду доходи́ть	бу́дем доходи́ть	дойду́	дойдём
бу́дешь доходи́ть	бу́дете доходи́ть	дойдёшь	дойдёте
бу́дет доходи́ть	бу́дут доходи́ть	дойдёт	дойдут
SUBJUNCTIVE		SUBJUNCTIVE	
доходи́л бы		дошёл бы	
доходи́ла бы		дошла́ бы	
доходи́ло бы		дошло́ бы	
доходи́ли бы		дошли́ бы	
PARTICIPLES		PARTICIPLES	
pres. active	доходя́щий	*pres. active*	—
pres. passive	—	*pres. passive*	—
past active	доходи́вший	*past active*	доше́дший
past passive	—	*past passive*	—
VERBAL ADVERBS		VERBAL ADVERBS	
доходя́		дойдя́	
COMMANDS		**COMMANDS**	
доходи́		дойди́	
доходи́те		дойди́те	

Usage

(до+gen.)

Я дошла́ до поворо́та и пошла́ нале́во.	*I got to the corner and turned left.*
Посы́лка дошла́ до меня́ за две неде́ли.	*The package reached me in two weeks.*
Во всём мне хо́чется дойти́ до са́мой су́ти.	*I want to get to the heart of the matter in everything.*
Де́ло дошло́ до слёз и сканда́ла.	*It ended in tears and a fight.*
Скажи́те, как дойти́ до це́нтра го́рода?	*Can you tell me how to get to downtown?*
До меня́ дошли́ слу́хи, что вас повыша́ют.	*I heard rumors that you will be promoted.*
Дошло́ до того́, что о них ста́ли говори́ть на всéх угла́х.	*Things got so bad that people were talking about them on every corner.*
Авто́бус доходи́л то́лько до по́чты.	*The bus went only to the post office.*

Idioms

Он дошёл до ру́чки и поко́нчил собо́й.	*He reached his wit's end and committed suicide.*

104 дрожа́ть/дро́гнуть *to tremble, shake*

stem: **дрожа́-/дро́гну-** type 2 verb in imp./perf. form type 3

	IMPERFECTIVE ASPECT			PERFECTIVE ASPECT	
PRESENT					
	дрожу́	дрожи́м			
	дрожи́шь	дрожи́те			
	дрожи́т	дрожа́т			
PAST			**PAST**		
	дрожа́л			дро́гнул	
	дрожа́ла			дро́гнула	
	дрожа́ло			дро́гнуло	
	дрожа́ли			дро́гнули	
FUTURE			**FUTURE**		
	бу́ду дрожа́ть	бу́дем дрожа́ть		дро́гну	дро́гнем
	бу́дешь дрожа́ть	бу́дете дрожа́ть		дро́гнешь	дро́гнете
	бу́дет дрожа́ть	бу́дут дрожа́ть		дро́гнет	дро́гнут
SUBJUNCTIVE			**SUBJUNCTIVE**		
	дрожа́л бы			дро́гнул бы	
	дрожа́ла бы			дро́гнула бы	
	дрожа́ло бы			дро́гнуло бы	
	дрожа́ли бы			дро́гнули бы	
PARTICIPLES			**PARTICIPLES**		
	pres. active	дрожа́щий		*pres. active*	—
	pres. passive	—		*pres. passive*	—
	past active	дрожа́вший		*past active*	дро́гнувший
	past passive	—		*past passive*	—
VERBAL ADVERBS			**VERBAL ADVERBS**		
	дрожа́			дро́гнув	
COMMANDS			**COMMANDS**		
	дрожи́			дро́гни	
	дрожи́те			дро́гните	

Usage

(от+gen.)(за+acc.)(перед, над+dat.)

Соба́ка дрожа́ла от хо́лода. — *The dog was shivering from cold.*
Челове́к от стра́ха дрожа́л всем те́лом. — *The man was shaking in fear.*
Он так волнова́лся, что ру́ки его́ дрожа́ли. — *He was so nervous that his hands were trembling.*

Бойцы́ не дро́гнули пе́ред враго́м. — *The soldiers did not falter in the face of the enemy.*

Idioms

Что ты дрожи́шь, как оси́новый лист? — *Why are you shaking like a leaf?*
У неё рука́ не дро́гнула преда́ть меня́. — *She did not blink an eye when she betrayed me.*
Она́ дрожа́ла пе́ред нача́льством как за́яц. — *She was trembling before her supervisors like a rabbit.*

Ма́ма дрожа́ла за дете́й, да́же когда́ они́ вы́росли. — *The mother worried about her children even when they became adults.*
Он дрожи́т над ка́ждым рублём. — *He hangs on to every penny.*
Ты дрожи́шь то́лько за свою́ шку́ру. — *You only care about your own hide.*

regular type 2 verb (like **ви́деть**) stem: **дружи́-/подружи+ся**

	IMPERFECTIVE ASPECT		PERFECTIVE ASPECT	
PRESENT				
	дружу́	дру́жим		
	дру́жишь	дру́жите		
	дру́жит	дру́жат		
PAST				
	дружи́л		подружи́лся	
	дружи́ла		подружи́лась	
	дружи́ло		подружи́лось	
	дружи́ли		подружи́лись	
FUTURE				
	бу́ду дружи́ть	бу́дем дружи́ть	подружу́сь	подру́жимся
	бу́дешь дружи́ть	бу́дете дружи́ть	подру́жишься	подру́житесь
	бу́дет дружи́ть	бу́дут дружи́ть	подру́жится	подру́жатся
SUBJUNCTIVE				
	дружи́л бы		подружи́лся бы	
	дружи́ла бы		подружи́лась бы	
	дружи́ло бы		подружи́лось бы	
	дружи́ли бы		подружи́лись бы	
PARTICIPLES				
	pres. active	дру́жащий	*pres. active*	—
	pres. passive	—	*pres. passive*	—
	past active	дружи́вший	*past active*	подружи́вшийся
	past passive	—	*past passive*	—
VERBAL ADVERBS				
	дружа́		подружи́вшись	
COMMANDS				
	дружи́		подружи́сь	
	дружи́те		подружи́тесь	

Usage

(с+instr.)

Я дружи́ла с О́льгой два́дцать лет. *Olga and I have been friends for twenty years.*

Мы подружи́лись в ле́тнем ла́гере. *We became friends at summer camp.*

Подружи́вшись, ма́льчики не расстава́лись це́лыми дня́ми. *Having become friends, the boys spent entire days together.*

"Не дружи́ с Ви́тей, он дво́ечник"- говори́ла ма́ма. *Mother said, "Stop being friends with Vitya - he is a failure."*

106 ду́мать/поду́мать

to think, consider, intend

stem: **ду́май-/поду́май-**

regular type 1 verb (like **рабо́тать**)

	IMPERFECTIVE ASPECT		PERFECTIVE ASPECT	
PRESENT				
	ду́маю	ду́маем		
	ду́маешь	ду́маете		
	ду́мает	ду́мают		
PAST				
	ду́мал		поду́мал	
	ду́мала		поду́мала	
	ду́мало		поду́мало	
	ду́мали		поду́мали	
FUTURE				
	бу́ду ду́мать	бу́дем ду́мать	поду́маю	поду́маем
	бу́дешь ду́мать	бу́дете ду́мать	поду́маешь	поду́маете
	бу́дет ду́мать	бу́дут ду́мать	поду́мает	поду́мают
SUBJUNCTIVE				
	ду́мал бы		поду́мал бы	
	ду́мала бы		поду́мала бы	
	ду́мало бы		поду́мало бы	
	ду́мали бы		поду́мали бы	
PARTICIPLES				
	pres. active	ду́мающий	*pres. active*	—
	pres. passive	—	*pres. passive*	—
	past active	ду́мавший	*past active*	поду́мавший
	past passive	—	*past passive*	—
VERBAL ADVERBS				
	ду́мая/ду́маючи (coll.)			поду́мав
COMMANDS				
	ду́май		поду́май	
	ду́майте		поду́майте	

Usage

(о+prep.)(над+instr.)(+inf.)

Я всегда́ ду́маю о до́чери и её сыни́шке. — *I am always thinking about my daughter and her baby boy.*

До́ма мы стара́емся не ду́мать о рабо́те. — *At home, we try not to think about work.*

Моя́ знако́мая ду́мает то́лько о себе́. — *My friend thinks only about herself.*

Он до по́лночи ду́мал над пробле́мой. — *He spent half the night thinking about the problem.*

Ты мо́жешь поду́мать, что мне нужны́ де́ньги. — *You may think that I need the money.*

Мы ду́маем съе́здить в Чика́го о́сенью. — *We are thinking of going to Chicago in the fall.*

Idioms

Недо́лго ду́маючи, благослови́ли и сыгра́ли сва́дьбу. — *Without any dallying around, the wedding took place.*

type 1 verb in imp./perf. form type 3 stem: **ду́й-/ду́ну-**

IMPERFECTIVE ASPECT		PERFECTIVE ASPECT	
PRESENT			
ду́ю	ду́ем		
ду́ешь	ду́ете		
ду́ет	ду́ют		
PAST		**PAST**	
дул		ду́нул	
ду́ла		ду́нула	
ду́ло		ду́нуло	
ду́ли		ду́нули	
FUTURE		**FUTURE**	
бу́ду дуть	бу́дем дуть	ду́ну	ду́нем
бу́дешь дуть	бу́дете дуть	ду́нешь	ду́нете
бу́дет дуть	бу́дут дуть	ду́нет	ду́нут
SUBJUNCTIVE		**SUBJUNCTIVE**	
дул бы		ду́нул бы	
ду́ла бы		ду́нула бы	
ду́ло бы		ду́нуло бы	
ду́ли бы		ду́нули бы	
PARTICIPLES		**PARTICIPLES**	
pres. active	ду́ющий	*pres. active*	—
pres. passive	—	*pres. passive*	—
past active	ду́вший	*past active*	ду́нувший
past passive	ду́тый	*past passive*	—
VERBAL ADVERBS		**VERBAL ADVERBS**	
дуя́		ду́нув	
COMMANDS		**COMMANDS**	
дуй		дунь	
ду́йте		ду́ньте	

Usage

(о+prep.)(над+instr.)(в+acc.)(+inf.)

К ве́черу поду́л за́падный ве́тер. — *In the evening, the western wind picked up.*
Ду́ет с мо́ря ночна́я прохла́да. — *The evening chill is blowing in from the sea.*
В ноябре́ ду́нуло зимо́й. — *In November, it felt like winter.*
Ма́льчик поду́л на све́чи то́рта. — *The boy blew the candles on the cake.*

Idioms

А ну, ду́й отсю́да! — *Get out of here!*
Ско́ро коне́ц семе́стра, а студе́нт и в ус не ду́ет. — *The end of the semester is almost here, yet the student can't care less.*
Он ду́ет вино́, как во́ду. — *He guzzles wine like water.*
Она́ зна́ет, куда́ ве́тер ду́ет. — *She senses which way the wind blows.*
Сосе́д ка́ждый день ду́ет в свой саксофо́н. — *My neighbor plays his saxophone every day.*

108 дыша́ть/подыша́ть

to breathe

stem: **дыша-/подыша-**

regular type 2 verb (like **ви́деть**)

IMPERFECTIVE ASPECT		PERFECTIVE ASPECT	
PRESENT			
дышу́	ды́шим		
ды́шишь	ды́шите		
ды́шит	ды́шат		
PAST		**PAST**	
дыша́л		подыша́л	
дыша́ла		подыша́ла	
дыша́ло		подыша́ло	
дыша́ли		подыша́ли	
FUTURE		**FUTURE**	
бу́ду дыша́ть	бу́дем дыша́ть	подышу́	поды́шим
бу́дешь дыша́ть	бу́дете дыша́ть	поды́шишь	поды́шите
бу́дет дыша́ть	бу́дут дыша́ть	поды́шит	поды́шат
SUBJUNCTIVE		**SUBJUNCTIVE**	
дыша́л бы		подыша́л бы	
дыша́ла бы		подыша́ла бы	
дыша́ло бы		подыша́ло бы	
дыша́ли бы		подыша́ли бы	
PARTICIPLES		**PARTICIPLES**	
pres. active	ды́шащий	*pres. active*	—
pres. passive	—	*pres. passive*	—
past active	дыша́вший	*past active*	подыша́вший
past passive	—	*past passive*	—
VERBAL ADVERBS		**VERBAL ADVERBS**	
дыша́		подыша́в	
COMMANDS		**COMMANDS**	
дыши́		подыши́	
дыши́те		подыши́те	

Usage

(на+acc.)(над+instr.)(+instr.)

Мужи́к, дыша́вший мне в заты́лок, вы́шел из авто́буса.	*The man, who was breathing down my neck, got off the bus.*
Живо́тные ды́шат но́сом, а ры́бы - жа́брами.	*Animals breathe through their nose, while fish use their gills.*
Ве́чером оте́ц вы́шел подыша́ть морски́м во́здухом.	*In the evening father stepped outside to breathe some fresh sea air.*
В дере́вне я дышу́ по́лной гру́дью.	*In the country, I take lungfulls of air.*
Врач говори́л: "Дыши́те - не дыши́те".	*The doctor said: "Breathe in - hold it."*

Idioms

Стару́шка уже́ на ла́дан ды́шит.	*Granny has one leg in the grave.*
Ра́зве узна́ешь, кто чем ды́шит?	*How can you know who has what in mind?*
Её лицо дыша́ло здоро́вьем.	*Her face radiated health.*

éздить/éхать/поéхать

indef. form type 2/ all others irregular — stem: **éзди-/irreg./irreg.**

IMPERFECTIVE ASPECT				PERFECTIVE ASPECT	
INDEFINITE		**DEFINITE**			
PRESENT		**PRESENT**			
éзжу	éздим	éду	éдем		
éздишь	éздите	éдешь	éдете		
éздит	éздят	éдет	éдут		
PAST		PAST		PAST	
éздил		éхал		поéхал	
éздила		éхала		поéхала	
éздило		éхало		поéхало	
éздили		éхали		поéхали	
FUTURE		FUTURE		FUTURE	
бýду éздить	бýдем éздить	бýду éхать	бýдем éхать	поéду	поéдем
бýдешь éздить	бýдете éздить	бýдешь éхать	бýдете éхать	поéдешь	поéдете
бýдет éздить	бýдут éздить	бýдет éхать	бýдут éхать	поéдет	поéдут
SUBJUNCTIVE		SUBJUNCTIVE		SUBJUNCTIVE	
éздил бы		éхал бы		поéхал бы	
éздила бы		éхала бы		поéхала бы	
éздило бы		éхало бы		поéхало бы	
éздили бы		éхали бы		поéхали бы	
PARTICIPLES		PARTICIPLES		PARTICIPLES	
pres. active	éздящий	éдущий		—	
pres. passive	—	—		—	
past active	éздивший	éхавший		поéхавший	
past passive	—	—		—	
VERBAL ADVERBS		VERBAL ADVERBS		VERBAL ADVERBS	
éздя		éдучи		поéхав	
COMMANDS		**COMMANDS**		**COMMANDS**	
éзди		поезжáй		поезжáй	
éздите		поезжáйте		поезжáйте	

Usage

(+acc.)(по+dat.)(в, на, за+acc.)(от, из, с, из-за+gen.)(в, на+prep.)(+instr.)

Мы лéтом éздили на Азóвское мóре.	*In the summer, we traveled to the Azov Sea.*
Хóчется поéхать на Аля́ску парохóдом.	*I would like to take the boat to Alaska.*
Я éзжу к дóчери раз в год.	*I travel to see my daughter once a year.*
Он поéхал к дрýгу и задержáлся там.	*He went to visit his friend and got held up.*
В семь утрá муж поéхал на рабóту.	*The husband went to work at seven o'clock.*
Они́ лю́бят éздить за грани́цу.	*They like to travel abroad.*
Мы éздим с рабóты на трамвáе.	*We take the tram from work.*
Поезжáйте из Москвы́ на пóезде.	*Take the train from Moscow.*

109 **ездить/ехать/поехать** *to go (by vehicle), to drive*

stem: **езди-/irreg./irreg.** indef. form type 2/ all others irregular

Ездить верхо́м я так и не научи́лась.	*I didn't learn how to ride on horseback.*
По доро́ге е́хал грузови́к с солда́тами.	*A truck full of soldiers was driving along the road.*
Мы е́хали по́лем, пото́м - ле́сом.	*First we travelled along the field, then through the forest.*
Я люблю́ е́хать ме́дленно, а муж - бы́стро.	*I like to drive slow, while my husband likes to drive fast.*
К нам из дере́вни прие́хал де́душка.	*Grandpa came to visit us from the village.*
Мы пое́хали в командиро́вку в Москву́.	*We went on a business trip to Moscow*
Се́годня оте́ц е́дет с рабо́ты на метро́.	*Father is taking the metro to work today*

Idioms

Она́ е́здит на мне, когда хо́чет.	*She uses me whenever she needs something.*
Он ча́сто е́здит за́йцем в тролле́йбусах.	*He often skips paying the trolley fair.*

imp. & perf. irregular stem: **irreg.**

IMPERFECTIVE ASPECT		PERFECTIVE ASPECT	
PRESENT			
ем	еди́м		
ешь	еди́те		
ест	едя́т		
PAST		PAST	
ел		съел	
е́ла		съе́ла	
е́ло		съе́ло	
е́ли		съе́ли	
FUTURE		FUTURE	
бу́ду есть	бу́дем есть	съем	съеди́м
бу́дешь есть	бу́дете есть	съешь	съеди́те
бу́дет есть	бу́дут есть	съест	съедя́т
SUBJUNCTIVE		SUBJUNCTIVE	
ел бы		съел бы	
е́ла бы		съе́ла бы	
е́ло бы		съе́ло бы	
е́ли бы		съе́ли бы	
PARTICIPLES		PARTICIPLES	
pres. active	едя́щий	*pres. active*	—
pres. passive	—	*pres. passive*	—
past active	е́вший	*past active*	съе́вший
past passive	—	*past passive*	съе́денный
VERBAL ADVERBS		VERBAL ADVERBS	
е́вши		съев	
COMMANDS		**COMMANDS**	
е́шь		съешь	
е́шьте		съе́шьте	

Usage

(+acc.)(+instr.)(из+gen.)

Она́ е́ла я́блоко с удово́льствием. *She ate the apple with pleasure.*
Ма́льчик научи́лся есть суп ло́жкой. *The boy learned how to eat soup with a spoon.*
Я съе́ла борщ со смета́ной и чесноко́м. *I ate borscht with sour cream and garlic.*
Соба́ка съе́ла из таре́лки кусо́к мя́са. *The dog ate a piece of meat off the plate.*
Он обы́чно ест всё с аппети́том. *Usually he eats everything with a lot of gusto.*

Idioms/Proverbs

Кто смел, тот и съе́л. (пословица) *The brave one gets the bite.*
Ест - гре́ется, а рабо́тает - мёрзнет. *He warms up as he eats, yet catches a chill when he works.*
Никто́ не до́лжен да́ром есть хлеб. *You must work to earn your daily bread.*

111 жале́ть/пожале́ть

to pity, be sorry (for)

stem: **жале́й-/пожале́й-**

regular type 1 verb (like **рабо́тать**)

IMPERFECTIVE ASPECT		PERFECTIVE ASPECT	
PRESENT			
жале́ю	жале́ем		
жале́ешь	жале́ете		
жале́ет	жале́ют		
PAST		**PAST**	
жале́л		пожале́л	
жале́ла		пожале́ла	
жале́ло		пожале́ло	
жале́ли		пожале́ли	
FUTURE		**FUTURE**	
бу́ду жале́ть	бу́дем жале́ть	пожале́ю	пожале́ем
бу́дешь жале́ть	бу́дете жале́ть	пожале́ешь	пожале́ете
бу́дет жале́ть	бу́дут жале́ть	пожале́ет	пожале́ют
SUBJUNCTIVE		**SUBJUNCTIVE**	
жале́л бы		пожале́л бы	
жале́ла бы		пожале́ла бы	
жале́ло бы		пожале́ло бы	
жале́ли бы		пожале́ли бы	
PARTICIPLES		**PARTICIPLES**	
pres. active	жале́ющий	*pres. active*	—
pres. passive	жале́емый	*pres. passive*	—
past active	жале́вший	*past active*	пожале́вший
past passive	—	*past passive*	—
VERBAL ADVERBS		**VERBAL ADVERBS**	
жале́я		пожале́в	
COMMANDS		**COMMANDS**	
жале́й		пожале́й	
жале́йте		пожале́йте	

Usage

(+acc.)(+instr.)(из, для+gen.)(+instr.)

Мы не жале́ем де́нег на обуче́ние дете́й. — *We do not spare any expense when it comes to our children's education.*

Пожале́ла я тебя́, а зря... — *I should not have spared you...*

Я жале́ю о поги́бших во вре́мя войны́. — *I feel bad for those fallen in war.*

Он жале́л об оши́бках мо́лодости. — *He regretted the mistakes of his youth.*

Мне о́чень жаль, что жи́знь нас развела́. — *I deeply regret that life separated us.*

Я́ков ничего́ не жале́л для друзе́й. — *Jack was very generous to his friends.*

Proverbs

Пожале́л волк кобы́лу - оста́вил хвост да гри́ву. — *When a wolf took pity on the horse - all he left was her tail and mane.*

regular type 4 verb (like **трéбовать)** stem: **жалова+ся/пожалова+ся**

IMPERFECTIVE ASPECT		PERFECTIVE ASPECT	
PRESENT			
жáлуюсь	жáлуемся		
жáлуешься	жáлуетесь		
жáлуется	жáлуются		
PAST		PAST	
жáловался		пожáловался	
жáловалась		пожáловалась	
жáловалось		пожáловалось	
жáловались		пожáловались	
FUTURE		FUTURE	
бýду жáловаться	бýдем жáловаться	пожáлуюсь	пожáлуемся
бýдешь жáловаться	бýдете жáловаться	пожáлуешься	пожáлуетесь
бýдет жáловаться	бýдут жáловаться	пожáлуется	пожáлуются
SUBJUNCTIVE		SUBJUNCTIVE	
жáловался бы		пожáловался бы	
жáловалась бы		пожáловалась бы	
жáловалось бы		пожáловалось бы	
жáловались бы		пожáловались бы	
PARTICIPLES		PARTICIPLES	
pres. active	жáлующийся	*pres. active*	—
pres. passive	—	*pres. passive*	—
past active	жáловавшийся	*past active*	пожáловавшийся
past passive	—	*past passive*	—
VERBAL ADVERBS		VERBAL ADVERBS	
жáлуясь		пожáловавшись	
COMMANDS		**COMMANDS**	
жáлуйся		пожáлуйся	
жáлуйтесь		пожáлуйтесь	

Usage

(на+acc.)(+dat.)

Дóктор спросúл, на что я жáлуюсь.	*The doctor asked what was my chief complaint.*
Я ответúл, что жáлуюсь на сон и аппетúт.	*I replied that I have trouble sleeping and with my appetite.*
Онá лю́бит жáловаться на коллéг в профсою́з.	*She likes to complain to the union about her colleagues.*
Он пожáловался в полúцию на сосéдей.	*He complained to the police about his neighbors.*
— Я бýду жáловаться на вас!	*"I will complain about you!"*
— Жáлуйтесь!	*"Go for it!"*

113 жáрить/зажáрить *to fry, grill, roast*

stem: **жáри-/зажáри-** regular type 2 verb (like **вúдеть**)

	IMPERFECTIVE ASPECT		PERFECTIVE ASPECT	
PRESENT				
	жáрю	жáрим		
	жáришь	жáрите		
	жáрит	жáрят		
PAST				
	жáрил		зажáрил	
	жáрила		зажáрила	
	жáрило		зажáрило	
	жáрили		зажáрили	
FUTURE				
	бýду жáрить	бýдем жáрить	зажáрю	зажáрим
	бýдешь жáрить	бýдете жáрить	зажáришь	зажáрите
	бýдет жáрить	бýдут жáрить	зажáрит	зажáрят
SUBJUNCTIVE				
	жáрил бы		зажáрил бы	
	жáрила бы		зажáрила бы	
	жáрило бы		зажáрило бы	
	жáрили бы		зажáрили бы	
PARTICIPLES				
	pres. active	жáрящий	*pres. active*	—
	pres. passive	—	*pres. passive*	—
	past active	жáривший	*past active*	зажáривший
	past passive	жáренный	*past passive*	зажáренный
VERBAL ADVERBS				
	жáря		зажáрив	
COMMANDS				
	жáрь		зажáрь	
	жáрьте		зажáрьте	

Usage

(+acc.)(в, на+prep.)

Я зажáрил рыбу на сковорóдке. — *I fried the fish in the frying pan.*

Мы не лю́бим жáрить мя́со на гри́ле. — *We don't like to grill meat.*

Мать зажáрила индю́шку в духóвке. — *Mother roasted the turkey in the oven.*

Жáрьте картóшку, дéти скóро приéдут. — *Fry up some potatoes, the kids will be back soon.*

Поросёнка зажáрили на вертелé. — *They roasted the piglet on a spit.*

Idioms/Expressions

Пáрень жáрил на бая́не, а все плясáли. — *The guy was playing the accordeon, and everyone danced.*

Мы жáрили в кáрты до утрá. — *We played cards till morning.*

Давáй жарь в магази́н! — *Run to the store!*

type 3 verb; stem shift **-жм-** to **-жа-** stem: **жма-**/ **с|жма-**

IMPERFECTIVE ASPECT		PERFECTIVE ASPECT	
PRESENT			
жму	жмём		
жмёшь	жмёте		
жмёт	жмут		
PAST		PAST	
жал		сжал	
жа́ла		сжа́ла	
жа́ло		сжа́ло	
жа́ли		сжа́ли	
FUTURE		FUTURE	
бу́ду жать	бу́дем жать	сожму́	сожмём
бу́дешь жать	бу́дете жать	сожмёшь	сожмёте
бу́дет жать	бу́дут жать	сожмёт	сожму́т
SUBJUNCTIVE		SUBJUNCTIVE	
жал бы		сжал бы	
жа́ла бы		сжа́ла бы	
жа́ло бы		сжа́ло бы	
жа́ли бы		сжа́ли бы	
PARTICIPLES		PARTICIPLES	
pres. active	жму́щий	*pres. active*	—
pres. passive	—	*pres. passive*	—
past active	жа́вший	*past active*	сжа́вший
past passive	—	*past passive*	сжа́тый
VERBAL ADVERBS		VERBAL ADVERBS	
жав		сжав	
COMMANDS		COMMANDS	
жми́		сожми́	
жми́те		сожми́те	

Usage

(+acc.)(из+gen.)

Он кре́пко сжал мою́ ру́ку. — *He squeezed my hand hard.*

Этот текст сли́шком сжа́тый, разверни́те его́. — *This text is too abbreviated; give us some details.*

Роди́тели сжа́ли нас в объя́тиях. — *The parents squeezed us in a bear hug.*

Води́тель жал на тормоза́, но ста́рая маши́на пло́хо слу́шалась. — *The driver was pushing the breakes, but the old car did not respond well.*

Тётя на ку́хне жа́ла сок из апельси́нов и я́блок. — *The aunt was in the kitchen, squeezing orange and apple juice.*

Idioms

Спортсме́н сжал свою́ во́лю в кула́к и одержа́л побе́ду. — *The athlete gathered all his will power and won.*

Он жмёт из дома́шних после́дние со́ки. — *He squeezes his family members dry.*

ждать/подожда́ть

to wait, expect

stem: **жда-/подожда-**

regular type 3 verb (like **иска́ть)**

Рабо́тники с трево́гой ждут распоряже́ния нача́льства.	*The workers are anxiously awaiting the management's decision.*
Он с нетерпе́нием ждал встре́чи с де́вушкой.	*He was anxiously waiting for a date with the girl.*
Она́ ждала́ удо́бного слу́чая, что́бы обрати́ться к дире́ктору.	*She was waiting for an opportune moment to talk to the director.*
Войска́ жда́ли нападе́ния врага́ со дня на́ день.	*The army expected an enemy attack any day now.*
Я привы́к вечера́ми ждать же́ну с рабо́ты.	*I was used to waiting for my wife in the evenings to come home from work.*
Дочь ждала́ ве́сточки от роди́телей.	*The daughter was waiting for news from her parents.*
Ждать по́мощи от колле́г не прихо́дится.	*There is no point in waiting for our colleagues' help.*
Они́ жда́ли, когда́ ко́нчится снегопа́д.	*She was waiting for the snow to end.*
Мы сиди́м и ждём, пока́ не пройдёт ли́вень.	*We are sitting and waiting for the rain to stop.*
Я ждала́, что получу́ награ́ду.	*I was expecting to get an award.*

Other Uses

,,Жди меня́, и я верну́сь, то́лько о́чень жди..." *(К. Си́монов)*	*"Wait for me, I will come back, but wait hard..." (K. Simonov)*

TOP 50 VERBS

regular type 3 verb (like **иска́ть**) stem: **жда-/подожда-**

	IMPERFECTIVE ASPECT			PERFECTIVE ASPECT	
PRESENT					
	жду	ждём			
	ждёшь	ждёте			
	ждёт	жду́т			
PAST			**PAST**		
	ждал			подожда́л	
	ждала́			подожда́ла	
	жда́ло			подожда́ло	
	жда́ли			подожда́ли	
FUTURE			**FUTURE**		
	бу́ду ждать	бу́дем ждать		подожду́	подождём
	бу́дешь ждать	бу́дете ждать		подождёшь	подождёте
	бу́дет ждать	бу́дут ждать		подождёт	подожду́т
SUBJUNCTIVE			**SUBJUNCTIVE**		
	ждал бы			подожда́л бы	
	ждала́ бы			подожда́ла бы	
	жда́ло бы			подожда́ло бы	
	жда́ли бы			подожда́ли бы	
PARTICIPLES			**PARTICIPLES**		
	pres. active	жду́щий		*pres. active*	—
	pres. passive	—		*pres. passive*	—
	past active	жда́вший		*past active*	подожда́вший
	past passive	—		*past passive*	—
VERBAL ADVERBS			**VERBAL ADVERBS**		
	ждя			подожда́в	
COMMANDS			**COMMANDS**		
	жди́			подожди́	
	жди́те			подожди́те	

Usage

(+acc.)(+gen.)

Мы ждём госте́й в суббо́ту ве́чером.	*We are expecting guests on Saturday evening.*
При́городный авто́бус пришло́сь до́лго ждать.	*We had to wait for a long time for the suburban bus.*
Пти́цы жду́т весну́.	*The birds are waiting for the spring.*
Мы жда́ли его́ письма́ из Нахо́дки, но не получи́ли его́.	*We waited for his letter from Nakhodka, but never received it.*
Я подожда́л прихо́да по́езда и удо́бно устро́ился в купе́.	*I waited for the train to arrive, and got comfortable in the box car.*

жела́ть/пожела́ть

to wish, desire

stem: **жела́й-/пожела́й-**

regular type 1 verb (like **рабо́тать**)

IMPERFECTIVE ASPECT		PERFECTIVE ASPECT	
PRESENT			
жела́ю	жела́ем		
жела́ешь	жела́ете		
жела́ет	жела́ют		
PAST		**PAST**	
жела́л		пожела́л	
жела́ла		пожела́ла	
жела́ло		пожела́ло	
жела́ли		пожела́ли	
FUTURE		**FUTURE**	
бу́ду жела́ть	бу́дем жела́ть	пожела́ю	пожела́ем
бу́дешь жела́ть	бу́дете жела́ть	пожела́ешь	пожела́ете
бу́дет жела́ть	бу́дут жела́ть	пожела́ет	пожела́ют
SUBJUNCTIVE		**SUBJUNCTIVE**	
жела́л бы		пожела́л бы	
жела́ла бы		пожела́ла бы	
жела́ло бы		пожела́ло бы	
жела́ли бы		пожела́ли бы	
PARTICIPLES		**PARTICIPLES**	
pres. active	жела́ющий	*pres. active*	—
pres. passive	жела́емый	*pres. passive*	—
past active	жела́вший	*past active*	пожела́вший
past passive	—	*past passive*	—
VERBAL ADVERBS		**VERBAL ADVERBS**	
жела́я		пожела́в	
COMMANDS		**COMMANDS**	
жела́й		пожела́й	
жела́йте		пожела́йте	

Usage

(+dat.)(+inf.)(+gen.)

Он де́лал всё, чего́ жела́ла его́ жёна. — *He did everything his wife wanted.*

Жела́ющие поéхать на экску́рсию жда́ли парохо́д. — *Those wishing to go on a trip were waiting for a boat.*

Пожела́йте мне уда́чи. — *Wish me luck.*

Поже́лав всем прия́тного ве́чера, он поспеши́л домо́й. — *Having wished everyone a good night, he hurried home.*

Зря вы обижа́етесь, я же вам добра́ жела́ю. — *Don't get mad - I wish you well.*

Пожела́йте ему́, что́бы он оста́лся жив. — *Wish for him to survive this.*

От всего́ се́рдца я жела́ю вам вы́здороветь. — *I wish from the bottom of my heart for you to get well.*

Он жела́ет невыполни́мого. — *He wishes for the impossible.*

женить(ся)/поженить(ся)

to marry, to get married (of a man)

regular type 2 verb (like **видеть**); perf. for a couple — stem: **жени+(ся)/пожени+(ся)**

	IMPERFECTIVE ASPECT		PERFECTIVE ASPECT	
PRESENT				
	женю́(сь)	же́ним(ся)		
	же́нишь(ся)	же́ните(сь)		
	же́нит(ся)	же́нят(ся)		
PAST				
	жени́л(ся)		пожени́л	
	жени́ла(сь)		пожени́ла	
	жени́ло(сь)		пожени́ло	
	жени́ли(сь)		пожени́ли(сь)	
FUTURE				
	бу́ду жени́ть(ся)	бу́дем жени́ть(ся)	поженю́	поже́ним(ся)
	бу́дешь жени́ть(ся)	бу́дете жени́ть(ся)	поже́нишь	поже́ните(сь)
	бу́дет жени́ть(ся)	бу́дут жени́ть(ся)	поже́нит	поже́нят(ся)
SUBJUNCTIVE				
	жени́л(ся) бы		пожени́л бы	
	жени́ла(сь) бы		пожени́ла бы	
	жени́ло(сь) бы		пожени́ло бы	
	жени́ли(сь) бы		пожени́ли(сь) бы	
PARTICIPLES				
	pres. active	же́нящий(ся)	*pres. active*	—
	pres. passive	жени́мый	*pres. passive*	—
	past active	жени́вший(ся)	*past active*	пожени́вшие(ся)
	past passive	—	*past passive*	поже́ненные
VERBAL ADVERBS				
	женя́(сь)/жени́в(шись)			пожени́в(шись)
COMMANDS				
	жени́(сь)		пожени́	
	жени́те(сь)		пожени́те(сь)	

Usage

(на+prep.)

Ви́ктор жени́лся на своéй однокла́сснице. — *Victor married his classmate.*

Они́ пожени́лись по́сле оконча́ния институ́та. — *They got married after college.*

Тепе́рь не мо́дно жени́ться по любви́ с пе́рвого взгля́да. — *It is not fashionable now to get married because you fell in love at the first sight.*

Он жени́лся по расчёту, на бога́тстве её отца́. — *He married her for her father's money.*

Мы пожени́лись в Да́нии, в мале́ньком примо́рском городке́. — *We were married in Denmark, in a small town by the sea.*

Idioms

Без меня́ меня́ жени́ли. — *Everything was decided without me.*

жечь/сжечь

to burn

stem: **ж**|**г**-/**с**|**ж**|**г**-

regular type 6 verb (like **печь**), **г-ж** stem change

IMPERFECTIVE ASPECT		PERFECTIVE ASPECT	
PRESENT			
жгу	жжём		
жжёшь	жжёте		
жжёт	жгут		
PAST		**PAST**	
жёг		сжёг	
жгла		сожгла́	
жгло		сожгло́	
жгли		сожгли́	
FUTURE		**FUTURE**	
бу́ду жечь	бу́дем жечь	сожгу́	сожжём
бу́дешь жечь	бу́дете жечь	сожжёшь	сожжёте
бу́дет жечь	бу́дут жечь	сожжёт	сожгу́т
SUBJUNCTIVE		**SUBJUNCTIVE**	
жёг бы		сжёг бы	
жгла бы		сожгла́ бы	
жгло бы		сожгло́ бы	
жгли бы		сожгли́ бы	
PARTICIPLES		**PARTICIPLES**	
pres. active	жгу́щий	*pres. active*	—
pres. passive	—	*pres. passive*	—
past active	жёгший	*past active*	сжёгший
past passive	жжённый	*past passive*	сожжённый
VERBAL ADVERBS		**VERBAL ADVERBS**	
—		сжёгши	
COMMANDS		**COMMANDS**	
жги		сожги́	
жги́те		сожги́те	

Usage

(+acc.)(+prep.)

Отступа́я, враги́ сожгли́ за собо́й все мосты́. — *In their retreat, the enemy burned all bridges behind them.*

Сожжённые дома́ стоя́ли вдоль доро́г. — *Burned houses lined the sides of the road.*

На пустыре́ жгут ста́рые кусты́ и дере́вья. — *Old trees and shrubs were burned on the abandoned lot.*

Idioms

Он сжёг все мосты́, кото́рые свя́зывали его́ с про́шлой жи́знью. — *He burned all bridges to his past.*

imp. & perf. irregular stem: **жив-/прожив-**

IMPERFECTIVE ASPECT		PERFECTIVE ASPECT	
PRESENT			
живу́	живём		
живёшь	живёте		
живёт	живу́т		
PAST		PAST	
жил		про́жил	
жила́		прожила́	
жи́ло		про́жило	
жи́ли		про́жили	
FUTURE		FUTURE	
бу́ду жить	бу́дем жить	проживу́	проживём
бу́дешь жить	бу́дете жить	проживёшь	проживёте
бу́дет жить	бу́дут жить	проживёт	проживу́т
SUBJUNCTIVE		SUBJUNCTIVE	
жил бы		про́жил бы	
жила́ бы		прожила́ бы	
жи́ло бы		про́жило бы	
жи́ли бы		про́жили бы	
PARTICIPLES		PARTICIPLES	
pres. active	живу́щий	*pres. active*	—
pres. passive	—	*pres. passive*	—
past active	жи́вший	*past active*	прожи́вший
past passive	—	*past passive*	про́житый
VERBAL ADVERBS		VERBAL ADVERBS	
живя́		прожи́в	
COMMANDS		**COMMANDS**	
живи́		проживи́	
живи́те		проживи́те	

Usage

(на+acc.)(в, на+prep.)(у+gen.)(+instr.)(с+instr.)

Жи́ли-бы́ли стари́к со стару́хой у са́мого си́него мо́ря. (А.С. Пу́шкин)	*An old man and an old woman lived by the big blue sea. (A. S. Pushkin)*
Мы про́жили в Москве́ всю жизнь, а тепе́рь живём в Аме́рике ра́ди дете́й.	*We lived our entire lives in Moscow, and now we live in America for the sake of our children.*
Лю́ди живу́т рабо́той.	*People live in their careers.*
На одну́ зарпла́ту учи́теля не проживёшь.	*It's impossible to live on one teacher's salary.*
Жена́ умерла́, и ему́ бо́льше не́чем жить.	*His wife died, and he has nothing to live for.*
Молодожёнам жела́ли жить в любви́ и согла́сии.	*Newlyweds were wished a life of love and harmony.*

Idioms/Proverbs

Живи́те - пожива́йте, добра́ нажива́йте.(посл.)	*Live well, gather wealth.*
Я живу́ сего́дняшним днём.	*I live for today.*
С волка́ми жить - по-во́льчи выть. (пословица)	*When in Rome, do as the Romans do.*
Тётя прожила́ всю жизнь припева́ючи.	*My aunt lived her life in clover.*
Немно́гие сего́дня живу́т на широ́кую но́гу.	*Very few live today in grand style.*
Па́па с ма́мой жи́ли душа́ в ду́шу.	*Father and mother lived in harmony, as one.*
Мы привы́кли жить свои́м умо́м, а не чужи́м.	*We live by our own ideas, not someone else's.*

забира́ть(ся)/забра́ть(ся) *to take, remove, confiscate*

stem: **забирай-/заб|ра-** regular type 1 verb in imp./perf. form irregular

	IMPERFECTIVE ASPECT			PERFECTIVE ASPECT	
PRESENT					
	забира́ю(сь)	забира́ем(ся)			
	забира́ешь(ся)	забира́ете(сь)			
	забира́ет(ся)	забира́ют(ся)			
PAST			PAST		
	забира́л(ся)			забра́л(ся)	
	забира́ла(сь)			забрала́(сь)	
	забира́ло(сь)			забра́ло(сь)	
	забира́ли(сь)			забра́ли(сь)	
FUTURE			FUTURE		
	бу́ду забира́ть(ся)	бу́дем забира́ть(ся)		заберу́(сь)	заберём(ся)
	бу́дешь забира́ть(ся)	бу́дете забира́ть(ся)		заберёшь(ся)	заберёте(сь)
	бу́дет забира́ть(ся)	бу́дут забира́ть(ся)		заберёт(ся)	заберу́т(ся)
SUBJUNCTIVE			SUBJUNCTIVE		
	забира́л(ся) бы			забра́л(ся) бы	
	забира́ла(сь) бы			забрала́(сь) бы	
	забира́ло(сь) бы			забра́ло(сь) бы	
	забира́ли(сь) бы			забра́ли(сь) бы	
PARTICIPLES			PARTICIPLES		
	pres. active	забира́ющий(ся)		*pres. active*	—
	pres. passive	забира́емый		*pres. passive*	—
	past active	забира́вший(ся)		*past active*	забра́вший(ся)
	past passive	—		*past passive*	за́бранный
VERBAL ADVERBS			VERBAL ADVERBS		
	забира́я(сь)			забра́в(шись)	
COMMANDS			**COMMANDS**		
	забира́й(ся)			забери́(сь)	
	забира́йте(сь)			забери́те(сь)	

Usage

(+acc.)(в, на+prep.)(под+instr.)(у, из+gen.)

Де́ти забра́лись далеко́ в ча́щу ле́са.	*The children got far into the woods.*
Во́ры забра́лись в чужо́й дом.	*Thieves got into someone else's house.*
Ко́шка забира́ется на де́рево и смо́трит на птиц.	*The cat climbs the tree and is watching the birds.*
Вечера́ми де́ти забира́ются под одея́ло и расска́зывают стра́шные ска́зки.	*In the evenings, the children hide under their blankets and tell scary stories.*
В пять часо́в я должна́ забра́ть вну́ка из де́тского са́да.	*I have to pick up my grandson at five o'clock from the kindergarden.*
Ле́том ба́бушка забрала́ дете́й на три ме́сяца.	*In the summer, grandmother took the kids for three months.*
Его́ хоте́ли забра́ть в а́рмию, но он предста́вил заключе́ние врача́ о боле́зни.	*They wanted to draft him into the army, but he showed them a doctor's note about his illness.*
Не забира́йте мою́ таре́лку, я ещё ем.	*Don't take my plate, I am not done eating.*
За неупла́ту у них забра́ли дом.	*Their house was foreclosed for nonpayment.*
Не забира́й де́ньги у де́душки.	*Don't take grandfather's money.*

regular type 1 verb in imp./no perf. stem: **заблуждай+ся**

IMPERFECTIVE ASPECT

PRESENT

заблужда́юсь	заблужда́емся
заблужда́ешься	заблужда́етесь
заблужда́ется	заблужда́ются

PAST

заблужда́лся
заблужда́лась
заблужда́лось
заблужда́лись

FUTURE

бу́ду заблужда́ться	бу́дем заблужда́ться
бу́дешь заблужда́ться	бу́дете заблужда́ться
бу́дет заблужда́ться	бу́дут заблужда́ться

SUBJUNCTIVE

заблужда́лся бы
заблужда́лась бы
заблужда́лось бы
заблужда́лись бы

PARTICIPLES

pres. active	заблужда́ющийся
pres. passive	—
past active	заблужда́вшийся
past passive	—

VERBAL ADVERBS

заблужда́ясь

COMMANDS

заблужда́йся
заблужда́йтесь

Usage

(в, на+prep.)

Все заблужда́лись на его́ счёт, а он оказа́лся хоро́шим челове́ком.	*Everyone was wrong about him, because he turned out to be a good man.*
Вы заблужда́етесь в оце́нке его́ де́ятельности.	*You are mistaken in evaluating his work.*
Как пока́зывают секре́тные досье́, Сadда́м заблужда́лся до после́дней мину́ты.	*As secret documents confirm, Saddam was mistaken until the last minute.*
Если кто́-то ду́мает, что э́ту эпо́ху нельзя́ воскреси́ть, он глубоко́ заблужда́ется.	*If anyone thinks that this era cannot be resurrected - he is deeply mistaken.*

122 забо́титься/позабо́титься *to be concerned, worry about*

stem: **забо́ти+ся/позабо́ти+ся** regular type 2 verb (like **ви́деть**); **т-ч** stem change

IMPERFECTIVE ASPECT		PERFECTIVE ASPECT	
PRESENT			
забо́чусь	забо́титесь		
забо́тишься	забо́тишься		
забо́тимся	забо́тятся		
PAST		PAST	
забо́тился		позабо́тился	
забо́тилась		позабо́тилась	
забо́тилось		позабо́тилось	
забо́тились		позабо́тились	
FUTURE		FUTURE	
бу́ду забо́титься	бу́дем забо́титься	позабо́чусь	позабо́титесь
бу́дешь забо́титься	бу́дете забо́титься	позабо́тишься	позабо́тишься
бу́дет забо́титься	бу́дут забо́титься	позабо́тимся	позабо́тятся
SUBJUNCTIVE		SUBJUNCTIVE	
забо́тился бы		позабо́тился бы	
забо́тилась бы		позабо́тилась бы	
забо́тилось бы		позабо́тилось бы	
забо́тились бы		позабо́тились бы	
PARTICIPLES		PARTICIPLES	
pres. active	забо́тящийся	*pres. active*	—
pres. passive	—	*pres. passive*	—
past active	забо́тившийся	*past active*	позабо́тившийся
past passive	—	*past passive*	—
VERBAL ADVERBS		VERBAL ADVERBS	
забо́тясь		позабо́тившись	
COMMANDS		**COMMANDS**	
забо́ться		позабо́ться	
забо́тьтесь		позабо́тьтесь	

Usage

(+acc.)(о+prep.)

Позабо́тьтесь о мои́х живо́тных, когда́ я бу́ду в отъе́зде.	*Take care of my pets while I am away.*
Забо́ться лу́чше о себе́, о своём здоро́вье.	*Better take care of yourself and your health.*
Оте́ц всегда́ забо́тился о результа́тах рабо́ты.	*The father always cared about the results of his work.*
Она́ да́же не позабо́тилась убра́ть за собо́й посу́ду.	*She did not even bother to clean up the dishes after herself.*
Друзья́ позабо́тились о том, что́бы мы хорошо́ отдохну́ли.	*Our friends made sure that we had a nice vacation.*

забра́сывать/забро́сить

regular type 1 verb in imp./perf. form type 2 — stem: **забра́сывай-/забро́си-**

	IMPERFECTIVE ASPECT			PERFECTIVE ASPECT	
PRESENT					
	забра́сываю	забра́сываем			
	забра́сываешь	забра́сываете			
	забра́сывает	забра́сывают			
PAST			**PAST**		
	забра́сывал			забро́сил	
	забра́сывала			забро́сила	
	забра́сывало			забро́сило	
	забра́сывали			забро́сили	
FUTURE			**FUTURE**		
	бу́ду забра́сывать	бу́дем забра́сывать		забро́шу	забро́сим
	бу́дешь забра́сывать	бу́дете забра́сывать		забро́сишь	забро́сите
	бу́дет забра́сывать	бу́дут забра́сывать		забро́сит	забро́сят
SUBJUNCTIVE			**SUBJUNCTIVE**		
	забра́сывал бы			забро́сил бы	
	забра́сывала бы			забро́сила бы	
	забра́сывало бы			забро́сило бы	
	забра́сывали бы			забро́сили бы	
PARTICIPLES			**PARTICIPLES**		
	pres. active	забра́сывающий		*pres. active*	—
	pres. passive	забра́сываемый		*pres. passive*	—
	past active	забра́сывавший		*past active*	забро́сивший
	past passive	—		*past passive*	забро́шенный
VERBAL ADVERBS			**VERBAL ADVERBS**		
	забра́сывая			забро́сив	
COMMANDS			**COMMANDS**		
	забра́сывай			забро́сь	
	забра́сывайте			забро́сьте	

Usage

(+acc.)

Я забро́сила все дела́ и пое́хала в турне́ по Евро́пе.	*I set aside all work and took a tour of Europe.*
Рыбаки́ забра́сывают се́ти с ве́чера.	*Fishermen cast their nets in the evening.*
Мальчи́шки забро́сили мяч в моё окно́.	*The boys threw the ball through my window.*
Де́ти забро́сили ту́фли за дива́н.	*The kids threw the shoes behind the couch.*
Неожи́данно судьба́ забро́сила нас с му́жем в Герма́нию.	*Unexpectedly, fate sent my husband and me to Germany.*
Он сиде́л в кре́сле, забро́сив но́гу на́ ногу, и кури́л тру́бку.	*She sat in the chair, one leg crossed over the other, and smoked a pipe.*
Забро́сь мои́ ве́щи на вокза́л.	*Drop my things off at the station.*

Idioms

Бу́дешь говори́ть с нача́льством - забро́сь у́дочку насчёт меня́.	*When you speak to management, drop a hint about me.*
Ну́жно забро́сить своего́ челове́ка в их компа́нию.	*We need to plant our man in their company.*

124 забыва́ть/забы́ть

to forget, leave

stem: **забыва́й-/irreg.** regular type 1 verb in imp./perf. form irregular

IMPERFECTIVE ASPECT

PRESENT

забыва́ю	забыва́ем
забыва́ешь	забыва́ете
забыва́ет	забыва́ют

PAST

забыва́л
забыва́ла
забыва́ло
забыва́ли

FUTURE

бу́ду забыва́ть	бу́дем забыва́ть
бу́дешь забыва́ть	бу́дете забыва́ть
бу́дет забыва́ть	бу́дут забыва́ть

SUBJUNCTIVE

забыва́л
забыва́ла бы
забыва́ло бы
забыва́ли бы

PARTICIPLES

pres. active	забыва́ющий
pres. passive	забыва́емый
past active	забыва́вший
past passive	—

VERBAL ADVERBS

забыва́я

COMMANDS

забыва́й
забыва́йте

PERFECTIVE ASPECT

PAST

забы́л
забы́ла
забы́ло
забы́ли

FUTURE

забу́ду	забу́дем
забу́дешь	забу́дете
забу́дет	забу́дут

SUBJUNCTIVE

забы́л
забы́ла бы
забы́ло бы
забы́ли бы

PARTICIPLES

pres. active	—
pres. passive	—
past active	забы́вший
past passive	забы́тый

VERBAL ADVERBS

забы́в

COMMANDS

забу́дь
забу́дьте

Usage

(+acc.)(o+prep.)(в, на+prep.)(+infin.)(y+gen.)

Не забыва́йте свои́х учителе́й.	*Do not forget your teachers.*
Забыва́я о своём вре́мени, он рабо́тал кру́глые су́тки.	*Forgetting the time, he worked around the clock.*
Забы́тые пе́сни сно́ва всплы́ли в па́мяти.	*Long-forgotten songs came back in my memory.*
Вы не забы́ли о том, что обеща́ли?	*Did you remember your promise?*
Он не забы́л про свои́ ста́рые дела́.	*He did not forget about his old business.*
Она́ забы́ла, что конфере́нция начина́ется сего́дня.	*She forgot that the conference started today.*
Я забы́л, где вы живёте.	*I forgot where you live.*
Он забы́л докуме́нты в своём кабине́те.	*He left the documents in the office.*
Подру́га забы́ла, как называ́ется моя́ у́лица, и не зае́хала ко мне.	*My girlfriend forgot the name of my street, and was not able to stop by.*

Idioms

Забу́дь сюда́ доро́гу!	*Don't bother coming back here.*

regular type 4 verb (like **трéбовать**) stem: **завúдова-/позавúдова-**

IMPERFECTIVE ASPECT		PERFECTIVE ASPECT	
PRESENT			
завúдую	завúдуем		
завúдуешь	завúдуете		
завúдует	завúдуют		
PAST		**PAST**	
завúдовал		позавúдовал	
завúдовала		позавúдовала	
завúдовало		позавúдовало	
завúдовали		позавúдовали	
FUTURE		**FUTURE**	
бýду завúдовать	бýдем завúдовать	позавúдую	позавúдуем
бýдешь завúдовать	бýдете завúдовать	позавúдуешь	позавúдуете
бýдет завúдовать	бýдут завúдовать	позавúдует	позавúдуют
SUBJUNCTIVE		**SUBJUNCTIVE**	
завúдовал бы		позавúдовал бы	
завúдовала бы		позавúдовала бы	
завúдовало бы		позавúдовало бы	
завúдовали бы		позавúдовали бы	
PARTICIPLES		**PARTICIPLES**	
pres. active	завúдующий	*pres. active*	—
pres. passive	—	*pres. passive*	—
past active	завúдовавший	*past active*	позавúдовавший
past passive	—	*past passive*	—
VERBAL ADVERBS		**VERBAL ADVERBS**	
завúдуя		позавúдовав	
COMMANDS		**COMMANDS**	
завúдуй		позавúдуй	
завúдуйте		позавúдуйте	

Usage

(+dat.)

Мы живём лýчше всех, и все завúдуют нам. — *We live better than everybody else, and everyone envies us.*

Завúдуя успéху своегó коллéги, лю́ди говорúли бог весть что. — *Envying the success of their colleague, people were making up all sorts of stories.*

Позавúдовав моемý плáтью, она побежáла купúть себé такóе же. — *She was envious of my dress, so she rushed to get herself one just like it.*

Я завúдую тóлько здорóвым лю́дям. — *I envy only people's health.*

Лýчше никомý не завúдовать. — *It's better not to envy anyone.*

126 зави́сеть

to depend

stem: **зави́се-** regular type 2 verb (like **ви́деть**)/no perf.

IMPERFECTIVE ASPECT

PRESENT

зави́шу	зави́сим
зави́сишь	зави́сите
зави́сит	зави́сят

PAST

зави́сел
зави́села
зави́село
зави́сели

FUTURE

бу́ду зави́сеть	бу́дем зави́сеть
бу́дешь зави́сеть	бу́дете зави́сеть
бу́дет зави́сеть	бу́дут зави́сеть

SUBJUNCTIVE

зави́сел бы
зави́села бы
зави́село бы
зави́сели бы

PARTICIPLES

pres. active	зави́сящий
pres. passive	зави́симый
past active	зави́севший
past passive	—

VERBAL ADVERBS

зави́ся

COMMANDS

—
—

Usage

(от+gen.)

От меня́ в э́том вопро́се ничего́ не зави́сит.	*In this matter, I have no influence.*
Учи́тель зави́сит и от руково́дства, и от студе́нтов.	*The teacher is dependent both on supervisors and students.*
По незави́сящим от меня́ причи́нам я потеря́ла ме́сто.	*I lost my job due to circumstances beyond my control.*
Настрое́ние во мно́гом зави́сит от пого́ды.	*One's mood is largely dependent on the weather.*
Выздоровле́ние бу́дет зави́сеть от мно́гих фа́кторов.	*Recovery will depend on many factors.*
Цена́ това́ра ча́сто не зави́сит от его́ ка́чества.	*The price of goods is often unrelated to their quality.*
Паде́ж существи́тельных в ру́сской грамма́тике зави́сит от глаго́ла.	*In Russian grammar, the noun's case depends on the verb.*

type 2 verb in imp.; **д-ж** stem change/perf. form type 5 stem: **заводи́-/завёд-**

IMPERFECTIVE ASPECT		PERFECTIVE ASPECT	
PRESENT			
завожу́	заво́дим		
заво́дишь	заво́дите		
заво́дит	заво́дят		
PAST		PAST	
заводи́л		завёл	
заводи́ла		завела́	
заводи́ло		завело́	
заводи́ли		завели́	
FUTURE		FUTURE	
бу́ду заводи́ть	бу́дем заводи́ть	заведу́	заведём
бу́дешь заводи́ть	бу́дете заводи́ть	заведёшь	заведёте
бу́дет заводи́ть	бу́дут заводи́ть	заведёт	заведу́т
SUBJUNCTIVE		SUBJUNCTIVE	
заводи́л бы		завёл бы	
заводи́ла бы		завела́ бы	
заводи́ло бы		завело́ бы	
заводи́ли бы		завели́ бы	
PARTICIPLES		PARTICIPLES	
pres. active	заводя́щий	*pres. active*	—
pres. passive	заводи́мый	*pres. passive*	—
past active	заводи́вший	*past active*	заве́дший
past passive	—	*past passive*	заведённый
VERBAL ADVERBS		VERBAL ADVERBS	
заводя́		заведя́	
COMMANDS		**COMMANDS**	
заводи́		заведи́	
заводи́те		заведи́те	

Usage

(+acc.)(в+acc.)

Когда́ ку́пим дом, заведём себе́ соба́ку. *We will get a dog when we buy a house.*
Но́вое нача́льство заво́дит но́вый поря́док. *The new management establishes new rules.*
Она́ реши́ла завести́ себе́ ребёнка. *She decided to have a child.*
Он пыта́ется завести́ со мной знако́мство. *He is trying to become acquainted with me.*
До рабо́ты мне ну́жно завести́ дочь в шко́лу. *I have to take my daughter to school before work.*
Де́душка заводи́л часы́ ка́ждый день. *Grandfather wound the clock every day.*
Заводи́ с ним разгово́р, а я подойду́ попо́зже. *Start talking with him; I will get there later.*
Заведённый до преде́ла тихо́ня взорва́лся. *Pushed to the limits, the quiet man exploded.*
Я не мог завести́ мото́р. *I could not start the engine.*

Idioms

Эта свя́зь заведёт вас в боло́то. *This association will lead you into the gutter.*
В поли́ции на него́ завели́ де́ло. *Police opened a file on him.*
Перегово́ры умы́шленно завели́ в тупи́к. *They intentionally steered negotiations into a dead end.*

128 завоёвывать/завоева́ть

to conquer, win

stem: **завоёвывай-/завоева-**

regular type 1 verb in imp./perf. form type 4

IMPERFECTIVE ASPECT

PRESENT

завоёвываю	завоёвываем
завоёвываешь	завоёвываете
завоёвывает	завоёвывают

PAST

завоёвывал
завоёвывала
завоёвывало
завоёвывали

FUTURE

бу́ду завоёвывать	бу́дем завоёвывать
бу́дешь завоёвывать	бу́дете завоёвывать
бу́дет завоёвывать	бу́дут завоёвывать

SUBJUNCTIVE

завоёвывал бы
завоёвывала бы
завоёвывало бы
завоёвывали бы

PARTICIPLES

pres. active	завоёвывающий
pres. passive	завоёвываемый
past active	завоёвывавший
past passive	—

VERBAL ADVERBS

завоёвывая

COMMANDS

завоёвывай
завоёвывайте

PERFECTIVE ASPECT

PAST

завоева́л
завоева́ла
завоева́ло
завоева́ли

FUTURE

завою́ю	завою́ем
завою́ешь	завою́ете
завою́ет	завою́ют

SUBJUNCTIVE

завоева́л бы
завоева́ла бы
завоева́ло бы
завоева́ли бы

PARTICIPLES

pres. active	—
pres. passive	—
past active	завоева́вший
past passive	завоёванный

VERBAL ADVERBS

завоева́в

COMMANDS

завою́й
завою́йте

Usage

(+acc.)(+instr.)

Он хоте́л завоева́ть её любо́вь свои́ми достиже́ниями. — *He wanted to win her love with his achievements.*

Счита́ется, что завоева́ть уваже́ние люде́й мо́жно сво́ей че́стностью и поря́дочностью. — *It is accepted that people's respect is won by honesty and decency.*

Завоёвывая города́ оди́н за други́м, а́рмия шла к своей це́ли. — *Taking over one town after another, the army was reaching its goal.*

Ги́тлер был уве́рен, что, завоева́в Москву́, он завою́ет весь СССР. — *Hitler was certain that, having defeated Moscow, he would defeat the entire USSR.*

Завоёванная свобо́да дала́сь дорого́й ценой́. — *Freedom was won at a high price.*

regular type 1 verb (like **рабо́тать**) stem: **за́втракай-/поза́втракай-**

	IMPERFECTIVE ASPECT			PERFECTIVE ASPECT	
PRESENT					
	за́втракаю	за́втракаем			
	за́втракаешь	за́втракаете			
	за́втракает	за́втракают			
PAST			PAST		
	за́втракал			поза́втракал	
	за́втракала			поза́втракала	
	за́втракало			поза́втракало	
	за́втракали			поза́втракали	
FUTURE			FUTURE		
	бу́ду за́втракать	бу́дем за́втракать		поза́втракаю	поза́втракаем
	бу́дешь за́втракать	бу́дете за́втракать		поза́втракаешь	поза́втракаете
	бу́дет за́втракать	бу́дут за́втракать		поза́втракает	поза́втракают
SUBJUNCTIVE			SUBJUNCTIVE		
	за́втракал бы			поза́втракал бы	
	за́втракала бы			поза́втракала бы	
	за́втракало бы			поза́втракало бы	
	за́втракали бы			поза́втракали бы	
PARTICIPLES			PARTICIPLES		
	pres. active	за́втракающий		*pres. active*	—
	pres. passive	—		*pres. passive*	—
	past active	за́втракавший		*past active*	поза́втракавший
	past passive	—		*past passive*	—
VERBAL ADVERBS			VERBAL ADVERBS		
	за́втракая			поза́втракав	
COMMANDS			**COMMANDS**		
	за́втракай			поза́втракай	
	за́втракайте			поза́втракайте	

Usage

(+acc.)(+instr.)(в, на+prep.)(у+gen.)

Мы за́втракали на откры́той терра́се.	*We had breakfast on an open terrace.*
Поза́втракав бутербро́дами, они́ побежа́ли на рабо́ту.	*After eating sandwiches for breakfast, they rushed off to work.*
Приходи́ пора́ньше в выходно́й, поза́втракаем вме́сте.	*Come over earlier on the weekend, and we will eat breakfast together.*
За́втракая, прия́тели обсужда́ли план де́йствий.	*During breakfast, the friends discussed the plan of action.*
Поза́втракавшие го́сти ушли́, не попроща́вшись.	*After breakfast, the guests left without saying good-bye.*

130 загáдывать/загадáть

to think of, pose (a riddle)

stem: **загáдывай-/загадáй-** regular type 1 verb (like **рабóтать**)

IMPERFECTIVE ASPECT		PERFECTIVE ASPECT	
PRESENT			
загáдываю	загáдываем		
загáдываешь	загáдываете		
загáдывает	загáдывают		
PAST		**PAST**	
загáдывал		загадáл	
загáдывала		загадáла	
загáдывало		загадáло	
загáдывали		загадáли	
FUTURE		**FUTURE**	
бýду загáдывать	бýдем загáдывать	загадáю	загадáем
бýдешь загáдывать	бýдете загáдывать	загадáешь	загадáете
бýдет загáдывать	бýдут загáдывать	загадáет	загадáют
SUBJUNCTIVE		**SUBJUNCTIVE**	
загáдывал бы		загадáл бы	
загáдывала бы		загадáла бы	
загáдывало бы		загадáло бы	
загáдывали бы		загадáли бы	
PARTICIPLES		**PARTICIPLES**	
pres. active	загáдывающий	*pres. active*	—
pres. passive	загáдываемый	*pres. passive*	—
past active	загáдывавший	*past active*	загадáвший
past passive	—	*past passive*	загáданный
VERBAL ADVERBS		**VERBAL ADVERBS**	
загáдывая		загадáв	
COMMANDS		**COMMANDS**	
загáдывай		загадáй	
загáдывайте		загадáйте	

Usage

(+acc.)(+dat.)

Загадáй желáние под Нóвый год - и онó сбýдется.
Make a wish on New Year's Eve - and it will come true.

Брат загáдывал такúе слóжные загáдки, что дéти не моглú разгадáть.
Their brother gave them such difficult riddles, that the children were not able to solve them.

Загадáв желáние, я разложúла кáрты.
Having made a wish, I laid out the cards.

Не люблю́ загáдывать наперёд - что бýдет, то бýдет.
I do not like to guess the future - what will be, will be.

regular type 1 verb in imp./perf. form type 2 — stem: **загора́й-/загоре́-**

IMPERFECTIVE ASPECT		PERFECTIVE ASPECT	
PRESENT			
загора́ю	загора́ем		
загора́ешь	загора́ете		
загора́ет	загора́ют		
PAST		**PAST**	
загора́л		загоре́л	
загора́ла		загоре́ла	
загора́ло		загоре́ло	
загора́ли		загоре́ли	
FUTURE		**FUTURE**	
бу́ду загора́ть	бу́дем загора́ть	загорю́	загори́м
бу́дешь загора́ть	бу́дете загора́ть	загори́шь	загори́те
бу́дет загора́ть	бу́дут загора́ть	загори́т	загоря́т
SUBJUNCTIVE		**SUBJUNCTIVE**	
загора́л бы		загоре́л бы	
загора́ла бы		загоре́ла бы	
загора́ло бы		загоре́ло бы	
загора́ли бы		загоре́ли бы	
PARTICIPLES		**PARTICIPLES**	
pres. active	загора́ющий	*pres. active*	—
pres. passive	—	*pres. passive*	—
past active	загора́вший	*past active*	загоре́вший
past passive	—	*past passive*	—
VERBAL ADVERBS		**VERBAL ADVERBS**	
загора́я		загоре́в	
COMMANDS		**COMMANDS**	
загора́й		загори́	
загора́йте		загори́те	

Usage

(+acc.)(в, на+prep.)(под+instr.)(у, из+gen.)

На да́че де́ти окре́пли и загоре́ли. — *At the summer house, the children grew stronger and got a nice tan.*

Лю́ди, загора́вшие на пля́же, е́ли моро́женое и пи́ли лимона́д. — *Sunbathers at the beach were eating ice cream and drinking lemonade.*

Загора́я часа́ми, она́ не заме́тила, как здо́рово сгоре́ла. — *Tanning for hours, she did not realize she got burned.*

Строи́тели загора́ли пря́мо на стройплоща́дке. — *Construction workers were tanning right at the construction site.*

Idioms

Заво́д загора́ет пять ме́сяцев без зака́зов. — *The plant is sitting idle for five months without any contracts.*

задава́ть/зада́ть

to pose (a question), assign

stem: **задава́й-/irreg.**

irregular verb in imp. & perf.

IMPERFECTIVE ASPECT		PERFECTIVE ASPECT	
PRESENT			
задаю́	задаём		
задаёшь	задаёте		
задаёт	задаю́т		
PAST		**PAST**	
задава́л		за́дал	
задава́ла		задала́	
задава́ло		за́дало	
задава́ли		за́дали	
FUTURE		**FUTURE**	
бу́ду задава́ть	бу́дем задава́ть	зада́м	задади́м
бу́дешь задава́ть	бу́дете задава́ть	зада́шь	задади́те
бу́дет задава́ть	бу́дут задава́ть	зада́ст	зададу́т
SUBJUNCTIVE		**SUBJUNCTIVE**	
задава́л бы		за́дал бы	
задава́ла бы		задала́ бы	
задава́ло бы		за́дало бы	
задава́ли бы		за́дали бы	
PARTICIPLES		**PARTICIPLES**	
pres. active	задаю́щий	*pres. active*	—
pres. passive	задава́емый	*pres. passive*	—
past active	задава́вший	*past active*	зада́вший
past passive	—	*past passive*	за́данный
VERBAL ADVERBS		**VERBAL ADVERBS**	
задава́я		зада́в	
COMMANDS		**COMMANDS**	
задава́й		зада́й	
задава́йте		зада́йте	

Usage

(+acc.)(+dat.)(+gen.)

Шко́льникам не задаю́т на́ дом мно́го зада́ний, а стара́ются, что́бы они сде́лали их в шко́ле. — *The students are not given a lot of homework; instead, they try to do it at school.*

Студе́нтке на экза́мене за́дали тру́дные вопро́сы. — *The student was asked difficult questions on the exam.*

Мать задала́ ко́рму скоту́ и пошла́ в по́ле. — *Mother fed the livestock and went into the field.*

Idioms

Сын за́дал хлопо́т семье́! — *The son caused a lot of trouble to the family!*

Ну и за́дали вы нам стра́ху! — *You really scared us!*

Тако́й лентя́й, зада́й ему пе́рцу! — *He is so lazy - set him straight!*

Мы за́дали жа́ру врачу́. — *We gave the doctor a piece of our mind.*

regular type 1 verb in imp./perf. form type 2 stem: **задéрживай+(ся)/задержа+(ся)**

IMPERFECTIVE ASPECT		PERFECTIVE ASPECT	
PRESENT			
задéрживаю(сь)	задéрживаем(ся)		
задéрживаешь(ся)	задéрживаете(сь)		
задéрживает(ся)	задéрживают(ся)		
PAST		PAST	
задéрживал(ся)		задержáл(ся)	
задéрживала(сь)		задержáла(сь)	
задéрживало(сь)		задержáло(сь)	
задéрживали(сь)		задержáли(сь)	
FUTURE		FUTURE	
бýду задéрживать(ся)	бýдем задéрживать(ся)	задержý(сь)	задéржим(ся)
бýдешь задéрживать(ся)	бýдете задéрживать(ся)	задéржишь(ся)	задéржите(сь)
бýдет задéрживать(ся)	бýдут задéрживать(ся)	задéржит(ся)	задéржат(ся)
SUBJUNCTIVE		SUBJUNCTIVE	
задéрживал(ся) бы		задержáл(ся) бы	
задéрживала(сь) бы		задержáла(сь) бы	
задéрживало(сь) бы		задержáло(сь) бы	
задéрживали(сь) бы		задержáли(сь) бы	
PARTICIPLES		PARTICIPLES	
pres. active	задéрживающий(ся)	*pres. active*	—
pres. passive	задéрживаемый	*pres. passive*	—
past active	задéрживавший(ся)	*past active*	задержáвший(ся)
past passive	—	*past passive*	задéржанный
VERBAL ADVERBS		VERBAL ADVERBS	
задéрживая(сь)		задержáв(шись)	
COMMANDS		**COMMANDS**	
задéрживай(ся)		задержú(сь)	
задéрживайте(сь)		задержúте(сь)	

Usage

(+acc.)(+instr.)(с+instr.)(у+gen.)(в, на+prep.)

Рéктор задержáлся с отвéтом на парý дней.	*The rector did not give his reply for several days.*
Перебéжчиков задержáли на границе.	*Defectors were detained at the border.*
Задержúсь на минýтку, нáдо поговорúть.	*Hold on a minute. We need to talk.*
Перечúтывая ромáн, онá задержáлась на однóй фрáзе.	*Rereading the story, she stopped on one phrase.*
Я задержáла своё внимáние на э́том человéке.	*My attention stopped on this man.*
Сестрá позвонúла, что задéрживается.	*My sister called to say that she was running late.*
Опáздывая, он задéрживал весь автóбус.	*Running late, he was delaying the entire bus.*

134 задýмывать(ся)/задýмать(ся) *to ponder, reflect, think*

stem: **задýмывай+(ся)/задýмай+(ся)** regular type 1 verb (like **рабóтать**)

	IMPERFECTIVE ASPECT			PERFECTIVE ASPECT	
PRESENT					
	задýмываю(сь)	задýмываем(ся)			
	задýмываешь(ся)	задýмываете(сь)			
	задýмывает(ся)	задýмывают(ся)			
PAST			**PAST**		
	задýмывал(ся)			задýмал(ся)	
	задýмывала(сь)			задýмала(сь)	
	задýмывало(сь)			задýмало(сь)	
	задýмывали(сь)			задýмали(сь)	
FUTURE			**FUTURE**		
	бýду задýмывать(ся)	бýдем задýмывать(ся)		задýмаю(сь)	задýмаем(ся)
	бýдешь задýмывать(ся)	бýдете задýмывать(ся)		задýмаешь(ся)	задýмаете(сь)
	бýдет задýмывать(ся)	бýдут задýмывать(ся)		задýмает(ся)	задýмают(ся)
SUBJUNCTIVE			**SUBJUNCTIVE**		
	задýмывал(ся) бы			задýмал(ся) бы	
	задýмывала(сь) бы			задýмала(сь) бы	
	задýмывало(сь) бы			задýмало(сь) бы	
	задýмывали(сь) бы			задýмали(сь) бы	
PARTICIPLES			**PARTICIPLES**		
	pres. active	задýмывающий(ся)		*pres. active*	—
	pres. passive	задýмываемый		*pres. passive*	—
	past active	задýмывавший(ся)		*past active*	задýмавший(ся)
	past passive	—		*past passive*	задýманный
VERBAL ADVERBS			**VERBAL ADVERBS**		
	задýмывая(сь)			задýмав(шись)	
COMMANDS			**COMMANDS**		
	задýмывай(ся)			задýмай(ся)	
	задýмывайте(сь)			задýмайте(сь)	

Usage

(над+instr.)(+acc.)(о+prep.)

Задýмываясь о прóшлом, я ни о чём не жалéю.	*Thinking back about the past, I have no regrets.*
Он жил лéгко, не задýмываясь о зáвтрашнем дне.	*He lived with ease, never thinking about tomorrow.*
Онá задýмала написáть статью́.	*She decided to write an article.*
Задýмайся над своúм постýпком.	*Think about your actions.*
Он задýмался о том, как лéгче прожúть в э́то тяжёлое врéмя.	*He considered how to find an easy road in these difficult times.*
Свящéнник глубокó задýмался над кнúгой.	*The priest was lost in thought about the book.*
Ты задýмала рискóванное предприя́тие.	*You devised a dangerous venture.*
Мы задýмали секрéтный план.	*We have devised a secret plan.*

regular type 1 verb in imp./perf. form irregular stem: **заезжа́й-/irreg.**

IMPERFECTIVE ASPECT		PERFECTIVE ASPECT	
PRESENT			
заезжа́ю	заезжа́ем		
заезжа́ешь	заезжа́ете		
заезжа́ет	заезжа́ют		
PAST		**PAST**	
заезжа́л		зае́хал	
заезжа́ла		зае́хала	
заезжа́ло		зае́хало	
заезжа́ли		зае́хали	
FUTURE		**FUTURE**	
бу́ду заезжа́ть	бу́дем заезжа́ть	зае́ду	зае́дем
бу́дешь заезжа́ть	бу́дете заезжа́ть	зае́дешь	зае́дете
бу́дет заезжа́ть	бу́дут заезжа́ть	зае́дет	зае́дут
SUBJUNCTIVE		**SUBJUNCTIVE**	
заезжа́л бы		зае́хал бы	
заезжа́ла бы		зае́хала бы	
заезжа́ло бы		зае́хало бы	
заезжа́ли бы		зае́хали бы	
PARTICIPLES		**PARTICIPLES**	
pres. active	заезжа́ющий	*pres. active*	—
pres. passive	—	*pres. passive*	—
past active	заезжа́вший	*past active*	зае́хавший
past passive	—	*past passive*	—
VERBAL ADVERBS		**VERBAL ADVERBS**	
заезжа́я		зае́хав	
COMMANDS		**COMMANDS**	
заезжа́й		заезжа́й	
заезжа́йте		заезжа́йте	

Usage

(в, на+acc.)(к+dat.)(за+instr.)

Я зае́хал к знако́мым в при́город. — *I stopped by my friends' place in the suburbs.*

Он зае́дет за мной на вокза́л и привезёт в гости́ницу. — *He will pick me up at the station and will take me to the hotel.*

Мы зае́дем из институ́та в библиоте́ку. — *On the way from the institute, we will stop at the library.*

Мне ну́жно зае́хать за детьми́. — *I need to stop to pick up my kids.*

Заезжа́йте к нам, когда́ хоти́те. — *Stop by our place whenever you want.*

Idioms

Она́ зае́хала ему́ в лицо́. — *She smashed his face.*

Он в дра́ке зае́хал кому́-то кулако́м по башке́. — *In the fight, he pounded someone on the head with his fist.*

136 зажига́ть/зaже́чь

to light

stem: **зажигай-/заж|г-** regular type 1 verb in imp./ perf. form type 6

IMPERFECTIVE ASPECT		PERFECTIVE ASPECT	
PRESENT			
зажига́ю	зажига́ем		
зажига́ешь	зажига́ете		
зажига́ет	зажига́ют		
PAST		**PAST**	
зажига́л		зажёг	
зажига́ла		зажгла́	
зажига́ло		зажгло́	
зажига́ли		зажгли́	
FUTURE		**FUTURE**	
бу́ду зажига́ть	бу́дем зажига́ть	зажгу́	зажжём
бу́дешь зажига́ть	бу́дете зажига́ть	зажжёшь	зажжёте
бу́дет зажига́ть	бу́дут зажига́ть	зажжёт	зажгу́т
SUBJUNCTIVE		**SUBJUNCTIVE**	
зажига́л бы		зажёг бы	
зажига́ла бы		зажгла́ бы	
зажига́ло бы		зажгло́ бы	
зажига́ли бы		зажгли́ бы	
PARTICIPLES		**PARTICIPLES**	
pres. active	зажига́ющий	*pres. active*	—
pres. passive	зажига́емый	*pres. passive*	—
past active	зажига́вший	*past active*	зажёгший
past passive	—	*past passive*	зажжённый
VERBAL ADVERBS		**VERBAL ADVERBS**	
зажига́я		зажёгши	
COMMANDS		**COMMANDS**	
зажига́й		зажги́	
зажига́йте		зажги́те	

Usage

(+acc.)(+dat.)(+gen.)

Го́род зажёг о́кна. — *The city turned on the lights.*
На ёлках зажига́ют огни́. — *Lights on the Christmas trees are lit up.*
На у́лицах зажгли́ но́чные фонари́. — *The street lights were turned on.*
Зажжённая свеча́ до́лго не га́сла. — *The lit candle burned for a long time.*
Зажига́я костёр, бу́дьте о́чень осторо́жны. — *When starting a fire, be very careful.*
Я зажгла́ плиту́ спи́чкой и поста́вила ча́йник. — *I lit the stove with a match and put the kettle on.*
Зажжённый фа́кел несли́ че́рез всю Гре́цию. — *The lit torch was carried across all of Greece.*
Мы зажгли́ свет в ко́мнате. — *We turned on the light in the room.*

Idioms

Речь докла́дчика зажгла́ аудито́рию. — *The speaker's lecture fired up the audience.*
Па́ртия зажига́ла сове́тскую молодёжь энтузиа́змом. — *The party fired up the Soviet youth's enthusiasm.*

regular type 1 verb in imp./perf. form type 3 stem: **зака́зывай-/заказа́-**

IMPERFECTIVE ASPECT		PERFECTIVE ASPECT	
PRESENT			
зака́зываю	зака́зываем		
зака́зываешь	зака́зываете		
зака́зывает	зака́зывают		
PAST		**PAST**	
зака́зывал		заказа́л	
зака́зывала		заказа́ла	
зака́зывало		заказа́ло	
зака́зывали		заказа́ли	
FUTURE		**FUTURE**	
бу́ду зака́зывать	бу́дем зака́зывать	закажу́	зака́жем
бу́дешь зака́зывать	бу́дете зака́зывать	зака́жешь	зака́жете
бу́дет зака́зывать	бу́дут зака́зывать	зака́жет	зака́жут
SUBJUNCTIVE		**SUBJUNCTIVE**	
зака́зывал бы		заказа́л бы	
зака́зывала бы		заказа́ла бы	
зака́зывало бы		заказа́ло бы	
зака́зывали бы		заказа́ли бы	
PARTICIPLES		**PARTICIPLES**	
pres. active	зака́зывающий	*pres. active*	—
pres. passive	зака́зываемый	*pres. passive*	—
past active	зака́зывавший	*past active*	заказа́вший
past passive	—	*past passive*	зака́занный
VERBAL ADVERBS		**VERBAL ADVERBS**	
зака́зывая		заказа́в	
COMMANDS		**COMMANDS**	
зака́зывай		закажи́	
зака́зывайте		закажи́те	

Usage

(+acc.)(+dat.)(для+gen.)(в+prep.)(за+instr.)(у+gen.)

Я ду́маю заказа́ть биле́т на самолёт. *I am considering booking a plane ticket.*
Ма́ть заказа́ла себе́ вече́рнее пла́тье. *Mother ordered an evening gown.*
Мы заказа́ли в рестора́не обед на двои́х. *At the restaurant, we ordered a dinner for two.*
Он заказа́л кни́ги в библиоте́ке. *He requested the books at the library.*
Зака́занное лека́рство жда́ло нас в апте́ке. *The medicine that was ordered was ready for pickup at the pharmacy.*

Зака́зывать кни́ги по телефо́ну не совсе́м удо́бно. *It is not very convenient to order the books on the phone.*
Пенсионе́ры зака́зывают проду́кты пита́ния на́ дом. *Retirees order food to be delivered to their homes.*

Idioms

Вам вход сюда́ зака́зан. *You are not welcome here.*
Ду́мать свое́й голово́й никому́ не зака́жешь. *You can't order anyone to use their heads.*

138 зака́нчивать(ся)/зако́нчить(ся) *to finish, end*

stem: **зака́нчивай+(ся)/зако́нчи+(ся)** regular type 1 verb in imp./perf. form type 2

IMPERFECTIVE ASPECT		PERFECTIVE ASPECT	
PRESENT			
зака́нчиваю	зака́нчиваем		
зака́нчиваешь	зака́нчиваете		
зака́нчивает(ся)	зака́нчивают(ся)		
PAST		**PAST**	
зака́нчивал(ся)		зако́нчил(ся)	
зака́нчивала(сь)		зако́нчила(сь)	
зака́нчивало(сь)		зако́нчило(сь)	
зака́нчивали(сь)		зако́нчили(сь)	
FUTURE		**FUTURE**	
бу́ду зака́нчивать	бу́дем зака́нчивать	зако́нчу	зако́нчим
бу́дешь зака́нчивать	бу́дете зака́нчивать	зако́нчишь	зако́нчите
бу́дет зака́нчивать(ся)	бу́дут зака́нчивать(ся)	зако́нчит(ся)	зако́нчат(ся)
SUBJUNCTIVE		**SUBJUNCTIVE**	
зака́нчивал(ся) бы		зако́нчил(ся) бы	
зака́нчивала(сь) бы		зако́нчила(сь) бы	
зака́нчивало(сь) бы		зако́нчило(сь) бы	
зака́нчивали(сь) бы		зако́нчили(сь) бы	
PARTICIPLES		**PARTICIPLES**	
pres. active	зака́нчивающий(ся)	*pres. active*	—
pres. passive	зака́нчиваемый	*pres. passive*	—
past active	зака́нчивавший(ся)	*past active*	зако́нчивший(ся)
past passive	—	*past passive*	зако́нченный
VERBAL ADVERBS		**VERBAL ADVERBS**	
зака́нчивая(сь)		зако́нчив(шись)	
COMMANDS		**COMMANDS**	
зака́нчивай		зако́нчи	
зака́нчивайте		зако́нчите	

Usage

(+acc.)(в+acc.)(в, на+prep.)(+instr.)

Он зако́нчил расска́з на гру́стной но́те.	*He ended the story on a sad note.*
Бу́дем зака́нчивать собра́ние и расходи́ться.	*It's time to end the meeting and go home.*
Зако́нченный сви́тер лежа́л на сто́лике.	*The finished sweater was on the table.*
Зака́нчивая писа́ть одну́ кни́гу, он уже́ обду́мывал другу́ю.	*While finishing writing one book, he was already thinking about the next.*
Тако́е поведе́ние когда́-нибу́дь зако́нчится?	*Will this behavior ever end?*
Спекта́кль зака́нчивается в 10 часо́в.	*The show is ending at 10 o'clock.*
Похо́д зако́нчился траге́дией.	*The trip ended in tragedy.*
Речь президе́нта зако́нчилась бу́рной ова́цией.	*The president's speech ended in a storm of applause.*

regular type 1 verb in imp./perf. form type 2 stem: **заклéивай-/заклéй-**

IMPERFECTIVE ASPECT		PERFECTIVE ASPECT	
PRESENT			
заклéиваю	заклéиваем		
заклéиваешь	заклéиваете		
заклéивает	заклéивают		
PAST		PAST	
заклéивал		заклéил	
заклéивала		заклéила	
заклéивало		заклéило	
заклéивали		заклéили	
FUTURE		FUTURE	
бýду заклéивать	бýдем заклéивать	заклéю	заклéим
бýдешь заклéивать	бýдете заклéивать	заклéишь	заклéите
бýдет заклéивать	бýдут заклéивать	заклéит	заклéят
SUBJUNCTIVE		SUBJUNCTIVE	
заклéивал бы		заклéил бы	
заклéивала бы		заклéила бы	
заклéивало бы		заклéило бы	
заклéивали бы		заклéили бы	
PARTICIPLES		PARTICIPLES	
pres. active	заклéивающий	*pres. active*	—
pres. passive	заклéиваемый	*pres. passive*	—
past active	заклéивавший	*past active*	заклéивший
past passive		*past passive*	заклéенный
VERBAL ADVERBS		VERBAL ADVERBS	
заклéивая		заклéив	
COMMANDS		**COMMANDS**	
заклéивай		заклéй	
заклéивайте		заклéйте	

Usage

(+acc.)(+instr.)

Зимóй в дерéвне все заклéивают óкна. — *In the winter, everyone's windows in the village are taped shut.*

Я заклéила конвéрт и опустúла егó в я́щик. — *I sealed the envelope and dropped it in the mail box.*

Дóску объявлéний заклéили рáзными предложéниями. — *The announcement board was plastered with various ads.*

Нýжно заклéить щéли, а то дýет. — *We need to seal all the cracks - it's drafty in here.*

Idioms

Ты что, рот заклéил? Давáй рассказывай всё! — *Did you tape your mouth shut? Tell us everything!*

140 заключа́ть/заключи́ть *to conclude*

stem: **заключа́й-/заключи́-** regular type 1 verb in imp./perf. form type 2

IMPERFECTIVE ASPECT		PERFECTIVE ASPECT	
PRESENT			
заключа́ю	заключа́ем		
заключа́ешь	заключа́ете		
заключа́ет	заключа́ют		
PAfIST		**PAST**	
заключа́л		заключи́л	
заключа́ла		заключи́ла	
заключа́ло		заключи́ло	
заключа́ли		заключи́ли	
FUTURE		**FUTURE**	
бу́ду заключа́ть	бу́дем заключа́ть	заключу́	заключи́м
бу́дешь заключа́ть	бу́дете заключа́ть	заключи́шь	заключи́те
бу́дет заключа́ть	бу́дут заключа́ть	заключи́т	заключа́т
SUBJUNCTIVE		**SUBJUNCTIVE**	
заключа́л бы		заключи́л бы	
заключа́ла бы		заключи́ла бы	
заключа́ло бы		заключи́ло бы	
заключа́ли бы		заключи́ли бы	
PARTICIPLES		**PARTICIPLES**	
pres. active	заключа́ющий	*pres. active*	—
pres. passive	заключа́емый	*pres. passive*	—
past active	заключа́вший	*past active*	заключи́вший
past passive	—	*past passive*	заключённый
VERBAL ADVERBS		**VERBAL ADVERBS**	
заключа́я		заключи́в	
COMMANDS		**COMMANDS**	
заключа́й		заключи́	
заключа́йте		заключи́те	

Usage

(+acc.)(в, под+acc.)(+instr.)(с+instr.)

В результа́те перегово́ров они́ заключи́ли вы́годные соглаше́ния. — *As a result of the negotiations, they entered into beneficial agreements.*

Заключа́я мир, мы ду́мали о войне́. — *In making peace, we were thinking about war.*

Престу́пника заключи́ли под стра́жу. — *The perpetrator was placed under arrest.*

Дава́й заключи́м пари́! — *Let's make a bet!*

Он заключи́л меня́ в свои́ объя́тия. — *He gathered me in a bearhug.*

Команди́р заключи́л речь призы́вом к борьбе́ с враго́м. — *The commander finished his speech with a call to fight the enemy.*

Позво́льте мне заключи́ть э́то письмо́ увере́ниями в абсолю́тной пре́данности де́лу. — *Please allow me to conclude this letter by expressing my sincere loyalty to the cause.*

Из ва́ших слов мо́жно заключи́ть сле́дующее... — *From your words, I can conclude the following...*

Мы заключи́ли переми́рие с неприя́телем. — *We made a truce with the enemy.*

regular type 1 verb in imp./perf. form irregular stem: **закрыва́й+(ся)/закро́й+(ся)**

IMPERFECTIVE ASPECT		PERFECTIVE ASPECT	
PRESENT			
закрыва́ю(сь)	закрыва́ем(ся)		
закрыва́ешь(ся)	закрыва́ете(сь)		
закрыва́ет(ся)	закрыва́ют(ся)		
PAST		PAST	
закрыва́л(ся)		закры́л(ся)	
закрыва́ла(сь)		закры́ла(сь)	
закрыва́ло(сь)		закры́ло(сь)	
закрыва́ли(сь)		закры́ли(сь)	
FUTURE		FUTURE	
бу́ду закрыва́ть(ся)	бу́дем закрыва́ть(ся)	закро́ю(сь)	закро́ем(ся)
бу́дешь закрыва́ть(ся)	бу́дете закрыва́ть(ся)	закро́ешь(ся)	закро́ете(сь)
бу́дет закрыва́ть(ся)	бу́дут закрыва́ть(ся)	закро́ет(ся)	закро́ют(ся)
SUBJUNCTIVE		SUBJUNCTIVE	
закрыва́л(ся) бы		закры́л(ся) бы	
закрыва́ла(сь) бы		закры́ла(сь) бы	
закрыва́ло(сь) бы		закры́ло(сь) бы	
закрыва́ли(сь) бы		закры́ли(сь) бы	
PARTICIPLES		PARTICIPLES	
pres. active	закрыва́ющий(ся)	*pres. active*	—
pres. passive	закрыва́емый	*pres. passive*	—
past active	закрыва́вший(ся)	*past active*	закры́вший(ся)
past passive	—	*past passive*	закры́тый
VERBAL ADVERBS		VERBAL ADVERBS	
закрыва́я(сь)		закры́в(шись)	
COMMANDS		COMMANDS	
закрыва́й(ся)		закро́й(ся)	
закрыва́йте(сь)		закро́йте(сь)	

Usage

(+acc.)(в, через+acc.)(+instr.)

Закрыва́йте две́ри, сквози́т. — *Close the door; you are making a draft.*
Мы закры́ли о́кна и вы́шли из до́ма. — *We closed the windows and left the house.*
Ме́тро закрыва́ется в час но́чи. — *The subway closes at 1:00 A.M.*
Де́ло закры́ли за недоста́тком ули́к. — *The case was closed due to insufficient facts.*
В Калифо́рнии закрыва́ются шко́лы и библиоте́ки. — *In California, schools and libraries are being closed.*
Магази́н закрыва́ется на обе́денный переры́в в 2 часа́. — *The store closes for lunch at 2 o'clock.*
Он закры́л сейф на ключ. — *He locked the safe with a key.*

Idioms

Закро́й свой рот. — *Shut your mouth.*
Руково́дство обы́чно закрыва́ет глаза́ на происходя́щее. — *Management usually looks the other way.*

142 заменя́ть/замени́ть *to replace, take the place of*

stem: **заменя́й-/замени-** regular type 1 verb in imp./perf. form type 2

IMPERFECTIVE ASPECT		PERFECTIVE ASPECT	
PRESENT			
заменя́ю	заменя́ем		
заменя́ешь	заменя́ете		
заменя́ет	заменя́ют		
PAST		PAST	
заменя́л		замени́л	
заменя́ла		замени́ла	
заменя́ло		замени́ло	
заменя́ли		замени́ли	
FUTURE		FUTURE	
бу́ду заменя́ть	бу́дем заменя́ть	заменю́	заме́ним
бу́дешь заменя́ть	бу́дете заменя́ть	заме́нишь	заме́ните
бу́дет заменя́ть	бу́дут заменя́ть	заме́нит	заме́нят
SUBJUNCTIVE		SUBJUNCTIVE	
заменя́л бы		замени́л бы	
заменя́ла бы		замени́ла бы	
заменя́ло бы		замени́ло бы	
заменя́ли бы		замени́ли бы	
PARTICIPLES		PARTICIPLES	
pres. active	заменя́ющий	*pres. active*	—
pres. passive	заменя́емый	*pres. passive*	—
past active	заменя́вший	*past active*	замени́вший
past passive	—	*past passive*	заменённый
VERBAL ADVERBS		VERBAL ADVERBS	
заменя́я		замени́в	
COMMANDS		**COMMANDS**	
заменя́й		замени́	
заменя́йте		замени́те	

Usage

(+acc.)(+instr.)

В э́том институ́те без труда́ заменя́ют одного́ преподава́теля други́м. — *At this institute, they replace one teacher with another with ease.*

Замени́ть мать невозмо́жно. — *A mother cannot be replaced.*

Пора́ замени́ть на́шу ме́бель но́вой. — *It's time to replace our old furniture.*

Ста́ршая сестра́ замени́ла нам роди́телей. — *Our older sister took the place of our parents.*

Телеви́зор заменя́ет лю́дям все удово́льствия. — *For people, TV is a substitute for all other entertainment.*

Я верну́лась в магази́н и замени́ла тёмные ту́фли на све́тлые. — *I went back to the store and exchanged the dark shoes for a pair of light ones.*

Ему́ замени́ли сме́ртный пригово́р на пожи́зненное заключе́ние. — *His death sentence was reduced to life in prison.*

Ста́ло мо́дным заменя́ть де́рево мета́ллом. — *It became fashionable to replace wood with metal.*

regular type 1 verb in imp./perf. form type 3 stem: **замерзáй-/замёрзну-**

IMPERFECTIVE ASPECT		PERFECTIVE ASPECT	
PRESENT			
замерзáю	замерзáем		
замерзáешь	замерзáете		
замерзáет	замерзáют		
PAST		**PAST**	
замерзáл		замёрз	
замерзáла		замёрзла	
замерзáло		замёрзло	
замерзáли		замёрзли	
FUTURE		**FUTURE**	
бýду замерзáть	бýдем замерзáть	замёрзну	замёрзнем
бýдешь замерзáть	бýдете замерзáть	замёрзнешь	замёрзнете
бýдет замерзáть	бýдут замерзáть	замёрзнет	замёрзнут
SUBJUNCTIVE		**SUBJUNCTIVE**	
замерзáл бы		замёрз бы	
замерзáла бы		замёрзла бы	
замерзáло бы		замёрзло бы	
замерзáли бы		замёрзли бы	
PARTICIPLES		**PARTICIPLES**	
pres. active	замерзáющий	*pres. active*	—
pres. passive	—	*pres. passive*	—
past active	замерзáвший	*past active*	замёрзший
past passive	—	*past passive*	—
VERBAL ADVERBS		**VERBAL ADVERBS**	
замерзáя		замёрзнув	
COMMANDS		**COMMANDS**	
замерзáй		замёрзни	
замерзáйте		замёрзните	

Usage

(на,в+prep.)(при+prep.)

Водá замерзáет при нулé грáдусов по Цéльсию. — *Water freezes at zero degrees centigrade.*

Пруд замёрз в ноябрé. — *The pond froze over in November.*

В той степи́ глухóй замерзáл ямщи́к. (песня) — *In that forsaken step, the courier was freezing to death. (song)*

У меня́ замёрзли рýки и нóги. — *My hands and feet are freezing.*

Чёрное мóре не замерзáет. — *The Black Sea does not freeze.*

Idioms

На ветрý мы все замёрзли как собáки. — *We were all freezing like dogs in that wind.*

144

замеча́ть/заме́тить *to notice, mention, point out*

stem: **замеча́й-/заме́ти-** regular type 1 verb in imp./perf. form type 2

IMPERFECTIVE ASPECT		PERFECTIVE ASPECT	
PRESENT			
замеча́ю	замеча́ем		
замеча́ешь	замеча́ете		
замеча́ет	замеча́ют		
PAST		PAST	
замеча́л		заме́тил	
замеча́ла		заме́тила	
замеча́ло		заме́тило	
замеча́ли		заме́тили	
FUTURE		FUTURE	
бу́ду замеча́ть	бу́дем замеча́ть	заме́чу	заме́тим
бу́дешь замеча́ть	бу́дете замеча́ть	заме́тишь	заме́тите
бу́дет замеча́ть	бу́дут замеча́ть	заме́тит	заме́тят
SUBJUNCTIVE		SUBJUNCTIVE	
замеча́л бы		заме́тил бы	
замеча́ла бы		заме́тила бы	
замеча́ло бы		заме́тило бы	
замеча́ли бы		заме́тили бы	
PARTICIPLES		PARTICIPLES	
pres. active	замеча́ющий	*pres. active*	—
pres. passive	замеча́емый	*pres. passive*	—
past active	замеча́вший	*past active*	заме́тивший
past passive	—	*past passive*	заме́ченный
VERBAL ADVERBS		VERBAL ADVERBS	
замеча́я		заме́тив	
COMMANDS		**COMMANDS**	
замеча́й		заме́ть	
замеча́йте		заме́тьте	

Usage

(+acc.)(в, на+prep.)(среди+gen.)

Хочу́ заме́тить, что вы не совсе́м пра́вы.	*I would like to point out that you are not entirely correct.*
Заме́тив что́-то нела́дное, вахтёр позвони́л в мили́цию.	*Having noticed something amiss, the janitor called the police.*
Я заме́тил, что вы похуде́ли.	*I noticed you lost weight.*
Не заме́тили мы, как доро́га длинна́...(песня)	*We did not noticed how long the road was... (song)*
Заме́ченный в нечи́стых дела́х, он сро́чно уво́лился.	*Having been found out committing wrongdoings, he immediately resigned.*

regular type 1 verb in imp./perf. form irregular — stem: **занима́й+(ся)/займ+(ся)**

IMPERFECTIVE ASPECT		PERFECTIVE ASPECT	
PRESENT			
занима́ю(сь)	занима́ем(ся)		
занима́ешь(ся)	занима́ете(сь)		
занима́ет(ся)	занима́ют(ся)		
PAST		**PAST**	
занима́л(ся)		за́нял/заня́лся́	
занима́ла(сь)		заняла́(сь)	
занима́ло(сь)		за́няло/заняло́сь	
занима́ли(сь)		за́няли/заняли́сь	
FUTURE		**FUTURE**	
бу́ду занима́ть(ся)	бу́дем занима́ть(ся)	займу́(сь)	займём(ся)
бу́дешь занима́ть(ся)	бу́дете занима́ть(ся)	займёшь(ся)	займёте(сь)
бу́дет занима́ть(ся)	бу́дут занима́ть(ся)	займёт(ся)	займу́т(ся)
SUBJUNCTIVE		**SUBJUNCTIVE**	
занима́л(ся) бы		за́нял бы/заня́лся́ бы	
занима́ла(сь) бы		заняла́(сь) бы	
занима́ло(сь) бы		за́няло бы/заняло́сь бы	
занима́ли(сь) бы		за́няли бы/заняли́сь бы	
PARTICIPLES		**PARTICIPLES**	
pres. active	занима́ющий(ся)	*pres. active*	—
pres. passive	занима́емый	*pres. passive*	—
past active	занима́вший(ся)	*past active*	заня́вший(ся)
past passive	—	*past passive*	за́нятый
VERBAL ADVERBS		**VERBAL ADVERBS**	
занима́я(сь)		заня́в(шись)	
COMMANDS		**COMMANDS**	
занима́й(ся)		займи́(сь)	
занима́йте(сь)		займи́те(сь)	

Usage

(+acc.)(в+acc.)(+instr.)(с+instr.)(у+gen.)

Он за́нял всю ко́мнату кни́гами и бума́гами. — *His entire room was filled with books and papers.*

Ребёнок заня́л собо́й весь дом. — *The child took over the entire house.*

Она́ заняла́ у меня́ де́ньги до полу́чки. — *She borrowed money from me until payday.*

Вы́йдя на пе́нсию, он не знал, чем себя́ заня́ть. — *After retirement, he did not know what to do with himself.*

Муж за́нял спа́льню под кабине́т. — *The husband took over the bedroom for his office.*

Вам сто́ит заня́ться спо́ртом. — *You should start playing sports.*

Мы занима́лись тем, что собира́ли гуманита́рную по́мощь в ра́зные стра́ны. — *We were busy collecting humanitarian aid for various countries.*

Учи́тель серьёзно занима́ется с детьми́ англи́йским. — *The teacher is concertedly teaching English to the kids.*

Дочь занимала́сь в изве́стном университе́те. — *The daughter studied at the famous university.*

Idioms

Ну, на́глости ему́ не занима́ть... — *Yeah, he is plenty obnoxious...*

146 запи́сывать/записа́ть *to write down, record, sign up*

stem: **запи́сывай-/записа́-** regular type 1 verb in imp./perf. form type 3

IMPERFECTIVE ASPECT		PERFECTIVE ASPECT	
PRESENT			
запи́сываю	запи́сываем		
запи́сываешь	запи́сываете		
запи́сывает	запи́сывают		
PAST		PAST	
запи́сывал		записа́л	
запи́сывала		записа́ла	
запи́сывало		записа́ло	
запи́сывали		записа́ли	
FUTURE		FUTURE	
бу́ду запи́сывать	бу́дем запи́сывать	запишу́	запи́шем
бу́дешь запи́сывать	бу́дете запи́сывать	запи́шешь	запи́шете
бу́дет запи́сывать	бу́дут запи́сывать	запи́шет	запи́шут
SUBJUNCTIVE		SUBJUNCTIVE	
запи́сывал бы		записа́л бы	
запи́сывала бы		записа́ла бы	
запи́сывало бы		записа́ло бы	
запи́сывали бы		записа́ли бы	
PARTICIPLES		PARTICIPLES	
pres. active	запи́сывающий	*pres. active*	—
pres. passive	запи́сываемый	*pres. passive*	—
past active	запи́сывавший	*past active*	записа́вший
past passive	—	*past passive*	запи́санный
VERBAL ADVERBS		VERBAL ADVERBS	
запи́сывая		записа́в	
COMMANDS		**COMMANDS**	
запи́сывай		запиши́	
запи́сывайте		запиши́те	

Usage

(+acc.)(в, на+acc.)(в, на+prep.)(к+dat.)

Запиши́ сы́на в се́кцию пла́вания. — *Sign my son up for the swimming session.*

Он запи́сывает показа́ния прибо́ров. — *He records the equipment data.*

Записа́в их а́дрес и но́мер телефо́на, я пошёл по дела́м. — *Having written down their address and phone number, I went out to attend to business.*

Ба́бушка лю́бит запи́сывать в дневни́к свои́ впечатле́ния. — *Grandmother likes to record her impressions in the diary.*

Муж записа́л конце́рт на плёнку. — *The husband recorded the concert on tape.*

Хочу́ записа́ться к врачу́ на пя́тницу. — *I would like to make an appointment with the doctor on Friday.*

Сосе́д записа́лся доброво́льцем в а́рмию. — *The neighbor volunteered to join the military.*

Я записа́лась у секретаря́ на о́чередь на кварти́ру. — *I signed up with the secretary on the waiting list for the apartment.*

regular type 1 verb in imp./perf. form type 2 stem: **заполня́й-/запо́лни-**

	IMPERFECTIVE ASPECT		PERFECTIVE ASPECT	
PRESENT				
	заполня́ю	заполня́ем		
	заполня́ешь	заполня́ете		
	заполня́ет	заполня́ют		
PAST				
	заполня́л		запо́лнил	
	заполня́ла		запо́лнила	
	заполня́ло		запо́лнило	
	заполня́ли		запо́лнили	
FUTURE				
	бу́ду заполня́ть	бу́дем заполня́ть	запо́лню	запо́лним
	бу́дешь заполня́ть	бу́дете заполня́ть	запо́лнишь	запо́лните
	бу́дет заполня́ть	бу́дут заполня́ть	запо́лнит	запо́лнят
SUBJUNCTIVE				
	заполня́л бы		запо́лнил бы	
	заполня́ла бы		запо́лнила бы	
	заполня́ло бы		запо́лнило бы	
	заполня́ли бы		запо́лнили бы	
PARTICIPLES				
	pres. active	заполня́ющий	*pres. active*	—
	pres. passive	заполня́емый	*pres. passive*	—
	past active	заполня́вший	*past active*	запо́лнивший
	past passive	—	*past passive*	запо́лненный
VERBAL ADVERBS				
	заполня́я		запо́лнив	
COMMANDS				
	заполня́й		запо́лни	
	заполня́йте		запо́лните	

Usage

(+acc.)(+instr.)

Запо́лните э́ти фо́рмы и пошли́те по а́дресу. — *Fill out these forms, and mail them to this address.*

Запо́лненные дождево́й водо́й вёдра стоя́ли в саду́. — *The buckets, filled with rain water, were sitting in the garden.*

Запо́лнив корзи́ну я́годами и гри́бами, мы поверну́ли из ле́са. — *Having filled our basket with berries and mushrooms, we left the forest.*

Дитя́ запо́лнило собо́й на́шу жизнь. — *The child took over our lives.*

В о́тпуске мы заполня́ли вре́мя прогу́лками и чте́нием. — *On vacation, we passed our time reading and going for a walk.*

Зри́тели запо́лнили зал теа́тра. — *Spectators filled the theater.*

148 запомина́ть(ся)/запо́мнить(ся) *to remember*

stem: **запомина́й+(ся)/запо́мни+(ся)** regular type 1 verb in imp./perf. form type 2

IMPERFECTIVE ASPECT		PERFECTIVE ASPECT	
PRESENT			
запомина́ю(сь)	запомина́ем(ся)		
запомина́ешь(ся)	запомина́ете(сь)		
запомина́ет(ся)	запомина́ют(ся)		
PAST		**PAST**	
запомина́л(ся)		запо́мнил(ся)	
запомина́ла(сь)		запо́мнила(сь)	
запомина́ло(сь)		запо́мнило(сь)	
запомина́ли(сь)		запо́мнили(сь)	
FUTURE		**FUTURE**	
бу́ду запомина́ть(ся)	бу́дем запомина́ть(ся)	запо́мню(сь)	запо́мним(ся)
бу́дешь запомина́ть(ся)	бу́дете запомина́ть(ся)	запо́мнишь(ся)	запо́мните(сь)
бу́дет запомина́ть(ся)	бу́дут запомина́ть(ся)	запо́мнит(ся)	запо́мнят(ся)
SUBJUNCTIVE		**SUBJUNCTIVE**	
запомина́л(ся) бы		запо́мнил(ся) бы	
запомина́ла(сь) бы		запо́мнила(сь) бы	
запомина́ло(сь) бы		запо́мнило(сь) бы	
запомина́ли(сь) бы		запо́мнили(сь) бы	
PARTICIPLES		**PARTICIPLES**	
pres. active	запомина́ющий(ся)	*pres. active*	—
pres. passive	запомина́емый	*pres. passive*	—
past active	запомина́вший(ся)	*past active*	запо́мнивший(ся)
past passive	—	*past passive*	запо́мненный
VERBAL ADVERBS		**VERBAL ADVERBS**	
запомина́я(сь)		запо́мнив(шись)	
COMMANDS		**COMMANDS**	
запоминай(ся)		запо́мни(сь)	
запомина́йте(сь)		запо́мните(сь)	

Usage

(+acc.)(+dat.)

Мне запо́мнилась на́ша встре́ча в Пари́же. — *I remember our meeting in Paris.*
Запомина́йте всё, что ви́дите по пути́. — *Remember everything you see along the way.*
В шко́ле мы запомина́ли мно́го стихо́в. — *At school, we memorized many poems.*

Запо́мнившаяся мне фами́лия встре́тилась сно́ва в спи́сках. — *In the lists, I again came across a name I remembered.*
Если он что запо́мнит, то э́то - на всю жизнь. — *If he commits something to memory - it's forever.*

Тако́го жа́ркого ле́та не запо́мнил никто́ из старико́в. — *Not even elders could recall such a hot summer.*

regular type 1 verb in imp./perf. form type 2 stem: **заправля́й+(ся)/запра́ви+(ся)**

IMPERFECTIVE ASPECT		PERFECTIVE ASPECT	
PRESENT			
заправля́ю(сь)	заправля́ем(ся)		
заправля́ешь(ся)	заправля́ете(сь)		
заправля́ет(ся)	заправля́ются		
PAST		PAST	
заправля́л(ся)		запра́вил(ся)	
заправля́ла(сь)		запра́вила(сь)	
заправля́ло(сь)		запра́вило(сь)	
заправля́ли(сь)		запра́вили(сь)	
FUTURE		FUTURE	
бу́ду заправля́ть(ся)	бу́дем заправля́ть(ся)	запра́влю(сь)	запра́вим(ся)
бу́дешь заправля́ть(ся)	бу́дете заправля́ть(ся)	запра́вишь(ся)	запра́вите(сь)
бу́дет заправля́ть(ся)	бу́дут заправля́ть(ся)	запра́вит(ся)	запра́вят(ся)
SUBJUNCTIVE		SUBJUNCTIVE	
заправля́л(ся) бы		запра́вил(ся) бы	
заправля́ла(сь) бы		запра́вила(сь) бы	
заправля́ло(сь) бы		запра́вило(сь) бы	
заправля́ли(сь) бы		запра́вили(сь) бы	
PARTICIPLES		PARTICIPLES	
pres. active	заправля́ющий(ся)	*pres. active*	—
pres. passive	заправля́емый	*pres. passive*	—
past active	заправля́вший(ся)	*past active*	запра́вивший(ся)
past passive	—	*past passive*	запра́вленный
VERBAL ADVERBS		VERBAL ADVERBS	
заправля́ясь		запра́вив(шись)	
COMMANDS		**COMMANDS**	
заправля́й(ся)		запра́вь(ся)	
заправля́й(тесь)		запра́вь(тесь)	

Usage

(+instr.)(в, на+prep.)

Мне ну́жно запра́вить маши́ну бензи́ном. — *I need to fill the gas tank.*

Он запра́вил руба́шку в брю́ки и посмотре́лся в зе́ркало. — *He tucked his shirt in his pants and looked in the mirror.*

Я заправля́ю борщ тома́тной па́стой. — *I add tomato paste to the borscht.*

Все́ми дела́ми институ́та заправля́ет гру́ппа сотру́дников. — *All institute affairs are run by a group of employees.*

Idioms

Мы душе́вно запра́вились на вечери́нке. — *We got nicely loaded at the party.*

150 запрещáть/запретúть

to forbid, prohibit

stem: **запрещáй-/запретú-** regular type 1 verb in imp./perf. form type 2

IMPERFECTIVE ASPECT		PERFECTIVE ASPECT	
PRESENT			
запрещáю	запрещáем		
запрещáешь	запрещáете		
запрещáет	запрещáют		
PAST		PAST	
запрещáл		запретúл	
запрещáла		запретúла	
запрещáло		запретúло	
запрещáли		запретúли	
FUTURE		FUTURE	
бýду запрещáть	бýдем запрещáть	запрещý	запретúм
бýдешь запрещáть	бýдете запрещáть	запретúшь	запретúте
бýдет запрещáть	бýдут запрещáть	запретúт	запретя́т
SUBJUNCTIVE		SUBJUNCTIVE	
запрещáл бы		запретúл бы	
запрещáла бы		запретúла бы	
запрещáло бы		запретúло бы	
запрещáли бы		запретúли бы	
PARTICIPLES		PARTICIPLES	
pres. active	запрещáющий	*pres. active*	—
pres. passive	запрещáемый	*pres. passive*	—
past active	запрещáвший	*past active*	запретúвший
past passive	—	*past passive*	запрещённый
VERBAL ADVERBS		VERBAL ADVERBS	
запрещáя		запретúв	
COMMANDS		**COMMANDS**	
запрещáй		запретú	
запрещáйте		запретúте	

Usage

(+acc.)(+dat.)(+inf.)

Красúво жить не запретúшь. — *You can't forbid people to live well.*

По трáве здесь ходúть запрещáется. — *Walking on the grass is forbidden.*

Я запрещáю вам появля́ться у нас в дóме. — *I forbid you to come to our house.*

Врач запретúл емý курúть и пить. — *The doctor forbade him to smoke and drink alcohol.*

Дéтям запрещáют игрáть с огнём. — *Children are forbidden to play with fire.*

Proverbs

Запрéтный плод слáдок. — *Sweet is the forbidden fruit.*

regular type 1 verb (like **рабóтать**) stem: **зарабáтывай-/заработай-**

IMPERFECTIVE ASPECT		PERFECTIVE ASPECT	
PRESENT			
зарабáтываю	зарабáтываем		
зарабáтываешь	зарабáтываете		
зарабáтывает	зарабáтывают		
PAST		**PAST**	
зарабáтывал		заработал	
зарабáтывала		заработала	
зарабáтывало		заработало	
зарабáтывали		заработали	
FUTURE		**FUTURE**	
бу́ду зарабáтывать	бу́дем зарабáтывать	заработаю	заработаем
бу́дешь зарабáтывать	бу́дете зарабáтывать	заработаешь	заработаете
бу́дет зарабáтывать	бу́дут зарабáтывать	заработает	заработают
SUBJUNCTIVE		**SUBJUNCTIVE**	
зарабáтывал бы		заработал бы	
зарабáтывала бы		заработала бы	
зарабáтывало бы		заработало бы	
зарабáтывали бы		заработали бы	
PARTICIPLES		**PARTICIPLES**	
pres. active	зарабáтывающий	*pres. active*	—
pres. passive	зарабáтываемый	*pres. passive*	—
past active	зарабáтывавший	*past active*	заработавший
past passive	—	*past passive*	заработанный
VERBAL ADVERBS		**VERBAL ADVERBS**	
зарабáтывая		заработав	
COMMANDS		**COMMANDS**	
зарабáтывай		заработай	
зарабáтывайте		заработайте	

Usage

(+acc.)(на+acc.)(в, на+prep.)(+instr.)

Я неплóхо зарабáтываю на нóвом мéсте. — *I make good money in my new job.*

Заработав, они́ наконéц купи́ли нóвую маши́ну. — *Having made enough money, they finally bought a new car.*

Дельцы́ зарабáтывают миллиóны на торгóвле наркóтиками. — *Drug dealers are making millions by selling drugs.*

Она́ с трудóм зарабáтывала себé на жизнь. — *She can barely earn enough to make ends meet.*

Нáша семья́ зарабáтывает свои́м трудóм. — *Our family is earning its living.*

Idioms

Вмéсто благодáрности он заработал плевóк в лицó. — *Instead of a gratitude, all he got was a spit in the face.*

152 заставля́ть/заста́вить

to force, compel

stem: **заставля́й-/заста́ви-** regular type 1 verb in imp./perf. form type 2

	IMPERFECTIVE ASPECT		PERFECTIVE ASPECT	
PRESENT				
	заставля́ю	заставля́ем		
	заставля́ешь	заставля́ете		
	заставля́ет	заставля́ют		
PAST				
	заставля́л		заста́вил	
	заставля́ла		заста́вила	
	заставля́ло		заста́вило	
	заставля́ли		заста́вили	
FUTURE				
	бу́ду заставля́ть	бу́дем заставля́ть	заста́влю	заста́вим
	бу́дешь заставля́ть	бу́дете заставля́ть	заста́вишь	заста́вите
	бу́дет заставля́ть	бу́дут заставля́ть	заста́вит	заста́вят
SUBJUNCTIVE				
	заставля́л бы		заста́вил бы	
	заставля́ла бы		заста́вила бы	
	заставля́ло бы		заста́вило бы	
	заставля́ли бы		заста́вили бы	
PARTICIPLES				
	pres. active	заставля́ющий	*pres. active*	—
	pres. passive	заставля́емый	*pres. passive*	—
	past active	заставля́вший	*past active*	заста́вивший
	past passive	—	*past passive*	—
VERBAL ADVERBS				
	заставля́я		заста́вив	
COMMANDS				
	заставля́й		заста́вь	
	заставля́йте		заста́вьте	

Usage

(+acc.)(+inf.)

Вы заставля́ете меня́ повыша́ть го́лос. — *You are forcing me to raise my voice.*
Заста́вь лентя́я труди́ться, е́сли смо́жеть. — *If you can, make this lazy bum work.*
Мать заста́вила сы́на переде́лать дома́шнюю рабо́ту. — *The mother forced her son to redo his homework.*
Они́ заста́вили ме́белью всю кварти́ру. — *They filled their entire apartment with furniture.*

Да́же дверь заста́вили кни́жным шка́фом. — *Even the door was blocked with the bookcase.*
Нелегко́ заста́вить себя́ слу́шаться указа́ний. — *It's hard to make yourself listen to instructions.*
Она́, как пра́вило, заставля́ет себя́ ждать. — *As a rule, she makes others wait for her.*
Прихо́ди к нам на обе́д, не заставля́й проси́ть себя́. — *Come over for dinner; don't make me ask you.*

regular type 1 verb in imp./perf. form type 3 stem: **засыпа́й-/засну́-**

IMPERFECTIVE ASPECT		PERFECTIVE ASPECT	
PRESENT			
засыпа́ю	засыпа́ем		
засыпа́ешь	засыпа́ете		
засыпа́ет	засыпа́ют		
PAST		PAST	
засыпа́л		засну́л	
засыпа́ла		засну́ла	
засыпа́ло		засну́ло	
засыпа́ли		засну́ли	
FUTURE		FUTURE	
бу́ду засыпа́ть	бу́дем засыпа́ть	засну́	заснём
бу́дешь засыпа́ть	бу́дете засыпа́ть	заснёшь	заснёте
бу́дет засыпа́ть	бу́дут засыпа́ть	заснёт	засну́т
SUBJUNCTIVE		SUBJUNCTIVE	
засыпа́л бы		засну́л бы	
засыпа́ла бы		засну́ла бы	
засыпа́ло бы		засну́ло бы	
засыпа́ли бы		засну́ли бы	
PARTICIPLES		PARTICIPLES	
pres. active	засыпа́ющий	*pres. active*	—
pres. passive	—	*pres. passive*	—
past active	засыпа́вший	*past active*	засну́вший
past passive	—	*past passive*	—
VERBAL ADVERBS		VERBAL ADVERBS	
засыпа́я		засну́в	
COMMANDS		**COMMANDS**	
засыпа́й		засни́	
засыпа́йте		засни́те	

Usage

(+prep.)(+instr.)

Малы́ш засыпа́ет к девя́ти часа́м ве́чера.	*The boy falls asleep by nine o'clock in the evening.*
Он засну́л, как то́лько уви́дел поду́шку.	*He fell asleep the moment his head touched the pillow.*
Засну́в, он захрапе́л, не дава́я мне спать.	*Having fallen asleep, he started to snore, so I could not sleep.*
Иногда́ де́ти засыпа́ют под му́зыку.	*Sometimes children fall asleep to music.*
Де́душка засну́л в кре́сле у телеви́зора.	*Grandpa fell asleep in front of the TV.*

154 заходи́ть/зайти́

to drop in, stop by (on foot)

stem: **заходи́-/irreg.** regular type 2 verb in imp./perf. form irregular

IMPERFECTIVE ASPECT		PERFECTIVE ASPECT	
PRESENT			
захожу́	захо́дим		
захо́дишь	захо́дите		
захо́дит	захо́дят		
PAST		**PAST**	
заходи́л		зашёл	
заходи́ла		зашла́	
заходи́ло		зашло́	
заходи́ли		зашли́	
FUTURE		**FUTURE**	
бу́ду заходи́ть	бу́дем заходи́ть	зайду́	зайдём
бу́дешь заходи́ть	бу́дете заходи́ть	зайдёшь	зайдёте
бу́дет заходи́ть	бу́дут заходи́ть	зайдёт	зайду́т
SUBJUNCTIVE		**SUBJUNCTIVE**	
заходи́л бы		зашёл бы	
заходи́ла бы		зашла́ бы	
заходи́ло бы		зашло́ бы	
заходи́ли бы		зашли́ бы	
PARTICIPLES		**PARTICIPLES**	
pres. active	заходя́щий	*pres. active*	—
pres. passive	—	*pres. passive*	—
past active	заходи́вший	*past active*	заше́дший
past passive	—	*past passive*	—
VERBAL ADVERBS		**VERBAL ADVERBS**	
заходя́		зайдя́	
COMMANDS		**COMMANDS**	
заходи́		зайди́	
заходи́те		зайди́те	

Usage

(в, на+acc.)(к+dat.)(за+instr.)

Ну́жно зайти́ в бу́лочную за хле́бом, пото́м - в магази́н за соси́сками. — *I need to stop at the bakery to get some bread, and then at the butcher's shop to get hot dogs.*

Он заходи́л в изда́тельство ка́ждую неде́лю, но отве́та не получа́л. — *He stopped at the publishing house once a week, but did not get an answer.*

Бу́дете в Монтере́е - зайди́те в музе́й "Аква́риум". — *If you are ever in Monterey - make sure you stop at the Aquarium museum.*

Зайдя́ на ры́нок, мы уви́дели там мно́го знако́мых. — *At the market, we saw many acquaintances.*

Соба́ка зашла́ за дом и зала́яла. — *The dog walked behind the house and started barking.*

Со́лнце зашло́ за горизо́нт. — *The sun went down below the horizon.*

Я зашла́ к сосе́дке одолжи́ть я́йца и поговори́ть. — *I stopped by my neighbor's house to borrow some eggs and to chitchat.*

Он ча́сто захо́дит в библиоте́ку за кни́гами. — *He goes to the library often for books.*

Корабли́ ча́сто захо́дят в на́шу бу́хту. — *The ships often drop anchor in our docks.*

Разве́дчики зашли́ в тыл врагу́. — *The scouts went behind enemy lines.*

regular type 1 verb in imp./perf. form type 2 stem: **защища́й-/защити́-**

IMPERFECTIVE ASPECT		PERFECTIVE ASPECT	
PRESENT			
защища́ю	защища́ем		
защища́ешь	защища́ете		
защища́ет	защища́ют		
PAST		**PAST**	
защища́л		защити́л	
защища́ла		защити́ла	
защища́ло		защити́ло	
защища́ли		защити́ли	
FUTURE		**FUTURE**	
бу́ду защища́ть	бу́дем защища́ть	защищу́	защити́м
бу́дешь защища́ть	бу́дете защища́ть	защити́шь	защити́те
бу́дет защища́ть	бу́дут защища́ть	защити́т	защитя́т
SUBJUNCTIVE		**SUBJUNCTIVE**	
защища́л бы		защити́л бы	
защища́ла бы		защити́ла бы	
защища́ло бы		защити́ло бы	
защища́ли бы		защити́ли бы	
PARTICIPLES		**PARTICIPLES**	
pres. active	защища́ющий	*pres. active*	—
pres. passive	защища́емый	*pres. passive*	—
past active	защища́вший	*past active*	защити́вший
past passive	—	*past passive*	защищённый
VERBAL ADVERBS		**VERBAL ADVERBS**	
защища́я		защити́в	
COMMANDS		**COMMANDS**	
защища́й		защити́	
защища́йте		защити́те	

Usage

(+acc.)(от+gen.)(в, на+prep.)

Солда́ты, защити́вшие ро́дину от врага́, верну́лись домо́й.	*Defenders of the motherland returned home.*
Мы защища́ли свои́ права́.	*We defended our rights.*
Джэк защити́л диссерта́цию в Росси́и на ру́сском языке́.	*Jack defended his dissertation in Russia in the Russian language.*
Защища́йте глаза́ от со́лнца очка́ми.	*Protect your eyes from the sun with sunglasses.*
Немно́гие защища́ют дру́га от клеветы́.	*Not many would defend their friend from slander.*
Тёплая оде́жда защища́ет от хо́лода.	*Warm clothes protect the body from the cold.*

156 заявля́ть/заяви́ть

to announce, declare

stem: **заявля́й-/заяви́-**

regular type 1 verb in imp./perf. form type 2

IMPERFECTIVE ASPECT		PERFECTIVE ASPECT	
PRESENT			
заявля́ю	заявля́ем		
заявля́ешь	заявля́ете		
заявля́ет	заявля́ют		
PAST		**PAST**	
заявля́л		заяви́л	
заявля́ла		заяви́ла	
заявля́ло		заяви́ло	
заявля́ли		заяви́ли	
FUTURE		**FUTURE**	
бу́ду заявля́ть	бу́дем заявля́ть	заявлю́	зая́вим
бу́дешь заявля́ть	бу́дете заявля́ть	зая́вишь	зая́вите
бу́дет заявля́ть	бу́дут заявля́ть	зая́вит	зая́вят
SUBJUNCTIVE		**SUBJUNCTIVE**	
заявля́л бы		заяви́л бы	
заявля́ла бы		заяви́ла бы	
заявля́ло бы		заяви́ло бы	
заявля́ли бы		заяви́ли бы	
PARTICIPLES		**PARTICIPLES**	
pres. active	заявля́ющий	*pres. active*	—
pres. passive	заявля́емый	*pres. passive*	—
past active	заявля́вший	*past active*	заяви́вший
past passive	—	*past passive*	зая́вленный
VERBAL ADVERBS		**VERBAL ADVERBS**	
заявля́я		заяви́в	
COMMANDS		**COMMANDS**	
заявля́й		заяви́	
заявля́йте		заяви́те	

Usage

(+dat.)(о+prep.)(в+acc.)

ООН заяви́ла проте́ст по по́воду геноци́да в африка́нских стра́нах. — *The UN issued a protest against acts of genocide in African countries.*

Я заяви́ла свою́ реши́мость выступа́ть в су́де! — *I announced my readiness to testify in court!*

Брат заяви́л свои́ права́ на насле́дство от роди́телей. — *The brother announced his claim on his parents' inheritance.*

Заявля́я об ухо́де с рабо́ты, она́ говори́ла пра́вду. — *When she announced her resignation, she told the truth.*

Сосе́ди заяви́ли в поли́цию о случи́вшемся. — *The neighbors reported the incident to the police.*

Он неда́вно здесь рабо́тает, но уже́ успе́л заяви́ть о себе́. — *He started working here fairly recently, but already has shown well of himself.*

Она́ заяви́ла нам, что зако́нчит рабо́ту на ме́сяц ра́ньше сро́ка. — *She told us that she would complete the work a month ahead of schedule.*

irregular; vowel -**о**- added to the stem stem: **з|ва- / поз|ва-**

IMPERFECTIVE ASPECT		PERFECTIVE ASPECT	
PRESENT			
зову́	зовём		
зовёшь	зовёте		
зовёт	зову́т		
PAST		**PAST**	
звал		позва́л	
звала́		позвала́	
зва́ло		позва́ло	
зва́ли		позва́ли	
FUTURE		**FUTURE**	
бу́ду звать	бу́дем звать	позову́	позовём
бу́дешь звать	бу́дете звать	позовёшь	позовёте
бу́дет звать	бу́дут звать	позовёт	позову́т
SUBJUNCTIVE		**SUBJUNCTIVE**	
звал бы		позва́л бы	
звала́ бы		позвала́ бы	
зва́ло бы		позва́ло бы	
зва́ли бы		позва́ли бы	
PARTICIPLES		**PARTICIPLES**	
pres. active	зову́щий	*pres. active*	—
pres. passive	—	*pres. passive*	—
past active	зва́вший	*past active*	позва́вший
past passive	зва́нный	*past passive*	позва́нный
VERBAL ADVERBS		**VERBAL ADVERBS**	
зовя́		позва́в	
COMMANDS		**COMMANDS**	
зови́		позови́	
зови́те		позови́те	

Usage

(+acc.)(от+gen.)(в, на+acc.)(+instr.)

Ребёнок звал мать во сне́.	*The child called for his mother in his sleep.*
Я позва́л друзе́й к нам на новосе́лье.	*I invited our friends to the housewarming party.*
Мы позва́ли их в кино́, но они́ бы́ли за́няты.	*We invited them to the movie, but they were busy.*
Круго́м лю́ди, но не́кого позва́ть на по́мощь.	*People are everywhere, but there is nobody to call on for help.*
Меня́ зову́т Людми́ла.	*My name is Lyudmila.*

Sayings

Зови́ хоть горшко́м, да в печь не сади́.	*Sticks and stones may break my bones, but names will never hurt me.*

158 звони́ть/позвони́ть

to call, telephone

stem: **звони́-/позвони́-**

regular type 2 verb (like **ви́деть**)

IMPERFECTIVE ASPECT		PERFECTIVE ASPECT	
PRESENT			
звоню́	звони́м		
звони́шь	звони́те		
звони́т	звоня́т		
PAST		PAST	
звони́л		позвони́л	
звони́ла		позвони́ла	
звони́ло		позвони́ло	
звони́ли		позвони́ли	
FUTURE		FUTURE	
бу́ду звони́ть	бу́дем звони́ть	позвоню́	позвони́м
бу́дешь звони́ть	бу́дете звони́ть	позвони́шь	позвони́те
бу́дет звони́ть	бу́дут звони́ть	позвони́т	позвоня́т
SUBJUNCTIVE		SUBJUNCTIVE	
звони́л бы		позвони́л бы	
звони́ла бы		позвони́ла бы	
звони́ло бы		позвони́ло бы	
звони́ли бы		позвони́ли бы	
PARTICIPLES		PARTICIPLES	
pres. active	звоня́щий	*pres. active*	—
pres. passive	—	*pres. passive*	—
past active	звони́вший	*past active*	позвони́вший
past passive	—	*past passive*	—
VERBAL ADVERBS		VERBAL ADVERBS	
звоня́		позвони́в	
COMMANDS		**COMMANDS**	
звони́		позвони́	
звони́те		позвони́те	

Usage

(в, на+acc.)(+dat.)(из, с, от+gen.)

Позвони́ мне как-нибу́дь, поболта́ем.	*Call me sometime, and we'll chat.*
Позвони́в жене́ по телефо́ну, он не услы́шал отве́та.	*He called his wife on the phone, but did not get an answer.*
В це́ркви звони́ли к обе́дне.	*Church bells rang, calling to Vespers.*
Ещё ничего́ не я́сно, а она́ уже звони́т повсю́ду.	*Nothing is certain yet, but she is already calling everyone.*
Она́ звони́ла из до́ма в ко́нсульство, чтобы́ узна́ть, гото́ва ли ви́за.	*She called the consulate from home to find out if the visa was ready.*
Ма́ма, я звоню́ от Ве́ры, не волну́йся, ско́ро бу́ду.	*Mama, I am calling from Vera's. Don't worry, I will be home soon.*
Муж позвони́л с вокза́ла, но бы́ло пло́хо слы́шно.	*The husband called from the station, but I could barely hear him.*

Proverbs

Когда беда́, звони́ во все колокола́.	*When disaster strikes - let the whole world know.*

regular type 2 verb (like **ви́деть**) stem: **звуча́-/прозвуча́-**

	IMPERFECTIVE ASPECT		PERFECTIVE ASPECT	
PRESENT	звучу́	звучи́м		
	звучи́шь	звучи́те		
	звучи́т	звуча́т		
PAST	звуча́л		прозвуча́л	
	звуча́ла		прозвуча́ла	
	звуча́ло		прозвуча́ло	
	звуча́ли		прозвуча́ли	
FUTURE	бу́ду звуча́ть	бу́дем звуча́ть	прозвучу́	прозвучи́м
	бу́дешь звуча́ть	бу́дете звуча́ть	прозвучи́шь	прозвучи́те
	бу́дет звуча́ть	бу́дут звуча́ть	прозвучи́т	прозвуча́т
SUBJUNCTIVE	звуча́л бы		прозвуча́л бы	
	звуча́ла бы		прозвуча́ла бы	
	звуча́ло бы		прозвуча́ло бы	
	звуча́ли бы		прозвуча́ли бы	
PARTICIPLES	*pres. active*	звуча́щий	*pres. active*	—
	pres. passive	—	*pres. passive*	—
	past active	звуча́вший	*past active*	прозвуча́вший
	past passive	—	*past passive*	—
VERBAL ADVERBS	звуча́		прозвуча́в	
COMMANDS	звучи́		прозвучи́	
	звучи́те		прозвучи́те	

Usage

(в, на+prep.)(+instr.)

Го́лос певца́ звуча́л великоле́пно. — *The singer's voice sounded marvellous.*

Прозвуча́л гимн, и все се́ли. — *The first chords of the hymn sounded out, and everyone sat down.*

Его́ заявле́ние прозвуча́ло в пустоту́. — *His announcement landed on deaf ears.*

Её речь звуча́ла, как пригово́р. — *Her speech sounded like a verdict.*

здоро́ваться/поздоро́ваться *to greet, say hello*

stem: **здоро́вай+ся/поздоро́вай+ся** regular type 1 verb (like **рабо́тать**)

	IMPERFECTIVE ASPECT		PERFECTIVE ASPECT	
PRESENT	здоро́ваюсь	здоро́ваемся		
	здоро́ваешься	здоро́ваетесь		
	здоро́вается	здоро́ваются		
PAST	здоро́вался		поздоро́вался	
	здоро́валась		поздоро́валась	
	здоро́валось		поздоро́валось	
	здоро́вались		поздоро́вались	
FUTURE	бу́ду здоро́ваться	бу́дем здоро́ваться	поздоро́ваюсь	поздоро́ваемся
	бу́дешь здоро́ваться	бу́дете здоро́ваться	поздоро́ваешься	поздоро́ваетесь
	бу́дет здоро́ваться	бу́дут здоро́ваться	поздоро́вается	поздоро́ваются
SUBJUNCTIVE	здоро́вался бы		поздоро́вался бы	
	здоро́валась бы		поздоро́валась бы	
	здоро́валось бы		поздоро́валось бы	
	здоро́вались бы		поздоро́вались бы	
PARTICIPLES	*pres. active*	здоро́вающийся	*pres. active*	—
	pres. passive	—	*pres. passive*	—
	past active	здоро́вавшийся	*past active*	поздоро́вавшийся
	past passive	—	*past passive*	—
VERBAL ADVERBS	здоро́ваясь		поздоро́вавшись	
COMMANDS	здоро́вайся		поздоро́вайся	
	здоро́вайтесь		поздоро́вайтесь	

Usage

(за+acc.)(с+instr.)

Бы́вшие подру́ги да́же переста́ли здоро́ваться. — *Formerly friends, they stopped even saying hello to each other.*

Поздоро́вавшись, он вошёл в ко́мнату и сел на ди́ван. — *Having said hello, he walked into the room and sat on the couch.*

Ка́ждое у́тро де́ти здоро́ваются с учителя́ми. — *Every morning the children greet the teachers.*

Здоро́ваясь с сосе́дом за́ руку, я попроси́л прикури́ть. — *Shaking hands with my neighbor, I asked for a light.*

Они́ не здоро́ваются друг с дру́гом со дня разво́да. — *They have not said hello to each other since the day of their divorce.*

Мужчи́на, поздоро́вавшийся со мной, - мой сосе́д. — *The man who said hi to me is my neighbor.*

regular type 2 verb (like **ви́деть**) stem: **знако́ми+(ся)/познако́ми+(ся)**

IMPERFECTIVE ASPECT		PERFECTIVE ASPECT	
PRESENT			
знако́млю(сь)	знако́мим(ся)		
знако́мишь(ся)	знако́мите(сь)		
знако́мит(ся)	знако́мят(ся)		
PAST		**PAST**	
знако́мил(ся)		познако́мил(ся)	
знако́мила(сь)		познако́мила(сь)	
знако́мило(сь)		познако́мило(сь)	
знако́мили(сь)		познако́мили(сь)	
FUTURE		**FUTURE**	
бу́ду знако́мить(ся)	бу́дешь знако́мить(ся)	познако́млю(сь)	познако́мим(ся)
бу́дешь знако́мить(ся)	бу́дете знако́мить(ся)	познако́мишь(ся)	познако́мите(сь)
бу́дет знако́мить(ся)	бу́дут знако́мить(ся)	познако́мит(ся)	познако́мят(ся)
SUBJUNCTIVE		**SUBJUNCTIVE**	
знако́мил(ся) бы		познако́мил(ся) бы	
знако́мила(сь) бы		познако́мила(сь) бы	
знако́мило(сь) бы		познако́мило(сь) бы	
знако́мили(сь) бы		познако́мили(сь) бы	
PARTICIPLES		**PARTICIPLES**	
pres. active	знако́мящий(ся)	*pres. active*	—
pres. passive	—	*pres. passive*	—
past active	знако́мивший(ся)	*past active*	познако́мивший(ся)
past passive	знако́мленный	*past passive*	познако́мленный
VERBAL ADVERBS		**VERBAL ADVERBS**	
знако́мя(сь)		познако́мив(шись)	
COMMANDS		**COMMANDS**	
знако́мь(ся)		познако́мь(ся)	
знако́мьте(сь)		познако́мьте(сь)	

Usage

(+acc.)(с+instr.)(в+prep.)

Прия́тно бы́ло с ва́ми познако́миться.	*It was nice to meet you.*
Дава́йте знако́миться, я - ваш но́вый сотру́дник Пётр Си́доров.	*Allow me to introduce myself - I am the new employee, Peter Sidorov.*
Интере́сно бы́ло бы познако́миться с его реце́нзией на кни́гу.	*It would be interesting to read his book review.*
Он познако́мился с ру́сской литерату́рой в университе́те.	*He was introduced to Russian literature at the university.*
Снача́ла ну́жно познако́миться с обстано́вкой в коллекти́ве.	*First of all, we need to ascertain the situation at the workplace.*
Я хочу́ познако́мить тебя́ с мое́й семьёй.	*I would like to introduce you to my family.*
Тури́стов знако́мили с достопримеча́тельностями и исто́рией Калифо́рнии.	*The tourists were introduced to the sights and history of California.*

stem: **знай-** regular type 1 verb (like **рабо́тать**)/no perf.

Его́ зна́ют как хоро́шего учи́теля. — *He has a reputation as a good teacher.*

Я зна́ю э́тот секре́т от ве́рного челове́ка. — *I learned this secret from a reliable person.*

Дека́н зна́ет, что сотру́дники недово́льны расписа́нием рабо́ты. — *The dean knows that the teachers are unhappy with the schedule.*

Я да́же не зна́ю, как его́ зову́т и где он рабо́тает. — *I don't even know his name or where he works.*

Мы не зна́ли о возмо́жности рабо́тать ве́чером сверхуро́чно. — *We did not know about the evening overtime option.*

Idioms

Он зна́ет, что почём. — *He knows the price of everything.*

Я своё ме́сто зна́ю. (Достое́вский) — *I know my place. (Dostoyevsky)*

Анто́н зна́ет ей це́ну. — *Anton knows her worth.*

Сего́дня ве́чером ты пить не бу́дешь - так и зна́й! — *You're not drinking tonight - take my word for it!*

Гурма́н зна́ет толк в еде́. — *The gourmet knows what good food is.*

Бог зна́ет, что здесь твори́тся. — *God only knows what's going on here.*

Ви́ктор то́лько и зна́ет слоня́ться без де́ла. — *Victor spends all his time goofing off.*

Мой оте́ц не знал, куда́ себя́ дева́ть. — *My father didn't know what to do with himself.*

Это не певи́ца, а чёрт зна́ет что! — *She's not a singer, but something unimaginable!*

Оте́ц то́лько и знал, что рабо́тал всю жизнь. — *My father spent all his life working.*

Знать не зна́ю, где мне найти́ его́ а́дрес. — *I haven't the faintest idea where to find his address.*

Proverbs

Кто хо́чет мно́го знать, тому́ на́до ма́ло спать. — *Whoever wants to know a lot must do without sleep.*

Не сты́дно не знать, сты́дно не учи́ться. — *There is no shame in not knowing, but rather in not studying.*

Кто лю́бит нау́ки, тот не зна́ет ску́ки. — *Whoever loves knowledge will not be bored.*

Уча́сь, узна́ешь, как ма́ло ты зна́ешь. — *The more you learn, the more you know,*
The more you know, how little you know.

Всяк сверчо́к зна́й свой шесто́к. — *Mind your own business.*

Мно́го бу́дешь знать, ско́ро состари́шься. — *Ask me no questions, I'll tell you no lies.*

regular type 1 verb (like **рабо́тать**)/no perf. stem: **знай-**

IMPERFECTIVE ASPECT

PRESENT

зна́ю	зна́ем
зна́ешь	зна́ете
зна́ет	зна́ют

PAST

зна́л
зна́ла
зна́ло
зна́ли

FUTURE

бу́ду знать	бу́дем знать
бу́дешь знать	бу́дете знать
бу́дет знать	бу́дут знать

SUBJUNCTIVE

знал бы
зна́ла бы
зна́ло бы
зна́ли бы

PARTICIPLES

pres. active	зна́ющий
pres. passive	—
past active	зна́вший
past passive	—

VERBAL ADVERBS

зна́я

COMMANDS

зна́й
зна́йте

Usage

(+acc.)(как+inf.)(о+prep.)(от+gen.)

Я зна́ю Светла́ну с де́тства.	*I have known Svetlana since childhood.*
Он зна́ет жизнь на Украи́не.	*He knows life in the Ukraine.*
Они́ зна́ют своё де́ло.	*They know their business.*
Мы не зна́ем зако́нов Аме́рики, так как неда́вно здесь живём.	*We are not familiar with US laws, because we have not lived here long.*
Зна́я англи́йский, гора́здо ле́гче найти́ рабо́ту.	*It is much easier to find a job if you know English.*
Я мно́го зна́ю про э́ту па́рочку.	*I know a lot about this couple.*
Из сообще́ний в пре́ссе мы зна́ем о землетрясе́нии.	*We found out about the earthquake from the newspaper.*

зна́чить

to mean, signify

stem: **зна́чи-**

regular type 2 verb (like **ви́деть**)/no perf.

IMPERFECTIVE ASPECT

PRESENT

зна́чу	зна́чим
зна́чишь	зна́чите
зна́чит	зна́чат

PAST

зна́чил
зна́чила
зна́чило
зна́чили

FUTURE

бу́ду зна́чить	бу́дем зна́чить
бу́дешь зна́чить	бу́дете зна́чить
бу́дет зна́чить	бу́дут зна́чить

SUBJUNCTIVE

зна́чил бы
зна́чила бы
зна́чило бы
зна́чили бы

PARTICIPLES

pres. active	зна́чащий
pres. passive	—
past active	зна́чивший
past passive	—

VERBAL ADVERBS

зна́ча

COMMANDS

—
—

Usage

(значит, что...)

Что э́то зна́чит, что вы не захо́дите? — *Why did you stop coming over?*
Это зна́чило, что они́ не могли́ к нам прие́хать. — *This meant they could not visit us.*

Если я для вас что́-нибудь зна́чу, вы помо́жете мне. — *If I mean anything at all to you, you will help me.*
Зна́чивший мно́го для семьи́ пригово́р суда́ был вы́слушан с облегче́нием. — *The court's verdict, which meant so much to the family, was received with relief.*
Его́ обеща́ние ма́ло зна́чит. — *His promise means nothing.*

regular type 2 verb (like **говорить**) stem: **зноби-/позноби-**

	IMPERFECTIVE ASPECT		PERFECTIVE ASPECT	
PRESENT				
	—	—		
	—	—		
	зноби́т	—		
PAST				
	—	—	—	—
	—	—	—	—
	зноби́ло	—	зазноби́ло	—
FUTURE				
	—	—	—	—
	—	—	—	—
	бу́дет знobи́ть	—	зазноби́т	—
SUBJUNCTIVE				
	—	—	—	—
	—	—	—	—
	зноби́ло бы	—	зазноби́ло бы	—
PARTICIPLES				
pres. active		зноб́ящий		—
pres. passive		—		—
past active		зноби́вший		зазноби́вший
past passive		—		—
VERBAL ADVERBS	зноб́я		зазноби́в	
COMMANDS				
	—		—	
	—		—	

Usage

(+acc.)

Её зноби́т от высо́кой температу́ры. — *She has high fever chills.*

Я так замёрз, что меня́ да́же зазноби́ло. — *I was so cold, I was shivering.*

Зноб́ящая боль воспомина́ний даёт себя́ знать. — *The throbbing pain of memories returned.*

Не бу́дешь принима́ть аспири́н, тебя́ зазноби́т. — *If you don't take aspirin, you will feel the chills.*

И ветеро́к, томи́тельно зноб́я, несёт тебе́ наде́жды ниотку́да. (И. Сельви́нский) — *And the little breeze, with oppresive chills, is bringing you hopes from nowhere. (I. Selvinsky)*

Его́ охвати́л зноб́ящий, неве́домый страх. — *He was suddenly overcome by a chilling, unexplained fear.*

165 игра́ть/сыгра́ть/поигра́ть *to play*

stem: **игра́й-/сыгра́й-/поигра́й-** regular type 1 verb (like **рабо́тать**)/two perf. forms

IMPERFECTIVE ASPECT		PERFECTIVE ASPECT			
PRESENT					
игра́ю	игра́ем				
игра́ешь	игра́ете				
игра́ет	игра́ют				
PAST		PAST		PAST	
игра́л		сыгра́л		поигра́л	
игра́ла		сыгра́ла		поигра́ла	
игра́ло		сыгра́ло		поигра́ло	
игра́ли		сыгра́ли		поигра́ли	
FUTURE		FUTURE		FUTURE	
бу́ду игра́ть	бу́дем игра́ть	сыгра́ю	сыгра́ем	поигра́ю	поигра́ем
бу́дешь игра́ть	бу́дете игра́ть	сыгра́ешь	сыгра́ете	поигра́ешь	поигра́ете
бу́дет игра́ть	бу́дут игра́ть	сыгра́ет	сыгра́ют	поигра́ет	поигра́ют
SUBJUNCTIVE		SUBJUNCTIVE		SUBJUNCTIVE	
игра́л бы		сыгра́л бы		поигра́л бы	
игра́ла бы		сыгра́ла бы		поигра́ла бы	
игра́ло бы		сыгра́ло бы		поигра́ло бы	
игра́ли бы		сыгра́ли бы		поигра́ли бы	
PARTICIPLES		PARTICIPLES		PARTICIPLES	
pres. active	игра́ющий	—		—	
pres. passive	игра́емый	—		—	
past active	игра́вший	сыгра́вший		поигра́вший	
past passive	и́гранный	сы́гранный		—	
VERBAL ADVERBS		VERBAL ADVERBS		VERBAL ADVERBS	
игра́я		сыгра́в		поигра́в	
COMMANDS		**COMMANDS**		**COMMANDS**	
игра́й		сыгра́й		поигра́й	
игра́йте		сыгра́йте		поигра́йте	

Usage

(+acc.)(в+acc.)(с+instr.)(в, на+prep.)(от+gen.)

В де́тстве мы игра́ли в пря́тки.	*In childhood, we played hide and seek.*
Де́вочки люби́ли игра́ть с ку́клами, а ма́льчики - с мячо́м.	*The girls liked to play with dolls, and the boys with balls.*
Спортсме́ны уда́чно сыгра́ли па́ртию в ша́хматы.	*The players played a successful chess game.*
Мы поигра́ли в ка́рты, пото́м разо́к сыгра́ли в лото́.	*We played cards, then we played a game of bingo.*
Я игра́ла на скри́пке и на фортепья́но.	*I used to play violin and piano.*
Піани́ст сыгра́л на бис вальс Шопе́на.	*The pianist played Chopin's waltz for an encore.*
В те́ннис игра́ют раке́тками и мяча́ми.	*Tennis is played with rackets and balls.*
Мы поигра́ли па́ру часо́в с соба́кой в па́рке.	*We played several hours with the dog in the park.*
Актёр блестя́ще сыгра́л Га́млета на сце́не теа́тра.	*The actor played Hamlet's role brilliantly on the theatrical stage.*
Он сыгра́л в кино́ деся́тки роле́й.	*He played dozens of roles in the movies.*
Я поигра́л на гита́ре ра́ди удово́льствия.	*I played the guitar for fun.*
Оте́ц игра́л на би́рже и знал в э́том толк.	*He played the stock market and knew it well.*
Игра́я на де́ньги, открыва́ют но́вую коло́ду карт.	*Playing for money, they open a new deck of cards.*

regular type 1 verb in imp./perf. form irregular stem: **игра́й-/сыгра́й-/поигра́й-**

IMPERFECTIVE ASPECT		PERFECTIVE ASPECT	
PRESENT			
избега́ю	избега́ем		
избега́ешь	избега́ете		
избега́ет	избега́ют		
PAST		**PAST**	
избега́л		избежа́л	
избега́ла		избежа́ла	
избега́ло		избежа́ло	
избега́ли		избежа́ли	
FUTURE		**FUTURE**	
бу́ду избега́ть	бу́дем избега́ть	избегу́	избежи́м
бу́дешь избега́ть	бу́дете избега́ть	избежи́шь	избежи́те
бу́дет избега́ть	бу́дут избега́ть	избежи́т	избегу́т
SUBJUNCTIVE		**SUBJUNCTIVE**	
избега́л бы		избежа́л бы	
избега́ла бы		избежа́ла бы	
избега́ло бы		избежа́ло бы	
избега́ли бы		избежа́ли бы	
PARTICIPLES		**PARTICIPLES**	
pres. active	избега́ющий	*pres. active*	—
pres. passive	избега́емый	*pres. passive*	—
past active	избега́вший	*past active*	избежа́вший
past passive	—	*past passive*	—
VERBAL ADVERBS		**VERBAL ADVERBS**	
избега́я		избежа́в	
COMMANDS		**COMMANDS**	
избега́й		избеги́	
избега́йте		избеги́те	

Usage

(+infin.)(от+gen.)

Лиши́вшись рабо́ты, он избега́ет да́же знако́мых.	*Having lost his job, he is avoiding even his friends.*
За преступле́ния не избежи́шь наказа́ния.	*You will not avoid punishment for your crimes.*
Почему́ вы избега́ете встре́чи со мной?	*Why are you avoiding meeting with me?*
Он винова́т пе́ред на́ми и избега́ет и ли́шнего сло́ва, и взгля́да.	*He wronged us, and is now avoiding talking or even looking at us.*
Ду́маю, что тепе́рь не избежа́ть неприя́тностей.	*I think that now the trouble is unavoidable.*
Мы чу́дом избежа́ли сме́рти на шоссе́.	*We barely escaped death on the highway.*
Она́ избега́ла смотре́ть мне в глаза́.	*She avoided looking at me.*
Я избега́ю е́здить по тра́ссе в Москву́.	*I avoid taking the highway to Moscow.*

167 избира́ть/избра́ть *to chose, select, elect*

stem: **избира́й-/изб|р-** regular type 1 verb in imp./perf. form irregular

IMPERFECTIVE ASPECT		PERFECTIVE ASPECT	
PRESENT			
избира́ю	избира́ем		
избира́ешь	избираете		
избира́ет	избира́ют		
PAST		**PAST**	
избира́л		избра́л	
избира́ла		избрала́	
избира́ло		избра́ло	
избира́ли		избра́ли	
FUTURE		**FUTURE**	
бу́ду избира́ть	бу́дем избира́ть	изберу́	изберём
бу́дешь избира́ть	бу́дете избира́ть	изберёшь	изберёте
бу́дет избира́ть	бу́дут избира́ть	изберёт	изберу́т
SUBJUNCTIVE		**SUBJUNCTIVE**	
избира́л бы		избра́л бы	
избира́ла бы		избрала́ бы	
избира́ло бы		избра́ло бы	
избира́ли бы		избра́ли бы	
PARTICIPLES		**PARTICIPLES**	
pres. active	избира́ющий	*pres. active*	—
pres. passive	избира́емый	*pres. passive*	—
past active	избира́вший	*past active*	избра́вший
past passive	—	*past passive*	и́збранный
VERBAL ADVERBS		**VERBAL ADVERBS**	
избира́я		избра́в	
COMMANDS		**COMMANDS**	
избира́й		избери́	
избира́йте		избери́те	

Usage

(+acc.)(+instr.)(в, на+acc.)(из+gen.)

О́бщее собра́ние уже́ пя́тнадцать лет избира́ет того́ же председа́теля профсою́за.	*The general assembly has been electing the same union president for the last fifteen years.*
Мно́гие очеви́дно избра́ли не ту профе́ссию.	*Many people apparently have chosen a wrong occupation.*
Гла́вное - избра́ть направле́ние иссле́дования, а те́ма придёт пото́м.	*The most important thing is to chose the direction of research, and the subject will come later.*
Хо́чется, чтобы де́ти избра́ли пра́вильный жи́зненный путь.	*I want my children to chose the right path in life.*
Моя́ жена́ избрала́ свое́й специа́льностью преподава́ние ру́сского языка́.	*My wife chose teaching the Russian language as her career.*
Меня́ избра́ли делега́том на конфере́нцию.	*I was chosen as a delegate to the conference.*

regular type 1 verb in imp./perf. form type 2 stem: **извиня́й+(ся)/извини́+(ся)**

IMPERFECTIVE ASPECT		PERFECTIVE ASPECT	
PRESENT			
извиня́ю(сь)	извиня́ем(ся)		
извиня́ешь(ся)	извиня́ете(сь)		
извиня́ет(ся)	извиня́ют(ся)		
PAST		**PAST**	
извиня́л(ся)		извини́л(ся)	
извиня́ла(сь)		извини́ла(сь)	
извиня́ло(сь)		извини́ло(сь)	
извиня́ли(сь)		извини́ли(сь)	
FUTURE		**FUTURE**	
бу́ду извиня́ть(ся)	бу́дем извиня́ть(ся)	извиню́(сь)	извини́м(ся)
бу́дешь извиня́ть(ся)	бу́дете извиня́ть(ся)	извини́шь(ся)	извини́те(сь)
бу́дет извиня́ть(ся)	бу́дут извиня́ть(ся)	извини́т(ся)	извиня́т(ся)
SUBJUNCTIVE		**SUBJUNCTIVE**	
извиня́л(ся) бы		извини́л(ся) бы	
извиня́ла(сь) бы		извини́ла(сь) бы	
извиня́ло(сь) бы		извини́ло(сь) бы	
извиня́ли(сь) бы		извини́ли(сь) бы	
PARTICIPLES		**PARTICIPLES**	
pres. active	извиня́ющий(ся)	*pres. active*	—
pres. passive	извиня́емый	*pres. passive*	—
past active	извиня́вший(ся)	*past active*	извини́вший(ся)
past passive	—	*past passive*	извинённый
VERBAL ADVERBS		**VERBAL ADVERBS**	
извиня́я(сь)		извини́в(шись)	
COMMANDS		**COMMANDS**	
извиня́й(ся)		извини́(сь)	
извиня́йте(сь)		извини́те(сь)	

Usage

(+acc.)(за+acc.)(перед+instr.)(+dat.)

Прошу́ вас меня́ извини́ть за опозда́ние.	*Please forgive my tardiness.*
Извини́те за беспоко́йство, когда́ мы мо́жем поговори́ть о ва́жном де́ле?	*Excuse me for troubling you, but when can we discuss something very important?*
Извини́те, что я забы́л принести́ кни́гу.	*Please forgive me for forgetting to bring the book.*
Извини́вшись пе́ред колле́гами, она́ запла́кала.	*Having apologized before her colleagues, she broke down crying.*
Про́сим извини́ть оши́бку э́тому студе́нту.	*We ask that you forgive this student's mistake.*
Извини́те, вы не ска́жете, кото́рый час?	*Excuse me, could you tell me what time it is?*

169 издава́ть/изда́ть

to publish, issue

stem: **издава́й-/irreg.** imp. & perf. forms irregular; stem alternates to **-ай-**

IMPERFECTIVE ASPECT		PERFECTIVE ASPECT	
PRESENT			
издаю́	издаём		
издаёшь	издаёте		
издаёт	издаю́т		
PAST		**PAST**	
издава́л		изда́л	
издава́ла		издала́	
издава́ло		изда́ло	
издава́ли		изда́ли	
FUTURE		**FUTURE**	
бу́ду издава́ть	бу́дем издава́ть	изда́м	издади́м
бу́дешь издава́ть	бу́дете издава́ть	изда́шь	издади́те
бу́дет издава́ть	бу́дут издава́ть	изда́ст	издаду́т
SUBJUNCTIVE		**SUBJUNCTIVE**	
издава́л бы		изда́л бы	
издава́ла бы		издала́ бы	
издава́ло бы		изда́ло бы	
издава́ли бы		изда́ли бы	
PARTICIPLES		**PARTICIPLES**	
pres. active	издаю́щий	*pres. active*	—
pres. passive	издава́емый	*pres. passive*	—
past active	издава́вший	*past active*	изда́вший
past passive	—	*past passive*	и́зданный
VERBAL ADVERBS		**VERBAL ADVERBS**	
издава́я		изда́в	
COMMANDS		**COMMANDS**	
издава́й		изда́й	
издава́йте		изда́йте	

Usage

(+acc.)

Я собира́юсь изда́ть кни́гу о ру́сских глаго́лах. — *I plan on publishing a book on Russian verbs.*

В Росси́и издаю́т мно́го но́вых газе́т и журна́лов. — *Many new newspapers and magazines are published in Russia.*

Изданный неда́вно нау́чный труд получи́л призна́ние. — *The recently published scholarly work received acclaim.*

Издава́я зако́н, прави́тельство при́няло во внима́ние мне́ние обще́ственности. — *The government took into consideration public opinion on the new law.*

Ему́ бы́ло бо́льно, но он не изда́л ни еди́ного зву́ка. — *It hurt him, but he did not publish a single letter.*

regular type 1 verb in imp./perf. form type 2 stem: **издава́й-/irreg.**

	IMPERFECTIVE ASPECT			PERFECTIVE ASPECT
PRESENT				
изменя́ю(сь)	изменя́ем(ся)			
изменя́ешь(ся)	изменя́ете(сь)			
изменя́ет(ся)	изменя́ют(ся)			
PAST			PAST	
изменя́л(ся)			измени́л(ся)	
изменя́ла(сь)			измени́ла(сь)	
изменя́ло(сь)			измени́ло(сь)	
изменя́ли(сь)			измени́ли(сь)	
FUTURE			FUTURE	
бу́ду изменя́ть(ся)	бу́дем изменя́ть(ся)		изменю́(сь)	изме́ним(ся)
бу́дешь изменя́ть(ся)	бу́дете изменя́ть(ся)		изме́нишь(ся)	изме́ните(сь)
бу́дет изменя́ть(ся)	бу́дут изменя́ть(ся)		изме́нит(ся)	изме́нят(ся)
SUBJUNCTIVE			SUBJUNCTIVE	
изменя́л(ся) бы			измени́л(ся) бы	
изменя́ла(сь) бы			измени́ла(сь) бы	
изменя́ло(сь) бы			измени́ло(сь) бы	
изменя́ли(сь) бы			измени́ли(сь) бы	
PARTICIPLES			PARTICIPLES	
pres. active	изменя́ющий(ся)		*pres. active*	—
pres. passive	—		*pres. passive*	—
past active	изменя́вший(ся)		*past active*	измени́вший(ся)
past passive	—		*past passive*	изменённый
VERBAL ADVERBS			VERBAL ADVERBS	
изменя́я(сь)			измени́в(шись)	
COMMANDS			**COMMANDS**	
изменя́й(ся)			измени́(сь)	
изменя́йте(сь)			измени́те(сь)	

Usage

(+acc.)(+dat.)(за+acc.)(с+instr.)(к+dat.)

Мы не мо́жем измени́ть про́шлое.	*We cannot change the past.*
В эмигра́ции лю́ди изменя́ют свой о́браз жи́зни.	*After emigrating, people change their lifestyle.*
Под давле́нием сотру́дников нача́льник реши́л измени́ть своё реше́ние.	*Under the pressure of co-workers, the supervisor decided to change his decision.*
В связи́ с плохо́й пого́дой мы два́жды изменя́ли пла́ны на о́тпуск.	*Due to the bad weather, we have changed our vacation plans twice.*
Есть меду́зы, кото́рые изменя́ют свою́ фо́рму и окра́ску.	*There are jellyfish that can change their shape and color.*

изменя́ть(ся)/измени́ть(ся) *to change, alter (oneself)*

stem: **изменя́й+(ся)/измени́+(ся)** regular type 1 verb in imp./perf. form type 2

В институ́те измени́ли мето́дику преподава́ния ру́сского языка́.	*At the institute, they changed the methodology of teaching the Russian language.*
Он измени́лся к лу́чшему по́сле жени́тьбы.	*He changed for the better after he got married.*
В ру́сском языке́ не́которые ча́сти ре́чи изменя́ются по падежа́м.	*In the Russian language some parts of speech change in case.*
Дезерти́ры изменя́ют прися́ге, своему́ до́лгу.	*Deserters betray their oath and civic duty.*
Он изменя́л мне́ нале́во и напра́во.	*He cheated on me left and right.*
Си́лы измени́ли ему́, и он упа́л в траву́.	*His strength left him, and he collapsed on the grass.*
С года́ми па́мять изменя́ет старика́м.	*Over the years the elderly lose their memory.*
От неожи́данности она́ измени́лась в лице́.	*Startled, the expression on her face changed.*
Что я ви́жу? Неуже́ли глаза́ мне изменя́ют?	*What do I see? Do my eyes deceive me?*
Ви́дно, сча́стье мне измени́ло, не везёт - и всё.	*It seems that happiness has left me; all I have is bad luck.*

regular type 1 verb in imp./perf. form type 2 stem: **изобража́й-/изобрази́-**

IMPERFECTIVE ASPECT		PERFECTIVE ASPECT	
PRESENT			
изобража́ю	изобража́ем		
изобража́ешь	изобража́ете		
изобража́ет	изобража́ют		
PAST		**PAST**	
изобража́л		изобрази́л	
изобража́ла		изобрази́ла	
изобража́ло		изобрази́ло	
изобража́ли		изобрази́ли	
FUTURE		**FUTURE**	
бу́ду изобража́ть	бу́дем изобража́ть	изображу́	изобрази́м
бу́дешь изобража́ть	бу́дете изобража́ть	изобрази́шь	изобрази́те
бу́дет изобража́ть	бу́дут изобража́ть	изобрази́т	изобразя́т
SUBJUNCTIVE		**SUBJUNCTIVE**	
изобража́л бы		изобрази́л бы	
изобража́ла бы		изобрази́ла бы	
изобража́ло бы		изобрази́ло бы	
изобража́ли бы		изобрази́ли бы	
PARTICIPLES		**PARTICIPLES**	
pres. active	изобража́ющий	*pres. active*	—
pres. passive	изобража́емый	*pres. passive*	—
past active	изобража́вший	*past active*	изобрази́вший
past passive	—	*past passive*	изображённый
VERBAL ADVERBS		**VERBAL ADVERBS**	
изобража́я		изобрази́в	
COMMANDS		**COMMANDS**	
изобража́й		изобрази́	
изобража́йте		изобрази́те	

Usage

(+dat.)(в, на+prep.)

На портре́тах худо́жники изобража́ли Ста́лина геро́ем.	*On Stalin's portraits, artists depicted him as a hero.*
Изображённые на карти́не го́ры и мо́ре бы́ли написа́ны мои́м дру́гом.	*The mountains and the sea depicted on the drawing were painted by my friend.*
Он изобрази́л глубо́кое удивле́ние на лице́.	*His face reflected his deep surprise.*
В своёй кни́ге писа́тель изобража́л жизнь наро́да при царе́.	*In his book, the author described the people's life under the tsar.*
Актёр изобража́л на сце́не геро́я-любо́вника.	*The actor played on the stage the role of a romantic hero.*
Шко́льник изобрази́л учи́теля на рису́нке.	*The student painted the teacher in his drawing.*
Сове́тские писа́тели изобража́ли бу́дущее я́ркими кра́сками.	*Soviet authors painted the future in bright, cheerful colors.*

Idioms

Она́ изобража́ет из себя́ свяу́ю неви́нность.	*She feigned a picture of pure innocence.*

172 изуча́ть/изучи́ть

to study (in depth)

stem: **изуча́й-/изучи́-** regular type 1 verb in imp./perf. form type 2

	IMPERFECTIVE ASPECT		PERFECTIVE ASPECT	
PRESENT				
	изуча́ю	изуча́ем		
	изуча́ешь	изуча́ете		
	изуча́ет	изуча́ют		
PAST				
	изуча́л		изучи́л	
	изуча́ла		изучи́ла	
	изуча́ло		изучи́ло	
	изуча́ли		изучи́ли	
FUTURE				
	бу́ду изуча́ть	бу́дем изуча́ть	изучу́	изу́чим
	бу́дешь изуча́ть	бу́дете изуча́ть	изу́чишь	изу́чите
	бу́дет изуча́ть	бу́дут изуча́ть	изу́чит	изу́чат
SUBJUNCTIVE				
	изуча́л бы		изучи́л бы	
	изуча́ла бы		изучи́ла бы	
	изуча́ло бы		изучи́ло бы	
	изуча́ли бы		изучи́ли бы	
PARTICIPLES				
	pres. active	изуча́ющий	*pres. active*	—
	pres. passive	изуча́емый	*pres. passive*	—
	past active	изуча́вший	*past active*	изучи́вший
	past passive	—	*past passive*	изу́ченный
VERBAL ADVERBS				
	изуча́я		изучи́в	
COMMANDS				
	изуча́й		изучи́	
	изуча́йте		изучи́те	

Usage

(+acc.)

В институ́те мы изуча́ем есте́ственные нау́ки. *At the institute, we study the natural sciences.*

В шко́ле начина́ют изуча́ть Да́рвина. *At school, they are starting to study Darwin.*

Экономи́сты изуча́ют причи́ны кри́зиса. *Economists are examining the causes of the crisis.*

Она́ изуча́ла англи́йский на ку́рсах иностра́нных языко́в. *She took courses in English as a foreign language.*

Я хоте́ла изучи́ть на практи́ке теорети́ческие да́нные. *I wanted to apply my theoretical knowledge in practice.*

Мно́гие нау́ки изуча́ют челове́ка. *Many sciences study the human being.*

Он изуча́л, как э́то могло́ произойти́. *He was examining how this could have happened.*

type 1 verb (like **рабóтать**)/no perf. stem: **имéй-**

IMPERFECTIVE ASPECT

PRESENT

имéю	имéем
имéешь	имéете
имéет	имéют

PAST

имéл
имéла
имéло
имéли

FUTURE

бýду имéть	бýдем имéть
бýдешь имéть	бýдете имéть
бýдет имéть	бýдут имéть

SUBJUNCTIVE

имéл бы
имéла бы
имéло бы
имéли бы

PARTICIPLES

pres. active	имéющий
pres. passive	—
past active	имéвший
past passive	—

VERBAL ADVERBS

имéя

COMMANDS

имéй
имéйте

Usage

(+acc.)

Эта семья́ имéет мнóго детéй, но не имéет дéнег.	*This family has a lot of children, but not a lot of money.*
Пáрень имéет талáнт к тáнцам.	*The guy has a knack for dancing.*
Я имéю óпыт преподавáния языкóв.	*I have experience in teaching languages.*
Мы имéем дáнные, что скóро бýдет сокращéние штáтов.	*We have information that soon there will be layoffs.*
Все имéют недостáтки, но не все - спосóбности.	*Everyone has flaws, but not everyone has talents.*
Я имéю оснoвáния ей не вéрить.	*I have reason not to trust her.*
Человéк имéет прáво гóлоса в э́той стрáне.	*In this country, people have the right to free speech.*
Отéц не имéет прав на ребёнка.	*The father does not have the right to his child.*
Я имéю прáво рабóтать там, где нужны́ специали́сты.	*I have the right to work where they need experts.*
Кóмната имéет длинý 5 мéтров и ширинý - 6 мéтров.	*The room is 5 meters long by 6 meters wide.*
Дом имéет фóрму бáшни.	*The house is built in the shape of a tower.*
Он мечтáл имéть авторитéт и слáву.	*He dreamed about having power and glory.*
Переéзд в Аризóну имéет для нас значéние.	*A move to Arizona is important for us.*

174 интересова́ть/заинтересова́ть *to interest*

stem: **интересова́-/заинтересова́-** regular type 4 verb (like **тре́бовать**)

	IMPERFECTIVE ASPECT			PERFECTIVE ASPECT	
PRESENT					
	интересу́ю	интересу́ем			
	интересу́ешь	интересу́ете			
	интересу́ет	интересу́ют			
PAST			PAST		
	интересова́л			заинтересова́л	
	интересова́ла			заинтересова́ла	
	интересова́ло			заинтересова́ло	
	интересова́ли			заинтересова́ли	
FUTURE			FUTURE		
	бу́ду интересова́ть	бу́дем интересова́ть		заинтересу́ю	заинтересу́ем
	бу́дешь интересова́ть	бу́дете интересова́ть		заинтересу́ешь	заинтересу́ете
	бу́дет интересова́ть	бу́дут интересова́ть		заинтересу́ет	заинтересу́ют
SUBJUNCTIVE			SUBJUNCTIVE		
	интересова́л бы			заинтересова́л бы	
	интересова́ла бы			заинтересова́ла бы	
	интересова́ло бы			заинтересова́ло бы	
	интересова́ли бы			заинтересова́ли бы	
PARTICIPLES			PARTICIPLES		
	pres. active	интересу́ющий		*pres. active*	—
	pres. passive	—		*pres. passive*	—
	past active	интересова́вший		*past active*	заинтересова́вший
	past passive	—		*past passive*	заинтересо́ванный
VERBAL ADVERBS			VERBAL ADVERBS		
	интересу́я			заинтересова́в	
COMMANDS			**COMMANDS**		
	—			заинтересу́й	
	—			заинтересу́йте	

Usage

(+acc.)

Меня́ интересу́ет, о чём вы говори́ли.	*I am interested in what you are saying.*
Его́ не интересу́ет, где мы бу́дем жить.	*He does not care where we shall live.*
Я заинтересова́л учёного свое́й иде́ей.	*I got the scientist interested in my idea.*
Заво́д заинтересо́ван в выполне́нии пла́на.	*The factory is concerned with meeting the quota.*
Он - не заинтересо́ванное лицо́ в э́том де́ле.	*He is not an interested party in this matter.*
Весь мир о́чень заинтересова́ли но́вые фотогра́фии Сату́рна.	*The whole world was interested in the new photographs of Saturn.*

regular type 4 verb (like **тре́бовать**) stem: **интересова́+ся/заинтересова+ся**

IMPERFECTIVE ASPECT		PERFECTIVE ASPECT	
PRESENT			
интересу́юсь	интересу́емся		
интересу́ешься	интересу́етесь		
интересу́ется	интересу́ются		
PAST		**PAST**	
интересова́лся		заинтересова́лся	
интересова́лась		заинтересова́лась	
интересова́лось		заинтересова́лось	
интересова́лись		заинтересова́лись	
FUTURE		**FUTURE**	
бу́ду интересова́ться	бу́дем интересова́ться	заинтересу́юсь	заинтересу́емся
бу́дешь интересова́ться	бу́дете интересова́ться	заинтересу́ешься	заинтересу́етесь
бу́дем интересова́ться	бу́дут интересова́ться	заинтересу́ется	заинтересу́ются
SUBJUNCTIVE		**SUBJUNCTIVE**	
интересова́лся бы		заинтересова́лся бы	
интересова́лась бы		заинтересова́лась бы	
интересова́лось бы		заинтересова́лось бы	
интересова́лись бы		заинтересова́лись бы	
PARTICIPLES		**PARTICIPLES**	
pres. active	интересу́ющийся	*pres. active*	—
pres. passive	—	*pres. passive*	—
past active	интересова́вшийся	*past active*	заинтересова́вшийся
past passive	—	*past passive*	—
VERBAL ADVERBS		**VERBAL ADVERBS**	
интересу́ясь		заинтересова́вшись	
COMMANDS		**COMMANDS**	
интересу́йся		заинтересу́йся	
интересу́йтесь		заинтересу́йтесь	

Usage

(+instr.)

Она́ интересова́лась, когда́ и куда́ мы уезжа́ем.	*She was interested in when and where we were leaving.*
Интересу́ющиеся мо́гут подойти́ к ле́ктору с вопро́сами.	*Those interested may approach the lecturer for questions.*
Он серьёзно заинтересова́лся возмо́жностями торго́вли с Ита́лией.	*He was seriously interested in trade with Italy.*
Мы жи́во интересу́емся достиже́ниями в о́бласти педаго́гики.	*We are actively interested in achievements in education.*
Мой брат глубоко́ интересу́ется пробле́мами рели́гии.	*My brother is deeply interested in problems concerning religion.*

176

иска́ть/поиска́ть

to look for, search for

stem: **иска́-/поиска́-** regular type 3 verb (like **пла́кать**); **ск-щ** stem change

	IMPERFECTIVE ASPECT		PERFECTIVE ASPECT	
PRESENT				
	ищу́	и́щем		
	и́щешь	и́щете		
	и́щет	и́щут		
PAST				
	иска́л		поиска́л	
	иска́ла		поиска́ла	
	иска́ло		поиска́ло	
	иска́ли		поиска́ли	
FUTURE				
	бу́ду иска́ть	бу́дем иска́ть	поищу́	пои́щем
	бу́дешь иска́ть	бу́дете иска́ть	пои́щешь	пои́щете
	бу́дет иска́ть	бу́дут иска́ть	пои́щет	пои́щут
SUBJUNCTIVE				
	иска́л бы		поиска́л бы	
	иска́ла бы		поиска́ла бы	
	иска́ло бы		поиска́ло бы	
	иска́ли бы		поиска́ли бы	
PARTICIPLES				
	pres. active	и́щущий	*pres. active*	—
	pres. passive	—	*pres. passive*	—
	past active	иска́вший	*past active*	поиска́вший
	past passive	—	*past passive*	—
VERBAL ADVERBS				
	ища́		поиска́в	
COMMANDS				
	ищи́		поищи́	
	ищи́те		поищи́те	

Usage

(+acc.)(+dat.)(в, на+prep.)(+gen.)

Он привы́к иска́ть лёгких путе́й в жи́зни. — *He was used to looking for an easy path in life.*

Я ищу́ рабо́ту учи́теля у́же год. — *I have been looking for a teaching job for a year already.*

Поищи́ э́ту карти́ну на распрода́же в выходны́е дни́. — *On the weekend, look for this painting on sale.*

Поиска́в убежа́вшего щенка́ в саду́, я пошёл домо́й. — *Having looked for the missing puppy at the park, I went home.*

Ма́ма ве́чно иска́ла свои́ очки́. — *My mother was constantly looking for her glasses.*

Ищи́те причи́ну неуда́ч в само́м себе́. — *Look into yourself for the cause of your misfortunes.*

Idioms

От добра́ добра́ не и́щут. — *Be grateful for what you have.*

Забу́дь об э́том и не ищи́ вчера́шний день. — *Forget about it and don't try to look for yesterday.*

Ищи́ ве́тра в по́ле! — *You'll never find him!*

regular type 1 verb in imp./perf. form type 2 stem: **исключа́й-/исключи́-**

IMPERFECTIVE ASPECT		PERFECTIVE ASPECT	
PRESENT			
исключа́ю	исключа́ем		
исключа́ешь	исключа́ете		
исключа́ет	исключа́ют		
PAST		PAST	
исключа́л		исключи́л	
исключа́ла		исключи́ла	
исключа́ло		исключи́ло	
исключа́ли		исключи́ли	
FUTURE		FUTURE	
бу́ду исключа́ть	бу́дем исключа́ть	исключу́	исключи́м
бу́дешь исключа́ть	бу́дете исключа́ть	исключи́шь	исключи́те
бу́дет исключа́ть	бу́дут исключа́ть	исключи́т	исключа́т
SUBJUNCTIVE		SUBJUNCTIVE	
исключа́л бы		исключи́л бы	
исключа́ла бы		исключи́ла бы	
исключа́ло бы		исключи́ло бы	
исключа́ли бы		исключи́ли бы	
PARTICIPLES		PARTICIPLES	
pres. active	исключа́ющий	*pres. active*	—
pres. passive	исключа́емый	*pres. passive*	—
past active	исключа́вший	*past active*	исключи́вший
past passive	—	*past passive*	исключённый
VERBAL ADVERBS		VERBAL ADVERBS	
исключа́я		исключи́в	
COMMANDS		**COMMANDS**	
исключа́й		исключи́	
исключа́йте		исключи́те	

Usage

(+acc.)(из+gen.)

Его́ исключи́ли из институ́та за про́пуски ле́кций. — *He was expelled from the institute for not attending lectures.*

Спортсме́нку исключи́ли из спи́ска чемпио́нов. — *The athlete was excluded from the list of champions.*

Я не исключа́ю, что всё э́то далеко́ от реа́льности. — *I do not exclude the possibility that all this is rather far-fetched.*

Мы не исключа́ем возмо́жности перее́зда в Вашингто́н. — *We do not exclude the possibility of moving to Washington.*

В пое́здке ну́жно максима́льно исключи́ть возмо́жность несча́стного слу́чая. — *When traveling, the possibility of an accident must be prevented at all costs.*

178 исполня́ть(ся)/испо́лнить(ся) *to fulfill, attain, perform, turn*

stem: **исполня́й+(ся)/исполни́+(ся)** regular type 1 verb in imp./perf. form type 2

IMPERFECTIVE ASPECT		PERFECTIVE ASPECT	
PRESENT			
исполня́ю	исполня́ем		
исполня́ешь	исполня́ете		
исполняет(ся)	исполня́ют(ся)		
PAST		**PAST**	
исполня́л(ся)		испо́лнил(ся)	
исполня́ла(сь)		испо́лнила(сь)	
исполня́ло(сь)		испо́лнило(сь)	
исполня́ли(сь)		испо́лнили(сь)	
FUTURE		**FUTURE**	
бу́ду исполня́ть	бу́дем исполня́ть	испо́лню	испо́лним
бу́дешь исполня́ть	бу́дете исполня́ть	испо́лнишь	испо́лните
бу́дет исполня́ть(ся)	бу́дут исполня́ть(ся)	испо́лнит(ся)	испо́лнят(ся)
SUBJUNCTIVE		**SUBJUNCTIVE**	
исполня́л(ся) бы		испо́лнил(ся) бы	
исполня́ла(сь) бы		испо́лнила(сь) бы	
исполня́ло(сь) бы		испо́лнило(сь) бы	
исполня́ли(сь) бы		испо́лнили(сь) бы	
PARTICIPLES		**PARTICIPLES**	
pres. active	исполня́ющий(ся)	*pres. active*	—
pres. passive	исполня́емый	*pres. passive*	—
past active	исполня́вший(ся)	*past active*	испо́лнивший(ся)
past passive	—	*past passive*	испо́лненный
VERBAL ADVERBS		**VERBAL ADVERBS**	
исполня́я(сь)		испо́лнив(шись)	
COMMANDS		**COMMANDS**	
исполня́й(ся)		испо́лни(сь)	
исполня́йте(сь)		испо́лните(сь)	

Usage

(+acc.)(перед+instr.)

Мне исполня́ется два́дцать лет.	*I will turn twenty.*
Ван Кли́берн с бле́ском испо́лнил на роя́ле Пе́рвый Конце́рт Чайко́вского в Москве́.	*Van Kliborn brilliantly performed Tchaikovsky's First Piano Concerto in Moscow.*
Певи́ца с душо́й исполня́ла наро́дные пе́сни.	*The singer was soulfully performing folk songs.*
Гру́ппа студе́нтов испо́лнила украи́нский та́нец гопа́к перед большо́й аудито́рией.	*The group of students peformed the Ukrainian folk dance "gopak" in front of a large audience.*
Испо́лните, пожа́луйста, э́тот ру́сский рома́нс.	*Please, perform for us this Russian romance song.*

type 4 verb (like **трéбовать);** imp. & perf. are identical stem: **испóльзова-/испóльзова-**

	IMPERFECTIVE ASPECT		PERFECTIVE ASPECT	
PRESENT				
	испóльзую	испóльзуем		
	испóльзуешь	испóльзуете		
	испóльзует	испóльзуют		
PAST				
	испóльзовал		испóльзовал	
	испóльзовала		испóльзовала	
	испóльзовало		испóльзовало	
	испóльзовали		испóльзовали	
FUTURE				
	бýду испóльзовать	бýдем испóльзовать	испóльзую	испóльзуем
	бýдешь испóльзовать	бýдете испóльзовать	испóльзуешь	испóльзуете
	бýдет испóльзовать	бýдут испóльзовать	испóльзует	испóльзуют
SUBJUNCTIVE				
	испóльзовал бы		испóльзовал бы	
	испóльзовала бы		испóльзовала бы	
	испóльзовало бы		испóльзовало бы	
	испóльзовали бы		испóльзовали бы	
PARTICIPLES				
	pres. active	испóльзующий	*pres. active*	—
	pres. passive	испóльзуемый	*pres. passive*	—
	past active	испóльзовавший	*past active*	испóльзовавший
	past passive	испóльзованный	*past passive*	испóльзованный
VERBAL ADVERBS				
	испóльзуя		испóльзовав	
COMMANDS				
	испóльзуй		испóльзуй	
	испóльзуйте		испóльзуйте	

Usage

(+acc.)(в, при+prep.)

Химúческие удобрéния широкó испóльзуют в сéльском хозя́йстве. — *Chemical fertilizers are widely used in agriculture.*

Онú испóльзовали её как убóрщицу. — *They employed her to perform cleaning services.*

Нýжно испóльзовать момéнт и подписáть документ. — *You need to make use of this moment and sign the document.*

Испóльзованная бумáга идёт в переработку. — *Used paper is recycled.*

Испóльзуя э́того специалúста в нáших цéлях, мы заверши́м проéкт намнóго рáньше. — *Using this specialist for our purposes, we shall be able to finish the project a lot sooner.*

180 исправля́ть/испра́вить *to correct, straighten out*

stem: **исправля́й-/испра́ви-** regular type 1 verb in imp./perf. form type 2

	IMPERFECTIVE ASPECT		PERFECTIVE ASPECT	
PRESENT				
	исправля́ю	исправля́ем		
	исправля́ешь	исправля́ете		
	исправля́ет	исправля́ют		
PAST				
	исправля́л		испра́вил	
	исправля́ла		испра́вила	
	исправля́ло		испра́вило	
	исправля́ли		испра́вили	
FUTURE				
	бу́ду исправля́ть	бу́дем исправля́ть	испра́влю	испра́вим
	бу́дешь исправля́ть	бу́дете исправля́ть	испра́вишь	испра́вите
	бу́дет исправля́ть	бу́дут исправля́ть	испра́вит	испра́вят
SUBJUNCTIVE				
	исправля́л бы		испра́вил бы	
	исправля́ла бы		испра́вила бы	
	исправля́ло бы		испра́вило бы	
	исправля́ли бы		испра́вили бы	
PARTICIPLES				
	pres. active	исправля́ющий	*pres. active*	—
	pres. passive	исправля́емый	*pres. passive*	—
	past active	исправля́вший	*past active*	испра́вивший
	past passive	—	*past passive*	испра́вленный
VERBAL ADVERBS				
	исправля́я		испра́вив	
COMMANDS				
	исправля́й		испра́вь	
	исправля́йте		испра́вьте	

Usage

(+acc.)(+instr.)

Испра́вленный кран переста́л ка́пать по ноча́м.	*The fixed faucet stopped dripping at night.*
Исправля́й оши́бки сам.	*Fix your mistakes yourself.*
Учи́тель успе́шно исправля́л грамма́тику студе́нту.	*The teacher was successfully correcting the student's grammar.*
Не всегда́ мо́жно испра́вить ребёнка стро́гостью.	*Strict discipline is not always the way to straighten a child out.*

Proverbs

Горба́того моги́ла испра́вит.	*A leopard cannot change his spots.*

regular type 1 verb in imp./perf. form type 3 stem: **исчеза́й-/исче́зни-**

IMPERFECTIVE ASPECT		PERFECTIVE ASPECT	
PRESENT			
исчеза́ю	исчеза́ем		
исчеза́ешь	исчеза́ете		
исчеза́ет	исчеза́ют		
PAST		**PAST**	
исчеза́л		исче́з / исче́знул	
исчеза́ла		исче́зла	
исчеза́ло		исче́зло	
исчеза́ли		исче́зли	
FUTURE		**FUTURE**	
бу́ду исчеза́ть	бу́дем исчеза́ть	исче́зну	исче́знем
бу́дешь исчеза́ть	бу́дете исчеза́ть	исче́знешь	исче́знете
бу́дет исчеза́ть	бу́дут исчеза́ть	исче́знет	исче́знут
SUBJUNCTIVE		**SUBJUNCTIVE**	
исчеза́л бы		исче́з бы / исче́знул бы	
исчеза́ла бы		исче́зла бы	
исчеза́ло бы		исче́зло бы	
исчеза́ли бы		исче́зли бы	
PARTICIPLES		**PARTICIPLES**	
pres. active	исчеза́ющий	*pres. active*	—
pres. passive	—	*pres. passive*	—
past active	исчеза́вший	*past active*	исче́знувший
past passive	—	*past passive*	—
VERBAL ADVERBS		**VERBAL ADVERBS**	
исчеза́я		исче́знув	
COMMANDS		**COMMANDS**	
исчеза́й		исче́зни	
исчеза́йте		исче́зните	

Usage

(из, с+gen.)(в+prep.)(за+instr.)

Он вдруг исче́з из ви́да. — *He suddenly disappeared from sight.*
Кни́ги Солжени́цына надо́лго исче́зли из сове́тских магази́нов. — *Solzhenitsyn's books were missing from Soviet bookstores for a long time.*
При́мус навсегда́ исче́з из па́мяти люде́й. — *Kerosene stoves have forever vanished from people's memory.*

Мно́гие дома́шние прибо́ры устарева́ют и исчеза́ют из употребле́ния. — *Many household appliances are becoming obsolete and are disappearing from circulation.*
Не исчеза́й, пиши́ хоть и́зредка... — *Don't disappear, drop me a line sometime...*

182 каза́ться/показа́ться

to seem

stem: **каза+ся/показа+ся** regular type 3 verb (like **пла́кать**)

IMPERFECTIVE ASPECT		PERFECTIVE ASPECT	
PRESENT			
кажу́сь	ка́жемся		
ка́жешься	ка́жетесь		
ка́жется	ка́жутся		
PAST		PAST	
каза́лся		показа́лся	
каза́лась		показа́лась	
каза́лось		показа́лось	
каза́лись		показа́лись	
FUTURE		FUTURE	
бу́ду каза́ться	бу́дем каза́ться	покажу́сь	пока́жемся
бу́дешь каза́ться	бу́дете каза́ться	пока́жешься	пока́жетесь
бу́дет каза́ться	бу́дут каза́ться	пока́жется	пока́жутся
SUBJUNCTIVE		SUBJUNCTIVE	
каза́лся бы		показа́лся	
каза́лась бы		показа́лась	
каза́лось бы		показа́лось	
каза́лись бы		показа́лись	
PARTICIPLES		PARTICIPLES	
pres. active	ка́жущийся	*pres. active*	—
pres. passive	—	*pres. passive*	—
past active	каза́вшийся	*past active*	показа́вшийся
past passive	—	*past passive*	—
VERBAL ADVERBS		VERBAL ADVERBS	
—		показа́вшись	
COMMANDS		**COMMANDS**	
кажи́сь		покажи́сь	
кажи́тесь		покажи́тесь	

Usage

(+dat.)(+instr.)

Све́жий хлеб каза́лся нам ма́нной небе́сной. — *Fresh bread tasted to us like manna from heaven.*

Мне показа́лось, что я где́-то ви́дел э́того челове́ка. — *It seemed to me that I had seen this man somewhere before.*

Показа́вшись на часо́к, она помча́лась за ребёнком. — *Having made an appearance for an hour, she rushed off to pick up the child.*

Показа́вшаяся на пове́рхности мо́ря подво́дная ло́дка ско́ро пошла́ на погруже́ние. — *The submarine, which had emerged on the sea surface, dove again.*

Мне ка́жется, что иду́т больши́е переме́ны. — *It seems to me, big changes are coming.*

Брат в со́рок лет ка́жется ю́ношей. — *At forty, my brother looks like a young man.*

Не́бо каза́лось нам звёздным шатро́м. — *The sky looked to us like a starlit cupola.*

Покажи́сь че́рез неде́льку, вме́сте что́-то приду́маем. — *Stop by in a week; we'll think of something.*

regular type 1 verb in imp./perf. form type 3 stem: **каса́й+ся/косну+ся**

IMPERFECTIVE ASPECT			PERFECTIVE ASPECT		
PRESENT					
каса́юсь	каса́емся				
каса́ешься	каса́етесь				
каса́ется	каса́ются				
PAST			PAST		
каса́лся			косну́лся		
каса́лась			косну́лась		
каса́лось			косну́лось		
каса́лись			косну́лись		
FUTURE			FUTURE		
бу́ду каса́ться	бу́дем каса́ться		косну́сь	коснёмся	
бу́дешь каса́ться	бу́дете каса́ться		коснёшься	коснётесь	
бу́дет каса́ться	бу́дут каса́ться		коснётся	косну́тся	
SUBJUNCTIVE			SUBJUNCTIVE		
каса́лся бы			косну́лся бы		
каса́лась бы			косну́лась бы		
каса́лось бы			косну́лось бы		
каса́лись бы			косну́лись бы		
PARTICIPLES			PARTICIPLES		
pres. active	каса́ющийся		*pres. active*	—	
pres. passive	—		*pres. passive*	—	
past active	каса́вшийся		*past active*	косну́вшийся	
past passive	—		*past passive*	—	
VERBAL ADVERBS			VERBAL ADVERBS		
каса́ясь			косну́вшись		
COMMANDS			**COMMANDS**		
каса́йся			косни́сь		
каса́йтесь			косни́тесь		

Usage

(+acc.)(в, на+prep.)(+gen.)

Что вы де́лаете - меня́ не каса́ется. *Your business does not concern me.*

Косни́сь её биогра́фии - и она́ взорвётся гне́вом. *Touch on her past - and she would explode in anger.*

Савя́сь упомя́нутого, я хочу́ подчеркну́ть не́сколько ва́жных моме́нтов. *Concerning the above, I would like to emphasize several important points.*

Вёсла ти́хо каса́лись воды́. *The oars quietly touched the water.*

Косну́вшись её воло́с, он смути́лся. *Touching her hair, he got embarrassed.*

184 ката́ть(ся)/score ката́ть(ся)

to ride

stem: **ката́й+(ся)/score ката́й+(ся)** regular type 1 verb (like **рабо́тать**)

IMPERFECTIVE ASPECT		PERFECTIVE ASPECT	
PRESENT			
ката́ю(сь)	ката́ем(ся)		
ката́ешь(ся)	ката́ете(сь)		
ката́ет(ся)	ката́ют(ся)		
PAST		**PAST**	
ката́л(ся)		score ката́л(ся)	
ката́ла(сь)		score ката́ла(сь)	
ката́ло(сь)		score ката́ло(сь)	
ката́ли(сь)		score ката́ли(сь)	
FUTURE		**FUTURE**	
бу́ду ката́ть(ся)	бу́дет ката́ть(ся)	score ката́ю(сь)	score ката́ем(ся)
бу́дешь ката́ть(ся)	бу́дете ката́ть(ся)	score ката́ешь(ся)	score ката́ете(сь)
бу́дет ката́ть(ся)	бу́дут ката́ть(ся)	score ката́ет(ся)	score ката́ют(ся)
SUBJUNCTIVE		**SUBJUNCTIVE**	
ката́л(ся) бы		score ката́л(ся) бы	
ката́ла(сь) бы		score ката́ла(сь) бы	
ката́ло(сь) бы		score ката́ло(сь) бы	
ката́ли(сь) бы		score ката́ли(сь) бы	
PARTICIPLES		**PARTICIPLES**	
pres. active	ката́ющий(ся)	*pres. active*	—
pres. passive	ката́емый	*pres. passive*	—
past active	ката́вший(ся)	*past active*	score ката́вший(ся)
past passive	ка́танный	*past passive*	—
VERBAL ADVERBS		**VERBAL ADVERBS**	
ката́я(сь)		score ката́в(шись)	
COMMANDS		**COMMANDS**	
ката́й(ся)		score ката́й(ся)	
ката́йте(сь)		score ката́йте(сь)	

Usage

(+acc.)(по+dat.)(в, на+prep.)

Score ката́вшись на карусе́ли, де́ти перешли́ на каче́ли.	*After riding the carousel, the children moved on to the swing set.*
Score ката́в сы́на в коля́ске по па́рку, она́ пошла́ его́ корми́ть.	*After giving her son a ride in the stroller around the park, she took him home to get something to eat.*
В зоопа́рке роди́тели ката́ли дете́й на по́ни.	*At the zoo, the parents were giving the kids a ride on the pony.*
Мы ката́ли друзе́й по всему́ о́строву на на́шей но́вой маши́не.	*We were driving in our new car around the whole island with our friends.*
Ба́бушка ката́ла ша́рики из мя́са и броса́ла их в кипя́щий суп.	*My grandmother was rolling out the meatballs and tossing them into the boiling soup.*
Они́ ката́лись на велосипе́дах до темноты́.	*They were riding bicycles until dark.*
В де́тстве мы ката́лись с гор на са́нках.	*When we were little, we rode the sleigh down the slopes.*
Мы сра́зу не по́няли, ката́лся ли он от сме́ха и́ли от бо́ли.	*We did not understand right away whether he was rolling on the floor from laughter or pain.*

Proverbs

Лю́бишь ката́ться - люби́ и са́ночки вози́ть.	*No pain, no gain.*
Он живёт, как сыр в ма́сле ката́ется.	*He lives like a king.*

regular type 1 verb in imp./perf. form type 3 stem: **ка́шляй-/ка́шляну-**

IMPERFECTIVE ASPECT		PERFECTIVE ASPECT	
PRESENT			
ка́шляю	ка́шляем		
ка́шляешь	ка́шляете		
ка́шляет	ка́шляют		
PAST		PAST	
ка́шлял		ка́шлянул	
ка́шляла		ка́шлянула	
ка́шляло		ка́шлянуло	
ка́шляли		ка́шлянули	
FUTURE		FUTURE	
бу́ду ка́шлять	бу́дем ка́шлять	ка́шляну	ка́шлянем
бу́дешь ка́шлять	бу́дете ка́шлять	ка́шлянешь	ка́шлянете
бу́дет ка́шлять	бу́дут ка́шлять	ка́шлянет	ка́шлянут
SUBJUNCTIVE		SUBJUNCTIVE	
ка́шлял бы		ка́шлянул бы	
ка́шляла бы		ка́шлянула бы	
ка́шляло бы		ка́шлянуло бы	
ка́шляли бы		ка́шлянули бы	
PARTICIPLES		PARTICIPLES	
pres. active	ка́шляющий	*pres. active*	—
pres. passive	—	*pres. passive*	—
past active	ка́шлявший	*past active*	ка́шлянувший
past passive	—	*past passive*	—
VERBAL ADVERBS		VERBAL ADVERBS	
ка́шляя		ка́шлянув	
COMMANDS		**COMMANDS**	
ка́шляй		ка́шляни	
ка́шляйте		ка́шляните	

Usage

(от+gen.)(+instr.)

Дед кури́л и ка́шлял мно́го лет. — *My grandfather has been smoking and coughing for many years.*

Он ка́шлянул, что́бы обрати́ть на себя́ внима́ние. — *He coughed lightly to draw attention to himself.*

Ребёнок ка́шлял сухи́м ка́шлем во сне. — *The child was coughing a dry cough in his sleep.*

Тяжело́ больно́й челове́к ка́шлял кро́вью. — *The gravely ill man was coughing blood.*

В де́тском саду́ мно́го дете́й ка́шляло от холо́дной пого́ды. — *At the kindergarden, many children were coughing because of the cold weather.*

Idioms

Мото́р вдру́г ка́шлянул и загло́х. — *The engine sputtered and died.*

186 класть/положи́ть

to put, place (horizontally)

stem: **клад-/положи́-** regular type 1 verb in imp./perf. form type 2

IMPERFECTIVE ASPECT		PERFECTIVE ASPECT	
PRESENT			
кладу́	кладём		
кладёшь	кладёте		
кладёт	кладу́т		
PAST		**PAST**	
клал		положи́л	
кла́ла		положи́ла	
кла́ло		положи́ло	
кла́ли		положи́ли	
FUTURE		**FUTURE**	
бу́ду класть	бу́дем класть	положу́	поло́жим
бу́дешь класть	бу́дете класть	поло́жишь	поло́жите
бу́дет класть	бу́дут класть	поло́жит	поло́жат
SUBJUNCTIVE		**SUBJUNCTIVE**	
клал бы		положи́л бы	
кла́ла бы		положи́ла бы	
кла́ло бы		положи́ло бы	
кла́ли бы		положи́ли бы	
PARTICIPLES		**PARTICIPLES**	
pres. active	кладу́щий	*pres. active*	—
pres. passive	—	*pres. passive*	—
past active	кла́вший	*past active*	положи́вший
past passive	—	*past passive*	поло́женный
VERBAL ADVERBS		**VERBAL ADVERBS**	
кладя́		положа́	
COMMANDS		**COMMANDS**	
клади́		положи́	
клади́те		положи́те	

Usage

(+acc.)(в, на+acc.)

Положи́ кни́ги на по́лку, не разбра́сывай их повсю́ду. — *Put the books on the shelf, and don't throw them around everywhere.*

Строи́тели кла́ли кла́дку кирпиче́й под паля́щим со́лнцем. — *Construction workers were laying row after row of bricks under a hot sun.*

Мать положи́ла ребёнка в крова́тку и се́ла вяза́ть ша́почку. — *The mother put the child to bed and sat down to knit a cap.*

Она́ кладёт мно́го косме́тики на лицо́. — *She puts a lot of makeup on her face.*

Хозя́йка положи́ла мя́со в кастрю́лю и ста́ла вари́ть бульо́н. — *The hostess put the meat into the pot and started making broth.*

Idioms

Положа́ ру́ку на́ сердце, я всем дово́льна. — *Truthfully, I am satisfied with everything.*

regular type 2 verb (like **говори́ть**) stem: **кле́й-/скле́й-**

IMPERFECTIVE ASPECT		PERFECTIVE ASPECT	
PRESENT			
кле́ю	кле́им		
кле́ишь	кле́ите		
кле́ит	кле́ят		
PAST		PAST	
кле́ил		скле́ил	
кле́ила		скле́ила	
кле́ило		скле́ило	
кле́или		скле́или	
FUTURE		FUTURE	
бу́ду кле́ить	бу́дем кле́ить	скле́ю	скле́им
бу́дешь кле́ить	бу́дете кле́ить	скле́ишь	скле́ите
бу́дет кле́ить	бу́дут кле́ить	скле́ит	скле́ят
SUBJUNCTIVE		SUBJUNCTIVE	
кле́ил бы		скле́ил бы	
кле́ила бы		скле́ила бы	
кле́ило бы		скле́ило бы	
кле́или бы		скле́или бы	
PARTICIPLES		PARTICIPLES	
pres. active	кле́ящий	*pres. active*	—
pres. passive	кле́емый	*pres. passive*	—
past active	кле́ивший	*past active*	скле́ивший
past passive	кле́енный	*past passive*	скле́енный
VERBAL ADVERBS		VERBAL ADVERBS	
клея́		скле́ив	
COMMANDS		**COMMANDS**	
клей		склей	
кле́йте		скле́йте	

Usage

(+acc.)(из+gen.)(+instr.)

Разби́тую жизнь не скле́ить... — *A broken life cannot be pasted together anew...*

Де́ти кле́или нового́дние укра́шения из бума́ги. — *Children were gluing paper for Christmas decorations.*

Скле́енные из карто́на игру́шки стоя́ли на по́лочке. — *The toys, glued together from pieces of paper, were sitting on the shelf.*

Idioms

Что ты мне де́ло кле́ишь? — *Why are you putting this off on me?*

188 кома́ндовать/скома́ндовать *to command*

stem: **кома́ндова-/скома́ндова-** regular type 4 verb (like **тре́бовать)**

	IMPERFECTIVE ASPECT		PERFECTIVE ASPECT	
PRESENT				
	кома́ндую	кома́ндуем		
	кома́ндуешь	кома́ндуете		
	кома́ндует	кома́ндуют		
PAST				
	кома́ндовал		скома́ндовал	
	кома́ндовала		скома́ндовала	
	кома́ндовало		скома́ндовало	
	кома́ндовали		скома́ндовали	
FUTURE				
	бу́ду кома́ндовать	бу́дем кома́ндовать	скома́ндую	скома́ндуем
	бу́дешь кома́ндовать	бу́дете кома́ндовать	скома́ндуешь	скома́ндуете
	бу́дет кома́ндовать	бу́дут кома́ндовать	скома́ндует	скома́ндуют
SUBJUNCTIVE				
	кома́ндовал бы		скома́ндовал бы	
	кома́ндовала бы		скома́ндовала бы	
	кома́ндовало бы		скома́ндовало бы	
	кома́ндовали бы		скома́ндовали бы	
PARTICIPLES				
	pres. active	кома́ндующий	*pres. active*	—
	pres. passive	—	*pres. passive*	—
	past active	кома́ндовавший	*past active*	скома́ндовавший
	past passive	—	*past passive*	—
VERBAL ADVERBS				
	кома́ндуя		скома́ндовав	
COMMANDS				
	кома́ндуй		скома́ндуй	
	кома́ндуйте		скома́ндуйте	

Usage

(+instr.)(над+instr.)

В до́ме я - хозя́йка, а ты здесь не кома́ндуй!	*In my house I am the boss, so stop ordering me around!*
Кома́ндовавший войска́ми генера́л вы́шел в отста́вку по боле́зни.	*The commanding general took a medical retirement.*
Кома́ндуя на рабо́те, до́ма он был ти́ше воды, ни́же травы́.	*A commanding presence at work, at home he was quiet as a mole.*
Лейтена́нт скома́ндовал взво́ду отходи́ть в тыл.	*The lieutenant ordered the platoon to retreat to the rear.*

regular type 1 verb in imp./perf. form type 2 stem: **кончáй+ся/кончи+(ся)**

IMPERFECTIVE ASPECT		PERFECTIVE ASPECT	
PRESENT			
кончáю(сь)	кончáем(ся)		
кончáешь(ся)	кончáете(сь)		
кончáет(ся)	кончáют(ся)		
PAST		**PAST**	
кончáл(ся)		кóнчил(ся)	
кончáла(сь)		кóнчила(сь)	
кончáло(сь)		кóнчило(сь)	
кончáли(сь)		кóнчили(сь)	
FUTURE		**FUTURE**	
бýду кончáть(ся)	бýдем кончáть(ся)	кóнчу(сь)	кóнчим(ся)
бýдешь кончáть(ся)	бýдете кончáть(ся)	кóнчишь(ся)	кóнчите(сь)
бýдет кончáть(ся)	бýдут кончáть(ся)	кóнчит(ся)	кóнчат(ся
SUBJUNCTIVE		**SUBJUNCTIVE**	
кончáл(ся) бы		кóнчил(ся) бы	
кончáла(сь) бы		кóнчила(сь) бы	
кончáло(сь) бы		кóнчило(сь) бы	
кончáли(сь) бы		кóнчили(сь) бы	
PARTICIPLES		**PARTICIPLES**	
pres. active	кончáющий(ся)	*pres. active*	—
pres. passive	кончáемый	*pres. passive*	—
past active	кончáвший(ся)	*past active*	кóнчивший(ся)
past passive	—	*past passive*	кóнченный
VERBAL ADVERBS		**VERBAL ADVERBS**	
кончáя(сь)		кóнчив(шись)	
COMMANDS		**COMMANDS**	
кончáй(ся)		кóнчи	
кончáйте(сь)		кóнчите	

Usage

(+acc.)(+inf.)(на+prep.)(+instr.)

Всё когдá-нибудь кончáется - и хорóшее, и плохóе. *Everything must end sometime - the good things and the bad.*

Ссóры на рабóте никогдá не кончáются. *Squabbles at work never end.*

Онá кóнчила рéчь на весёлой нóте. *She ended the speech on a cheerful note.*

Командúр кóнчил выступлéние призы́вом к побéде. *The commander ended his speech with a call to victory.*

Мы не слы́шали, что он кóнчил жизнь самоубúйством. *We did not know that he committed suicide.*

Концéрт кончáется в 10 часóв вéчера. *The concert ends at 10:00 P.M.*

Кончáйте разговóры - и по домáм! *Finish talking - and go home!*

Сейчáс кончáю писáть письмó и несý егó в почтóвый я́щик. *I am finishing my letter right now, and am taking it to the mailbox.*

Порá кончáть с пья́нством! *It's time to put an end to alcoholism.*

Sayings

Всё хорошó, что хорошó кончается. *All's well that ends well.*

190 кормить/накормить

to feed

stem: **корми-/накорми-** type 2 verb (like **видеть**); **м-мл** stem change

	IMPERFECTIVE ASPECT		PERFECTIVE ASPECT	
PRESENT	кормлю́	ко́рмим		
	ко́рмишь	ко́рмите		
	ко́рмит	ко́рмят		
PAST	корми́л		накорми́л	
	корми́ла		накорми́ла	
	корми́ло		накорми́ло	
	корми́ли		накорми́ли	
FUTURE	бу́ду корми́ть	бу́дем корми́ть	накормлю́	нако́рмим
	бу́дешь корми́ть	бу́дете корми́ть	нако́рмишь	нако́рмите
	бу́дет корми́ть	бу́дут корми́ть	нако́рмит	нако́рмят
SUBJUNCTIVE	корми́л бы		накорми́л бы	
	корми́ла бы		накорми́ла бы	
	корми́ло бы		накорми́ло бы	
	корми́ли бы		накорми́ли бы	
PARTICIPLES *pres. active*	кормя́щий		*pres. active*	—
pres. passive	—		*pres. passive*	—
past active	корми́вший		*past active*	накорми́вший
past passive	ко́рмленный		*past passive*	нако́рмленный
VERBAL ADVERBS	кормя́		накорми́в	
COMMANDS	корми́		накорми́	
	корми́те		накорми́те	

Usage

(+acc.)(+instr.)

Лошаде́й хорошо́ корми́ли овсо́м. — *The horses were well fed with oats.*

Ма́ма накорми́ла дете́й и уложи́ла спать. — *Mother fed the children and put them to bed.*

Врачи́ сове́туют корми́ть ребёнка гру́дью хотя́ бы полго́да. — *Doctors recommend breast-feeding the child for at least the first 6 months.*

Воспита́тельница корми́ла дете́й с ло́жки. — *The nanny was feeding the children with a spoon.*

Всю жизнь оте́ц ду́мал то́лько о том, как бы накорми́ть семью́. — *All his life, the father worried about how to feed his family.*

Idioms

Её хле́бом не корми́, а дай то́лько посплётничать. — *She loves gossip more than anything else.*

Хва́тит корми́ть нас за́втраками, мы вам не ве́рим! — *Stop feeding us stories - we do not believe you!*

Крестья́не накорми́ли бе́женцев до отва́ла. — *The farmers fed the refugees to bursting point.*

type 2 verb (like **ви́деть**); **с-ш** stem change stem: **кра́си-/покра́си-**

IMPERFECTIVE ASPECT		PERFECTIVE ASPECT	
PRESENT			
кра́шу	кра́сим		
кра́сишь	кра́сите		
кра́сит	кра́сят		
PAST		PAST	
кра́сил		покра́сил	
кра́сила		покра́сила	
кра́сило		покра́сило	
кра́сили		покра́сили	
FUTURE		FUTURE	
бу́ду кра́сить	бу́дем кра́сить	покра́шу	покра́сим
бу́дешь кра́сить	бу́дете кра́сить	покра́сишь	покра́сите
бу́дет кра́сить	бу́дут кра́сить	покра́сит	покра́сят
SUBJUNCTIVE		SUBJUNCTIVE	
кра́сил бы		покра́сил бы	
кра́сила бы		покра́сила бы	
кра́сило бы		покра́сило бы	
кра́сили бы		покра́сили бы	
PARTICIPLES		PARTICIPLES	
pres. active	кра́сящий	*pres. active*	—
pres. passive	—	*pres. passive*	—
past active	кра́сивший	*past active*	покра́сивший
past passive	кра́шенный	*past passive*	покра́шенный
VERBAL ADVERBS		VERBAL ADVERBS	
кра́ся		покра́сив	
COMMANDS		**COMMANDS**	
кра́сь		покра́сь	
кра́сьте		покра́сьте	

Usage

(+acc.)(в+acc.)(+instr.)

Вас не кра́сит тако́е поведе́ние. — *This behavior does not bode well for you.*
Я реши́ла покра́сить сте́ны в си́ний цвет. — *I decided to paint the walls blue.*
Фа́брика выпуска́ет кра́сящие вещества́. — *The factory manufactures painting solvents.*
Дед кра́сил ки́стью сара́й. — *The old man was painting the barn with a brush.*
Она́ кра́сит гу́бы францу́зской пома́дой. — *She paints her lips with French lipstick.*

Sayings

Не ме́сто кра́сит челове́ка, а челове́к - ме́сто. — *The job does not make the man; the man makes the job.*

192 красть/укра́сть

to steal

stem: **крад-/украд-** regular type 5 verb (like **нести́**); **с-д** stem change

	IMPERFECTIVE ASPECT		PERFECTIVE ASPECT	
PRESENT				
	краду́	крадём		
	крадёшь	крадёте		
	крадёт	краду́т		
PAST				
	крал		укра́л	
	кра́ла		укра́ла	
	кра́ло		укра́ло	
	кра́ли		укра́ли	
FUTURE				
	бу́ду красть	бу́дем красть	украду́	украдём
	бу́дешь красть	бу́дете красть	украдёшь	украдёте
	бу́дет красть	бу́дут красть	украдёт	украду́т
SUBJUNCTIVE				
	крал бы		укра́л бы	
	кра́ла бы		укра́ла бы	
	кра́ло бы		укра́ло бы	
	кра́ли бы		укра́ли бы	
PARTICIPLES				
pres. active		краду́щий		—
pres. passive		—		—
past active		кра́вший		укра́вший
past passive		кра́денный		укра́денный
VERBAL ADVERBS				
	крадя́		укра́в	
COMMANDS				
	кради́		укради́	
	кради́те		укради́те	

Usage

(+acc.)(в, на+prep.)(у+gen.)

Я краду́ ва́ше вре́мя, мне о́чень неудо́бно. — *I feel bad for taking up your time.*

Укра́денная из музе́я карти́на оказа́лась в ча́стной колле́кции. — *The painting stolen from the museum ended up in a private collection.*

Она́ укра́ла у меня́ кольцо́. — *She stole a ring from me.*

Лиси́ца по ноча́м кра́ла кур из сара́я. — *At night, the fox was stealing the chickens from the barn.*

Sayings

Кра́денные цветы́ хорошо́ расту́т. — *Stolen flowers grow well.*

regular type 2 verb in imp./perf. form type 3 stem: **крича́-/кри́кну-**

IMPERFECTIVE ASPECT		PERFECTIVE ASPECT	
PRESENT			
кричу́	кричи́м		
кричи́шь	кричи́те		
кричи́т	крича́т		
PAST		PAST	
крича́л		кри́кнул	
крича́ла		кри́кнула	
крича́ло		кри́кнуло	
крича́ли		кри́кнули	
FUTURE		FUTURE	
бу́ду крича́ть	бу́дем крича́ть	кри́кну	кри́кнем
бу́дешь крича́ть	бу́дете крича́ть	кри́кнешь	кри́кнете
бу́дет крича́ть	бу́дут крича́ть	кри́кнет	кри́кнут
SUBJUNCTIVE		SUBJUNCTIVE	
крича́л бы		кри́кнул бы	
крича́ла бы		кри́кнула бы	
крича́ло бы		кри́кнуло бы	
крича́ли бы		кри́кнули бы	
PARTICIPLES		PARTICIPLES	
pres. active	крича́щий	*pres. active*	—
pres. passive	—	*pres. passive*	—
past active	крича́вший	*past active*	кри́кнувший
past passive	—	*past passive*	—
VERBAL ADVERBS		VERBAL ADVERBS	
крича́		кри́кнув	
COMMANDS		**COMMANDS**	
кричи́		кри́кни	
кричи́те		кри́кните	

Usage

(+acc.)(+dat.)(на+acc.)(в, на+prep.)

Верну́вшийся с фро́нта солда́т поноча́м крича́л от у́жаса. — *The soldier who came back from the front screamed at night in horror.*

Ра́неный в го́спитале крича́л от бо́ли. — *The wounded man was screaming in pain at the hospital.*

Я кри́кнула, и все оберну́лись. — *I screamed, and everyone turned around.*

Крича́щий ребёнок звал мать. — *The screaming child was calling for his mother.*

Де́вушка крича́ла о по́мощи. — *The girl was screaming for help.*

Де́душка кри́кнул на непослу́шного вну́ка. — *Grandfather shouted at his naughty grandson.*

Она́ крича́ла, что её обокра́ли. — *She was screaming that she had been robbed.*

Пти́цы крича́т на боло́те. — *The birds are screeching on the bog.*

Он кри́кнул, что́бы все успоко́ились. — *He shouted for everyone to quiet down.*

По утра́м петухи́ крича́ли во всё го́рло. — *In the morning, the roosters cried out loudly.*

Газе́ты крича́ли о суде́бном проце́ссе. — *The newspapers were shouting about the court case.*

О на́шей та́йне уже крича́ли на всех перекрёстках. — *Our secret has been shouted about on every corner.*

Idioms

Ты тако́е натвори́л, хоть карау́л кричи́. — *You made such a mess - I could scream!*

194 купа́ться/вы́купаться — *to bathe oneself, swim*

stem: **купа́й+ся/выкупа́й+ся** — regular type 1 verb (like **рабо́тать**)

	IMPERFECTIVE ASPECT		PERFECTIVE ASPECT	
PRESENT				
	купа́юсь	купа́емся		
	купа́ешься	купа́етесь		
	купа́ется	купа́ются		
PAST				
	купа́лся		вы́купался	
	купа́лась		вы́купалась	
	купа́лось		вы́купалось	
	купа́лись		вы́купались	
FUTURE				
	бу́ду купа́ться	бу́дем купа́ться	вы́купаюсь	вы́купаемся
	бу́дешь купа́ться	бу́дете купа́ться	вы́купаешься	вы́купаетесь
	бу́дет купа́ться	бу́дут купа́ться	вы́купается	вы́купаются
SUBJUNCTIVE				
	купа́лся бы		вы́купался бы	
	купа́лась бы		вы́купалась бы	
	купа́лось бы		вы́купалось бы	
	купа́лись бы		вы́купались бы	
PARTICIPLES				
	pres. active	купа́ющийся	*pres. active*	—
	pres. passive	—	*pres. passive*	—
	past active	купа́вшийся	*past active*	вы́купавшийся
	past passive	—	*past passive*	—
VERBAL ADVERBS				
	купа́ясь		вы́купавшись	
COMMANDS				
	купа́йся		вы́купайся	
	купа́йтесь		вы́купайтесь	

Usage

(в+prep.)

Ле́том мы люби́ли купа́ться в ре́чке. — *In the summertime, we liked to swim in the river.*

Вы́купавшись, он вы́шел на бе́рег и лёг на траву́. — *After taking a swim, he stepped out of the water and laid down on the grass.*

Купа́ющиеся наслажда́лись пого́дой. — *Swimmers were enjoying the weather.*

Воробьи́ купа́ются в песке́. — *The sparrows are bathing in the sand.*

Купа́йтесь в бассе́йне, сего́дня мо́ре холо́дное. — *Swim in the pool, as the sea is cold today.*

Idioms

Они́ купа́лись в луча́х сла́вы. — *They basked in their glory.*

regular type 2 verb (like **ви́деть**) stem: **кури́-/покури́-**

IMPERFECTIVE ASPECT		PERFECTIVE ASPECT	
PRESENT			
курю́	ку́рим		
ку́ришь	ку́рите		
ку́рит	ку́рят		
PAST		**PAST**	
кури́л		покури́л	
кури́ла		покури́ла	
кури́ло		покури́ло	
кури́ли		покури́ли	
FUTURE		**FUTURE**	
бу́ду кури́ть	бу́дем кури́ть	покурю́	поку́рим
бу́дешь кури́ть	бу́дете кури́ть	поку́ришь	поку́рите
бу́дет кури́ть	бу́дут кури́ть	поку́рит	поку́рят
SUBJUNCTIVE		**SUBJUNCTIVE**	
кури́л бы		покури́л бы	
кури́ла бы		покури́ла бы	
кури́ло бы		покури́ло бы	
кури́ли бы		покури́ли бы	
PARTICIPLES		**PARTICIPLES**	
pres. active	куря́щий	*pres. active*	—
pres. passive	—	*pres. passive*	—
past active	кури́вший	*past active*	покури́вший
past passive	ку́ренный	*past passive*	поку́ренный
VERBAL ADVERBS		**VERBAL ADVERBS**	
куря́		покури́в	
COMMANDS		**COMMANDS**	
кури́		покури́	
кури́те		покури́те	

Usage

(+acc.)

Я кури́ла мно́го лет и нажила́ эмфизе́му. — *I smoked for many years and contracted emphysema.*

Оте́ц кури́л тру́бку, пото́м перешёл на папиро́сы. — *The father smoked a pipe, then switched to cigarettes.*

Дава́й поку́рим и поговори́м. — *Let's have a smoke and talk.*

От куря́щих несёт табако́м. — *Smokers reek of tobacco.*

В це́ркви кури́ли ла́даном. — *They were burning myrrh in the church.*

Sayings/Idioms

Она́ ку́рит фимиа́м дире́ктору. — *She sings the director praises.*

Кури́ть - здоро́вью вреди́ть. (погово́рка) — *Smoking is hazardous to your health.*

196 кýшать/скýшать

to eat (colloquial)

stem: **кýшай-/скýшай-**

regular type 1 verb (like **рабóтать**)

	IMPERFECTIVE ASPECT		PERFECTIVE ASPECT	
PRESENT				
	кýшаю	кýшаем		
	кýшаешь	кýшаете		
	кýшает	кýшают		
PAST				
	кýшал		скýшал	
	кýшала		скýшала	
	кýшало		скýшало	
	кýшали		скýшали	
FUTURE				
	бýду кýшать	бýдем кýшать	скýшаю	скýшаем
	бýдешь кýшать	бýдете кýшать	скýшаешь	скýшаете
	бýдет кýшать	бýдут кýшать	скýшает	скýшают
SUBJUNCTIVE				
	кýшал бы		скýшал бы	
	кýшала бы		скýшала бы	
	кýшало бы		скýшало бы	
	кýшали бы		скýшали бы	
PARTICIPLES				
	pres. active	кýшающий	*pres. active*	—
	pres. passive	кýшаемый	*pres. passive*	—
	past active	кýшавший	*past active*	скýшавший
	past passive	—	*past passive*	скýшанный
VERBAL ADVERBS				
	кýшая		скýшав	
COMMANDS				
	кýшай		скýшай	
	кýшайте		скýшайте	

Usage

(+acc.)

Кýшай кáшу - большúм вы́растешь.	*Eat your porridge - it will make you big and strong.*
Скýшайте нáшего борщá, не пожалéете.	*Have some borscht - you won't regret it.*
Кýшая лóжкой, ребёнок проливáл суп на себя́.	*Eating with a spoon, the child was spilling the soup all over himself.*
Скýшав кусóк мя́са со столá, собáка забúлась под лéстницу.	*After eating a piece of meat off the table, the dog hid under the stairs.*
Вы бýдете с нáми кýшать, не откáзывайтесь.	*You are going to eat with us; please don't say no.*

Idioms

Кýшай на здорóвье!	*Bon appetite! (coll.)*

type 2 verb in indef./def. & perf. forms type 5 stem: **ла́зи-/ле́з-/поле́з-**

IMPERFECTIVE ASPECT				PERFECTIVE ASPECT	
INDEFINITE		**DEFINITE**			
PRESENT		**PRESENT**			
ла́жу	ла́зим	ле́зу	ле́зем		
ла́зишь	ла́зите	ле́зешь	ле́зете		
ла́зит	ла́зят	ле́зет	ле́зут		
PAST		**PAST**		**PAST**	
ла́зил		лез		поле́з	
ла́зила		ле́зла		поле́зла	
ла́зило		ле́зло		поле́зло	
ла́зили		ле́зли		поле́зли	
FUTURE		**FUTURE**		**FUTURE**	
бу́ду ла́зить	бу́дем ла́зить	бу́ду ле́зть	бу́дем ле́зть	поле́зу	поле́зем
бу́дешь ла́зить	бу́дете ла́зить	бу́дешь ле́зть	бу́дете ле́зть	поле́зешь	поле́зете
бу́дет ла́зить	бу́дут ла́зить	бу́дет ле́зть	бу́дут ле́зть	поле́зет	поле́зут
SUBJUNCTIVE		**SUBJUNCTIVE**		**SUBJUNCTIVE**	
ла́зил бы		лез бы		поле́з бы	
ла́зила бы		ле́зла бы		поле́зла бы	
ла́зило бы		ле́зло бы		поле́зло бы	
ла́зили бы		ле́зли бы		поле́зли бы	
PARTICIPLES		**PARTICIPLES**		**PARTICIPLES**	
pres. active	ла́зящий	ле́зущий		—	
pres. passive	—	—		—	
past active	ла́зивший	ле́зший		поле́зший	
past passive	—	—		—	
VERBAL ADVERBS		**VERBAL ADVERBS**		**VERBAL ADVERBS**	
ла́зя		ле́зши		поле́зши	
COMMANDS		**COMMANDS**		**COMMANDS**	
лазь		лезь		поле́зь	
ла́зьте		ле́зьте		поле́зьте	

Usage

(+acc.)(+dat.)(в, на, под+acc.)(по+dat.)

Мальчи́шки ла́зили в чужо́й огоро́д и рва́ли морко́вку. — *The boys were crawling into someone else's vegetable patch and stealing carrots.*

Поле́зь на черда́к и сними́ отту́да зе́ркало. — *Crawl into the attic and bring down the mirror.*

Он ла́зит по дере́вьям, как ко́шка. — *He climbs trees like a cat.*

Idioms

Не лезь не в своё де́ло! — *Don't stick your nose into someone else's business.*

Вори́шка в поезда́х ла́зил по карма́нам. — *On trains, a petty thief was picking pockets.*

Она́ за сло́вом в карма́н не ле́зет. — *She is not the one to be lost for words.*

Я лез из ко́жи вон, что́бы всё бы́ло вы́полнено. — *I was busting my chops to make sure everything was completed.*

Что ты ему́ в ду́шу ле́зешь? Он не в настрое́нии. — *Why are you pestering him? Can't you tell he is in a bad mood?*

Он стара́лся не ле́зть на глаза́ лю́дям. — *He was trying to stay out of sight.*

Сло́во не так ска́жешь - и он сра́зу ле́зет в буты́лку. — *You say one word wrong, and he gets all riled up.*

Сего́дня мне кусо́к в гло́тку не ле́зет. — *Today, I can't eat one bite.*

Ей бы помолча́ть - а она́ на рожо́н ле́зет. — *She better be quiet - she's sticking her neck out.*

198 лежа́ть/полежа́ть *to lie, be in a lying positon*

stem: **лежа́-/полежа́-** regular type 2 verb (like **говори́ть**)

IMPERFECTIVE ASPECT		PERFECTIVE ASPECT	
PRESENT			
лежу́	лежи́м		
лежи́шь	лежи́те		
лежи́т	лежа́т		
PAST		PAST	
лежа́л		полежа́л	
лежа́ла		полежа́ла	
лежа́ло		полежа́ло	
лежа́ли		полежа́ли	
FUTURE		FUTURE	
бу́ду лежа́ть	бу́дем лежа́ть	полежу́	полежи́м
бу́дешь лежа́ть	бу́дете лежа́ть	полежи́шь	полежи́те
бу́дет лежа́ть	бу́дут лежа́ть	полежи́т	полежа́т
SUBJUNCTIVE		SUBJUNCTIVE	
лежа́л бы		полежа́л бы	
лежа́ла бы		полежа́ла бы	
лежа́ло бы		полежа́ло бы	
лежа́ли бы		полежа́ли бы	
PARTICIPLES		PARTICIPLES	
pres. active	лежа́щий	*pres. active*	—
pres. passive	—	*pres. passive*	—
past active	лежа́вший	*past active*	полежа́вший
past passive	—	*past passive*	—
VERBAL ADVERBS		VERBAL ADVERBS	
лёжа		полежа́в	
COMMANDS		**COMMANDS**	
лежи́		полежи́	
лежи́те		полежи́те	

Usage

(в, на+prep.)(под+instr.)

Стари́к лю́бит лежа́ть на дива́не. *The old man likes to lie on a couch.*
Подру́га лежи́т в больни́це с бронхи́том. *My girlfriend is in the hospital with bronchitis.*
В 43-м году́ Ки́ев лежа́л в разва́линах. *In 1943, the city of Kiev lay in ruins.*
Соба́ка лежи́т на полу́. *The dog is lying on the floor.*
Докуме́нты лежа́ли в се́йфе. *The documents were in the safe.*
Снег в на́ших края́х лежи́т полго́да. *In our area, the snow stays on the ground for six months.*

Ко́шка полежа́ла на ковре́, пото́м на посте́ли. *The cat lay on the rug, then moved onto the bed.*

Idioms

Он лежа́л пласто́м, как мёртвый. *He was lying flat and still, like a dead body.*
На мои́х плеча́х лежи́т отве́тственность за семью́. *The responsibility for my family lies squarely on my shoulders.*
Моя́ душа́ не лежи́т к э́тому челове́ку. *I have a real distaste for this man.*

to fly **лета́ть/лете́ть/полете́ть** **199**

type 1 verb in indef./ def. & perf. forms type 2 stem: **лета́й-/лете́-/полете́-**

IMPERFECTIVE ASPECT				PERFECTIVE ASPECT	
INDEFINITE		**DEFINITE**			
PRESENT		**PRESENT**			
лета́ю	лета́ем	лечу	лети́м		
лета́ешь	лета́ете	лети́шь	лети́те		
лета́ет	лета́ют	лети́т	летя́т		
PAST		PAST		PAST	
лета́л		лете́л		полете́л	
лета́ла		лете́ла		полете́ла	
лета́ло		лете́ло		полете́ло	
лета́ли		лете́ли		полете́ли	
FUTURE		FUTURE		FUTURE	
бу́ду лета́ть	бу́дем лета́ть	бу́ду лете́ть	бу́дем лете́ть	полечу́	полети́м
бу́дешь лета́ть	бу́дете лета́ть	бу́дешь лете́ть	бу́дете лете́ть	полети́шь	полети́те
бу́дет лета́ть	бу́дут лета́ть	бу́дет лете́ть	бу́дут лете́ть	полети́т	полетя́т
SUBJUNCTIVE		SUBJUNCTIVE		SUBJUNCTIVE	
лета́л бы		лете́л бы		полете́л бы	
лета́ла бы		лете́ла бы		полете́ла бы	
лета́ло бы		лете́ло бы		полете́ло бы	
лета́ли бы		лете́ли бы		полете́ли бы	
PARTICIPLES		PARTICIPLES		PARTICIPLES	
pres. active	лета́ющий	летя́щий		—	
pres. passive	—	—		—	
past active	лета́вший	лете́вший		полете́вший	
past passive	—	—		—	
VERBAL ADVERBS		VERBAL ADVERBS		VERBAL ADVERBS	
лета́я		летя́		полете́в	
COMMANDS		**COMMANDS**		**COMMANDS**	
лета́й		лети́		полети́	
лета́йте		лети́те		полети́те	

Usage

(в, на+acc.)(на+prep.)(+instr.)(из, с+gen.)

За грани́цу мы лета́ем америка́нскими самолётами.	*We fly abroad on American airplanes.*
Мы полете́ли на вертолёте на го́рный полиго́н.	*We took the helicopter to the mountain range.*
Они́ лете́ли из прови́нции в столи́цу.	*They flew from the country to the capital.*
Гру́ппа архео́логов лете́ла с Камча́тки.	*A group of archaeologists flew from Kamchatka.*
В про́шлом году́ мы полете́ли в непого́ду в о́тпуск.	*For our vacation last year, we flew in bad weather.*
Самолёты лета́ют и над моря́ми, и над гора́ми.	*Planes fly above the seas and mountains.*
Возду́шный шар лете́л на небольшо́й высоте́.	*The hot air balloon was flying low.*
Пти́цы лета́ют высоко́ - бу́дет пого́да; ни́зко над землёй - быть дождю́.	*When the birds fly high - the weather will be good, low above ground - it will rain.*

Idioms

Он лете́л кувырко́м из на́шего до́ма.	*He flew out of our house.*
Разозли́шь её - и бу́дешь лете́ть вверх торма́шками.	*If you make her angry, you'll be flying out of here head over heels.*

200 лечи́ть(ся)/вы́лечить(ся) *to treat, cure*

stem: **лечи+(ся)/вы́лечи+(ся)** regular type 2 verb (like **ви́деть**)

IMPERFECTIVE ASPECT		PERFECTIVE ASPECT	
PRESENT			
лечу́(сь)	ле́чим(ся)		
ле́чишь(ся)	ле́чите(сь)		
ле́чит(ся)	ле́чат(ся)		
PAST		PAST	
лечи́л(ся)		вы́лечил(ся)	
лечи́ла(сь)		вы́лечила(сь)	
лечи́ло(сь)		вы́лечило(сь)	
лечи́ли(сь)		вы́лечили(сь)	
FUTURE		FUTURE	
бу́ду лечи́ть(ся)	бу́дем лечи́ть(ся)	вы́лечу(сь)	вы́лечим(ся)
бу́дешь лечи́ть(ся)	бу́дете лечи́ть(ся)	вы́лечишь(ся)	вы́лечите(сь)
бу́дет лечи́ть(ся)	бу́дут лечи́ть(ся)	вы́лечит(ся)	вы́лечат(ся)
SUBJUNCTIVE		SUBJUNCTIVE	
лечи́л(ся) бы		вы́лечил(ся) бы	
лечи́ла(сь) бы		вы́лечила(сь) бы	
лечи́ло(сь) бы		вы́лечило(сь) бы	
лечи́ли(сь) бы		вы́лечили(сь) бы	
PARTICIPLES		PARTICIPLES	
pres. active	ле́чащий(ся)	*pres. active*	—
pres. passive	лечи́мый	*pres. passive*	—
past active	лечи́вший(ся)	*past active*	вы́лечивший(ся)
past passive	ле́ченный	*past passive*	вы́леченный
VERBAL ADVERBS		VERBAL ADVERBS	
леча́(сь)		вы́лечив	
COMMANDS		**COMMANDS**	
лечи́(сь)		вы́лечи(сь)	
лечи́те(сь)		вы́лечите(сь)	

Usage

(+acc.)(от+gen.)(у+gen.)(+instr.)

Она́ ле́чит боле́зни лёгких лека́рствами. — *She treats diseases of the lungs with medication.*

Я лечу́сь тра́вами. — *I cure myself using herbal remedies.*

Ма́ма вы́лечила мне пе́чень благодаря́ дие́те и наро́дной медици́не. — *My mother cured my liver disease using diet and folk medicine.*

Моя́ дочь лечи́лась от аллерги́и у о́пытного врача́. — *My daughter's allergies were treated by an experienced doctor.*

Прия́тели ле́чатся с по́мощью во́дных процеду́р. — *Our friends are being treated with hydrotherapy.*

	IMPERFECTIVE ASPECT		PERFECTIVE ASPECT	
PRESENT				
	лью́	льём		
	льёшь	льёте		
	льёт	лью́т		
PAST				
	лил		поли́л	
	лила́		полила́	
	ли́ло		поли́ло	
	ли́ли		поли́ли	
FUTURE				
	бу́ду лить	бу́дем лить	полью́	польём
	бу́дешь лить	бу́дете лить	польёшь	польёте
	бу́дет лить	бу́дут лить	польёт	полью́т
SUBJUNCTIVE				
	лил бы		поли́л бы	
	лила́ бы		полила́ бы	
	ли́ло бы		поли́ло бы	
	ли́ли бы		поли́ли бы	
PARTICIPLES				
	pres. active	лью́щий	*pres. active*	—
	pres. passive	—	*pres. passive*	—
	past active	ли́вший	*past active*	поли́вший
	past passive	ли́тый	*past passive*	поли́тый/по́литый
VERBAL ADVERBS				
	—		поли́в	
COMMANDS				
	лей		поле́й	
	ле́йте		поле́йте	

Usage

(+acc.)(из, с+gen.)(в, на+acc.)

Поле́й мне воды́ на́ руки. — *Pour some water on my hands.*

Ба́бушка лила́ в ча́шки чай из ча́йника. — *Grandmother poured some tea into our cups from the kettle.*

Поли́в цветы́ в саду́, я пошла́ отдыха́ть. — *After watering the flowers in the garden, I went to get some rest.*

Proverbs/Sayings/Idioms

Она́ ве́чно льёт крокоди́льи слёзы. — *She constantly cries crocodile tears.*

Мы хоте́ли вы́йти из до́ма, но дождь поли́л как из ведра́. — *We wanted to leave the house, but it started to pour.*

Пот гра́дом лил с его лица́, но он продолжа́л путь. — *The sweat was running down his face, but he stuck to his path.*

Подда́кивая врага́м, ты льёшь во́ду на их ме́льницу. — *When you go along with the enemy, you are pouring water on their mill.*

202 лови́ть/пойма́ть *to catch*

stem: **лови-/поймай-** regular type 2 verb in imp./perf. form type 1

IMPERFECTIVE ASPECT		PERFECTIVE ASPECT	
PRESENT			
ловлю́	ло́вим		
ло́вишь	ло́вите		
ло́вит	ло́вят		
PAST		PAST	
лови́л		пойма́л	
лови́ла		пойма́ла	
лови́ло		пойма́ло	
лови́ли		пойма́ли	
FUTURE		FUTURE	
бу́ду лови́ть	бу́дем лови́ть	пойма́ю	пойма́ем
бу́дешь лови́ть	бу́дете лови́ть	пойма́ешь	пойма́ете
бу́дет лови́ть	бу́дут лови́ть	пойма́ет	пойма́ют
SUBJUNCTIVE		SUBJUNCTIVE	
лови́л бы		пойма́л бы	
лови́ла бы		пойма́ла бы	
лови́ло бы		пойма́ло бы	
лови́ли бы		пойма́ли бы	
PARTICIPLES		PARTICIPLES	
pres. active	ловя́щий	*pres. active*	—
pres. passive	лови́мый	*pres. passive*	—
past active	лови́вший	*past active*	пойма́вший
past passive	ло́вленный	*past passive*	по́йманный
VERBAL ADVERBS		VERBAL ADVERBS	
ловя́		пойма́в	
COMMANDS		**COMMANDS**	
лови́		пойма́й	
лови́те		пойма́йте	

Usage

(+acc.)(на+prep.)(+instr.)

Хозя́йка пойма́ла ку́рицу и посади́ла в сара́й. — *The woman caught the chicken and put it in the barn.*
Мальчи́шки лови́ли птиц силка́ми. — *The boys were catching birds with traps.*
Лови́ть ры́бу сетя́ми - его́ люби́мое заня́тие. — *His favorite pastime is net fishing.*
Престу́пника пойма́ли по горя́чим следа́м. — *The criminal was caught red-handed.*
По́йманный с пол́и́чным, престу́пник был аресто́ван. — *Caught red-handed, the criminal was arrested.*

Proverbs/Sayings/Idioms

Ма́льчик лови́л ка́ждое сло́во учи́теля. — *The boy was hanging on his teacher's every word.*
Она́ пойма́ла его́ взгляд и улыбну́лась. — *She caught his eye and smiled.*
Её пойма́ли на лжи. — *She was caught in a lie.*
Я пойма́ла себя́ на мы́сли, что всё ещё по́мню э́того челове́ка. — *I caught myself thinking that I still remembered this man.*
Вы обеща́ли пообе́дать с на́ми, ловлю́ вас на сло́ве. — *You promised to have dinner with us, so I am holding you to your word.*

regular type 2 verb in imp./perf. form irregular stem: **ложи+ся/irreg.**

	IMPERFECTIVE ASPECT			PERFECTIVE ASPECT	
PRESENT					
ложу́сь	ложи́мся				
ложи́шься	ложи́тесь				
ложи́тся	ложа́тся				
PAST			PAST		
ложи́лся			лёг		
ложи́лась			легла́		
ложи́лось			легло́		
ложи́лись			легли́		
FUTURE			FUTURE		
бу́ду ложи́ться	бу́дем ложи́ться		ля́гу	ля́жем	
бу́дешь ложи́ться	бу́дете ложи́ться		ля́жешь	ля́жете	
бу́дет ложи́ться	бу́дут ложи́ться		ля́жет	ля́гут	
SUBJUNCTIVE			SUBJUNCTIVE		
ложи́лся бы			лёг бы		
ложи́лась бы			легла́ бы		
ложи́лось бы			легло́ бы		
ложи́лись бы			легли́ бы		
PARTICIPLES			PARTICIPLES		
pres. active	ложа́щийся		*pres. active*	—	
pres. passive	—		*pres. passive*	—	
past active	ложи́вшийся		*past active*	лёгший	
past passive	—		*past passive*	—	
VERBAL ADVERBS			VERBAL ADVERBS		
ложа́сь			лёгши		
COMMANDS			COMMANDS		
ложи́сь			ляг		
ложи́тесь			ля́гте		

Usage

(в, на+acc.)(в, на+prep.)(+inf.)

Я ложу́сь спать в де́сять ве́чера. — *I go to bed at 10:00 P.M.*

Тума́н ложи́лся на доли́ну бе́лым покрыва́лом. — *The fog was covering the valley with a white blanket.*

В э́том году́ снег лёг ра́но. — *This year, the snow fell early.*

Ложи́сь на пра́вый бок и спи кре́пко. — *Lie on your right side and go to sleep.*

Ложа́сь в посте́ль, она́ до́лго моли́лась. — *Lying in bed, she prayed for a long time.*

Он пришёл уста́вший и лёг на крова́ть ничко́м. — *He came in tired, and lay on the bed face down.*

Proverbs/Sayings/Idioms

На нас легла́ тень подозре́ния. — *The shadow of suspicion was cast upon us.*

По́сле сме́рти му́жа на её пле́чи легло́ всё хозя́йство. — *After the death of her husband, the responsibility for the entire household fell on her shoulders.*

Его́ жизнь легла́ в осно́ву фи́льма. — *His life laid the foundation for that film.*

Я подбро́сил моне́тку, и она́ легла́ орло́м вверх. — *I tossed a coin, and it was heads up.*

От плохи́х изве́стий на его́ лицо́ легла́ тень. — *His face showed anguish from the bad news.*

ломáть(ся)/сломáть(ся) *to break, break up*

stem: **ломай+(ся)/сломай+(ся)** regular type 1 verb (like **рабóтать**)

IMPERFECTIVE ASPECT		PERFECTIVE ASPECT	
PRESENT			
ломáю(сь)	ломáем(ся)		
ломáешь(ся)	ломáете(сь)		
ломáет(ся)	ломáют(ся)		
PAST		PAST	
ломáл(ся)		сломáл(ся)	
ломáла(сь)		сломáла(сь)	
ломáло(сь)		сломáло(сь)	
ломáли(сь)		сломáли(сь)	
FUTURE		FUTURE	
бýду ломáть(ся)	бýдем ломáть(ся)	сломáю(сь)	сломáем(ся)
бýдешь ломáть(ся)	бýдете ломáть(ся)	сломáешь(ся)	сломáете(сь)
бýдет ломáть(ся)	бýдут ломáть(ся)	сломáет(ся)	сломáют(ся)
SUBJUNCTIVE		SUBJUNCTIVE	
ломáл(ся) бы		сломáл(ся) бы	
ломáла(сь) бы		сломáла(сь) бы	
ломáло(сь) бы		сломáло(сь) бы	
ломáли(сь) бы		сломáли(сь) бы	
PARTICIPLES		PARTICIPLES	
pres. active	ломáющий(ся)	*pres. active*	—
pres. passive	ломáемый	*pres. passive*	—
past active	ломáвший(ся)	*past active*	сломáвший(ся)
past passive	лóманный	*past passive*	слóманный
VERBAL ADVERBS		VERBAL ADVERBS	
ломáя(сь)		сломáв(шись)	
COMMANDS		COMMANDS	
ломáй(ся)		сломáй(ся)	
ломáйте(сь)		сломáйте(сь)	

Usage

(+acc.)(+infin.)

На нáшей ýлице ломáют стáрые домá. — *On our street they are demolishing old houses.*

Слóманные сухúе вéтки бросáли в костёр. — *Broken dried sticks were thrown into the fire.*

Революция сломáла стáрые устóи и традúции. — *The revolution broke the old foundations and traditions.*

Я сломáла машúну, бла́го онá стáрая. — *I broke the car - good thing it was old.*

Убирáя квартúру, онá ломáет нóгти. — *When cleaning the house, she breaks her nails.*

Онá ломáет хлеб на мéлкие кусóчки и раздаёт птúцам. — *She breaks the bread into small pieces and feeds it to the birds.*

Proverbs/Sayings/Idioms

Онá легкó ломáла свои плáны. — *She changed her plans easily.*

Ломáя харáктер, юноша переживáл тяжёлый períод. — *Breaking character, the young man was having a hard time.*

Онá тепéрь рýки ломáет, но помóчь уже ничéм нельзя́. — *She is wringing her hands now, but there is nothing that can be done.*

Чтóбы не ломáть семью, он старáлся закрывáть глазá на мнóгое. — *In order not to break up the family, he looked the other way.*

Я ломáю гóлову, где найтú дéньги на поéздку в Япóнию. — *I am racking my brain trying to figure out where to get the money for a trip to Japan.*

Не стóит ломáть кóпья по пустякáм. — *Don't clash swords for petty reasons.*

regular type 2 verb (like **говори́ть**) stem: **люби-/полюби-**

IMPERFECTIVE ASPECT		PERFECTIVE ASPECT	
PRESENT			
люблю́	лю́бим		
лю́бишь	лю́бите		
лю́бит	лю́бят		
PAST		PAST	
люби́л		полюби́л	
люби́ла		полюби́ла	
люби́ло		полюби́ло	
люби́ли		полюби́ли	
FUTURE		FUTURE	
бу́ду люби́ть	бу́дем люби́ть	полюблю́	полю́бим
бу́дешь люби́ть	бу́дете люби́ть	полю́бишь	полю́бите
бу́дет люби́ть	бу́дут люби́ть	полю́бит	полю́бят
SUBJUNCTIVE		SUBJUNCTIVE	
люби́л бы		полюби́л бы	
люби́ла бы		полюби́ла бы	
люби́ло бы		полюби́ло бы	
люби́ли бы		полюби́ли бы	
PARTICIPLES		PARTICIPLES	
pres. active	любя́щий	*pres. active*	—
pres. passive	—	*pres. passive*	—
past active	люби́вший	*past active*	полюби́вший
past passive	люби́мый	*past passive*	—
VERBAL ADVERBS		VERBAL ADVERBS	
любя́		полюби́в	
COMMANDS		**COMMANDS**	
люби́		полюби́	
люби́те		полюби́те	

Usage

(+acc.)(+infin.)

Джек лю́бит свою́ семью́ и свой Теха́с. *Jack loves his family and his Texas.*
Я люблю́ перечи́тывать ста́рые рома́ны. *I like to reread old novels.*
Моя́ дочь лю́бит пла́вать в мо́ре. *My daughter loves to swim in the sea.*
Её лю́бят за открове́нность и че́стность. *She is well loved for her honesty and integrity.*
Мы горячо́ лю́бим свою́ Ро́дину. *We deeply love our motherland.*
Они́ всей душо́й полюби́ли приёмного сы́на. *They fell deeply in love with their adopted son.*
Все лю́бят, когда́ она́ игра́ет на гита́ре. *Everyone loves it when she plays the guitar.*
В 20 лет я до безу́мия полюби́ла сосе́дского па́рня. *At 20, I fell madly in love with the boy next door.*
Она́ полю́била мексика́нскую ку́хню. *She fell in love with Mexican cuisine.*

Proverbs

Люби́, как ду́шу, а тряси́, как гру́шу. *Love like your soul, shake like a pear tree.*
Полюби́в, нагорю́ешься. *Fallen in love, you will shed a few tears.*
Любовь зла́ - полю́бишь и козла́. *Love is blind.*
Люби́ дело́ - ма́стером бу́дешь. *Love your job - it will make you a master.*
Лю́бишь говори́ть, люби́ и слу́шать. *If you like to talk - learn to like to listen.*

206 маха́ть/махну́ть

to wave; to wag

stem: **маха-/махну́-**

regular type 3 verb (like **пла́кать**)

	IMPERFECTIVE ASPECT		PERFECTIVE ASPECT	
PRESENT				
	машу́	ма́шем		
	ма́шешь	ма́шете		
	ма́шет	ма́шут		
PAST				
	маха́л		махну́л	
	маха́ла		махну́ла	
	маха́ло		махну́ло	
	маха́ли		махну́ли	
FUTURE				
	бу́ду маха́ть	бу́дем маха́ть	махну́	махнём
	бу́дешь маха́ть	бу́дете маха́ть	махнёшь	махнёте
	бу́дет маха́ть	бу́дут маха́ть	махнёт	махну́т
SUBJUNCTIVE				
	маха́л бы		махну́л бы	
	маха́ла бы		махну́ла бы	
	маха́ло бы		махну́ло бы	
	маха́ли бы		махну́ли бы	
PARTICIPLES				
	pres. active	ма́шущий	*pres. active*	—
	pres. passive	—	*pres. passive*	—
	past active	маха́вший	*past active*	махну́вший
	past passive	—	*past passive*	—
VERBAL ADVERBS				
	маша́		махну́в	
COMMANDS				
	маши́		махни́	
	маши́те		махни́те	

Usage

(+dat.)(+instr.)

Махну́ сере́бряным тебе́ крыло́м. (песня) — *I'll wave a silver wing to you. (song)*

Провожа́ющие на берегу́ маха́ли платка́ми и шля́пами. — *Those saying good-bye on the shore were waving their scarves and hats.*

Пти́ца махну́ла кры́льями и взмы́ла ввысь. — *The bird flapped its wings and took off.*

Она́ махну́ла руко́й, приве́тствуя нас. — *She waved her hand, greeting us.*

Пёс дружелю́бно маха́л хвосто́м. — *The dog was wagging its tail in a friendly way.*

Proverbs/Sayings/Idioms

Махнём, не гля́дя, - как на фро́нте говоря́т. (песня) — *We'll make a blind exchange - as they say at the front. (song)*

На дво́ечника Ви́тю в шко́ле махну́ли руко́й. — *The school wrote off the failing Vitya as a lost cause.*

regular type 1 verb (like **рабо́тать**) stem: **меня́й+(ся)/поменя́й+(ся)**

IMPERFECTIVE ASPECT		PERFECTIVE ASPECT	
PRESENT			
меня́ю(сь)	меня́ем(ся)		
меня́ешь(ся)	меня́ете(сь)		
меня́ет(ся)	меня́ют(ся)		
PAST		PAST	
меня́л(ся)		поменя́л(ся)	
меня́ла(сь)		поменя́ла(сь)	
меня́ло(сь)		поменя́ло(сь)	
меня́ли(сь)		поменя́ли(сь)	
FUTURE		FUTURE	
бу́ду меня́ть(ся)	бу́дем меня́ть(ся)	поменя́ю(сь)	поменя́ем(ся)
бу́дешь меня́ть(ся)	бу́дете меня́ть(ся)	поменя́ешь(ся)	поменя́ете(сь)
бу́дет меня́ть(ся)	бу́дут меня́ть(ся)	поменя́ет(ся)	поменя́ют(ся)
SUBJUNCTIVE		SUBJUNCTIVE	
меня́л(ся) бы		поменя́л(ся) бы	
меня́ла(сь) бы		поменя́ла(сь) бы	
меня́ло(сь) бы		поменя́ло(сь) бы	
меня́ли(сь) бы		поменя́ли(сь) бы	
PARTICIPLES		PARTICIPLES	
pres. active	меня́ющий(ся)	*pres. active*	—
pres. passive	меня́емый	*pres. passive*	—
past active	меня́вший(ся)	*past active*	поменя́вший(ся)
past passive	ме́нянный	*past passive*	поме́нянный
VERBAL ADVERBS		VERBAL ADVERBS	
меня́я(сь)		поменя́в(шись)	
COMMANDS		**COMMANDS**	
меня́й(ся)		поменя́й(ся)	
меня́йте(сь)		поменя́йте(сь)	

Usage

(+acc.)(на+acc.)(+instr.)(с+instr.)

В январе́ мы поменя́ли кварти́ру на бо́льшую.	*In January, we exchanged our apartment for a bigger one.*
В магази́не "Филатели́ст" меня́ют ма́рки.	*At the "Philatelist" store, people exchange stamps.*
Я поменя́ла рубли́ на до́ллары.	*I exchanged roubles for dollars.*
Ма́ма меня́ет бельё раз в две неде́ли.	*Mother changes the bed sheets twice a month.*
Мы ду́маем поменя́ть ме́сто жи́тельства и рабо́ту.	*We are thinking about changing where we live and work.*
На кни́жном база́ре я уда́чно поменя́ла Го́голя на Куприна́.	*At the book market, I successfully exchanged Gogol's book for Kuprin's.*
Тру́дно меня́ть свои́ взгля́ды и убежде́ния.	*It is hard to change your own outlooks and convictions.*
Она́ поменя́ла вне́шность, но э́то не меня́ет су́ти.	*She changed her appearance, but it does not change the essence.*
Нам принесли́ извине́ния, и э́то меня́ет де́ло.	*They apologized, and it changed everything.*
Самолёт поменя́л курс.	*The plane changed its direction.*

Sayings

Он меня́ет ши́ло на мы́ло.	*He jumped out of the frying pan into the fire.*

ме́рить/изме́рить

to measure

stem: **ме́ри-/изме́ри-**

regular type 2 verb (like **ви́деть**)

IMPERFECTIVE ASPECT		PERFECTIVE ASPECT	
PRESENT			
ме́рю	ме́рим		
ме́ришь	ме́рите		
ме́рит	ме́рят		
PAST		**PAST**	
ме́рил		изме́рил	
ме́рила		изме́рила	
ме́рило		изме́рило	
ме́рили		изме́рили	
FUTURE		**FUTURE**	
бу́ду ме́рить	бу́дем ме́рить	изме́рю	изме́рим
бу́дешь ме́рить	бу́дете ме́рить	изме́ришь	изме́рите
бу́дет ме́рить	бу́дут ме́рить	изме́рит	изме́рят
SUBJUNCTIVE		**SUBJUNCTIVE**	
ме́рил бы		изме́рил бы	
ме́рила бы		изме́рила бы	
ме́рило бы		изме́рило бы	
ме́рили бы		изме́рили бы	
PARTICIPLES		**PARTICIPLES**	
pres. active	ме́рящий	*pres. active*	—
pres. passive	ме́римый	*pres. passive*	—
past active	ме́ривший	*past active*	изме́ривший
past passive	ме́ренный	*past passive*	изме́ренный
VERBAL ADVERBS		**VERBAL ADVERBS**	
ме́ряя		изме́рив	
COMMANDS		**COMMANDS**	
ме́рь		изме́рь	
ме́рьте		изме́рьте	

Usage

(+acc.)(+instr.)

Строи́тели измеря́ют уча́сток ме́тром. — *Construction workers are measuring the site using measuring tape.*

Ребёнку изме́рили температу́ру и да́ли тёплое питьё. — *They took the child's temperature and gave him a warm drink.*

Ма́стер на глаз ме́рил ткань. — *The craftsman measured the cloth by sight.*

Proverbs/Sayings/Idioms

Умо́м Росси́ю не поня́ть,
арши́ном о́бщим не изме́рить. (Ф.И.Тю́тчев) — *Russia cannot be understood with a mind, nor measured with a common ruler. (F.I. Tyutchev)*

Он не́рвно ме́рил шага́ми коридо́р. — *He was nervously pacing the length of the corridor.*

Мужи́к сме́рил де́вушек глаза́ми. — *The guy looked the girls up and down.*

Не сто́ит ме́рить всех на свой арши́н. — *Don't measure everyone by your own yardstick.*

Пе́тя всех по себе́ ме́рит. — *Peter judges everyone against by his own standards.*

regular type 1 verb (like **рабо́тать**) stem: **мечта́й-/помечта́й-**

IMPERFECTIVE ASPECT		PERFECTIVE ASPECT	
PRESENT			
мечта́ю	мечта́ем		
мечта́ешь	мечта́ете		
мечта́ет	мечта́ют		
PAST		**PAST**	
мечта́л		помечта́л	
мечта́ла		помечта́ла	
мечта́ло		помечта́ло	
мечта́ли		помечта́ли	
FUTURE		**FUTURE**	
бу́ду мечта́ть	бу́дем мечта́ть	помечта́ю	помечта́ем
бу́дешь мечта́ть	бу́дете мечта́ть	помечта́ешь	помечта́ете
бу́дет мечта́ть	бу́дут мечта́ть	помечта́ет	помечта́ют
SUBJUNCTIVE		**SUBJUNCTIVE**	
мечта́л бы		помечта́л бы	
мечта́ла бы		помечта́ла бы	
мечта́ло бы		помечта́ло бы	
мечта́ли бы		помечта́ли бы	
PARTICIPLES		**PARTICIPLES**	
pres. active	мечта́ющий	*pres. active*	—
pres. passive	—	*pres. passive*	—
past active	мечта́вший	*past active*	помечта́вший
past passive	—	*past passive*	—
VERBAL ADVERBS		**VERBAL ADVERBS**	
мечта́я		помечта́в	
COMMANDS		**COMMANDS**	
мечта́й		помечта́й	
мечта́йте		помечта́йте	

Usage

(о+prep.)(+inf.)

В де́тстве мы мечта́ли о сла́ве.	*In childhood, we dreamed of glory.*
Тепе́рь я мечта́ю о споко́йной жи́зни.	*Now I dream about a peaceful life.*
Почему́ бы не помечта́ть о сча́стье?	*Why not dream about happiness?*
Мы мечта́ли, как мы прие́дем когда́-нибудь в Аме́рику.	*We dreamed how one day we would come to America.*
Мой муж мечта́ет вы́играть миллио́н.	*My husband dreams about winning one million dollars.*
Я мечта́ю перее́хать на восто́чное побере́жье.	*I dream about moving to the East Coast.*
Моя́ дочь мечта́ет, что за́втра прилети́т в Монтере́й.	*My daughter is dreaming that tomorrow she will come to Monterey.*
Я мечта́ю, что́бы мир стал добре́е.	*I am dreaming about a kinder world.*

меша́ть/помеша́ть *to bother, disturb*

stem: **меша́й-/помеша́й-** regular type 1 verb (like **рабо́тать**)

IMPERFECTIVE ASPECT		PERFECTIVE ASPECT	
PRESENT			
меша́ю	меша́ем		
меша́ешь	меша́ете		
мешает	меша́ют		
PAST		**PAST**	
меша́л		помеша́л	
меша́ла		помеша́ла	
меша́ло		помеша́ло	
меша́ли		помеша́ли	
FUTURE		**FUTURE**	
бу́ду меша́ть	бу́дем меша́ть	помеша́ю	помеша́ем
бу́дешь меша́ть	бу́дете меша́ть	помеша́ешь	помеша́ете
бу́дет меша́ть	бу́дут меша́ть	помешает	помеша́ют
SUBJUNCTIVE		**SUBJUNCTIVE**	
меша́л бы		помеша́л бы	
меша́ла бы		помеша́ла бы	
меша́ло бы		помеша́ло бы	
меша́ли бы		помеша́ли бы	
PARTICIPLES		**PARTICIPLES**	
pres. active	меша́ющий	*pres. active*	—
pres. passive	—	*pres. passive*	—
past active	меша́вший	*past active*	помеша́вший
past passive	—	*past passive*	—
VERBAL ADVERBS		**VERBAL ADVERBS**	
меша́я		помеша́в	
COMMANDS		**COMMANDS**	
меша́й		помеша́й	
меша́йте		помеша́йте	

Usage

(+dat.)(в+prep.)(+instr.)

Извини́те, что помеша́ла.	*Forgive me for bothering you.*
Не меша́йте нам рабо́тать.	*Don't bother us at work.*
Этот ма́льчик меша́ет всему́ кла́ссу учи́ться.	*This boy is disturbing the entire class.*
Его́ хара́ктер меша́ет его́ карье́ре.	*His personality stands in the way of his career.*
Мать помеша́ла суп ло́жкой и ещё раз попро́бовала.	*The mother stirred the soup with a spoon and tasted it again.*
Продаве́ц меша́л вино́ с водо́й.	*The salesman was mixing wine with water.*
Ску́льптор ле́пит фигу́ры, меша́я гли́ну с водо́й и песко́м.	*The sculptor makes the sculpture by mixing clay with water and sand.*
Маши́на останови́лась посреди́ у́лицы, меша́я движе́нию тра́нспорта.	*The car stopped in the middle of the street, obstructing traffic.*
Комары́ и мо́шки меша́ют спать на да́че.	*Mosquitoes and gnats are bothering us in our sleep in the summer house.*

Idioms

Вам не меша́ло бы заня́ться собо́й.	*You should start taking care of yourself.*

regular type 2 verb (like **говори́ть**) stem: **молча́-/замолча́-**

IMPERFECTIVE ASPECT		PERFECTIVE ASPECT	
PRESENT			
молчу́	молчи́м		
молчи́шь	молчи́те		
молчи́т	молча́т		
PAST		PAST	
молча́л		замолча́л	
молча́ла		замолча́ла	
молча́ло		замолча́ло	
молча́ли		замолча́ли	
FUTURE		FUTURE	
бу́ду молча́ть	бу́дем молча́ть	замолчу́	замолчи́м
бу́дешь молча́ть	бу́дете молча́ть	замолчи́шь	замолчи́те
бу́дет молча́ть	бу́дут молча́ть	замолчи́т	замолча́т
SUBJUNCTIVE		SUBJUNCTIVE	
молча́л бы		замолча́л бы	
молча́ла бы		замолча́ла бы	
молча́ло бы		замолча́ло бы	
молча́ли бы		замолча́ли бы	
PARTICIPLES		PARTICIPLES	
pres. active	молча́щий	*pres. active*	—
pres. passive	—	*pres. passive*	—
past active	молча́вший	*past active*	замолча́вший
past passive	—	*past passive*	—
VERBAL ADVERBS		VERBAL ADVERBS	
молча́		замолча́в	
COMMANDS		COMMANDS	
молчи́		замолчи́	
молчи́те		замолчи́те	

Usage

(о+prep.)

Он не молча́л о чужи́х оши́бках. — *He would not keep quiet about someone else's mistakes.*

Замолчи́, ты мешаёшь слу́шать ра́дио. — *Be quiet! I am listening to the radio.*

Лю́ди молча́т о свои́х недоста́тках. — *People keep quiet about their shortcomings.*

Молча́вший ме́дный самова́р наконе́ц загуде́л. — *The silent copper samovar finally started humming.*

Они́ молча́ли о том, что случи́лось. — *They kept quiet about what happened.*

Она́ год писа́ла пи́сьма, а пото́м замолча́ла. — *She wrote letters for a year, then she stopped.*

Молча́щий лес вдруг напо́лнился ночны́ми зву́ками. — *The silent forest was suddenly filled with the sounds of the night.*

Proverbs

Молчи́ - за у́много сойдёшь. — *Be quiet - you could pass for a smart person that way.*

мочь/смочь

to be able

stem: **irreg./irreg.**

imp. & perf. forms irregular; imp. future not used

IMPERFECTIVE ASPECT		PERFECTIVE ASPECT	
PRESENT			
могу́	мо́жем		
мо́жешь	мо́жете		
мо́жет	мо́гут		
PAST		PAST	
мог		смог	
могла́		смогла́	
могло́		смогло́	
могли́		смогли́	
FUTURE		FUTURE	
—	—	смогу́	смо́жем
—	—	смо́жешь	смо́жете
—	—	смо́жет	смо́гут
SUBJUNCTIVE		SUBJUNCTIVE	
мог бы		смог бы	
могла́ бы		смогла́ бы	
могло́ бы		смогло́ бы	
могли́ бы		смогли́ бы	
PARTICIPLES		PARTICIPLES	
pres. active	могу́щий	*pres. active*	—
pres. passive	—	*pres. passive*	—
past active	мо́гший	*past active*	смо́гший
past passive	—	*past passive*	—
VERBAL ADVERBS		VERBAL ADVERBS	
—		смо́гши	
COMMANDS		**COMMANDS**	
—		смоги́	
—		смоги́те	

Usage

(+inf.)

Я не могу́ поня́ть, как э́то случи́лось. — *I cannot understand how this happened.*
Мо́жет быть, они́ прие́дут к нам ле́том. — *Maybe they will visit us this summer.*
Вы смо́жете помо́чь сы́ну по фи́зике? — *Can you help your son with physics?*
Наконе́ц мы смогли́ купи́ть дом. — *Finally, we were able to buy a house.*
Он мог бы стать худо́жником, писа́телем, но он поги́б в нача́ле войны́. — *He could have become an artist or a writer, but he was killed at the beginning of the war.*

Idioms

Не мо́жет быть! — *That's impossible!*

imp./perf. forms irregular; **о-ы** stem alternation stem: **мо́й+(ся)/помо́й+(ся)**

IMPERFECTIVE ASPECT		PERFECTIVE ASPECT	
PRESENT			
мо́ю(сь)	мо́ем(ся)		
мо́ешь(ся)	мо́ете(сь)		
мо́ет(ся)	мо́ют(ся)		
PAST		**PAST**	
мы́л(ся)		помы́л(ся)	
мы́ла(сь)		помы́ла(сь)	
мы́ло(сь)		помы́ло(сь)	
мы́ли(сь)		помы́ли(сь)	
FUTURE		**FUTURE**	
бу́ду мы́ть(ся)	бу́дем мы́ть(ся)	помо́ю(сь)	помо́ем(ся)
бу́дешь мы́ть(ся)	бу́дете мы́ть(ся)	помо́ешь(ся)	помо́ете(сь)
бу́дет мы́ть(ся)	бу́дут мы́ть(ся)	помо́ет(ся)	помо́ют(ся)
SUBJUNCTIVE		**SUBJUNCTIVE**	
мы́л(ся) бы		помы́л(ся) бы	
мы́ла(сь) бы		помы́ла(сь) бы	
мы́ло(сь) бы		помы́ло(сь) бы	
мы́ли(сь) бы		помы́ли(сь) бы	
PARTICIPLES		**PARTICIPLES**	
pres. active	мо́ющий(ся)	*pres. active*	—
pres. passive	—	*pres. passive*	—
past active	мы́вший(ся)	*past active*	помы́вший(ся)
past passive	мы́тый	*past passive*	помы́тый
VERBAL ADVERBS		**VERBAL ADVERBS**	
мо́я(сь)		помы́в(шись)	
COMMANDS		**COMMANDS**	
мо́й(ся)		помо́й(ся)	
мо́йте(сь)		помо́йте(сь)	

Usage

(+acc.)(в, на+prep.)(под+instr.)(с+instr.)(+instr.)

Мы привы́кли мыть посу́ду рука́ми в ра́ковине.	*We were used to washing dishes in the sink by hand.*
Помо́й ру́ки с мы́лом и сади́сь к столу́ обе́дать.	*Wash your hands with soap and sit down to dinner.*
Я мо́ю полы́ раз в неде́лю.	*I wash the floors once a week.*
Он хорошо́ помы́лся в ба́не.	*He took a nice bath at the bath house.*
Мо́я маши́ну свои́ми рука́ми, он эконо́мит де́ньги.	*By washing his car himself, he saves money.*
Де́вочка помы́ла во́лосы шампу́нем в тёплой воде́.	*The girl washed her hair with shampoo in warm water.*
Мать мы́ла ребёнка в ва́нночке.	*The mother washed her child in a tub.*

Idioms

Не люблю́, когда́ мне ко́сти мо́ют.	*I don't like it when people gossip about me.*

214 набира́ть/набра́ть

to gather, collect; to dial

stem: **набира́й-/наб/ра́-**

regular type 1 verb in imp./perf. form irregular

IMPERFECTIVE ASPECT		PERFECTIVE ASPECT	
PRESENT			
набира́ю	набира́ем		
набира́ешь	набира́ете		
набира́ет	набира́ют		
PAST		**PAST**	
набира́л		набра́л	
набира́ла		набрала́	
набира́ло		набра́ло	
набира́ли		набра́ли	
FUTURE		**FUTURE**	
бу́ду набира́ть	бу́дем набира́ть	наберу́	наберём
бу́дешь набира́ть	бу́дете набира́ть	наберёшь	наберёте
бу́дет набира́ть	бу́дут набира́ть	наберёт	наберу́т
SUBJUNCTIVE		**SUBJUNCTIVE**	
набира́л бы		набра́л бы	
набира́ла бы		набрала́ бы	
набира́ло бы		набра́ло бы	
набира́ли бы		набра́ли бы	
PARTICIPLES		**PARTICIPLES**	
pres. active	набира́ющий	*pres. active*	—
pres. passive	набира́емый	*pres. passive*	—
past active	набира́вший	*past active*	набра́вший
past passive	—	*past passive*	на́бранный
VERBAL ADVERBS		**VERBAL ADVERBS**	
набира́я		набра́в	
COMMANDS		**COMMANDS**	
набира́й		набери́	
набира́йте		набери́те	

Usage

(+acc.)(в, на+acc.)

Набра́ли мно́го преподава́телей ру́сского языка́. — *They hired a lot of Russian instructors.*

Набира́ть шри́фт в типогра́фии мог лишь гра́мотный челове́к. — *Only an articulate person could select letters at the printing plant.*

Тепе́рь бу́дут набира́ть мно́го студе́нтов на факульте́т ара́бского языка́. — *A lot of students will be chosen to study in the Arabic department.*

Де́вушка, набра́вшая цвето́в в саду, поста́вила их в ва́зу. — *The girl, having collected the flowers from the garden, placed them in a vase.*

В дере́вне мы набира́ли во́ду из коло́дца. — *We took water from the well in the village.*

Ма́льчик набра́л в себя́ во́здуха и нырну́л в ре́чку. — *The boy took a deep breath and dove into the river.*

Она́ набрала́ ку́чу стате́й и се́ла чита́ть. — *She grabed a stack of articles and sat down to read (them).*

Как набра́ть но́мер по моде́му? — *How do you dial a number by modem?*

Idioms

Я молчу́, как в рот воды́ набрала́. — *I won't say a word.*

regular type 1 verb (like **рабо́тать**) stem: **наблюда́й-/понаблюда́й-**

IMPERFECTIVE ASPECT		PERFECTIVE ASPECT	
PRESENT			
наблюда́ю	наблюда́ем		
наблюда́ешь	наблюда́ете		
наблюда́ет	наблюда́ют		
PAST		PAST	
наблюда́л		понаблюда́л	
наблюда́ла		понаблюда́ла	
наблюда́ло		понаблюда́ло	
наблюда́ли		понаблюда́ли	
FUTURE		FUTURE	
бу́ду наблюда́ть	бу́дем наблюда́ть	понаблюда́ю	понаблюда́ем
бу́дешь наблюда́ть	бу́дете наблюда́ть	понаблюда́ешь	понаблюда́ете
бу́дет наблюда́ть	бу́дут наблюда́ть	понаблюда́ет	понаблюда́ют
SUBJUNCTIVE		SUBJUNCTIVE	
наблюда́л бы		понаблюда́л бы	
наблюда́ла бы		понаблюда́ла бы	
наблюда́ло бы		понаблюда́ло бы	
наблюда́ли бы		понаблюда́ли бы	
PARTICIPLES		PARTICIPLES	
pres. active	наблюда́ющий	*pres. active*	—
pres. passive	наблюда́емый	*pres. passive*	—
past active	наблюда́вший	*past active*	понаблюда́вший
past passive	—	*past passive*	—
VERBAL ADVERBS		VERBAL ADVERBS	
наблюда́я		понаблюда́в	
COMMANDS		**COMMANDS**	
наблюда́й		понаблюда́й	
наблюда́йте		понаблюда́йте	

Usage

(+acc.)(за+instr.)

До́ктор наблюда́ет больно́го гри́ппом.	*The doctor observes the patient with flu.*
Здесь при́стально наблюда́ют за все́ми.	*Here they watch everyone very closely.*
Мы наблюда́ли, как выдуваю́т стекло́.	*We watched how they blow glass.*
Они́ наблюда́ли за ры́бами в аква́риуме.	*They observed the fish in the aquarium.*
Руково́дство наблюда́ет, что де́лают подчинённые.	*Management observes the employees' performance.*
Часовы́е с вы́шки наблюда́ют за ла́герем.	*Guards are watching the camp from the towers.*
Ма́тери наблюда́ли за детьми́ на площа́дке.	*Mothers were watching the kids on the playground.*
Постово́й милиционе́р наблюда́л за у́личным движе́нием.	*The traffic-control policeman was observing the traffic.*
Мы наблюда́ли захо́д со́лнца.	*We watched the sunset.*
Интере́сно наблюда́ть за разви́тием собы́тий.	*It is quite interesting to observe the development of events.*

216

надева́ть/наде́ть

to dress, put on

stem: **надева́й-/наде́н-** regular type 1 verb in imp./perf. form irregular

IMPERFECTIVE ASPECT		PERFECTIVE ASPECT	
PRESENT			
надева́ю	надева́ем		
надева́ешь	надева́ете		
надева́ет	надева́ют		
PAST		**PAST**	
надева́л		наде́л	
надева́ла		наде́ла	
надева́ло		наде́ло	
надева́ли		наде́ли	
FUTURE		**FUTURE**	
бу́ду надева́ть	бу́дем надева́ть	наде́ну	наде́нем
бу́дешь надева́ть	бу́дете надева́ть	наде́нешь	наде́нете
бу́дет надева́ть	бу́дут надева́ть	наде́нет	наде́нут
SUBJUNCTIVE		**SUBJUNCTIVE**	
надева́л бы		наде́л бы	
надева́ла бы		наде́ла бы	
надева́ло бы		наде́ло бы	
надева́ли бы		наде́ли бы	
PARTICIPLES		**PARTICIPLES**	
pres. active	надева́ющий	*pres. active*	—
pres. passive	надева́емый	*pres. passive*	—
past active	надева́вший	*past active*	наде́вший
past passive	—	*past passive*	наде́тый
VERBAL ADVERBS		**VERBAL ADVERBS**	
надева́я		наде́в	
COMMANDS		**COMMANDS**	
надева́й		наде́нь	
надева́йте		наде́ньте	

Usage

(+acc.)(на+acc.)(+dat.)(c+instr.)(+instr.)

В де́тстве на меня́ надева́ли шу́бу и ва́ленки. *When I was a child, I dressed in a fur coat and felt boots.*

Я наде́ла та́почки и пошла́ забра́ть по́чту. *I put slippers on and went to get the mail.*

Новобра́чные наде́ли ко́льца друг дру́гу. *Newlyweds put the rings on each other's finger.*

Не надева́йте э́ту блу́зку, она вас ста́рит. *Don't wear this blouse; it makes you look older.*

Аресто́ванным наде́ли нару́чники и посади́ли в маши́ну. *They put handcuffs on the detainees and put them in a car.*

217 надéяться/понадéяться

to hope, wish

regular type 3 verb (like **плáкать**)

stem: **надéя+ся/понадéя+ся**

IMPERFECTIVE ASPECT		PERFECTIVE ASPECT	
PRESENT			
надéюсь	надéемся		
надéешься	надéетесь		
надéется	надéются		
PAST		**PAST**	
надéялся		понадéялся	
надéялась		понадéялась	
надéялось		понадéялось	
надéялись		понадéялись	
FUTURE		**FUTURE**	
бýду надéяться	бýдем надéяться	понадéюсь	понадéемся
бýдешь надéяться	бýдете надéяться	понадéешься	понадéетесь
бýдет надéяться	бýдут надéяться	понадéется	понадéются
SUBJUNCTIVE		**SUBJUNCTIVE**	
надéялся бы		понадéялся бы	
надéялась бы		понадéялась бы	
надéялось бы		понадéялось бы	
надéялись бы		понадéялись бы	
PARTICIPLES		**PARTICIPLES**	
pres. active	надéющийся	*pres. active*	—
pres. passive	—	*pres. passive*	—
past active	надéявшийся	*past active*	понадéявшийся
past passive	—	*past passive*	—
VERBAL ADVERBS		**VERBAL ADVERBS**	
надéясь		понадéявшись	
COMMANDS		**COMMANDS**	
надéйся		понадéйся	
надéйтесь		понадéйтесь	

Usage

(на+acc.)(+inf.)

Мы надéемся на лýчшие временá.	*We wish for better times.*
Понадéйся на негó, а сдéлай сам.	*You can hope he will come through, but do it yourself anyway.*
Поля́рники надéялись на пóмощь с материкá.	*Workers on the North Pole were hoping help will come from the mainland.*
Надéясь на успéх дéла, мы всё же мнóго рабóтаем.	*Hoping for success, we all the more work very hard.*
Не надéйтесь на свою пáмять, запи́сывайте в тетрáдь.	*Don't rely on your memory; write it down in the notebook.*
Он надéется получи́ть нóвую рабóту веснóй.	*He is hoping to get a new job this spring.*
Мы надéемся, что самолёт прилети́т по расписáнию.	*We hope the plane will land on time.*
Я не зря надéюсь на негó, как на кáменную стенý.	*I completely rely on him.*

218 надоеда́ть/надое́сть

to be tired of; to pester

stem: **надоеда́й-/irreg.** regular type 1 verb in imp./perf. form irregular

IMPERFECTIVE ASPECT		PERFECTIVE ASPECT	
PRESENT			
надоеда́ю	надоеда́ем		
надоеда́ешь	надоеда́ете		
надоеда́ет	надоеда́ют		
PAST		**PAST**	
надоеда́л		надое́л	
надоеда́ла		надое́ла	
надоеда́ло		надое́ло	
надоеда́ли		надое́ли	
FUTURE		**FUTURE**	
бу́ду надоеда́ть	бу́дем надоеда́ть	надое́м	надоеди́м
бу́дешь надоеда́ть	бу́дете надоеда́ть	надое́шь	надоеди́те
бу́дет надоеда́ть	бу́дут надоеда́ть	надое́ст	надоедя́т
SUBJUNCTIVE		**SUBJUNCTIVE**	
надоеда́л бы		надое́л бы	
надоеда́ла бы		надое́ла бы	
надоеда́ло бы		надое́ло бы	
надоеда́ли бы		надое́ли бы	
PARTICIPLES		**PARTICIPLES**	
pres. active	надоеда́ющий	*pres. active*	—
pres. passive	—	*pres. passive*	—
past active	надоеда́вший	*past active*	надое́вший
past passive	—	*past passive*	—
VERBAL ADVERBS		**VERBAL ADVERBS**	
надоеда́я		надое́в	
COMMANDS		**COMMANDS**	
надоеда́й		надое́шь	
надоеда́йте		надое́шьте	

Usage

(+dat.)(+instr.)

Она́ мне так надое́ла свои́ми звонка́ми! — *I am so sick and tired of her calls!*

Ма́льчик надоеда́ет всем вопро́сами. — *The boy pesters everybody with his questions.*

Де́ти надоеда́ют роди́телям про́сьбами. — *The children are pestering their parents with their requests.*

Нам надое́ло слу́шать пусты́е обеща́ния. — *We were tired of listening to empty promises.*

Idioms

Он всем здесь до́ смерти надое́л. — *Everyone here is sick to death of him.*

regular type 1 verb in imp./perf. form type 2 stem: **назнача́й-/назна́чи-**

IMPERFECTIVE ASPECT		PERFECTIVE ASPECT	
PRESENT			
назнача́ю	назнача́ем		
назнача́ешь	назнача́ете		
назнача́ет	назнача́ют		
PAST		**PAST**	
назнача́л		назна́чил	
назнача́ла		назна́чила	
назнача́ло		назна́чило	
назнача́ли		назна́чили	
FUTURE		**FUTURE**	
бу́ду назнача́ть	бу́дем назнача́ть	назна́чу	назна́чим
бу́дешь назнача́ть	бу́дете назнача́ть	назна́чишь	назна́чите
бу́дет назнача́ть	бу́дут назнача́ть	назна́чит	назна́чат
SUBJUNCTIVE		**SUBJUNCTIVE**	
назнача́л бы		назна́чил бы	
назнача́ла бы		назна́чила бы	
назнача́ло бы		назна́чило бы	
назнача́ли бы		назна́чили бы	
PARTICIPLES		**PARTICIPLES**	
pres. active	назнача́ющий	*pres. active*	—
pres. passive	назнача́емый	*pres. passive*	—
past active	назнача́вший	*past active*	назна́чивший
past passive	—	*past passive*	назна́ченный
VERBAL ADVERBS		**VERBAL ADVERBS**	
назнача́я		назна́чив/назна́чивши	
COMMANDS		**COMMANDS**	
назнача́й		назна́чь	
назнача́йте		назна́чьте	

Usage

(+acc.)(на+acc.)(+instr.)

Нача́льник назна́чил меня́ свои́м замести́телем.	*The boss appointed me his deputy.*
Его́ назна́чили в отста́ющую брига́ду.	*He was assigned to the team that was lagging behind.*
Нам назна́чили но́вые обя́занности.	*We were assigned new duties.*
Дом назна́чили на капита́льный ремо́нт.	*The building was scheduled for a complete reconstruction.*
Шко́льный зал назначаю́т для проведе́ния конфере́нции.	*The school gym is set up for the conference.*
Мужа назна́чили руководи́ть семина́ром.	*My husband was assigned to oversee the seminar.*
До́ктор назна́чил больно́му но́вое лека́рство.	*The doctor prescribed the patient a new medicine.*
Она́ назна́чила мне свида́ние у фонта́на.	*She set up a date with me at the fountain.*
Назнача́йте встре́чу на де́сять утра́.	*Set up the meeting for 10:00 A.M.*
Адвока́т был назна́чен в коми́ссию по рассле́дованию.	*The attorney was appointed to the investigating commission.*

220 называ́ть(ся)/назва́ть(ся)

to name, call, be called

stem: **называ́й+(ся)/наз/ва́+(ся)**

regular type 1 verb in imp./perf. form type 2

IMPERFECTIVE ASPECT		PERFECTIVE ASPECT	
PRESENT			
называ́ю(сь)	называ́ем(ся)		
называ́ешь(ся)	называ́ете(сь)		
называ́ет(ся)	называ́ют(ся)		
PAST		**PAST**	
называ́л(ся)		назва́л(ся)	
называ́ла(сь)		назвала́(сь)	
называ́ло(сь)		назва́ло(сь)	
называ́ли(сь)		назва́ли(сь)	
FUTURE		**FUTURE**	
бу́ду называ́ть(ся)	бу́дем называ́ть(ся)	назову́(сь)	назовём(ся)
бу́дешь называ́ть(ся)	бу́дете называ́ть(ся)	назовёшь(ся)	назовёте(сь)
бу́дет называ́ть(ся)	бу́дут называ́ть(ся)	назовёт(ся)	назову́т(ся)
SUBJUNCTIVE		**SUBJUNCTIVE**	
называ́л(ся) бы		назва́л(ся) бы	
называ́ла(сь) бы		назвала́(сь) бы	
называ́ло(сь) бы		назва́ло(сь) бы	
называ́ли(сь) бы		назва́ли(сь) бы	
PARTICIPLES		**PARTICIPLES**	
pres. active	называ́ющий(ся)	*pres. active*	—
pres. passive	называ́емый	*pres. passive*	—
past active	называ́вший(ся)	*past active*	назва́вший(ся)
past passive	—	*past passive*	на́званный
VERBAL ADVERBS		**VERBAL ADVERBS**	
называ́я(сь)		назва́в(шись)	
COMMANDS		**COMMANDS**	
называ́й(ся)		назови́(сь)	
называ́йте(сь)		назови́те(сь)	

Usage

(+acc.)(+instr.)

Как вас называ́ть - Пе́тя или Пётр? — *How should I call you - Pete or Peter?*
Назови́те гла́вные города́ Росси́и. — *Please name the major Russian cities.*
Мы назва́ли дочь по име́ни ба́бушки. — *We named our daughter after grandmother.*
Меня́ назва́ли в честь герои́ни поэ́мы Пу́шкина. — *I was named after the heroine in Pushkin's poem.*
Отца́ назва́ли и́менем де́душки. — *Father was named after grandfather.*
Её нельзя́ назва́ть краса́вицей. — *You can't call her beautiful.*
Он назва́л своё выступле́ние уда́чным. — *He would call his presentation a success.*
Называ́йте меня́ по и́мени-о́тчеству. — *Please call me by my first name and patronymic.*

Дека́н назвала́ лу́чших студе́нтов. — *The dean named the best students.*
Я люблю́ называ́ть ве́щи свои́ми имена́ми. — *I like to call things by their true names.*

Proverbs

Назови́ хоть горшко́м, то́лько в печь не сади́! — *Call me a pot, just don't stick me in the oven.*

regular type 1 verb in imp./perf. form type 3 stem: **нака́зывай-/накаж-**

IMPERFECTIVE ASPECT		PERFECTIVE ASPECT	
PRESENT			
нака́зываю	нака́зываем		
нака́зываешь	нака́зываете		
нака́зывает	нака́зывают		
PAST		**PAST**	
нака́зывал		наказа́л	
нака́зывала		наказа́ла	
нака́зывало		наказа́ло	
нака́зывали		наказа́ли	
FUTURE		**FUTURE**	
бу́ду нака́зывать	бу́дем нака́зывать	накажу́	нака́жем
бу́дешь нака́зывать	бу́дете нака́зывать	нака́жешь	нака́жете
бу́дет нака́зывать	бу́дут нака́зывать	нака́жет	нака́жут
SUBJUNCTIVE		**SUBJUNCTIVE**	
нака́зывал бы		наказа́л бы	
нака́зывала бы		наказа́ла бы	
нака́зывало бы		наказа́ло бы	
нака́зывали бы		наказа́ли бы	
PARTICIPLES		**PARTICIPLES**	
pres. active	нака́зывающий	*pres. active*	—
pres. passive	нака́зываемый	*pres. passive*	—
past active	нака́зывавший	*past active*	наказа́вший
past passive	—	*past passive*	нака́занный
VERBAL ADVERBS		**VERBAL ADVERBS**	
нака́зывая		наказа́в	
COMMANDS		**COMMANDS**	
нака́зывай		накажи́	
нака́зывайте		накажи́те	

Usage

(+acc.)(за+acc.)(+instr.)

Престу́пника стро́го наказа́ли за преступле́ние. — *The criminal was severely punished for his crime.*

Иногда́ я нака́зываю его́ молча́нием. — *Sometimes I punish him with my silence.*

Винова́тых ну́жно наказа́ть по заслу́гам. — *The guilty should be punished for their crimes.*

Учи́тель наказа́л ученика́ за разгово́ры на уро́ке. — *The teacher punished the student for talking during class.*

Его́ нака́зывали так ча́сто, что он уже́ не реаги́ровал на э́то. — *He was punished so often, that he stopped responding to it.*

Нака́занный ма́льчик стоя́л в углу́. — *The punished boy was standing in the corner.*

222 накрыва́ть/накры́ть *to cover*

stem: **накрыва́й-/накро́й-** regular type 1 verb in imp./perf. form irregular

	IMPERFECTIVE ASPECT			PERFECTIVE ASPECT	
PRESENT					
	накрыва́ю	накрыва́ем			
	накрыва́ешь	накрыва́ете			
	накрыва́ет	накрыва́ют			
PAST			PAST		
	накрыва́л			накры́л	
	накрыва́ла			накры́ла	
	накрыва́ло			накры́ло	
	накрыва́ли			накры́ли	
FUTURE			FUTURE		
	бу́ду накрыва́ть	бу́дем накрыва́ть		накро́ю	накро́ем
	бу́дешь накрыва́ть	бу́дете накрыва́ть		накро́ешь	накро́ете
	бу́дет накрыва́ть	бу́дут накрыва́ть		накро́ет	накро́ют
SUBJUNCTIVE			SUBJUNCTIVE		
	накрыва́л бы			накры́л бы	
	накрыва́ла бы			накры́ла бы	
	накрыва́ло бы			накры́ло бы	
	накрыва́ли бы			накры́ли бы	
PARTICIPLES			PARTICIPLES		
	pres. active	накрыва́ющий		*pres. active*	—
	pres. passive	накрыва́емый		*pres. passive*	—
	past active	накрыва́вший		*past active*	накры́вший
	past passive	—		*past passive*	накры́тый
VERBAL ADVERBS			VERBAL ADVERBS		
	накрыва́я			накры́в	
COMMANDS			**COMMANDS**		
	накрыва́й			накро́й	
	накрыва́йте			накро́йте	

Usage

(+acc.)(+instr.)

По пра́здникам я накрыва́ла бога́тый стол. *On holidays I set up an elaborate table.*
Ма́ма накры́ла на стол и позвала́ нас у́жинать. *Mother set the table and called us to dinner.*
Хозя́йка в ожида́нии госте́й накры́ла стол бе́лой ска́тертью. *The hostess covered the table with a white tablecloth while waiting for the guests to arrive.*
Она́ накры́ла ребёнка одея́лом. *She covered the child with a blanket.*
Стари́к накры́л пле́чи жены́ пухо́вым платко́м. *The old man covered his wife's shoulders with a down shawl.*

Накрыва́йте ро́зы, идёт си́льная гроза́. *Cover the roses; a big storm is coming.*
Снегопа́д внеза́пно накры́л у́лицы. *Snowfall suddenly covered the streets with a blanket of snow.*

regular type 1 verb in imp./perf. form irregular stem: **налива́й-/нальй-**

IMPERFECTIVE ASPECT		PERFECTIVE ASPECT	
PRESENT			
налива́ю	налива́ем		
налива́ешь	налива́ете		
налива́ет	налива́ют		
PAST		PAST	
налива́л		нали́л (на́лил)	
налива́ла		налила́	
налива́ло		нали́ло (на́лило)	
налива́ли		нали́ли (на́лили)	
FUTURE		FUTURE	
бу́ду налива́ть	бу́дем налива́ть	налью́	нальём
бу́дешь налива́ть	бу́дете налива́ть	нальёшь	нальёте
бу́дет налива́ть	бу́дут налива́ть	нальёт	налью́т
SUBJUNCTIVE		SUBJUNCTIVE	
налива́л бы		нали́л бы	
налива́ла бы		налила́ бы	
налива́ло бы		нали́ло бы	
налива́ли бы		нали́ли бы	
PARTICIPLES		PARTICIPLES	
pres. active	налива́ющий	*pres. active*	—
pres. passive	налива́емый	*pres. passive*	—
past active	налива́вший	*past active*	нали́вший
past passive	—	*past passive*	нали́тый (на́литый)
VERBAL ADVERBS		VERBAL ADVERBS	
налива́я		нали́в	
COMMANDS		COMMANDS	
налива́й		нале́й	
налива́йте		нале́йте	

Usage

(+acc.)(в+acc.)(+dat.)(+gen.)

Я обы́чно налива́ю воды́ себе́ на́ ночь. — *I usually pour myself a glass of water for the night.*

Нам нали́ли по стака́ну вина́. — *They poured each of us a glass of wine.*

Налива́я суп, он торопи́лся на рабо́ту. — *While pouring the soup, he was rushing off to work.*

Мы нали́ли шампа́нское в бока́лы. — *We poured champagne into flutes.*

Я налила́ котёнку молока́ в таре́лочку. — *I poured some milk into the plate for the kitten.*

Она́ налива́ла ма́сло из буты́лки на сковороду́. — *She poured the oil from the bottle into the frying pan.*

Сосе́дка налила́ мне ча́ю. — *The neighbor poured me some tea.*

Случа́йно я налила́ ко́фе на пла́тье. — *Accidentally I spilled some coffee on my dress.*

напомина́ть/напо́мнить

to remind, look like

stem: **напомина́й-/напо́мни-** regular type 1 verb in imp./perf. form type 2

IMPERFECTIVE ASPECT		PERFECTIVE ASPECT	
PRESENT			
напомина́ю	напомина́ем		
напомина́ешь	напомина́ете		
напомина́ет	напомина́ют		
PAST		**PAST**	
напомина́л		напо́мнил	
напомина́ла		напо́мнила	
напомина́ло		напо́мнило	
напомина́ли		напо́мнили	
FUTURE		**FUTURE**	
бу́ду напомина́ть	бу́дем напомина́ть	напо́мню	напо́мним
бу́дешь напомина́ть	бу́дете напомина́ть	напо́мнишь	напо́мните
бу́дет напомина́ть	бу́дут напомина́ть	напо́мнит	напо́мнят
SUBJUNCTIVE		**SUBJUNCTIVE**	
напомина́л бы		напо́мнил бы	
напомина́ла бы		напо́мнила бы	
напомина́ло бы		напо́мнило бы	
напомина́ли бы		напо́мнили бы	
PARTICIPLES		**PARTICIPLES**	
pres. active	напомина́ющий	*pres. active*	—
pres. passive	напомина́емый	*pres. passive*	—
past active	напомина́вший	*past active*	напо́мнивший
past passive	—	*past passive*	напо́мненный
VERBAL ADVERBS		**VERBAL ADVERBS**	
напомина́я		напо́мнив	
COMMANDS		**COMMANDS**	
напомина́й		напо́мни	
напомина́йте		напо́мните	

Usage

(+acc.)(o+prep.)(+dat.)(+instr.)

Не напомина́йте мне о нём. — *Don't remind me about him.*

Здесь всё напомина́ло мою́ мо́лодость. — *Everything here reminded me of my youth.*

Он ско́ро напо́мнит о себе́. — *He will soon remind us about himself.*

Ма́льчик напомина́ет мне его́ отца́. — *The boy reminds me of his father.*

Пра́здник Побе́ды напомина́ет нам о поги́бших друзья́х и родны́х. — *The Victory holiday reminds us about fallen friends and relatives.*

Золото́й мост в Сан-Франци́ско напомина́ет мост Пато́на в Ки́еве. — *The Golden Gate Bridge in San Francisco looks like Paton's bridge in Kiev.*

Вне́шностью она́ напомина́ет Софи́ Лоре́н. — *She looks like Sophia Loren.*

Э́то зда́ние фо́рмой напомина́ет за́мок. — *This building looks like a castle.*

regular type 1 verb in imp./perf. form type 2 stem: **направля́й+(ся)/напра́ви+(ся)**

IMPERFECTIVE ASPECT		PERFECTIVE ASPECT	
PRESENT			
направля́ю(сь)	направля́ем(ся)		
направля́ешь(ся)	направля́ете(сь)		
направля́ет(ся)	направля́ют(ся)		
PAST		**PAST**	
направля́л(ся)		напра́вил(ся)	
направля́ла(сь)		напра́вила(сь)	
направля́ло(сь)		напра́вило(сь)	
направля́ли(сь)		напра́вили(сь)	
FUTURE		**FUTURE**	
бу́ду направля́ть(ся)	бу́дем направля́ть(ся)	напра́влю(сь)	напра́вим(ся)
бу́дешь направля́ть(ся)	бу́дете направля́ть(ся)	напра́вишь(ся)	напра́вите(сь)
бу́дет направля́ть(ся)	бу́дут направля́ть(ся)	напра́вит(ся)	напра́вят(ся)
SUBJUNCTIVE		**SUBJUNCTIVE**	
направля́л(ся) бы		напра́вил(ся) бы	
направля́ла(сь) бы		напра́вила(сь) бы	
направля́ло(сь) бы		напра́вило(сь) бы	
направля́ли(сь) бы		напра́вили(сь) бы	
PARTICIPLES		**PARTICIPLES**	
pres. active	направля́ющий(ся)	*pres. active*	—
pres. passive	направля́емый	*pres. passive*	—
past active	направля́вший(ся)	*past active*	напра́вивший(ся)
past passive	—	*past passive*	напра́вленный
VERBAL ADVERBS		**VERBAL ADVERBS**	
направля́я(сь)		напра́вив(шись)	
COMMANDS		**COMMANDS**	
направля́й(ся)		напра́вь(ся)	
направля́йте(сь)		напра́вьте(сь)	

Usage

(+acc.)(в, на+acc.)(к, по+dat.)

Танки́ст напра́вил ствол ору́дия на блинда́ж.	*The tank driver turned the turret towards the dugout.*
Войска́ вели́ напра́вленный ого́нь по врагу́.	*The artillery directed open fire on the enemy's positions.*
Она́ напра́вилась на пруд за ли́лиями.	*She went to the pond to gather lilies.*
Он напра́вился в го́род.	*He set off to town.*
Все уси́лия сле́дует напра́вить на выполне́ние пла́на.	*All efforts must be directed toward completion of the plan.*
Её чу́вства напра́влены на э́того па́рня.	*Her feelings are directed towards this guy.*
Мы пыта́лись напра́вить разгово́р на ну́жную те́му.	*We tried to steer the conversation onto the right subject.*
Меня́ напра́вили по распределе́нию в дере́вню.	*I was assigned to work in the countryside.*
Де́ло напра́вили в суд.	*The case was sent to court.*
Больно́го солда́та напра́вили в го́спиталь.	*The sick soldier was directed to the hospital.*
Му́жа напра́вили к майо́ру.	*My husband was sent to the major.*
Я реши́ла напра́вить докуме́нты не по по́чте, а фа́ксом.	*I decided against sending the documents via regular mail. I will fax them.*
Парохо́д напра́вился в га́вань.	*The ship sailed into harbor.*

226 нарушáть/нарýшить *to violate, break*

stem: **нарушáй-/нарýши-** regular type 1 verb in imp./perf. form type 2

IMPERFECTIVE ASPECT		PERFECTIVE ASPECT	
PRESENT			
нарушáю	нарушáем		
нарушáешь	нарушáете		
нарушáет	нарушáют		
PAST		**PAST**	
нарушáл		нарýшил	
нарушáла		нарýшила	
нарушáло		нарýшило	
нарушáли		нарýшили	
FUTURE		**FUTURE**	
бýду нарушáть	бýдем нарушáть	нарýшу	нарýшим
бýдешь нарушáть	бýдете нарушáть	нарýшишь	нарýшите
бýдет нарушáть	бýдут нарушáть	нарýшит	нарýшат
SUBJUNCTIVE		**SUBJUNCTIVE**	
нарушáл бы		нарýшил бы	
нарушáла бы		нарýшила бы	
нарушáло бы		нарýшило бы	
нарушáли бы		нарýшили бы	
PARTICIPLES		**PARTICIPLES**	
pres. active	нарушáющий	*pres. active*	—
pres. passive	нарушáемый	*pres. passive*	—
past active	нарушáвший	*past active*	нарýшивший
past passive	—	*past passive*	нарýшенный
VERBAL ADVERBS		**VERBAL ADVERBS**	
нарушáя		нарýшив	
COMMANDS		**COMMANDS**	
нарушáй		нарýшь	
нарушáйте		нарýшьте	

Usage

(+acc.)(+instr.)

Крик павлúна нарýшил тишинý. — *The peacock's cries broke the silence.*

Не нарушáйте наш сон и покóй. — *Do not disturb our peace and quiet.*

Ребя́та нарушáли дисциплúну. — *The children were misbehaving.*

Завóд нарýшил договóр и заплатúл большýю неустóйку. — *The plant breached an agreement and paid a large penalty.*

Кто нарушáет закóн, полýчит по заслýгам. — *Those who break the law will pay the price.*

Фашúсты нарýшили мир на землé. — *The Nazis violated world peace.*

С трудóм налáженные свя́зи снóва нарýшили. — *The lines of communication that were established with such difficulty were again severed.*

regular type 1 verb in imp./perf. form type 2 stem: **наста́ивай-/настоя́-**

IMPERFECTIVE ASPECT		PERFECTIVE ASPECT	
PRESENT			
наста́иваю	наста́иваем		
наста́иваешь	наста́иваете		
наста́ивает	наста́ивают		
PAST		PAST	
наста́ивал		настоя́л	
наста́ивала		настоя́ла	
наста́ивало		настоя́ло	
наста́ивали		настоя́ли	
FUTURE		FUTURE	
бу́ду наста́ивать	бу́дем наста́ивать	настою́	настои́м
бу́дешь наста́ивать	бу́дете наста́ивать	настои́шь	настои́те
бу́дет наста́ивать	бу́дут наста́ивать	настои́т	настоя́т
SUBJUNCTIVE		SUBJUNCTIVE	
наста́ивал бы		настоя́л бы	
наста́ивала бы		настоя́ла бы	
наста́ивало бы		настоя́ло бы	
наста́ивали бы		настоя́ли бы	
PARTICIPLES		PARTICIPLES	
pres. active	наста́ивающий	*pres. active*	—
pres. passive	наста́иваемый	*pres. passive*	—
past active	наста́ивавший	*past active*	настоя́вший
past passive	—	*past passive*	насто́янный
VERBAL ADVERBS		VERBAL ADVERBS	
наста́ивая		настоя́в	
COMMANDS		**COMMANDS**	
наста́ивай		—	
наста́ивайте		—	

Usage

(на+prep.)(на том, чтобы...)

Я люблю́ наста́ивать на своём, когда́ я права́. *I like to insist on having it my way, when I am right.*

Он наста́ивал на необходи́мости созва́ть о́бщее собра́ние. *He insisted on the need to call for a meeting.*

Кома́ндующий наста́ивал на вы́воде войск с вра́жеской террито́рии. *The commander insisted on calling the troops out of the enemy's territory.*

Она́ настоя́ла на том, что́бы замени́ть ста́рое обору́дование. *She convinced them to replace the old equipment.*

Делега́ция наста́ивала на подписа́нии ми́рного догово́ра. *The delegation insisted on signing a peace treaty.*

Во́дку наста́ивают на тра́вах и я́годах. *Vodka is steeped in herbs and berries.*

настра́ивать/настро́ить *to tune; to put*

stem: **настра́ивай-/настро́й-** regular type 1 verb in imp./perf. form type 2

IMPERFECTIVE ASPECT		PERFECTIVE ASPECT	
PRESENT			
настра́иваю	настра́иваем		
настра́иваешь	настра́иваете		
настра́ивает	настра́ивают		
PAST		**PAST**	
настра́ивал		настро́ил	
настра́ивала		настро́ила	
настра́ивало		настро́ило	
настра́ивали		настро́или	
FUTURE		**FUTURE**	
бу́ду настра́ивать	бу́дем настра́ивать	настро́ю	настро́ем
бу́дешь настра́ивать	бу́дете настра́ивать	настро́ешь	настро́ете
бу́дет настра́ивать	бу́дут настра́ивать	настро́ет	настро́ят
SUBJUNCTIVE		**SUBJUNCTIVE**	
настра́ивал бы		настро́ил бы	
настра́ивала бы		настро́ила бы	
настра́ивало бы		настро́ило бы	
настра́ивали бы		настро́или бы	
PARTICIPLES		**PARTICIPLES**	
pres. active	настра́ивающий	*pres. active*	—
pres. passive	настра́иваемый	*pres. passive*	—
past active	настра́ивавший	*past active*	настро́ивший
past passive	—	*past passive*	настро́енный
VERBAL ADVERBS		**VERBAL ADVERBS**	
настра́ивая		настро́ив	
COMMANDS		**COMMANDS**	
настра́ивай		настро́й	
настра́ивайте		настро́йте	

Usage

(+acc.)(на+acc.)(против+gen.)(в по́льзу+gen.)

Музыка́нт настро́ил скри́пку и заигра́л.	*The musician tuned his violin and began to play.*
Настра́ивайте себя́ на хоро́ший о́тдых.	*Put yourself in the mood for a good vacation.*
Ра́цию настро́или на ну́жную волну́.	*The radio was tuned to the right frequency.*
Настра́ивая себя́ негати́вно, вы вреди́те де́лу.	*Thinking negative thoughts, you harm your cause.*
Мы уже́ настро́или всю семью́ на пра́здничный лад.	*We put the whole family in the holiday mood.*
На пустыре́ настро́или домо́в.	*The houses were built on an empty lot.*
Этот слу́чай настра́ивает на невесёлые размышле́ния.	*This case sets the mind to unhappy thoughts.*
Настро́йте госте́й на интере́сный ве́чер.	*Set your guests up for an interesting evening.*
Вам не настро́ить меня́ про́тив до́чери.	*You cannot set me against my daughter.*
Он настра́ивал всех свои́х знако́мых в по́льзу одного́ кандида́та.	*He incited all his friends in support of one candidate.*
Зря я настра́ивал себя́ на ху́дшее, всё обошло́сь.	*I steeled myself for the worst for nothing - everything turned out well.*

regular type 1 verb (like **рабо́тать**)/no perf. stem: **наступа́й-**

IMPERFECTIVE ASPECT

PRESENT

наступа́ю	наступа́ем
наступа́ешь	наступа́ете
наступа́ет	наступа́ют

PAST

наступа́л
наступа́ла
наступа́ло
наступа́ли

FUTURE

бу́ду наступа́ть	бу́дем наступа́ть
бу́дешь наступа́ть	бу́дете наступа́ть
бу́дет наступа́ть	бу́дут наступа́ть

SUBJUNCTIVE

наступа́л бы
наступа́ла бы
наступа́ло бы
наступа́ли бы

PARTICIPLES

pres. active	наступа́ющий
pres. passive	—
past active	наступа́вший
past passive	—

VERBAL ADVERBS

наступа́я

COMMANDS

наступа́й
наступа́йте

Usage

(на+acc.)(+dat.)(с+instr.)

Войска́ наступа́ли на По́льшу широ́ким фро́нтом.	*The army attacked Poland across a wide front line.*
Зелёные ро́щи наступа́ли на пусты́ню.	*Green groves were advancing into the desert.*
Не наступа́йте на меня́ с угро́зами.	*Stop attacking me with your threats.*
Он извини́лся, что наступи́л колле́ге на́ ногу.	*He apologized for stepping on his colleague's foot.*
Минёр наступа́ет на ми́ну оди́н раз.	*A minelayer steps on the mine just once.*

Idioms

Косну́вшись э́той те́мы, вы наступи́ли ей на больну́ю мозо́ль.	*By speaking on this subject you stepped on her sore spot.*

Ту́ча нашла́ на со́лнце.	*The cloud covered the sun.*
В дом нашло́ мно́го наро́ду.	*People filled the house.*
В ку́хню нашло́ мно́го га́зу.	*The kitchen filled up with gas.*

Proverbs/Sayings/Idioms

Лу́чше с у́мным потеря́ть, чем с дурако́м найти́. (пословица)	*It's better to lose something with a wise man, than to find something with a fool.*
Не пойму́, что на меня́ нашло́.	*I don't know what came over me.*
На меня́ нашла́ грусть-тоска́.	*I was overcome by sadness.*
Мы не мо́жем договори́ться - нашла́ коса́ на ка́мень.	*We cannot agree - we ran into a brick wall.*
Кто и́щет, тот найдёт. (пословица)	*Seek and ye shall find.*
По́сле двух лет мы нашли́ о́бщий язы́к.	*After two years we found we had much in common.*
По́сле разво́да он не мог найти́ себе́ ме́ста.	*After his divorce he was beside himself with worry.*
Не зна́ешь, где найдёшь, где потеря́ешь.	*You never know what's around the corner.*

regular type 2 verb in imp./perf. form irregular stem: **находи-/irreg.**

IMPERFECTIVE ASPECT		PERFECTIVE ASPECT	
PRESENT			
нахожу́	нахо́дим		
нахо́дишь	нахо́дите		
нахо́дит	нахо́дят		
PAST		**PAST**	
находи́л		нашёл	
находи́ла		нашла́	
находи́ло		нашло́	
находи́ли		нашли́	
FUTURE		**FUTURE**	
бу́ду находи́ть	бу́дем находи́ть	найду́	найдём
бу́дешь находи́ть	бу́дете находи́ть	найдёшь	найдёте
бу́дет находи́ть	бу́дут находи́ть	найдёт	найду́т
SUBJUNCTIVE		**SUBJUNCTIVE**	
находи́л бы		нашёл бы	
находи́ла бы		нашла́ бы	
находи́ло бы		нашло́ бы	
находи́ли бы		нашли́ бы	
PARTICIPLES		**PARTICIPLES**	
pres. active	находя́щий	*pres. active*	—
pres. passive	находи́мый	*pres. passive*	—
past active	находи́вший	*past active*	наше́дший
past passive	—	*past passive*	на́йденный
VERBAL ADVERBS		**VERBAL ADVERBS**	
находя́		найдя́	
COMMANDS		**COMMANDS**	
находи́		найди́	
находи́те		найди́те	

Usage

(+acc.)(в, на+prep.)(+instr.)

Мы хоти́м найти́ вы́ход из положе́ния.	*We want to find a solution to this problem.*
Мно́гие нахо́дят утеше́ние в рели́гии.	*Many find solace in religion.*
Я нашла́ друзе́й в э́тих чужи́х лю́дях.	*I found friends in these strangers.*
Он нахо́дит ну́жным поста́вить ха́ма на ме́сто.	*He finds it necessary to put the boor in his place.*
Меня́ нашли́ неподходя́щей для систе́мы.	*I was found to be unsuitable for this system.*
Врач нашёл ребёнка здоро́вым.	*The doctor pronounced the child healthy.*
Нежда́нно-нега́данно я нашла́ себе партнёра.	*Completely unexpectedly, I found a partner.*
Мы нахо́дим, что вы пра́вы.	*We find that you are correct.*
До́ктор нашёл у него я́зву.	*The doctor found his ulcer.*
Нашёл чем горди́ться...	*Nothing to be proud of...*
Нашёл, куда́ ходи́ть, тебе́ не сты́дно?	*You think you found where to go - you should be ashamed of yourself!*

231

находи́ться

to be located; to find oneself

stem: **находи+ся**

regular type 2 verb (like **рабо́тать**)/no perf.

IMPERFECTIVE ASPECT

PRESENT

нахожу́сь	нахо́димся
нахо́дишься	нахо́дитесь
нахо́дится	нахо́дятся

PAST

находи́лся
находи́лась
находи́лось
находи́лись

FUTURE

бу́ду находи́ться	бу́дем находи́ться
бу́дешь находи́ться	бу́дете находи́ться
бу́дет находи́ться	бу́дут находи́ться

SUBJUNCTIVE

находи́лся бы
находи́лась бы
находи́лось бы
находи́лись бы

PARTICIPLES

pres. active	находя́щийся
pres. passive	—
past active	находи́вшийся
past passive	—

VERBAL ADVERBS

находя́сь

COMMANDS

находи́сь
находи́тесь

Usage

(в, на+prep.)(под+instr.)(среди+gen.)(за+instr.)

Я нахожу́сь тепе́рь в дура́цком положе́нии.	*Now I look like an idiot.*
Находи́вшийся в командиро́вке сотру́дник сро́чно перезвони́л в отде́л.	*The employee, away on a business trip, immediately called his department.*
Находя́сь на рабо́те, он отвлека́лся мы́слью о ма́тери.	*Being at work, he distracted himself from thoughts about his mother.*
Сестра́ находи́лась весь день у посте́ли больно́го.	*The sister stayed all day at the convalescent's bedside.*
Мы загляну́ли к бра́ту, так как находи́лись во́зле его до́ма.	*We stopped by to see my brother, since we were nearby his house.*
Дере́вня находи́лась под горо́й.	*The village lay at the foot of the mountain.*
Я до сих пор нахожу́сь под впечатле́нием от спекта́кля.	*I am still captivated by the play.*
Па́рень я́вно находи́лся под де́йствием нарко́тиков и сейча́с он нахо́дится под аре́стом.	*The man was clearly under the influence of drugs and is now under arrest.*
Подро́стки нахо́дятся под влия́нием случа́йных знако́мых.	*Teenagers fall under the influence of random acquaintances.*

regular type 1 verb in imp./perf. form irregular stem: **начина́й+(ся)/нач|н+(ся)**

IMPERFECTIVE ASPECT		PERFECTIVE ASPECT	
PRESENT			
начина́ю	начина́ем		
начина́ешь	начина́ете		
начина́ет(ся)	начина́ют(ся)		
PAST		PAST	
начина́л(ся)		на́чал/начался́	
начина́ла(сь)		начала́(сь)	
начина́ло(сь)		на́чало/начало́сь	
начина́ли(сь)		на́чали/начали́сь	
FUTURE		FUTURE	
бу́ду начина́ть	бу́дем начина́ть	начну́(сь)	начнём(ся)
бу́дешь начина́ть	бу́дете начина́ть	начнёшь(ся)	начнёте(сь)
бу́дет начина́ть(ся)	бу́дут начина́ть(ся)	начнёт(ся)	начну́т(ся)
SUBJUNCTIVE		SUBJUNCTIVE	
начина́л(ся) бы		на́чал(ся) бы/начался́ бы	
начина́ла(сь) бы		начала́(сь) бы	
начина́ло(сь) бы		на́чало(сь) бы/начало́сь бы	
начина́ли(сь) бы		на́чали(сь) бы/начали́сь бы	
PARTICIPLES		PARTICIPLES	
pres. active	начина́ющий(ся)	*pres. active*	—
pres. passive	начина́емый	*pres. passive*	—
past active	начина́вший(ся)	*past active*	нача́вший(ся)
past passive	—	*past passive*	на́чатый
VERBAL ADVERBS		VERBAL ADVERBS	
начина́я(сь)		нача́в(шись)	
COMMANDS		**COMMANDS**	
начина́й		начни́	
начина́йте		начни́те	

Usage

(+acc.)(в, на+acc.)(c+gen.)(+instr.)

Дире́ктор на́чал свою́ речь с благода́рности пенсионе́рам. — *The director began his speech by expressing his gratitude to the retirees.*

Он на́чал встре́чу поздравле́нием передовико́в. — *He began the meeting by congratulating the leading workers.*

Я начала́ гото́виться к докла́ду. — *I started to prepare for the presentation.*

Начина́ло света́ть, и мы заторопи́лись. — *Day was dawning, so we rushed off.*

Алфави́т начина́ется бу́квой "А". — *The alphabet begins with the letter "A."*

С чего́ начина́ется Ро́дина - с карти́нки в твоём букваре́. (песня) — *Where does Motherland begin? With a picture in your book. (song)*

Рома́н начина́лся описа́нием приро́ды. — *The novel began with a description of nature.*

Утро начало́сь с того́, что нас вы́звали на ковёр. — *The morning began with the boss calling us to his office.*

Idioms

В э́той стране́ мы начина́ли жизнь с нуля́. — *In this country, we started life from nothing.*

233 ненави́деть/возненави́деть

to hate, despise

stem: **ненави́де-/возненави́де-**

regular type 2 verb (like **говори́ть**)

	IMPERFECTIVE ASPECT		PERFECTIVE ASPECT	
PRESENT				
	ненави́жу	ненави́дим		
	ненави́дишь	ненави́дите		
	ненави́дит	ненави́дят		
PAST				
	ненави́дел		возненави́дел	
	ненави́дела		возненави́дела	
	ненави́дело		возненави́дело	
	ненави́дели		возненави́дели	
FUTURE				
	бу́ду ненави́деть	бу́дем ненави́деть	возненави́жу	возненави́дим
	бу́дешь ненави́деть	бу́дете ненави́деть	возненави́дишь	возненави́дите
	бу́дет ненави́деть	бу́дут ненави́деть	возненави́дит	возненави́дят
SUBJUNCTIVE				
	ненави́дел бы		возненави́дел бы	
	ненави́дела бы		возненави́дела бы	
	ненави́дело бы		возненави́дело бы	
	ненави́дели бы		возненави́дели бы	
PARTICIPLES				
	pres. active	ненави́дящий	*pres. active*	—
	pres. passive	ненави́димый	*pres. passive*	—
	past active	ненави́девший	*past active*	возненави́девший
	past passive	—	*past passive*	возненави́денный
VERBAL ADVERBS				
	ненави́дя		возненави́дев	
COMMANDS				
	ненави́дь		возненави́дь	
	ненави́дьте		возненави́дьте	

Usage

(+acc.)(за+acc.)

Я ненави́жу ложь.	*I despise lies.*
Он ненави́дит всех, кто умне́е его́.	*He hates anyone smarter than himself.*
Она́ возненави́дела э́тот институ́т и уво́лилась.	*She came to hate this institute and quit her job.*
Все ненави́дели её за на́глость и бессерде́чие.	*Everyone despised her for her insolence and heartlessness.*
Мы ненави́дим фаши́зм.	*We hate fascism.*

indef. form type 2/ def. & perf. forms type 5 stem: **носи-/нёс-/понёс-**

IMPERFECTIVE ASPECT				PERFECTIVE ASPECT	
INDEFINITE		**DEFINITE**			
PRESENT		**PRESENT**			
ношу́	но́сим	несу́	несём		
но́сишь	но́сите	несёшь	несёте		
но́сит	но́сят	несёт	несу́т		
PAST		PAST		PAST	
носи́л		нёс		понёс	
носи́ла		несла́		понесла́	
носи́ло		несло́		понесло́	
носи́ли		несли́		понесли́	
FUTURE		FUTURE		FUTURE	
бу́ду носи́ть	бу́дем носи́ть	бу́ду нести́	бу́дем нести́	понесу́	понесём
бу́дешь носи́ть	бу́дете носи́ть	бу́дешь нести́	бу́дете нести́	понесёшь	понесёте
бу́дет носи́ть	бу́дут носи́ть	бу́дет нести́	бу́дут нести́	понесёт	понесу́т
SUBJUNCTIVE		SUBJUNCTIVE		SUBJUNCTIVE	
носи́л бы		нёс бы		понёс бы	
носи́ла бы		несла́ бы		понесла́ бы	
носи́ло бы		несло́ бы		понесло́ бы	
носи́ли бы		несли́ бы		понесли́ бы	
PARTICIPLES		PARTICIPLES		PARTICIPLES	
pres. active	нося́щий	несу́щий		—	
pres. passive	носи́мый	несо́мый		—	
past active	носи́вший	нёсший		понёсший	
past passive	но́шенный	несённый		понесённый	
VERBAL ADVERBS		VERBAL ADVERBS		VERBAL ADVERBS	
нося́		неся́		понеся́	
COMMANDS		**COMMANDS**		**COMMANDS**	
носи́		неси́		понеси́	
носи́те		неси́те		понеси́те	

Usage

(+acc.)(в, на+prep.)(к+dat.)(+dat.)

Я всю ночь носи́ла больно́го ребёнка на рука́х.	*I spent the entire night carrying a sick child around.*
Носи́льщик нёс на́ши чемода́ны из такси́.	*The porter carried our suitcases from the taxi.*
Она́ но́сит оде́жду чёрного и се́рого цве́та.	*She wears black and gray clothes.*
Я ношу́ ту́фли на невысо́ком каблуке́.	*I wear shoes with low heels.*
Де́душка но́сит шля́пу.	*Grandfather wears a hat.*
Мой муж но́сит бо́роду и усы́.	*My husband has a beard and a moustache.*
Учи́тель несёт просвеще́ние и культу́ру в ма́ссы.	*A teacher brings enlightenment and culture to the masses.*

Сёла но́сят на себе́ следы́ упа́дка.	*The villages show the signs of decay.*
От него́ несёт во́дкой.	*He reeks of vodka.*
От ками́на несло́ жа́ром.	*Heat was coming from the fireplace.*
Ло́дку несло́ по тече́нию.	*The boat was carried by the stream.*
Кора́бль несло́ волна́ми на ри́фы.	*The waves carried the ship onto the reef.*
Он носи́л часы́ в ремо́нт.	*He took the watch to be repaired.*

Sayings

Она́ сча́стлива, муж её на рука́х но́сит.	*She's lucky; her husband dotes on her.*
Говори́ть с ним - это как носи́ть во́ду решето́м.	*To speak to him is like speaking to a wall.*
Куда́ тебя че́рти носи́ли?	*Where in the hell have you been?*
Как его́ то́лько земля́ но́сит!	*How on Earth one can tolerate his presence is beyond me!*
Не ве́рьте ей, она́ но́сит ка́мень за па́зухой.	*Don't believe her; she's a wolf in sheep's clothing.*
Что вы ерунду́ несёте?	*What gibberish are you saying?*
Ка́ждый но́сит свой кре́ст.	*Everyone must carry his/her own cross.*

regular type 4 verb (like **тре́бовать)** stem: **ночева-/переночева-**

IMPERFECTIVE ASPECT		PERFECTIVE ASPECT	
PRESENT			
ночу́ю	ночу́ем		
ночу́ешь	ночу́ете		
ночу́ет	ночу́ют		
PAST		PAST	
ночева́л		переночева́л	
ночева́ла		переночева́ла	
ночева́ло		переночева́ло	
ночева́ли		переночева́ли	
FUTURE		FUTURE	
бу́ду ночева́ть	бу́дем ночева́ть	переночу́ю	переночу́ем
бу́дешь ночева́ть	бу́дете ночева́ть	переночу́ешь	переночу́ете
бу́дет ночева́ть	бу́дут ночева́ть	переночу́ет	переночу́ют
SUBJUNCTIVE		SUBJUNCTIVE	
ночева́л бы		переночева́л бы	
ночева́ла бы		переночева́ла бы	
ночева́ло бы		переночева́ло бы	
ночева́ли бы		переночева́ли бы	
PARTICIPLES		PARTICIPLES	
pres. active	ночу́ющий	*pres. active*	—
pres. passive	—	*pres. passive*	—
past active	ночева́вший	*past active*	переночева́вший
past passive	—	*past passive*	—
VERBAL ADVERBS		VERBAL ADVERBS	
ночу́я		переночева́в	
COMMANDS		**COMMANDS**	
ночу́й		переночу́й	
ночу́йте		переночу́йте	

Usage

(в+prep.)(у+gen.)

Где вы бу́дете ночева́ть? — *Where will you spend the night?*

Я переночева́л бы у друзе́й, но кварти́ра маловáта. — *I would stay the night at my friend's place; but it's too small.*

Переночу́йте у меня́, а за́втра ви́дно бу́дет. — *Spend the night at my place, we'll see about tomorrow.*

Ночу́я в гости́ницах во вре́мя командиро́вок, он с тоско́й ду́мал о до́ме. — *Spending his nights at hotels away on business, he thought about his home with longing.*

Тури́сты ночу́ют в пала́тках. — *The tourists are sleeping in tents.*

Переночева́в, он уе́хал ни свет, ни заря́. — *Having spent the night, he left at the crack of dawn.*

236 нра́виться/понра́виться

to like, please

stem: **нра́ви+(ся)/понра́ви+(ся)** — regular type 2 verb (like **говори́ть**)

	IMPERFECTIVE ASPECT		PERFECTIVE ASPECT	
PRESENT	нра́влюсь	нра́вимся		
	нра́вишься	нра́витесь		
	нра́вится	нра́вятся		
PAST	нра́вился		понра́вился	
	нра́вилась		понра́вилась	
	нра́вилось		понра́вилось	
	нра́вились		понра́вились	
FUTURE	бу́ду нра́виться	бу́дем нра́виться	понра́влюсь	понра́вимся
	бу́дешь нра́виться	бу́дете нра́виться	понра́вишься	понра́витесь
	бу́дет нра́виться	бу́дут нра́виться	понра́вится	понра́вятся
SUBJUNCTIVE	нра́вился бы		понра́вился бы	
	нра́вилась бы		понра́вилась бы	
	нра́вилось бы		понра́вилось бы	
	нра́вились бы		понра́вились бы	
PARTICIPLES	*pres. active*	нра́вящийся	*pres. active*	—
	pres. passive	—	*pres. passive*	—
	past active	нра́вившийся	*past active*	понра́вившийся
	past passive	—	*past passive*	—
VERBAL ADVERBS	нра́вясь		понра́вившись	
COMMANDS	нра́вься		понра́вься	
	нра́вьтесь		понра́вьтесь	

Usage

(+dat.)(+instr.)

Понра́вился мне, де́вице, моло́денький мальчо́нка. (песня)	*I took a liking to the young guy. (song)*
Мне нра́вится, что вы больны́ не мной, мне нра́вится, что я больна́ не ва́ми. (М.Цветаева)	*I like that you don't ache for me, I like that I don't ache for you. (M. Tsvetayeva)*
Нам нра́вится вид из окна́ на океа́н.	*We like the ocean view from our window.*
Эта постано́вка пье́сы мне не понра́вилась.	*I did not like this version of the play.*
Актёры понра́вились зри́телям свое́й игро́й.	*Spectators liked the actors' performance.*
Ей нра́вится е́здить на такси́.	*She likes to ride in a taxi.*
Мне нра́вится, как он одева́ется.	*I like how he dresses.*
Нам нра́вится, что он де́лает в своём саду́.	*I like what he does in his garden.*
Ему́ нра́вится, когда́ я пою́.	*He likes it when I sing.*
Мне ни ка́пельки не нра́вится их дом.	*I did not like their house at all.*
Нам ничу́ть не нра́вится их о́бщество.	*We don't like their company one bit.*
Ему́ стра́шно понра́вилась э́та де́вушка.	*He liked this girl a lot.*

type 1 verb (like **рабо́тать**)/no perf. stem: **нужда́й+ся**

IMPERFECTIVE ASPECT

PRESENT

нужда́юсь	нужда́емся
нужда́ешься	нужда́етесь
нужда́ется	нужда́ются

PAST

нужда́лся
нужда́лась
нужда́лось
нужда́лись

FUTURE

бу́ду нужда́ться	бу́дем нужда́ться
бу́дешь нужда́ться	бу́дете нужда́ться
бу́дет нужда́ться	бу́дут нужда́ться

SUBJUNCTIVE

нужда́лся бы
нужда́лась бы
нужда́лось бы
нужда́лись бы

PARTICIPLES

pres. active	нужда́ющийся
pres. passive	—
past active	нужда́вшийся
past passive	—

VERBAL ADVERBS

нужда́ясь

COMMANDS

нужда́йся
нужда́йтесь

Usage

(в+prep.)

Сла́ва бо́гу, мы ни в чём не нужда́емся. — *Thank God we are not in need of anything.*
Он нужда́ется в куске́ хле́ба. — *He is in need of food.*
Мы нужда́лись в деньга́х всю жизнь. — *All our lives we needed money.*
Я не нужда́юсь в таки́х "друзья́х". — *I don't need "friends" like that.*
Старики́ нуждаю́тся в теплоте́ отноше́ний. — *Old people need the warmth of human contact.*
Нужда́ющиеся получа́ют посо́бие. — *Needy people receive financial aid.*
Вы́йдя за́муж за богача́, она́ ни в чём не нужда́лась. — *Having married a rich man, she had no needs.*
Мы нужда́лись в подде́ржке, но не получи́ли её. — *We needed help, but did not get it.*

238 обвиня́ть/обвини́ть *to accuse*

stem: **обвиня́й-/обвини́-** regular type 1 verb in imp./perf. form type 2

IMPERFECTIVE ASPECT		PERFECTIVE ASPECT	
PRESENT			
обвиня́ю	обвиня́ем		
обвиня́ешь	обвиня́ете		
обвиня́ет	обвиня́ют		
PAST		**PAST**	
обвиня́л		обвини́л	
обвиня́ла		обвини́ла	
обвиня́ло		обвини́ло	
обвиня́ли		обвини́ли	
FUTURE		**FUTURE**	
бу́ду обвиня́ть	бу́дем обвиня́ть	обвиню́	обвини́м
бу́дешь обвиня́ть	бу́дете обвиня́ть	обвини́шь	обвини́те
бу́дет обвиня́ть	бу́дут обвиня́ть	обвини́т	обвиня́т
SUBJUNCTIVE		**SUBJUNCTIVE**	
обвиня́л бы		обвини́л бы	
обвиня́ла бы		обвини́ла бы	
обвиня́ло бы		обвини́ло бы	
обвиня́ли бы		обвини́ли бы	
PARTICIPLES		**PARTICIPLES**	
pres. active	обвиня́ющий	*pres. active*	—
pres. passive	обвиня́емый	*pres. passive*	—
past active	обвиня́вший	*past active*	обвини́вший
past passive	—	*past passive*	обвинённый
VERBAL ADVERBS		**VERBAL ADVERBS**	
обвиня́я		обвини́в	
COMMANDS		**COMMANDS**	
обвиня́й		обвини́	
обвиня́йте		обвини́те	

Usage

(+acc.)(в, на+prep.)(в том, что...)

Нас обвиня́ют во всех сме́ртных греха́х.	*We are being accused of all the earthly sins.*
Его́ обвиня́ли в изме́не Ро́дине.	*He was accused of treason.*
Я всю жизнь бу́ду обвиня́ть себя́ за них.	*I will blame myself for them my entire life.*
Солда́ты, обвинённые в пы́тках, бы́ли отпра́влены в тюрьму́.	*The soldiers accused of torture were sent to prison.*
Писа́теля публи́чно обвини́ли в плагиа́те.	*The writer was publicly accused of plagiarism.*
Па́рня обвини́ли в кра́же, кото́рую он не соверша́л.	*The man was accused of a theft, which he did not commit.*
Я обвиня́ю его́ в том, что он во́время не сказа́л своё мне́ние.	*I blame him for not speaking his mind sooner.*

regular type 1 verb (like **рабо́тать**) stem: **обе́дай-/пообе́дай-**

IMPERFECTIVE ASPECT		PERFECTIVE ASPECT	
PRESENT			
обе́даю	обе́даем		
обе́даешь	обе́даете		
обе́дает	обе́дают		
PAST		PAST	
обе́дал		пообе́дал	
обе́дала		пообе́дала	
обе́дало		пообе́дало	
обе́дали		пообе́дали	
FUTURE		FUTURE	
бу́ду обе́дать	бу́дем обе́дать	пообе́даю	пообе́даем
бу́дешь обе́дать	бу́дете обе́дать	пообе́даешь	пообе́даете
бу́дет обе́дать	бу́дут обе́дать	пообе́дает	пообе́дают
SUBJUNCTIVE		SUBJUNCTIVE	
обе́дал бы		пообе́дал бы	
обе́дала бы		пообе́дала бы	
обе́дало бы		пообе́дало бы	
обе́дали бы		пообе́дали бы	
PARTICIPLES		PARTICIPLES	
pres. active	обе́дающий	*pres. active*	—
pres. passive	—	*pres. passive*	—
past active	обе́давший	*past active*	пообе́давший
past passive	—	*past passive*	—
VERBAL ADVERBS		VERBAL ADVERBS	
обе́дая		пообе́дав	
COMMANDS		**COMMANDS**	
обе́дай		пообе́дай	
обе́дайте		пообе́дайте	

Usage

(в, на+prep.)(с+instr.)(у+gen.)(+instr.)

Пообе́дайте с на́ми, пожа́луйста.	*Have dinner with us, please.*
Мы обе́дали су́пом и котле́тами.	*We dined on soup and hamburgers.*
Пообе́дав пло́тно в рестора́не, они́ завели́ бесе́ду о том, о сём.	*Having had a big dinner at the restaurant, they started to talk about this and that.*

Proverbs/Sayings

Никто́ не ве́дает, кто чем обе́дает. (пословица)	*Nobody knows who eats what for dinner.*
Они́ пообе́дали, чем бог посла́л. (поговорка)	*They dined on what God sent them.*

240 обеспе́чивать/обеспе́чить *to provide, supply*

stem: **обеспе́чивай-/обеспе́чи-** regular type 1 verb in imp./perf. form type 2

IMPERFECTIVE ASPECT		PERFECTIVE ASPECT	
PRESENT			
обеспе́чиваю	обеспе́чиваем		
обеспе́чиваешь	обеспе́чиваете		
обеспе́чивает	обеспе́чивают		
PAST		**PAST**	
обеспе́чивал		обеспе́чил	
обеспе́чивала		обеспе́чила	
обеспе́чивало		обеспе́чило	
обеспе́чивали		обеспе́чили	
FUTURE		**FUTURE**	
бу́ду обеспе́чивать	бу́дем обеспе́чивать	обеспе́чу	обеспе́чим
бу́дешь обеспе́чивать	бу́дете обеспе́чивать	обеспе́чишь	обеспе́чите
бу́дет обеспе́чивать	бу́дут обеспе́чивать	обеспе́чит	обеспе́чат
SUBJUNCTIVE		**SUBJUNCTIVE**	
обеспе́чивал бы		обеспе́чил бы	
обеспе́чивала бы		обеспе́чила бы	
обеспе́чивало бы		обеспе́чило бы	
обеспе́чивали бы		обеспе́чили бы	
PARTICIPLES		**PARTICIPLES**	
pres. active	обеспе́чивающий	*pres. active*	—
pres. passive	обеспе́чиваемый	*pres. passive*	—
past active	обеспе́чивавший	*past active*	обеспе́чивший
past passive	—	*past passive*	обеспе́ченный
VERBAL ADVERBS		**VERBAL ADVERBS**	
обеспе́чивая		обеспе́чив	
COMMANDS		**COMMANDS**	
обеспе́чивай		обеспе́чь	
обеспе́чивайте		обеспе́чьте	

Usage

(+acc.)(+instr.)(+dat.)

Мо́лодость дана́, что́бы обеспе́чить себе́ ста́рость.	*Youth is given to us to provide for our golden years.*
Он обеспе́чил себе́ надё́жный тыл.	*He provided himself with a secure backup.*
Оте́ц обеспе́чивал семью́.	*The father provided for his family.*
Типогра́фия обеспе́чивала институ́т печа́тными труда́ми.	*The printing plant supplied the university with printed materials.*
Де́ти обеспе́чили хоро́ший ухо́д роди́телям.	*The children provided good care for their parents.*
Де́тский дом стара́лся обеспе́чить дете́й едо́й и оде́ждой.	*The foster home tried to provide the children with food and clothes.*
Мы обеспе́чены пра́вом на получе́ние пе́нсии.	*We are guaranteed the right to receive a pension.*
Вы должны́ обеспе́чить дочь, что́бы она́ успе́шно око́нчила университе́т.	*You need to provide for your daughter so she can successfully graduate from college.*

regular type 1 verb (like **рабо́тать**) stem: **обеща́й-/пообеща́й-**

	IMPERFECTIVE ASPECT			PERFECTIVE ASPECT	
PRESENT					
	обеща́ю	обеща́ем			
	обеща́ешь	обеща́ете			
	обеща́ет	обеща́ют			
PAST			PAST		
	обеща́л			пообеща́л	
	обеща́ла			пообеща́ла	
	обеща́ло			пообеща́ло	
	обеща́ли			пообеща́ли	
FUTURE			FUTURE		
	бу́ду обеща́ть	бу́дем обеща́ть		обеща́ю	обеща́ем
	бу́дешь обеща́ть	бу́дете обеща́ть		обеща́ешь	обеща́ете
	бу́дет обеща́ть	бу́дут обеща́ть		обеща́ет	обеща́ют
SUBJUNCTIVE			SUBJUNCTIVE		
	обеща́л бы			пообеща́л бы	
	обеща́ла бы			пообеща́ла бы	
	обеща́ло бы			пообеща́ло бы	
	обеща́ли бы			пообеща́ли бы	
PARTICIPLES			PARTICIPLES		
	pres. active	обеща́ющий		*pres. active*	—
	pres. passive	—		*pres. passive*	—
	past active	обеща́вший		*past active*	пообеща́вший
	past passive	обе́щанный		*past passive*	—
VERBAL ADVERBS			VERBAL ADVERBS		
	обеща́я			пообеща́в	
COMMANDS			COMMANDS		
	обеща́й			пообеща́й	
	обеща́йте			пообеща́йте	

Usage

(+acc.)(+dat.)

Пообеща́й мне ве́чную любо́вь. *Promise me eternal love.*

Я обеща́ю навести́ть вас на днях. *I promise to visit you in a few days.*

Пообеща́в мно́гое, он не вы́полнил ничего́. *Having promised a lot, he came through on nothing.*

Я обеща́ла де́тям пода́рки к пра́здникам. *I promised children presents for the holidays.*

Они́ пообеща́ли нам свою́ по́мощь в ремо́нте кварти́ры. *They promised us assistance in remodeling our apartment.*

Proverbs

Обе́щанного три го́да ждут. *Promises are made to be broken.*

обижа́ть(ся)/оби́деть(ся)

to insult, offend, hurt

stem: **обижа́й+(ся)/оби́де+(ся)**

regular type 1 verb in imp./perf. form type 2

	IMPERFECTIVE ASPECT		PERFECTIVE ASPECT	
PRESENT	обижа́ю(сь)	обижа́ем(ся)		
	обижа́ешь(ся)	обижа́ете(сь)		
	обижа́ют(ся)	обижа́ют(ся)		
PAST	обижа́л(ся)		оби́дел(ся)	
	обижа́ла(сь)		оби́дела(сь)	
	обижа́ло(сь)		оби́дело(сь)	
	обижа́ли(сь)		оби́дели(сь)	
FUTURE	бу́ду обижа́ть(ся)	бу́дем обижа́ть(ся)	оби́жу(сь)	оби́дим(ся)
	бу́дешь обижа́ть(ся)	бу́дете обижа́ть(ся)	оби́дишь(ся)	оби́дите(сь)
	бу́дет обижа́ть(ся)	бу́дут обижа́ть(ся)	оби́дит(ся)	оби́дят(ся)
SUBJUNCTIVE	обижа́л(ся) бы		оби́дел(ся) бы	
	обижа́ла(сь) бы		оби́дела(сь) бы	
	обижа́ло(сь) бы		оби́дело(сь) бы	
	обижа́ли(сь) бы		оби́дели(сь) бы	
PARTICIPLES	*pres. active*	обижа́ющий(ся)	*pres. active*	—
	pres. passive	обижа́емый	*pres. passive*	—
	past active	обижа́вший(ся)	*past active*	оби́девший(ся)
	past passive	—	*past passive*	оби́женный
VERBAL ADVERBS	обижа́я(сь)		оби́дев(шись)	
COMMANDS	обижа́й(ся)		оби́дь(ся)	
	обижа́йте(сь)		оби́дьте(сь)	

Usage

(+acc.)(+instr.)(на+acc.)(за+acc.)

Я ненаро́ком оби́дел дру́га злой шу́ткой.	*I unintentionally offended my friend with a cruel joke.*
Грех обижа́ть старико́в.	*It is a sin to insult the elderly.*
Приро́да не оби́дела тала́нтами мои́х дете́й.	*Nature did not hurt my children with a lack of talent.*
Ты зря обижа́ешься на пого́ду.	*You should not be mad at the weather.*
Не обижа́йся на меня́.	*Don't be mad at me.*
Бог его́ ра́зумом оби́дел.	*God hurt him with a lack of smarts.*
Он оби́делся на меня́ за то, что я опозда́л.	*He was angry at me for being late.*
Она́ оби́делась на нас за замеча́ния в её а́дрес.	*She was offended by our comments about her.*

regular type 1 verb in imp./perf. form type 3 stem: **обма́нывай-/обмани-**

IMPERFECTIVE ASPECT		PERFECTIVE ASPECT	
PRESENT			
обма́нываю	обма́нываем		
обма́нываешь	обма́нываете		
обма́нывает	обма́нывают		
PAST		**PAST**	
обма́нывал		обману́л	
обма́нывала		обману́ла	
обма́нывало		обману́ло	
обма́нывали		обману́ли	
FUTURE		**FUTURE**	
бу́ду обма́нывать	бу́дем обма́нывать	обману́	обма́нем
бу́дешь обма́нывать	бу́дете обма́нывать	обма́нешь	обма́нете
бу́дет обма́нывать	бу́дут обма́нывать	обма́нет	обма́нут
SUBJUNCTIVE		**SUBJUNCTIVE**	
обма́нывал бы		обману́л бы	
обма́нывала бы		обману́ла бы	
обма́нывало бы		обману́ло бы	
обма́нывали бы		обману́ли бы	
PARTICIPLES		**PARTICIPLES**	
pres. active	обма́нывающий	*pres. active*	—
pres. passive	обма́нываемый	*pres. passive*	—
past active	обма́нывавший	*past active*	обману́вший
past passive	—	*past passive*	обма́нутый
VERBAL ADVERBS		**VERBAL ADVERBS**	
обма́нывая		обману́в	
COMMANDS		**COMMANDS**	
обма́нывай		обмани́	
обма́нывайте		обмани́те	

Usage

(+acc.)(+instr.)

Продаве́ц обма́нывал покупа́телей, обве́шивая их. — *The salesperson was cheating his customers by giving them short measure.*

Ты обману́л не то́лько нас, но и на́ше дове́рие. — *You didn't just deceive us, you broke our trust.*

Proverbs/Sayings/Idioms

Он обма́нывает на́ши наде́жды. — *He fails our expectations.*

Обману́в раз, обма́нет и друго́й. (пословица) — *Once a cheater - always a cheater.*

обнару́живать/обнару́жить *to discover, find out*

stem: **обнару́живай-/обнару́жи-** regular type 1 verb in imp./perf. form type 2

	IMPERFECTIVE ASPECT		PERFECTIVE ASPECT	
PRESENT	обнару́живаю	обнару́живаем		
	обнару́живаешь	обнару́живаете		
	обнару́живает	обнару́живают		
PAST	обнару́живал		обнару́жил	
	обнару́живала		обнару́жила	
	обнару́живало		обнару́жило	
	обнару́живали		обнару́жили	
FUTURE	бу́ду обнару́живать	бу́дем обнару́живать	обнару́жу	обнару́жим
	бу́дешь обнару́живать	бу́дете обнару́живать	обнару́жишь	обнару́жите
	бу́дет обнару́живать	бу́дут обнару́живать	обнару́жит	обнару́жат
SUBJUNCTIVE	обнару́живал бы		обнару́жил бы	
	обнару́живала бы		обнару́жила бы	
	обнару́живало бы		обнару́жило бы	
	обнару́живали бы		обнару́жили бы	
PARTICIPLES				
pres. active	обнару́живающий		*pres. active*	—
pres. passive	обнару́живаемый		*pres. passive*	—
past active	обнару́живавший		*past active*	обнару́живший
past passive	—		*past passive*	обнару́женный
VERBAL ADVERBS	обнару́живая		обнару́жив	
COMMANDS	обнару́живай		обнару́жь	
	обнару́живайте		обнару́жьте	

Usage

(+acc.)(+instr.)(в, на+acc.)

Он вдруг обнару́жил незауря́дные спосо́бности к матема́тике. — *He suddenly discovered his considerable talent for math.*

Она́ не боя́лась обнару́жить свою́ ра́дость. — *She was not afraid to discover her joy.*

Мы обнару́жили пропа́вшую ко́шку во дворе́ у сосе́дей. — *We found the lost cat in our neighbor's yard.*

Разве́дка обнару́жила врага́. — *Reconnaissance discovered the enemy forces.*

Обнару́жить престу́пника бы́ло нелегко́. — *It was not easy to apprehend the criminal.*

Прове́рка обнару́жила оши́бки в документа́ции. — *The inspection revealed errors in documentation.*

Гео́логи в тайге́ обнару́жили нефть. — *Geologists discovered oil in the taiga.*

regular type 1 verb in imp./perf. form irregular stem: **обнимáй-/обним-**

IMPERFECTIVE ASPECT		PERFECTIVE ASPECT	
PRESENT			
обнимáю	обнимáем		
обнимáешь	обнимáете		
обнимáет	обнимáют		
PAST		PAST	
обнимáл		óбнял	
обнимáла		обнялá	
обнимáло		óбняло	
обнимáли		óбняли	
FUTURE		FUTURE	
бýду обнимáть	бýдем обнимáть	обнимý	обни́мем
бýдешь обнимáть	бýдете обнимáть	обни́мешь	обни́мете
бýдет обнимáть	бýдут обнимáть	обни́мет	обни́мут
SUBJUNCTIVE		SUBJUNCTIVE	
обнимáл бы		óбнял бы	
обнимáла бы		обнялá бы	
обнимáло бы		óбняло бы	
обнимáли бы		óбняли бы	
PARTICIPLES		PARTICIPLES	
pres. active	обнимáющий	*pres. active*	—
pres. passive	обнимáемый	*pres. passive*	—
past active	обнимáвший	*past active*	обня́вший
past passive	—	*past passive*	óбнятый
VERBAL ADVERBS		VERBAL ADVERBS	
обнимáя		обня́в	
COMMANDS		**COMMANDS**	
обнимáй		обними́	
обнимáйте		обними́те	

Usage

(+acc.)(за+acc.)(+instr.)

Я лáсково обнялá внýка и прижáла егó к себé.	*I gently hugged my grandson and pulled him close.*
Дéвочка обнялá отцá за шéю.	*The girl hugged her father around the neck.*
Фронтовики́ крéпко обнимáли друг дрýга.	*The soldiers were embracing each other with joy.*
Онá сидéла, обня́в гóлову рукáми, и плáкала.	*She was holding her head and crying.*

246 обраща́ть(ся)/обрати́ть(ся) *to turn (to), face; to deal with*

stem: **обраща́й+(ся)/обрати́+(ся)** type 1 verb in imp./perf. form type 2

IMPERFECTIVE ASPECT		PERFECTIVE ASPECT	
PRESENT			
обраща́ю(сь)	обраща́ем(ся)		
обраща́ешь(ся)	обраща́ете(сь)		
обраща́ет(ся)	обращают(ся)		
PAST		PAST	
обраща́л(ся)		обрати́л(ся)	
обраща́ла(сь)		обрати́ла(сь)	
обраща́ло(сь)		обрати́ло(сь)	
обраща́ли(сь)		обрати́ли(сь)	
FUTURE		FUTURE	
бу́ду обраща́ть(ся)	бу́дем обраща́ть(ся)	обращу́(сь)	обрати́м(ся)
бу́дешь обраща́ть(ся)	бу́дете обраща́ть(ся)	обрати́шь(ся)	обрати́те(сь)
бу́дет обраща́ть(ся)	бу́дут обраща́ть(ся)	обрати́т(ся)	обратя́т(ся)
SUBJUNCTIVE		SUBJUNCTIVE	
обраща́л(ся) бы		обрати́л(ся) бы	
обраща́ла(сь) бы		обрати́ла(сь) бы	
обраща́ло(сь) бы		обрати́ло(сь) бы	
обраща́ли(сь) бы		обрати́ли(сь) бы	
PARTICIPLES		PARTICIPLES	
pres. active	обраща́ющий(ся)	*pres. active*	—
pres. passive	обраща́емый	*pres. passive*	—
past active	обраща́вший(ся)	*past active*	обрати́вший(ся)
past passive	—	*past passive*	обращённый
VERBAL ADVERBS		VERBAL ADVERBS	
обраща́я(сь)		обрати́в(шись)	
COMMANDS		**COMMANDS**	
обраща́й(ся)		обрати́(сь)	
обраща́йте(сь)		обрати́те(сь)	

Usage

(+acc.)(в, на+acc.)(к+dat.)(+dat.)(за+instr.)

Я обрати́лся с про́сьбой к това́рищу.	*I turned for help to my friend.*
Мы обраща́лись за по́мощью к нача́льству не раз.	*We turned to management for help many times.*
Он обрати́лся лицо́м к сте́нке и замолча́л.	*He turned his face to the wall and fell silent.*
Она́ вся обрати́лась в слух и замерла́ на ме́сте.	*She turned all ears and froze in place.*
Вода́ обраща́ется в пар при температу́ре 100 гра́дусов по Це́льсию.	*Water turns to steam at 100 degrees centigrade.*
Ссо́ра обрати́лась в сканда́л.	*An argument turned into a fight.*
Любо́вь обрати́лась в не́нависть.	*Love turned to hate.*
Мальчи́шки обрати́лись в бе́гство из чужо́го огоро́да.	*The boys turned to run from someone else's vegetable patch.*
Обраща́йтесь ко мне на "вы" и с почте́нием.	*Please call me "Sir" and speak to me with respect.*
Зри́тели обрати́ли все взо́ры на сце́ну и на актёров.	*All the audience's eyes turned to the stage and the actors.*
Обрати́тесь к команди́ру с э́тим де́лом.	*Go to the commander with this matter.*
Не обраща́йте внима́ния, я про́сто не в настрое́нии.	*Don't pay any attention to this; I am just in a bad mood.*
Дава́йте обрати́мся к фа́ктам.	*Let's look at the facts.*

regular type 1 verb in imp./perf. form type 2 — stem: **обсужда́й-/обсуди-**

	IMPERFECTIVE ASPECT		PERFECTIVE ASPECT	
PRESENT				
	обсужда́ю	обсужда́ем		
	обсужда́ешь	обсужда́ете		
	обсужда́ет	обсужда́ют		
PAST				
	обсужда́л		обсуди́л	
	обсужда́ла		обсуди́ла	
	обсужда́ло		обсуди́ло	
	обсужда́ли		обсуди́ли	
FUTURE				
	бу́ду обсужда́ть	бу́дем обсужда́ть	обсужу́	обсу́дим
	бу́дешь обсужда́ть	бу́дете обсужда́ть	обсу́дишь	обсу́дите
	бу́дет обсужда́ть	бу́дут обсужда́ть	обсу́дит	обсу́дят
SUBJUNCTIVE				
	обсужда́л бы		обсуди́л бы	
	обсужда́ла бы		обсуди́ла бы	
	обсужда́ло бы		обсуди́ло бы	
	обсужда́ли бы		обсуди́ли бы	
PARTICIPLES				
	pres. active	обсужда́ющий	*pres. active*	—
	pres. passive	обсужда́емый	*pres. passive*	—
	past active	обсужда́вший	*past active*	обсуди́вший
	past passive	—	*past passive*	обсуждённый
VERBAL ADVERBS				
	обсужда́я		обсуди́в	
COMMANDS				
	обсужда́й		обсуди́	
	обсужда́йте		обсуди́те	

Usage

(+acc.)(в, на+prep.)(к+dat.)

Мы обсуди́ли на́ши пла́ны с роди́телями. — *We discussed our plans with our parents.*

Не́чего до́лго обсужда́ть, перехо́дим к де́лу. — *There is nothing to discuss further. Let's get down to business.*

Обсужда́я резу́льтаты соревнова́ния, мы не вспо́мнили о победи́телях. — *In discussing the results of the competition, we did not mention the winners.*

Они́ обсуди́ли, что де́лать в пое́здке. — *They discussed what to do on the trip.*

На заседа́нии се́кции мы обсужда́ли но́вый уче́бник. — *At the section meeting, we discussed the new textbook.*

В шко́ле учителя́ ча́сто обсужда́ли плохо́е поведе́ние ученико́в. — *At school, the teachers often discussed students' misconduct.*

Раз в неде́лю на политзаня́тиях обсужда́ли междунаро́дное положе́ние. — *Once a week at the political education meeting, they discussed international affairs.*

Обсуди́те э́тот вопро́с ме́жду собо́й. — *Discuss this matter between yourselves.*

248 общáться/пообщáться

to associate, have contact

stem: **общáй+ся/пообщáй-** regular type 1 verb (like **рабóтать**)

IMPERFECTIVE ASPECT		PERFECTIVE ASPECT	
PRESENT			
общáюсь	общáемся		
общáешься	общáетесь		
общáется	общáются		
PAST		**PAST**	
общáлся		пообщáлся	
общáлась		пообщáлась	
общáлось		пообщáлось	
общáлись		пообщáлись	
FUTURE		**FUTURE**	
бýду общáться	бýдем общáться	пообщáюсь	пообщáемся
бýдешь общáться	бýдете общáться	пообщáешься	пообщáетесь
бýдет общáться	бýдут общáться	пообщáется	пообщáются
SUBJUNCTIVE		**SUBJUNCTIVE**	
общáлся бы		пообщáлся бы	
общáлась бы		пообщáлась бы	
общáлось бы		пообщáлось бы	
общáлись бы		пообщáлись бы	
PARTICIPLES		**PARTICIPLES**	
pres. active	общáющийся	*pres. active*	—
pres. passive	—	*pres. passive*	—
past active	общáвшийся	*past active*	пообщáвшийся
past passive	—	*past passive*	—
VERBAL ADVERBS		**VERBAL ADVERBS**	
общáясь		пообщáвшись	
COMMANDS		**COMMANDS**	
общáйся		пообщáйся	
общáйтесь		пообщáйтесь	

Usage

(с+instr.)

Мы пообщáлись с их семьёй и бы́ли óчень довóльны приёмом. — *We spent some time with their family and were very pleased with their reception.*

Люблю́ общáться с друзья́ми дáже по телефóну. — *I like to talk to my friends, even on the phone.*

Общáясь друг с дрýгом, мы нахóдим óбщие интерéсы. — *In talking to each other, we find common interests.*

Никогдá не общáйся с таки́ми ти́пами. — *Never associate with such types.*

regular type 1 verb in imp./perf. form type 2 stem: **объявля́й-/объяви-**

	IMPERFECTIVE ASPECT			PERFECTIVE ASPECT	
PRESENT					
	объявля́ю	объявля́ем			
	объявля́ешь	объявля́ете			
	объявля́ет	объявля́ют			
PAST			PAST		
	объявля́л			объяви́л	
	объявля́ла			объяви́ла	
	объявля́ло			объяви́ло	
	объявля́ли			объяви́ли	
FUTURE			FUTURE		
	бу́ду объявля́ть	бу́дем объявля́ть		объявлю́	объя́вим
	бу́дешь объявля́ть	бу́дете объявля́ть		объя́вишь	объя́вите
	бу́дет объявля́ть	бу́дут объявля́ть		объя́вит	объя́вят
SUBJUNCTIVE			SUBJUNCTIVE		
	объявля́л бы			объяви́л бы	
	объявля́ла бы			объяви́ла бы	
	объявля́ло бы			объяви́ло бы	
	объявля́ли бы			объяви́ли бы	
PARTICIPLES			PARTICIPLES		
	pres. active	объявля́ющий		*pres. active*	—
	pres. passive	объявля́емый		*pres. passive*	—
	past active	объявля́вший		*past active*	объяви́вший
	past passive	—		*past passive*	объя́вленный
VERBAL ADVERBS			VERBAL ADVERBS		
	объявля́я			объяви́в	
COMMANDS			**COMMANDS**		
	объявля́й			объяви́	
	объявля́йте			объяви́те	

Usage

(+acc.)(о+prep.)(+dat.)

Они́ объяви́ли в газе́те о помо́лвке.	*They announced their engagement in the newspaper.*
По́сле обе́да объяви́ли результа́ты экза́менов.	*The results of the exams were announced after dinner.*
Секрета́рь объяви́л собра́ние закры́тым.	*The secretary declared the meeting adjourned.*
По ра́дио объявля́ли имена́ победи́телей.	*The names of the winners were announced on the radio.*
Поэ́та объяви́ли персо́ной нон гра́та и вы́слали из страны́.	*The poet was declared a* persona non grata *and was deported from the country.*
Сле́довало бы объяви́ть ей бойко́т.	*She should be boycotted.*
Мне объяви́ли стро́гий вы́говор.	*I was issued a serious reprimand.*
Не объявля́я войны́, ги́тлеровские войска́ вто́рглись в преде́лы СССР в 1941 году́.	*Without declaring war, Hitler's armies entered the territory of the USSR in 1941.*
Он объяви́л, что в связи́ с закры́тием би́знеса навсегда́ уезжа́ет в Москву́.	*He announced that, due to the closing of the company, he is moving back to Moscow.*
Они́ объяви́ли мне о своём реше́нии вы́йти из игры́.	*I was told about their decision to leave the game.*

объясня́ть(ся)/объясни́ть(ся) *to explain*

stem: **объясна́й+(ся)/объясни+(ся)** regular type 1 verb in imp./perf. form type 2

IMPERFECTIVE ASPECT		PERFECTIVE ASPECT	
PRESENT			
объясня́ю(сь)	объясня́ем(ся)		
объясня́ешь(ся)	объясня́ете(сь)		
объясня́ет(ся)	объясня́ют(ся)		
PAST		PAST	
объясня́л(ся)		объясни́л(ся)	
объясня́ла(сь)		объясни́ла(сь)	
объясня́ло(сь)		объясни́ло(сь)	
объясня́ли(сь)		объясни́ли(сь)	
FUTURE		FUTURE	
бу́ду объясня́ть(ся)	бу́дем объясня́ть(ся)	объясню́(сь)	объясни́м(ся)
бу́дешь объясня́ть(ся)	бу́дете объясня́ть(ся)	объясни́шь(ся)	объясни́те(сь)
бу́дет объясня́ть(ся)	бу́дут объясня́ть(ся)	объясни́т(ся)	объясня́т(ся)
SUBJUNCTIVE		SUBJUNCTIVE	
объясня́л(ся) бы		объясни́л(ся) бы	
объясня́ла(сь) бы		объясни́ла(сь) бы	
объясня́ло(сь) бы		объясни́ло(сь) бы	
объясня́ли(сь) бы		объясни́ли(сь) бы	
PARTICIPLES		PARTICIPLES	
pres. active	объясня́ющий(ся)	*pres. active*	—
pres. passive	объясня́емый	*pres. passive*	—
past active	объясня́вший(ся)	*past active*	объясни́вший(ся)
past passive	—	*past passive*	объяснённый
VERBAL ADVERBS		VERBAL ADVERBS	
объясня́я(сь)		объясни́в(шись)	
COMMANDS		**COMMANDS**	
объясня́й(ся)		объясни́(сь)	
объясня́йте(сь)		объясни́те(сь)	

Usage

(+acc.)(+dat.)(+dat.)(+instr.)(c+instr.)

Учи́тель объясня́ет шко́льникам пра́вила чте́ния.	*The teacher is explaining to the students the rules of reading.*
Я вам объясню́, как прое́хать к на́шему до́му.	*I will explain to you how to get to our house.*
Она́ объясни́ла, что снача́ла зае́дет на рабо́ту, а пото́м - к нам.	*She explained that, first she will stop by her work, and then will come to us.*
Он объясни́л, почему́ так получи́лось.	*He explained why it happened that way.*
Я объясни́л, когда́ и заче́м я пое́ду в Ки́ев.	*I explained when and why I will go to Kiev.*
Мы объясни́ли наше отсу́тствие недомога́нием.	*We explained that our absence was due to illness.*
Он не люби́л объясня́ться с роди́телями.	*He did not like to explain things to his parents.*
Ва́ше поведе́ние объясня́ется неуваже́нием колле́г.	*Your behavior can be explained by disrespect for your colleagues.*
Её ча́стые отлу́чки объясня́ются тем, что у неё до́ма больны́е старики́.	*Her frequent absences can be explained by the fact that she takes care of sick elderly at home.*
С ме́стными жи́телями мы объясня́емся же́стами.	*We communicate with locals using gestures.*
В любо́й стране́ мы могли́ объясни́ться по-англи́йски.	*In any country we could communicate in English.*
По́сле двух ме́сяцев встреч он объясни́лся мне в любви́.	*After dating for two months, he declared his love for me.*

regular type 1 verb in imp./perf. form type 3 stem: **огля́дывай+ся/огляе́+(ся)**

IMPERFECTIVE ASPECT		PERFECTIVE ASPECT	
PRESENT			
огля́дываюсь	огля́дываемся		
огля́дываешься	огля́дываетесь		
огля́дывается	огля́дываются		
PAST		PAST	
огля́дывался		огляну́лся	
огля́дывалась		огляну́лась	
огля́дывалось		огляну́лось	
огля́дывались		огляну́лись	
FUTURE		FUTURE	
бу́ду огля́дываться	бу́дем огля́дываться	огляну́сь	огля́немся
бу́дешь огля́дываться	бу́дете огля́дываться	огля́нешься	огля́нетесь
бу́дет огля́дываться	бу́дут огля́дываться	огля́нется	огля́нутся
SUBJUNCTIVE		SUBJUNCTIVE	
огля́дывался бы		огляну́лся бы	
огля́дывалась бы		огляну́лась бы	
огля́дывалось бы		огляну́лось бы	
огля́дывались бы		огляну́лись бы	
PARTICIPLES		PARTICIPLES	
pres. active	огля́дывающийся	*pres. active*	—
pres. passive	—	*pres. passive*	—
past active	огля́дывавшийся	*past active*	огляну́вшийся
past passive	—	*past passive*	—
VERBAL ADVERBS		VERBAL ADVERBS	
огля́дываясь		огляну́вшись	
COMMANDS		**COMMANDS**	
огля́дывайся		огляни́сь	
огля́дывайтесь		огляни́тесь	

Usage

(на, через+acc.)

Он огляну́лся че́рез плечо́ и заме́тил сле́жку.	*He looked over his shoulder and noticed a tail.*
Она́ огляну́лась наза́д, что́бы уви́деть шко́льный авто́бус.	*She looked back to see the school bus.*
Огля́дываясь на своё про́шлое, я почти́ ни о чём не жале́ю.	*Looking back on my past, I regret almost nothing.*
Он огляну́лся и уви́дел уходя́щий по́езд.	*He looked back and saw the departing train.*

Idioms

Она́ то́лько и огля́дывается на нача́льство.	*She takes her lead from the management.*

252 одева́ть(ся)/оде́ть(ся) *to dress, get dressed*

stem: **одева́й+(ся)/оден+(ся)** regular type 1 verb in imp./perf. form irregular

IMPERFECTIVE ASPECT			PERFECTIVE ASPECT	
PRESENT				
одева́ю(сь)	одева́ем(ся)			
одева́ешь(ся)	одева́ете(сь)			
одева́ет(ся)	одева́ют(ся)			
PAST			**PAST**	
одева́л(ся)			оде́л(ся)	
одева́ла(сь)			оде́ла(сь)	
одева́ло(сь)			оде́ло(сь)	
одева́ли(сь)			оде́ли(сь)	
FUTURE			**FUTURE**	
бу́ду одева́ть(ся)	бу́дем одева́ть(ся)		оде́ну(сь)	оде́нем(ся)
бу́дешь одева́ть(ся)	бу́дете одева́ть(ся)		оде́нешь(ся)	оде́нете(сь)
бу́дет одева́ть(ся)	бу́дут одева́ть(ся)		оде́нет(ся)	оде́нут(ся)
SUBJUNCTIVE			**SUBJUNCTIVE**	
одева́л(ся) бы			оде́л(ся) бы	
одева́ла(сь) бы			оде́ла(сь) бы	
одева́ло(сь) бы			оде́ло(сь) бы	
одева́ли(сь) бы			оде́ли(сь) бы	
PARTICIPLES			**PARTICIPLES**	
pres. active	одева́ющий(ся)		*pres. active*	—
pres. passive	одева́емый		*pres. passive*	—
past active	одева́вший(ся)		*past active*	оде́вший(ся)
past passive	—		*past passive*	оде́тый; оде́т
VERBAL ADVERBS			**VERBAL ADVERBS**	
одева́я(сь)			оде́в(шись)	
COMMANDS			**COMMANDS**	
одева́й(ся)			оде́нь(ся)	
одева́йте(сь)			оде́ньте(сь)	

Usage

(+acc.)(в+acc.)(+instr.)

В де́тстве нас не́ во что бы́ло одева́ть.	*When we were children, we had nothing to wear.*
Сего́дня мои́ дочь и внук оде́ты прекра́сно.	*Today, my daugher and grandson are dressed very well.*
На маскара́д Пе́тя оде́лся ти́гром.	*For the costume party, Peter was dressed as a tiger.*
В шко́ле де́ти одева́ются в шко́льную фо́рму.	*At school, children wear uniforms.*
Он не одева́ется у лу́чшего портно́го, но вы́глядит элега́нтно.	*His clothes are not made by the best tailor, but he looks elegant.*
Из мои́х друзе́й никто́ не одева́ется по после́дней мо́де.	*Nobody among my friends dresses in the latest fashion apparel.*
Что ты оде́лся, как на пра́здник?	*Why did you get dressed as if it's a holiday?*
Она́ одева́ется в тёмное, скро́мно, но со вку́сом.	*She wears dark clothes, dresses modestly, but with taste.*
Она́ одева́лась до́рого, но безвку́сно.	*She dressed expensively, but without taste.*
Дере́вья оде́лись в разноцве́тный наря́д.	*The trees put on multicolored attire.*

regular type 1 verb (like **рабо́тать**)/no perf. stem: **ожида́й-**

IMPERFECTIVE ASPECT

PRESENT

ожида́ю	ожида́ем
ожида́ешь	ожида́ете
ожида́ет	ожида́ют

PAST

ожида́л
ожида́ла
ожида́ло
ожида́ли

FUTURE

бу́ду ожида́ть	бу́дем ожида́ть
бу́дешь ожида́ть	бу́дете ожида́ть
бу́дет ожида́ть	бу́дут ожида́ть

SUBJUNCTIVE

ожида́л бы
ожида́ла бы
ожида́ло бы
ожида́ли бы

PARTICIPLES

pres. active	ожида́ющий
pres. passive	ожида́емый
past active	ожида́вший
past passive	—

VERBAL ADVERBS

ожида́я

COMMANDS

ожида́й
ожида́йте

Usage

(+acc.)(+gen.)(в, на+prep.)

Мы ожида́ли по́езда на ти́хой ста́нции.	*We waited for the train at a quiet station.*
Лю́ди, ожида́вшие авто́бус, поспеши́ли поса́дку.	*Those waiting for the bus rushed to get on* на *board.*
Мать ожида́ет с нетерпе́нием ве́сточку от сы́на.	*Mother is anxiously awaiting news from her son.*
Мы ожи́даем больши́х переме́н в руково́дстве.	*We expect major changes in management.*
Я не ожида́ла встре́титься с ней в Ита́лии.	*I did not expect to run into her in Italy.*
Но́вая програ́мма не дала́ ожида́емых результа́тов.	*The new program did not deliver the expected results.*
Он не ожида́л, что встре́тит её че́рез два́дцать лет.	*He did not expect to meet her twenty years later.*
Ожида́я му́жа по́здно ве́чером, она́ не находи́ла себе́ ме́ста.	*Waiting for her husband late at night, she could not sit still.*

окáзывать(ся)/оказáть(ся) *to render, offer*

stem: **окáзывай+(ся)/оказа+(ся)** regular type 1 verb in imp./perf. form type 3

IMPERFECTIVE ASPECT

PRESENT

окáзываю(сь)	окáзываем(ся)
окáзываешь(ся)	окáзываете(сь)
окáзывает(ся)	окáзывают(ся)

PAST

окáзывал(ся)
окáзывала(сь)
окáзывало(сь)
окáзывали(сь)

FUTURE

бýду окáзывать(ся)	бýдем окáзывать(ся)
бýдешь окáзывать(ся)	бýдете окáзывать(ся)
бýдет окáзывать(ся)	бýдут окáзывать(ся)

SUBJUNCTIVE

окáзывал(ся) бы
окáзывала(сь) бы
окáзывало(сь) бы
окáзывали(сь) бы

PARTICIPLES

pres. active	окáзывающий(ся)
pres. passive	окáзываемый
past active	окáзывавший(ся)
past passive	—

VERBAL ADVERBS

окáзывая(сь)

COMMANDS

окáзывай(ся)
окáзывайте(сь)

PERFECTIVE ASPECT

PAST

оказáл(ся)
оказáла(сь)
оказáло(сь)
оказáли(сь)

FUTURE

окажý(сь)	окáжем(ся)
окáжешь(ся)	окáжете(сь)
окáжет(ся)	окáжут(ся)

SUBJUNCTIVE

оказáл(ся) бы
оказáла(сь) бы
оказáло(сь) бы
оказáли(сь) бы

PARTICIPLES

pres. active	—
pres. passive	—
past active	оказáвший(ся)
past passive	окáзанный

VERBAL ADVERBS

оказáв(шись)

COMMANDS

окажи́(сь)
окажи́те(сь)

Usage

(+acc.)(+dat.)(на+acc.)(в, на+prep.)(+instr.)

Потерпéвшему оказáли неотлóжную пóмощь.	*The victim received emergency care.*
Солдáты не раз окáзывали пóмощь шкóле.	*Soldiers have provided aid to the school numerous times.*
Окажи́те мне услýгу, позвони́те по э́тому нóмеру телефóна.	*Do me a favor, dial this number.*
Спаси́бо за окáзанную любéзность.	*Thank you for your kindness.*
Мне окáзывают довéрие на любóй рабóте.	*I am trusted in every workplace.*
Окажи́сь я на вáшем мéсте, я бы поступи́л не так.	*Were I in your place, I would have done otherwise.*
Рóта оказáла серьёзное сопротивлéние врагý.	*The platoon has shown a considerable resistance to the enemy's efforts.*
Я окáзываю внимáние и уважéние мои́м студéнтам.	*I offer attention and respect to my students.*
Отéц оказáл положи́тельное влия́ние на сыновéй.	*The father exerted a positive influence on his sons.*
Не окáзывайте на меня́ давлéние, я всё решý самá.	*Don't pressure me; I will figure it out all by myself.*

regular type 1 verb in imp./perf. form type 2 stem: **окáнчивай-/окóнчи-**

IMPERFECTIVE ASPECT		PERFECTIVE ASPECT	
PRESENT			
окáнчиваю	окáнчиваем		
окáнчиваешь	окáнчиваете		
окáнчивает	окáнчивают		
PAST		**PAST**	
окáнчивал		окóнчил	
окáнчивала		окóнчила	
окáнчивало		окóнчило	
окáнчивали		окóнчили	
FUTURE		**FUTURE**	
бýду окáнчивать	бýдем окáнчивать	окóнчу	окóнчим
бýдешь окáнчивать	бýдете окáнчивать	окóнчишь	окóнчите
бýдет окáнчивать	бýдут окáнчивать	окóнчит	окóнчат
SUBJUNCTIVE		**SUBJUNCTIVE**	
окáнчивал бы		окóнчил бы	
окáнчивала бы		окóнчила бы	
окáнчивало бы		окóнчило бы	
окáнчивали бы		окóнчили бы	
PARTICIPLES		**PARTICIPLES**	
pres. active	окáнчивающий	*pres. active*	—
pres. passive	окáнчиваемый	*pres. passive*	—
past active	окáнчивавший	*past active*	окóнчивший
past passive	—	*past passive*	окóнченный
VERBAL ADVERBS		**VERBAL ADVERBS**	
окáнчивая		окóнчив	
COMMANDS		**COMMANDS**	
окáнчивай		окóнчи	
окáнчивайте		окóнчите	

Usage

(+acc.)

Я окóнчила инститýт с отли́чием. — *I graduated university with honors.*

Мы окóнчим кни́гу к óсени. — *We will finish the book by fall.*

Окóнчив учёбу, я вы́шла зáмуж. — *After finishing my studies, I got married.*

Окáнчивая рабóту, мы реши́ли поýжинать в ресторáне. — *Finishing work, we decided to have dinner at the restaurant.*

256 окружа́ть/окружи́ть

to surround, encircle

stem: **окружа́й-/окружи́-**

regular type 1 verb in imp./perf. form type 2

	IMPERFECTIVE ASPECT		PERFECTIVE ASPECT	
PRESENT	окружа́ю	окружа́ем		
	окружа́ешь	окружа́ете		
	окружа́ет	окружа́ют		
PAST	окружа́л		окружи́л	
	окружа́ла		окружи́ла	
	окружа́ло		окружи́ло	
	окружа́ли		окружи́ли	
FUTURE	бу́ду окружа́ть	бу́дем окружа́ть	окружу́	окружи́м
	бу́дешь окружа́ть	бу́дете окружа́ть	окружи́шь	окружи́те
	бу́дет окружа́ть	бу́дут окружа́ть	окружи́т	окружа́т
SUBJUNCTIVE	окружа́л бы		окружи́л бы	
	окружа́ла бы		окружи́ла бы	
	окружа́ло бы		окружи́ло бы	
	окружа́ли бы		окружи́ли бы	
PARTICIPLES				
pres. active		окружа́ющий	*pres. active*	—
pres. passive		окружа́емый	*pres. passive*	—
past active		окружа́вший	*past active*	окружи́вший
past passive		—	*past passive*	окружённый
VERBAL ADVERBS	окружа́я		окружи́в	
COMMANDS	окружа́й		окружи́	
	окружа́йте		окружи́те	

Usage

(+acc.)(+instr.)

Она́ окружа́ет себя́ ро́скошью. — *She surrounds herself with luxury.*

Он окружи́л себя́ недосто́йными его́ да́мами. — *He surrounded himself with women who were beneath him.*

Взвод, окружённый проти́вником, отстре́ливался до после́днего патро́на. — *The surrounded platoon defended itself to the last bullet.*

Окружи́те их внима́нием и забо́той. — *Lavish on them attention and care.*

Они́ окружи́ли дом высо́ким забо́ром. — *They surrounded the house with a tall fence.*

Её окружа́ют то́лпы покло́нников. — *She is surrounded by crowds of fans.*

regular type 1 verb (like **рабо́тать**)

stem: **опа́здывай-/опозда́й-**

IMPERFECTIVE ASPECT		PERFECTIVE ASPECT	
PRESENT			
опа́здываю	опа́здываем		
опа́здываешь	опа́здываете		
опа́здывает	опа́здывают		
PAST		**PAST**	
опа́здывал		опозда́л	
опа́здывала		опозда́ла	
опа́здывало		опозда́ло	
опа́здывали		опозда́ли	
FUTURE		**FUTURE**	
бу́ду опа́здывать	бу́дем опа́здывать	опозда́ю	опозда́ем
бу́дешь опа́здывать	бу́дете опа́здывать	опозда́ешь	опозда́ете
бу́дет опа́здывать	бу́дут опа́здывать	опозда́ет	опозда́ют
SUBJUNCTIVE		**SUBJUNCTIVE**	
опа́здывал бы		опозда́л бы	
опа́здывала бы		опозда́ла бы	
опа́здывало бы		опозда́ло бы	
опа́здывали бы		опозда́ли бы	
PARTICIPLES		**PARTICIPLES**	
pres. active	опа́здывающий	*pres. active*	—
pres. passive	—	*pres. passive*	—
past active	опа́здывавший	*past active*	опозда́вший
past passive	—	*past passive*	—
VERBAL ADVERBS		**VERBAL ADVERBS**	
опа́здывая		опозда́в	
COMMANDS		**COMMANDS**	
опа́здывай		опозда́й	
опа́здывайте		опозда́йте	

Usage

(к+dat.)(в, на+acc.)

Она́ ве́чно опа́здывает на рабо́ту, но ей всё схо́дит с рук. — *She is constantly late for work, but they let her get away with it.*

Мы спеши́м, что́бы не опозда́ть на по́езд. — *We are in a rush so we don't miss the train.*

Не сто́ит опа́здывать к врачу́. — *Don't be late for the doctor's appointment.*

Мы опозда́ли с отве́том на́ день, и де́ло закры́ли. — *We were late with our response by one day, and the case was closed.*

Мы попа́ли в ча́с пик и чуть не опозда́ли в теа́тр. — *We got stuck in traffic and barely made it to the theater on time.*

Я опозда́ла на встре́чу с ни́ми в го́роде. — *I was late for a meeting with them in the city.*

Пассажи́р, опозда́вший на поса́дку, не́ был допу́щен в самолёт. — *The passenger who was late to board was not allowed on the plane.*

опи́сывать(ся)/описа́ть(ся)

to describe

stem: **опи́сывай+(ся)/описа+(ся)** regular type 1 verb in imp./perf. form type 3

IMPERFECTIVE ASPECT		PERFECTIVE ASPECT	
PRESENT			
опи́сываю	опи́сываем		
опи́сываешь	опи́сываете		
опи́сывает(ся)	опи́сывают(ся)		
PAST		**PAST**	
опи́сывал(ся)		описа́л(ся)	
опи́сывала(сь)		описа́ла(сь)	
опи́сывало(сь)		описа́ло(сь)	
опи́сывали(сь)		описа́ли(сь)	
FUTURE		**FUTURE**	
бу́ду опи́сывать(ся)	бу́дем опи́сывать(ся)	опишу́(сь)	опи́шем(ся)
бу́дешь опи́сывать(ся)	бу́дете опи́сывать(ся)	опи́шешь(ся)	опи́шете(сь)
бу́дет опи́сывать(ся)	бу́дут опи́сывать(ся)	опи́шет(ся)	опи́шут(ся)
SUBJUNCTIVE		**SUBJUNCTIVE**	
опи́сывал(ся) бы		описа́л(ся) бы	
опи́сывала(сь) бы		описа́ла(сь) бы	
опи́сывало(сь) бы		описа́ло(сь) бы	
опи́сывали(сь) бы		описа́ли(сь) бы	
PARTICIPLES		**PARTICIPLES**	
pres. active	опи́сывающий(ся)	*pres. active*	—
pres. passive	опи́сываемый	*pres. passive*	—
past active	опи́сывавший(ся)	*past active*	описа́вший(ся)
past passive	—	*past passive*	опи́санный
VERBAL ADVERBS		**VERBAL ADVERBS**	
опи́сывая(сь)		описа́в(шись)	
COMMANDS		**COMMANDS**	
опи́сывай		опиши́	
опи́сывайте		опиши́те	

Usage

(+acc.)

Писа́тель прекра́сно опи́сывает чу́вства геро́ев. — *The author describes heroes' feelings very well.*

События, опи́санные в рома́не, бы́ли реа́льны. — *The events described in the novel were real.*

Представи́тели суда́ описа́ли на́ше иму́щество. — *Members of the court described our property.*

Возьми́те ци́ркуль и опиши́те окру́жность. — *Take the compasses and draw a circle.*

Опиши́те, как он вы́глядит. — *Describe what he looks like.*

Я вкра́тце описа́ла мою́ жи́знь в Калифо́рнии. — *I briefly described my life in California.*

Он лю́бит опи́сывать всё в подро́бностях. — *He likes to describe everything in detail.*

Здесь опи́сывается исто́рия архитекту́ры. — *The history of architecture is described here.*

Как описа́ть, что у меня́ внутри́? — *How can I describe what I feel inside?*

Proverbs

Ни в ска́зке сказа́ть, ни перо́м описа́ть. — *It cannot be told in a fairytale, or described with a pen.*

regular type 1 verb (like **рабо́тать**) stem: **опра́вдывай+(ся)/оправда́й+(ся)**

IMPERFECTIVE ASPECT		PERFECTIVE ASPECT	
PRESENT			
опра́вдываю(сь)	опра́вдываем(ся)		
опра́вдываешь(ся)	опра́вдываете(сь)		
опра́вдывает(ся)	опра́вдывают(ся)		
PAST		PAST	
опра́вдывал(ся)		оправда́л(ся)	
опра́вдывала(сь)		оправда́ла(сь)	
опра́вдывало(сь)		оправда́ло(сь)	
опра́вдывали(сь)		оправда́ли(сь)	
FUTURE		FUTURE	
бу́ду опра́вдывать(ся)	бу́дем опра́вдывать(ся)	оправда́ю(сь)	оправда́ем(ся)
бу́дешь опра́вдывать(ся)	бу́дете опра́вдывать(ся)	оправда́ешь(ся)	оправда́ете(сь)
бу́дет опра́вдывать(ся)	бу́дут опра́вдывать(ся)	оправда́ет(ся)	оправда́ют(ся)
SUBJUNCTIVE		SUBJUNCTIVE	
опра́вдывал(ся) бы		оправда́л(ся) бы	
опра́вдывала(сь) бы		оправда́ла(сь) бы	
опра́вдывало(сь) бы		оправда́ло(сь) бы	
опра́вдывали(сь) бы		оправда́ли(сь) бы	
PARTICIPLES		PARTICIPLES	
pres. active	опра́вдывающий(ся)	*pres. active*	—
pres. passive	опра́вдываемый	*pres. passive*	—
past active	опра́вдывавший(ся)	*past active*	оправда́вший(ся)
past passive	—	*past passive*	опра́вданный
VERBAL ADVERBS		VERBAL ADVERBS	
опра́вдывая(сь)		оправда́в(шись)	
COMMANDS		**COMMANDS**	
опра́вдывай(ся)		оправда́й(ся)	
опра́вдывайте(сь)		оправда́йте(сь)	

Usage

(+acc.)(перед+instr.)(+instr.)

Не на́до опра́вдываться, мы разберёмся.	*Don't try to defend yourself; we'll figure it out.*
Суд оправда́л му́жа и жену́.	*The court found husband and wife not guilty.*
Оправда́вшись за нея́вку на собра́ние, она́ ушла́ к себе́ в кабине́т.	*After explaining the reasons for missing the meeting, she went into her office.*
Он не смог оправда́ть растра́ту де́нег.	*He was not able to justify the expenditure of funds.*
Она́ опра́вдывается пе́ред всем коллекти́вом.	*She defends herself before the entire staff.*

определя́ть(ся)/определи́ть(ся) *to determine, define*

stem: **определя́й+(ся)/определи́+(ся)** regular type 1 verb in imp./perf. form type 2

IMPERFECTIVE ASPECT		PERFECTIVE ASPECT	
PRESENT			
определя́ю(сь)	определя́ем(ся)		
определя́ешь(ся)	определя́ете(сь)		
определя́ет(ся)	определя́ют(ся)		
PAST		**PAST**	
определя́л(ся)		определи́л(ся)	
определя́ла(сь)		определи́ла(сь)	
определя́ло(сь)		определи́ло(сь)	
определя́ли(сь)		определи́ли(сь)	
FUTURE		**FUTURE**	
бу́ду определя́ть(ся)	бу́дем определя́ть(ся)	определю́(сь)	определи́м(ся)
бу́дешь определя́ть(ся)	бу́дете определя́ть(ся)	определи́шь(ся)	определи́те(сь)
бу́дет определя́ть(ся)	бу́дут определя́ть(ся)	определи́т(ся)	определя́т(ся)
SUBJUNCTIVE		**SUBJUNCTIVE**	
определя́л(ся) бы		определи́л(ся) бы	
определя́ла(сь) бы		определи́ла(сь) бы	
определя́ло(сь) бы		определи́ло(сь) бы	
определя́ли(сь) бы		определи́ли(сь) бы	
PARTICIPLES		**PARTICIPLES**	
pres. active	определя́ющий(ся)	*pres. active*	—
pres. passive	определя́емый	*pres. passive*	—
past active	определя́вший(ся)	*past active*	определи́вший(ся)
past passive	—	*past passive*	определённый
VERBAL ADVERBS		**VERBAL ADVERBS**	
определя́я(сь)		определи́в	
COMMANDS		**COMMANDS**	
определя́й(ся)		определи́(сь)	
определя́йте(сь)		определи́те(сь)	

Usage

(+acc.)(по+dat.)

По ко́мпасу мы определи́ли местонахожде́ние ла́геря.	*We found the location of the camp using a compass.*
В семье́ мы определи́ли обя́занности ка́ждого.	*In our family we defined everyone's responsibilities.*
Суд определи́л ме́ру наказа́ния подсуди́мому.	*The court determined the punishment for the defendant.*
Мы ещё не определи́ли сто́имость до́ма.	*We have not yet determined the price of the house.*
Успе́х де́ла определя́ет тща́тельная подгото́вка.	*The success of the venture is determined by thorough preparation.*
Они́ определя́ют, где грани́цы их уча́стка.	*They determine where the borders of their lot are.*
Определи́тесь в своём отноше́нии к зада́нию.	*Determine your attitude toward this task.*

regular type 1 verb in imp./perf. form type 2 — stem: **опуска́й-/опусти-**

IMPERFECTIVE ASPECT		PERFECTIVE ASPECT	
PRESENT			
опуска́ю	опуска́ем		
опуска́ешь	опуска́ете		
опуска́ет	опуска́ют		
PAST		**PAST**	
опуска́л		опусти́л	
опуска́ла		опусти́ла	
опуска́ло		опусти́ло	
опуска́ли		опусти́ли	
FUTURE		**FUTURE**	
бу́ду опуска́ть	бу́дем опуска́ть	опущу́	опу́стим
бу́дешь опуска́ть	бу́дете опуска́ть	опу́стишь	опу́стите
бу́дет опуска́ть	бу́дут опуска́ть	опу́стит	опу́стят
SUBJUNCTIVE		**SUBJUNCTIVE**	
опуска́л бы		опусти́л бы	
опуска́ла бы		опусти́ла бы	
опуска́ло бы		опусти́ло бы	
опуска́ли бы		опусти́ли бы	
PARTICIPLES		**PARTICIPLES**	
pres. active	опуска́ющий	*pres. active*	—
pres. passive	опуска́емый	*pres. passive*	—
past active	опуска́вший	*past active*	опусти́вший
past passive	—	*past passive*	опу́щенный
VERBAL ADVERBS		**VERBAL ADVERBS**	
опуска́я		опусти́в	
COMMANDS		**COMMANDS**	
опуска́й		опусти́	
опуска́йте		опусти́те	

Usage

(+acc.)(в, на+acc.)

Мы опусти́ли што́ры на о́кнах. — *We lowered the drapes on the windows.*
Она́ опусти́ла глаза́ и замолча́ла. — *She turned her gaze downward and fell silent.*
Опусти́те нену́жные подро́бности в расска́зе. — *Drop unnecessary details from the narrative.*
Я опусти́л письмо́ в почто́вый я́щик у до́ма. — *I dropped the letter in the mailbox by the house.*
Он опусти́л ведро́ в коло́дец. — *He dropped the bucket into the well.*
Опусти́ ребёнка на́ пол, пусть хо́дит сам. — *Put the child down on the floor, and let him walk on his own.*
Санита́ры опусти́ли больно́го на крова́ть. — *Paramedics lowered the patient onto the bed.*

Idioms

Ка́жется, что он совсе́м опусти́л ру́ки. — *It seems that he lost all heart.*

262 организо́вывать/организова́ть* *to organize*

stem: **организо́выва-/организова́-** regular type 1 verb in imp./perf. form type 4

IMPERFECTIVE ASPECT		PERFECTIVE ASPECT	
PRESENT			
организо́вываю	организо́вываем		
организо́вываешь	организо́вываете		
организо́вывает	организо́вывают		
PAST		**PAST**	
организо́вывал		организова́л	
организо́вывала		организова́ла	
организо́вывало		организова́ло	
организо́вывали		организова́ли	
FUTURE		**FUTURE**	
бу́ду организо́вывать	бу́дем организо́вывать	организу́ю	организу́ем
бу́дешь организо́вывать	бу́дете организо́вывать	организу́ешь	организу́ете
бу́дет организо́вывать	бу́дут организо́вывать	организу́ет	организу́ют
SUBJUNCTIVE		**SUBJUNCTIVE**	
организо́вывал бы		организова́л бы	
организо́вывала бы		организова́ла бы	
организо́вывало бы		организова́ло бы	
организо́вывали бы		организова́ли бы	
PARTICIPLES		**PARTICIPLES**	
pres. active	организо́вывающий	*pres. active*	—
pres. passive	организо́вываемый	*pres. passive*	—
past active	организо́вывавший	*past active*	организова́вший
past passive	—	*past passive*	организо́ванный
VERBAL ADVERBS		**VERBAL ADVERBS**	
организо́вывая		организова́в	
COMMANDS		**COMMANDS**	
организо́вывай		организу́й	
организо́вывайте		организу́йте	

Usage

(+acc.)

Мы организова́ли поє́здку за́ город.	*We organized a trip in the country.*
В деревня́х организо́вывали колхо́зы.	*They were organizing collective farms in the countryside.*
Дете́й организова́ли в гру́ппы по во́зрасту.	*The children were organized into groups by age.*
Мно́гие не уме́ют организова́ть свой труд.	*Many cannot organize their own work.*
Ва́жно организова́ть обще́ственное мне́ние.	*It is important to finesse public opinion.*
В райо́не организова́ли доста́вку проду́ктов пенсионе́рам.	*They organized delivery of groceries to the elderly in the neighborhood.*
На фа́брике организова́ли ку́рсы повыше́ния квалифика́ции.	*They organized continuing education classes at the factory.*

* *организова́ть also can be used both as an imperfective/perfective pair, like ра́нить.*

regular type 1 verb in imp./perf. form type 2 stem: **освеща́й+(ся)/освети́+(ся)**

IMPERFECTIVE ASPECT		PERFECTIVE ASPECT	
PRESENT			
освеща́ю(сь)	освеща́ем(ся)		
освеща́ешь(ся)	освеща́ете(сь)		
освеща́ет(ся)	освеща́ют(ся)		
PAST		PAST	
освеща́л(ся)		освети́л(ся)	
освеща́ла(сь)		освети́ла(сь)	
освеща́ло(сь)		освети́ло(сь)	
освеща́ли(сь)		освети́ли(сь)	
FUTURE		FUTURE	
бу́ду освеща́ть(ся)	бу́дем освеща́ть(ся)	освещу́(сь)	освети́м(ся)
бу́дешь освеща́ть(ся)	бу́дете освеща́ть(ся)	освети́шь(ся)	освети́те(сь)
бу́дет освеща́ть(ся)	бу́дут освеща́ть(ся)	освети́т(ся)	осветя́т(ся)
SUBJUNCTIVE		SUBJUNCTIVE	
освеща́л(ся) бы		освети́л(ся) бы	
освеща́ла(сь) бы		освети́ла(сь) бы	
освеща́ло(сь) бы		освети́ло(сь) бы	
освеща́ли(сь) бы		освети́ли(сь) бы	
PARTICIPLES		PARTICIPLES	
pres. active	освеща́ющий(ся)	*pres. active*	—
pres. passive	освеща́емый	*pres. passive*	—
past active	освеща́вший(ся)	*past active*	освети́вший(ся)
past passive	—	*past passive*	освещённый
VERBAL ADVERBS		VERBAL ADVERBS	
освеща́я(сь)		освети́в(шись)	
COMMANDS		**COMMANDS**	
освеща́й(ся)		освети́(сь)	
освеща́йте(сь)		освети́те(сь)	

Usage

(+acc.)(+instr.)

Электри́ческие фонари́ хорошо́ освеща́ют у́лицы. — *Electrical lights illuminate the streets well.*
Освещённый огня́ми дом был похо́ж на дворе́ц. — *The house, illuminated with lights, looked like a palace.*
Ночно́й лес освети́лся мо́лнией. — *The dark forest was illuminated by lightning.*

Idioms

Докла́дчик подро́бно освети́л гла́вный вопро́с. — *The speaker covered the main topic in detail.*
Междунаро́дное положе́ние освеща́ется во всех газе́тах. — *International affairs are covered in all newspapers.*
Её лицо́ освети́лось сча́стьем. — *Her face lit up with happiness.*

264 освобожда́ть(ся)/освободи́ть(ся) *to liberate, free*

stem: **освобожда́й+(ся)/освободи́+(ся)** type 1 verb in imp./perf. form type 2

IMPERFECTIVE ASPECT		PERFECTIVE ASPECT	
PRESENT			
освобожда́ю(сь)	освобожда́ем(ся)		
освобожда́ешь(ся)	освобожда́ете(сь)		
освобожда́ет(ся)	освобожда́ют(ся)		
PAST		PAST	
освобожда́л(ся)		освободи́л(ся)	
освобожда́ла(сь)		освободи́ла(сь)	
освобожда́ло(сь)		освободи́ло(сь)	
освобожда́ли(сь)		освободи́ли(сь)	
FUTURE		FUTURE	
бу́ду освобожда́ть(ся)	бу́дем освобожда́ть(ся)	освобожу́(сь)	освободи́м(ся)
бу́дешь освобожда́ть(ся)	бу́дете освобожда́ть(ся)	освободи́шь(ся)	освободи́те(сь)
бу́дет освобожда́ть(ся)	бу́дут освобожда́ть(ся)	освободи́т(ся)	освободя́т(ся)
SUBJUNCTIVE		SUBJUNCTIVE	
освобожда́л(ся) бы		освободи́л(ся) бы	
освобожда́ла(сь) бы		освободи́ла(сь) бы	
освобожда́ло(сь) бы		освободи́ло(сь) бы	
освобожда́ли(сь) бы		освободи́ли(сь) бы	
PARTICIPLES		PARTICIPLES	
pres. active	освобожда́ющий(ся)	*pres. active*	—
pres. passive	освобожда́емый	*pres. passive*	—
past active	освобожда́вший(ся)	*past active*	освободи́вший(ся)
past passive	—	*past passive*	освобождённый
VERBAL ADVERBS		VERBAL ADVERBS	
освобожда́я(сь)		освободи́в(шись)	
COMMANDS		**COMMANDS**	
освобожда́й(ся)		освободи́(сь)	
освобожда́йте(сь)		освободи́те(сь)	

Usage

(+acc.)(от+gen.)

Он освободи́лся от предрассу́дков.	*He was freed from prejudices.*
Сосе́д освободи́лся из тюрьмы́ че́рез два го́да.	*The neighbor was released from prison after two years.*
Она́ мечта́ла освободи́ться от семе́йных уз.	*She dreamed of being freed from marital vows.*
Невино́вного освободи́ли из-под аре́ста.	*An innocent man was released from arrest.*
Солда́ты освободи́ли от врага́ родно́й го́род.	*The soldiers liberated their hometown from the enemy.*
Бу́дем освобожда́ть зда́ние от жильцо́в для ремо́нта.	*We will empty the building of tenants for remodeling.*
Освобождённый от вое́нной слу́жбы па́рень пошёл в институ́т.	*Released from his military duty, the young man enrolled in the institute.*
Ивано́ва освободи́ли от занима́емой до́лжности.	*Ivanov was relieved of his duties.*
Мы не мо́жем освободи́ться от упла́ты нало́гов.	*We cannot be released from paying taxes.*
Освободи́те по́лки для книг по иску́сству.	*Empty the shelves for the art books.*

Idioms

Я хочу́ освободи́ть ру́ки от э́той исто́рии.	*I want to wash my hands of this episode.*

type 1 verb in imp./perf. form type 2 stem: **осма́тривай+(ся)/осмотри+(ся)**

IMPERFECTIVE ASPECT		PERFECTIVE ASPECT	
PRESENT			
осма́триваю(сь)	осма́триваем(ся)		
осма́триваешь(ся)	осма́триваете(сь)		
осма́тривает(ся)	осма́тривают(ся)		
PAST		**PAST**	
осма́тривал(ся)		осмотре́л(ся)	
осма́тривала(сь)		осмотре́ла(сь)	
осма́тривало(сь)		осмотре́ло(сь)	
осма́тривали(сь)		осмотре́ли(сь)	
FUTURE		**FUTURE**	
бу́ду осма́тривать(ся)	бу́дем осма́тривать(ся)	осмотрю́(сь)	осмо́трим(ся)
бу́дешь осма́тривать(ся)	бу́дете осма́тривать(ся)	осмо́тришь(ся)	осмо́трите(сь)
бу́дет осма́тривать(ся)	бу́дут осма́тривать(ся)	осмо́трит(ся)	осмо́трят(ся)
SUBJUNCTIVE		**SUBJUNCTIVE**	
осма́тривал(ся) бы		осмотре́л(ся) бы	
осма́тривала(сь) бы		осмотре́ла(сь) бы	
осма́тривало(сь) бы		осмотре́ло(сь) бы	
осма́тривали(сь) бы		осмотре́ли(сь) бы	
PARTICIPLES		**PARTICIPLES**	
pres. active	осма́тривающий(ся)	*pres. active*	—
pres. passive	осма́триваемый	*pres. passive*	—
past active	осма́тривавший(ся)	*past active*	осмотре́вший(ся)
past passive	—	*past passive*	осмо́тренный
VERBAL ADVERBS		**VERBAL ADVERBS**	
осма́тривая(сь)		осмотре́в(шись)	
COMMANDS		**COMMANDS**	
осма́тривай(ся)		осмотри́(сь)	
осма́тривайте(сь)		осмотри́те(сь)	

Usage

(+acc.)(по+dat.)

Часово́й на вы́шке осма́тривал ла́герь.	*The guard on the tower was scanning the camp.*
Врач осмотре́л больно́го.	*The doctor examined the patient.*
Снача́ла ну́жно осмотре́ться, что здесь происхо́дит.	*At first we need to look around to see what's going on.*
Делега́ция осмотре́ла вы́ставку прибо́ров.	*The delegation attended the equipment expo.*
Осма́триваясь по сторона́м, соба́ка жа́лась к стене́.	*Looking around, the dog was inching along the wall.*
Мы осмотре́ли достопримеча́тельности го́рода.	*We went sightseeing in the city.*
Тамо́женник осма́тривал бага́ж тури́стов.	*The customs worker was inspecting the tourists' luggage.*
Осмо́тренный коми́ссией объе́кт не вы́звал подозре́ний.	*The site, inspected by the commission, raised no suspicions.*

осно́вывать/основа́ть

to found, establish

stem: **осно́вывай-/основа́-**

type 1 verb in imp./perf. form type 4

	IMPERFECTIVE ASPECT		PERFECTIVE ASPECT	
PRESENT				
	осно́вываю	осно́вываем		
	осно́вываешь	осно́вываете		
	осно́вывает	осно́вывают		
PAST				
	осно́вывал		основа́л	
	осно́вывала		основа́ла	
	осно́вывало		основа́ло	
	осно́вывали		основа́ли	
FUTURE				
	бу́ду осно́вывать	бу́дем осно́вывать	—	—
	бу́дешь осно́вывать	бу́дете осно́вывать	—	—
	бу́дет осно́вывать	бу́дут осно́вывать	—	—
SUBJUNCTIVE				
	осно́вывал бы		основа́л бы	
	осно́вывала бы		основа́ла бы	
	осно́вывало бы		основа́ло бы	
	осно́вывали бы		основа́ли бы	
PARTICIPLES				
	pres. active	осно́вывающий	*pres. active*	—
	pres. passive	осно́вываемый	*pres. passive*	—
	past active	осно́вывавший	*past active*	основа́вший
	past passive	—	*past passive*	осно́ванный; осно́ван
VERBAL ADVERBS				
	осно́вывая		основа́в	
COMMANDS				
	осно́вывай		—	
	осно́вывайте		—	

Usage

(+acc.)(на+prep.)

Монтере́й, как пе́рвую столи́цу Калифо́рнии, основа́ли испа́нцы. — *Monterey, as the first capital of California, was founded by Spanish settlers.*

Ва́ши слова́ ни на чём не осно́ваны. — *Your words are based on nothing.*

Пришло́сь осно́вывать жи́знь на но́вом ме́сте. — *We had to start life in a new place.*

Он осно́вывает статью́ на после́дних нау́чных да́нных. — *He bases his article on the latest scientific findings.*

На на́шей у́лице основа́ли но́вую шко́лу. — *They opened a new school on our street.*

Пётр I основа́л Санкт-Петербу́рг. — *Peter the Great founded St. Petersburg.*

irregular; -**авай-** to -**ай-** stem change stem: **оставай+(ся)/остан+(ся)**

IMPERFECTIVE ASPECT		PERFECTIVE ASPECT	
PRESENT			
остаю́сь	остаёмся		
остаёшься	остаётесь		
остаётся	остаю́тся		
PAST		**PAST**	
оставáлся		остáлся	
оставáлась		остáлась	
оставáлось		остáлось	
оставáлись		остáлись	
FUTURE		**FUTURE**	
бу́ду оставáться	бу́дем оставáться	остáнусь	остáнемся
бу́дешь оставáться	бу́дете оставáться	остáнешься	остáнетесь
бу́дет оставáться	бу́дут оставáться	остáнется	остáнутся
SUBJUNCTIVE		**SUBJUNCTIVE**	
оставáлся бы		остáлся бы	
оставáлась бы		остáлась бы	
оставáлось бы		остáлось бы	
оставáлись бы		остáлись бы	
PARTICIPLES		**PARTICIPLES**	
pres. active	остаю́щийся	*pres. active*	—
pres. passive	—	*pres. passive*	—
past active	оставáвшийся	*past active*	остáвшийся
past passive	—	*past passive*	—
VERBAL ADVERBS		**VERBAL ADVERBS**	
оставáясь		остáвшись	
COMMANDS		**COMMANDS**	
оставáйся		остáнься	
оставáйтесь		остáньтесь	

Usage

(в, на+prep.)(+instr.)(без+gen.)

Вам лу́чше оставáться в тени́, чтóбы не сгорéть.	*You should stay in the shade, or you will get sunburn.*
Остáнься у меня́ на выходны́е.	*Stay over for the weekend.*
Оставáйтесь таки́м же дóбрым человéком.	*Stay the same kind person you are.*
Кóшка съéла мя́со, остáвшееся от обéда.	*The cat ate the meat left over from dinner.*
Мáльчик не лю́бит оставáться оди́н в кóмнате.	*The boy does not like to be left alone in the room.*
Пóсле бомбёжки от у́лицы ничегó не остáлось.	*After the air raid, there was nothing left of the street.*
О прóшлой жи́зни у нас не остáлось воспоминáний.	*We have no memories of our past life.*
Слáбый учени́к остáлся на вторóй год.	*The weak student was kept back for a second year.*
В тру́дную мину́ту друзья́ оставáлись с нáми.	*During hard times, our friends stood by us.*
Я остаю́сь при своём мнéнии.	*I stick to my opinion.*
Он остáлся инвали́дом пóсле авáрии.	*The accident left him handicapped.*
Онá остáлась декáном ещё нá год.	*She remained in the position of Dean for another year.*
Они́ остаю́тся нá зиму в Крыму́.	*They are staying in the Crimea for the winter.*

268 оставля́ть/оста́вить *to leave, abandon*

stem: **оставля́й-/оста́ви-** type 1 verb in imp./perf. form type 2

IMPERFECTIVE ASPECT		PERFECTIVE ASPECT	
PRESENT			
оставля́ю	оставля́ем		
оставля́ешь	оставля́ете		
оставля́ет	оставля́ют		
PAST		**PAST**	
оставля́л		оста́вил	
оставля́ла		оста́вила	
оставля́ло		оста́вило	
оставля́ли		оста́вили	
FUTURE		**FUTURE**	
бу́ду оставля́ть	бу́дем оставля́ть	оста́влю	оста́вим
бу́дешь оставля́ть	бу́дете оставля́ть	оста́вишь	оста́вите
бу́дет оставля́ть	бу́дут оставля́ть	оста́вит	оста́вят
SUBJUNCTIVE		**SUBJUNCTIVE**	
оставля́л бы		оста́вил бы	
оставля́ла бы		оста́вила бы	
оставля́ло бы		оста́вило бы	
оставля́ли бы		оста́вили бы	
PARTICIPLES		**PARTICIPLES**	
pres. active	оставля́ющий	*pres. active*	—
pres. passive	оставля́емый	*pres. passive*	—
past active	оставля́вший	*past active*	оста́вивший
past passive	—	*past passive*	оста́вленный
VERBAL ADVERBS		**VERBAL ADVERBS**	
оставля́я		оста́вив	
COMMANDS		**COMMANDS**	
оставля́й		оста́вь	
оставля́йте		оста́вьте	

Usage

(+acc.)(на+acc.)(в, на+prep.)(+dat.)

Я оставля́ю за собо́й после́днее сло́во.	*I will have the last word.*
Мы уезжа́ем на три ме́сяца, но оставля́ем ква́ртиру за собо́й.	*We are leaving for three months, but we will keep the apartment.*
Оста́вьте ва́ши шу́тки!	*Quit joking around!*
Оста́вьте их в поко́е.	*Leave them in peace.*
Я оставля́ю карти́ны до́чери в насле́дство.	*I will leave my paintings to my daughter in my will.*
Подру́га оста́вила нам запи́ску.	*My friend left us a note.*
Оставля́я го́род, враг разруша́л всё на своём пути́.	*Abandoning the city, the enemy destroyed everything in its path.*
Оста́вленный на столе́ хлеб зачерстве́л.	*The leftover bread on the table was stale.*
Медве́дь оста́вил следы́ на снегу́.	*The bear left tracks in the snow.*
Оста́вь ры́бу на у́жин.	*Save the fish for supper.*

regular type 1 verb in imp./perf. form type 2 stem: **остана́вливай+(ся)/останови+(ся)**

IMPERFECTIVE ASPECT		PERFECTIVE ASPECT	
PRESENT			
остана́вливаю(сь)	остана́вливаем(ся)		
остана́вливаешь(ся)	остана́вливаете(сь)		
остана́вливает(ся)	остана́вливают(ся)		
PAST		PAST	
остана́вливал(ся)		останови́л(ся)	
остана́вливала(сь)		останови́ла(сь)	
остана́вливало(сь)		останови́ло(сь)	
остана́вливали(сь)		останови́ли(сь)	
FUTURE		FUTURE	
бу́ду остана́вливать(ся)	бу́дем остана́вливать(ся)	остановлю́(сь)	остано́вим(ся)
бу́дешь остана́вливать(ся)	бу́дете остана́вливать(ся)	остано́вишь(ся)	остано́вите(сь)
бу́дет остана́вливать(ся)	бу́дут остана́вливать(ся)	остано́вит(ся)	остано́вят(ся)
SUBJUNCTIVE		SUBJUNCTIVE	
остана́вливал(ся) бы		останови́л(ся) бы	
остана́вливала(сь) бы		останови́ла(сь) бы	
остана́вливало(сь) бы		останови́ло(сь) бы	
остана́вливали(сь) бы		останови́ли(сь) бы	
PARTICIPLES		PARTICIPLES	
pres. active	остана́вливающий(ся)	*pres. active*	—
pres. passive	остана́вливаемый	*pres. passive*	—
past active	остана́вливавший(ся)	*past active*	останови́вший(ся)
past passive	—	*past passive*	остано́вленный
VERBAL ADVERBS		VERBAL ADVERBS	
остана́вливая(сь)		останови́в(шись)	
COMMANDS		**COMMANDS**	
остана́вливай(ся)		останови́(сь)	
остана́вливайте(сь)		останови́те(сь)	

Usage

(+acc.)(в, на+prep.)

Остана́вливаясь у друзе́й, он не хоте́л уезжа́ть. — *After staying with his friends, he did not want to leave.*

Мы останови́ли маши́ну на у́лице у магази́на. — *We stopped the car on the street in front of the store.*

Не остана́вливайтесь на подро́бностях, говори́те в це́лом. — *Do not focus on details; speak in general.*

Он не остано́вится ни пе́ред чем для достиже́ния це́ли. — *He will stop at nothing to reach his goal.*

Мы останови́лись на полпути́ к до́му, что́бы запра́виться бензи́ном. — *We stopped half way home to get gas.*

Студе́нты останови́лись на второ́м то́ме. — *Students stopped reading on the second volume.*

Idioms

Я останови́ла внима́ние на стра́нной па́ре. — *I focused my attention on a strange pair.*

Он останови́л взгляд на милови́дной де́вушке. — *His gaze came to rest on an attractive young woman.*

270 осужда́ть/осуди́ть *to condemn, convict, sentence*

stem: **осужда́й-/осуди-** type 1 verb in imp./perf. form type 2; **д-ж** stem change

IMPERFECTIVE ASPECT		PERFECTIVE ASPECT	
PRESENT			
осужда́ю	осужда́ем		
осужда́ешь	осужда́ете		
осужда́ет	осужда́ют		
PAST		**PAST**	
осужда́л		осуди́л	
осужда́ло		осуди́ла	
осужда́ла		осуди́ло	
осужда́ли		осуди́ли	
FUTURE		**FUTURE**	
бу́ду осужда́ть	бу́дем осужда́ть	осужу́	осу́дим
бу́дешь осужда́ть	бу́дете осужда́ть	осу́дишь	осу́дите
бу́дет осужда́ть	бу́дут осужда́ть	осу́дит	осу́дят
SUBJUNCTIVE		**SUBJUNCTIVE**	
осужда́л бы		осуди́л бы	
осужда́ла бы		осуди́ла бы	
осужда́ло бы		осуди́ло бы	
осужда́ли бы		осуди́ли бы	
PARTICIPLES		**PARTICIPLES**	
pres. active	осужда́ющий	*pres. active*	—
pres. passive	осужда́емый	*pres. passive*	—
past active	осужда́вший	*past active*	осуди́вший
past passive	—	*past passive*	осуждённый; осуждён
VERBAL ADVERBS		**VERBAL ADVERBS**	
осужда́я		осуди́в	
COMMANDS		**COMMANDS**	
осужда́й		осуди́	
осужда́йте		осуди́те	

Usage

(+acc.)(за+acc.)(на+acc.)

Отца́ осуди́ли на де́сять лет тюре́много заключе́ния.	*My father was sentenced to ten years in prison.*
Его́ осуди́ли за совершённое преступле́ние.	*He was convicted for his crime.*
Он был осуждён на основа́нии предъя́вленных докуме́нтов.	*He was convicted on the basis of presented documents.*
Собра́ние реши́тельно осуди́ло его́ поступо́к.	*The meeting decisively condemned his actions.*
Шко́льника осужда́ют за плоху́ю успева́емость.	*The student is censured for poor performance.*
Не осужда́йте меня́ за мою́ сла́бость.	*Do not condemn me for my weakness.*

type 1 verb in imp./perf. form type 2 — stem: **осуществля́й-/осуществи́-**

IMPERFECTIVE ASPECT		PERFECTIVE ASPECT	
PRESENT			
осуществля́ю	осуществля́ем		
осуществля́ешь	осуществля́ете		
осуществля́ет	осуществля́ют		
PAST		**PAST**	
осуществля́л		осуществи́л	
осуществля́ла		осуществи́ла	
осуществля́ло		осуществи́ло	
осуществля́ли		осуществи́ли	
FUTURE		**FUTURE**	
бу́ду осуществля́ть	бу́дем осуществля́ть	осуществлю́	осуществи́м
бу́дешь осуществля́ть	бу́дете осуществля́ть	осуществи́шь	осуществи́те
бу́дет осуществля́ть	бу́дут осуществля́ть	осуществи́т	осуществя́т
SUBJUNCTIVE		**SUBJUNCTIVE**	
осуществля́л бы		осуществи́л бы	
осуществля́ла бы		осуществи́ла бы	
осуществля́ло бы		осуществи́ло бы	
осуществля́ли бы		осуществи́ли бы	
PARTICIPLES		**PARTICIPLES**	
pres. active	осуществля́ющий	*pres. active*	—
pres. passive	осуществля́емый	*pres. passive*	—
past active	осуществля́вший	*past active*	осуществи́вший
past passive	—	*past passive*	осуществлённый
VERBAL ADVERBS		**VERBAL ADVERBS**	
осуществля́я		осуществи́в	
COMMANDS		**COMMANDS**	
осуществля́й		осуществи́	
осуществля́йте		осуществи́те	

Usage

(+acc.)

Ру́сские пе́рвыми осуществи́ли полёт иску́сственного спу́тника Земли́. — *Russians were the first to send a satellite into the Earth's orbit.*

Америка́нцы успе́шно осуществи́ли вы́садку космона́втов на Луну́. — *Americans successfully landed astronauts on the moon.*

Наконе́ц я осуществи́ла своё жела́ние. — *Finally, my wish came true.*

Осуществля́я грандио́зный план, учёные прошли́ до́лгий путь. — *In implementing their grandiose plan, scientists had a long, hard path.*

Мы осуществи́ли свою́ мечту́ - усынови́ли сироту́. — *We made our dream come true - we adopted an orphan.*

272 отвечáть/отвéтить *to answer*

stem: **отвечáй-/отвéти-** type 1 verb in imp./perf. form type 2

IMPERFECTIVE ASPECT		PERFECTIVE ASPECT	
PRESENT			
отвечáю	отвечáем		
отвечáешь	отвечáете		
отвечáет	отвечáют		
PAST		**PAST**	
отвечáл		отвéтил	
отвечáла		отвéтила	
отвечáло		отвéтило	
отвечáли		отвéтили	
FUTURE		**FUTURE**	
бýду отвечáть	бýдем отвечáть	отвéчу	отвéтим
бýдешь отвечáть	бýдете отвечáть	отвéтишь	отвéтите
бýдет отвечáть	бýдут отвечáть	отвéтит	отвéтят
SUBJUNCTIVE		**SUBJUNCTIVE**	
отвечáл бы		отвéтил бы	
отвечáла бы		отвéтила бы	
отвечáло бы		отвéтило бы	
отвечáли бы		отвéтили бы	
PARTICIPLES		**PARTICIPLES**	
pres. active	отвечáющий	*pres. active*	—
pres. passive	отвечáемый	*pres. passive*	—
past active	отвечáвший	*past active*	отвéтивший
past passive	—	*past passive*	отвéченный
VERBAL ADVERBS		**VERBAL ADVERBS**	
отвечáя		отвéтив	
COMMANDS		**COMMANDS**	
отвечáй		отвéть	
отвечáйте		отвéтьте	

Usage

(+acc.)(на+acc.)(+instr.)(+dat.)(за+acc.)

Я отвéчу на вáше письмó на днях.	*I will reply to your letter in a few days.*
Студéнт отвечáет на экзáмене чётко и спокóйно.	*On the test, the student answers the questions clearly and calmly.*
Если нýжно, я пéред всéми отвéчу за свóй постýпок.	*If necessary, I will answer before everyone for my actions.*
Её поведéние не отвечáет стáтусу институ́та.	*Her behavior does not abide by the institute's policies.*
Вáша статья́ не отвечáет трéбованиям конферéнции.	*Your article does not comply with the requirements of the conference.*
Моя́ одéжда не отвечáет соврéменной мóде.	*My clothes do not meet the requirements of today's contemporary fashion.*
Иногдá потрéбности не отвечáют возмóжностям.	*Sometimes the needs do not match the means.*
Дирéктор отвéтил соглáсием на нáше предложéние.	*The director agreed with our proposal.*
Суд отвéтил откáзом на апелля́цию.	*The court denied the appeal.*

imp. & perf. forms irregular; stem alternates to **-ай-** stem: **отдава́й-/irreg.**

IMPERFECTIVE ASPECT		PERFECTIVE ASPECT	
PRESENT			
отдаю́	отдаём		
отдаёшь	отдаёте		
отдаёт	отдаю́т		
PAST		**PAST**	
отдава́л		о́тдал (отда́л)	
отдава́ла		отдала́	
отдава́ло		о́тдало (отда́ло)	
отдава́ли		о́тдали/отда́ли	
FUTURE		**FUTURE**	
бу́ду отдава́ть	бу́дем отдава́ть	отда́м	отдади́м
бу́дешь отдава́ть	бу́дете отдава́ть	отда́шь	отдади́те
бу́дет отдава́ть	бу́дут отдава́ть	отда́ст	отдаду́т
SUBJUNCTIVE		**SUBJUNCTIVE**	
отдава́л бы		о́тдал бы /отда́л бы	
отдава́ла бы		отдала́ бы	
отдава́ло бы		о́тдало бы/отда́ло бы	
отдава́ли бы		о́тдали бы/отда́ли бы	
PARTICIPLES		**PARTICIPLES**	
pres. active	отда́ющий	*pres. active*	—
pres. passive	отдава́емый	*pres. passive*	—
past active	отдава́вший	*past active*	отда́вший
past passive	—	*past passive*	о́тданный
VERBAL ADVERBS		**VERBAL ADVERBS**	
отдава́я		отда́в	
COMMANDS		**COMMANDS**	
отдава́й		отда́й	
отдава́йте		отда́йте	

Usage

(+acc.)(+dat.)(в, на+acc.)

Ему́ ну́жно отда́ть до́лжное. — *You have to give him justice.*
Не сто́ит всего́ себя́ отдава́ть рабо́те. — *You should not dedicate your entire life to work.*

Отда́шь мне долг че́рез ме́сяц. — *You can pay me back in a month.*
Я отда́м тебе́ все твои́ уче́бники. — *I will give you back all your textbooks.*
Го́род пришло́сь отда́ть проти́внику. — *They had to surrender the city to the enemy.*
Ма́ма отдала́ всю мо́лодость де́тям и до́му. — *Our mother gave her entire youth to her children and home.*

Миллио́ны люде́й о́тдали свои́ жи́зни за побе́ду. — *Millions of people gave their lives for victory.*
Роди́тели о́тдали дочь за́муж за прия́теля. — *The parents married their daughter to a friend.*
Команди́р о́тдал прика́з о наступле́нии. — *The commander ordered an attack.*
Кора́бль о́тдал шварто́вы и вы́шел в мо́ре. — *The ship raised anchor and sailed out to sea.*
Солда́ты отда́ли честь генера́лу. — *The soldiers saluted the general.*

274 отдыха́ть/отдохну́ть *to relax, rest*

stem: **отдыха́й-/отдохну́-** regular type 1 verb in imp./perf. form type 3

IMPERFECTIVE ASPECT		PERFECTIVE ASPECT	
PRESENT			
отдыха́ю	отдыха́ем		
отдыха́ешь	отдыха́ете		
отдыха́ет	отдыха́ют		
PAST		**PAST**	
отдыха́л		отдохну́л	
отдыха́ла		отдохну́ла	
отдыха́ло		отдохну́ло	
отдыха́ли		отдохну́ли	
FUTURE		**FUTURE**	
бу́ду отдыха́ть	бу́дем отдыха́ть	отдохну́	отдохнём
бу́дешь отдыха́ть	бу́дете отдыха́ть	отдохнёшь	отдохнёте
бу́дет отдыха́ть	бу́дут отдыха́ть	отдохнёт	отдохну́т
SUBJUNCTIVE		**SUBJUNCTIVE**	
отдыха́л бы		отдохну́л бы	
отдыха́ла бы		отдохну́ла бы	
отдыха́ло бы		отдохну́ло бы	
отдыха́ли бы		отдохну́ли бы	
PARTICIPLES		**PARTICIPLES**	
pres. active	отдыха́ющий	*pres. active*	—
pres. passive	—	*pres. passive*	—
past active	отдыха́вший	*past active*	отдохну́вший
past passive	—	*past passive*	—
VERBAL ADVERBS		**VERBAL ADVERBS**	
отдыха́я		отдохну́в	
COMMANDS		**COMMANDS**	
отдыха́й		отдохни́	
отдыха́йте		отдохни́те	

Usage

(в, на+prep.)(+instr.)

Я отдыха́ю час по́сле рабо́ты. — *I rest for an hour after work.*

Мы отдыха́ем с семьёй на мо́ре. — *We take our vacations by the sea with the family.*

Они́ отдохну́ли душо́й в гора́х. — *Their body and soul rested in the mountains.*

В их о́бществе мы се́рдцем отдыха́ем. — *Our hearts rejoice in their company.*

Отдохну́вшие и загоре́вшие, де́ти верну́лись из дере́вни. — *Rested and tanned, the kids came home from the country.*

regular type 1 verb in imp./perf. form type 3 stem: **отка́зывай+(ся)/отказа+(ся)**

IMPERFECTIVE ASPECT		PERFECTIVE ASPECT	
PRESENT			
отка́зываюсь	отка́зываемся		
отка́зываешься	отка́зываетесь		
отка́зывается	отка́зываются		
PAST		**PAST**	
отка́зывался		отказа́лся	
отка́зывалась		отказа́лась	
отка́зывалось		отказа́лось	
отка́зывались		отказа́лись	
FUTURE		**FUTURE**	
бу́ду отка́зываться	бу́дем отка́зываться	откажу́сь	отка́жемся
бу́дешь отка́зываться	бу́дете отка́зываться	отка́жешься	отка́жетесь
бу́дет отка́зываться	бу́дут отка́зываться	отка́жется	отка́жутся
SUBJUNCTIVE		**SUBJUNCTIVE**	
отка́зывался бы		отказа́лся бы	
отка́зывалась бы		отказа́лась бы	
отка́зывалось бы		отказа́лось бы	
отка́зывались бы		отказа́лись бы	
PARTICIPLES		**PARTICIPLES**	
pres. active	отка́зывающийся	*pres. active*	—
pres. passive	—	*pres. passive*	—
past active	отка́зывавшийся	*past active*	отказа́вшийся
past passive	—	*past passive*	—
VERBAL ADVERBS		**VERBAL ADVERBS**	
отка́зываясь		отказа́вшись	
COMMANDS		**COMMANDS**	
отка́зывайся		откажи́сь	
отка́зывайтесь		откажи́тесь	

Usage

(+dat.)(от+gen.)(в+prep.)(+inf.)

Я отказа́лся плати́ть штраф.	*I refused to pay the fine.*
Не отка́зывайся от моёй по́мощи.	*Do not refuse my help.*
Что́бы похуде́ть, он отка́зывается от у́жина.	*To lose weight, he skips supper.*
Мы отка́зываемся от приглаше́ний мно́гих знако́мых.	*We refuse invitations from many friends.*
От хоро́шего пода́рка я не откажу́сь.	*I will not refuse a nice gift.*
Она́ отказа́лась от поёздки в Герма́нию.	*She refused to go on a trip to Germany.*
Мы отказа́лись от на́ших пла́нов, что́бы приня́ть друзе́й.	*We abandoned our plans so we could entertain our friends.*
Я не по́мню, когда́ кто́-нибудь отка́зывался от до́лжности нача́льника.	*I do not recall when anyone refused a supervisory position.*
Она́ отказа́лась и от своёй по́дписи, и от свои́х слов.	*She denied her signature and her words.*
В суде́ он отказа́лся от своего́ ребёнка.	*In court, he rejected his own child.*
Я отказа́лась от насле́дства в по́льзу бра́та.	*I refused my share of the inheritance for my brother's benefit.*
Он не отка́жется от своёй то́чки зре́ния.	*He will not abandon his point of view.*

открыва́ть(ся)/откры́ть(ся)

to open

stem: **открыва́й+(ся)/откро́й+(ся)** regular type 1 verb in imp./perf. form irregular

IMPERFECTIVE ASPECT		PERFECTIVE ASPECT	
PRESENT			
открыва́ю(сь)	открыва́ем(ся)		
открыва́ешь(ся)	открыва́ете(сь)		
открыва́ет(ся)	открыва́ют(ся)		
PAST		PAST	
открыва́л(ся)		откры́л(ся)	
открыва́ла(сь)		откры́ла(сь)	
открыва́ло(сь)		откры́ло(сь)	
открыва́ли(сь)		откры́ли(сь)	
FUTURE		FUTURE	
бу́ду открыва́ть(ся)	бу́дем открыва́ть(ся)	откро́ю(сь)	откро́ем(ся)
бу́дешь открыва́ть(ся)	бу́дете открыва́ть(ся)	откро́ешь(ся)	откро́ете(сь)
бу́дет открыва́ть(ся)	бу́дут открыва́ть(ся)	откро́ет(ся)	откро́ют(ся)
SUBJUNCTIVE		SUBJUNCTIVE	
открыва́л(ся) бы		откры́л(ся) бы	
открыва́ла(сь) бы		откры́ла(сь) бы	
открыва́ло(сь) бы		откры́ло(сь) бы	
открыва́ли(сь) бы		откры́ли(сь) бы	
PARTICIPLES		PARTICIPLES	
pres. active	открыва́ющий(ся)	*pres. active*	—
pres. passive	открыва́емый	*pres. passive*	—
past active	открыва́вший(ся)	*past active*	откры́вший(ся)
past passive	—	*past passive*	откры́тый; откры́т
VERBAL ADVERBS		VERBAL ADVERBS	
открыва́я(сь)		откры́в(шись)	
COMMANDS		**COMMANDS**	
открыва́й(ся)		откро́й(ся)	
открыва́йте(сь)		откро́йте(сь)	

Usage

(+acc.)(+instr.)

Мы откры́ли буты́лку кра́сного вина́.	*We opened a bottle of red wine.*
Ма́ма откры́ла кран, но горя́чей воды́ не́ было.	*Mother turned on the faucet but there was no hot water.*
Откры́в кры́шку кастрю́ли, я почу́вствовала за́пах ры́бы.	*When I lifted the lid, I could smell the fish.*
Пошёл дождь, и я откры́ла зо́нтик.	*It started to rain, and I opened my umbrella.*
Магази́ны открыва́ются в де́вять утра́.	*The stores open at 9:00 A.M.*
В го́роде откры́лась торго́вля ру́сскими сувени́рами.	*A Russian souvenir store opened in the city.*
Банк откро́ет мне креди́т в ию́не.	*The bank will open me a credit line in June.*
Заседа́ние открыва́ется в понеде́льник.	*The meeting will commence on Monday.*
Охо́тники откры́ли стрельбу́ по за́йцам.	*The hunters opened fire on the rabbits.*
У нас откры́лась но́вая шко́ла.	*A new school was opened in our area.*

regular type 1 verb in imp./perf. form type 2 stem: **отлича́й+(ся)/отличи́+(ся)**

IMPERFECTIVE ASPECT		PERFECTIVE ASPECT	
PRESENT			
отлича́ю(сь)	отлича́ем(ся)		
отлича́ешь(ся)	отлича́ете(сь)		
отлича́ет(ся)	отлича́ют(ся)		
PAST		**PAST**	
отлича́л(ся)		отличи́л(ся)	
отлича́ла(сь)		отличи́ла(сь)	
отлича́ло(сь)		отличи́ло(сь)	
отлича́ли(сь)		отличи́ли(сь)	
FUTURE		**FUTURE**	
бу́ду отлича́ть(ся)	бу́дем отлича́ть(ся)	отличу́(сь)	отличи́м(ся)
бу́дешь отлича́ть(ся)	бу́дете отлича́ть(ся)	отличи́шь(ся)	отличи́те(сь)
бу́дет отлича́ть(ся)	бу́дут отлича́ть(ся)	отличи́т(ся)	отлича́т(ся)
SUBJUNCTIVE		**SUBJUNCTIVE**	
отлича́л(ся) бы		отличи́л(ся) бы	
отлича́ла(сь) бы		отличи́ла(сь) бы	
отлича́ло(сь) бы		отличи́ло(сь) бы	
отлича́ли(сь) бы		отличи́ли(сь) бы	
PARTICIPLES		**PARTICIPLES**	
pres. active	отлича́ющий(ся)	*pres. active*	—
pres. passive	отлича́емый	*pres. passive*	—
past active	отлича́вший(ся)	*past active*	отличи́вший(ся)
past passive	—	*past passive*	отличённый
VERBAL ADVERBS		**VERBAL ADVERBS**	
отлича́я(сь)		отличи́в(шись)	
COMMANDS		**COMMANDS**	
отлича́й(ся)		отличи́(сь)	
отлича́йте(сь)		отличи́те(сь)	

Usage

(+acc.)(от+gen.)(+instr.)

Де́вушка отличи́лась на соревнова́ниях.	*The girl distinguished herself in competition.*
Она́ отлича́ется от други́х де́вушек свои́м умо́м.	*She stands out from the other girls by her wit.*
Бра́тья отлича́ются друг от дру́га цве́том воло́с.	*The brothers differ from one another by their hair color.*
Он не мо́жет отличи́ть си́ний цвет от зелёного.	*He cannot distinguish between blue and green.*
Внача́ле мы не отличи́ли друзе́й от враго́в.	*At first we did not differentiate friends from enemies.*
Уме́й отлича́ть пра́вду от лжи.	*Know how to distinguish the truth from a lie.*
Ма́льчик заме́тно отлича́ется от свои́х све́рстников зна́нием хи́мии.	*The boy clearly stands out from his classmates in chemistry.*

отменя́ть/отмени́ть

to cancel, abolish

stem: **отменя́й-/отмени-**

regular type 1 verb in imp./perf. form type 2

IMPERFECTIVE ASPECT		PERFECTIVE ASPECT	
PRESENT			
отменя́ю	отменя́ем		
отменя́ешь	отменя́ете		
отменя́ет	отменя́ют		
PAST		**PAST**	
отменя́л		отмени́л	
отменя́ла		отмени́ла	
отменя́ло		отмени́ло	
отменя́ли		отмени́ли	
FUTURE		**FUTURE**	
бу́ду отменя́ть	бу́дем отменя́ть	отменю́	отме́ним
бу́дешь отменя́ть	бу́дете отменя́ть	отме́нишь	отме́ните
бу́дет отменя́ть	бу́дут отменя́ть	отме́нит	отме́нят
SUBJUNCTIVE		**SUBJUNCTIVE**	
отменя́л бы		отмени́л бы	
отменя́ла бы		отмени́ла бы	
отменя́ло бы		отмени́ло бы	
отменя́ли бы		отмени́ли бы	
PARTICIPLES		**PARTICIPLES**	
pres. active	отменя́ющий	*pres. active*	—
pres. passive	отменя́емый	*pres. passive*	—
past active	отменя́вший	*past active*	отмени́вший
past passive	—	*past passive*	отменённый
VERBAL ADVERBS		**VERBAL ADVERBS**	
отменя́я		отме́нив	
COMMANDS		**COMMANDS**	
отменя́й		отмени́	
отменя́йте		отмени́те	

Usage

(+acc.)

Капита́н не мог отмени́ть прика́з майо́ра.	*The captain could not repeal the major's order.*
Сего́дня суд отмени́л про́шлый пригово́р.	*Today the court set aside the old verdict.*
Инспе́ктор отмени́л реше́ние администра́ции.	*The inspector revoked the administration's decision.*
Из-за вое́нного переворо́та отмени́ли ста́рые зако́ны.	*Due to the military coup, old laws were abolished.*
Собра́ние отмени́ли, так как дека́на вы́звали к ре́ктору.	*The meeting was canceled because the dean was summoned to meet with the principal.*
Из-за си́льного снегопа́да отмени́ли заня́тие в шко́лах.	*Due to the heavy snowfall, classes were canceled.*
Спекта́кль отмени́ли в связи́ с боле́знью певца́.	*The play was canceled due to the singer's illness.*

regular type 1 verb in imp./perf. form type 2 stem: **отмеча́й+(ся)/отме́ти+(ся)**

	IMPERFECTIVE ASPECT			PERFECTIVE ASPECT	
PRESENT					
	отмеча́ю(сь)	отмеча́ем(ся)			
	отмеча́ешь(ся)	отмеча́ете(сь)			
	отмеча́ет(ся)	отмеча́ют(ся)			
PAST			**PAST**		
	отмеча́л(ся)			отме́тил(ся)	
	отмеча́ла(сь)			отме́тила(сь)	
	отмеча́ло(сь)			отме́тило(сь)	
	отмеча́ли(сь)			отме́тили(сь)	
FUTURE			**FUTURE**		
	бу́ду отмеча́ть(ся)	бу́дем отмеча́ть(ся)		отме́чу(сь)	отме́тим(ся)
	бу́дешь отмеча́ть(ся)	бу́дете отмеча́ть(ся)		отме́тишь(ся)	отме́тите(сь)
	бу́дет отмеча́ть(ся)	бу́дут отмеча́ть(ся)		отме́тит(ся)	отме́тят(ся)
SUBJUNCTIVE			**SUBJUNCTIVE**		
	отмеча́л(ся) бы			отме́тил(ся) бы	
	отмеча́ла(сь) бы			отме́тила(сь) бы	
	отмеча́ло(сь) бы			отме́тило(сь) бы	
	отмеча́ли(сь) бы			отме́тили(сь) бы	
PARTICIPLES			**PARTICIPLES**		
	pres. active	отмеча́ющий(ся)		*pres. active*	—
	pres. passive	отмеча́емый		*pres. passive*	—
	past active	отмеча́вший(ся)		*past active*	отме́тивший(ся)
	past passive	—		*past passive*	отме́ченный
VERBAL ADVERBS			**VERBAL ADVERBS**		
	отмеча́я(сь)			отме́тив(шись)	
COMMANDS			**COMMANDS**		
	отмеча́й(ся)			отме́ть(ся)	
	отмеча́йте(сь)			отме́тьте(сь)	

Usage

(+acc.)(+instr.)

Приходя́ на собра́ние, все должны́ отмеча́ть себя́ в спи́ске.	*At the meeting, everyone has to mark the attendance sheet.*
Он бы́стро отме́тился у секретаря́ и тут же исчёз.	*He quickly checked in with the secretary and immediately disappeared.*
За до́блестный труд его́ отме́тили о́рденом.	*He was awarded an order for his valiant efforts.*
Двадцатиле́тие заво́да отмеча́ется торже́ственным собра́нием.	*The plant's twentieth anniversary is celebrated by a festive meeting.*
Он отме́тил, что лю́ди опа́здывают.	*He noted that people are arriving late.*
Мы отмеча́ли пра́здники в кругу́ друзе́й.	*We celebrated the holidays in a circle of friends.*

Idioms

Он не отме́чен печа́тью тала́нта.	*He is not noted for any talents.*

относи́ть(ся)/отнести́(сь) *to carry away, treat; pertain to*

stem: **относи+(ся)/отнёс+(ся)** type 2 verb in imp./perf. form type 5

Кора́бль отно́сит на ска́лы.	*The ship is being pulled onto the rocks.*
Отнеси́ коля́ску пода́льше от доро́ги.	*Move the stroller away from the road.*
Волк отно́сится к кла́ссу хи́щников.	*The wolf is a member of the predator group.*
Я отношу́ его́ оши́бки к незна́нию материа́ла.	*I attribute his mistakes to not knowing the material.*
Ло́дку отнесло́ тече́нием к друго́му бе́регу.	*The current carried the boat to another shore.*
Я не отношу́ сканда́л на ваш счёт, вы не при чём.	*I am not blaming you for the scandal; you had nothing to do with it.*
Она́ два́жды относи́ла часы́ в ремо́нт, но они́ не иду́т.	*She took her watch in twice for repairs, but it still does not work.*
Он ко всем отно́сится с подозре́нием и скепти́чески.	*He treats everyone with suspicion and skepticism.*
Как вы отнесли́сь к ре́чи дире́ктора?	*What did you think about the director's speech?*
Ру́сский рубль отно́сится к числу́ неконверти́руемых валю́т.	*The Russian rouble is among the list of unconvertable currencies.*

type 2 verb in imp./perf. form type 5 stem: **относи+(ся)/отнёс+(ся)**

IMPERFECTIVE ASPECT

PRESENT

отношу́(сь)	отно́сим(ся)
отно́сишь(ся)	отно́сите(сь)
отно́сит(ся)	отно́сят(ся)

PAST

относи́л(ся)
относи́ла(сь)
относи́ло(сь)
относи́ли(сь)

FUTURE

бу́ду относи́ть(ся)	бу́дем относи́ть(ся)
бу́дешь относи́ть(ся)	бу́дете относи́ть(ся)
бу́дет относи́ть(ся)	бу́дут относи́ть(ся)

SUBJUNCTIVE

относи́л(ся) бы
относи́ла(сь) бы
относи́ло(сь) бы
относи́ли(сь) бы

PARTICIPLES

pres. active	относя́щий(ся)
pres. passive	относи́мый
past active	относи́вший(ся)
past passive	—

VERBAL ADVERBS

относя́(сь)

COMMANDS

относи́(сь)
относи́те(сь)

PERFECTIVE ASPECT

PAST

отнёс(ся)
отнесла́(сь)
отнесло́(сь)
отнесли́(сь)

FUTURE

отнесу́(сь)	отнесём(ся)
отнесёшь(ся)	отнесёте(сь)
отнесёт(ся)	отнесу́т(ся)

SUBJUNCTIVE

отнёс(ся) бы
отнесла́(сь) бы
отнесло́(сь) бы
отнесли́(сь) бы

PARTICIPLES

pres. active	—
pres. passive	—
past active	отнёсший(ся)
past passive	отнесённый

VERBAL ADVERBS

отнеся́/отнеся́сь

COMMANDS

отнеси́(сь)
отнеси́те(сь)

Usage

(+acc.)(в, на+acc.)(к+dat.)(+dat.)(от+gen.)

Отнеси́ ребёнка домо́й, а я ско́ро приду́.	*Take the child home; I'll come soon.*
Онеси́те посы́лку на по́чту.	*Take the parcel to the post office.*
Она́ отнесла́ ру́копись в изда́тельство.	*She took the manuscript to the publishers.*
Отнеси́ за́втра торт и конфе́ты в де́тский сад.	*Tomorrow, take the cake and candy to the daycare.*
Носи́льщик отнёс чемода́ны в ваго́н.	*The porter carried the suitcases to the car.*
Я отнесла́ стул в ко́мнату.	*I carried the chair into the room.*
Мы отнесли́ все расхо́ды на счёт фи́рмы.	*We applied all expenses to the company's account.*
Он отнёс кни́ги своему́ това́рищу.	*He took the books to his friend.*
В выходно́й день она отнесёт ве́щи к подру́ге.	*On the weekend, she will take the clothes to her girlfriend.*
Архео́логи отнесли́ нахо́дку к деся́тому ве́ку.	*Archeologists dated the find to the tenth century.*

отправля́ть(ся)/отпра́вить(ся) *to send; to depart, leave*

stem: **отправля́й+(ся)/отпра́ви+(ся)** regular type 1 verb in imp./perf. form type 2

Радиогра́мму с бо́рта кора́бля отпра́вили во́время.	*A radio telegram was sent from the ship on time.*
Я отпра́вила домо́й посы́лку из Ло́ндона.	*I sent a package home from London.*
Бана́ны отпра́вили в я́щиках на грузовике́.	*The bananas were shipped in crates on the truck.*
Мы отправля́ем бага́ж желе́зной доро́гой.	*We are sending the luggage by train.*
Он отпра́вился к друзья́м на день рожде́ния.	*He went to his friends' birthday party.*
Мы отпра́вились к роди́телям на маши́не.	*We took the car to our parents.*
Они́ отправля́ются в о́тпуск самолётом.	*They are going on vacation by plane.*
Я отпра́вила докуме́нты в институ́т курье́ром.	*I sent the documents to the institute with a courier.*
Дете́й отпра́вили спать в 9 ве́чера.	*The children were sent to bed at 9 o'clock.*

Idioms

Я от него отпра́влюсь на тот свет.	*He will put me in an early grave.*
Дед отпра́вилсая на бокову́ю по́сле обе́да.	*Grandpa went to sleep after dinner.*

regular type 1 verb in imp./perf. form type 2 stem: **отправля́й+(ся)/отпра́ви+(ся)**

IMPERFECTIVE ASPECT		PERFECTIVE ASPECT	
PRESENT			
отправля́ю(сь)	отправля́ем(ся)		
отправля́ешь(ся)	отправля́ете(сь)		
отправля́ет(ся)	отправля́ют(ся)		
PAST		PAST	
отправля́л(ся)		отпра́вил(ся)	
отправля́ла(сь)		отпра́вила(сь)	
отправля́ло(сь)		отпра́вило(сь)	
отправля́ли(сь)		отпра́вили(сь)	
FUTURE		FUTURE	
бу́ду отправля́ться	бу́дем отправля́ться	отпра́влю(сь)	отпра́вим(ся)
бу́дешь отправля́ться	бу́дете отправля́ться	отпра́вишь(ся)	отпра́вите(сь)
бу́дет отправля́ться	бу́дут отправля́ться	отпра́вит(ся)	отпра́вят(ся)
SUBJUNCTIVE		SUBJUNCTIVE	
отправля́л(ся) бы		отпра́вил(ся) бы	
отправля́ла(сь) бы		отпра́вила(сь) бы	
отправля́ло(сь) бы		отпра́вило(сь) бы	
отправля́ли(сь) бы		отпра́вили(сь) бы	
PARTICIPLES		PARTICIPLES	
pres. active	отправля́ющий(ся)	*pres. active*	—
pres. passive	отправляемый	*pres. passive*	—
past active	отправля́вший(ся)	*past active*	отпра́вивший(ся)
past passive	—	*past passive*	отпра́вленный
VERBAL ADVERBS		VERBAL ADVERBS	
отправля́я(сь)		отпра́вив(шись)	
COMMANDS		**COMMANDS**	
отправля́й(ся)		отпра́вь(ся)	
отправля́йте(сь)		отпра́вьте(сь)	

Usage

(+acc.)(в, на+acc.)(к+dat.)(на+prep.)(+instr.)

Я отпра́вила до́чери де́ньги почто́вым перево́дом.	*I sent the money to my daughter via mail transfer.*
Фи́рма отпра́вила това́р мо́рем.	*The company shipped the goods by sea.*
Наш по́езд отправя́т немно́го по́зже.	*Our train will depart a little bit later.*
Войска́ отпра́вили на фронт ра́нним у́тром.	*The troops were sent to the front early in the morning.*
Он отпра́вил семью́ в дере́вню, а сам сиде́л и рабо́тал.	*He sent his family to the country, and he sat down and worked.*
В де́тстве нас отправля́ли в ле́тний ла́герь.	*In our childhood we were sent to summer camps.*
Овощи отпра́вили с ба́зы в магази́н.	*The vegetables were sent from the warehouse to the store.*
Жена́ отпра́вила меня́ к врачу́.	*My wife sent me to the doctor.*

282 отпуска́ть/отпусти́ть *to release, let go*

stem: **отпуска́й-/отпусти́-** regular type 1 verb in imp./perf. form type 2

	IMPERFECTIVE ASPECT		PERFECTIVE ASPECT	
PRESENT				
	отпуска́ю	отпуска́ем		
	отпуска́ешь	отпуска́ете		
	отпуска́ет	отпуска́ют		
PAST				
	отпуска́л		отпусти́л	
	отпуска́ла		отпусти́ла	
	отпуска́ло		отпусти́ло	
	отпуска́ли		отпусти́ли	
FUTURE				
	бу́ду отпуска́ть	бу́дем отпуска́ть	отпущу́	отпу́стим
	бу́дешь отпуска́ть	бу́дете отпуска́ть	отпу́стишь	отпу́стите
	бу́дет отпуска́ть	бу́дут отпуска́ть	отпу́стит	отпу́стят
SUBJUNCTIVE				
	отпуска́л бы		отпусти́л бы	
	отпуска́ла бы		отпусти́ла бы	
	отпуска́ло бы		отпусти́ло бы	
	отпуска́ли бы		отпусти́ли бы	
PARTICIPLES				
pres. active		отпуска́ющий	*pres. active*	—
pres. passive		отпуска́емый	*pres. passive*	—
past active		отпуска́вший	*past active*	отпусти́вший
past passive		—	*past passive*	отпу́щенный
VERBAL ADVERBS				
	отпуска́я		отпусти́в	
COMMANDS				
	отпуска́й		отпусти́	
	отпуска́йте		отпусти́те	

Usage

(+acc.)(в, на+acc.)(к+dat.)(+dat.)(из,с, до+gen.)(+instr.)

Ма́ма отпусти́ла сы́на в го́сти. — *The mother let her son go visit friends.*

Дете́й отпусти́ли к ба́бушке. — *The children were allowed to go to grandma.*

Пти́чку отпусти́ли из кле́тки на во́лю. — *The bird was released from the cage and set free.*

Меня́ отпусти́ли с рабо́ты на час ра́ньше. — *I was allowed to leave work an hour early.*

Я отпусти́ла соба́ку гуля́ть во дворе́. — *I let the dog play in the yard.*

Его́ отпусти́ли из тюрьмы́ под зало́г. — *He was released from jail on bond.*

Магази́ну отпусти́ли сре́дства на ремо́нт. — *The store was given funds for remodeling.*

Продаве́ц отпуска́л хлеб покупа́телям. — *The salesman was giving bread to customers.*

Idioms

Он отпусти́л во́лосы почти́ до плеч. — *He let his hair grow long, almost to his shoulders.*

Он лю́бит отпуска́ть комплиме́нты же́нщинам. — *He likes to give women compliments.*

regular type 1 verb in imp./perf. form type 2 stem: **отража́й+(ся)/отрази́+(ся)**

IMPERFECTIVE ASPECT		PERFECTIVE ASPECT	
PRESENT			
отража́ю(сь)	отража́ем(ся)		
отража́ешь(ся)	отража́ете(сь)		
отража́ет(ся)	отража́ют(ся)		
PAST		**PAST**	
отража́л(ся)		отрази́л(ся)	
отража́ла(сь)		отрази́ла(сь)	
отража́ло(сь)		отрази́ло(сь)	
отража́ли(сь)		отрази́ли(сь)	
FUTURE		**FUTURE**	
бу́ду отража́ть	бу́дем отража́ть	отражу́(сь)	отрази́м(ся)
бу́дешь отража́ть	бу́дете отража́ть	отрази́шь(ся)	отрази́те(сь)
бу́дет отража́ть	бу́дут отража́ть	отрази́т(ся)	отразя́т(ся)
SUBJUNCTIVE		**SUBJUNCTIVE**	
отража́л(ся) бы		отрази́л(ся) бы	
отража́ла(сь) бы		отрази́ла(сь) бы	
отража́ло(сь) бы		отрази́ло(сь) бы	
отража́ли(сь) бы		отрази́ли(сь) бы	
PARTICIPLES		**PARTICIPLES**	
pres. active	отража́ющий(ся)	*pres. active*	—
pres. passive	отража́емый	*pres. passive*	—
past active	отража́вший(ся)	*past active*	отрази́вший(ся)
past passive	—	*past passive*	отражённый
VERBAL ADVERBS		**VERBAL ADVERBS**	
отража́я(сь)		отрази́в(шись)	
COMMANDS		**COMMANDS**	
отража́й(ся)		отрази́(сь)	
отража́йте(сь)		отрази́те(сь)	

Usage

(+acc.)(в, на+prep.)

Око́нные стёкла отража́ли со́лнечный свет.	*The windows were reflecting sunlight.*
Войска́ отража́ли ата́ку проти́вника.	*The troops held back the enemy's attack.*
Отража́ть напа́дки недоброжела́телей прихо́дится ча́сто.	*We often have to deter ill-wishers' snipes.*
Вся скорбь его́ наро́да отрази́лась в рома́не.	*The grief of his people was reflected in his novel.*
На её лице́ отрази́лась ра́дость.	*Her face reflected joy.*
Балери́на отража́ла свою́ жизнь в та́нце.	*The ballerina's dance reflected her life.*
А́втор отрази́л своё мне́ние в статье́.	*The author expressed his opinion in the article.*
На гла́дкой пове́рхности о́зера отража́лся свет луны́.	*Moonlight was reflecting on the smooth surface of the lake.*
Тяжёлая рабо́та отрази́лась на его́ здоро́вье.	*Hard work affected his health.*
Така́я спе́шка пло́хо отрази́тся на ка́честве рабо́ты.	*Such haste will poorly affect the quality of work.*

отреза́ть/отре́зать

to cut off

stem: **отреза́й-/отре́зи-**

type 1 verb in imp./perf. form type 3

	IMPERFECTIVE ASPECT		PERFECTIVE ASPECT	
PRESENT	отреза́ю	отреза́ем		
	отреза́ешь	отреза́ете		
	отреза́ет	отреза́ют		
PAST	отреза́л		отре́зал	
	отреза́ла		отре́зала	
	отреза́ло		отре́зало	
	отреза́ли		отре́зали	
FUTURE	бу́ду отреза́ть	бу́дем отреза́ть	отре́жу	отре́жем
	бу́дешь отреза́ть	бу́дете отреза́ть	отре́жешь	отре́жете
	бу́дет отреза́ть	бу́дут отреза́ть	отре́жет	отре́жут
SUBJUNCTIVE	отреза́л бы		отре́зал бы	
	отреза́ла бы		отре́зала бы	
	отреза́ло бы		отре́зало бы	
	отреза́ли бы		отре́зали бы	
PARTICIPLES				
pres. active		отреза́ющий		—
pres. passive		отреза́емый		—
past active		отреза́вший		отре́завший
past passive		—		отре́занный
VERBAL ADVERBS	отреза́я		отре́зав	
COMMANDS	отреза́й		отре́жь	
	отреза́йте		отре́жьте	

Usage

(+acc.)(+gen.)(+instr.)(от+gen.)

Она́ отре́зала ножо́м хле́ба и сы́ра. — *She cut the bread and cheese off with a knife.*

Ма́ма отре́зала всем по куску́ пирога́. — *Mother cut everyone a piece of cake.*

Ра́неному солда́ту пришло́сь отре́зать но́гу. — *The wounded soldier's leg had to be amputated.*

Проти́вник отре́зал нам пути́ отступле́ния. — *The enemy cut off our retreat.*

Я отре́зала кусо́к от ста́рой занаве́ски. — *I cut a piece off of an old curtain.*

Жи́знь отреза́ла меня́ на го́ды от мои́х родны́х. — *Life separated me for years from my family.*

irregular verb; **авай-** to **ай-** stem change stem: **отстава́й-/отстан-**

IMPERFECTIVE ASPECT		PERFECTIVE ASPECT	
PRESENT			
отстаю́	отстаём		
отстаёшь	отстаёте		
отстаёт	отстаю́т		
PAST		PAST	
отстава́л		отста́л	
отстава́ла		отста́ла	
отстава́ло		отста́ло	
отстава́ли		отста́ли	
FUTURE		FUTURE	
бу́ду отстава́ть	бу́дем отстава́ть	отста́ну	отста́нем
бу́дешь отстава́ть	бу́дете отстава́ть	отста́нешь	отста́нете
бу́дет отстава́ть	бу́дут отстава́ть	отста́нет	отста́нут
SUBJUNCTIVE		SUBJUNCTIVE	
отстава́л бы		отста́л бы	
отстава́ла бы		отста́ла бы	
отстава́ло бы		отста́ло бы	
отстава́ли бы		отста́ли бы	
PARTICIPLES		PARTICIPLES	
pres. active	отстаю́щий	*pres. active*	—
pres. passive	—	*pres. passive*	—
past active	отстава́вший	*past active*	отста́вший
past passive	—	*past passive*	—
VERBAL ADVERBS		VERBAL ADVERBS	
отстава́я		отста́в	
COMMANDS		**COMMANDS**	
отстава́й		отста́нь	
отстава́йте		отста́ньте	

Usage

(от+gen.)

Мы отстаём от колле́г по результа́там рабо́ты.	*We are falling behind our colleagues in our work.*
СССР отста́л на сто лет от ра́звитых стран по у́ровню жи́зни населе́ния.	*The USSR fell behind developed countries by 100 years in the quality of living standards.*
Спри́нтер отста́л всего́ на три шага́ от чемпио́на.	*The runner was behind the winner by only three steps.*
Де́вочка всегда́ отстаёт по фи́зике.	*The girl is always doing poorly in physics.*
Штукату́рка отста́ла от стен.	*Plaster was falling off the walls.*
Часы́ отста́ли на два́дцать мину́т.	*The clock was slow by twenty minutes.*
Мы отста́ли от поéзда и жда́ли на ста́нции два часа́.	*We missed the train and had to wait at the station for two hours.*
Отста́нь от меня́, ра́ди Бо́га!	*For God's sakes, leave me alone!*

отступа́ть/отступи́ть

to retreat

stem: **отступа́й-/отступи-** regular type 1 verb in imp./perf. form type 2

IMPERFECTIVE ASPECT		PERFECTIVE ASPECT	
PRESENT			
отступа́ю	отступа́ем		
отступа́ешь	отступа́ете		
отступа́ет	отступа́ют		
PAST		**PAST**	
отступа́л		отступи́л	
отступа́ла		отступи́ла	
отступа́ло		отступи́ло	
отступа́ли		отступи́ли	
FUTURE		**FUTURE**	
бу́ду отступа́ть	бу́дем отступа́ть	отступлю́	отсту́пим
бу́дешь отступа́ть	бу́дете отступа́ть	отсту́пишь	отсту́пите
бу́дет отступа́ть	бу́дут отступа́ть	отсту́пит	отсту́пят
SUBJUNCTIVE		**SUBJUNCTIVE**	
отступа́л бы		отступи́л бы	
отступа́ла бы		отступи́ла бы	
отступа́ло бы		отступи́ло бы	
отступа́ли бы		отступи́ли бы	
PARTICIPLES		**PARTICIPLES**	
pres. active	отступа́ющий	*pres. active*	—
pres. passive	—	*pres. passive*	—
past active	отступа́вший	*past active*	отступи́вший
past passive	—	*past passive*	—
VERBAL ADVERBS		**VERBAL ADVERBS**	
отступа́я		отступи́в	
COMMANDS		**COMMANDS**	
отступа́й		отступи́	
отступа́йте		отступи́те	

Usage

(от+gen.)(в, на+acc.)(к,по+dat.)(перед+instr.)

Диви́зия отступи́ла на се́вер, в тыл.	*The division retreated north, into the rear.*
Отступа́я, солда́ты гна́ли с собо́й скот.	*Retreating, the soldiers led the cattle along.*
Отступи́в на друго́й бе́рег реки́, солда́ты заня́ли оборо́ну.	*After retreating to the other side of the river, the soldiers set up a defense.*
Подразделе́ния отступи́ли пе́ред превосходя́щими си́лами проти́вника.	*Subdivisions retreated in the face of superior enemy power.*
Пёс отступи́л от забо́ра и бро́сился на меня́.	*The dog backed away from the fence and attacked me.*
Партиза́ны до́лго отступа́ли по боло́там.	*The guerrillas took a long retreat through the bog.*
Враги́ пани́чески отступа́ли.	*The enemy was retreating in panic.*
Лю́ди в ужа́се отступи́ли от него́.	*People stepped away from him in horror.*
Э́тот паре́нь не отсту́пит от свое́й це́ли.	*This man will not back down from his goal.*
Они́ не мо́гут отступи́ть от свои́х обы́чаев.	*They cannot move away from their traditions.*
Нача́льник не отступи́л от свои́х тре́бований.	*The supervisor did not back down from his demands.*
Отступи́ от кра́я тка́ни на два сантиме́тра и строчи́.	*Move in two inches from the edge of the fabric and start stitching.*
Мы не отступи́ли ни пе́ред тру́дностями, ни пе́ред опа́сностями.	*We did not retreat in the face of difficulties or danger.*

regular type 4 verb (like **тре́бовать)**/no perf. stem: **отсу́тствова-**

IMPERFECTIVE ASPECT

PRESENT

отсу́тствую	отсу́тствуем
отсу́тствуешь	отсу́тствуете
отсу́тствует	отсу́тствуют

PAST

отсу́тствовал
отсу́тствовала
отсу́тствовало
отсу́тствовали

FUTURE

бу́ду отсу́тствовать	бу́дем отсу́тствовать
бу́дешь отсу́тствовать	бу́дете отсу́тствовать
бу́дет отсу́тствовать	бу́дут отсу́тствовать

SUBJUNCTIVE

отсу́тствовал бы
отсу́тствовала бы
отсу́тствовало бы
отсу́тствовали бы

PARTICIPLES

pres. active	отсу́тствующий
pres. passive	—
past active	отсу́тствовавший
past passive	—

VERBAL ADVERBS

отсу́тствуя

COMMANDS

отсу́тствуй
отсу́тствуйте

Usage

(в, на+prep.)

Я бу́ду отсу́тствовать па́ру неде́ль.	*I will be gone for a couple of weeks.*
Сего́дня она́ отсу́тствует по боле́зни.	*Today she is absent because she is sick.*
Отсу́тствующие должны́ быть на собра́нии че́рез ме́сяц.	*Absentees need to attend a meeting in one month.*
Мы отсу́тствовали на ра́боте, потому́ что прие́хали на́ши роди́тели.	*We missed work because our parents came to visit.*
Отсу́тствуя, она́ да́же не прино́сит спра́вку от врача́.	*Missing work, she does not even bring a note from a doctor.*

288 отходи́ть/отойти́ *to walk away, move away*

stem: **отходи-/irreg.** regular type 2 verb in imp./perf. form irregular

IMPERFECTIVE ASPECT		PERFECTIVE ASPECT	
PRESENT			
отхожу́	отхо́дим		
отхо́дишь	отхо́дите		
отхо́дит	отхо́дят		
PAST		**PAST**	
отходи́л		отошёл	
отходи́ла		отошла́	
отходи́ло		отошло́	
отходи́ли		отошли́	
FUTURE		**FUTURE**	
бу́ду отходи́ть	бу́дем отходи́ть	отойду́	отойдём
бу́дешь отходи́ть	бу́дете отходи́ть	отойдёшь	отойдёте
бу́дет отходи́ть	бу́дут отходи́ть	отойдёт	отойду́т
SUBJUNCTIVE		**SUBJUNCTIVE**	
отходи́л бы		отошёл бы	
отходи́ла бы		отошла́ бы	
отходи́ло бы		отошло́ бы	
отходи́ли бы		отошли́ бы	
PARTICIPLES		**PARTICIPLES**	
pres. active	отходя́щий	*pres. active*	—
pres. passive	—	*pres. passive*	—
past active	отходи́вший	*past active*	отоше́дший
past passive	—	*past passive*	—
VERBAL ADVERBS		**VERBAL ADVERBS**	
отходя́		отойдя́	
COMMANDS		**COMMANDS**	
отходи́		отойди́	
отходи́те		отойди́те	

Usage

(от+gen.)(в, на+acc.)(к+dat.)

Ко́шка неохо́тно отошла́ от стола́. — *The cat reluctantly stepped away from the table.*

Она́ не отходи́ла от больно́го ни на мину́ту. — *She did not leave the patient's side, even for a moment.*

Он отошёл в сто́рону, к окну́, и закури́л. — *He stepped aside, to the window, and lit up a cigarette.*

Отойди́ от две́ри, здесь ду́ет. — *Step away from the door; it's drafty.*

Ро́та отошла́ на зара́нее подгото́вленные пози́ции. — *The company moved to their previously prepared positions.*

Постепе́нно он отошёл от свои́х пре́жних убежде́ний. — *Gradually, he moved away from his earlier convictions.*

Не отходи́те от те́мы, нам тру́дно уследи́ть за ва́шей мы́слью. — *Do not deviate from the subject, as we are having a hard time keeping up with you.*

Он отошёл от ста́рых прия́телей. — *He drifted away from old friends.*

Обо́и отошли́ от стен и обви́сли. — *Wallpaper came off the walls and sagged.*

Це́нности отошли́ до́чке, а да́ча - мне. — *The valuables went to the daughter - I got the dacha.*

Часть лито́вскихземе́ль отошла́ к По́льше. — *Part of the Lithuanian lands went to Poland.*

Неприя́тности отошли́ на за́дний план. — *The unpleasantries faded into the background.*

Она́ не отошла́ от своей ве́ры. — *She did not waver from her faith.*

regular type 1 verb in imp./perf. form type 3 stem: **ошиба́й+ся/irreg.**

IMPERFECTIVE ASPECT		PERFECTIVE ASPECT	
PRESENT			
ошиба́юсь	ошиба́емся		
ошиба́ешься	ошиба́етесь		
ошиба́ется	ошиба́ются		
PAST		PAST	
ошиба́лся		оши́бся	
ошиба́лась		оши́блась	
ошиба́лось		оши́блось	
ошиба́лись		оши́блись	
FUTURE		FUTURE	
бу́ду ошиба́ться	бу́дем ошиба́ться	ошибу́сь	ошибёмся
бу́дешь ошиба́ться	бу́дете ошиба́ться	ошибёшься	ошибётесь
бу́дет ошиба́ться	бу́дут ошиба́ться	ошибётся	ошибу́тся
SUBJUNCTIVE		SUBJUNCTIVE	
ошиба́лся бы		оши́бся бы	
ошиба́лась бы		оши́блась бы	
ошиба́лось бы		оши́блось бы	
ошиба́лись бы		оши́блись бы	
PARTICIPLES		PARTICIPLES	
pres. active	ошиба́ющийся	*pres. active*	—
pres. passive	—	*pres. passive*	—
past active	ошиба́вшийся	*past active*	ошиби́вшийся
past passive	—	*past passive*	—
VERBAL ADVERBS		VERBAL ADVERBS	
ошиба́ясь		ошиби́вшись	
COMMANDS		**COMMANDS**	
ошиба́йся		ошиби́сь	
ошиба́йтесь		ошиби́тесь	

Usage

(в+prep.)(+instr.)

Сча́стье, что я в нём не оши́блась. — *It's a good thing I was not wrong about him.*
Инжене́ры оши́блись в рассчётах. — *The engineers made a mistake in their calculations.*
Бо́льно ошиба́ться в друзья́х. — *It is painful to find you are wrong about your friends.*
Извини́те, я оши́бся две́рью. — *Excuse me, wrong door.*
Он оши́бся этажо́м и пошёл вы́ше. — *He chose the wrong floor and went upstairs.*
Вы глубоко́ ошиба́етесь, всё э́то бы́ло не так. — *You are absolutely wrong; it's not at all what happened.*
Не сто́ит ошиба́ться на его́ счёт. — *You should not make mistakes about him.*

Sayings

Не ошиба́ется тот, кто ничего́ не де́лает. — *Whoever does nothing, makes no mistakes.*

пáдать/упáсть

to fall

stem: **пáдай-/упад-**

regular type 1 verb in imp./perf. form type 5

Proverbs/Saying/Idioms

В зáле я́блоку нéгде бы́ло упáсть.	*The auditorium was chock full of people.*
Пáдать с коня́ - так с высóкого. (поговóрка)	*If you have to fall off a horse - fall off a tall one.*
Не хотéлось упáсть в грязь лицóм.	*I did not want to lose face.*
Я чуть в óбморок не упáла, когдá узнáла о егó делáх.	*I almost passed out when I learned about his affairs.*
Я пáдала от смéха, когдá слу́шала расскáз.	*I was rolling with laughter, listening to the story.*
Áкции упáли в ценé.	*The price of the stocks fell.*
Я́блоко от я́блони далекó не пáдает. (послóвица)	*The apple never falls far from the tree.*

regular type 1 verb in imp./perf. form type 5 stem: **пáдай-/упад-**

IMPERFECTIVE ASPECT		PERFECTIVE ASPECT	
PRESENT			
пáдаю	пáдаем		
пáдаешь	пáдаете		
пáдает	пáдают		
PAST		PAST	
пáдал		упáл	
пáдала		упáла	
пáдало		упáло	
пáдали		упáли	
FUTURE		FUTURE	
бýду пáдать	бýдем пáдать	упадý	упадём
бýдешь пáдать	бýдете пáдать	упадёшь	упадёте
бýдет пáдать	бýдут пáдать	упадёт	упадýт
SUBJUNCTIVE		SUBJUNCTIVE	
пáдал бы		упáл бы	
пáдала бы		упáла бы	
пáдало бы		упáло бы	
пáдали бы		упáли бы	
PARTICIPLES		PARTICIPLES	
pres. active пáдающий		*pres. active* —	
pres. passive —		*pres. passive* —	
past active пáдавший		*past active* упáвший	
past passive —		*past passive* —	
VERBAL ADVERBS		VERBAL ADVERBS	
пáдая		упáв	
COMMANDS		**COMMANDS**	
пáдай		упадú	
пáдайте		упадúте	

Usage

(в, на+acc.)(от+gen.)(с, из+gen.)

Мяч упáл в пруд. *The ball fell into the pond.*
Полотéнце упáло под стол. *The towel fell under the table.*
Носóк упáл за дивáн. *The sock fell behind the couch.*
Здесь ударéние пáдает на вторóй слог. *Here the stress is on the second syllable.*
Ответственность за то, что случúлось, пáдает на негó. *The responsibility rests with him for what happened.*
Подозрéние упáло на нóвого сотрýдника. *Suspicion fell on the new employee.*
Солдáт упáл зáмертво. *The soldier fell over dead.*
Ястреб упáл кáмнем на ягнёнка. *The hawk dived for the lamb.*
Снег пáдает крýпными хлóпьями. *The snow is falling in large flakes.*
Отпуск Мúши пáдает на мáй. *Misha's vacation falls in May.*
Её вóлосы мя́гко пáдают на грудь. *Her hair softly falls onto her chest.*
Удáры судьбы́ пáдают на нас со всех сторóн. *Fate's blows are falling on us from all sides.*

291 парковáть/припарковáть *to park*

stem: **паркова-/запаркова-** regular type 4 verb (like **трéбовать)**

IMPERFECTIVE ASPECT		PERFECTIVE ASPECT	
PRESENT			
паркýю	паркýем		
паркýешь	паркýете		
паркýет	паркýют		
PAST		PAST	
парковáл		припарковáл	
парковáла		припарковáла	
парковáло		припарковáло	
парковáли		припарковáли	
FUTURE		FUTURE	
бýду парковáть	бýдем парковáть	припаркýю	припаркýем
бýдешь парковáть	бýдете парковáть	припаркýешь	припаркýете
бýдет парковáть	бýдут парковáть	припаркýет	припаркýют
SUBJUNCTIVE		SUBJUNCTIVE	
парковáл бы		припарковáл бы	
парковáла бы		припарковáла бы	
парковáло бы		припарковáло бы	
парковáли бы		припарковáли бы	
PARTICIPLES		PARTICIPLES	
pres. active	паркýющий	*pres. active*	—
pres. passive	паркýемый	*pres. passive*	—
past active	парковáвший	*past active*	припарковáвший
past passive	—	*past passive*	припаркóванный
VERBAL ADVERBS		VERBAL ADVERBS	
паркýя		припарковáв	
COMMANDS		**COMMANDS**	
паркýй		припаркýй	
паркýйте		припаркýйте	

Usage

(в, на+prep.)(у+gen.)

Я паркýю машúну на стоя́нке у моегó дóма. — *I park the car on the lot by my house.*

Пóсле штрáфа я не бýду парковáть машúну на э́той ýлице. — *After getting a ticket, I will never park my car on this street.*

Припаркýй машúну и подождú меня́. — *Park the car and wait for me.*

У негó большóй гарáж, где он паркýет две машúны. — *He has a large garage, where he parks two cars.*

Парковáть на тротуáрах запрещенó. — *It is prohibited to park on the sidewalks.*

Паркýешь машúну - запоминáй мéсто. — *When you park the car - remember the spot.*

regular type 2 verb (like **говори́ть**) stem: **па́ри+(ся)/попа́ри+(ся)**

IMPERFECTIVE ASPECT		PERFECTIVE ASPECT	
PRESENT			
па́рю(сь)	па́рим(ся)		
па́ришь(ся)	па́рите(сь)		
па́рит(ся)	па́рят(ся)		
PAST		**PAST**	
па́рил(ся)		попа́рил(ся)	
па́рила(сь)		попа́рила(сь)	
па́рило(сь)		попа́рило(сь)	
па́рили(сь)		попа́рили(сь)	
FUTURE		**FUTURE**	
бу́ду па́рить(ся)	бу́дем па́рить(ся)	попа́рю(сь)	попа́рим(ся)
бу́дешь па́рить(ся)	бу́дете па́рить(ся)	попа́ришь(ся)	попа́рите(сь)
бу́дет па́рить(ся)	бу́дут па́рить(ся)	попа́рит(ся)	попа́рят(ся)
SUBJUNCTIVE		**SUBJUNCTIVE**	
па́рил(ся) бы		попа́рил(ся) бы	
па́рила(сь) бы		попа́рила(сь) бы	
па́рило(сь) бы		попа́рило(сь) бы	
па́рили(сь) бы		попа́рили(сь) бы	
PARTICIPLES		**PARTICIPLES**	
pres. active	па́рящий(ся)	*pres. active*	—
pres. passive	па́римый	*pres. passive*	—
past active	па́ривший(ся)	*past active*	попа́ривший(ся)
past passive	па́ренный	*past passive*	попа́ренный
VERBAL ADVERBS		**VERBAL ADVERBS**	
па́ря(сь)		попа́рив(шись)	
COMMANDS		**COMMANDS**	
па́рь(ся)		попа́рь(ся)	
па́рьте(сь)		попа́рьте(сь)	

Usage

(+acc.)(в, на+prep.)(+instr.)

Па́риться в ба́не - э́то риту́ал для мно́гих люби́телей. — *It is a ritual for many aficionados to take a steam in the bath house.*

Па́рясь, они́ хлеста́ли друг дру́га берёзовыми ве́никами. — *Taking a steam, they were whipping each other with bunches of birch branches.*

Па́риться в ба́не ну́жно споко́йно и без суеты́. — *Taking a steam at the bath house should be a quiet and peaceful affair.*

Сего́дня я бу́ду жа́рить и па́рить о́вощи по-япо́нски. — *Today, I shall be steaming and frying vegetables in a Japanese style.*

Дие́ты рекоменду́ют па́рить мя́со и ры́бу. — *Diets recommend steaming meat and fish.*

Попа́рившись, мы се́ли пить чай из трав. — *After taking a steam, we sat down to a cup of herbal tea.*

Idioms

Он так па́рился на экза́мене! — *He was really in hot water on the tests!*

У меня́ мно́го дел, я совсе́м запа́рился! — *I have so many things to do, I am on fire!*

293

паха́ть/вспаха́ть

to plow, till; to work hard (coll.)

stem: **паха-/вспаха-**

regular type 3 verb (like **пла́кать**)

IMPERFECTIVE ASPECT		PERFECTIVE ASPECT	
PRESENT			
пашу́	па́шем		
па́шешь	па́шете		
па́шет	па́шут		
PAST		**PAST**	
паха́л		вспаха́л	
паха́ла		вспаха́ла	
паха́ло		вспаха́ло	
паха́ли		вспаха́ли	
FUTURE		**FUTURE**	
бу́ду паха́ть	бу́дем паха́ть	вспашу́	вспа́шем
бу́дешь паха́ть	бу́дете паха́ть	вспа́шешь	вспа́шете
бу́дет паха́ть	бу́дут паха́ть	вспа́шет	вспа́шут
SUBJUNCTIVE		**SUBJUNCTIVE**	
паха́л бы		вспаха́л бы	
паха́ла бы		вспаха́ла бы	
паха́ло бы		вспаха́ло бы	
паха́ли бы		вспаха́ли бы	
PARTICIPLES		**PARTICIPLES**	
pres. active	па́шущий	*pres. active*	—
pres. passive	—	*pres. passive*	—
past active	паха́вший	*past active*	вспаха́вший
past passive	па́ханный	*past passive*	вспа́ханный
VERBAL ADVERBS		**VERBAL ADVERBS**	
паша́		вспаха́в	
COMMANDS		**COMMANDS**	
паши́		вспаши́	
паши́те		вспаши́те	

Usage

(+acc.)(+instr.)

Кресть́яне паха́ли зе́млю плу́гом.	*Farmers were plowing the fields with hand plows.*
Сего́дня больши́е поля́ па́шут трактора́ми.	*Today, large fields are plowed by tractors.*
Земля́, вспа́ханная у́тром, черне́ла под со́лнцем.	*The fields, plowed in the morning, looked black under the sun.*
Вспаха́вший по́ле тра́ктторист сел отдыха́ть.	*After plowing the field, the tractor driver took a break.*

Idioms

Что́бы зако́нчить рабо́ту в срок, я паха́л, как ло́шадь.	*To finish the work on time, I was working like a horse. (coll.)*
Мать паха́ла на них лет де́сять.	*Mother was breaking her back working for them for ten years.*

regular type 3 verb (like **пла́кать**) stem: **па́хну-/запа́хну-**

IMPERFECTIVE ASPECT		PERFECTIVE ASPECT	
PRESENT			
па́хну	па́хнем		
па́хнешь	па́хнете		
па́хнет	па́хнут		
PAST		**PAST**	
па́хнул		запа́х	
па́хла		запа́хла	
па́хло		запа́хло	
па́хли		запа́хли	
FUTURE		**FUTURE**	
бу́ду па́хнуть	бу́дем па́хнуть	запа́хну	запа́хнем
бу́дешь па́хнуть	бу́дете па́хнуть	запа́хнешь	запа́хнете
бу́дет па́хнуть	бу́дут па́хнуть	запа́хнет	запа́хнут
SUBJUNCTIVE		**SUBJUNCTIVE**	
па́хнул бы		запа́х бы	
па́хла бы		запа́хла бы	
па́хло бы		запа́хло бы	
па́хли бы		запа́хли бы	
PARTICIPLES		**PARTICIPLES**	
pres. active	па́хнущий	*pres. active*	—
pres. passive	—	*pres. passive*	—
past active	па́хнувший	*past active*	запа́хнувший
past passive	—	*past passive*	—
VERBAL ADVERBS		**VERBAL ADVERBS**	
па́хнув		запа́хнув	
COMMANDS		**COMMANDS**	
па́хни		запа́хни	
па́хните		запа́хните	

Usage

(в, на+prep.)(+instr.)(от+gen.)

От него́ па́хнет чесноко́м. *He smells like garlic.*
От же́нщин запа́хло духа́ми. *The women smelled of perfumes.*
От шерстяны́х веще́й па́хло нафтали́ном. *The woollen clothes smelled of moth balls.*
В по́ле сла́дко па́хло кле́вером. *The sweet smell of clover floated over the field.*
В спорти́вной раздева́лке ду́рно па́хло по́том. *The gym locker room stunk of sweat.*
В моро́зном во́здухе уже́ запа́хло весно́й. *In the frosty air, already hung a smell of spring.*

Idioms/Sayings

В до́ме па́хло бедо́й. *There was a sense of tragedy in the house.*
Бою́сь, что здесь па́хнет ссо́рой. *I am afraid there is going to be a fight.*
Ду́маю, что па́хнет по́рохом. *I think things are turning for the worst.*
Иди́, и чтобы ду́хом твои́м не па́хло! *Get out of here, and don't come back!*
Мне шепну́ли, что де́ло па́хнет кероси́ном. *I was secretly told that things are looking bad.*
Все собра́лись, а им и не па́хнет. *Everyone was here, yet there was no sign of him.*
На слу́жбе па́хнет жа́реным. *Things are looking bad at work.*
Де́ньги не па́хнут. (посло́вица) *Money does not smell. (saying)*

295 перебега́ть/перебежа́ть *to run across; to desert, defect*

stem: **перебега́й-/irreg.** regular type 1 verb in imp./perf. form irregular

IMPERFECTIVE ASPECT		PERFECTIVE ASPECT	
PRESENT			
перебега́ю	перебега́ем		
перебега́ешь	перебега́ете		
перебега́ет	перебега́ют		
PAST		**PAST**	
перебега́л		перебежа́л	
перебега́ла		перебежа́ла	
перебега́ло		перебежа́ло	
перебега́ли		перебежа́ли	
FUTURE		**FUTURE**	
бу́ду перебега́ть	бу́дем перебега́ть	перебегу́	перебежи́м
бу́дешь перебега́ть	бу́дете перебега́ть	перебежи́шь	перебежи́те
бу́дет перебега́ть	бу́дут перебега́ть	перебежи́т	перебегу́т
SUBJUNCTIVE		**SUBJUNCTIVE**	
перебега́л бы		перебежа́л бы	
перебега́ла бы		перебежа́ла бы	
перебега́ло бы		перебежа́ло бы	
перебега́ли бы		перебежа́ли бы	
PARTICIPLES		**PARTICIPLES**	
pres. active	перебега́ющий	*pres. active*	—
pres. passive	—	*pres. passive*	—
past active	перебега́вший	*past active*	перебежа́вший
past passive	—	*past passive*	—
VERBAL ADVERBS		**VERBAL ADVERBS**	
перебега́я		перебежа́в	
COMMANDS		**COMMANDS**	
перебега́й		перебеги́	
перебега́йте		перебеги́те	

Usage

(+acc.)(через+acc.)(в, на+acc.)(к+dat.)(из, с+gen.)

Мы перебега́ем у́лицу на зелёный свет. *We cross the street at the green light.*

Де́ти перебежа́ли че́рез доро́гу. *The children ran across the road.*

Малы́ш ве́село перебе́гал из ко́мнаты в ко́мнату. *The toddler was happily running from room to room.*

Соба́ка перебежа́ла к до́му сосе́да. *The dog ran across to the neighbor's house.*

У ка́ждого, кто перебежа́л к врагу́ во вре́мя войны́, бы́ли свои причи́ны. *Everyone who defected during the war had his reasons.*

По прика́зу Ста́лина люде́й, перебежа́вших на сто́рону врага́, ждал расстре́л. *Stalin's orders sentenced every defector to death.*

Idioms

Кто вам так доро́жку перебежа́л? *Who stood in your way?*

regular type 1 verb in imp./perf. form irregular stem: **перебива́й+(ся)/перебьй+(ся)**

IMPERFECTIVE ASPECT		PERFECTIVE ASPECT	
PRESENT			
перебива́ю(сь)	перебива́ем(ся)		
перебива́ешь(ся)	перебива́ете(сь)		
перебива́ет(ся)	перебива́ют(ся)		
PAST		**PAST**	
перебива́л(ся)		переби́л(ся)	
перебива́ла(сь)		переби́ла(сь)	
перебива́ло(сь)		переби́ло(сь)	
перебива́ли(сь)		переби́ли(сь)	
FUTURE		**FUTURE**	
бу́ду перебива́ть(ся)	бу́дем перебива́ть(ся)	перебью́(сь)	перебьём(ся)
бу́дешь перебива́ть(ся)	бу́дете перебива́ть(ся)	перебьёшь(ся)	перебьёте(сь)
бу́дет перебива́ть(ся)	бу́дут перебива́ть(ся)	перебьёт(ся)	перебью́т(ся)
SUBJUNCTIVE		**SUBJUNCTIVE**	
перебива́л(ся) бы		переби́л(ся) бы	
перебива́ла(сь) бы		переби́ла(сь) бы	
перебива́ло(сь) бы		переби́ло(сь) бы	
перебива́ли(сь) бы		переби́ли(сь) бы	
PARTICIPLES		**PARTICIPLES**	
pres. active	перебива́ющий(ся)	*pres. active*	—
pres. passive	перебива́емый	*pres. passive*	—
past active	перебива́вший(ся)	*past active*	переби́вший(ся)
past passive	—	*past passive*	переби́тый
VERBAL ADVERBS		**VERBAL ADVERBS**	
перебива́я(сь)		переби́в(шись)	
COMMANDS		**COMMANDS**	
перебива́й(ся)		перебе́й(ся)	
перебива́йте(сь)		перебе́йте(сь)	

Usage

(+acc.)(+instr.)(у+gen.)

Не перебива́йте учи́теля во вре́мя уро́ка.	*Do not interrupt the teacher during the class.*
Она́ переби́ла кавале́ра у свое́й подру́жки.	*She stole a boyfriend from her girlfriend.*
Я переби́ла у них хоро́шую сде́лку.	*I snatched a good contract from them.*
Мы ве́чно перебива́лись от ава́нса до зарпла́ты.	*We were always living paycheck to paycheck.*
Перебе́йся как-нибу́дь, мо́жет пото́м ле́гче бу́дет.	*Try to hold on for a while; maybe things will get easier.*
Разгово́р, переби́тый её прихо́дом, уга́с.	*The conversation, interrupted by her arrival, was cut short.*
Перебива́я друг дру́га, де́ти расска́зывали ма́ме но́вости.	*Interrupting each other, the children were telling their mother the news.*
В отча́янии она́ переби́ла в ку́хне посу́ду.	*In desperation, she broke all the dishes in the kitchen.*

Proverbs/Idioms

Плеть о́буха не перебьёт. (поговорка)	*The weakest goes to the wall.*
Семья́ перебива́лась с хле́ба на квас.	*The family was virtually living on bread and water.*

переводи́ть/перевести́ *to lead across, transfer, translate*

stem: **переводи-/перевёд-** regular type 2 verb in imp./perf. form type 5

Больно́го перево́дят из одно́й больни́цы в другу́ю.	*The patient is transferred from one hospital to another.*
Я перевожу́ ме́тры в фу́ты.	*I convert meters into feet.*
Неда́вно я перевела́ кни́гу с англи́йского на се́рбский.	*Recently I translated a book from English into Serbian.*
В апре́ле мы перево́дим стре́лки часо́в на час вперёд.	*In April, we turn the clock one hour forward.*
Как перевести́ на англи́йский сло́во "ую́тно"?	*How do you translate into English the word "cozy"?*
Врач перевёл меня́ на дие́ту А́ткинса.	*The doctor put me on an Atkins diet.*
Столи́цу Украи́ны перевели́ из Ха́рькова в Ки́ев.	*The capital of Ukraine was moved from Kharkov to* Kiev.
Я с трудо́м перевела́ дух.	*I barely caught my breath.*
Мы перево́дим жизнь в друго́е ру́сло.	*We are changing our life's direction.*
Бра́та перево́дят служи́ть на Се́вер.	*My brother will be transferred to serve in the North.*

regular type 2 verb in imp./perf. form type 5 stem: **переводи-/перевёд-**

IMPERFECTIVE ASPECT		PERFECTIVE ASPECT	
PRESENT			
перевожу́	перево́дим		
перево́дишь	перево́дите		
перево́дит	перево́дят		
PAST		**PAST**	
переводи́л		перевёл	
переводи́ла		перевела́	
переводи́ло		перевело́	
переводи́ли		перевели́	
FUTURE		**FUTURE**	
бу́ду переводи́ть	бу́дем переводи́ть	переведу́	переведём
бу́дешь переводи́ть	бу́дете переводи́ть	переведёшь	переведёте
бу́дет переводи́ть	бу́дут переводи́ть	переведёт	переведу́т
SUBJUNCTIVE		**SUBJUNCTIVE**	
переводи́л бы		перевёл бы	
переводи́ла бы		перевела́ бы	
переводи́ло бы		перевело́ бы	
переводи́ли бы		перевели́ бы	
PARTICIPLES		**PARTICIPLES**	
pres. active	переводя́щий	*pres. active*	—
pres. passive	переводи́мый	*pres. passive*	—
past active	переводи́вший	*past active*	переве́дший
past passive	—	*past passive*	переведённый
VERBAL ADVERBS		**VERBAL ADVERBS**	
переводя́		переведя́	
COMMANDS		**COMMANDS**	
переводи́		переведи́	
переводи́те		переведи́те	

Usage

(в, на, через+acc.)(+acc.)(по+dat.)(от, из+gen.)

Я перевожу́ дете́й по утра́м че́рез доро́гу.	*I walk the kids across the street in the mornings.*
Наш по́езд перевели́ на запасно́й путь, в тупи́к.	*Our train was transferred to the siding, in a dead end.*
Учени́к перевёл взгля́д с учи́теля на отца́.	*The student looked from the teacher to his father.*
Дава́йте переведём разгово́р на другу́ю те́му.	*Let's change the subject.*
Он перевёл де́ньги ма́тери.	*He transferred money to his mother.*
Му́жа перевели́ на другу́ю до́лжность.	*Her husband was transferred to another position.*
Дочь перево́дит дом на своё и́мя.	*My daughter is transferring the deed to the house into her own name.*
Хоро́ших учеников перево́дят из кла́сса в класс.	*Good students are advanced to the next grade.*

298 перевози́ть/перевезти́ *to move, transport (by vehicle)*

stem: **перевози-/перевёз-** regular type 2 verb in imp./perf. form type 5

	IMPERFECTIVE ASPECT		PERFECTIVE ASPECT	
PRESENT				
	перевожу́	перево́зим		
	перево́зишь	перево́зите		
	перево́зит	перево́зят		
PAST				
	перевози́л		перевёз	
	перевози́ла		перевезла́	
	перевози́ло		перевезло́	
	перевози́ли		перевезли́	
FUTURE				
	бу́ду перевози́ть	бу́дем перевози́ть	перевезу́	перевезём
	бу́дешь перевози́ть	бу́дете перевози́ть	перевезёшь	перевезёте
	бу́дет перевози́ть	бу́дут перевози́ть	перевезёт	перевезу́т
SUBJUNCTIVE				
	перевози́л бы		перевёз бы	
	перевози́ла бы		перевезла́ бы	
	перевози́ло бы		перевезло́ бы	
	перевози́ли бы		перевезли́ бы	
PARTICIPLES				
	pres. active	перевозя́щий	*pres. active*	—
	pres. passive	перевози́мый	*pres. passive*	—
	past active	перевози́вший	*past active*	перевёзший
	past passive	—	*past passive*	перевезённый
VERBAL ADVERBS				
	перевозя́		перевезя́	
COMMANDS				
	перевози́		перевези́	
	перевози́те		перевези́те	

Usage

(+acc.)(в, на, через+acc.)(по+dat.)(от, из+gen.)(на+prep.)(+instr.)

Снача́ла мне ну́жно перевезти́ мои́х старико́в. *First I need to transport my grandparents.*

За́втра я бу́ду перевози́ть сосе́дей на но́вую кварти́ру. *Tomorrow, I will help move my neighbors to their new place.*

Това́ры со скла́да перевезли́ в магази́н. *Goods from the warehouse were transferred to the store.*

О́сенью мы перево́зим карто́шку из дере́вни в го́род. *In the fall, we deliver potatoes from the country to the city.*

Он перевёз дете́й че́рез ре́ку на друго́й бе́рег. *He took the children across the river to the other shore.*

Все на́ши ве́щи перевози́ли на грузовике́. *All our things were moved by truck.*

Соба́ку и кота́ перевезли́ по́ездом. *The dog and the cat were moved on the train.*

Перевозя́ посу́ду, мы разби́ли ва́зу. *While moving the china, we broke a vase.*

imp. & perf. forms irregular; stem alternates to **-ай-** stem: **передава́й-/irreg.**

IMPERFECTIVE ASPECT		PERFECTIVE ASPECT	
PRESENT			
передаю́	передаём		
передаёшь	передаёте		
передаёт	передаю́т		
PAST		PAST	
передава́л		переда́л/пе́редал	
передава́ла		передала́	
передава́ло		переда́ло/пе́редало	
передава́ли		переда́ли/пе́редали	
FUTURE		FUTURE	
бу́ду передава́ть	бу́дем передава́ть	переда́м	передади́м
бу́дешь передава́ть	бу́дете передава́ть	переда́шь	передади́те
бу́дет передава́ть	бу́дут передава́ть	переда́ст	передаду́т
SUBJUNCTIVE		SUBJUNCTIVE	
передава́л бы		переда́л бы/пе́редал бы	
передава́ла бы		передала́ бы	
передава́ло бы		переда́ло бы/пе́редало бы	
передава́ли бы		переда́ли бы/пе́редали бы	
PARTICIPLES		PARTICIPLES	
pres. active	передаю́щий	*pres. active*	—
pres. passive	передава́емый	*pres. passive*	—
past active	передава́вший	*past active*	переда́вший
past passive	—	*past passive*	пе́реданный
VERBAL ADVERBS		VERBAL ADVERBS	
передава́я		переда́в	
COMMANDS		COMMANDS	
передава́й		переда́й	
передава́йте		переда́йте	

Usage

(+acc.)(через+acc.)(+dat.)(по+dat.)(от, из+gen.)

Я передала́ ваш слова́рь че́рез Ми́шу на про́шлой неде́ле.	*I gave your dictionary to Misha last week.*
Он передаёт свой о́пыт молодёжи.	*He passes his knowledge on to the young.*
Переда́йте мне са́хар, пожа́луйста.	*Please pass the sugar.*
Переда́йте жене́, что прилечу́ за́втра.	*Please tell my wife that I shall be flying tomorrow.*
Она́ передала́ письмо́ из рук в ру́ки сестре́.	*She passed the letter directly to her sister.*
Оте́ц передаёт де́тям свою́ любо́вь к садово́дству.	*The father passes on to his children his love of gardening.*
Роди́тели переда́ли мне кварти́ру по насле́дству.	*My parents left me this apartment in their will.*
Переда́йте приве́т от меня́ ва́шей семье́.	*Please pass my greetings to your family.*
Я переда́л лека́рство с прия́телем.	*I sent the medicine with my friend.*

передава́ть/переда́ть *to hand over, give, pass*

stem: **передава́й-/irreg.** imp. & perf. forms irregular; stem alternates to -**ай-**

Утром переда́ли но́вости из Росси́и.	*In the morning, they broadcasted news from Russia.*
Из поколе́ния в поколе́ние у нас передаю́т любо́вь к пе́сне.	*The love of singing is passed down from generation to generation.*
Дире́ктор переда́л указа́ние подчинённым.	*The director gave the order to the employees.*
Мне переда́ли, что вы не вы́полнили зада́ние.	*They told me that you did not do your job.*
По телеви́зору передава́ли речь мини́стра.	*The minister's speech was broadcast on TV.*
Де́ло переда́ли в суд.	*The case was sent to court.*
Клинт Иствуд переда́л поликли́нику в дар Монтере́ю.	*Clint Eastwood donated a clinic as a gift to Monterey.*
Ребёнку переда́ли инфе́кцию во вре́мя рожде́ния.	*The child was infected at birth.*
В насле́дство мне переда́ли ло́шадь.	*I inherited a horse.*
Он передаёт мы́сли на расстоя́нии.	*He can send his thoughts telepathically.*
В 1917-ом году́ в Росси́и зе́млю переда́ли крестья́нам.	*In 1917, in Russia land was given to the peasants.*

regular type 1 verb (like **рабóтать**) stem: **передýмывай-/передýмай-**

IMPERFECTIVE ASPECT		PERFECTIVE ASPECT	
PRESENT			
передýмываю	передýмываем		
передýмываешь	передýмываете		
передýмывает	передýмывают		
PAST		**PAST**	
передýмывал		передýмал	
передýмывала		передýмала	
передýмывало		передýмало	
передýмывали		передýмали	
FUTURE		**FUTURE**	
бýду передýмывать	бýдем передýмывать	передýмаю	передýмаем
бýдешь передýмывать	бýдете передýмывать	передýмаешь	передýмаете
бýдет передýмывать	бýдут передýмывать	передýмает	передýмают
SUBJUNCTIVE		**SUBJUNCTIVE**	
передýмывал бы		передýмал бы	
передýмывала бы		передýмала бы	
передýмывало бы		передýмало бы	
передýмывали бы		передýмали бы	
PARTICIPLES		**PARTICIPLES**	
pres. active	передýмывающий	*pres. active*	—
pres. passive	—	*pres. passive*	—
past active	передýмывавший	*past active*	передýмавший
past passive	—	*past passive*	передýманный
VERBAL ADVERBS		**VERBAL ADVERBS**	
передýмывая		передýмав	
COMMANDS		**COMMANDS**	
передýмывай		передýмай	
передýмывайте		передýмайте	

Usage

(+acc.)(о+prep.)

Я мнóгое передýмала с тех пор. — *I have reconsidered a lot since then.*

Он снóва и снóва передýмывал свою́ жизнь. — *He kept thinking over and over about his life.*

Смотри́те, не передýмайте, мы ужé договори́лись. — *Please don't change your mind now; we have already come to an agreement.*

Передýмав, онá повернýла обрáтно. — *Having changed her mind, she turned back.*

Я передýмала éхать зáвтра в Петербýрг. — *I changed my mind about going tomorrow to St. Petersburg.*

301 переезжа́ть/перее́хать *to move, cross, run over*

stem: **переезжа́й-/irreg.** regular type 1 verb in imp./perf. form irregular

	IMPERFECTIVE ASPECT			PERFECTIVE ASPECT	
PRESENT					
	переезжа́ю	переезжа́ем			
	переезжа́ешь	переезжа́ете			
	переезжа́ет	переезжа́ют			
PAST			**PAST**		
	переезжа́л			перее́хал	
	переезжа́ла			перее́хала	
	переезжа́ло			перее́хало	
	переезжа́ли			перее́хали	
FUTURE			**FUTURE**		
	бу́ду переезжа́ть	бу́дем переезжа́ть		перее́ду	перее́дем
	бу́дешь переезжа́ть	бу́дете переезжа́ть		перее́дешь	перее́дете
	бу́дет переезжа́ть	бу́дут переезжа́ть		перее́дет	перее́дут
SUBJUNCTIVE			**SUBJUNCTIVE**		
	переезжа́л бы			перее́хал бы	
	переезжа́ла бы			перее́хала бы	
	переезжа́ло бы			перее́хало бы	
	переезжа́ли бы			перее́хали бы	
PARTICIPLES			**PARTICIPLES**		
	pres. active	переезжа́ющий		*pres. active*	—
	pres. passive	—		*pres. passive*	—
	past active	переезжа́вший		*past active*	перее́хавший
	past passive	—		*past passive*	—
VERBAL ADVERBS			**VERBAL ADVERBS**		
	переезжа́я			перее́хав	
COMMANDS			**COMMANDS**		
	переезжа́й			переезжа́й	
	переезжа́йте			переезжа́йте	

Usage

(+acc.)(в,на,через+acc.)(к+dat.)(из,с,от+gen.)

Перее́хав ре́ку, мы оказа́лись на лугу́.	*After crossing the river we landed on the meadow.*
Ма́льчик перее́хал че́рез доро́гу на велосипе́де.	*The boy crossed the road on his bicycle.*
Перее́хавший в наш дом сосе́д оказа́лся худо́жником.	*Our new neighbor, who just moved into the building, happened to be an artist.*
Я не знал, что Та́ня перее́хала в друго́й го́род.	*I did not know Tanya moved to another city.*
Мы ждём уже пять лет, когда́ перее́дем на но́вую кварти́ру.	*We have been waiting for five years to move into a new apartment.*
Они́ уда́чно перее́хали с пе́рвого этажа́ на тре́тий.	*They have successfully moved from the first floor to the third.*
Мы пожени́лись и перее́хали к роди́телям.	*We got married and moved in with our parents.*
Гео́логи перее́хали из Евро́пы на Сахали́н.	*Geologists traveled across from Europe to Sakhalin.*
Цирк переезжа́ет с ме́ста на ме́сто.	*The circus moves from town to town.*
Ко́шку перее́хала маши́на.	*The cat was hit by a car.*

type 1 verb, irregular stem change stem: **переживáй-/пережив-**

IMPERFECTIVE ASPECT		PERFECTIVE ASPECT	
PRESENT			
переживáю	переживáем		
переживáешь	переживáете		
переживáет	переживáют		
PAST		PAST	
переживáл		пережи́л/пéрежил	
переживáла		пережилá	
переживáло		пережи́ло/пéрежило	
переживáли		пережи́ли/пéрежили	
FUTURE		FUTURE	
бу́ду переживáть	бу́дем переживáть	переживу́	переживём
бу́дешь переживáть	бу́дете переживáть	переживёшь	переживёте
бу́дет переживáть	бу́дут переживáть	переживёт	переживу́т
SUBJUNCTIVE		SUBJUNCTIVE	
переживáл бы		пережи́л бы/пéрежилбы	
переживáла бы		пережилá бы/пéрежила бы	
переживáло бы		пережи́ло бы	
переживáли бы		пережи́ли бы/пéрежили бы	
PARTICIPLES		PARTICIPLES	
pres. active	переживáющий	*pres. active*	—
pres. passive	переживáемый	*pres. passive*	—
past active	переживáвший	*past active*	пережи́вший
past passive	—	*past passive*	пережи́тый/пéрежитый
VERBAL ADVERBS		VERBAL ADVERBS	
переживáя		пережи́в	
COMMANDS		**COMMANDS**	
переживáй		переживи́	
переживáйте		переживи́те	

Usage

(+acc.)

Он ещё нас всех переживёт. — *He will outlive us all.*

Мать óчень переживáет за сы́на в áрмии. — *The mother worries a lot about her son in the army.*

Ей не пережи́ть такóй удáр. — *She will not survive this shock.*

Всё пережи́тое подорвáло её здорóвье. — *Everything she lived through damaged her health.*

Не переживáй, он скóро вернётся. — *Don't worry, he'll come back soon.*

Sayings

Пережи́в войну́, переживём и изоби́лие. — *We lived through the war - we can live through peace and abundance.*

303 перезва́нивать/перезвони́ть *to redial, call back*

stem: **перезванива́й-/перезвони́-** regular type 1 verb in imp./perf. form type 2

IMPERFECTIVE ASPECT		PERFECTIVE ASPECT	
PRESENT			
перезва́ниваю	перезва́ниваем		
перезва́ниваешь	перезва́ниваете		
перезва́нивает	перезва́нивают		
PAST		**PAST**	
перезва́нивал		перезвони́л	
перезва́нивала		перезвони́ла	
перезва́нивало		перезвони́ло	
перезва́нивали		перезвони́ли	
FUTURE		**FUTURE**	
бу́ду перезва́нивать	бу́дем перезва́нивать	перезвоню́	перезвони́м
бу́дешь перезва́нивать	бу́дете перезва́нивать	перезвони́шь	перезвони́те
бу́дет перезва́нивать	бу́дут перезва́нивать	перезвони́т	перезвоня́т
SUBJUNCTIVE		**SUBJUNCTIVE**	
перезва́нивал бы		перезвони́л бы	
перезва́нивала бы		перезвони́ла бы	
перезва́нивало бы		перезвони́ло бы	
перезва́нивали бы		перезвони́ли бы	
PARTICIPLES		**PARTICIPLES**	
pres. active	перезва́нивающий	*pres. active*	—
pres. passive	—	*pres. passive*	—
past active	перезва́нивавший	*past active*	перезвони́вший
past passive	—	*past passive*	—
VERBAL ADVERBS		**VERBAL ADVERBS**	
перезва́нивая		перезвони́в	
COMMANDS		**COMMANDS**	
перезва́нивай		перезвони́	
перезва́нивайте		перезвони́те	

Usage

(+dat.)(в, на+acc.)

Перезвони́ мне попо́зже, я за́нят.	*Call me back later; I am busy.*
Я перезвони́л в Москву́, что́бы заброни́ровать но́мер в гости́нице.	*I called Moscow again to book a room at the hotel.*
Подру́ги перезва́нивают друг дру́гу ка́ждую неде́лю.	*The girls call each other every week.*
Она́ перезвони́ла всем и сообщи́ла о новорождённом.	*She called everyone to tell them about the new baby.*
Перезва́нивая на рабо́ту, я попа́л на ста́рого знако́мого.	*When I called work, I was connected to an old friend.*

type 2 verb in imp.; **с-ш** stem change/perf. form type 5 stem: **переноси́-/перенёс-**

IMPERFECTIVE ASPECT		PERFECTIVE ASPECT	
PRESENT			
переношу́	перено́сим		
перено́сишь	перено́сите		
перено́сит	перено́сят		
PAST		**PAST**	
переноси́л		перенёс	
переноси́ла		перенесла́	
переноси́ло		перенесло́	
переноси́ли		перенесли́	
FUTURE		**FUTURE**	
бу́ду переноси́ть	бу́дем переноси́ть	перенесу́	перенесём
бу́дешь переноси́ть	бу́дете переноси́ть	перенесёшь	перенесёте
бу́дет переноси́ть	бу́дут переноси́ть	перенесёт	перенесу́т
SUBJUNCTIVE		**SUBJUNCTIVE**	
переноси́л бы		перенёс бы	
переноси́ла бы		перенесла́ бы	
переноси́ло бы		перенесло́ бы	
переноси́ли бы		перенесли́ бы	
PARTICIPLES		**PARTICIPLES**	
pres. active	переносящий	*pres. active*	—
pres. passive	переноси́мый	*pres. passive*	—
past active	переноси́вший	*past active*	перенёсший
past passive	перено́шенный	*past passive*	перенесённый
VERBAL ADVERBS		**VERBAL ADVERBS**	
перенося́		перенеся́	
COMMANDS		**COMMANDS**	
переноси́		перенеси́	
переноси́те		перенеси́те	

Usage

(+acc.)(в, на, через+acc.)(с, от, из+gen.)

Он перенёс тяжёлую опера́цию.	*He underwent serious surgery.*
Переноси́те всё ле́гче, жале́йте себя́.	*Take it easy, take care of yourself.*
Солда́ты сто́йко перено́сят тру́дности слу́жбы.	*The soldiers bravely endure their difficult duties.*
Лу́чше перенести́ сло́во на другу́ю строку́.	*It's better to move the word over to the next line.*
Коля́ску перенесли́ из маши́ны в дом.	*The stroller was moved from the car into the house.*
Я перенёс кота́ на рука́х че́рез пото́ки воды́.	*I carried the cat in my hands across the streams of water.*
Переноси́те я́щики на черда́к.	*Carry the boxes to the attic.*
Муж перенёс о́тпуск с ию́ня на май.	*Her husband rescheduled the time off from June to May.*
Разгово́р перенесли́ на друго́й день.	*The conversation was rescheduled for another day.*
Вы́ставку перенесли́ в друго́й го́род.	*The exhibition was moved to another city.*
Мы́сли перенесли́ меня́ в де́тство.	*Thoughts took me back to my childhood.*
Он не мог бо́льше переноси́ть оби́ды.	*He could no longer endure the abuse.*
Я перенёс свои́ ве́щи к дру́гу.	*I carried my things to my friend.*
Экза́мен перенесли́ на вто́рник.	*The test was rescheduled for Tuesday.*

305 переодева́ться/переоде́ться* *to change one's clothes*

stem: **переодева́й+ся/переоде́н+ся** regular type 1 verb in imp./perf. form irregular

	IMPERFECTIVE ASPECT			PERFECTIVE ASPECT	
PRESENT					
	переодева́юсь	переодева́емся			
	переодева́ешься	переодева́етесь			
	переодева́ется	переодева́ются			
PAST			**PAST**		
	переодева́лся			переоде́лся	
	переодева́лась			переоде́лась	
	переодева́лось			переоде́лось	
	переодева́лись			переоде́лись	
FUTURE			**FUTURE**		
	бу́ду переодева́ться	бу́дем переодева́ться		переоде́нусь	переоде́немся
	бу́дешь переодева́ться	бу́дете переодева́ться		переоде́нешься	переоде́нетесь
	бу́дет переодева́ться	бу́дут переодева́ться		переоде́нется	переоде́нутся
SUBJUNCTIVE			**SUBJUNCTIVE**		
	переодева́лся бы			переоде́лся бы	
	переодева́лась бы			переоде́лась бы	
	переодева́лось бы			переоде́лось бы	
	переодева́лись бы			переоде́лись бы	
PARTICIPLES			**PARTICIPLES**		
	pres. active	переодева́ющийся		*pres. active*	—
	pres. passive	переоде́ваемый		*pres. passive*	—
	past active	переодева́вшийся		*past active*	переоде́вшийся
	past passive	—		*past passive*	переоде́тый
VERBAL ADVERBS			**VERBAL ADVERBS**		
	переодева́ясь			переоде́вшись	
COMMANDS			**COMMANDS**		
	переодева́йся			переоде́нься	
	переодева́йтесь			переоде́ньтесь	

Usage

(+acc.)(в, на+acc.)

Я переоде́нусь и пойду́ погуля́ть.	*I will change my clothes and go for a walk.*
Ка́ждый де́нь она́ переодева́ется в пла́тье - одно́ лу́чше друго́го.	*She puts on a new dress every day - one better than the next.*
На карнава́л де́ти переодева́лись в костю́мы ра́зных звере́й.	*For the costume ball, the children changed into different animal costumes.*
Переоде́вшись в вече́рние туале́ты, они се́ли в лимузи́н.	*Having changed into evening gowns, they got into the limo.*
Переодева́ясь, она заме́тила, что ю́бка уже́ узка́.	*When changing her clothes, she noticed that her skirt was already too tight.*
Переоде́тый аге́нт сиде́л на скаме́йке в па́рке.*	*The undercover agent was sitting on the park bench.*
Переоде́нь ребёнка, нам пора́ идти́.*	*Change the child's clothes; we need to go soon.*

**non-reflexive form is also used.*

type 1 verb in imp./perf. form type 3 stem: **перепи́сывай+(ся)/переписа+(ся)**

IMPERFECTIVE ASPECT		PERFECTIVE ASPECT	
PRESENT			
перепи́сываю(сь)	перепи́сываем(ся)		
перепи́сываешь(ся)	перепи́сываете(сь)		
перепи́сывает(ся)	перепи́сывают(ся)		
PAST		PAST	
перепи́сывал(ся)		переписа́л	
перепи́сывала(сь)		переписа́ла	
перепи́сывало(сь)		переписа́ло	
перепи́сывали(сь)		переписа́ли	
FUTURE		FUTURE	
бу́ду перепи́сывать(ся)	бу́дем перепи́сывать(ся)	перепишу́	перепи́шем
бу́дешь перепи́сывать(ся)	бу́дете перепи́сывать(ся)	перепи́шешь	перепи́шете
бу́дет перепи́сывать(ся)	бу́дут перепи́сывать(ся)	перепи́шет	перепи́шут
SUBJUNCTIVE		SUBJUNCTIVE	
перепи́сывал(ся) бы		переписа́л бы	
перепи́сывала(сь) бы		переписа́ла бы	
перепи́сывало(сь) бы		переписа́ло бы	
перепи́сывали(сь) бы		переписа́ли бы	
PARTICIPLES		PARTICIPLES	
pres. active	перепи́сывающий(ся)	*pres. active*	—
pres. passive	перепи́сываемый	*pres. passive*	—
past active	перепи́сывавший(ся)	*past active*	переписа́вший
past passive	—	*past passive*	перепи́санный
VERBAL ADVERBS		VERBAL ADVERBS	
перепи́сывая(сь)		переписа́в	
COMMANDS		**COMMANDS**	
перепи́сывай(ся)		перепиши́	
перепи́сывайте(сь)		перепиши́те	

Usage

(+acc.)(из, с+gen.)(в, на+acc.)(с+instr.)

Перепиши́ за́ново всю дома́шнюю рабо́ту.	*Rewrite your entire homework.*
Ле́тописи перепи́сывались из ве́ка в век.	*Manuscripts were copied by hand for many centuries.*
Мы перепи́сывались мно́го лет.	*We exchanged letters for many years.*
Перепиши́ дом на дете́й.	*Transfer the deed to the house into the children's names.*
Переписа́в на плёнку но́вый фильм, мы се́ли его́ смотре́ть.	*After recording the new movie on tape, we sat down to watch it.*
Перепи́санные в тетра́дь стихи́ понра́вились ма́ме.	*Mother liked the poems that had been copied into the notebook.*
Лу́чше переписа́ть страни́цу карандашо́м, а не ру́чкой.	*It is better to copy the page with a pencil, rather than a pen.*
Секрета́рь переписа́л всех прису́тствующих.	*The secretary recorded the names of all those present.*
Я переписа́ла расска́з с черновика́.	*I copied the novel from my notes.*

307 пересáживать(ся)/пересéсть *to transfer, move, change*

stem: **пересáживай+(ся)/irreg.** regular type 1 verb in imp./perf. form type 5

IMPERFECTIVE ASPECT		PERFECTIVE ASPECT	
PRESENT			
пересáживаю(сь)	пересáживаем(ся)		
пересáживаешь(ся)	пересáживаете(сь)		
пересáживает(ся)	пересáживают(ся)		
PAST		**PAST**	
пересáживал(ся)		пересéл	
пересáживала(сь)		пересéла	
пересáживало(сь)		пересéло	
пересáживали(сь)		пересéли	
FUTURE		**FUTURE**	
бýду пересáживать(ся)	бýдем пересáживать(ся)	пересяду	пересядем
бýдешь пересáживать(ся)	бýдете пересáживать(ся)	пересядешь	пересядете
бýдет пересáживать(ся)	бýдут пересáживать(ся)	пересядет	пересядут
SUBJUNCTIVE		**SUBJUNCTIVE**	
пересáживал(ся) бы		пересéл бы	
пересáживала(сь) бы		пересéла бы	
пересáживало(сь) бы		пересéло бы	
пересáживали(сь) бы		пересéли бы	
PARTICIPLES		**PARTICIPLES**	
pres. active	пересáживающий(ся)	*pres. active*	—
pres. passive	пересáживаемый	*pres. passive*	—
past active	пересáживавший(ся)	*past active*	пересéвший
past passive	—	*past passive*	—
VERBAL ADVERBS		**VERBAL ADVERBS**	
пересáживая(сь)		пересéв	
COMMANDS		**COMMANDS**	
пересáживай(ся)		пересядь	
пересáживайте(сь)		пересядьте	

Usage

(+acc.)(в, на+acc.)(из, с+gen.)

Пересядь на другóе мéсто, там лýчше вúдно.	*Move to another seat, you'll see better from there.*
Дéти пересáживались со стýла на стул.	*Children were moving from place to place.*
Мы пересéли на пóезд Кúев-Москвá.	*We changed trains and got onto the Kiev-Moscow train.*
Пересáживаясь с электрúчки на электрúчку, мы добрáлись до дóма.	*By changing one train after another, we finally got home.*
Пересáживайтесь на нúжнюю пóлку!	*Move to the lower seat!*
Дéти пересéли поблúже к сцéне.	*The children moved closer to the stage.*

imp. & perf. forms irregular, stem shift to **ай-** stem: **переставáй-/перестáн-**

IMPERFECTIVE ASPECT		PERFECTIVE ASPECT	
PRESENT			
перестаю́	перестаём		
перестаёшь	перестаёте		
перестаёт	перестаю́т		
PAST		**PAST**	
переставáл		перестáл	
переставáла		перестáла	
переставáло		перестáло	
переставáли		перестáли	
FUTURE		**FUTURE**	
—	—	перестáну	перестáнем
—	—	перестáнешь	перестáнете
—	—	перестáнет	перестáнут
SUBJUNCTIVE		**SUBJUNCTIVE**	
—		перестáл бы	
—		перестáла бы	
—		перестáло бы	
—		перестáли бы	
PARTICIPLES		**PARTICIPLES**	
pres. active	перестаю́щий	*pres. active*	—
pres. passive	—	*pres. passive*	—
past active	переставáвший	*past active*	перестáвший
past passive	—	*past passive*	—
VERBAL ADVERBS		**VERBAL ADVERBS**	
переставáя		перестáв	
COMMANDS		**COMMANDS**	
переставáй		перестáнь	
переставáйте		перестáньте	

Usage

(+inf.)

Перестáньте ко мне приставáть с комплимéнтами! — *Stop bothering me with your compliments!*

Малы́ш вдруг перестáл плáкать. — *The baby suddenly stopped crying.*

Дождь переставáл и начинáлся снóва. — *The rain stopped and started periodically.*

Перестáнь проси́ть дéньги у меня́. — *Stop asking me for money.*

Он перестáл рабóтать и запи́л. — *He stopped working and started drinking.*

309 переходи́ть/перейти́

to go across, turn, move, cross

stem: **переходи-/irreg.** regular type 2 verb in imp./perf. form irregular

IMPERFECTIVE ASPECT		PERFECTIVE ASPECT	
PRESENT			
перехожу́	перехо́дим		
перехо́дишь	перехо́дите		
перехо́дит	перехо́дят		
PAST		PAST	
переходи́л		перешёл	
переходи́ла		перешла́	
переходи́ло		перешло́	
переходи́ли		перешли́	
FUTURE		FUTURE	
бу́ду переходи́ть	бу́дем переходи́ть	перейду́	перейдём
бу́дешь переходи́ть	бу́дете переходи́ть	перейдёшь	перейдёте
бу́дет переходи́ть	бу́дут переходи́ть	перейдёт	перейду́т
SUBJUNCTIVE		SUBJUNCTIVE	
переходи́л бы		перешёл бы	
переходи́ла бы		перешла́ бы	
переходи́ло бы		перешло́ бы	
переходи́ли бы		перешли́ бы	
PARTICIPLES		PARTICIPLES	
pres. active	переходя́щий	*pres. active*	—
pres. passive	переходи́мый	*pres. passive*	—
past active	переходи́вший	*past active*	переше́дший
past passive	—	*past passive*	перейдённый
VERBAL ADVERBS		VERBAL ADVERBS	
переходя́		перейдя́	
COMMANDS		**COMMANDS**	
переходи́		перейди́	
переходи́те		перейди́те	

Usage

(+acc.)(в, на, через+acc.)(к+dat.)(от, из+gen.)

Осторо́жно, де́тский сад перехо́дит у́лицу. — *Careful, kindergarteners are crossing the street.*

Переходя́ че́рез мост, я боя́лась смотре́ть вниз. — *Crossing the bridge, I was afraid to look down.*

Он мечта́ет перейти́ на другу́ю рабо́ту. — *He dreams about transferring to another job.*

На́ши отря́ды перешли́ в наступле́ние. — *Our troops moved onto the offensive.*

Муж перешёл на дие́ту и здо́рово похуде́л. — *My husband went on a diet and lost a lot of weight.*

Де́ньги перехо́дят из рук в ру́ки. — *Money changes hands.*

Я успе́шно переходи́ла с ку́рса на курс. — *I successfully advanced to the next college year.*

Пора́ переходи́ть к де́йствиям. — *It's time to act.*

Proverbs/Idioms

Дава́йте перейдём от слов к де́лу. — *Let's move on from talking to acting.*

Жи́знь прожи́ть - не поле перейти́. (послов.) — *To live a life - it's not just crossing a field.*

Она́ легко́ перешла́ на сто́рону врага́. — *She easily defected to the enemy's side.*

Я перешла́ ей доро́жку. — *I got on the wrong side of her.*

Мы перешли́ Ру́бикон. — *We crossed our Rubicon.*

Мы давно́ перешли́ на други́е ре́льсы. — *We have long changed tracks.*

Дава́йте не перехо́дить на ли́чности. — *Let's not get personal.*

imp. & perf. forms irregular stem: **irreg/irreg.**

IMPERFECTIVE ASPECT		PERFECTIVE ASPECT	
PRESENT			
пою́	поём		
поёшь	поёте		
поёт	пою́т		
PAST		**PAST**	
пел		спел	
пе́ла		спе́ла	
пе́ло		спе́ло	
пе́ли		спе́ли	
FUTURE		**FUTURE**	
бу́ду петь	бу́дем петь	спою́	споём
бу́дешь петь	бу́дете петь	споёшь	споёте
бу́дет петь	бу́дут петь	споёт	спою́т
SUBJUNCTIVE		**SUBJUNCTIVE**	
пел бы		спел бы	
пе́ла бы		спе́ла бы	
пе́ло бы		спе́ло бы	
пе́ли бы		спе́ли бы	
PARTICIPLES		**PARTICIPLES**	
pres. active	пою́щий	*pres. active*	—
pres. passive	—	*pres. passive*	—
past active	пе́вший	*past active*	спе́вший
past passive	пе́тый	*past passive*	спе́тый
VERBAL ADVERBS		**VERBAL ADVERBS**	
—		спев	
COMMANDS		**COMMANDS**	
пой		спой	
по́йте		спо́йте	

Usage

(+acc.)(в, на+prep.)(+instr.)(о+prep.)

Певи́ца задуше́вно пе́ла рома́нсы.	*The singer was soulfully singing love songs.*
Она́ поёт о любви́ и разлу́ке.	*She sings about love and separation.*
Спев пе́сню, он поклони́лся зри́телям.	*After singing a song, he bowed to the audience.*
Она́ пе́ла на конце́ртах, в хо́ре и со́ло.	*She sang in concerts both solo and with a choir.*
Все певцы́ мечта́ют петь в Большо́м теа́тре.	*All singers dream about singing in the Bolshoi theater.*
Он спел на бис ещё две пе́сни.	*He sang two more songs for the encore.*
Ба́бушка пе́ла колыбе́льную вну́чке.	*The grandmother was singing a lullaby to her granddaughter.*
Дава́йте споём хо́ром.	*Let's sing together.*

Proverbs/Sayings/Idioms

Он поёт те́нором, а перед нача́льством - соловьём.	*He is a tenor, but to please the management he sings like a nightingale.*
Хва́тит ла́заря петь, я тебе́ не ве́рю.	*Stop singing empty promises; I don't believe you.*
Муж мне поёт дифира́мбы, когда́ ему́ что́-то ну́жно.	*My husband sings my praises when he needs something.*
Он поёт с чужо́го го́лоса. (поговорка)	*He sings someone else's words.*
Она́ поёт одну́ и ту же пе́сню... (поговорка)	*She sings the same song...*

311 печа́тать/напеча́тать

to type, print, publish

stem: **печа́тай-/напеча́тай-**

regular -*ar* verb (like **gustar**)

IMPERFECTIVE ASPECT		PERFECTIVE ASPECT	
PRESENT			
печа́таю	печа́таем		
печа́таешь	печа́таете		
печа́тает	печа́тают		
PAST		PAST	
печа́тал		напеча́тал	
печа́тала		напеча́тала	
печа́тало		напеча́тало	
печа́тали		напеча́тали	
FUTURE		FUTURE	
бу́ду печа́тать	бу́дем печа́тать	напеча́таю	напеча́таем
бу́дешь печа́тать	бу́дете печа́тать	напеча́таешь	напеча́таете
бу́дет печа́тать	бу́дут печа́тать	напеча́тает	напеча́тают
SUBJUNCTIVE		SUBJUNCTIVE	
печа́тал бы		напеча́тал бы	
печа́тала бы		напеча́тала бы	
печа́тало бы		напеча́тало бы	
печа́тали бы		напеча́тали бы	
PARTICIPLES		PARTICIPLES	
pres. active	печа́тающий	*pres. active*	—
pres. passive	печа́таемый	*pres. passive*	—
past active	печа́тавший	*past active*	напеча́тавший
past passive	печа́танный	*past passive*	напеча́танный
VERBAL ADVERBS		VERBAL ADVERBS	
печа́тая		напеча́тав	
COMMANDS		**COMMANDS**	
печа́тай		напеча́тай	
печа́тайте		напеча́тайте	

Usage

(+acc.)(в, на+prep.)

Она́ хорошо́ печа́тала на маши́нке.	*She typed well.*
В типогра́фии печа́тали газе́ты и журна́лы.	*Newspapers and magazines were printed at the printing shop.*
Он печа́тает свои́ статьи́ на компью́тере.	*He types his articles on the computer.*
Я напеча́тала письмо́ двумя́ па́льцами.	*I typed the entire letter using two fingers.*
Напеча́танные материа́лы жда́ли нас в кабине́те.	*Printed materials were waiting for us in the office.*
На́шу кни́гу о ру́сском языке́ напеча́тают тиражо́м в пять ты́сяч экземпля́ров.	*5,000 copies of our book on Russian will be published.*

regular type 6 verb stem: **пёк-/испёк-**

IMPERFECTIVE ASPECT		PERFECTIVE ASPECT	
PRESENT			
пекý	печём		
печёшь	печёте		
печёт	пекýт		
PAST		PAST	
пёк		испёк	
пеклá		испеклá	
пеклó		испеклó	
пеклú		испеклú	
FUTURE		FUTURE	
бýду печь	бýдем печь	испекý	испечём
бýдешь печь	бýдете печь	испечёшь	испечёте
бýдет печь	бýдут печь	испечёт	испекýт
SUBJUNCTIVE		SUBJUNCTIVE	
пёк бы		испёк бы	
пеклá бы		испеклá бы	
пеклó бы		испеклó бы	
пеклú бы		испеклú бы	
PARTICIPLES		PARTICIPLES	
pres. active	пекýщий	*pres. active*	—
pres. passive	—	*pres. passive*	—
past active	пёкший	*past active*	испёкший
past passive	печённый	*past passive*	испечённый
VERBAL ADVERBS		VERBAL ADVERBS	
—		испёкши	
COMMANDS		**COMMANDS**	
пекú		испекú	
пекúте		испекúте	

Usage

(+acc.)(в, на+prep.)

Мáма испеклá в духóвке я́блочный пирóг. — *Mother baked an apple pie in the oven.*

Печённая на кострé картóшка - мечтá турúста. — *Potatoes baked in the camp fire are a tourist's dream.*

Мужúк, пекýщий хлеб, всегдá сыт. — *The man who bakes the bread never goes hungry.*

Он кнúги пúшет, как блины́ печёт. — *He produces books like pancakes.*

Idioms

Профéссор испёк деся́тки учёных. — *The professor mentored dozens of scholars.*

писа́ть/написа́ть *to write*

stem: **писа-/написа-** regular type 3 verb (like **пла́кать**); **с-ш** stem change

Она́ написа́ла по друго́му а́дресу.	*She wrote to another address.*
Мно́го книг пи́шут для дете́й.	*Many books are written for children.*
Нам пи́шут из ра́зных городо́в.	*We get letters from different cities.*
О на́шем университе́те пи́шут в газе́тах.	*Newspapers write about our university.*
А́втор написа́л о том, что ну́жно сни́зить нало́ги.	*The author wrote about the need to lower taxes.*
Пиши́те разбо́рчиво!	*Write legibly!*
Я написа́ла запи́ску от руки́.	*I wrote a note by hand.*
Журнали́ст писа́л на ра́зные те́мы.	*The journalist wrote on various topics.*
Он пи́шет, как ку́рица ла́пой.	*He doesn't write, he scribbles.*
Здесь чёрным по бе́лому напи́сано.	*Here it is, written in black and white.*
Ей на роду́ напи́сано бы́ть актри́сой.	*She was destined to be an actress.*
На́ша встре́ча была́ напи́сана на небеса́х.	*Our meeting was written in the stars.*
Во́на! Пошла́ писа́ть губе́рния! (Н. Го́голь)	*Wow! Such a party has begun! (Gogol)*

regular type 3 verb (like **пла́кать**); **с-ш** stem change stem: **писа-/написа-**

	IMPERFECTIVE ASPECT		PERFECTIVE ASPECT	
PRESENT				
	пишу́	пи́шем		
	пи́шешь	пи́шете		
	пи́шет	пи́шут		
PAST				
	писа́л		написа́л	
	писа́ла		написа́ла	
	писа́ло		написа́ло	
	писа́ли		написа́ли	
FUTURE				
	бу́ду писа́ть	бу́дем писа́ть	напишу́	напи́шем
	бу́дешь писа́ть	бу́дете писа́ть	напи́шешь	напи́шете
	бу́дет писа́ть	бу́дут писа́ть	напи́шет	напи́шут
SUBJUNCTIVE				
	писа́л бы		написа́л бы	
	писа́ла бы		написа́ла бы	
	писа́ло бы		написа́ло бы	
	писа́ли бы		написа́ли бы	
PARTICIPLES				
pres. active		пи́шущий		—
pres. passive		—		—
past active		писа́вший		написа́вший
past passive		пи́санный		напи́санный; напи́сан
VERBAL ADVERBS				
	пиша́		написа́в	
COMMANDS				
	пиши́		напиши́	
	пиши́те		напиши́те	

Usage

(+acc.)(в, о+prep.)(через+acc.)(+dat.)(из, с, для+gen.)(+instr.)

Я вам пишу́, чего же бо́ле..? (А.С. Пу́шкин)	*I write to you, what else ... ? (A.S. Pushkin)*
Де́ти у́чатся писа́ть бу́квы.	*Children are learning to write letters.*
Написа́в письмо́, она́ вздохну́ла.	*Having finished writing the letter, she breathed easier.*
Компози́тор пи́шет му́зыку, а поэ́т - стихи́.	*The composer writes music, the poet writes poems.*
Худо́жник написа́л совреме́нную карти́ну ма́слом.	*The artist painted a modern painting in oil.*
В пре́ссе мно́го пи́шут о достиже́ниях ру́сского исску́ства.	*Newspapers write a lot about the accomplishments of Russian art.*
На доске́ в шко́ле мы писа́ли ме́лом.	*We wrote with chalk on the board at school.*
В тетра́дях мы писа́ли черни́лами и пе́рьями.	*We wrote with ink and quills in our notebooks.*
Я непло́хо пишу́ на хорва́тском языке́.	*I write fairly well in the Croatian language.*
Я написа́ла тёте на ро́дину.	*I wrote to my aunt back home.*
Он написа́л заявле́ние об ухо́де.	*He wrote and submitted a letter of resignation.*
Оте́ц писа́л кни́гу о войне́, о страда́ниях люде́й.	*Father was writing a book about the war, about people's sufferings.*

пить/вы́пить

to drink

stem: **пьй-/выпьй-**

imp. & perf. forms irregular

IMPERFECTIVE ASPECT		PERFECTIVE ASPECT	
PRESENT			
пью́	пьём		
пьёшь	пьёте		
пьёт	пью́т		
PAST		**PAST**	
пил		вы́пил	
пила́		вы́пила	
пи́ло		вы́пило	
пи́ли		вы́пили	
FUTURE		**FUTURE**	
бу́ду пить	бу́дем пить	вы́пью	вы́пьем
бу́дешь пить	бу́дете пить	вы́пьешь	вы́пьете
бу́дет пить	бу́дут пить	вы́пьет	вы́пьют
SUBJUNCTIVE		**SUBJUNCTIVE**	
пил бы		вы́пил бы	
пила́ бы		вы́пила бы	
пи́ло бы		вы́пило бы	
пи́ли бы		вы́пили бы	
PARTICIPLES		**PARTICIPLES**	
pres. active	пью́щий	*pres. active*	—
pres. passive	—	*pres. passive*	—
past active	пи́вший	*past active*	вы́пивший
past passive	пи́тый	*past passive*	вы́питый
VERBAL ADVERBS		**VERBAL ADVERBS**	
пи́вши		вы́пив	
COMMANDS		**COMMANDS**	
пей		вы́пей	
пе́йте		вы́пейте	

Usage

(+acc.)(+gen.)(в+prep.)(за+acc.)(из, до, от+gen.)(с+instr.)

Он пьёт вино́, как во́ду.	*He drinks wine like water.*
Мы лю́бим пить чай с вишнёвым варе́ньем.	*We like to drink tea with cherry jam.*
Вы́пив тёплого молока́ из буты́лки, ребёнок усну́л.	*After drinking warm milk from the bottle, the baby fell asleep.*
Когда́ жена́ умерла́, он пил от тоски́.	*When his wife died, he started drinking to drown his sorrow.*
Вы́пьем с го́ря, где же кру́жка? (А.С.Пушкин)	*Let's drink to our sorrow, where are the glasses? (A.S. Pushkin)*

Proverbs/Sayings/Idioms

Пей до дна! (пословица)	*Bottoms up!*
Где пьют, там и льют. (поговорка)	*Where they drink - they spill.*
Ты, как пить дать, больши́м челове́ком бу́дешь.	*I guarantee it, you will go far.*
Кто пьёт, тому́ налива́йте. (пословица)	*Pour to the one who drinks.*

type 1 verb in indef./def. & perf. form irregular stem: **плáвай-/плыв-/поплыв-**

IMPERFECTIVE ASPECT				PERFECTIVE ASPECT	
INDEFINITE		DEFINITE			
PRESENT		PRESENT			
плáваю	плáваем	плыву́	плывём		
плáваешь	плáваете	плывёшь	плывёте		
плáвает	плáвают	плывёт	плыву́т		
PAST		PAST		PAST	
плáвал		плы́л		поплы́л	
плáвала		плылá		поплылá	
плáвало		плы́ло		поплы́ло	
плáвали		плы́ли		поплы́ли	
FUTURE		FUTURE		FUTURE	
бу́ду плáвать	бу́дем плáвать	бу́ду плыть	бу́дем плыть	поплыву́	поплывём
бу́дешь плáвать	бу́дете плáвать	бу́дешь плыть	бу́дете плыть	поплывёшь	поплывёте
бу́дет плáвать	бу́дут плáвать	бу́дет плыть	бу́дут плыть	поплывёт	поплыву́т
SUBJUNCTIVE		SUBJUNCTIVE		SUBJUNCTIVE	
плáвал бы		плы́л бы		поплы́л бы	
плáвала бы		плылá бы		поплылá бы	
плáвало бы		плы́ло бы		поплы́ло бы	
плáвали бы		плы́ли бы		поплы́ли бы	
PARTICIPLES		PARTICIPLES		PARTICIPLES	
pres. active	плáвающий	плыву́щий		—	
pres. passive	—	—		—	
past active	плáвавший	плы́вший		поплы́вший	
past passive	—	—		—	
VERBAL ADVERBS		VERBAL ADVERBS		VERBAL ADVERBS	
плáвая		плывя́		поплы́в	
COMMANDS		**COMMANDS**		**COMMANDS**	
плáвай		плыви́		поплыви́	
плáвайте		плыви́те		поплыви́те	

Usage

(в, на+prep.)(в, на+acc.)(по+dat.)

Мой муж три гóда плáвал рыбакóм на судáх. *My husband sailed for three years on a fishing boat.*

Плыву́щий пáрусник сверкáл под сóлнцем. *The sailing yacht was shining under the sun.*

Недáвно мы плáвали по Ти́хому океáну. *Recently we sailed the Pacific Ocean.*

Лéтом дéти плáвали в óзере, а зимóй - в бассéйне. *In summer, children swam in the lake, in winter - in the swimming pool.*

Мы поплы́ли на другóй бéрег реки́. *We swam across the river to the other shore.*

Idioms

Он вчерá прóсто плáвал нá экзáмене. *Yesterday he was completely at a loss on the test.*

В э́тих вопрóсах он мéлко плáвает. *On these topics, he knows very little.*

Онá не бóрется, а прóсто плывёт по течéнию. *He does not fight back, just goes with the flow.*

Он почему́-то всегдá плывёт прóтив течéния. *For some reason, he always swims upstream.*

пла́кать/запла́кать

to cry, weep

stem: **пла́ка-/запла́ка-**

regular type 3 verb

IMPERFECTIVE ASPECT		PERFECTIVE ASPECT	
PRESENT			
пла́чу	пла́чем		
пла́чешь	пла́чете		
пла́чет	пла́чут		
PAST		**PAST**	
пла́кал		запла́кал	
пла́кала		запла́кала	
пла́кало		запла́кало	
пла́кали		запла́кали	
FUTURE		**FUTURE**	
бу́ду пла́кать	бу́дем пла́кать	запла́чу	запла́чем
бу́дешь пла́кать	бу́дете пла́кать	запла́чешь	запла́чете
бу́дет пла́кать	бу́дут пла́кать	запла́чет	запла́чут
SUBJUNCTIVE		**SUBJUNCTIVE**	
пла́кал бы		запла́кал бы	
пла́кала бы		запла́кала бы	
пла́кало бы		запла́кало бы	
пла́кали бы		запла́кали бы	
PARTICIPLES		**PARTICIPLES**	
pres. active	пла́чущий	*pres. active*	—
pres. passive	—	*pres. passive*	—
past active	пла́кавший	*past active*	запла́кавший
past passive	—	*past passive*	запла́канный
VERBAL ADVERBS		**VERBAL ADVERBS**	
пла́ча		запла́кав	
COMMANDS		**COMMANDS**	
пла́чь		запла́чь	
пла́чьте		запла́чьте	

Usage

(от+gen.)(о+prep.)(над+instr.)

Лю́ди пла́чут от го́ря и от сча́стья.	*People cry from grief and happiness.*
Я ве́чно бу́ду пла́кать по роди́телям.	*I will always mourn the loss of my parents.*
Запла́канный ребёнок стоя́л в крова́тке.	*In tears, the child stood up in his crib.*
Что пла́кать о вчера́шнем дне?	*What is the point in mourning the past?*
Она́ ти́хо пла́кала о проше́дшей мо́лодости.	*She was silently mourning her lost youth.*
Же́нщина го́рько пла́кала над моги́лой му́жа.	*The woman was bitterly crying on her husband's grave.*
Я запла́кала над рома́ном го́рькими слеза́ми.	*I cried sad tears over the novel.*

Proverbs/Idioms

Сня́вши го́лову, по волоса́м не пла́чут. (посло́вица)	*When you lose your head - don't mourn the loss of hair.*
Я хочу́ прийти́ к тебе́ и попла́каться в жиле́тку.	*I want to come over to cry on your shoulder.*
Все зна́ют, что он пла́чет крокоди́льими слеза́ми.	*Everyone knows his tears are for show.*
Тепе́рь я понима́ю, что пла́кали мои́ де́нежки.	*Now I understand that I can kiss my money good-bye.*
Чем бы дитя́ не те́шилось, лишь бы не пла́кало.	*Anything to keep the child happy.*

плати́ть/заплати́ть

regular type 2 verb (like **ви́деть**) stem: **плати-/заплати-**

IMPERFECTIVE ASPECT		PERFECTIVE ASPECT	
PRESENT			
плачу́	пла́тим		
пла́тишь	пла́тите		
пла́тит	пла́тят		
PAST		**PAST**	
плати́л		заплати́л	
плати́ла		заплати́ла	
плати́ло		заплати́ло	
плати́ли		заплати́ли	
FUTURE		**FUTURE**	
бу́ду плати́ть	бу́дем плати́ть	заплачу́	запла́тим
бу́дешь плати́ть	бу́дете плати́ть	запла́тишь	запла́тите
бу́дет плати́ть	бу́дут плати́ть	запла́тит	запла́тят
SUBJUNCTIVE		**SUBJUNCTIVE**	
плати́л бы		заплати́л бы	
плати́ла бы		заплати́ла бы	
плати́ло бы		заплати́ло бы	
плати́ли бы		заплати́ли бы	
PARTICIPLES		**PARTICIPLES**	
pres. active	платя́щий	*pres. active*	—
pres. passive	плати́мый	*pres. passive*	—
past active	плати́вший	*past active*	заплати́вший
past passive	пла́ченный	*past passive*	запла́ченный
VERBAL ADVERBS		**VERBAL ADVERBS**	
платя́		заплати́в	
COMMANDS		**COMMANDS**	
плати́		заплати́	
плати́те		заплати́те	

Usage

(+acc.)(за+acc.)(+instr.)(в+acc.)(по+dat.)

Я всегда́ во́время плачу́ долги́. — *I always pay my debts on time.*
Тяжело́ плати́ть нало́ги, когда́ перебива́ешься с хле́ба на во́ду. — *It is hard to pay taxes when you live on bread and water.*
Заплати́в штраф, мы о́чень расстро́ились. — *After paying the fine, we were very upset.*
Мы не могли́ заплати́ть все де́ньги за дом. — *We could not pay all the money for the house.*
В рестора́не я заплати́ла за себя́ и за подру́гу. — *At the restaurant, I paid for myself and for my girlfriend.*

На заво́де зарпла́ту пла́тят раз в две неде́ли. — *At the factory, payday is every two weeks.*
Заплати́ть за прое́зд мо́жно и в тра́нспорте. — *You can buy your ticket on the bus.*
В мо́лодости мы плати́ли за всё нали́чными. — *In our youth, we paid for everything with cash.*
Тепе́рь мо́жно плати́ть креди́тной ка́ртой. — *Now we can pay with a credit card.*
Фаши́сты заплати́ли большу́ю дань за преступле́ния во вре́мя войны́. — *Fascists paid a dear price for their crimes during the war.*

Idioms

За оши́бки мы заплати́ли сполна́! — *We have paid for our mistakes in full!*
Он хорошо́ пожи́л за наш счёт, пришло́ вре́мя плати́ть по счета́м. — *He lived very well at our expense; it's time to settle up the bill.*
За оскорбле́ние я плачу́ той же моне́то́й. — *For insults, I'll give you a taste of your own medicine.*

318 побеждáть/победи́ть

to win, defeat

stem: **побеждáй-/победи́-**

regular type 1 verb in imp./perf. form type 2

	IMPERFECTIVE ASPECT		PERFECTIVE ASPECT	
PRESENT				
	побеждáю	побеждáем		
	побеждáешь	побеждáете		
	побеждáет	побеждáют		
PAST				
	побеждáл		победи́л	
	побеждáла		победи́ла	
	побеждáло		победи́ло	
	побеждáли		победи́ли	
FUTURE				
	бу́ду побеждáть	бу́дем побеждáть	—	победи́м
	бу́дешь побеждáть	бу́дете побеждáть	победи́шь	победи́те
	бу́дет побеждáть	бу́дут побеждáть	победи́т	победя́т
SUBJUNCTIVE				
	побеждáл бы		победи́л бы	
	побеждáла бы		победи́ла бы	
	побеждáло бы		победи́ло бы	
	побеждáли бы		победи́ли бы	
PARTICIPLES				
	pres. active	побеждáющий	*pres. active*	—
	pres. passive	побеждáемый	*pres. passive*	—
	past active	побеждáвший	*past active*	победи́вший
	past passive	—	*past passive*	побеждённый
VERBAL ADVERBS				
	побеждáя		победи́в	
COMMANDS				
	побеждáй		победи́	
	побеждáйте		победи́те	

Usage

(+acc.)(в, на+prep.)(с+instr.)(+instr.)

Мы победи́ли врагá си́лой ору́жия. — *We defeated the enemy with our firepower.*

Шахмати́ст не раз побеждáл в турни́рах. — *The chess player won in tournaments many times.*

Нáша комáнда победи́ла на чемпионáте. — *Our team won the championship.*

Ру́сские фигури́сты побеждáли в Олимпи́йских и́грах. — *Russian figure skaters won at the Olympic games.*

Наш лу́чший кандидáт победи́л на вы́борах. — *Our best candidates won the election.*

Побеждённый враг сдал ору́жие. — *The defeated enemy surrendered their weapons.*

Комáнда победи́ла со счётом 5:6. — *The team won with the score 6-5.*

Онá победи́ла болéзнь. — *She beat her disease.*

regular type 1 verb in imp./perf. form type 3 stem: **повора́чивай+(ся)/поверну́+(ся)**

IMPERFECTIVE ASPECT		PERFECTIVE ASPECT	
PRESENT			
повора́чиваю(сь)	повора́чиваем(ся)		
повора́чиваешь(ся)	повора́чиваете(сь)		
повора́чивает(ся)	повора́чивают(ся)		
PAST		PAST	
повора́чивал(ся)		поверну́л(ся)	
повора́чивала(сь)		поверну́ла(сь)	
повора́чивало(сь)		поверну́ло(сь)	
повора́чивали(сь)		поверну́ли(сь)	
FUTURE		FUTURE	
бу́ду повора́чивать(ся)	бу́дем повора́чивать(ся)	поверну́(сь)	повернём(ся)
бу́дешь повора́чивать(ся)	бу́дете повора́чивать(ся)	повернёшь(ся)	повернёте(сь)
бу́дет повора́чивать(ся)	бу́дут повора́чивать(ся)	повернёт(ся)	поверну́т(ся)
SUBJUNCTIVE		SUBJUNCTIVE	
повора́чивал(ся) бы		поверну́л(ся) бы	
повора́чивала(сь) бы		поверну́ла(сь) бы	
повора́чивало(сь) бы		поверну́ло(сь) бы	
повора́чивали(сь) бы		поверну́ли(сь) бы	
PARTICIPLES		PARTICIPLES	
pres. active	повора́чивающий(ся)	*pres. active*	—
pres. passive	повора́чиваемый	*pres. passive*	—
past active	повора́чивавший(ся)	*past active*	поверну́вший(ся)
past passive	—	*past passive*	повёрнутый
VERBAL ADVERBS		VERBAL ADVERBS	
повора́чивая(сь)		поверну́в(шись)	
COMMANDS		**COMMANDS**	
повора́чивай(ся)		поверни́(сь)	
повора́чивайте(сь)		поверни́те(сь)	

Usage

(в,на+acc.)(к+dat.)(с+gen.)(+instr.)

Они́ поверну́ли разгово́р на другу́ю те́му. *They turned the conversation to another topic.*
У меня́ язы́к не повернётся сказа́ть ей о нём. *I cannot bring myself to tell her about him.*
Поверну́в напра́во, мы бы́стро нашли́ по́чту. *Turning right, we soon reached the post office.*
Внеза́пно доро́га поверну́ла в го́ру. *Suddenly the road turned uphill.*
Поверни́те больно́го на спи́ну. *Turn the patient onto his back.*
Она́ поверну́ла лицо́ к со́лнцу. *She turned her face to the sun.*
Я поверну́лась к зе́ркалу и улыбну́лась. *I turned to the mirror and smiled.*

Proverbs/Idioms

По́сле мно́гих лет дру́жбы она́ поверну́лась ко мне спино́й. *After a friendship of many years, she turned her back on me.*
Пора́ поверну́ться лицо́м к лю́дям и помо́чь им. *It's time to face the people and help them.*
В её ко́мнате поверну́ться не́где. *You can't turn around in her room.*
Колесо́ исто́рии вспять не поверну́ть. *The wheel of history cannot be turned back.*
Зако́н, как ды́шло: куда́ повернёшь, туда́ и вы́шло. (поговорка) *Every law has a loophole; one for the rich and another for the poor.*
У него́ мозги́ не туда́ повёрнуты. *His mind does not wrap around it.*
Как ни поверни́, а лу́чше не бу́дет. (поговорка) *No matter which way you turn - it won't get any better.*

320 повторя́ть/повтори́ть *to repeat*

stem: **повторя́й-/повтори́-** regular type 1 verb in imp./perf. form type 2

IMPERFECTIVE ASPECT		PERFECTIVE ASPECT	
PRESENT			
повторя́ю	повторя́ем		
повторя́ешь	повторя́ете		
повторя́ет	повторя́ют		
PAST		**PAST**	
повторя́л		повтори́л	
повторя́ла		повтори́ла	
повторя́ло		повтори́ло	
повторя́ли		повтори́ли	
FUTURE		**FUTURE**	
бу́ду повторя́ть	бу́дем повторя́ть	повторю́	повтори́м
бу́дешь повторя́ть	бу́дете повторя́ть	повтори́шь	повтори́те
бу́дет повторя́ть	бу́дут повторя́ть	повтори́т	повторя́т
SUBJUNCTIVE		**SUBJUNCTIVE**	
повторя́л бы		повтори́л бы	
повторя́ла бы		повтори́ла бы	
повторя́ло бы		повтори́ло бы	
повторя́ли бы		повтори́ли бы	
PARTICIPLES		**PARTICIPLES**	
pres. active	повторя́ющий	*pres. active*	—
pres. passive	повторя́емый	*pres. passive*	—
past active	повторя́вший	*past active*	повтори́вший
past passive	—	*past passive*	повторённый
VERBAL ADVERBS		**VERBAL ADVERBS**	
повторя́я		повтори́в	
COMMANDS		**COMMANDS**	
повторя́й		повтори́	
повторя́йте		повтори́те	

Usage

(+acc.)(+dat.)(к+dat.)(перед+instr.)

Повтори́те ваш вопро́с, я пло́хо слы́шу.	*Repeat your question, I do not hear well.*
Учи́тель повтори́л вопро́с ученику́.	*The teacher repeated his question to the student.*
Де́ти, повторя́йте слова́ за мно́й.	*Children, repeat the words after me.*
Она́ повтори́ла, что не забу́дет позвони́ть.	*She repeated that she would not forget to call.*
Студе́нты повторя́ли материа́лы к экза́мену всю ночь.	*The students were memorizing test materials all night.*
Пе́ред выступле́нием хо́ра мы повторя́ли слова́.	*Before the choir performance, we were rehearsing the words.*
Я повторя́ю пре́жние оши́бки.	*I repeat past mistakes.*
Де́ти повтори́ли о́пыт роди́телей.	*The children repeated their parents' experience.*

regular type 1 verb in imp./perf. form type 3 stem: **погиба́й-/поги́бну-**

IMPERFECTIVE ASPECT		PERFECTIVE ASPECT	
PRESENT			
погиба́ю	погиба́ем		
погиба́ешь	погиба́ете		
погиба́ет	погиба́ют		
PAST		PAST	
погиба́л		поги́б	
погиба́ла		поги́бла	
погиба́ло		поги́бло	
погиба́ли		поги́бли	
FUTURE		FUTURE	
бу́ду погиба́ть	бу́дем погиба́ть	поги́бну	поги́бнем
бу́дешь погиба́ть	бу́дете погиба́ть	поги́бнешь	поги́бнете
бу́дет погиба́ть	бу́дут погиба́ть	поги́бнет	поги́бнут
SUBJUNCTIVE		SUBJUNCTIVE	
погиба́л бы		поги́б бы	
погиба́ла бы		поги́бла бы	
погиба́ло бы		поги́бло бы	
погиба́ли бы		поги́бли бы	
PARTICIPLES		PARTICIPLES	
pres. active	погиба́ющий	*pres. active*	—
pres. passive	—	*pres. passive*	—
past active	погиба́вший	*past active*	поги́бший
past passive	—	*past passive*	—
VERBAL ADVERBS		VERBAL ADVERBS	
погиба́я		поги́бнув	
COMMANDS		**COMMANDS**	
погиба́й		поги́бни	
погиба́йте		поги́бните	

Usage

(за+acc.)(от+gen.)(в, на+prep.)

Миллио́ны люде́й из мно́гих стран поги́бли на войне́ за свобо́ду от фаши́зма. — *Millions of people from many countries died in the war for freedom from fascism.*

Бо́лее двадцати́ миллио́нов сове́тских люде́й поги́бли за Ро́дину на фронта́х войны́. — *Over twenty million Soviet people died for the Motherland on the war fronts.*

В блока́дном Ленингра́де жи́тели погиба́ли от го́лода и от хо́лода. — *In the besieged Leningrad, people were dying from starvation and cold.*

За после́дние де́сять лет в Суда́не поги́бло два миллио́на гра́ждан от го́лода, боле́зней и геноци́да. — *In the last ten years, two million people died in Sudan from starvation, disease, and genocide.*

Ма́сса люде́й погиба́ет ежего́дно в ава́риях на тра́нспорте. — *Masses of people die every year in auto accidents.*

Я погиба́л от любви́ к этой же́нщине. — *I was fatally in love with this woman.*

322 пода́ть/пода́ть

to serve, submit, apply

stem: **подавай-/irreg.** imp. & perf. forms irregular; stem alternates to **-ай-**

IMPERFECTIVE ASPECT		PERFECTIVE ASPECT	
PRESENT			
подаю́	подаём		
подаёшь	подаёте		
подаёт	подаю́т		
PAST		**PAST**	
подава́л		пода́л/по́дал	
подава́ла		подала́	
подава́ло		по́дало/пода́ло	
подава́ли		по́дали/пода́ли	
FUTURE		**FUTURE**	
бу́ду подава́ть	бу́дем подава́ть	пода́м	подади́м
бу́дешь подава́ть	бу́дете подава́ть	пода́шь	подади́те
бу́дет подава́ть	бу́дут подава́ть	пода́ст	подаду́т
SUBJUNCTIVE		**SUBJUNCTIVE**	
подава́л бы		пода́л бы/по́дал бы	
подава́ла бы		подала́ бы	
подава́ло бы		по́дало бы/пода́ло бы	
подава́ли бы		по́дали бы/пода́ли бы	
PARTICIPLES		**PARTICIPLES**	
pres. active	подаю́щий	*pres. active*	—
pres. passive	подава́емый	*pres. passive*	—
past active	подава́вший	*past active*	пода́вший
past passive	—	*past passive*	по́данный
VERBAL ADVERBS		**VERBAL ADVERBS**	
подава́я		пода́в	
COMMANDS		**COMMANDS**	
подава́й		пода́й	
подава́йте		пода́йте	

Usage

(+acc.)(+dat.)(в, на+acc.)(к+dat.)

Я подала́ больно́му питьё.	*I served a drink to the patient.*
В раздева́лке теа́тра мне по́дали пальто́.	*At the theater coat check, they gave me my coat.*
Такси́ по́дали к до́му к шести́ утра́.	*The taxi arrived at the house at six o'clock.*
Материа́лы на стро́йку подаю́т с опозда́нием.	*Construction materials are delivered late.*
Он по́дал заявле́ние на о́тпуск.	*He submitted a request for a vacation.*
Мы по́дали жа́лобу на плохо́е обслу́живание.	*We submitted our complaint about bad service.*
Ветера́ны труда́ подаю́т приме́р молоды́м.	*Veteran employees set an example for the young.*
На десе́рт по́дали фру́кты.	*For desert, they served fruits.*
Ма́льчики подава́ли мячи́ спортсме́нам.	*The boys passed the balls to the athletes.*
В по́лдень по́дали обе́д на вера́нду.	*At noon, lunch was served on the terrace.*
Жена́ подала́ на разво́д.	*My wife filed for divorce.*
Ужин нам по́дали в но́мер.	*Supper was served to us in the hotel room.*
Чай по́дали в ме́дных подстака́нниках.	*Tea was served in copper glass holders.*
Мы по́дали в суд на сосе́да.	*We filed a lawsuit against our neighbor.*
Брат по́дал в отста́вку по во́зрасту.	*My brother put in his resignation due to his age.*
Мы пода́ли ни́щему ми́лостыню.	*We gave alms to the poor.*
Пода́йте мне знак, и я подъе́ду.	*Give me a sign and I'll come by.*

Idioms

До на́шего до́ма - руко́й пода́ть.	*It's just a short stretch to our house.*

regular type 2 verb in imp./perf. form type 5 stem: **подводи́-/подвёд-**

IMPERFECTIVE ASPECT		PERFECTIVE ASPECT	
PRESENT			
подвожу́	подво́дим		
подво́дишь	подво́дите		
подво́дит	подво́дят		
PAST		**PAST**	
подводи́л		подвёл	
подводи́ла		подвела́	
подводи́ло		подвело́	
подводи́ли		подвели́	
FUTURE		**FUTURE**	
бу́ду подводи́ть	бу́дем подводи́ть	подведу́	подведём
бу́дешь подводи́ть	бу́дете подводи́ть	подведёшь	подведёте
бу́дет подводи́ть	бу́дут подводи́ть	подведёт	подведу́т
SUBJUNCTIVE		**SUBJUNCTIVE**	
подводи́л бы		подвёл бы	
подводи́ла бы		подвела́ бы	
подводи́ло бы		подвело́ бы	
подводи́ли бы		подвели́ бы	
PARTICIPLES		**PARTICIPLES**	
pres. active	подводя́щий	*pres. active*	—
pres. passive	подводи́мый	*pres. passive*	—
past active	подводи́вший	*past active*	подве́дший
past passive	—	*past passive*	подведённый
VERBAL ADVERBS		**VERBAL ADVERBS**	
подводя́		подведя́	
COMMANDS		**COMMANDS**	
подводи́		подведи́	
подводи́те		подведи́те	

Usage

(+acc.)(+dat.)(к+dat.)(+instr.)

Я подвела́ Ма́шу к врачу́ и предста́вила её. *I brought Masha to the doctor and introduced her.*

Доро́гу подво́дят к са́мой опу́шке ле́са. *The road leads right to the edge of the forest.*

Вы подвели́ меня́ к мне́нию, что я не прав. *You lead me to the opinion that I am incorrect.*

Под свои́ утвержде́ния они́ подвели́ соли́дную ба́зу. *They laid a solid foundation for their claims.*

Свои́м поведе́нием вы подво́дите свои́х друзе́й. *With your behavior you let down your friends.*

Под зда́ние подвели́ тру́бы. *They laid pipes under the building.*

Она́ подво́дит глаза́ си́ним карандашо́м. *She outlines her eyes with a blue pencil.*

Idioms

Вы подвели́ меня́ под монасты́рь. *You took me to the cleaners.*

Пора́ подвести́ черту́ под на́шими отноше́ниями. *It's time to draw a line under our relationship.*

Я так го́лоден, что у меня́ живо́т подвело́. *I am so hungry my stomach is tied up in knots.*

подгота́вливать(ся)/подгото́вить(ся) *to prepare*

stem: **подгота́вливай+(ся)/подгото́ви+(ся)** regular type 1 verb in imp./perf. form type 2

IMPERFECTIVE ASPECT

PRESENT

подгота́вливаю(сь) подгота́вливаем(ся)
подгота́вливаешь(ся) подгота́вливаете(сь)
подгота́вливает(ся) подгота́вливают(ся)

PAST

подгота́вливал(ся)
подгота́вливала(сь)
подгота́вливало(сь)
подгота́вливали(сь)

FUTURE

бу́ду подгота́вливать(ся) бу́дем подгота́вливать(ся)
бу́дешь подгота́вливать(ся) бу́дете подгота́вливать(ся)
бу́дет подгота́вливать(ся) бу́дут подгота́вливать(ся)

SUBJUNCTIVE

подгота́вливал(ся) бы
подгота́вливала(сь) бы
подгота́вливало(сь) бы
подгота́вливали(сь) бы

PARTICIPLES

pres. active	подгота́вливающий(ся)
pres. passive	подгота́вливаемый
past active	подгота́вливавший(ся)
past passive	—

VERBAL ADVERBS

подгота́вливая(сь)

COMMANDS

подгота́вливай(ся)
подгота́вливайте(сь)

PERFECTIVE ASPECT

PAST

подгото́вил(ся)
подгото́вила(сь)
подгото́вило(сь)
подгото́вили(сь)

FUTURE

подгото́влю(сь) подгото́вим(ся)
подгото́вишь(ся) подгото́вите(сь)
подгото́вит(ся) подгото́вят(ся)

SUBJUNCTIVE

подгото́вил(ся) бы
подгото́вила(сь) бы
подгото́вило(сь) бы
подгото́вили(сь) бы

PARTICIPLES

pres. active	—
pres. passive	—
past active	подгото́вивший(ся)
past passive	подгото́вленный

VERBAL ADVERBS

подгото́вив(шись)

COMMANDS

подгото́вь(ся)
подгото́вьте(сь)

Usage

(+acc.)(+dat.)(к+dat.)

Я хорошо́ подгото́вила ученика́ к экза́мену. *I prepared the student well for the test.*
Мать ну́жно подгото́вить к э́тому изве́стию. *Mother needs to be prepared for this news.*
Администра́ция подгота́вливает встре́чу делега́ции из США. *The administration is preparing for the meeting with the US delegation.*
Подгото́вленный конце́рт прошёл успе́шно. *The well-prepared concert was a success.*
Э́тот институ́т подгото́вил ты́сячи специали́стов. *This institute prepared thousands of specialists.*
Он подгото́вился к отве́ту и вы́глядел досто́йно. *He was prepared to answer and look dignified.*
Крестья́не подгото́вили зе́млю к весе́ннему се́ву. *Farmers prepared the soil for spring planting.*
Я подгота́вливаю о́вощи для су́па. *I am preparing vegetables for the soup.*
Он уже́ подгото́вился к отъе́зду. *He was prepared to leave.*
Она́ подгото́вилась к поступле́нию на филологи́ческий факульте́т. *She was prepared to enroll in the department of languages and literature.*

Idioms

Для серьёзного разгово́ра ну́жно подгото́вить по́чву. *You need to lay the foundation for a serious conversation.*

regular type 1 verb in imp./perf. form type 2 — stem: **поддéрживай-/поддержа-**

IMPERFECTIVE ASPECT		PERFECTIVE ASPECT	
PRESENT			
поддéрживаю	поддéрживаем		
поддéрживаешь	поддéрживаете		
поддéрживает	поддéрживают		
PAST		PAST	
поддéрживал		поддержáл	
поддéрживала		поддержáла	
поддéрживало		поддержáло	
поддéрживали		поддержáли	
FUTURE		FUTURE	
бýду поддéрживать	бýдем поддéрживать	поддержý	поддéржим
бýдешь поддéрживать	бýдете поддéрживать	поддéржишь	поддéржите
бýдет поддéрживать	бýдут поддéрживать	поддéржит	поддéржат
SUBJUNCTIVE		SUBJUNCTIVE	
поддéрживал бы		поддержáл бы	
поддéрживала бы		поддержáла бы	
поддéрживало бы		поддержáло бы	
поддéрживали бы		поддержáли бы	
PARTICIPLES		PARTICIPLES	
pres. active	поддéрживающий	*pres. active*	—
pres. passive	поддéрживаемый	*pres. passive*	—
past active	поддéрживавший	*past active*	поддержáвший
past passive	—	*past passive*	поддéржанный
VERBAL ADVERBS		VERBAL ADVERBS	
поддéрживая		поддержáв	
COMMANDS		**COMMANDS**	
поддéрживай		поддержú	
поддéрживайте		поддержúте	

Usage

(+acc.)(за, под+acc.)(+dat.)(+instr.)

Больнóго нýжно поддéрживать морáльно. — *The patient needs moral support.*

Поддéрживая рáненого пóд руку, санитáр дошёл до гóспиталя. — *Supporting the wounded man under his arm, the field nurse led him to the hospital.*

Друг поддéржит вас в трýдную минýту. — *A friend will support you in hard times.*

Мы не хотúм поддéрживать его кандидатýру. — *We do not want to support his candidacy.*

Войскá стоя́т здесь, чтобы поддéрживать порядок. — *The army is stationed here to maintain order.*

Чтóбы поддéрживать разговóр, нýжно бы́ло хвалúть расскáзчика. — *To maintain the conversation, we had to compliment the speaker.*

Рóта просúла поддержáть огнём с вертолёта. — *The company asked for helicopter fire support.*

Мне прихóдится поддéрживать деньгáми брáта. — *I have to financially support my brother.*

Садúтесь к нам и поддержúте компáнию. — *Come sit with us and keep us company.*

подним**а́**ть(ся)/подн**я́**ть(ся) *to lift, raise; to ascend*

stem: **подним**а́**й+(ся)/подним+(ся)** regular type 1 verb in imp./perf. forms irregular

Над гори́зонтом подняла́сь чёрная ту́ча и закры́ла не́бо.	*Above the horizon a black cloud arose and covered the sky.*
Мы по́дняли го́лову, когда полу́чили насле́дство.	*We had renewed hope after we received an inheritence.*
Мне бро́сили обвине́ние, и я по́днял перча́тку.	*I was accused, and I decided to defend myself.*
Свои́ скро́мные достиже́ния она́ подняла́ на щит.	*She made her minor achievements out to be something.* (Much Ado about Nothing.)

Idioms

Что же ты по́днял ла́пки кве́рху?	*Why did you give up?*
Ба́бушка подняла́ на́ ноги двух дете́й.	*Grandma raised two children.*
Его́ иде́ю по́дняли на смех.	*They laughed at his idea.*
По́сле повыше́ния он сли́шком по́днял нос.	*After his raise, he became arrogant.*
Враг посме́л подня́ть ору́жие про́тив нас.	*The enemy dared to fight us.*
Я тако́е узна́ла, что у меня́ во́лосы на голове́ подняли́сь ды́бом.	*After I found that out, I was in shock.*

regular type 1 verb in imp./perf. forms irregular stem: **поднима́й+(ся)/подним+(ся)**

IMPERFECTIVE ASPECT		PERFECTIVE ASPECT	
PRESENT			
поднима́ю(сь)	поднима́ем(ся)		
поднима́ешь(ся)	поднима́ете(сь)		
поднима́ет(ся)	поднима́ют(ся)		
PAST		PAST	
поднима́л(ся)		по́днял (подня́лся)	
поднима́ла(сь)		подняла́(сь)	
поднима́ло(сь)		подня́ло (сь)	
поднима́ли(сь)		подня́ли (сь)	
FUTURE		FUTURE	
бу́ду поднима́ть(ся)	бу́дем поднима́ть(ся)	подниму́(сь)	подни́мем(ся)
бу́дешь поднима́ть(ся)	бу́дете поднима́ть(ся)	подни́мешь(ся)	подни́мете(сь)
бу́дет поднима́ть(ся)	бу́дут поднима́ть(ся)	подни́мет(ся)	подни́мут(ся)
SUBJUNCTIVE		SUBJUNCTIVE	
поднима́л(ся) бы		по́днял (подня́лся) бы	
поднима́ла(сь) бы		подняла́(сь) бы	
поднима́ло(сь) бы		подня́ло (сь) бы	
поднима́ли(сь) бы		подня́ли (сь) бы	
PARTICIPLES		PARTICIPLES	
pres. active	поднима́ющий(ся)	*pres. active*	—
pres. passive	поднима́емый	*pres. passive*	—
past active	поднима́вший(ся)	*past active*	подня́вший(ся)
past passive	—	*past passive*	по́днятый
VERBAL ADVERBS		VERBAL ADVERBS	
поднима́я(сь)		подня́в(шись)	
COMMANDS		**COMMANDS**	
поднима́й(ся)		подними́(сь)	
поднима́йте(сь)		подними́те(сь)	

Usage

(+acc.)(с+gen.)(на+prep.)(на+acc.)(по+dat.)

Нелегко́ бы́ло подня́ться в го́ру с рюкзако́м.	*It was hard to walk up the mountain with a backpack.*
Подня́вшись на второ́й эта́ж, я позвони́ла в дверь.	*After walking up to the second floor, I rang the door bell.*
Докла́дчик подня́лся на трибу́ну и попра́вил микрофо́н.	*The speaker went up to the podium and adjusted the microphone.*
Наро́дные ма́ссы поднима́ются на борьбу́ за свои́ права́.	*People rise up in a struggle for their rights.*
Самолёт подня́лся в не́бо и помаха́л нам крыло́м.	*The plane rose to the skies and dipped its wing to us.*
Взвод подня́лся в ата́ку по кома́нде.	*The platoon rose to attack on command.*
Весь сове́тский наро́д подня́лся на бой с гитлеровскими захва́тчиками.	*The entire Soviet people rose up to fight the Nazi invaders.*
Возду́шный шар подня́лся под облака́ и исчёз.	*The hot air balloon rose up into the sky and disappeared from view.*
Кто-то в за́ле подня́лся с ме́ста и за́дал вопро́с.	*Someone in the auditorium stood up and asked a question.*
Он поднима́ется с посте́ли в шесть утра́.	*He gets up at six o'clock.*

327 подпи́сывать/подписа́ть

to sign; to subscribe

stem: **подпи́сывай-/подписа-**

regular type 1 verb in imp./perf. form type 3

	IMPERFECTIVE ASPECT		PERFECTIVE ASPECT	
PRESENT				
	подпи́сываю	подпи́сываем		
	подпи́сываешь	подпи́сываете		
	подпи́сывает	подпи́сывают		
PAST				
	подпи́сывал		подписа́л	
	подпи́сывала		подписа́ла	
	подпи́сывало		подписа́ло	
	подпи́сывали		подписа́ли	
FUTURE				
	бу́ду подпи́сывать	бу́дем подпи́сывать	подпишу́	подпи́шем
	бу́дешь подпи́сывать	бу́дете подпи́сывать	подпи́шешь	подпи́шете
	бу́дет подпи́сывать	бу́дут подпи́сывать	подпи́шет	подпи́шут
SUBJUNCTIVE				
	подпи́сывал бы		подписа́л бы	
	подпи́сывала бы		подписа́ла бы	
	подпи́сывало бы		подписа́ло бы	
	подпи́сывали бы		подписа́ли бы	
PARTICIPLES				
	pres. active	подпи́сывающий	*pres. active*	—
	pres. passive	подпи́сываемый	*pres. passive*	—
	past active	подпи́сывавший	*past active*	подписа́вший
	past passive	—	*past passive*	подпи́санный
VERBAL ADVERBS				
	подпи́сывая		подписа́в	
COMMANDS				
	подпи́сывай		подпиши́	
	подпи́сывайте		подпиши́те	

Usage

(+acc.)(на+acc.)(+dat.)

Кома́ндующие войска́ми подписа́ли переми́рие.	*The army leaders signed a truce.*
Подпи́санный догово́р вступи́л в си́лу.	*The signed agreement went into effect.*
Нача́льник подписа́л мне заявле́ние на о́тпуск.	*My boss signed my vacation request.*
Подсуди́мому подписа́ли пригово́р.	*The defendant's sentence was signed.*
Я подпи́сываю мать на газе́ты и журна́лы.	*I subscribe to newspapers and magazines for my mother.*
Сто́роны по́сле перегово́ров подписа́ли контра́кт.	*After negotiations, the parties signed a contract.*

regular type 1 verb (like **рабо́тать**) stem: **подраба́тывай-/подрабо́тай-**

	IMPERFECTIVE ASPECT			PERFECTIVE ASPECT	
PRESENT					
	подраба́тываю	подраба́тываем			
	подраба́тываешь	подраба́тываете			
	подраба́тывает	подраба́тывают			
PAST			PAST		
	подраба́тывал			подрабо́тал	
	подраба́тывала			подрабо́тала	
	подраба́тывало			подрабо́тало	
	подраба́тывали			подрабо́тали	
FUTURE			FUTURE		
	бу́ду подраба́тывать	бу́дем подраба́тывать		подрабо́таю	подрабо́таем
	бу́дешь подраба́тывать	бу́дете подраба́тывать		подрабо́таешь	подрабо́таете
	бу́дет подраба́тывать	бу́дут подраба́тывать		подрабо́тает	подрабо́тают
SUBJUNCTIVE			SUBJUNCTIVE		
	подраба́тывал бы			подрабо́тал бы	
	подраба́тывала бы			подрабо́тала бы	
	подраба́тывало бы			подрабо́тало бы	
	подраба́тывали бы			подрабо́тали бы	
PARTICIPLES			PARTICIPLES		
	pres. active	подраба́тывающий		*pres. active*	—
	pres. passive	подраба́тываемый		*pres. passive*	—
	past active	подраба́тывавший		*past active*	подрабо́тавший
	past passive	—		*past passive*	подрабо́танный
VERBAL ADVERBS			VERBAL ADVERBS		
	подраба́тывая			подрабо́тав	
COMMANDS			COMMANDS		
	подраба́тывай			подрабо́тай	
	подраба́тывайте			подрабо́тайте	

Usage

(+acc.)(+dat.)(к+dat.)(перед+instr.)

Я подраба́тываю официа́нтом по выходны́м дням.	*On weekends, I earn some money working as a waiter.*
Дочь подрабо́тала немно́го де́нег перево́дами.	*My daughter made a little money doing translations.*
Ста́рый учи́тель подраба́тывает на жизнь ча́стными уро́ками.	*An old teacher supports himself by giving private lessons.*
Я по́мню, как ма́ма подраба́тывала шитьём.	*I remember when mother was earning extra money sewing and doing alterations.*
Э́тот вопро́с ну́жно ещё подрабо́тать.	*This question needs to be worked out further.*

329 подтвержда́ть/подтверди́ть *to confirm, corroborate*

stem: **подтверждай-/подтверди-** type 1 verb in imp./perf. form type 2

	IMPERFECTIVE ASPECT			PERFECTIVE ASPECT	
PRESENT					
	подтвержда́ю	подтвержда́ем			
	подтвержда́ешь	подтвержда́ете			
	подтвержда́ет	подтвержда́ют			
PAST			PAST		
	подтвержда́л			подтверди́л	
	подтвержда́ла			подтверди́ла	
	подтвержда́ло			подтверди́ло	
	подтвержда́ли			подтверди́ли	
FUTURE			FUTURE		
	бу́ду подтвержда́ть	бу́дем подтвержда́ть		подтвержу́	подтверди́м
	бу́дешь подтвержда́ть	бу́дете подтвержда́ть		подтверди́шь	подтверди́те
	бу́дет подтвержда́ть	бу́дут подтвержда́ть		подтверди́т	подтвердя́т
SUBJUNCTIVE			SUBJUNCTIVE		
	подтвержда́л бы			подтверди́л бы	
	подтвержда́ла бы			подтверди́ла бы	
	подтвержда́ло бы			подтверди́ло бы	
	подтвержда́ли бы			подтверди́ли бы	
PARTICIPLES			PARTICIPLES		
	pres. active	подтвержда́ющий		*pres. active*	—
	pres. passive	подтвержда́емый		*pres. passive*	—
	past active	подтвержда́вший		*past active*	подтверди́вший
	past passive	—		*past passive*	подтверждённый
VERBAL ADVERBS			VERBAL ADVERBS		
	подтвержда́я			подтверди́в	
COMMANDS			**COMMANDS**		
	подтвержда́й			подтверди́	
	подтвержда́йте			подтверди́те	

Usage

(+acc.)(+instr.)

Судья́ попроси́л свиде́теля подтверди́ть свои́ показа́ния.	*The judge asked the witness to confirm his testimony.*
Подтверждённый свы́ше прика́з при́няли к исполне́нию.	*The order confirmed by upper management was carried out.*
Мы не пове́рили и попроси́ли его́ подтверди́ть свои́ слова́.	*We did not believe it and asked him to corroborate his words.*
Учёный подтверди́л пра́вильность вы́водов факти́ческими результа́тами.	*The scientist corroborated the validity of his conclusions with factual results.*
По неподтверждённым да́нным в э́той ма́ленькой стране́ произошёл переворо́т.	*According to unconfirmed information, there was a coup in this small country.*
Мне позвони́ли с по́чты и попроси́ли подтверди́ть получе́ние посы́лки.	*They called me from the post office and asked me to confirm receipt of the package.*
Я подтверди́ла, что бу́ду на конфере́нции за́втра по́сле обе́да.	*I confirmed that I would be at the conference tomorrow afternoon.*

regular type 2 verb in imp./perf. form irregular stem: **подходи-/irreg.**

IMPERFECTIVE ASPECT		PERFECTIVE ASPECT	
PRESENT			
подхожу́	подхо́дим		
подхо́дишь	подхо́дите		
подхо́дит	подхо́дят		
PAST		**PAST**	
подходи́л		подошёл	
подходи́ла		подошла́	
подходи́ло		подошло́	
подходи́ли		подошли́	
FUTURE		**FUTURE**	
бу́ду подходи́ть	бу́дем подходи́ть	подойду́	подойдём
бу́дешь подходи́ть	бу́дете подходи́ть	подойдёшь	подойдёте
бу́дет подходи́ть	бу́дут подходи́ть	подойдёт	подойду́т
SUBJUNCTIVE		**SUBJUNCTIVE**	
подходи́л бы		подошёл бы	
подходи́ла бы		подошла́ бы	
подходи́ло бы		подошло́ бы	
подходи́ли бы		подошли́ бы	
PARTICIPLES		**PARTICIPLES**	
pres. active	подходя́щий	*pres. active*	—
pres. passive	—	*pres. passive*	—
past active	подходи́вший	*past active*	подоше́дший
past passive	—	*past passive*	—
VERBAL ADVERBS		**VERBAL ADVERBS**	
подходя́		подойдя́	
COMMANDS		**COMMANDS**	
подходи́		подойди́	
подходи́те		подойди́те	

Usage

(к+dat.)(+dat.)(с+instr.)

Ва́ня подошёл к столу́ и взял сли́ву. — *Vanya walked up to the table and took a plum.*

Подойдя́ к окну́, она́ уви́дела, что вы́пал снег. — *Having approached the window, she saw that it was snowing.*

Отря́ды партиза́н но́чью подошли́ к го́роду. — *At night, guerrilla detachments approached the city.*

Он подошёл к прохо́жему и попроси́л прикури́ть. — *He approached a passerby and asked for a light.*

Вот и подошла́ к концу́ на́ша встре́ча. — *Our meeting has come to an end.*

Рабо́та подхо́дит к заверше́нию. — *The work is nearing completion.*

Я подошла́ к ней с про́сьбой, но безрезульта́тно. — *I approached her with a request for a favor, but it was in vain.*

Студе́нт подошёл с вопро́сом к преподава́телю. — *The student approached the teacher with a question.*

Э́то предложе́ние нам не подхо́дит. — *That offer is unacceptable to us.*

Idioms

Она́ уме́ет подойти́ к лю́дям в любо́й ситуа́ции. — *She knows how to approach people in any situation.*

331 подчёркивать/подчеркну́ть *to underline, emphasize*

stem: **подчёркивай-/подчеркну́-** regular type 1 verb in imp./perf. form type 3

IMPERFECTIVE ASPECT

PRESENT

подчёркиваю	подчёркиваем
подчёркиваешь	подчёркиваете
подчёркивает	подчёркивают

PAST

подчёркивал
подчёркивала
подчёркивало
подчёркивали

FUTURE

бу́ду подчёркивать	бу́дем подчёркивать
бу́дешь подчёркивать	бу́дете подчёркивать
бу́дем подчёркивать	бу́дут подчёркивать

SUBJUNCTIVE

подчёркивал бы
подчёркивала бы
подчёркивало бы
подчёркивали бы

PARTICIPLES

pres. active	подчёркивающий
pres. passive	подчёркиваемый
past active	подчёркивавший
past passive	—

VERBAL ADVERBS

подчёркивая

COMMANDS

подчёркивай
подчёркивайте

PERFECTIVE ASPECT

PAST

подчеркну́л
подчеркну́ла
подчеркну́ло
подчеркну́ли

FUTURE

подчеркну́	подчеркнём
подчеркнёшь	подчеркнёте
подчеркнёт	подчеркну́т

SUBJUNCTIVE

подчеркну́л бы
подчеркну́ла бы
подчеркну́ло бы
подчеркну́ли бы

PARTICIPLES

pres. active	—
pres. passive	—
past active	подчеркну́вший
past passive	подчёркнутый

VERBAL ADVERBS

подчеркну́в

COMMANDS

подчеркни́
подчеркни́те

Usage

(+acc.)(+instr.)

Шко́льник подчеркну́л за́данные слова́ в в предложе́нии карандашо́м.	*The student underlined the required words in the sentence with a pencil.*
Учи́тель подчеркну́л оши́бки в рабо́тах ученико́в кра́сными черни́лами.	*The teacher underlined mistakes in the students' work in red ink.*
Врач подчеркну́л ва́жность иссле́дования для больно́го.	*The doctor emphasized the importance of the research for the patient.*
Дека́н ча́сто подчёркивает ва́жность рабо́ты преподава́теля.	*The dean often emphasizes the importance of a teacher's work.*
Хочу́ подчеркну́ть, что я́вка всех на собра́ние обяза́тельна.	*I would like to emphasize that attendance at the meeting is mandatory.*

regular type 1 verb in imp./perf. form type 2 stem: **позволя́й-/позво́ли-**

IMPERFECTIVE ASPECT		PERFECTIVE ASPECT	
PRESENT			
позволя́ю	позволя́ем		
позволя́ешь	позволя́ете		
позволя́ет	позволя́ют		
PAST		**PAST**	
позволя́л		позво́лил	
позволя́ла		позво́лила	
позволя́ло		позво́лило	
позволя́ли		позво́лили	
FUTURE		**FUTURE**	
бу́ду позволя́ть	бу́дем позволя́ть	позво́лю	позво́лим
бу́дешь позволя́ть	бу́дете позволя́ть	позво́лишь	позво́лите
бу́дет позволя́ть	бу́дут позволя́ть	позво́лит	позво́лят
SUBJUNCTIVE		**SUBJUNCTIVE**	
позволя́л бы		позво́лил бы	
позволя́ла бы		позво́лила бы	
позволя́ло бы		позво́лило бы	
позволя́ли бы		позво́лили бы	
PARTICIPLES		**PARTICIPLES**	
pres. active	позволя́ющий	*pres. active*	—
pres. passive	позволя́емый	*pres. passive*	—
past active	позволя́вший	*past active*	позво́ливший
past passive	—	*past passive*	позво́ленный
VERBAL ADVERBS		**VERBAL ADVERBS**	
позволя́я		позво́лив	
COMMANDS		**COMMANDS**	
позволя́й		позво́ль	
позволя́йте		позво́льте	

Usage

(+acc.)(+dat.)(+inf.)(+gen.)

Мы не позво́лили ей закури́ть в ко́мнате. — *We did not let her smoke in the room.*

Же́нщина никому́ не позволя́ла поднима́ть на неё ру́ку. — *The woman did not allow anyone to raise a hand to her.*

Позволя́я сы́ну мно́гое, мать упусти́ла его́. — *Letting her son do anything, the mother lost him.*

Позво́льте поблагодари́ть вас за по́мощь. — *Allow me to thank you for your help.*

Я позво́лила де́тям пойти́ в кино́. — *I let my children go to the movies.*

Она́ не позволя́ла, что́бы шуме́ли под о́кнами. — *She did not allow any noise below the windows.*

Мы не мо́жем себе́ позво́лить пое́хать в Евро́пу. — *We cannot afford to go to Europe.*

Idioms

Он лю́бит вы́пить, но ли́шнего себе́ не позволя́ет. — *He likes to drink, but does not allow himself to drink to excess.*

Я ро́скоши себе́ не позволя́ю, но на доста́ток не жа́луюсь. — *I do not allow myself luxuries, but I cannot complain about my income.*

Он ча́сто позволя́л себе́ во́льности в поведе́нии. — *He often allowed himself some liberty in his behavior.*

поздравля́ть/поздра́вить *to congratulate*

stem: **поздравля́й-/поздра́ви-** regular type 1 verb in imp./perf. form type 2

IMPERFECTIVE ASPECT		PERFECTIVE ASPECT	
PRESENT			
поздравля́ю	поздравля́ем		
поздравля́ешь	поздравля́ете		
поздравля́ет	поздравля́ют		
PAST		**PAST**	
поздравля́л		поздра́вил	
поздравля́ла		поздра́вила	
поздравля́ло		поздра́вило	
поздравля́ли		поздра́вили	
FUTURE		**FUTURE**	
бу́ду поздравля́ть	бу́дем поздравля́ть	поздра́влю	поздра́вим
бу́дешь поздравля́ть	бу́дете поздравля́ть	поздра́вишь	поздра́вите
бу́дет поздравля́ть	бу́дут поздравля́ть	поздра́вит	поздра́вят
SUBJUNCTIVE		**SUBJUNCTIVE**	
поздравля́л бы		поздра́вил бы	
поздравля́ла бы		поздра́вила бы	
поздравля́ло бы		поздра́вило бы	
поздравля́ли бы		поздра́вили бы	
PARTICIPLES		**PARTICIPLES**	
pres. active	поздравля́ющий	*pres. active*	—
pres. passive	поздравля́емый	*pres. passive*	—
past active	поздравля́вший	*past active*	поздра́вивший
past passive	—	*past passive*	поздра́вленный
VERBAL ADVERBS		**VERBAL ADVERBS**	
поздравля́я		поздра́вив	
COMMANDS		**COMMANDS**	
поздравля́й		поздра́вь	
поздравля́йте		поздра́вьте	

Usage

(+acc.)(c+instr.)(+instr.)

Поздравля́ю вас с Днём рожде́ния. — *Congratulations on your birthday!*

Мы поздра́вили ветера́на с Днём Побе́ды. — *We congratulated the veteran on Victory Day.*

Сотру́дников поздра́вили по слу́чаю Но́вого го́да. — *The employees were congratulated on New Year's Day.*

Я поздравля́ю знако́мых откры́тками. — *I congratulate my friends with greeting cards.*

Молодо́го челове́ка поздравля́ли с побе́дой в ко́нкурсе цвета́ми и пода́рками. — *For winning in the competition, the young man was greeted with flowers and gifts.*

Мы поздра́вили друг дру́га с на́шим юбиле́ем. — *We congratulated each other on our anniversary.*

Idioms

Не получи́ли пре́мии - с чем вас и поздравля́ю! — *You did not get a bonus - my congratulations!*

пока́зывать(ся)/показа́ть(ся)

regular type 1 verb in imp./perf. form type 3 stem: **пока́зывай+(ся)/показа+(ся)**

	IMPERFECTIVE ASPECT		PERFECTIVE ASPECT	
PRESENT				
	пока́зываю(сь)	пока́зываем(ся)		
	пока́зываешь(ся)	пока́зываете(сь)		
	пока́зывает(ся)	пока́зывают(ся)		
PAST			PAST	
	пока́зывал(ся)		показа́л(ся)	
	пока́зывала(сь)		показа́ла(сь)	
	пока́зывало(сь)		показа́ло(сь)	
	пока́зывали(сь)		показа́ли(сь)	
FUTURE			FUTURE	
	бу́ду пока́зывать(ся)	бу́дем пока́зывать(ся)	покажу́(сь)	пока́жем(ся)
	бу́дешь пока́зывать(ся)	бу́дете пока́зывать(ся)	пока́жешь(ся)	пока́жете(сь)
	бу́дет пока́зывать(ся)	бу́дут пока́зывать(ся)	пока́жет(ся)	пока́жут(ся)
SUBJUNCTIVE			SUBJUNCTIVE	
	пока́зывал(ся) бы		показа́л(ся) бы	
	пока́зывала(сь) бы		показа́ла(сь) бы	
	пока́зывало(сь) бы		показа́ло(сь) бы	
	пока́зывали(сь) бы		показа́ли(сь) бы	
PARTICIPLES			PARTICIPLES	
	pres. active	пока́зывающий(ся)	*pres. active*	—
	pres. passive	пока́зываемый	*pres. passive*	—
	past active	пока́зывавший(ся)	*past active*	показа́вший(ся)
	past passive	—	*past passive*	пока́занный
VERBAL ADVERBS			VERBAL ADVERBS	
	пока́зывая(сь)		показа́в(шись)	
COMMANDS			**COMMANDS**	
	пока́зывай(ся)		покажи́(сь)	
	пока́зывайте(сь)		покажи́те(сь)	

Usage

(+acc.)(+dat.)(в, на+acc.)(+instr.)

Ну, покажи́сь, как ты вы́глядишь? — *Come on, show yourself! How do you look?*
Покажи́ им себя́ во всей красе́. — *Show them yourself at your best.*
Я показа́ла полице́йскому свои́ права́. — *I showed the police officer my driver's license.*
Сего́дня в клу́бе пока́зывают но́вый ру́сский фи́льм. — *Today they are showing a new Russian movie at the club.*
Мы попроси́ли жи́телей показа́ть нам доро́гу. — *We asked the locals to show us the road.*
Они́ реши́ли показа́ть больно́го кардио́логу. — *They decided to show the patient to the cardiologist.*

Успоко́йся, не пока́зывай свою́ хра́брость. — *Calm down, and stop showing off your courage.*
Брат пока́зывал хоро́ший приме́р мла́дшим. — *My brother was a role model for the younger kids.*

Idioms

В э́той тёмной исто́рии он показа́л своё лицо́. — *He showed his true face in this dark story.*
Не пока́зывай ви́ду, что ты расстро́ен. — *Don't show anyone that you are upset.*

пока́зывать(ся)/показа́ть(ся) *to show*

stem: **пока́зывай+(ся)/показа+(ся)** regular type 1 verb in imp./perf. form type 3

Он показа́л высо́кие результа́ты в прыжка́х в высоту́.	*He showed high scores in high jumping.*
Термо́метр пока́зывал 20 гра́дусов вы́ше нуля́.	*The thermometer was showing 20 degrees above zero.*
Он показа́лся мне уста́вшим.	*He looked tired to me.*
Я реши́ла показа́ться у них на часо́к.	*I decided to stop by their place for an hour.*
Из-за што́ры показа́лось лицо́ и тут же исче́зло.	*A face looked out from behind the curtain and immediately disappeared.*
Из темноты́ показа́лись огни́ маши́ны.	*Car lights shone through the darkness.*
Шко́льникам показа́ли физи́ческие о́пыты.	*The students were shown physical experiments.*
Ребёнок показа́л па́льцем на звёзды.	*The child pointed a finger at the stars.*
Он показа́л себя́ зна́ющим рабо́тником.	*He showed himself to be a knowledgeable worker.*
Она́ пока́зывала с большо́й убеди́тельностью, как всё случи́лось.	*She showed very convincingly how everything happened.*
Мне показа́лось, что он что́-то вспо́мнил.	*It seemed to me that he remembered something.*

regular type 1 verb in imp./perf. form type 2 stem: **покупа́й-/купи-**

IMPERFECTIVE ASPECT		PERFECTIVE ASPECT	
PRESENT			
покупа́ю	покупа́ем		
покупа́ешь	покупа́ете		
покупа́ет	покупа́ют		
PAST		PAST	
покупа́л		купи́л	
покупа́ла		купи́ла	
покупа́ло		купи́ло	
покупа́ли		купи́ли	
FUTURE		FUTURE	
покупа́ю	покупа́ем	куплю́	ку́пим
покупа́ешь	покупа́ете	ку́пишь	ку́пите
покупа́ет	покупа́ют	ку́пит	ку́пят
SUBJUNCTIVE		SUBJUNCTIVE	
покупа́л бы		купи́л бы	
покупа́ла бы		купи́ла бы	
покупа́ло бы		купи́ло бы	
покупа́ли бы		купи́ли бы	
PARTICIPLES		PARTICIPLES	
pres. active	покупа́ющий	*pres. active*	—
pres. passive	покупа́емый	*pres. passive*	—
past active	покупа́вший	*past active*	купи́вший
past passive	—	*past passive*	ку́пленный
VERBAL ADVERBS		VERBAL ADVERBS	
покупа́я		купи́в	
COMMANDS		**COMMANDS**	
покупа́й		купи́	
покупа́йте		купи́те	

Usage

(+acc.)(+dat.)(в, на+prep.)(у, для+gen.)

Я пошла́ в бу́лочную купи́ть хле́ба. — *I went to the bakery to buy bread.*
Ну́жно купи́ть овоще́й на ры́нке. — *We need to buy vegetables at the market.*
Мы хоти́м купи́ть вну́ку игру́шки. — *We want to buy some toys for our grandson.*
Он покупа́ет маши́ну у своего́ сосе́да. — *He is buying a car from his neighbor.*
Она́ покупа́ет ту́фли по две́сти до́лларов. — *She buys shoes that cost $200.*
Мы купи́ли проду́ктов на сто до́лларов. — *We bought 100 dollars worth of groceries.*
Я не куплю́ кни́гу за 60 до́лларов. — *I will not buy a book for $60.*
Я покупа́ю всё в креди́т. — *I buy everything on credit.*
Подру́га покупа́ет оде́жду о́птом и в ро́зницу. — *My girlfriend buys clothes wholesale and retail.*
Тури́сты купи́ли духи́ на валю́ту. — *The tourists bought perfume with foreign currency.*

Idioms

Посмотри́ сам, что в паке́те, а то ку́пишь кота́ в мешке́. — *Look inside the package yourself, or you'll end up buying a cat in a bag.*
Он купи́л брю́ки по дешёвке. — *He bought pants cheap.*
Она́ покупа́ет тка́ни за копе́йки и шьёт краси́вые ве́щи. — *She buys fabrics for pennies and sews beautiful clothes.*
За что купи́л, за то и продаю́. — *I am giving it to you exactly how I got it.*

по́лзать/ползти́/поползти́ *to crawl*

stem: **по́лзай-/полз-/пополз-** indef. form type 1/def. & perf. forms type 5

IMPERFECTIVE ASPECT				PERFECTIVE ASPECT	
INDEFINITE		DEFINITE			
PRESENT		PRESENT			
по́лзаю	по́лзаем	ползу́	ползём		
по́лзаешь	по́лзаете	ползёшь	ползёте		
по́лзает	по́лзают	ползёт	ползу́т		
PAST		PAST		PAST	
по́лзал		полз		попо́лз	
по́лзала		ползла́		поползла́	
по́лзало		ползло́		поползло́	
по́лзали		ползли́		поползли́	
FUTURE		FUTURE		FUTURE	
бу́ду по́лзать	бу́дем по́лзать	бу́ду ползти́	бу́дем ползти́	поползу́	поползём
бу́дешь по́лзать	бу́дете по́лзать	бу́дешь ползти́	бу́дете ползти́	поползёшь	поползёте
бу́дет по́лзать	бу́дут по́лзать	бу́дет ползти́	бу́дут ползти́	поползёт	поползу́т
SUBJUNCTIVE		SUBJUNCTIVE		SUBJUNCTIVE	
по́лзал бы		полз бы		попо́лз бы	
по́лзала бы		ползла́ бы		поползла́ бы	
по́лзало бы		ползло́ бы		поползло́ бы	
по́лзали бы		ползли́ бы		поползли́ бы	
PARTICIPLES		PARTICIPLES		PARTICIPLES	
pres. active	по́лзающий	ползу́щий		—	
pres. passive	—	—		—	
past active	по́лзавший	по́лзший		попо́лзший	
past passive	—	—		—	
VERBAL ADVERBS		VERBAL ADVERBS		VERBAL ADVERBS	
по́лзая		ползя́		попо́лзши	
COMMANDS		COMMANDS		COMMANDS	
по́лзай		ползи́		поползи́	
по́лзайте		ползи́те		поползи́те	

Usage

(в, на, под+acc.)(к+dat.)(на+prep.)

Ребёнок по́лзает из угла́ в у́гол по ко́мнате.	*The child is crawling around the room from corner to corner.*
Щено́к попо́лз под крова́ть.	*The puppy crawled under the bed.*
Лиса́ поползла́ в свою́ но́ру.	*The fox crawled into her den.*
На площа́дке де́ти по́лзали на животе́ и бе́гали друг за дру́гом.	*At the playground, the children were crawling on their bellies and chasing each other.*
Те́сто в тёплой ку́хне поползло́ из горшка́.	*In the warm kitchen, the dough was rising out of the pot.*
По лицу́ води́теля ползли́ ка́пли по́та.	*Drops of sweat ran down the driver's face.*
Малы́ш на́чал по́лзать в де́вять ме́сяцев.	*The child started crawling at nine months.*
Ша́пка поползла́ ему́ на заты́лок.	*The hat was sliding down his head.*
Ползти́ пришло́сь под огнём врага́.	*We had to crawl under enemy fire.*

Idioms

Пе́ред нача́льством он на брю́хе по́лзает.	*He crawls on his belly before management.*
Он в нога́х у жены́ по́лзает.	*He kisses the ground beneath his wife's feet.*
Я чу́вствую, что у меня́ мура́шки по спине́ по́лзают.	*I felt goose bumps crawling up my spine.*

regular type 1 verb in imp./perf. form type 2 stem: **получа́й+(ся)/получи+(ся)**

IMPERFECTIVE ASPECT		PERFECTIVE ASPECT	
PRESENT			
получа́ю	получа́ем		
получа́ешь	получа́ете		
получа́ет(ся)	получа́ют(ся)		
PAST		**PAST**	
получа́л(ся)		получи́л(ся)	
получа́ла(сь)		получи́ла(сь)	
получа́ло(сь)		получи́ло(сь)	
получа́ли(сь)		получи́ли(сь)	
FUTURE		**FUTURE**	
бу́ду получа́ть	бу́дем получа́ть	получу́	полу́чим
бу́дешь получа́ть	бу́дете получа́ть	полу́чишь	полу́чите
бу́дет получа́ть(ся)	бу́дут получа́ть(ся)	полу́чит(ся)	полу́чат(ся)
SUBJUNCTIVE		**SUBJUNCTIVE**	
получа́л(ся) бы		получи́л(ся) бы	
получа́ла(сь) бы		получи́ла(сь) бы	
получа́ло(сь) бы		получи́ло(сь) бы	
получа́ли(сь) бы		получи́ли(сь) бы	
PARTICIPLES		**PARTICIPLES**	
pres. active	получа́ющий(ся)	*pres. active*	—
pres. passive	получа́емый	*pres. passive*	—
past active	получа́вший(ся)	*past active*	получи́вший(ся)
past passive	—	*past passive*	полу́ченный
VERBAL ADVERBS		**VERBAL ADVERBS**	
получа́я(сь)		получи́в(шись)	
COMMANDS		**COMMANDS**	
получа́й		получи́	
получа́йте		получи́те	

Usage

(+acc.)(от, у+gen.)(к+dat.)(в, на+prep.)

Из моего́ вну́ка полу́чится хоро́ший спортсме́н. — *My grandson will turn into a good athlete.*
На портре́те она получи́лась молодо́й и краси́вой. — *On the portrait, she looked young and beautiful.*
Пироги́ получи́лись на сла́ву. — *The pastries turned out perfectly.*
Интере́сно, что из э́того полу́чится. — *I wonder what will come of it.*
Мы получи́ли карто́шку из дере́вни, от тёти. — *We got potatoes from our aunt in the country.*
Они́ получи́ли удово́льствие от спекта́кля. — *They really enjoyed the play.*
Муж получа́ет подде́ржку от колле́г. — *My husband gets support from his colleagues.*
За хоро́шую рабо́ту я получи́ла награ́ду. — *I received an award for my good work.*
Го́род получи́л бассе́йн в дар от актёра. — *The actor gave a swimming pool as a gift to the city.*

Про́бку получа́ют из про́бкового де́рева. — *Cork is made from a cork tree.*
Ма́льчик получи́л замеча́ние за невнима́тельность на уро́ке. — *The boy was reprimanded for not paying attention in class.*
Мо́жно получи́ть но́мер с ви́дом на мо́ре? — *Could we get a room with an ocean view?*

Idioms

Отста́нь от неё, а то в ро́жу полу́чишь. — *Leave her alone or she'll give you a knuckle sandwich.*

338 пóльзоваться/воспóльзоваться *to use*

stem: **пóльзова+ся/воспóльзова+ся** regular type 4 verb (like **трéбовать)**

IMPERFECTIVE ASPECT

PRESENT

пóльзуюсь	пóльзуемся
пóльзуешься	пóльзуетесь
пóльзуется	пóльзуются

PAST

пóльзовался
пóльзовалась
пóльзовалось
пóльзовались

FUTURE

бýду пóльзоваться	бýдем пóльзоваться
бýдешь пóльзоваться	бýдете пóльзоваться
бýдет пóльзоваться	бýдут пóльзоваться

SUBJUNCTIVE

пóльзовался бы
пóльзовалась бы
пóльзовалось бы
пóльзовались бы

PARTICIPLES

pres. active	пóльзующийся
pres. passive	—
past active	пóльзовавшийся
past passive	—

VERBAL ADVERBS

пóльзуясь

COMMANDS

пóльзуйся
пóльзуйтесь

PERFECTIVE ASPECT

PAST

воспóльзовался
воспóльзовалась
воспóльзовалось
воспóльзовались

FUTURE

воспóльзуюсь	воспóльзуемся
воспóльзуешься	воспóльзуетесь
воспóльзуется	воспóльзуются

SUBJUNCTIVE

воспóльзовался бы
воспóльзовалась бы
воспóльзовалось бы
воспóльзовались бы

PARTICIPLES

pres. active	—
pres. passive	—
past active	воспóльзовавшийся
past passive	—

VERBAL ADVERBS

воспóльзовавшись

COMMANDS

воспóльзуйся
воспóльзуйтесь

Usage

(+instr.)(в, на+prep.)

Он пóльзуется городскóй библиотéкой.	*He makes use of the public library.*
Он дáже не пóльзуется словарём.	*He does not even use a dictionary.*
В Киéве я пóльзовалась городски́м трáнспортом.	*In Kiev I used public transportation.*
Я воспóльзовался слýчаем и сел ря́дом с ней.	*I grabbed the opportunity and sat next to her.*
Чтóбы помолóть мя́со, я пóльзуюсь механи́ческой мясорýбкой.	*To grind meat, I use a mechanical meat grinder.*
Он пóльзуется довéрием лю́дей.	*He enjoys the people's trust.*
Балéт пóльзовался больши́м успéхом.	*The ballet met with a big success.*
Пóльзуясь авторитéтом, он мог реши́ть вáжные вопрóсы.	*Enjoying his authority, he was able to solve important issues.*
Во врéмя грозы́ мы не могли́ пóльзоваться электри́чеством.	*During the storm we could not use electricity.*
В походé мы пóльзовались кóмпасом.	*On the hike we used a compass.*
Я не пóльзуюсь их услýгами.	*I do not use their services.*
Ветерáны пóльзуются осóбыми преимýществами.	*Veterans enjoy special privileges.*
Нáши товáры пóльзуются спрóсом.	*Our goods are in demand.*

to remember

по́мнить/вспо́мнить

regular type 2 verb (like **говори́ть**)

stem: **по́мни-/вспо́мни-**

IMPERFECTIVE ASPECT

PRESENT

по́мню	по́мним
по́мнишь	по́мните
по́мнит	по́мнят

PAST

по́мнил
по́мнила
по́мнило
по́мнили

FUTURE

бу́ду по́мнить	бу́дем по́мнить
бу́дешь по́мнить	бу́дете по́мнить
бу́дет по́мнить	бу́дут по́мнить

SUBJUNCTIVE

по́мнил бы
по́мнила бы
по́мнило бы
по́мнили бы

PARTICIPLES

pres. active	по́мнящий
pres. passive	—
past active	по́мнивший
past passive	—

VERBAL ADVERBS

по́мня

COMMANDS

по́мни
по́мните

PERFECTIVE ASPECT

PAST

вспо́мнил
вспо́мнила
вспо́мнило
вспо́мнили

FUTURE

вспо́мню	вспо́мним
вспо́мнишь	вспо́мните
вспо́мнит	вспо́мнят

SUBJUNCTIVE

вспо́мнил бы
вспо́мнила бы
вспо́мнило бы
вспо́мнили бы

PARTICIPLES

pres. active	—
pres. passive	—
past active	вспо́мнивший
past passive	вспо́мненный

VERBAL ADVERBS

вспо́мнив

COMMANDS

вспо́мни
вспо́мните

Usage

(+acc.)(о+prep.)

Я всегда́ вспомина́ю своё де́тство.	*I always remember my childhood.*
Я по́мню всех шко́льных друзе́й.	*I remember all my classmates.*
Ребёнком она́ по́мнила наизу́сть де́тские стихи́.	*As a child, she memorized children's poems.*
Он по́мнит о свои́х обя́занностях на рабо́те и в семье́.	*He remembers his responsibilities at work and at home.*
Они́ по́мнят меня́ ещё де́вочкой.	*They remember me as a little girl.*
Я по́мню её молодо́й и ху́денькой.	*I remember her being young and thin.*
Она́ по́мнит меня спеша́щей на уро́ки.	*She remembers me always rushing off to school.*
Мы по́мним его как чемпио́на ми́ра по ша́хматам.	*We remember him as World Chess Champion.*
Я вспо́мнил, где она́ живёт.	*I remembered where she lives.*
Он вспо́мнил, как она́ уе́хала учи́ться.	*He remembered how she left for school.*

Idioms

Я не по́мнил себя́ от гне́ва.	*I was beside myself with anger.*
Я не по́мню себя́ от ра́дости.	*I was jumping for joy.*
Ла́дно, я зла́ не по́мню.	*It's OK, I do not hold a grudge.*

340 помога́ть/помо́чь

to help, assist

stem: **помога́й-/irreg.**

regular type 1 verb in imp./perf. form type 6

	IMPERFECTIVE ASPECT		PERFECTIVE ASPECT	
PRESENT				
	помога́ю	помога́ем		
	помога́ешь	помога́ете		
	помога́ет	помога́ют		
PAST				
	помога́л		помо́г	
	помога́ла		помогла́	
	помога́ло		помогло́	
	помога́ли		помогли́	
FUTURE				
	бу́ду помога́ть	бу́дем помога́ть	помогу́	помо́жем
	бу́дешь помога́ть	бу́дете помога́ть	помо́жешь	помо́жете
	бу́дет помога́ть	бу́дут помога́ть	помо́жет	помо́гут
SUBJUNCTIVE				
	помога́л бы		помо́г бы	
	помога́ла бы		помогла́ бы	
	помога́ло бы		помогло́ бы	
	помога́ли бы		помогли́ бы	
PARTICIPLES				
pres. active		помога́ющий		—
pres. passive		—		—
past active		помога́вший		помо́гший
past passive		—		—
VERBAL ADVERBS				
	помога́я		помо́гши	
COMMANDS				
	помога́й		помоги́	
	помога́йте		помоги́те	

Usage

(+dat.)(в+prep.)(+instr.)

Мы помога́ем ма́ме по хозя́йству. — *We help mother with the chores.*
Они́ помога́ют шко́ле в сбо́ре макулату́ры. — *They help the school with recycling.*
Я всегда́ помога́ла в учёбе сла́бым ученика́м. — *I always helped weaker students with their studies.*

Друзья́ помогли́ мое́й семье́ в беде́. — *Friends helped my family in times of trouble.*
Помоги́те мне сове́том. — *Give me some advice.*
Ро́дственники помога́ли нам деньга́ми. — *Relatives helped us financially.*
Де́вушка помогла́ стару́шке перейти́ доро́гу. — *The girl helped an old lady cross the road.*

Proverbs/Sayings/Idioms

До́ма и сте́ны помога́ют. — *At home, even the walls are on your side.*
Ну, помога́й бог, пое́хали. (поговорка) — *God be with us, let's go.*
Не́ было бы сча́стья, да несча́стье помогло́. (пословица) — *They would have failed, if it wasn't for misfortune's help.*
Помога́я себе́, ты помога́ешь о́бществу. (поговорка) — *By helping yourself, you help society.*

regular type 1 verb in imp./perf. form irregular stem: **понима́й-/пойм-**

IMPERFECTIVE ASPECT		PERFECTIVE ASPECT	
PRESENT			
понима́ю	понима́ем		
понима́ешь	понима́ете		
понима́ет	понима́ют		
PAST		**PAST**	
понима́л		по́нял	
понима́ла		поняла́	
понима́ло		по́няло	
понима́ли		по́няли	
FUTURE		**FUTURE**	
бу́ду понима́ть	бу́дем понима́ть	пойму́	поймём
бу́дешь понима́ть	бу́дете понима́ть	поймёшь	поймёте
бу́дет понима́ть	бу́дут понима́ть	поймёт	пойму́т
SUBJUNCTIVE		**SUBJUNCTIVE**	
понима́л бы		по́нял бы	
понима́ла бы		поняла́ бы	
понима́ло бы		по́няло бы	
понима́ли бы		по́няли бы	
PARTICIPLES		**PARTICIPLES**	
pres. active	понима́ющий	*pres. active*	—
pres. passive	понима́емый	*pres. passive*	—
past active	понима́вший	*past active*	поня́вший
past passive	—	*past passive*	по́нятый
VERBAL ADVERBS		**VERBAL ADVERBS**	
понима́я		поня́в	
COMMANDS		**COMMANDS**	
понима́й		пойми́	
понима́йте		пойми́те	

Usage

(+acc.)(в+prep.)(+instr.)

Мы хорошо́ понима́ем друг дру́га. — *We understand each other very well.*

Жаль, что ты не понима́ешь меня́. — *It's a pity you do not understand me.*

Я понима́ю по́льский язы́к, но не говорю́ по-по́льски. — *I understand Polish, but do not speak it.*

Студе́нт не по́нял зако́н фи́зики. — *The student did not understand a law of physics.*

Смысл э́того сло́ва мне не поня́тен. — *I do not understand the meaning of this word.*

Она́ не понима́ет свои́ оши́бки и повторя́ет их. — *She does not learn from her mistakes, and continues to repeat them.*

Ты не по́нял шу́тку и оби́делся. — *You did not understand the joke and were offended.*

Я понима́ю му́зыку, но ничего́ не понима́ю в поэ́зии. — *I understand music, but I do not get poetry.*

Тепе́рь мы понима́ем, почему́ она́ ушла́ с рабо́ты. — *Now we understand why she left her job.*

понима́ть/поня́ть

to understand

stem: **понима́й-/пойм-**

regular type 1 verb in imp./perf. form irregular

Я так и не по́нял, где вы живёте.	*I did not understand where you live.*
Он немно́го понима́ет по-ру́сски.	*He understands Russian a little.*
Я не понима́ю, когда́ ко́нчатся э́ти разгово́ры.	*I do not understand when these conversations are going to end.*
Мы не понима́ем, что происхо́дит.	*We do not understand what's going on.*
Я не понима́ю,кто же бу́дет рабо́тать.	*I do not understand who is going to do the work.*

Idioms

Он не понима́ет толк в лошадя́х.	*He has no clue about horses.*
Вот э́то я понима́ю - дом!	*Now, this is a house!*

regular type 1 verb in imp./perf. form type 5 stem: **попадай-/попад-**

IMPERFECTIVE ASPECT		PERFECTIVE ASPECT	
PRESENT			
попада́ю	попада́ем		
попада́ешь	попада́ете		
попада́ет	попада́ют		
PAST		PAST	
попада́л		попа́л	
попада́ла		попа́ла	
попада́ло		попа́ло	
попада́ли		попа́ли	
FUTURE		FUTURE	
бу́ду попада́ть	бу́дем попада́ть	попаду́	попадём
бу́дешь попада́ть	бу́дете попада́ть	попадёшь	попадёте
бу́дет попада́ть	бу́дут попада́ть	попадёт	попаду́т
SUBJUNCTIVE		SUBJUNCTIVE	
попада́л бы		попа́л бы	
попада́ла бы		попа́ла бы	
попада́ло бы		попа́ло бы	
попада́ли бы		попа́ли бы	
PARTICIPLES		PARTICIPLES	
pres. active	попада́ющий	*pres. active*	—
pres. passive	—	*pres. passive*	—
past active	попада́вший	*past active*	попа́вший
past passive	—	*past passive*	—
VERBAL ADVERBS		VERBAL ADVERBS	
попада́я		попа́в	
COMMANDS		**COMMANDS**	
попада́й		попади́	
попада́йте		попади́те	

Usage

(в, на+acc.)(к+dat.)(+dat.)(+instr.)(под+acc.)

Не ска́жите, как попа́сть в теа́тр? — *Can you tell me how to get to the theater?*

Из при́города мо́жно попа́сть в центр го́рода на авто́бусе. — *You can get from the suburbs to downtown on the bus.*

В столи́цу мы попадём к ве́черу по́ездом. — *We will get to the capital in the evening by train.*

Наш друг попа́л в беду́. — *Our friend got into trouble.*

Он попа́л в плохую компа́нию. — *He got mixed up in bad company.*

На шоссе́ маши́на попа́ла в ава́рию. — *The car got into an accident on the highway.*

Он попа́л в а́рмию из шко́лы и отпра́вился на фронт. — *He got into the army right after school and was sent to the front.*

Я рад, что попа́л в университе́т. — *I am glad I got into the university.*

Кни́га попа́ла в ну́жные ру́ки. — *The book fell into the right hands.*

В темноте́ я не мог попа́сть ключо́м в замо́к. — *In the dark, I could not get my key into the lock.*

Он ско́ро попа́л под влия́ние жены́. — *He soon fell under the influence of his wife.*

Отря́д попа́л под обстре́л. — *The detachment fell under enemy fire.*

Мы не заме́тили, как попа́ли в лову́шку. — *We did not notice how we got into a trap.*

Неожи́данно взвод попа́л в заса́ду. — *Unexpectedly, the platoon was caught in an ambush.*

попада́ть/попа́сть

to hit; to get to

stem: **попадай-/попад-**

regular type 1 verb in imp./perf. form type 5

Подро́стки попа́ли на скамью́ подсуди́мых. — *The juveniles were tried in court.*
Он броса́ет свои́ ве́щи где попа́ло. — *He throws his clothes all over the place.*
Я ушла́ бы отсю́да куда́ попа́ло. — *I would go anywhere away from here.*
Как она́ попа́ла в руководи́тели? — *How did she get in management?*
К сожале́нию, мно́гие попаду́т под сокраще́ние. — *Unfortunately, many will be laid off.*

Idioms

Он так точно сказа́л, как попа́л па́льцем в не́бо. — *He said it in a way that was way off the mark.*
Я не заме́тил, как попа́л в переплёт. — *I didn't notice that I was being scrutinized.*
Вы попа́ли в са́мую то́чку, характеризу́я его́. — *You hit the nail on the head!*
Пра́вильно, ты попа́л не в бро́вь, а в глаз. — *You are exactly right.*
Одно́ сло́во про́тив него́ - и ты уже попа́л на зуб. — *One word against him and you will become the butt of his ridicule.*

regular type 2 verb (like **говори́ть**) stem: **по́рти-/испо́рти-**

	IMPERFECTIVE ASPECT			PERFECTIVE ASPECT	
PRESENT					
по́рчу		по́ртим			
по́ртишь		по́ртите			
по́ртит		по́ртят			
PAST			PAST		
по́ртил			испо́ртил		
по́ртила			испо́ртила		
по́ртило			испо́ртило		
по́ртили			испо́ртили		
FUTURE			FUTURE		
бу́ду по́ртить		бу́дем по́ртить	испо́рчу		испо́ртим
бу́дешь по́ртить		бу́дете по́ртить	испо́ртишь		испо́ртите
бу́дет по́ртить		бу́дут по́ртить	испо́ртит		испо́ртят
SUBJUNCTIVE			SUBJUNCTIVE		
по́ртил бы			испо́ртил бы		
по́ртила бы			испо́ртила бы		
по́ртило бы			испо́ртило бы		
по́ртили бы			испо́ртили бы		
PARTICIPLES			PARTICIPLES		
pres. active		по́ртящий	*pres. active*		—
pres. passive		—	*pres. passive*		—
past active		по́ртивший	*past active*		испо́ртивший
past passive		по́рченный	*past passive*		испо́рченный
VERBAL ADVERBS			VERBAL ADVERBS		
по́ртя			испо́ртив		
COMMANDS			**COMMANDS**		
по́рти			испо́рти		
по́ртьте			испо́ртьте		

Usage

(+acc.)(+dat.)(+себе́)(+instr.)

Вы испо́ртили дорого́й прибо́р непра́вильной эксплуата́цией.	*You ruined an expensive piece of equipment by using it incorrectly.*
Не чита́й в темноте́, ты по́ртишь себе́ зре́ние.	*Don't read in the dark, you'll ruin your eyes.*
Он по́ртит себе́ здоро́вье.	*He is ruining his health.*
Гря́зная посу́да испо́ртила мне аппети́т.	*The dirty dishes ruined my appetite.*
Это был я́вно испо́рченный ве́чер.	*The evening was clearly ruined.*
Испо́ртив всем насторе́ние, она́ уе́хала.	*Having spoiled everyone's mood, she left.*
Живя́ с ним, она́ испо́ртила свою́ жизнь.	*By living with him she ruined her life.*
Постара́йся не испо́ртить впечатле́ние о себе́.	*Try not to spoil their opinion of you.*
Ста́рое зда́ние по́ртит вид на океа́н.	*An old building ruins the view of the ocean.*
Мы оконча́тельно испо́ртили отноше́ния с сосе́дом.	*We have completely ruined our relationship with our neighbor.*

Proverbs/Sayings/Idioms

Парши́вая овца́ всё ста́до по́ртит. (пословица)	*One bad sheep ruins the flock.*
Она́ испо́ртила мне удово́льствие встре́чи.	*She spoiled the pleasure of the meeting for me.*
Он ве́чно мне кровь по́ртит.	*He makes me miserable.*
Стари́к испо́ртил во́здух в ко́мнате.	*An old man passed gas in the room.*
Ма́льчик по́ртит не́рвы роди́телям.	*The boy irritates his parents.*

344 порыва́ть/порва́ть

to tear up

stem: **порыва́й-/порви́-** regular type 1 verb in imp./perf. form type 3

	IMPERFECTIVE ASPECT			PERFECTIVE ASPECT	
PRESENT					
	порыва́ю	порыва́ем			
	порыва́ешь	порыва́ете			
	порыва́ет	порыва́ют			
PAST			**PAST**		
	порыва́л			порва́л	
	порыва́ла			порвала́	
	порыва́ло			порва́ло	
	порыва́ли			порва́ли	
FUTURE			**FUTURE**		
	бу́ду порыва́ть	бу́дем порыва́ть		порву́	порвём
	бу́дешь порыва́ть	бу́дете порыва́ть		порвёшь	порвёте
	бу́дет порыва́ть	бу́дут порыва́ть		порвёт	порву́т
SUBJUNCTIVE			**SUBJUNCTIVE**		
	порыва́л бы			порва́л бы	
	порыва́ла бы			порвала́ бы	
	порыва́ло бы			порва́ло бы	
	порыва́ли бы			порва́ли бы	
PARTICIPLES			**PARTICIPLES**		
	pres. active	порыва́ющий		*pres. active*	—
	pres. passive	порыва́емый		*pres. passive*	—
	past active	порыва́вший		*past active*	порва́вший
	past passive	—		*past passive*	по́рванный
VERBAL ADVERBS			**VERBAL ADVERBS**		
	порыва́я			порва́в	
COMMANDS			**COMMANDS**		
	порыва́й			порви́	
	порыва́йте			порви́те	

Usage

(+acc.)(c+instr.)

Стра́ны порва́ли дипломати́ческие отноше́ния. — *The countries severed diplomatic ties.*

Он реши́л порва́ть с про́шлой жи́знью. — *He decided to break with his old life.*

Не сто́ит порыва́ть с ве́рными друзья́ми. — *Do not break away from old friends.*

Я случа́йно порвала́ ю́бку о гвоздь. — *I accidentally tore the skirt on a nail.*

Она́ порвала́ непрочи́танное письмо́. — *She tore the letter apart without reading it first.*

Музыка́нт порва́л струну́ скри́пки. — *The musician broke the string on his violin.*

Я не могу́ порва́ть со ста́рыми тради́циями. — *I cannot break away from the old traditions.*

Ве́тер порва́л паруса́ я́хты. — *The wind tore apart the sails on the yacht.*

Он пришёл на свида́ние в по́рванной руба́шке. — *He went on a date in a torn shirt.*

Ко́шка порвала́ в кло́чья бе́дную пти́цу. — *The cat tore the poor bird apart.*

regular type 1 verb in imp./perf. form type 2 stem: **посвяща́й-/посвяти́-**

IMPERFECTIVE ASPECT		PERFECTIVE ASPECT	
PRESENT			
посвяща́ю	посвяща́ем		
посвяща́ешь	посвяща́ете		
посвяща́ет	посвяща́ют		
PAST		PAST	
посвяща́л		посвяти́л	
посвяща́ла		посвяти́ла	
посвяща́ло		посвяти́ло	
посвяща́ли		посвяти́ли	
FUTURE		FUTURE	
бу́ду посвяща́ть	бу́дем посвяща́ть	посвящу́	посвяти́м
бу́дешь посвяща́ть	бу́дете посвяща́ть	посвяти́шь	посвяти́те
бу́дет посвяща́ть	бу́дут посвяща́ть	посвяти́т	посвятя́т
SUBJUNCTIVE		SUBJUNCTIVE	
посвяща́л бы		посвяти́л бы	
посвяща́ла бы		посвяти́ла бы	
посвяща́ло бы		посвяти́ло бы	
посвяща́ли бы		посвяти́ли бы	
PARTICIPLES		PARTICIPLES	
pres. active	посвяща́ющий	*pres. active*	—
pres. passive	посвяща́емый	*pres. passive*	—
past active	посвяща́вший	*past active*	посвяти́вший
past passive	—	*past passive*	посвящённый
VERBAL ADVERBS		VERBAL ADVERBS	
посвяща́я		посвяти́в	
COMMANDS		**COMMANDS**	
посвяща́й		посвяти́	
посвяща́йте		посвяти́те	

Usage

(+acc.)(+dat.)(в+acc.)

А́втор посвяща́ет кни́гу жене́. — *The author dedicates the book to his wife.*

Не посвяща́йте меня́ в ва́ши та́йны. — *Do not let me in on your secrets.*

У нас был ве́чер, посвящённый па́мяти поги́бших. — *We had a party dedicated to the memory of fallen comrades.*

Для непосвящённых всё здесь вы́глядит прекра́сно. — *For those who are unaware, everything here looks perfect.*

Ещё мно́гие десятиле́тия поэ́ты бу́дут посвяща́ть стихи́ геро́ям войны́. — *For many more years, poets will dedicate poems to war heroes.*

По́ла Макка́ртни посвяти́ли в ры́цари. — *Paul McCartney was knighted.*

Акаде́мик Са́харов посвяти́л свою́ жизнь нау́ке и борьбе́ за права́ челове́ка. — *Academician Sakharov dedicated his life to science and the struggle for human rights.*

посеща́ть/посети́ть

to visit

stem: **посеща́й-/посети́-** regular type 1 verb in imp./perf. form type 2

IMPERFECTIVE ASPECT		PERFECTIVE ASPECT	
PRESENT			
посеща́ю	посеща́ем		
посеща́ешь	посеща́ете		
посеща́ет	посеща́ют		
PAST		**PAST**	
посеща́л		посети́л	
посеща́ла		посети́ла	
посеща́ло		посети́ло	
посеща́ли		посети́ли	
FUTURE		**FUTURE**	
бу́ду посеща́ть	бу́дем посеща́ть	посещу́	посети́м
бу́дешь посеща́ть	бу́дете посеща́ть	посети́шь	посети́те
бу́дет посеща́ть	бу́дут посеща́ть	посети́т	посетя́т
SUBJUNCTIVE		**SUBJUNCTIVE**	
посеща́л бы		посети́л бы	
посеща́ла бы		посети́ла бы	
посеща́ло бы		посети́ло бы	
посеща́ли бы		посети́ли бы	
PARTICIPLES		**PARTICIPLES**	
pres. active	посеща́ющий	*pres. active*	—
pres. passive	посеща́емый	*pres. passive*	—
past active	посеща́вший	*past active*	посети́вший
past passive	—	*past passive*	посещённый
VERBAL ADVERBS		**VERBAL ADVERBS**	
посеща́я		посети́в	
COMMANDS		**COMMANDS**	
посеща́й		посети́	
посеща́йте		посети́те	

Usage

(+acc.)(в+prep.)

Президе́нт Росси́и посети́л США с официа́льным визи́том. — *The President of Russia visited the USA on an official visit.*

Го́сти ре́дко посеща́ют наш дом. — *Guests rarely visit our house.*

Студе́нтами мы ча́сто посеща́ли теа́тры. — *As students, we frequented the theater.*

Посеща́я врача́, не забу́дь взять реце́пт на лека́рство. — *When you are at the doctor's, don't forget to get a prescription for the drug.*

Посети́вшая вы́ставку делега́ция вы́разила своё восхище́ние. — *After visiting the exhibition, the delegation expressed their delight.*

Бы́вшие ученики́ посети́ли своего́ учи́теля. — *Former students visited their teacher.*

Я переста́л посеща́ть его́ ле́кции. — *I stopped going to his lectures.*

Де́тям до 16 лет запреща́лось посеща́ть в кино́ вече́рние сеа́нсы. — *Children under 16 were prohibited from attending evening shows at the movies.*

regular type 1 verb in imp./perf. form type 2 stem: **поступа́й-/поступи-**

IMPERFECTIVE ASPECT		PERFECTIVE ASPECT	
PRESENT			
поступа́ю	поступа́ем		
поступа́ешь	поступа́ете		
поступа́ет	поступа́ют		
PAST		**PAST**	
поступа́л		поступи́л	
поступа́ла		поступи́ла	
поступа́ло		поступи́ло	
поступа́ли		поступи́ли	
FUTURE		**FUTURE**	
бу́ду поступа́ть	бу́дем поступа́ть	поступлю́	посту́пим
бу́дешь поступа́ть	бу́дете поступа́ть	посту́пишь	посту́пите
бу́дет поступа́ть	бу́дут поступа́ть	посту́пит	посту́пят
SUBJUNCTIVE		**SUBJUNCTIVE**	
поступа́л бы		поступи́л бы	
поступа́ла бы		поступи́ла бы	
поступа́ло бы		поступи́ло бы	
поступа́ли бы		поступи́ли бы	
PARTICIPLES		**PARTICIPLES**	
pres. active	поступа́ющий	*pres. active*	—
pres. passive	—	*pres. passive*	—
past active	поступа́вший	*past active*	поступи́вший
past passive	—	*past passive*	—
VERBAL ADVERBS		**VERBAL ADVERBS**	
поступа́я		поступи́в	
COMMANDS		**COMMANDS**	
поступа́й		поступи́	
поступа́йте		поступи́те	

Usage

(в, на+acc.)(+inf.)

Я поступи́л в университе́т в 17 лет. — *I enrolled in the university at the age of 17.*

По́сле рассле́дования де́ло поступи́ло в суд. — *After the investigation, the case went to court.*

Това́ры поступи́ли в прода́жу. — *The goods went on sale.*

Машини́стка поступа́ет в ва́ше распоряже́ние. — *The typist is at your disposal.*

Поступа́йте, как хоти́те, а я остаю́сь при своём мне́нии. — *Do whatever you want; I will stick to my opinion.*

Я хочу́ поступи́ть на ку́рсы шитья́. — *I want to enroll in the sewing class.*

Он поступи́л на рабо́ту 15 лет наза́д. — *He started working 15 years ago.*

Заявле́ние поступи́ло на рассмотре́ние нача́льства. — *The application was submitted to management for review.*

Дире́ктор заво́да поступа́л сюда́ просты́м рабо́чим. — *The plant director started here as a simple worker.*

поступа́ть/поступи́ть

to enroll, enter; to treat

stem: **поступа́й-/поступи-**

regular type 1 verb in imp./perf. form type 2

Я не зна́ю, за что он нехорошо́ поступи́л со мной. — *I don't know why he treated me so badly.*

Он два́жды поступа́л учи́ться на инжене́ра. — *He applied twice to study at the engineering school.*

Информа́ция поступи́ла из соли́дного исто́чника. — *The information came from a respectable source.*

С се́вера ста́ли поступа́ть пото́ки холо́дного во́здуха. — *Streams of cold air were coming from the north.*

Ежедне́вно поступа́ют но́вые све́дения из Ира́ка. — *Every day news comes from Iraq.*

Журна́лы почему́-то не поступаю́т во́время подпи́счикам. — *For some reason, magazines do not reach their subscribers on time.*

regular type 1 verb in imp./perf. form irregular stem: **посыла́й-/посла́-**

	IMPERFECTIVE ASPECT		PERFECTIVE ASPECT	
PRESENT				
	посыла́ю	посыла́ем		
	посыла́ешь	посыла́ете		
	посыла́ет	посыла́ют		
PAST				
	посыла́л		посла́л	
	посыла́ла		посла́ла	
	посыла́ло		посла́ло	
	посыла́ли		посла́ли	
FUTURE				
	бу́ду посыла́ть	бу́дем посыла́ть	пошлю́	пошлём
	бу́дешь посыла́ть	бу́дете посыла́ть	пошлёшь	пошлёте
	бу́дет посыла́ть	бу́дут посыла́ть	пошлёт	пошлю́т
SUBJUNCTIVE				
	посыла́л бы		посла́л бы	
	посыла́ла бы		посла́ла бы	
	посыла́ло бы		посла́ло бы	
	посыла́ли бы		посла́ли бы	
PARTICIPLES				
	pres. active	посыла́ющий	*pres. active*	—
	pres. passive	посыла́емый	*pres. passive*	—
	past active	посыла́вший	*past active*	посла́вший
	past passive	—	*past passive*	по́сланный
VERBAL ADVERBS				
	посыла́я		посла́в	
COMMANDS				
	посыла́й		пошли́	
	посыла́йте		пошли́те	

Usage

(+acc.)(в, на+acc.)(к+dat.)(+dat.)(за+instr.)(+inf.)

Я посла́ла посы́лку до́чери. *I sent a package to my daughter.*
Она́ посла́ла статью́ в газе́ту. *She sent an article to the newspaper.*
Малы́ш посла́л мне возду́шный поцелу́й. *The child blew me a kiss.*
Я посла́ла му́жа в апте́ку. *I sent my husband to the drugstore.*
Он посла́л семью́ на юг. *She sent her family down south.*
Мы посла́ли бага́ж мо́рем. *We sent our crate by sea.*
Я посыла́ю докуме́нты по фа́ксу. *I am sending the documents via fax.*
Шко́ла посыла́ет ученико́в собира́ть макулату́ру. *The school sends students to gather paper for recycling.*
Меня́ посла́ли за хле́бом. *I was sent to get bread.*
Я посла́ла паке́т с дру́гом. *I sent the package with a friend.*
Футболи́ст успе́шно посла́л мяч в воро́та. *The soccer player successfully sent the ball into the goal.*

Пошли́ мне свою́ фотогра́фию. *Send me your picture.*

Idioms

Пошли́те им от меня́ покло́н. *Send them my greetings.*

появля́ться/появи́ться

to appear

stem: **появля́й+ся/появи+ся** regular type 1 verb in imp./perf. form type 2

	IMPERFECTIVE ASPECT		PERFECTIVE ASPECT	
PRESENT				
	появля́юсь	появля́емся		
	появля́ешься	появля́етесь		
	появля́ется	появля́ются		
PAST				
	появля́лся		появи́лся	
	появля́лась		появи́лась	
	появля́лось		появи́лось	
	появля́лись		появи́лись	
FUTURE				
	бу́ду появля́ться	бу́дем появля́ться	появлю́сь	поя́вимся
	бу́дешь появля́ться	бу́дете появля́ться	поя́вишься	поя́витесь
	бу́дет появля́ться	бу́дут появля́ться	поя́вится	поя́вятся
SUBJUNCTIVE				
	появля́лся бы		появи́лся бы	
	появля́лась бы		появи́лась бы	
	появля́лось бы		появи́лось бы	
	появля́лись бы		появи́лись бы	
PARTICIPLES				
	pres. active	появля́ющийся	*pres. active*	—
	pres. passive	—	*pres. passive*	—
	past active	появля́вшийся	*past active*	появи́вшийся
	past passive	—	*past passive*	—
VERBAL ADVERBS				
	появля́ясь		появи́вшись	
COMMANDS				
	появля́йся		появи́сь	
	появля́йтесь		появи́тесь	

Usage

(в, на+prep.)(у+gen.)

Появля́йтесь у нас, когда́ смо́жете. — *Come and see us whenever you can.*

Из темноты́ появи́лись огни́ маши́ны. — *The car lights shone in the dark.*

Ко́шка вдруг появи́лась из-за занаве́ски. — *The cat suddenly emerged from behind the curtain.*

Молодо́й актёр впервы́е появи́лся на сце́не. — *A young actor appeared on the stage for the first time.*

Он появи́лся неожи́данно, как привиде́ние. — *He suddenly appeared like a ghost.*

Она́ неожи́данно появля́лась и исчеза́ла. — *She appeared and disappeared unexpectedly.*

Idioms

Вы появля́етесь, как кра́сное со́лнышко. — *You show up every once in a while.*

Он появи́лся на свет в разру́шенном го́роде. — *He was born in a ruined city.*

regular type 4 verb (like **тре́бовать**) stem: **пра́зднова-/отпра́зднова-**

IMPERFECTIVE ASPECT		PERFECTIVE ASPECT	
PRESENT			
пра́здную	пра́зднуем		
пра́зднуешь	пра́зднуете		
пра́зднует	пра́зднуют		
PAST		PAST	
пра́здновал		отпра́здновал	
пра́здновала		отпра́здновала	
пра́здновало		отпра́здновало	
пра́здновали		отпра́здновали	
FUTURE		FUTURE	
бу́ду пра́здновать	бу́дем пра́здновать	отпра́здную	отпра́зднуем
бу́дешь пра́здновать	бу́дете пра́здновать	отпра́зднуешь	отпра́зднуете
бу́дет пра́здновать	бу́дут пра́здновать	отпра́зднует	отпра́зднуют
SUBJUNCTIVE		SUBJUNCTIVE	
пра́здновал бы		отпра́здновал бы	
пра́здновала бы		отпра́здновала бы	
пра́здновало бы		отпра́здновало бы	
пра́здновали бы		отпра́здновали бы	
PARTICIPLES		PARTICIPLES	
pres. active	пра́зднующий	*pres. active*	—
pres. passive	пра́зднуемый	*pres. passive*	—
past active	пра́здновавший	*past active*	отпра́здновавший
past passive	пра́зднованный	*past passive*	отпра́зднованный
VERBAL ADVERBS		VERBAL ADVERBS	
пра́зднуя		отпра́здновав	
COMMANDS		**COMMANDS**	
пра́зднуй		отпра́зднуй	
пра́зднуйте		отпра́зднуйте	

Usage

(+acc.)(в, на+prep.)

Мы пра́зднуем Но́вый год в семье́. — *We celebrate the New Year with our family.*

Они́ отпра́здновали встре́чу вдвоём. — *They celebrated the meeting together.*

Пра́зднуя сва́дьбу, мы созва́ли весь дом. — *To celebrate our wedding, we called the entire building together.*

Мы бу́дем пра́здновать День Побе́ды, пока́ жи́вы. — *We will celebrate Victory Day for as long as we live.*

Пра́зднуйте без меня́, я душо́й с ва́ми. — *Celebrate without me, I am with you in my heart.*

Idioms

На войне́ оте́ц тру́са не пра́здновал. — *During the war my father was not a coward.*

351

предлага́ть/предложи́ть *to offer, suggest*

stem: **предлага́й-/предложи-** regular type 1 verb in imp./perf. form type 2

	IMPERFECTIVE ASPECT		PERFECTIVE ASPECT	
PRESENT				
	предлага́ю	предлага́ем		
	предлага́ешь	предлага́ете		
	предлага́ет	предлага́ют		
PAST				
	предлага́л		предложи́л	
	предлага́ла		предложи́ла	
	предлага́ло		предложи́ло	
	предлага́ли		предложи́ли	
FUTURE				
	бу́ду предлага́ть	бу́дем предлага́ть	предложу́	предло́жим
	бу́дешь предлага́ть	бу́дете предлага́ть	предло́жишь	предло́жите
	бу́дет предлага́ть	бу́дут предлага́ть	предло́жит	предло́жат
SUBJUNCTIVE				
	предлага́л бы		предложи́л бы	
	предлага́ла бы		предложи́ла бы	
	предлага́ло бы		предложи́ло бы	
	предлага́ли бы		предложи́ли бы	
PARTICIPLES				
	pres. active	предлага́ющий	*pres. active*	—
	pres. passive	предлага́емый	*pres. passive*	—
	past active	предлага́вший	*past active*	предложи́вший
	past passive	—	*past passive*	предло́женный
VERBAL ADVERBS				
	предлага́я		предложи́в	
COMMANDS				
	предлага́й		предложи́	
	предлага́йте		предложи́те	

Usage

(+acc.)(+dat.)(в, на+acc.)(+inf.)

Я предложи́л но́вый прое́кт руково́дству. — *I proposed a new project to management.*
Мы предложи́ли кандида́та от на́шей па́ртии. — *We proposed a candidate from our party.*
Он предложи́л нам свои́ услу́ги. — *He offered us his services.*
Я предлага́ю тост за дру́жбу. — *A toast - to friendship.*
Мы предлага́ем гостя́м ча́шку ча́ю. — *We offer a cup of tea to our guests.*
Он предложи́л помо́чь това́рищу. — *He offered to help his friend.*
Мы предложи́ли Ивано́ва в председа́тели. — *We suggested Ivanov's candidacy for the presidency.*

Она́ предлага́ет ему́ обрати́ться к врачу́. — *She suggests that he see a doctor.*
Прави́тельство предлага́ет восстанови́ть поря́док. — *The government proposes to restore order.*
Я предложи́л, что́бы они́ связа́лись с дире́ктором. — *I suggested they get in touch with the director.*
Я предложи́л ей сесть. — *I offered her a seat.*

regular type 1 verb in imp./perf. form type 5 stem: **предпочита́й-/предпоч|т-**

IMPERFECTIVE ASPECT		PERFECTIVE ASPECT	
PRESENT			
предпочита́ю	предпочита́ем		
предпочита́ешь	предпочита́ете		
предпочита́ет	предпочита́ют		
PAST		PAST	
предпочита́л		предпочёл	
предпочита́ла		предпочла́	
предпочита́ло		предпочло́	
предпочита́ли		предпочли́	
FUTURE		FUTURE	
бу́ду предпочита́ть	бу́дем предпочита́ть	предпочту́	предпочтём
бу́дешь предпочита́ть	бу́дете предпочита́ть	предпочтёшь	предпочтёте
бу́дет предпочита́ть	бу́дут предпочита́ть	предпочтёт	предпочту́т
SUBJUNCTIVE		SUBJUNCTIVE	
предпочита́л бы		предпочёл бы	
предпочита́ла бы		предпочла́ бы	
предпочита́ло бы		предпочло́ бы	
предпочита́ли бы		предпочли́ бы	
PARTICIPLES		PARTICIPLES	
pres. active	предпочита́ющий	*pres. active*	—
pres. passive	предпочита́емый	*pres. passive*	—
past active	предпочита́вший	*past active*	—
past passive	—	*past passive*	предпочтённый
VERBAL ADVERBS		VERBAL ADVERBS	
предпочита́я		предпочтя́	
COMMANDS		**COMMANDS**	
предпочита́й		предпочти́	
предпочита́йте		предпочти́те	

Usage

(+acc.)(+dat.)(+inf.)

Я предпочита́ю ви́деть вас на её ме́сте. — *I would prefer to see you in her place.*

Я предпочита́ю дере́вню го́роду. — *I prefer the country to the city.*

Она́ предпочла́ рабо́тать, а не сиде́ть до́ма. — *She chose to work instead of staying home.*

Он предпочита́ет, что́бы мы встреча́лись поча́ще. — *He prefers that we meet more often.*

Предпочита́я тишину́, мы жи́ли на окра́ине. — *Preferring quiet, we lived in the suburbs.*

353 представля́ть/предста́вить *to present to, introduce*

stem: **преставля́й-/предста́ви-** regular type 1 verb in imp./perf. form type 2

IMPERFECTIVE ASPECT		PERFECTIVE ASPECT	
PRESENT			
представля́ю	представля́ем		
представля́ешь	представля́ете		
представля́ет	представля́ют		
PAST		**PAST**	
представля́л		предста́вил	
представля́ла		предста́вила	
представля́ло		предста́вило	
представля́ли		предста́вили	
FUTURE		**FUTURE**	
бу́ду представля́ть	бу́дем представля́ть	предста́влю	предста́вим
бу́дешь представля́ть	бу́дете представля́ть	предста́вишь	предста́вите
бу́дет представля́ть	бу́дут представля́ть	предста́вит	предста́вят
SUBJUNCTIVE		**SUBJUNCTIVE**	
представля́л бы		предста́вил бы	
представля́ла бы		предста́вила бы	
представля́ло бы		предста́вило бы	
представля́ли бы		предста́вили бы	
PARTICIPLES		**PARTICIPLES**	
pres. active	представля́ющий	*pres. active*	—
pres. passive	представля́емый	*pres. passive*	—
past active	представля́вший	*past active*	предста́вивший
past passive	—	*past passive*	предста́вленный
VERBAL ADVERBS		**VERBAL ADVERBS**	
представля́я		предста́вив	
COMMANDS		**COMMANDS**	
представля́й		предста́вь	
представля́йте		предста́вьте	

Usage

(+acc.)(+dat.)(в, на+acc.)(+себе́)(+instr.)

Мы представля́ем спи́сок уча́стников ко́нкурса.	*We are submitting a list of participants for the competition.*
Предста́вьте спра́вку от врача́.	*Submit a note from the doctor.*
Вам ну́жно предста́вить доказа́тельства.	*You need to show proof.*
Сего́дня в клу́бе представля́ют "Га́млета".	*Today they are showing "Hamlet" at the club.*
Мы предста́вили го́стя собра́вшимся в за́ле.	*We introduced the guest to the audience.*
Муж предста́вил диссерта́цию Учёному Сове́ту.	*My husband presented his dissertation to the scientific committee.*
Я не могу́ предста́вить себе́ карти́ну сраже́ния.	*I cannot imagine the picture of the battlefield.*
Сосе́да предста́вили к о́рдену Сла́вы.	*The neighbor was awarded the Order of Glory.*
Мы предста́вили план на утвержде́ние.	*We submitted the plan for approval.*
Эта рабо́та представля́ет для меня́ интере́с.	*This work looks interesting.*
Прави́тельство представля́ет интере́сы наро́да.	*Government represents the interests of the people.*
Связа́ться с ним представля́ет большу́ю тру́дность.	*It is difficult to get in touch with him.*
Посо́л представля́ет свою́ страну́ за грани́цей.	*An ambassador represents his country abroad.*
Что он из себя́ представля́ет?	*What is he like?*
Я представля́ла её краса́вицей.	*I imagined her to be beautiful.*

regular type 1 verb in imp./perf. form type 2 stem: **предупреждáй-/предупреди-**

IMPERFECTIVE ASPECT		PERFECTIVE ASPECT	
PRESENT			
предупреждáю	предупреждáем		
предупреждáешь	предупреждáете		
предупреждáет	предупреждáют		
PAST		**PAST**	
предупреждáл		предупреди́л	
предупреждáла		предупреди́ла	
предупреждáло		предупреди́ло	
предупреждáли		предупреди́ли	
FUTURE		**FUTURE**	
бýду предупреждáть	бýдем предупреждáть	предупрежý	предупреди́м
бýдешь предупреждáть	бýдете предупреждáть	предупреди́шь	предупреди́те
бýдет предупреждáть	бýдут предупреждáть	предупреди́т	предупредя́т
SUBJUNCTIVE		**SUBJUNCTIVE**	
предупреждáл бы		предупреди́л бы	
предупреждáла бы		предупреди́ла бы	
предупреждáло бы		предупреди́ло бы	
предупреждáли бы		предупреди́ли бы	
PARTICIPLES		**PARTICIPLES**	
pres. active	предупреждáющий	*pres. active*	—
pres. passive	предупреждáемый	*pres. passive*	—
past active	предупреждáвший	*past active*	предупреди́вший
past passive	—	*past passive*	предупреждённый
VERBAL ADVERBS		**VERBAL ADVERBS**	
предупреждáя		предупреди́в	
COMMANDS		**COMMANDS**	
предупреждáй		предупреди́	
предупреждáйте		предупреди́те	

Usage

(+acc.)(+dat.)(о+prep.)(+чтóбы)

Населéние по рáдио предупреди́ли об опáсности. *The population was warned about the danger on the radio.*
Мы предупреди́ли семью́ о приéзде. *We advised the family about our arrival.*
Он нас предупреди́л, что бýдет пóзже. *He warned us that he would be late.*
Онá предупреди́ла меня, чтóбы я не опоздáл. *She warned me not to be late.*
Рабóтников предупреди́ли об увольнéнии за мéсяц. *The workers were informed a month in advance about the layoff.*
Я старáлся предупреди́ть её дéйствия. *I tried to anticipate her actions.*

355 преподава́ть/препода́ть

to teach

stem: **преподава́й-/irreg.** imp. & perf. forms irregular; stem alternates to **-ай-**

	IMPERFECTIVE ASPECT		PERFECTIVE ASPECT	
PRESENT				
	преподаю́	преподаём		
	преподаёшь	преподаёте		
	преподаёт	преподаю́т		
PAST				
	преподава́л		препода́л/препо́дал	
	преподава́ла		преподала́	
	преподава́ло		препода́ло/препо́дало	
	преподава́ли		препода́ли/препо́дали	
FUTURE				
	бу́ду преподава́ть	бу́дем преподава́ть	препода́м	преподади́м
	бу́дешь преподава́ть	бу́дете преподава́ть	препода́шь	преподади́те
	бу́дет преподава́ть	бу́дут преподава́ть	препода́ст	преподаду́т
SUBJUNCTIVE				
	преподава́л бы		препода́л бы/препо́дал бы	
	преподава́ла бы		преподала́ бы	
	преподава́ло бы		препода́ло бы/препо́дало бы	
	преподава́ли бы		препода́ли бы/препо́дали бы	
PARTICIPLES				
	pres. active	препода́ющий	*pres. active*	—
	pres. passive	преподава́емый	*pres. passive*	—
	past active	преподава́вший	*past active*	препода́вший
	past passive	—	*past passive*	препо́данный
VERBAL ADVERBS				
	преподава́я		препода́в	
COMMANDS				
	преподава́й		препода́й	
	преподава́йте		препода́йте	

Usage

(+acc.)(+dat.)(в, на+prep.)(у+gen)

Она́ преподава́ла исто́рию в шко́ле.	*She taught history at school.*
Вечера́ми я преподава́ла старшекла́ссникам англи́йский.	*In the evenings, I taught English to high-school students.*
Он предподава́л ру́сский для иностра́нцев на филологи́ческом факульте́те.	*He taught Russian to foreign students in the department of linguistics.*
Позво́льте, я препода́м вам сове́т.	*Please allow me to give you some advice.*

Idioms

Вы препода́ли мне хоро́ший уро́к.	*You taught me a good lesson.*

regular type 1 verb in imp./perf. form type 2 stem: **прибавля́й-/приба́ви-**

IMPERFECTIVE ASPECT		PERFECTIVE ASPECT	
PRESENT			
прибавля́ю	прибавля́ем		
прибавля́ешь	прибавля́ете		
прибавля́ет	прибавля́ют		
PAST		PAST	
прибавля́л		приба́вил	
прибавля́ла		приба́вила	
прибавля́ло		приба́вило	
прибавля́ли		приба́вили	
FUTURE		FUTURE	
бу́ду прибавля́ть	бу́дем прибавля́ть	приба́влю	приба́вим
бу́дешь прибавля́ть	бу́дете прибавля́ть	приба́вишь	приба́вите
бу́дет прибавля́ть	бу́дут прибавля́ть	приба́вит	приба́вят
SUBJUNCTIVE		SUBJUNCTIVE	
прибавля́л бы		приба́вил бы	
прибавля́ла бы		приба́вила бы	
прибавля́ло бы		приба́вило бы	
прибавля́ли бы		приба́вили бы	
PARTICIPLES		PARTICIPLES	
pres. active	прибавля́ющий	*pres. active*	—
pres. passive	прибавля́емый	*pres. passive*	—
past active	прибавля́вший	*past active*	приба́вивший
past passive	—	*past passive*	приба́вленный
VERBAL ADVERBS		VERBAL ADVERBS	
прибавля́я		приба́вив	
COMMANDS		**COMMANDS**	
прибавля́й		приба́вь	
прибавля́йте		приба́вьте	

Usage

(+acc.)(к+dat.)(+gen.)(в+acc.)

Е́сли приба́вить пять к десяти́, бу́дет пятна́дцать.	*When you add five to ten, you'll get fifteen.*
Приба́вьте огня́, а то суп не ско́ро сва́рится.	*Turn the fire up, otherwise the soup will take forever.*
Приба́вь ещё проце́нт к сто́имости това́ра.	*Add another one percent to the price of the goods.*
Мне не приба́вили зарпла́ту.	*I did not get a raise in salary.*
Он здо́рово приба́вил в ве́се.	*He put on a lot of weight.*
Она́ приба́вила, что её неде́лю не бу́дет в го́роде.	*She added that she would be out of town for a week.*
К ска́занному приба́вить не́чего.	*I have nothing further to add.*
Приба́вь ша́гу, а то дождь начина́ется.	*Step up the pace; it's starting to rain.*
Приба́вь хо́ду, мы не успева́ем.	*Speed up; we are running late.*
Приба́вь га́зу, мо́жем на рейс опозда́ть.	*Step on the gas; we will be late for our flight.*

357 прибега́ть/прибежа́ть *to come running, run*

stem: **прибега́й-/irreg.** regular type 1 verb in indef. & def./perf. form irregular

IMPERFECTIVE ASPECT		PERFECTIVE ASPECT	
PRESENT			
прибега́ю	прибега́ем		
прибега́ешь	прибега́ете		
прибега́ет	прибега́ют		
PAST		**PAST**	
прибега́л		прибежа́л	
прибега́ла		прибежа́ла	
прибега́ло		прибежа́ло	
прибега́ли		прибежа́ли	
FUTURE		**FUTURE**	
бу́ду прибега́ть	бу́дем прибега́ть	прибегу́	прибежи́м
бу́дешь прибега́ть	бу́дете прибега́ть	прибежи́шь	прибежи́те
бу́дет прибега́ть	бу́дут прибега́ть	прибежи́т	прибегу́т
SUBJUNCTIVE		**SUBJUNCTIVE**	
прибега́л бы		прибежа́л бы	
прибега́ла бы		прибежа́ла бы	
прибега́ло бы		прибежа́ло бы	
прибега́ли бы		прибежа́ли бы	
PARTICIPLES		**PARTICIPLES**	
pres. active	прибега́ющий	*pres. active*	—
pres. passive	—	*pres. passive*	—
past active	прибега́вший	*past active*	прибежа́вший
past passive	—	*past passive*	—
VERBAL ADVERBS		**VERBAL ADVERBS**	
прибега́я		прибежа́в	
COMMANDS		**COMMANDS**	
прибега́й		прибеги́	
прибега́йте		прибеги́те	

Usage

(к+dat.)(с+gen.)(в, на+acc.)

Ма́льчик прибежа́л к ма́ме. — *The boy ran to his mother.*

Де́ти прибежа́ли из шко́лы. — *The children came from school.*

Она́ ста́ла ча́сто прибега́ть к нам. — *She started coming to us often.*

Я прибежа́ла с рабо́ты и пошла́ гото́вить у́жин. — *I rushed home from work and started to make dinner.*

Сын прибежа́л от ба́бушки и ско́ро пошёл спать. — *My son came home from grandma's and soon went off to bed.*

Он прибежа́л к фи́нишу пе́рвым. — *He reached the finish line first.*

Не бу́дем прибега́ть к си́ле. — *Let's not use force.*

Я предпочита́ю прибега́ть к посре́днику. — *I prefer to use the services of a mediator.*

regular type 1 verb in imp./perf. form type 2 stem: **приближа́й+(ся)/прибли́зи+(ся)**

IMPERFECTIVE ASPECT		PERFECTIVE ASPECT	
PRESENT			
приближа́ю(сь)	приближа́ем(ся)		
приближа́ешь(ся)	приближа́ете(сь)		
приближа́ет(ся)	приближа́ют(ся)		
PAST		PAST	
приближа́л(ся)		прибли́зил(ся)	
приближа́ла(сь)		прибли́зила(сь)	
приближа́ло(сь)		прибли́зило(сь)	
приближа́ли(сь)		прибли́зили(сь)	
FUTURE		FUTURE	
бу́ду приближа́ть(ся)	бу́дем приближа́ть(ся)	прибли́жу(сь)	прибли́зим(ся)
бу́дешь приближа́ть(ся)	бу́дете приближа́ть(ся)	прибли́зишь(ся)	прибли́зите(сь)
бу́дет приближа́ть(ся)	бу́дут приближа́ть(ся)	прибли́зит(ся)	прибли́зят(ся)
SUBJUNCTIVE		SUBJUNCTIVE	
приближа́л(ся) бы		приблизи́л(ся) бы	
приближа́ла(сь) бы		приблизи́ла(сь) бы	
приближа́ло(сь) бы		приблизи́ло(сь) бы	
приближа́ли(сь) бы		приблизи́ли(сь) бы	
PARTICIPLES		PARTICIPLES	
pres. active	приближа́ющий(ся)	*pres. active*	—
pres. passive	приближа́емый	*pres. passive*	—
past active	приближа́вший(ся)	*past active*	прибли́зивший(ся)
past passive	—	*past passive*	прибли́женный
VERBAL ADVERBS		VERBAL ADVERBS	
приближа́я(сь)		прибли́зив(шись)	
COMMANDS		**COMMANDS**	
приближа́й(ся)		прибли́зь(ся)	
приближа́йте(сь)		прибли́зьте(сь)	

Usage

(+acc.)(к+dat.)(+gen.)(в+acc.)

Прибли́зиться к э́тому челове́ку бы́ло тру́дно.	*It was difficult to approach this person.*
Мы прибли́зились вплотну́ю к реше́нию э́того вопро́са.	*We came really close to solving this problem.*
Спортсме́н приближа́ется к фи́нишу.	*The athlete is approaching the finish line.*
Я прибли́зил газе́ту к глаза́м.	*I brought the newspaper close to my eyes.*
Пора́ прибли́зить тео́рию к пра́ктике.	*It's time to bring the theory and practice together.*
Я не сове́тую приближа́ть её к себе́.	*I advise against letting her get close to you.*
Маши́на ста́ла приближа́ться к до́му.	*The car was approaching the house.*
Соба́ки, рыча́, приближа́лись друг к дру́гу.	*The dogs, growling, were approaching each other.*

Idioms

Прое́кт приближа́ется к концу́.	*The project is coming to an end.*

359 прибыва́ть/прибы́ть

to arrive

stem: **прибывай-/irreg.** regular type 1 verb in imp./perf. form irregular

	IMPERFECTIVE ASPECT			PERFECTIVE ASPECT	
PRESENT					
	прибыва́ю	прибыва́ем			
	прибыва́ешь	прибыва́ете			
	прибыва́ет	прибыва́ют			
PAST			PAST		
	прибыва́л			при́был	
	прибыва́ла			прибыла́	
	прибыва́ло			при́было	
	прибыва́ли			при́были	
FUTURE			FUTURE		
	бу́ду прибыва́ть	бу́дем прибыва́ть		прибу́ду	прибу́дем
	бу́дешь прибыва́ть	бу́дете прибыва́ть		прибу́дешь	прибу́дете
	бу́дет прибыва́ть	бу́дут прибыва́ть		прибу́дет	прибу́дут
SUBJUNCTIVE			SUBJUNCTIVE		
	прибыва́л бы			при́был бы	
	прибыва́ла бы			прибыла́ бы	
	прибыва́ло бы			при́было бы	
	прибыва́ли бы			при́были бы	
PARTICIPLES			PARTICIPLES		
	pres. active	прибыва́ющий		*pres. active*	—
	pres. passive	—		*pres. passive*	—
	past active	прибыва́вший		*past active*	прибы́вший
	past passive	—		*past passive*	—
VERBAL ADVERBS			VERBAL ADVERBS		
	прибыва́я			прибы́в	
COMMANDS			**COMMANDS**		
	прибыва́й			прибу́дь	
	прибыва́йте			прибу́дьте	

Usage

(в, на+acc.)(к+dat.)

Ско́рый по́езд прибыва́ет на второ́й путь.	*The express train arrives on track two.*
Самолёт прибыва́ет в Москву́ ве́чером.	*The plane arrives in Moscow in the evening.*
Лейтена́нт при́был к команди́ру.	*The lieutenant reported to the commander.*
Пассажи́рский по́езд прибыва́ет из Ки́ева.	*The passenger train arrives from Kiev.*
Авто́бус при́был за на́ми в срок.	*The bus arrived for us on time.*
Курье́р при́был за паке́том.	*The courier came to get the package.*
Солда́т при́был в институ́т пло́хо подгото́вленным по грамма́тике.	*The soldier came to the institute poorly prepared in grammar.*
На соревнова́ния пе́рвыми прибу́дут францу́зы.	*The French will be the first to arrive at the games.*
Врачи́ бы́стро при́были на по́мощь пострада́вшим.	*The doctors quickly arrived to help the injured.*
Делега́ция прибыла́ в столи́цу с официа́льным визи́том.	*The delegation came to the capital on an official visit.*
Я прибыла́ в Берли́н ре́йсом Люфтга́нзы.	*I arrived in Berlin on a Lufthansa flight.*

Idioms

Заходи́те, на́шего полку́ при́было.	*Come on in, our people are coming together.*

regular type 4 verb (like **тре́бовать**) stem: **приве́тствова-/поприве́тствова-**

IMPERFECTIVE ASPECT		PERFECTIVE ASPECT	
PRESENT			
приве́тствую	приве́тствуем		
приве́тствуешь	приве́тствуете		
приве́тствует	приве́тствуют		
PAST		PAST	
приве́тствовал		поприве́тствовал	
приве́тствовала		поприве́тствовала	
приве́тствовало		поприве́тствовало	
приве́тствовали		поприве́тствовали	
FUTURE		FUTURE	
бу́ду приве́тствовать	бу́дем приве́тствовать	поприве́тствую	поприве́тствуем
бу́дешь приве́тствовать	бу́дете приве́тствовать	поприве́тствуешь	поприве́тствуете
бу́дет приве́тствовать	бу́дут приве́тствовать	поприве́тствует	поприве́тствуют
SUBJUNCTIVE		SUBJUNCTIVE	
приве́тствовал бы		поприве́тствовал бы	
приве́тствовала бы		поприве́тствовала бы	
приве́тствовало бы		поприве́тствовало бы	
приве́тствовали бы		поприве́тствовали бы	
PARTICIPLES		PARTICIPLES	
pres. active	приве́тствующий	*pres. active*	—
pres. passive	приве́тствуемый	*pres. passive*	—
past active	приве́тствовавший	*past active*	поприве́тствовавший
past passive	приве́тствованный	*past passive*	поприве́тствованный
VERBAL ADVERBS		VERBAL ADVERBS	
приве́тствуя		поприве́тствовав	
COMMANDS		**COMMANDS**	
приве́тствуй		поприве́тствуй	
приве́тствуйте		поприве́тствуйте	

Usage

(+acc.)(от+gen.)(+instr.)

Шко́льники приве́тствуют учи́теля встава́нием. — *The students greet the teacher by getting up from their seats.*

Делега́тов и госте́й съе́зда приве́тствовали аплодисме́нтами. — *Delegates and guests of the congress were greeted with applause.*

Приве́тствуя геро́я, зал встал. — *Greeting the hero, the auditorium stood up.*

Пойду́ поприве́тствую сосе́дей. — *I'll go say hello to the neighbors.*

Я приве́тствовал её тепло́, как дру́га. — *I greeted her warmly, as a friend.*

Idioms

Приве́тствую вас! — *Hello!*

361 привлека́ть/привле́чь

to attract

stem: **привлека́й-/привлёк-** regular type 1 verb in imp./perf. form type 6

	IMPERFECTIVE ASPECT		PERFECTIVE ASPECT	
PRESENT	привлека́ю	привлека́ем		
	привлека́ешь	привлека́ете		
	привлека́ет	привлека́ют		
PAST	привлека́л		привлёк	
	привлека́ла		привлекла́	
	привлека́ло		привлекло́	
	привлека́ли		привлекли́	
FUTURE	бу́ду привлека́ть	бу́дем привлека́ть	привлеку́	привлечём
	бу́дешь привлека́ть	бу́дете привлека́ть	привлечёшь	привлечёте
	бу́дет привлека́ть	бу́дут привлека́ть	привлечёт	привлеку́т
SUBJUNCTIVE	привлека́л бы		привлёк бы	
	привлека́ла бы		привлекла́ бы	
	привлека́ло бы		привлекло́ бы	
	привлека́ли бы		привлекли́ бы	
PARTICIPLES			PARTICIPLES	
pres. active		привлека́ющий	*pres. active*	—
pres. passive		привлека́емый	*pres. passive*	—
past active		привлека́вший	*past active*	привлёкший
past passive		—	*past passive*	привлечённый
VERBAL ADVERBS	привлека́я		привлёкши	
COMMANDS	привлека́й		привлеки́	
	привлека́йте		привлеки́те	

Usage

(+acc.)(+instr.)(к+dat.)

Вы́ставка цвето́в привлека́ет мно́го посети́телей. — *The flower show attracts many spectators.*

Учи́тель до́лжен уме́ть привле́чь внима́ние дете́й. — *A teacher needs to be able to attract the children's attention.*

Он привлека́ет дополни́тельный материа́л для иссле́дований. — *He uses supplementary materials for research.*

Городски́е вла́сти привлека́ют молодёжь в клу́бы по интере́сам. — *The city government attracts young people to various interest clubs.*

Привлека́я специали́стов на строи́тельство, мы наде́емся на повыше́ние ка́чества жилья́. — *By attracting specialists to the construction project, we are hoping to raise the quality of accommodations.*

Пора́ привле́чь к отве́тственности прогу́льщиков. — *It's time to make the truants answer to us.*

Его́ привлекли́ к суду́ за растра́ту. — *He was sued for embezzlement.*

Она́ привлека́ет мно́гих свои́м обая́нием. — *She attracts many with her charm.*

Он бы́стро привлёк па́рня на свою́ сто́рону. — *He quickly won the guy over to his side.*

type 2 verb in imp.; **д-ж** stem change/perf. form type 5 stem: **приводи-/привёд-**

IMPERFECTIVE ASPECT		PERFECTIVE ASPECT	
PRESENT			
привожу́	приво́дим		
приво́дишь	приво́дите		
приво́дит	приво́дим		
PAST		PAST	
приводи́л		привёл	
приводи́ла		привела́	
приводи́ло		привело́	
приводи́ли		привели́	
FUTURE		FUTURE	
бу́ду приводи́ть	бу́дем приводи́ть	приведу́	приведём
бу́дешь приводи́ть	бу́дете приводи́ть	приведёшь	приведёте
бу́дет приводи́ть	бу́дут приводи́ть	приведёт	приведу́т
SUBJUNCTIVE		SUBJUNCTIVE	
приводи́л бы		привёл бы	
приводи́ла бы		привела́ бы	
приводи́ло бы		привело́ бы	
приводи́ли бы		привели́ бы	
PARTICIPLES		PARTICIPLES	
pres. active	приводя́щий	*pres. active*	—
pres. passive	приводи́мый	*pres. passive*	—
past active	приводи́вший	*past active*	приве́дший
past passive	—	*past passive*	приведённый
VERBAL ADVERBS		VERBAL ADVERBS	
приводя́		приведя́	
COMMANDS		**COMMANDS**	
приводи́		приведи́	
приводи́те		приведи́те	

Usage

(+acc.)(в, на+acc.)(к+dat.)(из, с, от+gen.)

Я привела́ ребёнка домо́й из шко́лы.	*I brought the child home from school.*
В статье́ приводи́лись слова́ изве́стного учёного.	*The article cited the words of a famous scientist.*
Вам сле́дует привести́ доказа́тельства, что́бы убеди́ть коми́ссию.	*You need to show proof in order to convince the committee.*
Мы приво́дим дете́й в музе́й по суббо́там.	*We take the children to the museum on Saturdays.*
Ло́цман успе́шно привёл кора́бль в порт.	*The pilot successfully brought the ship into port.*
По реше́нию суда́ пригово́р привели́ в исполне́ние.	*Following the judgement of the court, the sentence was carried out.*
Ну́жно привести́ в поря́док свой кабине́т.	*I need to straighten my office up.*
Его́ расска́з привёл меня́ в хоро́шее настрое́ние.	*His story put me in a good mood.*
Этот слу́чай до сих пор приво́дит меня́ в отча́яние.	*This case still reduces me to despair.*
Вре́мя привело́ ме́бель в него́дность.	*With time, the furniture became unusable.*

362 приводи́ть/привести́ *to bring (on foot), lead*

stem: **приводи-/привёд-** type 2 verb in imp.; **д-ж** stem change/perf. form type 5

Тропи́нка привела́ нас на о́зеро.	*The trail led us to the lake.*
На выходны́е мы приво́дим дете́й к ба́бушке.	*On weekends we take the kids to grandma.*
Доро́га привела́ тури́стов к реке́.	*The road led the tourists to the river.*
Их взаимоотноше́ния привели́ к конфли́кту.	*Their relationship led to conflict.*
Ста́рая те́хника привела́ заво́д к засто́ю.	*Old technology brought the plant to stagnation.*
Но́вые иде́и привели́ к подъёму обще́ственного мне́ния.	*New ideas enthused public opinion.*
Рассле́дование привело́ к пра́вильному заключе́нию.	*The investigation resulted in a correct conclusion.*
Никому́ не удало́сь привести́ его́ в повинове́ние.	*Nobody could make him obey.*
Гид привёл гру́ппу тури́стов осмотре́ть руи́ны за́мка.	*The tour guide brought the tourists to view the ruins of the palace.*
Пора́ привести́ себя́ в поря́док и выходи́ть гуля́ть.	*It's time to make myself look presentable and go for a walk.*
Больно́го с трудо́м привели́ в себя́.	*They could barely bring the patient around.*
Всё э́то привело́ к тому́, что це́ны на а́кции вы́росли.	*All this resulted in an increase in the stock prices.*
Ле́стница привела́ в подва́л.	*The stairs led to the basement.*
Патриоти́зм и сме́лость наро́да привели́ страну́ к побе́де.	*The patriotism and courage of the people brought the country to victory.*
Я до́лго приводи́л мото́р в де́йствие.	*I took a long time getting the engine started.*
По прика́зу мини́стра войска́ привели́ в боеву́ю гото́вность.	*On the orders of the minister, the troops were kept battle ready.*
В зада́че тре́буется привести́ дро́би к о́бщему знамена́телю.	*In this exercise, fractions need to be brought to their common denominator.*
Полк привели́ к прися́ге.	*The regiment was sworn in.*
Таки́е отноше́ния к добру́ не приведу́т.	*This relationship will not end well.*
Мы иногда́ приводи́м к нам ста́рых знако́мых.	*Sometimes we bring our old friends to our house.*
Не приведи́ бог, ско́лько оби́д пришло́сь пережи́ть...	*God forbid, how many wrongs we have suffered...*
Судьба́ привела́ нам встре́титься.	*Fate destined us to meet.*
Мне удало́сь привести́ сад в бо́жеский вид.	*I was able to make the garden look decent.*
Жа́ль, что не привело́сь бо́льше уви́деться.	*It's a pity we did not get a chance to see each other again.*

type 2 verb in imp.; **з-ж** stem change/perf. form type 5 stem: **привози-/привёз-**

IMPERFECTIVE ASPECT		PERFECTIVE ASPECT	
PRESENT			
привожу́	приво́зим		
приво́зишь	приво́зите		
приво́зит	приво́зят		
PAST		**PAST**	
привози́л		привёз	
привози́ла		привезла́	
привози́ло		привезло́	
привози́ли		привезли́	
FUTURE		**FUTURE**	
бу́ду привози́ть	бу́дем привози́ть	привезу́	привезём
бу́дешь привози́ть	бу́дете привози́ть	привезёшь	привезёте
бу́дет привози́ть	бу́дут привози́ть	привезёт	привезу́т
SUBJUNCTIVE		**SUBJUNCTIVE**	
привози́л бы		привёз бы	
привози́ла бы		привезла́ бы	
привози́ло бы		привезло́ бы	
привози́ли бы		привезли́ бы	
PARTICIPLES		**PARTICIPLES**	
pres. active	привозя́щий	*pres. active*	—
pres. passive	привози́мый	*pres. passive*	—
past active	привози́вший	*past active*	привёзший
past passive	—	*past passive*	привезённый
VERBAL ADVERBS		**VERBAL ADVERBS**	
привозя́		привезя́	
COMMANDS		**COMMANDS**	
привози́		привези́	
привози́те		привези́те	

Usage

(+acc.)(в, на+acc.)(к+dat.)(+dat.)(из, с, от+gen.)(на+prep.)

Гру́ппу тури́стов привезли́ в гости́ницу. *The tourist group was brought to the hotel.*

В магази́н привезли́ но́вые това́ры. *New products were delivered to the store.*

Мне привезли́ в пода́рок огро́мный буке́т цвето́в. *I was given a giant bouquet of flowers as a gift.*

Я привезла́ вну́ков к ба́бушке. *I brought the grandkids to grandma.*

Материа́лы для ремо́нта до́ма привезли́ пря́мо со скла́да. *Materials for remodeling the building were delivered directly from the warehouse.*

Нас привезли́ в порт авто́бусом. *We were taken to the port on the bus.*

Мы привезли́ их на вокза́л на маши́не. *We took them to the station in our car.*

Экспе́ртов привезли́ осмотре́ть ме́сто происше́ствия. *Experts were brought to the scene of the incident for inspection.*

Нам привози́ли холоди́льник, но никого́ не́ было до́ма. *They delivered a refrigerator to us, but no one was home.*

Обы́чно сухофру́кты привози́ли из Ташке́нта. *Typically, dry fruit was brought from Tashkent.*

363 приво́зить/привезти́ — *to bring (by vehicle), deliver*

stem: **привози-/привёз-** — type 2 verb in imp.; **з-ж** stem change/perf. form type 5

Проду́кты приво́зят песионе́рам. — *The groceries are delivered to pensioners.*

Что́бы отдохну́ть в ла́гере, ну́жно привезти́ свою́ пала́тку и снаряже́ние. — *In order to rest in a camp, you need to bring your tent and equipment.*

Молоко́ по утра́м приво́зят в магази́н пря́мо с фе́рмы. — *Milk is delivered in the mornings directly from the farm.*

Гуманита́рную по́мощь для бе́женцев привезли́ на грузовика́х. — *Humanitarian aid for the refugees was delivered by trucks.*

Тури́стов приво́зят в гости́ницы на комфорта́бельных авто́бусах. — *Comfortable buses deliver the tourists to their hotels.*

Рыбаки́ приво́зят на ло́дках ры́бу пря́мо на прибре́жный ры́нок. — *Fishermen deliver their fish by ship directly to the coastal market.*

regular type 1 verb in imp./perf. form type 3 stem: **привыка́й-/привыкну-**

	IMPERFECTIVE ASPECT		PERFECTIVE ASPECT	
PRESENT				
	привыка́ю	привыка́ем		
	привыка́ешь	привыка́ете		
	привыка́ет	привыка́ют		
PAST				
	привыка́л		привы́к	
	привыка́ла		привы́кла	
	привыка́ло		привы́кло	
	привыка́ли		привы́кли	
FUTURE				
	бу́ду привыка́ть	бу́дем привыка́ть	привы́кну	привы́кнем
	бу́дешь привыка́ть	бу́дешь привыка́ть	привы́кнешь	привы́кнете
	бу́дет привыка́ть	бу́дут привыка́ть	привы́кнет	привы́кнут
SUBJUNCTIVE				
	привыка́л бы		привы́к бы	
	привыка́ла бы		привы́кла бы	
	привыка́ло бы		привы́кло бы	
	привыка́ли бы		привы́кли бы	
PARTICIPLES				
	pres. active	привыка́ющий	*pres. active*	—
	pres. passive	—	*pres. passive*	—
	past active	привыка́вший	*past active*	привы́кший
	past passive	—	*past passive*	—
VERBAL ADVERBS				
	привыка́я		привы́кнув	
COMMANDS				
	привыка́й		привы́кни	
	привыка́йте		привы́кните	

Usage

(к+dat.)(+inf.)

Я до́лго привыка́л к но́вому окруже́нию. — *It took me a long time to get used to the new surroundings.*

Постепе́нно я привыка́ю к свои́м сосе́дям. — *Slowly, I am getting used to my neighbors.*

Я привы́кла ра́но встава́ть и ра́но ложи́ться. — *I am used to getting up and going to bed early.*

Мы уже́ привы́кли к тому́, что она́ постоя́нно опа́здывает. — *By now we are used to her always being late.*

Глаза́ привы́кли к темноте́. — *My eyes became adjusted to the darkness.*

Семья́ привы́кла жить в нужде́. — *The family was accustomed to living in poverty.*

А что де́нег нет - так нам не привыка́ть. — *We don't need to get accustomed to not having any money.*

Привы́кнув к до́му, щено́к уже́ не скули́л по ноча́м. — *Having gotten used to the new house, the puppy no longer whimpered at nights.*

365 приглаша́ть/пригласи́ть *to invite*

stem: **приглаша́й-/пригласи́-** regular type 1 verb in imp./perf. form type 2

IMPERFECTIVE ASPECT		PERFECTIVE ASPECT	
PRESENT			
приглаша́ю	приглаша́ем		
приглаша́ешь	приглаша́ете		
приглаша́ет	приглаша́ют		
PAST		PAST	
приглаша́л		пригласи́л	
приглаша́ла		пригласи́ла	
приглаша́ло		пригласи́ло	
приглаша́ли		пригласи́ли	
FUTURE		FUTURE	
бу́ду приглаша́ть	бу́дем приглаша́ть	приглашу́	пригласи́м
бу́дешь приглаша́ть	бу́дете приглаша́ть	пригласи́шь	пригласи́те
бу́дет приглаша́ть	бу́дут приглаша́ть	пригласи́т	пригла́сят
SUBJUNCTIVE		SUBJUNCTIVE	
приглаша́л бы		пригласи́л бы	
приглаша́ла бы		пригласи́ла бы	
приглаша́ло бы		пригласи́ло бы	
приглаша́ли бы		пригласи́ли бы	
PARTICIPLES		PARTICIPLES	
pres. active	приглаша́ющий	*pres. active*	—
pres. passive	приглаша́емый	*pres. passive*	—
past active	приглаша́вший	*past active*	пригласи́вший
past passive	—	*past passive*	приглашённый
VERBAL ADVERBS		VERBAL ADVERBS	
приглаша́я		пригласи́в	
COMMANDS		COMMANDS	
приглаша́й		пригласи́	
приглаша́йте		пригласи́те	

Usage

(+acc.)(в, на, за+acc.)(к+dat.)(+inf.)

Мой соку́рсник пригласи́л меня́ в кино́. — *My classmate invited me to the movies.*
Нас с му́жем пригласи́ли на ужин. — *My husband and I were invited to dinner.*
Его́ приглаша́ли к обе́ду, но он не пришёл. — *He was invited to dinner, but he didn't come.*
Я пригласи́л её за стол и на́чал бесе́ду. — *I invited her to the table and started the conversation.*

Мы приглаша́ем това́рищей в го́сти. — *We are inviting our friends over.*
Его́ пригласи́ли на хоро́шую рабо́ту. — *He was offered a good job.*
Нас приглаша́ют гуля́ть ве́чером по па́рку. — *We were invited for an evening stroll in the park.*

Мы приглаша́ем вас к нам на день рожде́ния. — *We would like to invite you to our birthday party.*

regular type 1 verb in imp./perf. form type 2 stem: **приготовля́й+(ся)/пригото́ви+(ся)**

IMPERFECTIVE ASPECT		PERFECTIVE ASPECT	
PRESENT			
приготовля́ю(сь)	приготовля́ем(ся)		
приготовля́ешь(ся)	приготовля́ете(сь)		
приготовля́ет(ся)	приготовля́ют(ся)		
PAST		**PAST**	
приготовля́л(ся)		пригото́вил(ся)	
приготовля́ла(сь)		пригото́вила(сь)	
приготовля́ло(сь)		пригото́вило(сь)	
приготовля́ли(сь)		пригото́вили(сь)	
FUTURE		**FUTURE**	
бу́ду приготовля́ть(ся)	бу́дем приготовля́ть(ся)	пригото́влю(сь)	пригото́вим(ся)
бу́дешь приготовля́ть(ся)	бу́дете приготовля́ть(ся)	пригото́вишь(ся)	пригото́вите(сь)
бу́дет приготовля́ть(ся)	бу́дут приготовля́ть(ся)	пригото́вит(ся)	пригото́вят(ся)
SUBJUNCTIVE		**SUBJUNCTIVE**	
приготовля́л(ся) бы		пригото́вил(ся) бы	
приготовля́ла(сь) бы		пригото́вила(сь) бы	
приготовля́ло(сь) бы		пригото́вило(сь) бы	
приготовля́ли(сь) бы		пригото́вили(сь) бы	
PARTICIPLES		**PARTICIPLES**	
pres. active	приготовля́ющий(ся)	*pres. active*	—
pres. passive	приготовля́емый	*pres. passive*	—
past active	приготовля́вший(ся)	*past active*	пригото́вивший(ся)
past passive	—	*past passive*	пригото́вленный
VERBAL ADVERBS		**VERBAL ADVERBS**	
приготовля́я(сь)		пригото́вив(шись)	
COMMANDS		**COMMANDS**	
приготовля́й(ся)		пригото́вь(ся)	
приготовля́йте(сь)		пригото́вьте(сь)	

Usage

(+acc.)(+dat.)(к+dat.)

Я пригото́вила пра́здничный обе́д семье́.	*I prepared a holiday dinner for my family.*
Медсестра́ пригото́вила лека́рство для больно́го.	*The nurse prepared the medicine for the patient.*
Актёры спеши́ли пригото́вить ро́ли к юбиле́ю теа́тра.	*The actors were in a rush to have their roles ready for the theater's anniversary.*
Мы пригото́вили роди́телям сюрпри́з.	*We prepared a surprise for our parents.*
Они́ пригото́вили друзья́м шу́мную встре́чу.	*They prepared a festive reception for their friends.*
Ученики́ должны́ пригото́виться к уро́ку.	*The students need to prepare for the class.*
Студе́нты хотя́т хорошо́ пригото́виться к экза́менам.	*The students want to be well-prepared for the tests.*

приготовля́ть(ся)/пригото́вить(ся) *to prepare*

stem: **приготовля́й+(ся)/пригото́ви+(ся)** regular type 1 verb in imp./perf. form type 2

Пригото́вившись к выступле́нию, докла́дчик вы́шел на трибу́ну.	*Ready to give a speech, the speaker went up to the podium.*
Мы пригото́вились к отъе́зду и вы́шли к такси́.	*We were ready to go, and went out to the taxi.*
Наш отде́л досто́йно пригото́вился к пра́зднику.	*Our department was well-prepared for the holidays.*
Её на́до пригото́вить к э́тому изве́стию.	*She needs to be prepared to receive this news.*
Крестья́не пригото́вили по́чву для посе́ва.	*The farmers prepared the soil for planting.*
Я пригото́вила сала́т из мя́са и овоще́й.	*I made a salad with meat and vegetables.*
Обы́чно я пригота́вливаю еду́ на га́зовой плите́.	*I usually cook on a gas stove.*
Пригото́вленная на костре́ уха́ из ры́бы име́ла осо́бый за́пах.	*The fish soup, made in an open fire pit, had a peculiar aroma.*
Мы пригото́вились защища́ться в суде́.	*We were prepared to defend ourselves in court.*

regular type 1 verb (like **работать**) stem: **придумывай-/придумай-**

	IMPERFECTIVE ASPECT			PERFECTIVE ASPECT	
PRESENT					
придумываю	придумываем				
придумываешь	придумываете				
придумывает	придумывают				
PAST			PAST		
придумывал			придумал		
придумывала			придумала		
придумывало			придумало		
придумывали			придумали		
FUTURE			FUTURE		
буду придумывать	будем придумывать		придумаю	придумаем	
будешь придумывать	будете придумывать		придумаешь	придумаете	
будет придумывать	будут придумывать		придумает	придумают	
SUBJUNCTIVE			SUBJUNCTIVE		
придумывал бы			придумал бы		
придумывала бы			придумала бы		
придумывало бы			придумало бы		
придумывали бы			придумали бы		
PARTICIPLES			PARTICIPLES		
pres. active	придумывающий		*pres. active*	—	
pres. passive	придумываемый		*pres. passive*	—	
past active	придумывавший		*past active*	придумавший	
past passive	—		*past passive*	придуманный	
VERBAL ADVERBS			VERBAL ADVERBS		
придумывая			придумав		
COMMANDS			**COMMANDS**		
придумывай			придумай		
придумывайте			придумайте		

Usage

(+acc.)

Мы придумали название для книги.	*We thought up a name for the book.*
Я придумала выход из положения.	*I came up with a solution for the situation.*
Придумайте предложение с глаголом "учить".	*Make up a sentence with the verb "to teach."*
Я придумала, что сказать маме.	*I figured out what to tell mother.*
Не могу придумать, как вырваться в отпуск в августе.	*I cannot come up with a reason to get vacation time in August.*
Она всегда придумывает отговорки, лишь бы не работать.	*She always invents some excuse just to avoid doing the actual work.*

Он призна́лся в том, что списа́л отве́ты зада́ч из кни́ги.	*He admitted that he had copied the answers from the book.*
На́до призна́ться, она́ умна!	*You have to admit, she is smart!*
По со́вести призна́ться, он не сто́ит ва́шего внима́ния.	*To tell the truth, he is not worth your attention.*
Призна́ться сказа́ть - лу́чше не береди́ть ра́ну.	*To tell you the truth, let sleeping dogs lie.*
Мой однокла́ссник призна́лся мне в любви́.	*The boy in my class professed his love for me.*
Сле́дует призна́ть его́ победи́телем.	*He should be recognized as the victor.*
Признаю́сь, что я не испы́тываю к нему́ симпа́тий.	*I admit that I have no feelings for him.*
Признава́йся - всё равно́ тебе́ де́ться не́куда!	*Admit it; you have no place to go anyhow!*

Other Uses

Бу́ду весьма́ призна́телен, если вы удели́те мне вре́мя.	*I will be extremely grateful if you could spare me a few moments of your time.*

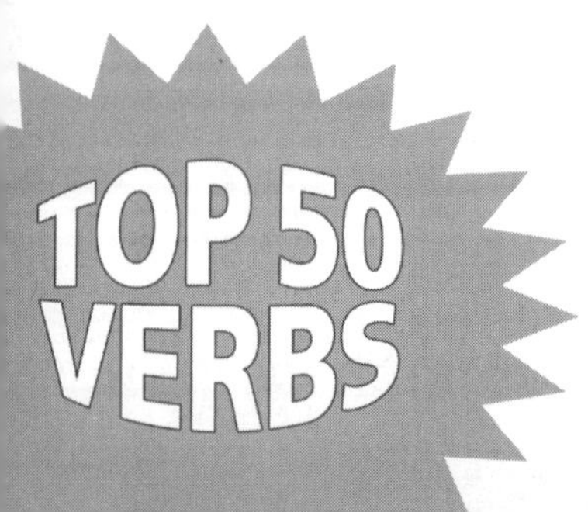

irregular verb in imp./perf. form type 1 stem: **признавай+(ся)/призна́й+(ся)**

IMPERFECTIVE ASPECT		PERFECTIVE ASPECT	
PRESENT			
признаю́(сь)	признаём(ся)		
признаёшь(ся)	признаёте(сь)		
признаёт(ся)	признаю́т(ся)		
PAST		PAST	
признава́л(ся)		призна́л(ся)	
признава́ла(сь)		призна́ла(сь)	
признава́ло(сь)		призна́ло(сь)	
признава́ли(сь)		призна́ли(сь)	
FUTURE		FUTURE	
бу́ду признава́ть(ся)	бу́дем признава́ть(ся)	призна́ю(сь)	призна́ем(ся)
бу́дешь признава́ть(ся)	бу́дете признава́ть(ся)	призна́ешь(ся)	призна́ете(сь)
бу́дет признава́ть(ся)	бу́дут признава́ть(ся)	призна́ет(ся)	призна́ют(ся)
SUBJUNCTIVE		SUBJUNCTIVE	
признава́л(ся) бы		призна́л(ся) бы	
признава́ла(сь) бы		призна́ла(сь) бы	
признава́ло(сь) бы		призна́ло(сь) бы	
признава́ли(сь) бы		призна́ли(сь) бы	
PARTICIPLES		PARTICIPLES	
pres. active	признаю́щий(ся)	*pres. active*	—
pres. passive	признава́емый	*pres. passive*	—
past active	признава́вший(ся)	*past active*	призна́вший(ся)
past passive	—	*past passive*	при́знанный
VERBAL ADVERBS		VERBAL ADVERBS	
признава́я(сь)		призна́в(шись)	
COMMANDS		**COMMANDS**	
признава́й(ся)		призна́й(ся)	
признава́йте(сь)		призна́йте(сь)	

Usage

(+acc.)(в+prep.)(+instr.)

Тру́дно признава́ть свои́ оши́бки. — *It is hard to admit your own mistakes.*
Я не признава́ла себя́ вино́вной. — *I was not pleading guilty.*
Он никогда́ не признаёт себя́ побеждённым. — *He never accepts defeat.*
Он призна́л, что соверши́л оши́бку. — *He admitted that he made a mistake.*
Она́ призна́ла за собо́й вину́. — *She admitted her guilt.*
Кома́нда призна́ла его ли́дером. — *The team accepted his leadership.*
Мы призна́ли ва́ши до́воды основа́тельными. — *We found your conclusions sound.*
Суд призна́л её невино́вной. — *The court found her not guilty.*
Я че́стно призна́лась в свои́х заблужде́ниях. — *I honestly admitted the error of my ways.*
Она́ призна́лась, что уже́ полго́да не хо́дит в институ́т. — *She admitted that for the last half a year she stopped attending the institute.*

369 призыва́ть/призва́ть *to call upon, summon, draft*

stem: **призыва́й-/приз|ва́-** regular type 1 verb in imp./perf. form irregular

IMPERFECTIVE ASPECT		PERFECTIVE ASPECT	
PRESENT			
призыва́ю	призыва́ем		
призыва́ешь	призыва́ете		
призыва́ет	призыва́ют		
PAST		PAST	
призыва́л		призва́л	
призыва́ла		призвала́	
призыва́ло		призва́ло	
призыва́ли		призва́ли	
FUTURE		FUTURE	
бу́ду призыва́ть	бу́дем призыва́ть	призову́	призовём
бу́дешь призыва́ть	бу́дете призыва́ть	призовёшь	призовёте
бу́дет призыва́ть	бу́дут призыва́ть	призовёт	призову́т
SUBJUNCTIVE		SUBJUNCTIVE	
призыва́л бы		призва́л бы	
призыва́ла бы		призвала́ бы	
призыва́ло бы		призва́ло бы	
призыва́ли бы		призва́ли бы	
PARTICIPLES		PARTICIPLES	
pres. active	призыва́ющий	*pres. active*	—
pres. passive	призыва́емый	*pres. passive*	—
past active	призыва́вший	*past active*	призва́вший
past passive	—	*past passive*	при́званный; при́зван
VERBAL ADVERBS		VERBAL ADVERBS	
призыва́я		призва́в	
COMMANDS		COMMANDS	
призыва́й		призови́	
призыва́йте		призови́те	

Usage

(+acc.)(в, на, под+acc.)(к+dat.)(+inf.)

Я призыва́ю свои́х това́рищей на по́мощь, и они́ не отка́зывают. — *I call on my friends for help, and they never refuse.*

Комите́т призва́л населе́ние к поря́дку. — *The committee called the population to order.*

Майо́р призыва́л к прекраще́нию огня́. — *The major called for a cease-fire.*

Оте́ц призва́л семью́ помо́чь ему́ в прода́же до́ма. — *The father called upon his family to help him sell the house.*

Мы призыва́ли прекрати́ть кровопроли́тие. — *We called on them to stop the bloodshed.*

Он призыва́л к тому́, чтобы все поддержа́ли его кандида́та. — *He called for support of his candidate.*

Она́ в гне́ве призыва́ет все прокля́тья на мою́ го́лову. — *In a fury, she calls forth all curses upon my head.*

Она́ про́сто при́звана быть певи́цей. — *She has a true calling to be a singer.*

Его́ призыва́ют на вое́нную слу́жбу. — *He is being drafted into military service.*

Её ско́ро призову́т в а́рмию. — *She will soon be drafted into the army.*

regular type 1 verb in imp./perf. form irregular — stem: **приезжа́й-/irreg.**

IMPERFECTIVE ASPECT		PERFECTIVE ASPECT	
PRESENT			
приезжа́ю	приезжа́ем		
приезжа́ешь	приезжа́ете		
приезжа́ет	приезжа́ют		
PAST		PAST	
приезжа́л		прие́хал	
приезжа́ла		прие́хала	
приезжа́ло		прие́хало	
приезжа́ли		прие́хали	
FUTURE		FUTURE	
бу́ду приезжа́ть	бу́дем приезжа́ть	прие́ду	прие́дем
бу́дешь приезжа́ть	бу́дете приезжа́ть	прие́дешь	прие́дете
бу́дет приезжа́ть	бу́дут приезжа́ть	прие́дет	прие́дут
SUBJUNCTIVE		SUBJUNCTIVE	
приезжа́л бы		прие́хал бы	
приезжа́ла бы		прие́хала бы	
приезжа́ло бы		прие́хало бы	
приезжа́ли бы		прие́хали бы	
PARTICIPLES		PARTICIPLES	
pres. active	приезжа́ющий	*pres. active*	—
pres. passive	—	*pres. passive*	—
past active	приезжа́вший	*past active*	прие́хавший
past passive	—	*past passive*	—
VERBAL ADVERBS		VERBAL ADVERBS	
приезжа́я		прие́хав	
COMMANDS		**COMMANDS**	
приезжа́й		приезжа́й	
приезжа́йте		приезжа́йте	

Usage

(в, на+acc.)(к+dat.)(из, с, от+gen.)(на+prep.)(+instr.)

Я приезжа́ю на рабо́ту на маши́не.	*I come to work in my car.*
Колле́га прие́хал вчера́ авто́бусом к роди́телям.	*Yesterday, my colleague took the bus to his parents.*
Тётя прие́хала из дере́вни и привезла́ грибо́в.	*Our aunt came from the country and brought mushrooms.*
Они́ прие́хали рабо́тать на строи́тельстве храни́лищ.	*They came to work on the construction of storage facilities.*
Ко мне ка́к-то приезжа́л ста́рый това́рищ.	*My old friend came some time ago to visit me.*

прика́зывать/приказа́ть

to order

stem: **приказыва́й-/приказа-**

regular type 1 verb in imp./perf. form type 3

IMPERFECTIVE ASPECT		PERFECTIVE ASPECT	
PRESENT			
прика́зываю	прика́зываем		
прика́зываешь	прика́зываете		
прика́зывает	прика́зывают		
PAST		PAST	
прика́зывал		приказа́л	
прика́зывала		приказа́ла	
прика́зывало		приказа́ло	
прика́зывали		приказа́ли	
FUTURE		FUTURE	
бу́ду прика́зывать	бу́дем прика́зывать	прикажу́	прика́жем
бу́дешь прика́зывать	бу́дете прика́зывать	прика́жешь	прика́жете
бу́дет прика́зывать	бу́дут прика́зывать	прика́жет	прика́жут
SUBJUNCTIVE		SUBJUNCTIVE	
прика́зывал бы		приказа́л бы	
прика́зывала бы		приказа́ла бы	
прика́зывало бы		приказа́ло бы	
прика́зывали бы		приказа́ли бы	
PARTICIPLES		PARTICIPLES	
pres. active	прика́зывающий	*pres. active*	—
pres. passive	—	*pres. passive*	—
past active	прика́зывавший	*past active*	приказа́вший
past passive	—	*past passive*	—
VERBAL ADVERBS		VERBAL ADVERBS	
прика́зывая		приказа́в	
COMMANDS		**COMMANDS**	
прика́зывай		прикажи́	
прика́зывайте		прикажи́те	

Usage

(+dat.)(+infin.)

Команди́р приказа́л взво́ду откры́ть ого́нь. — *The commander ordered the platoon to open fire.*
Я приказа́л партиза́нам отступа́ть. — *I ordered the partisans to retreat.*
Она́ приказа́ла води́телю такси́ останови́ться. — *She told the taxi driver to stop.*
Она́ приказа́ла эвакуи́ровать ра́неных. — *She ordered the evacuation of the wounded.*

Sayings/Idioms

Стари́к приказа́л до́лго жить. — *The old man died.*
Се́рдцу не прика́жешь. (пословица) — *The heart has a will of its own.*

regular type 1 verb in imp./perf. form type 2 stem: **прилета́й-/прилете́-**

IMPERFECTIVE ASPECT		PERFECTIVE ASPECT	
PRESENT			
прилета́ю	прилета́ем		
прилета́ешь	прилета́ете		
прилета́ет	прилета́ют		
PAST		PAST	
прилета́л		прилете́л	
прилета́ла		прилете́ла	
прилета́ло		прилете́ло	
прилета́ли		прилете́ли	
FUTURE		FUTURE	
бу́ду прилета́ть	бу́дем прилета́ть	прилечу́	прилети́м
бу́дешь прилета́ть	бу́дете прилета́ть	прилети́шь	прилети́те
бу́дет прилета́ть	бу́дут прилета́ть	прилети́т	прилетя́т
SUBJUNCTIVE		SUBJUNCTIVE	
прилета́л бы		прилете́л бы	
прилета́ла бы		прилете́ла бы	
прилета́ло бы		прилете́ло бы	
прилета́ли бы		прилете́ли бы	
PARTICIPLES		PARTICIPLES	
pres. active	прилета́ющий	*pres. active*	—
pres. passive	—	*pres. passive*	—
past active	прилета́вший	*past active*	прилете́вший
past passive	—	*past passive*	—
VERBAL ADVERBS		VERBAL ADVERBS	
прилета́я		прилете́в	
COMMANDS		**COMMANDS**	
прилета́й		прилети́	
прилета́йте		прилети́те	

Usage

(в, на+acc.)(к+dat.)(из, с, из-за+gen.)(на+prep.)

Аист прилета́ет к гнезду́ корми́ть птенцо́в.	*The stork flies to her nest to feed the fledglings.*
Пти́цы прилета́ют о́сенью в тёплые края́.	*In the fall, the birds fly to warmer climates.*
Мы прилета́ем ве́чером в аэропо́рт Вну́ково.	*We arrive in the evening at Vnukovo airport.*
Она́ прилета́ет с се́вера и бу́дет у нас всё ле́то.	*She is flying in from the north, and will spend the whole summer with us.*
По́чта прилета́ет в тайгу́ на вертолёте.	*The mail is delivered to the taiga by helicopter.*
Он прилета́ет у́тренним ре́йсом.	*He flies in on the morning flight.*
По́мню,как в Ки́ев прилета́л шах Ира́на.	*I remember when the Shah of Iran visited Kiev.*
Дя́дя прилета́л к нам одна́жды из Чика́го.	*Once our uncle flew in from Chicago to visit us.*

373 принадлежáть

to belong to

stem: **принадлежа-** regular type 2 verb (like **говори́ть**)/no perf.

IMPERFECTIVE ASPECT

PRESENT

принадлежу́	принадлежи́м
принадлежи́шь	принадлежи́те
принадлежи́т	принадлежа́т

PAST

принадлежа́л
принадлежа́ла
принадлежа́ло
принадлежа́ли

FUTURE

бу́ду принадлежа́ть	бу́дем принадлежа́ть
бу́дешь принадлежа́ть	бу́дете принадлежа́ть
бу́дет принадлежа́ть	бу́дут принадлежа́ть

SUBJUNCTIVE

принадлежа́л бы
принадлежа́ла бы
принадлежа́ло бы
принадлежа́ли бы

PARTICIPLES

pres. active	принадлежа́щий
pres. passive	—
past active	принадлежа́вший
past passive	—

VERBAL ADVERBS

принадлежа́

COMMANDS

принадлежи́
принадлежи́те

Usage

(+dat.)(к+dat.)

Этот мотоци́кл принадлежи́т моему́ това́рищу.	*This motorcycle belongs to my friend.*
Карти́ны моéй семьи́ тепéрь принадлежа́т музе́ю.	*My family's paintings now belong to the museum.*
Вре́мя принадлежи́т ве́чности.	*Time belongs to eternity.*
Наша́ гру́ппа принадлежи́т к оппози́ции.	*Our group belongs to the opposition.*
Ра́ньше мы с му́жем принадлежа́ли к профсою́зу.	*My husband and I used to be union members.*
Я принадлежа́ла к числу́ лу́чших студе́нтов институ́та.	*I was among the best students at the university.*
Мы принадлежи́м к Сою́зу учителе́й.	*We are members of the Teacher's Union.*
Реше́ние вопро́са нам не принадлежи́т.	*We are not the ones who resolved the issue.*

Idioms

Это стихотворе́ние принадлежи́т перу́ ге́ния.	*This poem is a work of a genius.*

принимáть/принять

regular type 1 verb in imp./perf. form irregular

stem: **принимáй-/irreg.**

	IMPERFECTIVE ASPECT		PERFECTIVE ASPECT	
PRESENT				
	принимáю	принимáем		
	принимáешь	принимáете		
	принимáет	принимáют		
PAST				
	принимáл		при́нял	
	принимáла		принялá	
	принимáло		при́няло	
	принимáли		при́няли	
FUTURE				
	бýду принимáть	бýдем принимáть	примý	при́мем
	бýдешь принимáть	бýдете принимáть	при́мешь	при́мете
	бýдет принимáть	бýдут принимáть	при́мет	при́мут
SUBJUNCTIVE				
	принимáл бы		при́нял бы	
	принимáла бы		принялá бы	
	принимáло бы		при́няло бы	
	принимáли бы		при́няли бы	
PARTICIPLES				
pres. active		принимáющий	*pres. active*	—
pres. passive		принимáемый	*pres. passive*	—
past active		принимáвший	*past active*	при́нявший
past passive		—	*past passive*	при́нятый
VERBAL ADVERBS				
	принимáя		приня́в	
COMMANDS				
	принимáй		прими́	
	принимáйте		прими́те	

Usage

(+acc.)(в, на+acc.)(к+dat.)(от, у+gen.)

Я принялá от негó подáрок с благодáрностью.	*I accepted his gift with gratitude.*
На пóчте у меня́ при́няли телегрáмму.	*At the post office, they took my telegram.*
Мы принимáли делегáцию в сентябрé.	*We received the delegation in September.*
Врач при́нял больнóго вне óчереди.	*The doctor saw the patient out of turn.*
При́нятый закóн о пéнсиях вступи́л в си́лу.	*The legislation passed on pensions went into effect.*
Мы при́няли решéние никудá не éхать.	*We decided not to go anywhere.*
Наш проéкт при́няли без проволóчек.	*Our project was approved without any delays.*
Я принимáю ваш совéт.	*I accept your advice.*
Я не принимáю вáших извинéний.	*I do not accept your apologies.*
Юбиля́р принимáл поздравлéния.	*The guest of honor graciously accepted the congratulations.*

принима́ть/приня́ть

to take, receive, accept

stem: **принима́й-/irreg.**

regular type 1 verb in imp./perf. form irregular

Нача́льник при́нял моё заявле́ние об отста́вке.	*The supervisor accepted my letter of resignation.*
Заво́д принима́ет большо́й зака́з на дета́ли.	*The plant has received a large order for parts.*
Преподава́тель дово́льно бы́стро при́нял экза́мены у студе́нтов.	*The instructor rather quickly took the tests from the students.*
Он реши́л приня́ть католи́ческую ве́ру.	*He decided to convert to Catholicism.*
Она́ приняла́ оби́женную по́зу.	*She assumed an offended pose.*
Под рука́ми ма́стера гли́на принима́ла другу́ю фо́рму.	*In the hands of a master, the clay assumed a new shape.*
Приня́в ва́жный вид, он стал поуча́ть нас.	*Having assumed a pompous pose, he started lecturing us.*
Престу́пность приняла́ небыва́лый разма́х.	*Crime reached enormous proportions.*
Мы не ожида́ли, что де́ло при́мет дурно́й оборо́т.	*We did not expect matters to turn for the worse.*
Муж ча́сто принима́ет уча́стие в конфере́нциях.	*My husband often takes part in conferences.*
Сле́дует приня́ть ме́ры по борьбе́ с прогу́льщиками.	*Absentees should be dealt with.*
Мы при́няли обяза́тельство подгото́вить мно́го квалифици́рованных студе́нтов.	*We accepted the task of training many qualified students.*
На́ше пра́вило - не принима́ть ничью́ сто́рону.	*Our rule is not to take sides.*
Каде́ты при́няли прися́гу.	*The cadets took an oath.*
Я бо́льше люблю́ принима́ть душ, чем ва́нну.	*I prefer to take a shower, rather than a bath.*
Оте́ц при́нял лека́рство и лёг на дива́н.	*The father took his medicine and laid on the couch.*
Ради́ст - люби́тель пе́рвым при́нял сигна́л бе́дствия.	*The amateur radio operator was the first to receive the distress signal.*
Пе́рвые бои́ с фаши́стами солда́ты при́няли в Приба́лтике.	*The soldiers fought the first battles with fascists in the Baltics.*
Я принима́ю на себя́ отве́тственность за дочь.	*I accept full responsibility for my daughter.*
Огражда́я му́жа, я принима́ю уда́р на себя́.	*By protecting my husband, I take the hit myself.*
Он при́нял на себя́ труд перевезти́ меня́ на но́вую кварти́ру.	*He took it upon himself to help me move into a new apartment.*
Ма́льчика при́няли в се́кцию пла́ванья.	*The boy was accepted into the swimming team.*
Я всегда́ принима́ю во внима́ние ва́ше мне́ние.	*I always take into account your opinion.*
Меня́ при́няли на слу́жбу сра́зу по́сле институ́та.	*I was offered a job right after college.*
Не принима́йте моё замеча́ние на свой счёт.	*Don't take my comment personally.*

type 2 verb in imp.; **с-ш** stem change/perf. form type 5 stem: **приноси-/принёс-**

	IMPERFECTIVE ASPECT			PERFECTIVE ASPECT	
PRESENT					
	приношу́	прино́сим			
	прино́сишь	прино́сите			
	прино́сит	прино́сят			
PAST			**PAST**		
	приноси́л			принёс	
	приноси́ла			принесла́	
	приноси́ло			принесло́	
	приноси́ли			принесли́	
FUTURE			**FUTURE**		
	бу́ду приноси́ть	бу́дем приноси́ть		принесу́	принесём
	бу́дешь приноси́ть	бу́дете приноси́ть		принесёшь	принесёте
	бу́дет приноси́ть	бу́дут приноси́ть		принесёт	принесу́т
SUBJUNCTIVE			**SUBJUNCTIVE**		
	приноси́л бы			принёс бы	
	приноси́ла бы			принесла́ бы	
	приноси́ло бы			принесло́ бы	
	приноси́ли бы			принесли́ бы	
PARTICIPLES			**PARTICIPLES**		
	pres. active	приносящий		*pres. active*	—
	pres. passive	приноси́мый		*pres. passive*	—
	past active	приноси́вший		*past active*	принёсший
	past passive	—		*past passive*	принесённый
VERBAL ADVERBS			**VERBAL ADVERBS**		
	принося́			принеся́	
COMMANDS			**COMMANDS**		
	приноси́			принеси́	
	приноси́те			принеси́те	

Usage

(+acc.)(в, на+acc.)(+dat.)(к+dat.)(от, из, с+gen.)

Принеси́те мне стихи́ Цвета́евой в пода́рок.	*Give me Tsvetaeva's poems as a gift.*
Я принесла́ дочь из больни́цы домо́й.	*I brought my daughter home from the hospital.*
Одни́ учёные счита́ют, что ко́фе прино́сит по́льзу, а други́е - вред.	*Some scientists believe coffee is beneficial, others - that it is harmful.*
Учи́тельский труд не прино́сит при́были.	*The teacher's work brings no profits.*
А́кции принесли́ убы́ток.	*Stocks incurred losses.*
Говоря́т, что а́исты прино́сят сча́стье.	*They say storks bring good luck.*
Чёрные ко́шки на доро́ге прино́сят несча́стье.	*Black cats on the road bring bad luck.*
Мы прино́сим благода́рность всем за по́мощь.	*We would like to thank everyone for their help.*
Сове́тский Сою́з принёс в же́ртву во́йне 20 миллио́нов жи́зней.	*The Soviet Union sacrificed 20 million lives in the war.*
Оте́ц до рабо́ты прино́сит сы́на в са́дик.	*Before work, the father takes his son to day care.*
Принеси́те ве́щи на вокза́л и жди́те меня́.	*Take the luggage to the station and wait for me.*
Принеси́те кни́ги из библиоте́ки и дава́йте рабо́тать.	*Bring the books from the library and let's get to work.*
Мы прино́сим извине́ния преподава́телю за нея́вку на ле́кцию.	*We are apologizing to the teacher for missing a lecture.*
Нас учи́ли приноси́ть по́льзу Ро́дине свои́м трудо́м.	*We were taught to serve our Motherland by doing good work.*

присыла́ть/присла́ть *to send*

stem: **присыла́й-/присла́-** regular type 1 verb in imp./perf. form irregular

	IMPERFECTIVE ASPECT		PERFECTIVE ASPECT	
PRESENT				
	присыла́ю	присыла́ем		
	присыла́ешь	присыла́ете		
	присыла́ет	присыла́ют		
PAST				
	присыла́л		присла́л	
	присыла́ла		присла́ла	
	присыла́ло		присла́ло	
	присыла́ли		присла́ли	
FUTURE				
	бу́ду присыла́ть	бу́дем присыла́ть	пришлю́	пришлём
	бу́дешь присыла́ть	бу́дете присыла́ть	пришлёшь	пришлёте
	бу́дет присыла́ть	бу́дут присыла́ть	пришлёт	пришлю́т
SUBJUNCTIVE				
	присыла́л бы		присла́л бы	
	присыла́ла бы		присла́ла бы	
	присыла́ло бы		присла́ло бы	
	присыла́ли бы		присла́ли бы	
PARTICIPLES				
	pres. active	присыла́ющий	*pres. active*	—
	pres. passive	присыла́емый	*pres. passive*	—
	past active	присыла́вший	*past active*	присла́вший
	past passive	—	*past passive*	при́сланный
VERBAL ADVERBS				
	присыла́я		присла́в	
COMMANDS				
	присыла́й		пришли́	
	присыла́йте		пришли́те	

Usage

(+acc.)(в, на+acc.)(+dat.)(из, с, из-за+gen.)(за+instr.)

Мне присла́ли письмо́ из Ха́рькова. *I received a letter from Kharkov.*
По́чта присла́ла ко мне посы́льного с телегра́ммой. *The post office sent a delivery man to my house with a telegram.*
Я присла́ла докуме́нты в институ́т. *I sent the documents to the institute.*
Он присла́л мне откры́тку из Пари́жа. *He sent me a postcard from Paris.*
Студе́нтку присла́ли на пра́ктику. *The student was sent to do her residency.*
Меня́ присла́ли за до́ктором. *I was sent to get the doctor.*
Оте́ц присла́л мне фотогра́фии бандеро́лью. *Father sent me his photographs in a package.*

regular type 4 verb (like **тре́бовать**)/no perf. stem: **прису́тствова-**

IMPERFECTIVE ASPECT

PRESENT

прису́тствую	прису́тствуем
прису́тствуешь	прису́тствуете
прису́тствует	прису́тствуют

PAST

прису́тствовал
прису́тствовала
прису́тствовало
прису́тствовали

FUTURE

бу́ду прису́тствовать	бу́дем прису́тствовать
бу́дешь прису́тствовать	бу́дете прису́тствовать
бу́дет прису́тствовать	бу́дут прису́тствовать

SUBJUNCTIVE

прису́тствовал бы
прису́тствовала бы
прису́тствовало бы
прису́тствовали бы

PARTICIPLES

pres. active	прису́тствующий
pres. passive	—
past active	прису́тствовавший
past passive	—

VERBAL ADVERBS

прису́тствуя

COMMANDS

прису́тствуй
прису́тствуйте

Usage

(в, на, при+prep.)

Мы стара́лись регуля́рно прису́тствовать на ле́кциях.	*We tried to attend lectures regularly.*
Я бу́ду прису́тствовать на заседа́нии коми́ссии.	*I will be attending the meeting of the committee.*
Он прису́тствует на встре́че посло́в.	*He attends the ambassadors' meeting.*
Я случа́йно прису́тствовал при их ссо́ре.	*I accidentally was present during their fight.*
Обы́чно они́ прису́тствуют при на́ших разгово́рах.	*Usually they are present during our conversations.*
Прису́тствующие на собра́нии приве́тствовали докла́дчика.	*Attendees of the meeting greeted the speaker.*

378 приходи́ть(ся)/прийти́(сь) *to arrive (on foot); to have to*

stem: **приходи+(ся)/irreg.** regular type 2 verb in imp./perf. form irregular

Основно́й уда́р стихи́и пришёлся по побере́жью.	*Nature's hardest blow fell on the coast.*
Им пришло́сь тяжело́ рабо́тать, что́бы вы́жить.	*They had to work very hard in order to survive.*
На домохозя́йку прихо́дится основна́я часть дома́шней рабо́ты.	*The main share of housework falls on the housewife.*
С них пришло́сь по два́дцать до́лларов.	*They owed us twenty dollars each.*
Бродя́чие соба́ки едя́т, что придётся.	*Stray dogs eat whatever they can get.*
Тури́сты ночева́ли, где придётся.	*The tourists slept wherever they could.*
Я сде́лаю рабо́ту, как придётся.	*I will get the job done any way I can.*
Она́ там пришла́сь не ко двору́.	*She was out of place there.*
За столо́м я поняла́, что аппети́т прихо́дит во вре́мя еды́.	*At the table I realized that appetite comes during the meal.*
Умер оте́ц, а за ним - мать, - беда́ никогда́ не прихо́дит одна́.	*Father died first, then - mother; tragedy never strikes just once.*
Его́ хара́ктер раз на раз не прихо́дится.	*His personality changed from time to time.*
Нам ту́го прихо́дится жить на одну́ зарпла́ту.	*Money is tight, as we have to live on one salary alone.*
Вся́кая чушь прихо́дит мне в го́лову.	*All sorts of gibberish pops into my head.*
Он пришёл в аза́рт и говори́л ещё час.	*He got excited and spoke for another hour.*
Жизнь постепе́нно прихо́дит в но́рму.	*Life is slowly getting back to normal.*
Все пришли́ в раж от бу́рной вечери́нки.	*Everyone flew into a rage at a wild party.*
Что прихо́дит на ум - ди́ву даёшься.	*Things that come to mind - make you wonder.*
Ме́дленно он приходи́л в созна́ние.	*Slowly he regained consciousness.*
Друзья́ де́тства прихо́дят на па́мять.	*Memories about my childhood friends come to mind.*

regular type 2 verb in imp./perf. form irregular stem: **приходи+(ся)/irreg.**

IMPERFECTIVE ASPECT		PERFECTIVE ASPECT	
PRESENT			
прихожу́(сь)	прихо́дим(ся)		
прихо́дишь(ся)	прихо́дите(сь)		
прихо́дит(ся)	прихо́дят(ся)		
PAST		PAST	
приходи́л(ся)		пришёл(ся)	
приходи́ла(сь)		пришла́(сь)	
приходи́ло(сь)		пришло́(сь)	
приходи́ли(сь)		пришли́(сь)	
FUTURE		FUTURE	
бу́ду приходи́ть(ся)	бу́дем приходи́ть(ся)	приду́(сь)	придём(ся)
бу́дешь приходи́ть(ся)	бу́дете приходи́ть(ся)	придёшь(ся)	придёте(сь)
бу́дет приходи́ть(ся)	бу́дут приходи́ть(ся)	придёт(ся)	приду́т(ся)
SUBJUNCTIVE		SUBJUNCTIVE	
приходи́л(ся) бы		пришёл(ся) бы	
приходи́ла(сь) бы		пришла́(сь) бы	
приходи́ло(сь) бы		пришло́(сь) бы	
приходи́ли(сь) бы		пришли́(сь) бы	
PARTICIPLES		PARTICIPLES	
pres. active	приходя́щий(ся)	*pres. active*	—
pres. passive	—	*pres. passive*	—
past active	приходи́вший(ся)	*past active*	прише́дший(ся)
past passive	—	*past passive*	—
VERBAL ADVERBS		VERBAL ADVERBS	
приходя́(сь)		придя́(сь)	
COMMANDS		**COMMANDS**	
приходи́(сь)		приди́(сь)	
приходи́те(сь)		приди́те(сь)	

Usage

(в, на+acc.)(за+instr.)(по+dat.)(+dat.[with 3rd person])(из, с, от+gen.)

Ту́фли пришли́сь мне по но́ге и по цве́ту.	*The shoes were my size and color.*
Одея́ло пришло́сь по разме́ру крова́ти.	*The blanket fitted the bed.*
Вишнёвое варе́нье мне пришло́сь по вку́су.	*I liked cherry jam.*
Это кафе́ пришло́сь по душе́ мно́гим спортсме́нам.	*Many athletes liked this coffee shop.*
День дурако́в прихо́дится на пе́рвое апре́ля.	*April Fool's Day falls on April 1st.*
Мне пришло́сь посиде́ть в приёмной мину́т 30.	*I had to spend 30 minutes in the reception area.*
Нам пришло́сь быть ря́дом с ним весь день.	*We had to spend the entire day with him.*
Она́ приходи́лась мне свекро́вью.	*She was my mother-in-law.*
Больша́я до́ля престу́пности прихо́дится на Калифо́рнию.	*A large percentage of all crime occurs in California.*
Основно́й уда́р стихи́и пришёлся по побере́жью.	*The main force of the storm hit the coast.*

379 про́бовать/попро́бовать *to try, taste*

stem: **про́бова-/попро́бова-** regular type 4 verb (like **тре́бовать)**

IMPERFECTIVE ASPECT		PERFECTIVE ASPECT	
PRESENT			
про́бую	про́буем		
про́буешь	про́буете		
про́бует	про́буют		
PAST		**PAST**	
про́бовал		попро́бовал	
про́бовала		попро́бовала	
про́бовало		попро́бовало	
про́бовали		попро́бовали	
FUTURE		**FUTURE**	
бу́ду про́бовать	бу́дем про́бовать	попро́бую	попро́буем
бу́дешь про́бовать	бу́дете про́бовать	попро́буешь	попро́буете
бу́дет про́бовать	бу́дут про́бовать	попро́бует	попро́буют
SUBJUNCTIVE		**SUBJUNCTIVE**	
про́бовал бы		попро́бовал бы	
про́бовала бы		попро́бовала бы	
про́бовало бы		попро́бовало бы	
про́бовали бы		попро́бовали бы	
PARTICIPLES		**PARTICIPLES**	
pres. active	про́бующий	*pres. active*	—
pres. passive	про́буемый	*pres. passive*	—
past active	про́бовавший	*past active*	попро́бовавший
past passive	—	*past passive*	попро́бованный
VERBAL ADVERBS		**VERBAL ADVERBS**	
про́буя		попро́бовав	
COMMANDS		**COMMANDS**	
про́буй		попро́буй	
про́буйте		попро́буйте	

Usage

(+acc.)(+inf.)(на+acc.)

Я попро́бовала торт - и оторва́ться не могла́. — *I tasted the cake - and could not put it down.*

Он про́бует свой ме́тод диагно́стики боле́зни. — *He tries his own method of diagnosing the disease.*

Она́ попро́бовала мото́р и оста́лась дово́льна. — *She tried the engine and was pleased.*

Он про́бовал засну́ть, но не мог. — *He tried to fall asleep, but could not.*

Сего́дня но́вого актёра про́буют на роль. — *Today they are holding auditions for a new actor.*

В лаборато́рии про́бовали материа́лы на про́чность. — *At the lab they were testing the tensile strength of the materials.*

Idioms

Петушо́к про́бует свой го́лос. — *The young rooster is trying out his voice.*

Хочу́ попро́бовать свои́ си́лы в иску́сстве. — *I want to try my efforts at art.*

Она́ лю́бит всё на́ зуб попро́бовать. — *She likes to try everything out thoroughly.*

Он про́бует себя́ на роль отца́. — *He is taking on the role of father.*

regular type 1 verb in imp./perf. form type 2 stem: **проверя́й-/прове́ри-**

IMPERFECTIVE ASPECT		PERFECTIVE ASPECT	
PRESENT			
проверя́ю	проверя́ем		
проверя́ешь	проверя́ете		
проверя́ет	проверя́ют		
PAST		PAST	
проверя́л		прове́рил	
проверя́ла		прове́рила	
проверя́ло		прове́рило	
проверя́ли		прове́рили	
FUTURE		FUTURE	
бу́ду проверя́ть	бу́дем проверя́ть	прове́рю	прове́рим
бу́дешь проверя́ть	бу́дете проверя́ть	прове́ришь	прове́рите
бу́дет проверя́ть	бу́дут проверя́ть	прове́рит	прове́рят
SUBJUNCTIVE		SUBJUNCTIVE	
проверя́л бы		прове́рил бы	
проверя́ла бы		прове́рила бы	
проверя́ло бы		прове́рило бы	
проверя́ли бы		прове́рили бы	
PARTICIPLES		PARTICIPLES	
pres. active	проверя́ющий	*pres. active*	—
pres. passive	проверя́емый	*pres. passive*	—
past active	проверя́вший	*past active*	прове́ривший
past passive	—	*past passive*	прове́ренный
VERBAL ADVERBS		VERBAL ADVERBS	
проверя́я		прове́рив	
COMMANDS		COMMANDS	
проверя́й		прове́рь	
проверя́йте		прове́рьте	

Usage

(+acc.)(на+prep.)(у+gen.)

Не меша́ет прове́рить э́то сообще́ние. — *We should verify this information.*

На грани́це у всех проверя́ют докуме́нты. — *At the border, everyone's documents are inspected.*

В по́езде контролёр проверя́ет биле́ты у пассажи́ров. — *On trains, ticket collectors check the passengers' tickets.*

Ну́жно прове́рить спи́ски уча́стников съе́зда. — *We need to check the master roll of congress participants.*

Прове́рьте часы́, они́ спеша́т. — *Check the clock; it's fast.*

Учени́ца ещё раз прове́рила своё сочине́ние. — *The student checked her essay again.*

Но́вого рабо́тника до́лго проверя́ть не пришло́сь. — *We did not have to test the new employee for too long.*

Sayings/Idioms

Он нам не нра́вился, и мы реши́ли прове́рить его́ на вши́вость. — *We did not like him, so we decided to test him.*

Доверя́й, но проверя́й! (пословица) — *Trust, but verify!*

381 проводи́ть/провести́ *to conduct, lead*

stem: **проводи-/провёд-** type 2 verb in imp.; **д-ж** stem change/perf. form type 5

IMPERFECTIVE ASPECT		PERFECTIVE ASPECT	
PRESENT			
провожу́	прово́дим		
прово́дишь	прово́дите		
прово́дит	прово́дят		
PAST		PAST	
проводи́л		провёл	
проводи́ла		провела́	
проводи́ло		провело́	
проводи́ли		провели́	
FUTURE		FUTURE	
бу́ду проводи́ть	бу́дем проводи́ть	проведу́	проведём
бу́дешь проводи́ть	бу́дете проводи́ть	проведёшь	проведёте
бу́дет проводи́ть	бу́дут проводи́ть	проведёт	проведу́т
SUBJUNCTIVE		SUBJUNCTIVE	
проводи́л бы		провёл бы	
проводи́ла бы		провела́ бы	
проводи́ло бы		провело́ бы	
проводи́ли бы		провели́ бы	
PARTICIPLES		PARTICIPLES	
pres. active	проводя́щий	*pres. active*	—
pres. passive	проводи́мый	*pres. passive*	—
past active	проводи́вший	*past active*	прове́дший
past passive	—	*past passive*	проведённый
VERBAL ADVERBS		VERBAL ADVERBS	
проводя́		проведя́	
COMMANDS		COMMANDS	
проводи́		проведи́	
проводи́те		проведи́те	

Usage

(+acc.)(в, на+acc.)(до+gen.)(по+dat.)(+instr.)

Ло́дку провели́ в бу́рю к бе́регу. — *In the storm they brought the boat to shore.*
Ма́льчик провёл отря́д партиза́н через лес. — *The boy led the troop of partisans through the woods.*
Он провёл друзе́й по коридо́ру. — *He walked his friends down the corridor.*
Она́ провела́ руко́й по волоса́м. — *She ran her hand over her hair.*
Музыка́нт провёл смычко́м по стру́нам. — *The musician ran the bow across the strings.*
Мы прия́тно провели́ вре́мя в гостя́х. — *We had a nice time at our friends' house.*
Нелегко́ провести́ но́вую иде́ю в жизнь. — *It is not easy to bring a new idea to fruition.*
В наш дом провели́ электри́чество. — *They brought electricity to our house.*

Idioms

Нас на мяки́не не проведёшь. — *You can't pull the wool over our eyes.*

regular type 1 verb in imp./perf. form type 2 stem: **провожа́й-/проводи-**

IMPERFECTIVE ASPECT		PERFECTIVE ASPECT	
PRESENT			
провожа́ю	провожа́ем		
провожа́ешь	провожа́ете		
провожа́ет	провожа́ют		
PAST		**PAST**	
провожа́л		проводи́л	
провожа́ла		проводи́ла	
провожа́ло		проводи́ло	
провожа́ли		проводи́ли	
FUTURE		**FUTURE**	
бу́ду провожа́ть	бу́дем провожа́ть	провожу́	прово́дим
бу́дешь провожа́ть	бу́дете провожа́ть	прово́дишь	прово́дите
бу́дет провожа́ть	бу́дут провожа́ть	прово́дит	прово́дят
SUBJUNCTIVE		**SUBJUNCTIVE**	
провожа́л бы		проводи́л бы	
провожа́ла бы		проводи́ла бы	
провожа́ло бы		проводи́ло бы	
провожа́ли бы		проводи́ли бы	
PARTICIPLES		**PARTICIPLES**	
pres. active	провожа́ющий	*pres. active*	—
pres. passive	провожа́емый	*pres. passive*	—
past active	провожа́вший	*past active*	проводи́вший
past passive	—	*past passive*	—
VERBAL ADVERBS		**VERBAL ADVERBS**	
провожа́я		проводи́в	
COMMANDS		**COMMANDS**	
провожа́й		проводи́	
провожа́йте		проводи́те	

Usage

(+acc.)(в, на+acc.)(до+gen.)(по+dat.)(+instr.)

Мы проводи́ли подру́гу до авто́буса. — *We walked our girlfriend to the bus stop.*

Они́ проводи́ли госте́й и ста́ли убира́ть ко́мнату. — *They said good-bye to the guests and started to clean up in the room.*

Делега́цию проводи́ли с по́честями. — *They saw off the delegation with honors.*

Я проводи́ла дочь в дом о́тдыха. — *I sent my daughter off to the sanatorium.*

Она́ проводи́ла ребёнка в шко́лу. — *She walked the child to school.*

Он проводи́л меня́ гру́стным взгля́дом. — *He followed me with a sad look.*

Мы проводи́ли бра́та в а́рмию. — *We sent our brother off to the army.*

Они́ провожа́ют колле́гу на пе́нсию. — *They are sending a colleague off into retirement.*

Актёра проводи́ли со сце́ны бу́рными аплодисме́нтами. — *The actor was sent off from the stage with wild applause.*

Proverbs/Sayings

По одёжке встреча́ют, по уму́ провожа́ют. — *You are greeted based on your looks, but you are treated based on your mind.*

383 продава́ть(ся)/прода́ть(ся) *to sell*

stem: **продава́й+(ся)/irreg.** irregular verb in imp. & perf.

	IMPERFECTIVE ASPECT			PERFECTIVE ASPECT	
PRESENT					
	продаю́(сь)	продаём(ся)			
	продаёшь(ся)	продаёте(сь)			
	продаёт(ся)	продаю́т(ся)			
PAST			**PAST**		
	продава́л(ся)			про́дал (ся)	
	продава́ла(сь)			продала́(сь)	
	продава́ло(сь)			про́дало (продало́сь)	
	продава́ли(сь)			про́дали (продали́сь)	
FUTURE			**FUTURE**		
	бу́ду продава́ть(ся)	бу́дем продава́ть(ся)		прода́м(ся)	продади́м(ся)
	бу́дешь продава́ть(ся)	бу́дете продава́ть(ся)		прода́шь(ся)	продади́те(сь)
	бу́дет продава́ть(ся)	бу́дут продава́ть(ся)		прода́ст(ся)	продаду́т(ся)
SUBJUNCTIVE			**SUBJUNCTIVE**		
	продава́л(ся) бы			про́дал(ся) бы	
	продава́ла(сь) бы			продала́(сь) бы	
	продава́ло(сь) бы			про́дало бы (продало́сь бы)	
	продава́ли(сь) бы			про́дали бы (продали́сь бы)	
PARTICIPLES			**PARTICIPLES**		
	pres. active	продаю́щий(ся)		*pres. active*	—
	pres. passive	продава́емый		*pres. passive*	—
	past active	продава́вший(ся)		*past active*	прода́вший(ся)
	past passive	—		*past passive*	про́данный
VERBAL ADVERBS			**VERBAL ADVERBS**		
	продава́я(сь)			прода́в(шись)	
COMMANDS			**COMMANDS**		
	продава́й(ся)			прода́й(ся)	
	продава́йте(сь)			прода́йте(сь)	

Usage

(+acc.)(в, на+prep.)(за+acc.)(в+acc.)(+dat.)(с+instr.)

Дом ника́к не продаётся из-за высо́кой цены́.	*The house is not selling because the price is too high.*
Он давно́ про́дал свою́ ду́шу дья́волу.	*He sold his soul to the devil a long time ago.*
Ира́к продаёт нефть други́м стра́нам.	*Iraq sells oil to other countries.*
Она́ продаёт ру́сские сувени́ры.	*She sells Russian souvenirs.*
На ры́нке продава́ли о́вощи и фру́кты.	*At the farmers' market they sold fruits and vegetables.*
Я продала́ шкаф за две́сти до́лларов.	*I sold the dresser for two hundred dollars.*
Он про́дал карти́н на пятьдеся́т ты́сяч.	*He sold fifty thousand dollars' worth of paintings.*
В аэропорту́ това́ры продава́ли на валю́ту.	*At the airport, the goods were sold for foreign currency.*
Ковры́ продава́ли с аукцио́на недёшево.	*The rugs were sold for a lot of money at the auction.*
Ча́сто все магази́ны продаю́т това́ры со ски́дкой.	*All stores often sell goods at discounts.*

regular type 1 verb in imp./perf. form type 2 stem: **продолжай+(ся)/продóлжи+(ся)**

IMPERFECTIVE ASPECT		PERFECTIVE ASPECT	
PRESENT			
продолжáю	продолжáем		
продолжáешь	продолжáете		
продолжáет(ся)	продолжáют(ся)		
PAST		**PAST**	
продолжáл(ся)		продóлжил(ся)	
продолжáла(сь)		продóлжила(сь)	
продолжáло(сь)		продóлжило(сь)	
продолжáли(сь)		продóлжили(сь)	
FUTURE		**FUTURE**	
бýду продолжáть(ся)	бýдем продолжáть(ся)	продóлжу	продóлжим
бýдешь продолжáть(ся)	бýдете продолжáть(ся)	продóлжишь	продóлжите
бýдет продолжáть(ся)	бýдут продолжáть(ся)	продóлжит(ся)	продóлжат(ся)
SUBJUNCTIVE		**SUBJUNCTIVE**	
продолжáл(ся) бы		продóлжил(ся) бы	
продолжáла(сь) бы		продóлжила(сь) бы	
продолжáло(сь) бы		продóлжило(сь) бы	
продолжáли(сь) бы		продóлжили(сь) бы	
PARTICIPLES		**PARTICIPLES**	
pres. active	продолжáющий(ся)	*pres. active*	—
pres. passive	продолжáемый	*pres. passive*	—
past active	продолжáвший(ся)	*past active*	продóлживший(ся)
past passive	—	*past passive*	продóлженный
VERBAL ADVERBS		**VERBAL ADVERBS**	
продолжáя(сь)		продóлжив(шись)	
COMMANDS		**COMMANDS**	
продолжáй		продóлжи	
продолжáйте		продóлжите	

Usage

(+acc.)(+inf.)(до+gen.)

Я продóлжаю писáть статьú.	*I continue to write poetry.*
Разговóры продолжáлись до вéчера.	*The conversations continued late into the evening.*
Дорóгу продóлжат до лéса.	*The road will be extended all the way to the forest.*
Он хотéл продóлжить свой óтпуск на недéлю.	*He wanted to extend his vacation for one more week.*
Я хочý в Амéрике продóлжить своё образовáние.	*I want to continue my education in America.*
Отцы́ хотя́т, чтóбы дéти продóлжили стáрые традúции.	*Fathers want their children to continue the old traditions.*
Я хотéла продолжáть свою́ рабóту, но не получúлось.	*I wanted to continue my work, but it wasn't meant to be.*

385 проезжа́ть/прое́хать *to drive past, ride (past, through)*

stem: **проезжа́й-/irreg-** regular type 1 verb in imp./perf. forms irregular

IMPERFECTIVE ASPECT

PRESENT

проезжа́ю	проезжа́ем
проезжа́ешь	проезжа́ете
проезжа́ет	проезжа́ют

PAST

проезжа́л
проезжа́ла
проезжа́ло
проезжа́ли

FUTURE

бу́ду проезжа́ть	бу́дем проезжа́ть
бу́дешь проезжа́ть	бу́дете проезжа́ть
бу́дет проезжа́ть	бу́дут проезжа́ть

SUBJUNCTIVE

проезжа́л бы
проезжа́ла бы
проезжа́ло бы
проезжа́ли бы

PARTICIPLES

pres. active	проезжа́ющий
pres. passive	проезжа́емый
past active	проезжа́вший
past passive	—

VERBAL ADVERBS

проезжа́я

COMMANDS

проезжа́й
проезжа́йте

PERFECTIVE ASPECT

PAST

прое́хал
прое́хала
прое́хало
прое́хали

FUTURE

прое́ду	прое́дем
прое́дешь	прое́дете
прое́дет	прое́дут

SUBJUNCTIVE

прое́хал бы
прое́хала бы
прое́хало бы
прое́хали бы

PARTICIPLES

pres. active	—
pres. passive	—
past active	прое́хавший
past passive	—

VERBAL ADVERBS

прое́хав

COMMANDS

проезжа́й
проезжа́йте

Usage

(+acc.)(в, на+acc.)(за+acc.)(ми́мо+gen.)(к, по+dat.)(+instr.)(на+prep.)

Он прое́хал ми́мо на́шего до́ма и не зашёл.	*He drove by our house and did not drop in.*
Заду́мавшись, я прое́хала свою́ остано́вку.	*In deep thought, I missed my stop.*
Маши́на прое́хала ещё три киломе́тра.	*The car drove another three kilometers.*
Мы прое́хали на по́езде че́рез всю Сиби́рь.	*We took the train across the whole of Siberia.*
Он прое́хал всю Росси́ю с гео́логами.	*He went across the entire breadth of Russia with geologists.*
Тури́сты прое́хали по го́роду.	*The tourists drove across town.*
Я проезжа́ю переу́лком, что́бы их не ви́деть.	*I am driving through the alley to avoid seeing them.*

regular type 1 verb (like **рабóтать**) stem: **пройгривай-/проигрáй-**

IMPERFECTIVE ASPECT		PERFECTIVE ASPECT	
PRESENT			
проӥгрываю	проӥгрываем		
проӥгрываешь	проӥгрываете		
проӥгрывает	проӥгрывают		
PAST		PAST	
проӥгрывал		проигрáл	
проӥгрывала		проигрáла	
проӥгрывало		проигрáло	
проӥгрывали		проигрáли	
FUTURE		FUTURE	
бýду проӥгрывать	бýдем проӥгрывать	проигрáю	проигрáем
бýдешь проӥгрывать	бýдете проӥгрывать	проигрáешь	проигрáете
бýдет проӥгрывать	бýдут проӥгрывать	проигрáет	проигрáют
SUBJUNCTIVE		SUBJUNCTIVE	
проӥгрывал бы		проигрáл бы	
проӥгрывала бы		проигрáла бы	
проӥгрывало бы		проигрáло бы	
проӥгрывали бы		проигрáли бы	
PARTICIPLES		PARTICIPLES	
pres. active	проӥгрывающий	*pres. active*	—
pres. passive	проӥгрываемый	*pres. passive*	—
past active	проӥгрывавший	*past active*	проигрáвший
past passive	—	*past passive*	проӥгранный
VERBAL ADVERBS		VERBAL ADVERBS	
проӥгрывая		проигрáв	
COMMANDS		**COMMANDS**	
проӥгрывай		проигрáй	
проӥгрывайте		проигрáйте	

Usage

(+acc.)(в, на+acc.)(+dat.)(от+gen.)

Мы проигрáли судéбный процéсс. — *We lost the court case.*
Вы проигрáете парú. — *You will lose the bet.*
Гúтлер проигрáл войнý с СССР. — *Hitler lost the war with the USSR.*
Гроссмéйстер проӥгрывает шáхматную пáртию протúвнику. — *The Grand Master is losing the chess game to his opponent.*
Я снóва проигрáл емý в кáрты. — *I lost to him again at cards.*
Такúм поведéнием вы проӥгрываете в глазáх коллектúва. — *With this behavior, you are losing in the eyes of your colleagues.*
Комáнда проигрáла на чемпионáте. — *The team lost at the championship.*
Спектáкль проӥгрывает от плохóй режиссýры. — *The play is failing because of the bad screenplay.*

Idioms

Он проигрáл всё дóчиста в казинó. — *He lost his shirt at the casino.*

387 производи́ть/произвести́ *to produce*

stem: **производи-/произвёд-** type 2 verb in imp.; **д-ж** stem change/perf. form type 5

IMPERFECTIVE ASPECT		PERFECTIVE ASPECT	
PRESENT			
произвожу́	произво́дим		
произво́дишь	произво́дите		
произво́дит	произво́дят		
PAST		PAST	
производи́л		произвёл	
производи́ла		произвела́	
производи́ло		произвело́	
производи́ли		произвели́	
FUTURE		FUTURE	
бу́ду производи́ть	бу́дем производи́ть	произведу́	произведём
бу́дешь производи́ть	бу́дете производи́ть	произведёшь	произведёте
бу́дет производи́ть	бу́дут производи́ть	произведёт	произведу́т
SUBJUNCTIVE		SUBJUNCTIVE	
производи́л бы		произвёл бы	
производи́ла бы		произвела́ бы	
производи́ло бы		произвело́ бы	
производи́ли бы		произвели́ бы	
PARTICIPLES		PARTICIPLES	
pres. active	производя́щий	*pres. active*	—
pres. passive	производи́мый	*pres. passive*	—
past active	производи́вший	*past active*	произве́дший
past passive	—	*past passive*	произведённый
VERBAL ADVERBS		VERBAL ADVERBS	
производя́		произведя́	
COMMANDS		**COMMANDS**	
производи́		произведи́	
производи́те		произведи́те	

Usage

(+acc.)(в, на+acc.)(в, на+prep.)

Его́ произвели́ в майо́ры.	*He was promoted to major.*
Мы успе́шно произвели́ о́пыт в лаборато́рии.	*We performed a successful experiment at the lab.*
Мы реши́ли произвести́ ремо́нт в кварти́ре.	*We decided to remodel the apartment.*
Архео́логи произво́дят раско́пки в А́зии.	*The archeologists are doing excavations in Asia.*
Полице́йские производи́ли осмо́тр ме́ста происше́ствия.	*The police inspected the scene of the accident.*
Сле́дователь произвёл допро́с аресто́ванного.	*The investigator interrogated the detainee.*
Генера́л произвёл смотр войск.	*The general performed the inspection of the troops.*
Съёмку фи́льма производи́ли на ю́ге.	*The filming of the movie was done in the south.*
Он произвёл на всех хоро́шее впечатле́ние.	*He made a good impression on everyone.*

to pronounce, utter **произноси́ть/произнести́** **388**

type 2 verb in imp.; **с-ж** stem change/perf. form type 5 stem: **произноси-/произнёс-**

IMPERFECTIVE ASPECT

PRESENT

произношу́	произно́сим
произно́сишь	произно́сите
произно́сит	произно́сят

PAST

произноси́л
произноси́ла
произноси́ло
произноси́ли

FUTURE

бу́ду произноси́ть	бу́дем произноси́ть
бу́дешь произноси́ть	бу́дете произноси́ть
бу́дет произноси́ть	бу́дут произноси́ть

SUBJUNCTIVE

произноси́л бы
произноси́ла бы
произноси́ло бы
произноси́ли бы

PARTICIPLES

pres. active	произнося́щий
pres. passive	произноси́мый
past active	произноси́вший
past passive	—

VERBAL ADVERBS

произнося́

COMMANDS

произноси́
произноси́те

PERFECTIVE ASPECT

PAST

произнёс
произнесла́
произнесло́
произнесли́

FUTURE

произнесу́	произнесём
произнесёшь	произнесёте
произнесёт	произнесу́т

SUBJUNCTIVE

произнёс бы
произнесла́ бы
произнесло́ бы
произнесли́ бы

PARTICIPLES

pres. active	—
pres. passive	—
past active	произнёсший
past passive	произнесённый

VERBAL ADVERBS

произнеся́

COMMANDS

произнеси́
произнеси́те

Usage

(+acc.)(перед+instr.)(на+prep.)

Не произноси́те ни одного́ сло́ва, вы меша́ете.	*Do not make a sound; you are interrupting.*
Ора́тор произнёс речь с трибу́ны.	*The speaker made a speech from the podium.*
Я произнёс тост за молодожёнов.	*I made a toast to the newlyweds.*
Солда́ты произнесли́ кля́тву Ро́дине.	*The soldiers swore an allegiance to the Motherland.*
Произнеси́ ещё раз э́ту фра́зу.	*Say that phrase once more.*

389 происходи́ть/произойти́ *to happen, occur*

stem: **происходи-/irreg.** regular type 2 verb in imp./perf. form irregular

IMPERFECTIVE ASPECT		PERFECTIVE ASPECT	
PRESENT			
происхожу́	происхо́дим		
происхо́дишь	происхо́дите		
происхо́дит	происхо́дят		
PAST		PAST	
происходи́л		произошёл	
происходи́ла		произошла́	
происходи́ло		произошло́	
происходи́ли		произошли́	
FUTURE		FUTURE	
бу́ду происходи́ть	бу́дем происходи́ть	произойду́	произойдём
бу́дешь происходи́ть	бу́дете происходи́ть	произойдёшь	произойдёте
бу́дет происходи́ть	бу́дут происходи́ть	произойдёт	произойду́т
SUBJUNCTIVE		SUBJUNCTIVE	
происходи́л бы		произошёл бы	
происходи́ла бы		произошла́ бы	
происходи́ло бы		произошло́ бы	
происходи́ли бы		произошли́ бы	
PARTICIPLES		PARTICIPLES	
pres. active	происходя́щий	*pres. active*	—
pres. passive	—	*pres. passive*	—
past active	происходи́вший	*past active*	происше́дший
past passive	—	*past passive*	—
VERBAL ADVERBS		VERBAL ADVERBS	
происходя́		произойдя́	
COMMANDS		**COMMANDS**	
происходи́		произойди́	
происходи́те		произойди́те	

Usage

(в, на+prep.)(у, из-за, из+gen.)(по+dat.)

Это сло́во происхо́дит из неме́цкого. — *This word is derived from the German language.*

Их род происхо́дит от ви́кингов. — *Their bloodline comes from the Vikings.*

Мы происхо́дим из рабо́чей семьи́. — *We come from a working family.*

Он происхо́дит из крестья́н. — *He comes from farmers.*

Что здесь у вас происхо́дит? — *What is going on here?*

Ава́рия произошла́ из-за непола́дки в мото́ре. — *The accident happened due to a malfunction in the engine.*

regular type 1 verb in imp./perf. form type 5 stem: **пропада́й-/пропад-**

IMPERFECTIVE ASPECT		PERFECTIVE ASPECT	
PRESENT			
пропада́ю	пропада́ем		
пропада́ешь	пропада́ете		
пропада́ет	пропада́ют		
PAST		**PAST**	
пропада́л		пропа́л	
пропада́ла		пропа́ла	
пропада́ло		пропа́ло	
пропада́ли		пропа́ли	
FUTURE		**FUTURE**	
бу́ду пропада́ть	бу́дем пропада́ть	пропаду́	пропадём
бу́дешь пропада́ть	бу́дете пропада́ть	пропадёшь	пропадёте
бу́дет пропада́ть	бу́дут пропада́ть	пропадёт	пропаду́т
SUBJUNCTIVE		**SUBJUNCTIVE**	
пропада́л бы		пропа́л бы	
пропада́ла бы		пропа́ла бы	
пропада́ло бы		пропа́ло бы	
пропада́ли бы		пропа́ли бы	
PARTICIPLES		**PARTICIPLES**	
pres. active	пропада́ющий	*pres. active*	—
pres. passive	—	*pres. passive*	—
past active	пропада́вший	*past active*	пропа́вший
past passive	—	*past passive*	—
VERBAL ADVERBS		**VERBAL ADVERBS**	
пропада́я		пропа́в	
COMMANDS		**COMMANDS**	
пропада́й		пропади́	
пропада́йте		пропади́те	

Usage

(+acc.)(в, на+prep.)(+dat.)(у, из, с+gen.)

Пропа́вшая соба́ка нашла́сь по объявле́нию.	*The lost dog was found because of the announcement.*
Го́род вско́ре пропа́л и́з виду.	*Soon the city disappeared from view.*
Поезд пропа́л за горизо́нтом.	*The train disappeared behind the horizon.*
Кошелёк пропа́л у меня́ из карма́на.	*The wallet disappeared from my pocket.*

Idioms

Все уси́лия да́ром пропа́ли.	*All efforts were in vain.*
Вы да́ли ему́ взаймы́ де́нег - пиши́ пропа́ло!	*You lent him money - you can kiss it good bye!*
Мы реши́ли дать бой: пропада́ть - так с му́зыкой!	*We decided to fight - if we were going to go down, we were going down in flames.*
Он надо́лго пропа́л из по́ля зре́ния.	*He disappeared out for sight for a long time.*
Оте́ц ушёл на фронт и пропа́л бе́з вести.	*Our father went to war and was missing in action.*
Пропади́ ты про́падом!	*You can drop dead! (coll.)*

391 пропуска́ть/пропусти́ть *to miss, leave out; to let*

stem: **пропуска́й-/пропусти-** regular type 1 verb in imp./perf. form type 2

IMPERFECTIVE ASPECT		PERFECTIVE ASPECT	
PRESENT			
пропуска́ю	пропуска́ем		
пропуска́ешь	пропуска́ете		
пропуска́ет	пропуска́ют		
PAST		PAST	
пропуска́л		пропусти́л	
пропуска́ла		пропусти́ла	
пропуска́ло		пропусти́ло	
пропуска́ли		пропусти́ли	
FUTURE		FUTURE	
бу́ду пропуска́ть	бу́дем пропуска́ть	пропущу́	пропу́стим
бу́дешь пропуска́ть	бу́дете пропуска́ть	пропу́стишь	пропу́стите
бу́дет пропуска́ть	бу́дут пропуска́ть	пропу́стит	пропу́стят
SUBJUNCTIVE		SUBJUNCTIVE	
пропуска́л бы		пропусти́л бы	
пропуска́ла бы		пропусти́ла бы	
пропуска́ло бы		пропусти́ло бы	
пропуска́ли бы		пропусти́ли бы	
PARTICIPLES		PARTICIPLES	
pres. active	пропуска́ющий	*pres. active*	—
pres. passive	пропуска́емый	*pres. passive*	—
past active	пропуска́вший	*past active*	пропусти́вший
past passive	—	*past passive*	пропу́щенный
VERBAL ADVERBS		VERBAL ADVERBS	
пропуска́я		пропусти́в	
COMMANDS		**COMMANDS**	
пропуска́й		пропусти́	
пропуска́йте		пропусти́те	

Usage

(+acc.)(в, на, через+acc.)(+dat.)(у, из, с+gen.)

Ба́бушка пропусти́ла мя́со че́рез мясору́бку.	*The grandmother ran the meat through the grinder.*
Я пропусти́ла ни́тку в иго́лку и приши́ла пу́говицу.	*I threaded the needle and sewed on the button.*
Контролёр пропуска́л зри́телей в теа́тр.	*The usher was letting the spectators into the theater.*
Семью́ пропусти́ли к больно́му в пала́ту.	*They let the family go into the patient's room.*
Врата́рь пропусти́л мяч в воро́та.	*The goalkeeper let the ball pass into the goal.*
Нас пропусти́ли на заседа́ние клу́ба.	*We were allowed into the club meeting.*
Вы пропуска́ете удо́бный слу́чай, потому́ что не слу́шаете меня́.	*You are missing a good opportunity because you are not listening to me.*
Я пропусти́ла стро́чку, печа́тая текст.	*I skipped a line while typing the text.*
Не пропуска́йте оши́бки, бу́дьте внима́тельны.	*Pay attention, don't miss mistakes.*
Я заду́малась и пропусти́ла трамва́й.	*I fell into thinking and missed my tram.*
Ма́льчик стал ча́сто пропуска́ть уро́ки.	*The boy started skipping classes often.*

Idioms

Она́ всё пропуска́ет ми́мо уше́й.	*She lets everything in one ear and out the other.*

regular type 2 verb (like **вúдеть**) stem: **проси-/попроси-**

IMPERFECTIVE ASPECT

PRESENT

прошу́	про́сим
про́сишь	про́сите
про́сит	про́сят

PAST

просúл
просúла
просúло
просúли

FUTURE

бу́ду просúть	бу́дем просúть
бу́дешь просúть	бу́дете просúть
бу́дет просúть	бу́дут просúть

SUBJUNCTIVE

просúл бы
просúла бы
просúло бы
просúли бы

PARTICIPLES

pres. active	прося́щий
pres. passive	просúмый
past active	просúвший
past passive	про́шенный

VERBAL ADVERBS

прося́

COMMANDS

просú
просúте

PERFECTIVE ASPECT

PAST

попросúл
попросúла
попросúло
попросúли

FUTURE

попрошу́	попро́сим
попро́сишь	попро́сите
попро́сит	попро́сят

SUBJUNCTIVE

попросúл бы
попросúла бы
попросúло бы
попросúли бы

PARTICIPLES

pres. active	—
pres. passive	—
past active	попросúвший
past passive	попро́шенный

VERBAL ADVERBS

попросúв

COMMANDS

попросú
попросúте

Usage

(+acc.)(о+prep.)(+inf.)(у+gen.)

Я прошу́ у вас э́тот журна́л до вто́рника.	*I am asking to borrow this magazine until Tuesday.*
Мы про́сим госте́й к столу́.	*We invite guests to the table.*
Бе́дные стару́шки про́сят ми́лостыню на у́лицах.	*Poor elderly women are begging for money on the streets.*
Я прошу́ проще́ния за свою́ беста́ктность.	*I apologize for my tactlessness.*
Я прошу́ разреше́ния поки́нуть собра́ние.	*I would like your permission to leave the meeting.*
Я прошу́ сло́ва, мне есть что сказа́ть.	*I would like to take the podium, as I have something to say.*
Он про́сит нас о по́мощи в перево́де.	*He asks for our help in doing translation.*
Я попроси́ла её об услу́ге.	*I asked her for a favor.*
Проси́ проще́ния у ма́тери, она пла́чет.	*Apologize to your mother; she is crying.*
Я прошу́ не за себя́, а за това́рища.	*I am not asking for myself, I am asking for my friend.*

393 простыва́ть/просты́ть *to get cold*

stem: **простыва́й-/irreg.** regular type 1 verb in imp./perf. form irregular

IMPERFECTIVE ASPECT		PERFECTIVE ASPECT	
PRESENT			
простыва́ю	простыва́ем		
простыва́ешь	простыва́ете		
простыва́ет	простыва́ют		
PAST		**PAST**	
простыва́л		просты́л	
простыва́ла		просты́ла	
простыва́ло		просты́ло	
простыва́ли		просты́ли	
FUTURE		**FUTURE**	
бу́ду простыва́ть	бу́дем простыва́ть	просты́ну	просты́нем
бу́дешь простыва́ть	бу́дете простыва́ть	просты́нешь	просты́нете
бу́дет простыва́ть	бу́дут простыва́ть	просты́нет	просты́нут
SUBJUNCTIVE		**SUBJUNCTIVE**	
простыва́л бы		просты́л бы	
простыва́ла бы		просты́ла бы	
простыва́ло бы		просты́ло бы	
простыва́ли бы		просты́ли бы	
PARTICIPLES		**PARTICIPLES**	
pres. active	простыва́ющий	*pres. active*	—
pres. passive	—	*pres. passive*	—
past active	простыва́вший	*past active*	просты́вший
past passive	—	*past passive*	—
VERBAL ADVERBS		**VERBAL ADVERBS**	
простыва́я		просты́в/просты́нув	
COMMANDS		**COMMANDS**	
простыва́й		просты́нь	
простыва́йте		просты́ньте	

Usage

(+acc.)(о+prep.)(+inf.)(у+gen.)

Ребёнок легко́ простыва́ет в сыру́ю пого́ду. — *The child easily catches a cold in wet weather.*

Просты́вшим го́лосом она́ говори́ла речь. — *She made a speech with a cold in her voice.*

За́пах простыва́вшего борща́ напо́лнил ку́хню. — *The smell of the cooling borscht filled the kitchen.*

На у́лице моро́з - смотри́, не просты́нь! — *It's freezing outside; don't catch a cold!*

Idioms

Не успе́ла я огляну́ться, его́ и след просты́л. — *Before I could turn around, his trail went cold.*

regular type 1 verb in imp./perf. form type 2 stem: **простужа́й+ся/простуди+ся**

IMPERFECTIVE ASPECT		PERFECTIVE ASPECT	
PRESENT			
простужа́юсь	простужа́емся		
простужа́ешься	простужа́етесь		
простужа́ется	простужа́ются		
PAST		**PAST**	
простужа́лся		простуди́лся	
простужа́лась		простуди́лась	
простужа́лось		простуди́лось	
простужа́лись		простуди́лись	
FUTURE		**FUTURE**	
бу́ду простужа́ться	бу́дем простужа́ться	простужу́сь	просту́димся
бу́дешь простужа́ться	бу́дете простужа́ться	просту́дишься	просту́дитесь
бу́дет простужа́ться	бу́дут простужа́ться	просту́дится	просту́дятся
SUBJUNCTIVE		**SUBJUNCTIVE**	
простужа́лся бы		простуди́лся бы	
простужа́лась бы		простуди́лась бы	
простужа́лось бы		простуди́лось бы	
простужа́лись бы		простуди́лись бы	
PARTICIPLES		**PARTICIPLES**	
pres. active	простужа́ющийся	*pres. active*	—
pres. passive	—	*pres. passive*	—
past active	простужа́вшийся	*past active*	простуди́вшийся
past passive	—	*past passive*	—
VERBAL ADVERBS		**VERBAL ADVERBS**	
простужа́ясь		простуди́вшись	
COMMANDS		**COMMANDS**	
простужа́йся		простуди́сь	
простужа́йтесь		простуди́тесь	

Usage

(в, на+prep.)

Я си́льно простуди́лась на самолёте. — *I caught a bad cold on the plane.*

Простуди́вшись, я лежа́ла до́ма с компре́ссом. — *After catching a cold, I was lying at home in bed with a compress.*

Простужа́ясь ча́сто, он всё-таки ходи́л без ша́пки. — *Despite catching colds often, he continued to walk around without a hat.*

Оде́нь шарф и ва́режки, не простуди́сь! — *Put on your scarf and mittens, don't catch a cold.*

Мы почти́ не выходи́ли из до́ма, а простуди́лись. — *We barely ever left the house, yet caught a cold nonetheless.*

395 просыпа́ться/просну́ться *to wake up*

stem: **просыпа́й+ся/просну́+ся** regular type 1 verb in imp./perf. form type 3

	IMPERFECTIVE ASPECT		PERFECTIVE ASPECT	
PRESENT				
	просыпа́юсь	просыпа́емся		
	просыпа́ешься	просыпа́етесь		
	просыпа́ется	просыпа́ются		
PAST				
	просыпа́лся		просну́лся	
	просыпа́лась		просну́лась	
	просыпа́лось		просну́лось	
	просыпа́лись		просну́лись	
FUTURE				
	бу́ду просыпа́ться	бу́дем просыпа́ться	просну́сь	проснёмся
	бу́дешь просыпа́ться	бу́дете просыпа́ться	проснёшься	проснётесь
	бу́дет просыпа́ться	бу́дут просыпа́ться	проснётся	просну́тся
SUBJUNCTIVE				
	просыпа́лся бы		просну́лся бы	
	просыпа́лась бы		просну́лась бы	
	просыпа́лось бы		просну́лось бы	
	просыпа́лись бы		просну́лись бы	
PARTICIPLES				
	pres. active	просыпа́ющийся	*pres. active*	—
	pres. passive	—	*pres. passive*	—
	past active	просыпа́вшийся	*past active*	просну́вшийся
	past passive	—	*past passive*	—
VERBAL ADVERBS				
	просыпа́ясь		просну́вшись	
COMMANDS				
	просыпа́йся		просни́сь	
	просыпа́йтесь		просни́тесь	

Usage

(+acc.)(о+prep.)(+inf.)(у+gen.)

Она́ просну́лась све́жей по́сле вчера́шнего похо́да.	*After yesterday's hike she woke up refreshed.*
Ма́льчик просну́лся от шу́ма и запла́кал.	*The boy was woken up by the noise and started crying.*
В ма́рте медве́дь просыпа́ется от зи́мней спя́чки.	*In March, the bear wakes up from winter hibernation.*
Пчёлы просну́лись от дли́нного сна и полете́ли на луг.	*The bees woke up from a long sleep and flew to the meadow.*

Idioms

Я просыпа́юсь с пти́цами.	*I wake up very early.*

regular type 2 verb in imp./perf. form irregular — stem: **проходи-/irreg.**

	IMPERFECTIVE ASPECT			PERFECTIVE ASPECT
PRESENT				
прохожу́	прохо́дим			
прохо́дишь	прохо́дите			
прохо́дит	прохо́дят			
PAST		**PAST**		
проходи́л		прошёл		
проходи́ла		прошла́		
проходи́ло		прошло́		
проходи́ли		прошли́		
FUTURE		**FUTURE**		
бу́ду проходи́ть	бу́дем проходи́ть	пройду́	пройдём	
бу́дешь проходи́ть	бу́дете проходи́ть	пройдёшь	пройдёте	
бу́дет проходи́ть	бу́дут проходи́ть	пройдёт	пройду́т	
SUBJUNCTIVE		**SUBJUNCTIVE**		
проходи́л бы		прошёл бы		
проходи́ла бы		прошла́ бы		
проходи́ло бы		прошло́ бы		
проходи́ли бы		прошли́ бы		
PARTICIPLES		**PARTICIPLES**		
pres. active	проходя́щий	*pres. active*	—	
pres. passive	проходи́мый	*pres. passive*	—	
past active	проходи́вший	*past active*	проше́дший	
past passive	—	*past passive*	про́йденный	
VERBAL ADVERBS		**VERBAL ADVERBS**		
проходя́		пройдя́		
COMMANDS		**COMMANDS**		
проходи́		пройди́		
проходи́те		пройди́те		

Usage

(+acc.)(в, на, через+acc.)(по+dat.)(мимо+gen.)

Я прошёл всю у́лицу, но их до́ма так и не нашёл. — *I walked the entire street, but did not find their house.*

Этот челове́к прошёл большо́й жи́зненный путь. — *This man lived a rich and eventful life.*

Я прошла́ пять киломе́тров и останови́лась. — *I walked five kilometers and stopped.*

По́езд прошёл при́городную ста́нцию. — *The train passed by the suburban station.*

Он прошёл курс лече́ния в санато́рии. — *He underwent a course of treatment at the sanatorium.*

Я проходи́ла стажиро́вку в институ́те. — *I did my residency at the institute.*

Су́дя по зна́ниям, она́ прошла́ хоро́шую шко́лу. — *Judging by her knowledge, she had a good schooling.*

Она́ прошла́ ми́мо това́рища и не узна́ла его́. — *She walked right passed her friend and did not recognize him.*

Мы прошли́ че́рез все испыта́ния и вы́жили. — *We passed all the trials and survived.*

Они́ прошли́ че́рез лес и вы́шли к дере́вне. — *They walked through the forest and came to the village.*

Мы с трудо́м проходи́ли сквозь толпу́. — *It was difficult for us to squeeze through the crowd.*

проходи́ть/пройти́

to go (through, past), pass (on foot)

stem: **проходи-/irreg.**

regular type 2 verb in imp./perf. form irregular

По ряда́м зри́телей прошёл шум.	*A noise went through rows of onlookers.*
Муж прошёл по ко́нкурсу на зва́ние профе́ссора.	*My husband was competitively promoted to the rank of professor.*
Мы прошли́ по всем инста́нциям, но безрезульта́тно.	*We went through all the stages without success.*
Люблю́ иногда́ хоть мы́сленно пройти́ знако́мыми переу́лками.	*Sometimes I like to walk in my mind through familiar alleys.*
Он прошёлся щёткой по волоса́м.	*He brushed his hair with a hair brush.*
Проходи́те в кабине́т и сади́тесь.	*Go into the office and have a seat.*
Пройди́те к вы́ходу и жди́те меня́ там.	*Go to the exit and wait for me there.*
По́длости да́ром никому́ не прохо́дят.	*Nobody gets away with malice.*
Он смо́трит так, что моро́з по ко́же прохо́дит.	*He looks at me in a way that sends chills down my spine.*
Это так про́сто вам не пройдёт.	*You will not get away with this.*
Патриоти́зм прохо́дит кра́сной ни́тью че́рез его́ рома́ны.	*The theme of patriotism runs through all his novels.*
Де́ньги прохо́дят у меня́ ме́жду па́льцев, как вода́.	*Money goes right through my fingers, like water.*
Она́ прошла́ че́рез мно́гие ру́ки.	*She was used by men.*
Мой больно́й вопро́с прошли́ молча́нием.	*An issue important to me was ignored.*
Не проходи́те ми́мо э́той пробле́мы.	*Do not ignore this problem.*
Он прошёл сквозь ого́нь и во́ду.	*He went through fire and water.*
Он здо́рово прошёлся по её а́дресу.	*He had quite a lot to say about her.*
Защи́та дипло́ма прошла́, как по ма́слу.	*The defense of the diploma went splendidly.*
Зако́н прошёл уже́ через Парла́мент.	*The law has already passed in Parliament.*

regular type 1 verb in imp./perf. form type 2 stem: **проща́й-/прости-**

IMPERFECTIVE ASPECT		PERFECTIVE ASPECT	
PRESENT			
проща́ю	проща́ем		
проща́ешь	проща́ете		
проща́ет	проща́ют		
PAST		PAST	
проща́л		прости́л	
проща́ла		прости́ла	
проща́ло		прости́ло	
проща́ли		прости́ли	
FUTURE		FUTURE	
бу́ду проща́ть	бу́дем проща́ть	прощу́	прости́м
бу́дешь проща́ть	бу́дете проща́ть	прости́шь	прости́те
бу́дет проща́ть	бу́дут проща́ть	прости́т	простя́т
SUBJUNCTIVE		SUBJUNCTIVE	
проща́л бы		прости́л бы	
проща́ла бы		прости́ла бы	
проща́ло бы		прости́ло бы	
проща́ли бы		прости́ли бы	
PARTICIPLES		PARTICIPLES	
pres. active	проща́ющий	*pres. active*	—
pres. passive	проща́емый	*pres. passive*	—
past active	проща́вший	*past active*	прости́вший
past passive	—	*past passive*	прощённый
VERBAL ADVERBS		VERBAL ADVERBS	
проща́я		прости́в	
COMMANDS		**COMMANDS**	
проща́й		прости́	
проща́йте		прости́те	

Usage

(+acc.)(+dat.)(за+acc.)

Прости́те де́вочку, она́ ни в чём не винова́та.	*Excuse the girl; she is not responsible for anything.*
Прости́те мне нево́льную глу́пость.	*Forgive me my unintentional stupidity.*
Я проща́ю оби́ды, но не забыва́ю их.	*I forgive the offenses, but I do not forget them.*
Я прости́ла долги́ бра́ту, - де́ться не́куда.	*I forgave my brother's debts - I had no choice.*
Друзе́й непоня́вших и да́же прода́вших - прости́.	*Forgive the friends who did not understand you and even those who sold you out.*
Она́, прости́те за выраже́ние, про́сто гусы́ня.	*She is, forgive the expression, just a goose.*

пры́гать/пры́гнуть

to jump

stem: **пры́гай-/пры́гну-**

regular type 1 verb in imp./perf. form type 3

IMPERFECTIVE ASPECT		PERFECTIVE ASPECT	
PRESENT			
пры́гаю	пры́гаем		
пры́гаешь	пры́гаете		
пры́гает	пры́гают		
PAST		PAST	
пры́гал		пры́гнул	
пры́гала		пры́гнула	
пры́гало		пры́гнуло	
пры́гали		пры́гнули	
FUTURE		FUTURE	
бу́ду пры́гать	бу́дем пры́гать	пры́гну	пры́гнем
бу́дешь пры́гать	бу́дете пры́гать	пры́гнешь	пры́гнете
бу́дет пры́гать	бу́дут пры́гать	пры́гнет	пры́гнут
SUBJUNCTIVE		SUBJUNCTIVE	
пры́гал бы		пры́гнул бы	
пры́гала бы		пры́гнула бы	
пры́гало бы		пры́гнуло бы	
пры́гали бы		пры́гнули бы	
PARTICIPLES		PARTICIPLES	
pres. active	пры́гающий	*pres. active*	—
pres. passive	—	*pres. passive*	—
past active	пры́гавший	*past active*	пры́гнувший
past passive	—	*past passive*	—
VERBAL ADVERBS		VERBAL ADVERBS	
пры́гая		пры́гнув	
COMMANDS		**COMMANDS**	
пры́гай		пры́гни	
пры́гайте		пры́гните	

Usage

(в, на, через+acc.)(с+instr.)(с, от+gen.)

Он пры́гает с вы́шки в во́ду. — *He jumps from the diving platform into the water.*

Ко́шка пры́гнула в откры́тое окно́. — *The cat jumped in an open window.*

Ма́льчики пры́гали через кана́ву. — *The boys were jumping across the ditch.*

Она́ ста́ла пры́гать от ра́дости, когда́ узна́ла но́вость. — *She started jumping with joy when she heard the news.*

Он пры́гает с шесто́м в высоту́. — *He pole vaults.*

Она́ научи́лась пры́гать с парашю́том. — *She learned to jump with a parachute.*

пря́тать(ся)/спря́тать(ся)

regular type 3 verb (like **пла́кать**)

stem: **пря́та+(ся)/спря́та+(ся)**

	IMPERFECTIVE ASPECT			PERFECTIVE ASPECT	
PRESENT					
	пря́чу(сь)	пря́чем(ся)			
	пря́чешь(ся)	пря́чете(сь)			
	пря́чет(ся)	пря́чут(ся)			
PAST			PAST		
	пря́тал(ся)			спря́тал(ся)	
	пря́тала(сь)			спря́тала(сь)	
	пря́тало(сь)			спря́тало(сь)	
	пря́тали(сь)			спря́тали(сь)	
FUTURE			FUTURE		
	бу́ду пря́тать(ся)	бу́дем пря́тать(ся)		спря́чу(сь)	спря́чем(ся)
	бу́дешь пря́тать(ся)	бу́дете пря́тать(ся)		спря́чешь(ся)	спря́чете(сь)
	бу́дет пря́тать(ся)	бу́дут пря́тать(ся)		спря́чет(ся)	спря́чут(ся)
SUBJUNCTIVE			SUBJUNCTIVE		
	пря́тал(ся) бы			спря́тал(ся) бы	
	пря́тала(сь) бы			спря́тала(сь) бы	
	пря́тало(сь) бы			спря́тало(сь) бы	
	пря́тали(сь) бы			спря́тали(сь) бы	
PARTICIPLES			PARTICIPLES		
	pres. active	пря́чущий(ся)		*pres. active*	—
	pres. passive	—		*pres. passive*	—
	past active	пря́тавший(ся)		*past active*	спря́тавший(ся)
	past passive	пря́танный		*past passive*	спря́танный
VERBAL ADVERBS			VERBAL ADVERBS		
	пря́ча(сь)			спря́тав(шись)	
COMMANDS			**COMMANDS**		
	пря́чь(ся)			спря́чь(ся)	
	пря́чьте(сь)			спря́чьте(сь)	

Usage

(+acc.)(в, на, за+acc.)(за+instr.)(от+gen.)

Игра́я в пря́тки, мы пря́тались в подъе́здах домо́в. — *Playing hide and seek, we were hiding in the doorways of buildings.*

Пира́ты пря́тали кла́ды в земле́. — *The pirates hid the treasure by burying it.*

Партиза́ны пря́тались в гора́х и леса́х. — *Partisans were hiding in the mountains and in the woods.*

Де́ньги пря́чут в сейф. — *Money is hidden in the safe.*

Она́ спря́тала поку́пку в шкаф. — *She hid her purchase in the dresser.*

Смуща́ясь, она́ пря́чет взгляд. — *Flustered, she averts her eyes.*

Idioms

При мале́йшей ссо́ре он пря́чется в кусты́. — *In any fight, he retreats.*

Он ни во что не вме́шивается, а пря́чет го́лову под крыло́. — *He does not get involved in anything; he just hides his head in the sand.*

Магази́н обокра́ли и спря́тали концы́ в во́ду. — *The store was robbed, and no one will be the wiser.*

Он сиди́т до́ма, бу́дто пря́чется в свою́ скорлупу́. — *He is sitting at home, hiding in his shell.*

Она́ ни за что не отвеча́ет, а пря́чется за чужу́ю спи́ну. — *She is not responsible for anything; she just hides behind anybody's back.*

пугáть(ся)/испугáть(ся)

to scare, frighten

stem: **пугáй+(ся)/испугáй+(ся)**

regular type 1 verb (like **рабóтать**)

IMPERFECTIVE ASPECT		PERFECTIVE ASPECT	
PRESENT			
пугáю(сь)	пугáем(ся)		
пугáешь(ся)	пугáете(сь)		
пугáет(ся)	пугáют(ся)		
PAST		**PAST**	
пугáл(ся)		испугáл(ся)	
пугáла(сь)		испугáла(сь)	
пугáло(сь)		испугáло(сь)	
пугáли(сь)		испугáли(сь)	
FUTURE		**FUTURE**	
бýду пугáть(ся)	бýдем пугáть(ся)	испугáю(сь)	испугáем(ся)
бýдешь пугáть(ся)	бýдете пугáть(ся)	испугáешь(ся)	испугáете(сь)
бýдет пугáть(ся)	бýдут пугáть(ся)	испугáет(ся)	испугáют(ся)
SUBJUNCTIVE		**SUBJUNCTIVE**	
пугáл(ся) бы		испугáл(ся) бы	
пугáла(сь) бы		испугáла(сь) бы	
пугáло(сь) бы		испугáло(сь) бы	
пугáли(сь) бы		испугáли(сь) бы	
PARTICIPLES		**PARTICIPLES**	
pres. active	пугáющий(ся)	*pres. active*	—
pres. passive	пугáемый	*pres. passive*	—
past active	пугáвший(ся)	*past active*	испугáвший(ся)
past passive	пýганный	*past passive*	испýганный
VERBAL ADVERBS		**VERBAL ADVERBS**	
пугáя(сь)		испугáв(шись)	
COMMANDS		**COMMANDS**	
пугáй(ся)		испугáй(ся)	
пугáйте(сь)		испугáйте(сь)	

Usage

(+acc.)(+instr.)

Я испугáлась э́того стрáнно одéтого человéка.	*I got scared of this strangely dressed man.*
Волкáми детéй пугáют.	*Children are frightened by the mention of wolves.*
Пья́ница пугáл детéй своúм ужáсным вúдом.	*A drunk was scaring the kids with his terrible look.*
Трýдности нас не пугáют.	*We are not scared of difficulties.*
Меня́ пугáет жáркий клúмат.	*I am afraid of a hot climate.*

Idioms

За негó зáмуж? Да он из-за углá мешкóм пýганный!	*Marry him? He's got a few screws loose!*

regular type 1 verb in imp./perf. form type 2 stem: **пуска́й-/пусти-**

IMPERFECTIVE ASPECT		PERFECTIVE ASPECT	
PRESENT			
пуска́ю	пуска́ем		
пуска́ешь	пуска́ете		
пуска́ет	пуска́ют		
PAST		**PAST**	
пуска́л		пусти́л	
пуска́ла		пусти́ла	
пуска́ло		пусти́ло	
пуска́ли		пусти́ли	
FUTURE		**FUTURE**	
бу́ду пуска́ть	бу́дем пуска́ть	пущу́	пу́стим
бу́дешь пуска́ть	бу́дете пуска́ть	пу́стишь	пу́стите
бу́дет пуска́ть	бу́дут пуска́ть	пу́стит	пу́стят
SUBJUNCTIVE		**SUBJUNCTIVE**	
пуска́л бы		пусти́л бы	
пуска́ла бы		пусти́ла бы	
пуска́ло бы		пусти́ло бы	
пуска́ли бы		пусти́ли бы	
PARTICIPLES		**PARTICIPLES**	
pres. active	пуска́ющий	*pres. active*	—
pres. passive	пуска́емый	*pres. passive*	—
past active	пуска́вший	*past active*	пусти́вший
past passive	—	*past passive*	пу́щенный
VERBAL ADVERBS		**VERBAL ADVERBS**	
пуска́я		пусти́в	
COMMANDS		**COMMANDS**	
пуска́й		пусти́	
пуска́йте		пусти́те	

Usage

(+acc.)(в, на+acc.)(к+dat.)(+infin.)

Ма́ма пуска́ла нас гуля́ть во двор.	*Mother let us go play in the yard.*
Мы нужда́лись в де́ньгах и пуска́ли квартира́нтов.	*We needed the money and let in tenants.*
Но́вую фа́брику пу́стят в ход в декабре́.	*The new factory will go into production in December.*
Спаса́тели пусти́ли в во́здух раке́ту.	*Rescuers shot a flair into the sky.*
Инде́ец пусти́л стрелу́ и попа́л в оле́ня.	*An Indian shot an arrow and hit a deer.*
На пра́здник в не́бо пуска́ют фейерве́рки.	*On holidays, fireworks are shot into the sky.*
Уже́ пусти́ли спле́тни, что мы разво́димся.	*Rumors are going around that we are getting a divorce.*
Мы не пусти́ли ко́рни в Калифо́рнии.	*We didn't put down roots in California.*
Дете́й не пуска́ют на вече́рние сеа́нсы в кино́.	*Children are not allowed to go to evening shows at the movies.*

пуска́ть/пусти́ть

to allow, let; to shoot

stem: **пуска́й-/пусти-**

regular type 1 verb in imp./perf. form type 2

Ско́ро ста́ли пуска́ть в ваго́н пассажи́ров.	*Soon they started letting passengers into the train cars.*
Импортные това́ры пусти́ли в прода́жу.	*Foreign goods were released into retail.*
В ход пусти́ли все сре́дства, что́бы доби́ться своего́.	*To get what they want, they used whatever means were available.*
Неда́вно но́вую моне́ту пусти́ли в обраще́ние.	*Recently a new coin was released into circulation.*
Кто́-то пусти́л ка́мнем в окно́.	*Someone threw a rock through the window.*
Поли́ция пусти́ла в ход грана́ты.	*The police used grenades.*
Партиза́ны пуска́ли поезда́ под отко́с.	*Partisans were setting up train crashes.*
Де́ти пуска́ли бума́жные кора́блики на во́ду.	*Children were setting paper ships onto the water.*
Мы откры́ли кле́тку и пусти́ли пти́цу на во́лю.	*We opened the cage and released the bird.*
Я пусти́ла пу́тников на ночле́г в наш дом.	*I let the travelers in for the night into our house.*

Idioms

Пла́ны поста́вок дета́лей пусти́ли на самотёк.	*The plans for delivering the parts were out of control.*
Что ты де́ньги на ве́тер пуска́ешь?	*Why are you squandering your money?*
Она́ не хо́чет ви́деть меня́ - хоть пу́лю себе́ в лоб пуска́й.	*She doesn't want to see me; I can go blow my brains out, and it wouldn't matter.*
Пуска́й себе́ говоря́т, а ты не слу́шай.	*Let them talk among themselves; don't bother listening to them.*
Я его́ бо́льше на поро́г не пущу́.	*I will not let him in the house anymore.*
Она́ не рабо́тает, а лишь пыль в глаза́ пуска́ет.	*She doesn't do any work, she just shows off.*

regular type 4 verb (like **трéбовать**)/no perf. stem: **путешествова-**

IMPERFECTIVE ASPECT

PRESENT

путешéствую	путешéствуем
путешéствуешь	путешéствуете
путешéствует	путешéствуют

PAST

путешéствовал
путешéствовала
путешéствовало
путешéствовали

FUTURE

бýду путешéствовать	бýдем путешéствовать
бýдешь путешéствовать	бýдете путешéствовать
бýдет путешéствовать	бýдут путешéствовать

SUBJUNCTIVE

путешéствовал бы
путешéствовала бы
путешéствовало бы
путешéствовали бы

PARTICIPLES

pres. active	путешéствующий
pres. passive	—
past active	путешéствовавший
past passive	—

VERBAL ADVERBS

путешéствуя

COMMANDS

путешéствуй
путешéствуйте

Usage

(на+prep.)(по+dat.)(за+instr.)(+instr.)

Мнóгие америкáнцы сегóдня путешéствуют по Россúи.	*Many Americans today travel around Russia.*
Мы путешéствовали в Перý на лошадя́х.	*We traveled on horses in Peru.*
Я люблю́ путешéствовать пóездом.	*I like to travel by train.*
Прия́тели путешéствуют за границéй.	*Our friends are traveling abroad.*
Мы путешéствовали с грýппой турúстов.	*We traveled with a group of tourists.*

403

пыта́ться/попыта́ться

to attempt, try

stem: **пыта́й+ся/попыта́й+ся** regular type 1 verb (like **рабо́тать**)

IMPERFECTIVE ASPECT		PERFECTIVE ASPECT	
PRESENT			
пыта́юсь	пыта́емся		
пыта́ешься	пыта́етесь		
пыта́ется	пыта́ются		
PAST		PAST	
пыта́лся		попыта́лся	
пыта́лась		попыта́лась	
пыта́лось		попыта́лось	
пыта́лись		попыта́лись	
FUTURE		FUTURE	
бу́ду пыта́ться	бу́дем пыта́ться	попыта́юсь	попыта́емся
бу́дешь пыта́ться	бу́дете пыта́ться	попыта́ешься	попыта́етесь
бу́дет пыта́ться	бу́дут пыта́ться	попыта́ется	попыта́ются
SUBJUNCTIVE		SUBJUNCTIVE	
пыта́лся бы		попыта́лся бы	
пыта́лась бы		попыта́лась бы	
пыта́лось бы		попыта́лось бы	
пыта́лись бы		попыта́лись бы	
PARTICIPLES		PARTICIPLES	
pres. active	пыта́ющийся	*pres. active*	—
pres. passive	—	*pres. passive*	—
past active	пыта́вшийся	*past active*	попыта́вшийся
past passive	—	*past passive*	—
VERBAL ADVERBS		VERBAL ADVERBS	
пыта́ясь		попыта́вшись	
COMMANDS		**COMMANDS**	
пыта́йся		попыта́йся	
пыта́йтесь		попыта́йтесь	

Usage

(+infin.)

Он пыта́лся оправда́ться пе́ред на́ми. — *He tried to explain himself to us.*

Он тще́тно пыта́ется доби́ться приёма. — *His efforts to get an appointment have been futile.*

Попыта́вшись дойти́ пешко́м до бассе́йна, мы уста́ли и взя́ли такси́. — *After attempting to reach the swimming pool on foot, we got tired and hailed a taxi.*

regular type 1 verb (like **рабóтать**) stem: **работáй-/поработáй-**

IMPERFECTIVE ASPECT		PERFECTIVE ASPECT	
PRESENT			
рабóтаю	рабóтаем		
рабóтаешь	рабóтаете		
рабóтает	рабóтают		
PAST		PAST	
рабóтал		порабóтал	
рабóтала		порабóтала	
рабóтало		порабóтало	
рабóтали		порабóтали	
FUTURE		FUTURE	
бýду рабóтать	бýдем рабóтать	порабóтаю	порабóтаем
бýдешь рабóтать	бýдете рабóтать	порабóтаешь	порабóтаете
бýдет рабóтать	бýдут рабóтать	порабóтает	порабóтают
SUBJUNCTIVE		SUBJUNCTIVE	
рабóтал бы		порабóтал бы	
рабóтала бы		порабóтала бы	
рабóтало бы		порабóтало бы	
рабóтали бы		порабóтали бы	
PARTICIPLES		PARTICIPLES	
pres. active	рабóтающий	*pres. active*	—
pres. passive	—	*pres. passive*	—
past active	рабóтавший	*past active*	порабóтавший
past passive	—	*past passive*	—
VERBAL ADVERBS		VERBAL ADVERBS	
рабóтая		порабóтав	
COMMANDS		**COMMANDS**	
рабóтай		порабóтай	
рабóтайте		порабóтайте	

Usage

(в, на+prep.)(+instr.)(с, над+instr.)

Мои́ дéдушка с бáбушкой рабóтали в пóле. *My grandpa and grandma worked in the fields.*
Отéц рабóтал на завóде, а мáма - дóма. *Father worked at the factory, mother - at home.*
Тётя рабóтала на домý, ши́ла одéжду. *My aunt worked at home, sewing clothes.*
Завóд рабóтает на гáзе. *The plant operates on natural gas.*
Писáтель рабóтает над нóвой пóвестью. *The writer is working on a new novel.*
Нелегкó рабóтать с детьми́ в шкóле. *It is not easy to work with kids at school.*
Он лю́бит рабóтать на себя́. *He likes to work for himself.*
Онá рабóтает секретарём в фи́рме. *She works as a secretary at a firm.*
Он рабóтает топорóм по дéреву. *He works with an axe on wood.*
Он рабóтает для себя́, для семьи́. *He works for himself and for his family.*
Завóд рабóтал на оборóну. *The factory worked on defense projects.*
Он рабóтает на ФБР. *He works for the FBI.*
Я рабóтаю за дéньги, а не за спаси́бо. *I work for money, not for gratitude.*
Я порабóтала касси́ром, а потóм пошлá рабóтать по специáльности. *I worked as a cashier, then went to work in my career field.*
Я рабóтаю с прили́чными людьми́. *I work with respectable people.*

Idioms

Врéмя рабóтает на нас, мы всё успéем. *Time is on our side; we'll be able to do everything.*

405 ра́довать(ся)/обра́довать(ся) *to please, make happy*

stem: **ра́дова+(ся)/обра́дова+(ся)** regular type 4 verb (like **тре́бовать**)

IMPERFECTIVE ASPECT		PERFECTIVE ASPECT	
PRESENT			
ра́дую(сь)	ра́дуем(ся)		
ра́дуешь(ся)	ра́дуете(сь)		
ра́дует(ся)	ра́дуют(ся)		
PAST		**PAST**	
ра́довал(ся)		обра́довал(ся)	
ра́довала(сь)		обра́довала(сь)	
ра́довало(сь)		обра́довало(сь)	
ра́довали(сь)		обра́довали(сь)	
FUTURE		**FUTURE**	
бу́ду ра́довать(ся)	бу́дем ра́довать(ся)	обра́дую(сь)	обра́дуем(ся)
бу́дешь ра́довать(ся)	бу́дете ра́довать(ся)	обра́дуешь(ся)	обра́дуете(сь)
бу́дет ра́довать(ся)	бу́дут ра́довать(ся)	обра́дует(ся)	обра́дуют(ся)
SUBJUNCTIVE		**SUBJUNCTIVE**	
ра́довал(ся) бы		обра́довал(ся) бы	
ра́довала(сь) бы		обра́довала(сь) бы	
ра́довало(сь) бы		обра́довало(сь) бы	
ра́довали(сь) бы		обра́довали(сь) бы	
PARTICIPLES		**PARTICIPLES**	
pres. active	ра́дующий(ся)	*pres. active*	—
pres. passive	ра́дуемый	*pres. passive*	—
past active	ра́доващий(ся)	*past active*	обра́довавший(ся)
past passive	—	*past passive*	обра́дованный
VERBAL ADVERBS		**VERBAL ADVERBS**	
ра́дуя(сь)		обра́довав(шись)	
COMMANDS		**COMMANDS**	
ра́дуй(ся)		обра́дуй(ся)	
ра́дуйте(сь)		обра́дуйте(сь)	

Usage

(+acc.)(+instr.)(+dat.)(за+acc.)

Мы ра́дуем детей обно́вками. — *We make the kids happy by buying them new clothes.*

Она́ ра́дует мой взор и моё се́рдце. — *She makes my eyes and my heart rejoice.*

Я обра́довала роди́телей успе́хами в учёбе. — *I made my parents happy with my successes in school.*

Я ра́дуюсь за хоро́ших люде́й. — *I am happy for good people.*

Я обра́довалась тому́, что победи́ла в соревнова́нии. — *I was happy I won in the competition.*

Мы ра́дуемся весне́ и переме́нам к лу́чшему. — *We are happy that spring and changes for the better are here.*

regular type 1 verb in imp./perf. form irregular — stem: **разбивай+(ся)/раз/бьй+(ся)**

IMPERFECTIVE ASPECT		PERFECTIVE ASPECT	
PRESENT			
разбива́ю(ся)	разбива́ем(ся)		
разбива́ешь(ся)	разбива́ете(сь)		
разбива́ет(ся)	разбива́ют(ся)		
PAST		**PAST**	
разбива́л(ся)		разби́л(ся)	
разбива́ла(сь)		разби́ла(сь)	
разбива́ло(сь)		разби́ло(сь)	
разбива́ли(сь)		разби́ли(сь)	
FUTURE		**FUTURE**	
бу́ду разбива́ть(ся)	бу́дем разбива́ть(ся)	разобью́(сь)	разобьём(ся)
бу́дешь разбива́ть(ся)	бу́дете разбива́ть(ся)	разобьёшь(ся)	разобьёте(сь)
бу́дет разбива́ть(ся)	бу́дут разбива́ть(ся)	разобьёт(ся)	разобью́т(ся)
SUBJUNCTIVE		**SUBJUNCTIVE**	
разбива́л(ся) бы		разби́л(ся) бы	
разбива́ла(сь) бы		разби́ла(сь) бы	
разбива́ло(сь) бы		разби́ло(сь) бы	
разбива́ли(сь) бы		разби́ли(сь) бы	
PARTICIPLES		**PARTICIPLES**	
pres. active	разбива́ющий(ся)	*pres. active*	—
pres. passive	разбива́емый	*pres. passive*	—
past active	разбива́вший(ся)	*past active*	разби́вший(ся)
past passive	—	*past passive*	разби́тый; разби́т
VERBAL ADVERBS		**VERBAL ADVERBS**	
разбива́я(сь)		разби́в(шись)	
COMMANDS		**COMMANDS**	
разбива́й(ся)		разбе́й(ся)	
разбива́йте(сь)		разбе́йте(сь)	

Usage

(+acc.)(+instr.)(+dat.)(на+acc.)

Я разби́ла зе́ркало и испуга́лась. — *I broke the mirror and got scared.*
Здесь разбива́ют сад. — *Here they are planting a garden.*
Тури́сты разби́ли пала́тку и устро́ились на ночле́г. — *Tourists set up tent and settled for the night.*
Сосе́ду разби́ли го́лову буты́лкой. — *A neighbor got his head bashed with a bottle.*
По́сле упо́рного сопротивле́ния враг был разби́т. — *After strong resistance, the enemy was destroyed.*
Она́ разби́ла на́шу жи́знь. — *She destroyed our life.*
Реа́льность разби́ла на́ши иллю́зии. — *Reality shattered our illusions.*
Мы разби́ли кни́гу на гла́вы. — *We broke the book into chapters.*
Шторм разби́л корабли́. — *The storm broke the ship apart.*

Idioms

Я разби́ла ему́ се́рдце. — *I broke his heart.*
Мы разби́ли проти́вников в спо́ре в пух и прах. — *We demolished the opponents in the argument.*
Врага́ мы разби́ли на́голову. — *We completely demolished the enemy.*

развива́ть/разви́ть

to develop

stem: **развива́й-/раз|вьй-** regular type 1 verb in imp./perf. form irregular

IMPERFECTIVE ASPECT		PERFECTIVE ASPECT	
PRESENT			
развива́ю	развива́ем		
развива́ешь	развива́ете		
развива́ет	развива́ют		
PAST		PAST	
развива́л		разви́л	
развива́ла		развила́	
развива́ло		разви́ло	
развива́ли		разви́ли	
FUTURE		FUTURE	
бу́ду развива́ть	бу́дем развива́ть	разовью́	разовьём
бу́дешь развива́ть	бу́дете развива́ть	разовьёшь	разовьёте
бу́дет развива́ть	бу́дут развива́ть	разовьёт	разовью́т
SUBJUNCTIVE		SUBJUNCTIVE	
развива́л бы		разви́л бы	
развива́ла бы		развила́ бы	
развива́ло бы		разви́ло бы	
развива́ли бы		разви́ли бы	
PARTICIPLES		PARTICIPLES	
pres. active	развива́ющий	*pres. active*	—
pres. passive	развива́емый	*pres. passive*	—
past active	развива́вший	*past active*	разви́вший
past passive	—	*past passive*	разви́тый/ра́звитый
VERBAL ADVERBS		VERBAL ADVERBS	
развива́я		разви́в	
COMMANDS		**COMMANDS**	
развива́й		разве́й	
развива́йте		разве́йте	

Usage

(+acc.)(+instr.)(в+prep.)

Ребя́та развива́ли мускулату́ру гимна́стикой.	*The kids were developing their muscles by doing gymnastics.*
Старика́м ну́жно развива́ть па́мять чте́нием.	*The elderly need to develop their memory by reading.*
В го́роде развива́ют лёгкую промы́шленность.	*They are developing light industry in the city.*
Ме́жду двумя́ стра́нами развива́ют культу́рные свя́зи.	*Cultural ties are being developed between the two countries.*
Он разви́л большу́ю ско́рость.	*He gained speed.*
Он до́лго развива́л свою́ иде́ю.	*He had been developing his idea for a long time.*
Мы развива́ем в де́тях интере́с к иску́сству.	*We are developing in our kids an interest in the arts.*
Она́ развива́ет в себе́ чу́вство до́лга.	*She is developing a sense of duty.*

type 2 verb in imp./perf. form type 5 stem: **развива́й-/раз|вьй-**

IMPERFECTIVE ASPECT

PRESENT

развожу́(сь)	разво́дим(ся)
разво́дишь(ся)	разво́дите(сь)
разво́дит(ся)	разво́дят(ся)

PAST

разводи́л(ся)
разводи́ла(сь)
разводи́ло(сь)
разводи́ли(сь)

FUTURE

бу́ду разводи́ть(ся)	бу́дем разводи́ть(ся)
бу́дешь разводи́ть(ся)	бу́дете разводи́ть(ся)
бу́дет разводи́ть(ся)	бу́дут разводи́ть(ся)

SUBJUNCTIVE

разводи́л(ся) бы
разводи́ла(сь) бы
разводи́ло(сь) бы
разводи́ли(сь) бы

PARTICIPLES

pres. active	разводя́щий(ся)
pres. passive	разводи́мый
past active	разводи́вший(ся)
past passive	—

VERBAL ADVERBS

разводя́(сь)

COMMANDS

разводи́(сь)
разводи́те(сь)

PERFECTIVE ASPECT

PAST

развёл(ся)
развела́(сь)
развело́(сь)
развели́(сь)

FUTURE

разведу́(сь)	разведём(ся)
разведёшь(ся)	разведёте(сь)
разведёт(ся)	разведу́т(ся)

SUBJUNCTIVE

развёл(ся) бы
развела́(сь) бы
развело́(сь) бы
развели́(сь) бы

PARTICIPLES

pres. active	—
pres. passive	—
past active	разве́дший(ся)
past passive	разведённый

VERBAL ADVERBS

разведя́(сь)

COMMANDS

разведи́(сь)
разведи́те(сь)

Usage

(+acc.)(в, на+prep.)(+instr.)(на+acc.)(с+instr.)

Мы должны́ развести́ дете́й по дома́м.	*We need to take the children home.*
Мальчи́шек развели́ в ра́зные сто́роны.	*The boys were split apart.*
Я развела́ табле́тку в воде́.	*I dissolved the pill in water.*
Он развёл спирт водо́й.	*He diluted alcohol with water.*
Они́ развели́сь с му́жем ме́сяц наза́д.	*She and her husband were divorced one month ago.*
Мы разво́дим ры́бу в пруде́.	*We are breeding fish in a pond.*

Idioms

Не разводи́ антимо́нии, приступа́й к де́лу.	*Stop the chit chat, and get to work.*
Она́ таку́ю канитéль разво́дит, а слу́шать не́чего.	*She goes on and on, yet there is nothing worth listening to.*
Не разводи́ сы́рость, вы́три нос и глаза́.	*Stop the wetness, and wipe your eyes.*
Что она́ сде́лала - остаётся лишь развести́ рука́ми.	*The thing she did - all I can do is spread my hands in resignation.*

409 разгова́ривать

to converse, discuss, talk

stem: **разгова́ривай-** regular type 1 verb (like **рабо́тать**)/perf. rarely used

IMPERFECTIVE ASPECT

PRESENT

разгова́риваю	разгова́риваем
разгова́риваешь	разгова́риваете
разгова́ривает	разгова́ривают

PAST

разгова́ривал
разгова́ривала
разгова́ривало
разгова́ривали

FUTURE

бу́ду разгова́ривать	бу́дем разгова́ривать
бу́дешь разгова́ривать	бу́дете разгова́ривать
бу́дет разгова́ривать	бу́дут разгова́ривать

SUBJUNCTIVE

разгова́ривал бы
разгова́ривала бы
разгова́ривало бы
разгова́ривали бы

PARTICIPLES

pres. active	разгова́ривающий
pres. passive	—
past active	разгова́ривавший
past passive	—

VERBAL ADVERBS

разгова́ривая

COMMANDS

разгова́ривай
разгова́ривайте

Usage

(о+prep.)(с+instr.)(на+acc.)

Внук стал разгова́ривать к трём года́м.	*My grandson started speaking at age 3.*
Я не хочу́ с ва́ми разгова́ривать.	*I don't want to talk to you.*
Разгова́ривать на эту те́му мы не бу́дем.	*We will not talk on this subject.*
Дед стал разгова́ривать сам с собо́й.	*An old man started talking to himself.*
Мы разгова́ривали о му́зыке.	*We talked about music.*
Они́ до́лго разгова́ривали о свои́х дела́х.	*They spoke for a long time about their business.*
Не разгова́ривать!	*Stop talking!*

irregular verb in imp. & perf.; 3rd person only stem: **раздава́й+(ся)/irreg.**

IMPERFECTIVE ASPECT		PERFECTIVE ASPECT	
PRESENT			
—	—		
—	—		
раздаётся	раздаю́тся		
PAST		PAST	
раздава́лся		разда́лся	
раздава́лась		раздала́сь	
раздава́лось		разда́лось/раздало́сь	
раздава́лись		разда́лись/раздали́сь	
FUTURE		FUTURE	
—	—	—	—
—	—	—	—
бу́дет раздава́ться	бу́дут раздава́ться	разда́стся	раздаду́тся
SUBJUNCTIVE		SUBJUNCTIVE	
раздава́лся бы		разда́лся бы	
раздава́лась бы		раздала́сь бы	
раздава́лось бы		разда́лось бы/раздало́сь бы	
раздава́лись бы		разда́лись бы/раздали́сь бы	
PARTICIPLES		PARTICIPLES	
pres. active	раздаю́щийся	*pres. active*	—
pres. passive	—	*pres. passive*	—
past active	раздава́вшийся	*past active*	разда́вшийся
past passive	—	*past passive*	—
VERBAL ADVERBS		VERBAL ADVERBS	
раздава́ясь		разда́вшись	
COMMANDS		**COMMANDS**	
раздава́йся		разда́йся	
раздава́йтесь		разда́йтесь	

Usage

(в, на+prep.)(по+dat.)

В лесу́ раздава́лся топо́р дровосе́ка. (Некра́сов)	*The sound of a woodcutter's ax was coming from the forest. (Nekrasov)*
Эхо раздава́лось то сле́ва, то спра́ва.	*Sounds of an echo were coming from the left, then from the right.*
Разда́лся звоно́к в дверь.	*The door bell rang.*
Телефо́нный звоно́к трево́жно раздава́лся среди́ но́чи.	*The phone rang in alarm in the middle of the night.*
По ра́дио разда́лся торже́ственный го́лос ди́ктора.	*The festive voice of an announcer came from the radio.*

411

раздева́ть(ся)/разде́ть(ся) *to undress, get undressed*

stem: **раздева́й+(ся)/разде́н+(ся)** regular type 1 verb in imp./perf. form irregular

IMPERFECTIVE ASPECT		PERFECTIVE ASPECT	
PRESENT			
раздева́ю(сь)	раздева́ем(ся)		
раздева́ешь(ся)	раздева́ете(сь)		
раздева́ет(ся)	раздева́ют(ся)		
PAST		**PAST**	
раздева́л(ся)		разде́л(ся)	
раздева́ла(сь)		разде́ла(сь)	
раздева́ло(сь)		разде́ло(сь)	
раздева́ли(сь)		разде́ли(сь)	
FUTURE		**FUTURE**	
бу́ду раздева́ть(ся)	бу́дем раздева́ть(ся)	разде́ну(сь)	разде́нем(ся)
бу́дешь раздева́ть(ся)	бу́дете раздева́ть(ся)	разде́нешь(ся)	разде́нете(сь)
бу́дет раздева́ть(ся)	бу́дут раздева́ть(ся)	разде́нет(ся)	разде́нут(ся)
SUBJUNCTIVE		**SUBJUNCTIVE**	
раздева́л(ся) бы		разде́л(ся) бы	
раздева́ла(сь) бы		разде́ла(сь) бы	
раздева́ло(сь) бы		разде́ло(сь) бы	
раздева́ли(сь) бы		разде́ли(сь) бы	
PARTICIPLES		**PARTICIPLES**	
pres. active	раздева́ющий(ся)	*pres. active*	—
pres. passive	раздева́емый	*pres. passive*	—
past active	раздева́вший(ся)	*past active*	разде́вший(ся)
past passive	—	*past passive*	разде́тый
VERBAL ADVERBS		**VERBAL ADVERBS**	
раздева́я(сь)		разде́в(шись)	
COMMANDS		**COMMANDS**	
раздева́й(ся)		разде́нь(ся)	
раздева́йте(сь)		разде́ньте(сь)	

Usage

(+acc.)(+instr.)

Разде́тый ма́льчик вы́бежал на у́лицу.	*A naked child ran out into the street.*
Мать разде́ла ребёнка и покорми́ла его́.	*The mother undressed the child and fed him.*
Больно́й разде́лся до по́яса у врача́.	*The patient took his clothes off from the waist up in the doctor's office.*
Он разде́лся догола́ и вошёл в ба́ню.	*He undressed and went into the steam room.*

Idioms

Он про́сто раздева́л её взгля́дом.	*He was undressing her with his eyes.*
Она́ меня́ совсе́м разде́нет свои́ми тра́тами.	*She will bankrupt me with her expenditures.*

regular type 1 verb in imp./perf. form type 2 stem: **разделя́й+(ся)/раздели+(ся)**

IMPERFECTIVE ASPECT		PERFECTIVE ASPECT	
PRESENT			
разделя́ю(сь)	разделя́ем(ся)		
разделя́ешь(ся)	разделя́ете(сь)		
разделя́ет(ся)	разделя́ют(ся)		
PAST		**PAST**	
разделя́л(ся)		раздели́л(ся)	
разделя́ла(сь)		раздели́ла(сь)	
разделя́ло(сь)		раздели́ло(сь)	
разделя́ли(сь)		раздели́ли(сь)	
FUTURE		**FUTURE**	
бу́ду разделя́ть(ся)	бу́дем разделя́ть(ся)	разделю́(сь)	разде́лим(ся)
бу́дешь разделя́ть(ся)	бу́дете разделя́ть(ся)	разде́лишь(ся)	разде́лите(сь)
бу́дет разделя́ть(ся)	бу́дут разделя́ть(ся)	разде́лит(ся)	разде́лят(ся)
SUBJUNCTIVE		**SUBJUNCTIVE**	
разделя́л(ся) бы		раздели́л(ся) бы	
разделя́ла(сь) бы		раздели́ла(сь) бы	
разделя́ло(сь) бы		раздели́ло(сь) бы	
разделя́ли(сь) бы		раздели́ли(сь) бы	
PARTICIPLES		**PARTICIPLES**	
pres. active	разделя́ющий(ся)	*pres. active*	—
pres. passive	разделя́емый	*pres. passive*	—
past active	разделя́вший(ся)	*past active*	раздели́вший(ся)
past passive	—	*past passive*	разделённый
VERBAL ADVERBS		**VERBAL ADVERBS**	
разделя́я(сь)		раздели́в(шись)	
COMMANDS		**COMMANDS**	
разделя́й(ся)		раздели́(сь)	
разделя́йте(сь)		раздели́те(сь)	

Usage

(+acc.)(на+acc.)

Дете́й раздели́ли на гру́ппы по во́зрасту.	*Children were divided into groups according to their age.*
Зе́млю раздели́ли на уча́стки.	*The land was divided into sections.*
На́ши мне́ния разделя́ются.	*Our opinions diverged.*
Раздели́ два́дцать на пять.	*Divide twenty by five.*
Всё иму́щество насле́дники раздели́ли ме́жду со́бой.	*The entire inheritance was divided by the heirs between themselves.*
И го́ре, и ра́дость лю́ди разделя́ли во вре́мя войны́.	*During the war, people shared pain and joy.*

разраба́тывать/разрабо́тать *to work out, cultivate*

stem: **разраба́тывай-/разрабо́тай-** regular type 1 verb (like **рабо́тать**)

	IMPERFECTIVE ASPECT		PERFECTIVE ASPECT	
PRESENT				
	разраба́тываю	разраба́тываем		
	разраба́тываешь	разраба́тываете		
	разраба́тывает	разраба́тывают		
PAST				
	разраба́тывал		разрабо́тал	
	разраба́тывала		разрабо́тала	
	разраба́тывало		разрабо́тало	
	разраба́тывали		разрабо́тали	
FUTURE				
	бу́ду разраба́тывать	бу́дем разраба́тывать	разрабо́таю	разрабо́таем
	бу́дешь разраба́тывать	бу́дете разраба́тывать	разрабо́таешь	разрабо́таете
	бу́дет разраба́тывать	бу́дут разраба́тывать	разрабо́тает	разрабо́тают
SUBJUNCTIVE				
	разраба́тывал бы		разрабо́тал бы	
	разраба́тывала бы		разрабо́тала бы	
	разраба́тывало бы		разрабо́тало бы	
	разраба́тывали бы		разрабо́тали бы	
PARTICIPLES				
pres. active		разраба́тывающий	*pres. active*	—
pres. passive		разраба́тываемый	*pres. passive*	—
past active		разраба́тывавший	*past active*	разрабо́тавший
past passive		—	*past passive*	разрабо́танный
VERBAL ADVERBS				
	разраба́тывая		разрабо́тав	
COMMANDS				
	разраба́тывай		разрабо́тай	
	разраба́тывайте		разрабо́тайте	

Usage

(+acc.)

Институ́т разраба́тывает интере́сную програ́мму.	*The institute is developing an interesting program.*
Молодо́й певе́ц разраба́тывает го́лос.	*A young singer is developing his voice.*
Пала́дис разрабо́тал систе́му упражне́ний для оздоровле́ния органи́зма.	*Palatis developed a system of exercises for improving the overall health of the body.*
Гео́логи разраба́тывают но́вые месторожде́ния алма́зов.	*Geologists are developing new deposits of diamonds.*
Инжене́ры разраба́тывают но́вые ша́хты и рудники́.	*Engineers are developing new mines and pits.*
Колхо́зники разраба́тывают зе́мли под па́шни и огоро́ды.	*Collective farmers cultivate soil for fields and vegetable gardens.*
Заво́д разраба́тывает и осва́ивает электродви́гатели.	*The factory is developing and getting accustomed to using electrical engines.*
Песча́ный карье́р разрабо́тан по́лностью.	*The sand quarry has been completely developed.*

regular type 1 verb in imp./perf. form type 2 stem: **разреша́й-/разреши-**

IMPERFECTIVE ASPECT		PERFECTIVE ASPECT	
PRESENT			
разреша́ю	разреша́ем		
разреша́ешь	разреша́ете		
разреша́ет	разреша́ют		
PAST		PAST	
разреша́л		разреши́л	
разреша́ла		разреши́ла	
разреша́ло		разреши́ло	
разреша́ли		разреши́ли	
FUTURE		FUTURE	
бу́ду разреша́ть	бу́дем разреша́ть	разрешу́	разреши́м
бу́дешь разреша́ть	бу́дете разреша́ть	разреши́шь	разреши́те
бу́дет разреша́ть	бу́дут разреша́ть	разреши́т	разреша́т
SUBJUNCTIVE		SUBJUNCTIVE	
разреша́л бы		разреши́л бы	
разреша́ла бы		разреши́ла бы	
разреша́ло бы		разреши́ло бы	
разреша́ли бы		разреши́ли бы	
PARTICIPLES		PARTICIPLES	
pres. active	разреша́ющий	*pres. active*	—
pres. passive	разреша́емый	*pres. passive*	—
past active	разреша́вший	*past active*	разреши́вший
past passive	—	*past passive*	разрешённый
VERBAL ADVERBS		VERBAL ADVERBS	
разреша́я		разреши́в	
COMMANDS		**COMMANDS**	
разреша́й		разреши́	
разреша́йте		разреши́те	

Usage

(+acc.)(+dat.)

Мне разреши́ли публика́цию кни́ги. — *I was given approval to publish my book.*
На экза́мене разреши́ли по́льзоваться словарём. — *They allowed the use of a dictionary on the exam.*
Они́ наконе́ц разреши́ли нау́чную пробле́му. — *They have finally resolved the scientific problem.*

Я хочу́ разреши́ть ваш спор. — *I would like to resolve your argument.*
Могу́ ли я разреши́ть твои́ сомне́ния? — *Can I help you resolve your doubts?*
Он не смог разреши́ть недоразуме́ния. — *He was not able to resolve the misunderstanding.*

Я разреши́ла де́тям гуля́ть в па́рке. — *I allowed the kids to walk in the park.*
Она́ разреши́ла ему́ приходи́ть к ним домо́й. — *She permitted him to come to their house.*
Мне не разреша́ют приходи́ть сюда́. — *I am not permitted to come here.*

415 разреша́ть/разреши́ть *to destroy*

stem: **разруша́й-/разру́ши-** regular type 1 verb in imp./perf. form type 2

IMPERFECTIVE ASPECT

PRESENT

разруша́ю	разруша́ем
разруша́ешь	разруша́ете
разруша́ет	разруша́ют

PAST

разруша́л
разруша́ла
разруша́ло
разруша́ли

FUTURE

бу́ду разруша́ть	бу́дем разруша́ть
бу́дешь разруша́ть	бу́дете разруша́ть
бу́дет разруша́ть	бу́дут разруша́ть

SUBJUNCTIVE

разруша́л бы
разруша́ла бы
разруша́ло бы
разруша́ли бы

PARTICIPLES

pres. active	разруша́ющий
pres. passive	разруша́емый
past active	разруша́вший
past passive	—

VERBAL ADVERBS

разруша́я

COMMANDS

разруша́й
разруша́йте

PERFECTIVE ASPECT

PAST

разру́шил
разру́шила
разру́шило
разру́шили

FUTURE

разру́шу	разру́шим
разру́шишь	разру́шите
разру́шит	разру́шат

SUBJUNCTIVE

разру́шил бы
разру́шила бы
разру́шило бы
разру́шили бы

PARTICIPLES

pres. active	—
pres. passive	—
past active	разру́шивший
past passive	разру́шенный

VERBAL ADVERBS

разру́шив

COMMANDS

разру́шь
разру́шьте

Usage

(+acc.)(+instr.)

Артилле́рия дотла́ разру́шила городо́к. — *Artillery reduced the little town to timbers.*
Кто пьёт, тот разруша́ет свой органи́зм. — *Those who drink (alcohol) destroy their bodies.*
Строи́тели разру́шили ста́рый мост. — *The construction workers destroyed an old bridge.*

Война́ разру́шила мора́льные це́нности. — *The war destroyed moral values.*
Дом разру́шило бо́мбой. — *The building was destroyed by a bomb.*
Она́ разру́шила семью́. — *She destroyed the family.*
Они́ разру́шили на́ше сча́стье. — *They destroyed our happiness.*
Не разруша́йте мои́х наде́жд. — *Do not destroy my hopes.*
Прости́те, е́сли я разру́шила ва́ши пла́ны. — *Forgive me if I spoiled your plans.*
Зда́ние разру́шено взры́вом га́за. — *A gas explosion destroyed the building.*

type 2 verb (like **говори́ть**); bi-aspectual verb stem: **ра́ни-/ра́ни-**

IMPERFECTIVE ASPECT		PERFECTIVE ASPECT	
PRESENT			
ра́ню	ра́ним		
ра́нишь	ра́ните		
ра́нит	ра́нят		
PAST		PAST	
ра́нил		ра́нил	
ра́нила		ра́нила	
ра́нило		ра́нило	
ра́нили		ра́нили	
FUTURE		FUTURE	
бу́ду ра́нить	бу́дем ра́нить	ра́ню	ра́ним
бу́дешь ра́нить	бу́дете ра́нить	ра́нишь	ра́ните
бу́дет ра́нить	бу́дут ра́нить	ра́нит	ра́нят
SUBJUNCTIVE		SUBJUNCTIVE	
ра́нил бы		ра́нил бы	
ра́нила бы		ра́нила бы	
ра́нило бы		ра́нило бы	
ра́нили бы		ра́нили бы	
PARTICIPLES		PARTICIPLES	
pres. active	ра́нящий	*pres. active*	—
pres. passive	ра́нимый	*pres. passive*	—
past active	—	*past active*	ра́нивший
past passive	—	*past passive*	ра́ненный; ра́нен
VERBAL ADVERBS		VERBAL ADVERBS	
ра́ня		ра́нив	
COMMANDS		**COMMANDS**	
рань		рань	
ра́ньте		ра́ньте	

Usage

(+acc.)(в+acc.)(из+gen.)(+instr.)

Солда́та ра́нили в но́гу. — *The soldier was wounded in the leg.*
Я ра́нила ру́ку стекло́м. — *I cut my hand on a glass.*
Солда́т, ра́ненный в живо́т, лежа́л в го́спитале уже́ ме́сяц. — *The wounded man has been in the hospital for a month already.*
Его́ ра́нили под Ку́рском. — *He was wounded at Kursk.*
Его́ ра́нило вы́стрелом из пистоле́та. — *He was wounded by a gunshot.*
Служе́бную соба́ку ра́нили ножо́м. — *The K-9 unit dog was wounded by a knife.*
Он был смерте́льно ра́нен и сконча́лся. — *He was mortally wounded and died.*

Idioms

Вы ра́нили мою́ ду́шу. — *You wounded my soul.*
Он ра́нит мои́ чу́вства. — *He hurts my feelings.*
Она́ ра́нила меня́ в са́мое се́рдце свои́м сло́вом. — *Her words wounded me right in the heart.*

417 расска́зывать/рассказа́ть — *to tell, say*

stem: **расска́зыва́й-/рассказа-** — regular type 1 verb in imp./perf. form type 3

	IMPERFECTIVE ASPECT		PERFECTIVE ASPECT	
PRESENT				
	расска́зываю	расска́зываем		
	расска́зываешь	расска́зываете		
	расска́зывает	расска́зывают		
PAST				
	расска́зывал		рассказа́л	
	расска́зывала		рассказа́ла	
	расска́зывало		рассказа́ло	
	расска́зывали		рассказа́ли	
FUTURE				
	бу́ду расска́зывать	бу́дем расска́зывать	расскажу́	расска́жем
	бу́дешь расска́зывать	бу́дете расска́зывать	расска́жешь	расска́жете
	бу́дет расска́зывать	бу́дут расска́зывать	расска́жет	расска́жут
SUBJUNCTIVE				
	расска́зывал бы		рассказа́л бы	
	расска́зывала бы		рассказа́ла бы	
	расска́зывало бы		рассказа́ло бы	
	расска́зывали бы		рассказа́ли бы	
PARTICIPLES				
	pres. active	расска́зывающий	*pres. active*	—
	pres. passive	расска́зываемый	*pres. passive*	—
	past active	расска́зывавший	*past active*	рассказа́вший
	past passive	—	*past passive*	расска́занный
VERBAL ADVERBS				
	расска́зывая		рассказа́в	
COMMANDS				
	расска́зывай		расскажи́	
	расска́зывайте		расскажи́те	

Usage

(+acc.)(о+prep.)(+dat.)

На́ ночь я расска́зываю до́чери ска́зку. — *I tell my daughter a fairytale before bedtime.*
Он до́лго расска́зывал о свое́й пое́здке. — *He spoke for a long time about his trip.*
Ди́ктор расска́зывал о собы́тиях в ми́ре. — *The announcer was talking about world news.*
Космона́вт рассказа́л студе́нтам о полёте в ко́смос. — *An astronaut was telling the students about a flight into outer space.*
Учи́тель расска́зывал ученика́м о геро́ях войны́. — *The teacher was telling the students about war heroes.*
Расскажи́те свои́ми слова́ми, что вы чита́ли. — *Tell us in your own words what you read.*
Она́ расска́зывала, как добрала́сь до нас. — *She told us how she got to our place.*

Idioms

Он расска́зывал с пя́того на деся́тое. — *She told the story in snatches.*

regular type 1 verb in imp./perf. form type 2 stem: **рассма́тривай-/рассмотре-**

	IMPERFECTIVE ASPECT			PERFECTIVE ASPECT	
PRESENT					
	рассма́триваю	рассма́триваем			
	рассма́триваешь	рассма́триваете			
	рассма́тривает	рассма́тривают			
PAST			**PAST**		
	рассма́тривал			рассмотре́л	
	рассма́тривала			рассмотре́ла	
	рассма́тривало			рассмотре́ло	
	рассма́тривали			рассмотре́ли	
FUTURE			**FUTURE**		
	бу́ду рассма́тривать	бу́дем рассма́тривать		рассмотрю́	рассмо́трим
	бу́дешь рассма́тривать	бу́дете рассма́тривать		рассмо́тришь	рассмо́трите
	бу́дет рассма́тривать	бу́дут рассма́тривать		рассмо́трит	рассмо́трят
SUBJUNCTIVE			**SUBJUNCTIVE**		
	рассма́тривал бы			рассмотре́л бы	
	рассма́тривала бы			рассмотре́ла бы	
	рассма́тривало бы			рассмотре́ло бы	
	рассма́тривали бы			рассмотре́ли бы	
PARTICIPLES			**PARTICIPLES**		
	pres. active	рассма́тривающий		*pres. active*	—
	pres. passive	рассма́триваемый		*pres. passive*	—
	past active	рассма́тривавший		*past active*	рассмотре́вший
	past passive	—		*past passive*	рассмо́тренный
VERBAL ADVERBS			**VERBAL ADVERBS**		
	рассма́тривая			рассмотре́в	
COMMANDS			**COMMANDS**		
	рассма́тривай			рассмотри́	
	рассма́тривайте			рассмотри́те	

Usage

(+acc.)(в, на+prep.)(в+acc.)

Я рассма́триваю э́то как шанта́ж.	*I view this as blackmail.*
Сего́дня мы рассмо́трим две кандидату́ры на э́ту до́лжность.	*Today we will review two candidates for this position.*
Э́тот вопро́с мы рассмо́трим за́втра.	*We will review this question tomorrow.*
Мы рассмотре́ли возмо́жность поéздки в Япо́нию.	*We considered the possibility of a trip to Japan.*
Я рассма́тривала зал в бино́кль.	*I examined the auditorium through my binoculars.*
Я рассма́триваю э́ту рабо́ту как трампли́н для бу́дущего.	*I view this job as a springboard for my future.*
Они́ рассма́тривают э́ту ме́стность как расса́дник маляри́и.	*They consider this place to be a breeding ground for malaria.*

419 расспра́шивать/расспроси́ть

to question, inquire

stem: **расспра́шивай-/расспроси-** regular type 1 verb in imp./perf. form type 2

IMPERFECTIVE ASPECT		PERFECTIVE ASPECT	
PRESENT			
расспра́шиваю	расспра́шиваем		
расспра́шиваешь	расспра́шиваете		
расспра́шивает	расспра́шивают		
PAST		PAST	
расспра́шивал		расспроси́л	
расспра́шивала		расспроси́ла	
расспра́шивало		расспроси́ло	
расспра́шивали		расспроси́ли	
FUTURE		FUTURE	
бу́ду расспра́шивать	бу́дем расспра́шивать	расспрошу́	расспро́сим
бу́дешь расспра́шивать	бу́дете расспра́шивать	расспро́сишь	расспро́сите
бу́дет расспра́шивать	бу́дут расспра́шивать	расспро́сит	расспро́сят
SUBJUNCTIVE		SUBJUNCTIVE	
расспра́шивал бы		расспроси́л бы	
расспра́шивала бы		расспроси́ла бы	
расспра́шивало бы		расспроси́ло бы	
расспра́шивали бы		расспроси́ли бы	
PARTICIPLES		PARTICIPLES	
pres. active	расспра́шивающий	*pres. active*	—
pres. passive	расспра́шиваемый	*pres. passive*	—
past active	расспра́шивавший	*past active*	расспроси́вший
past passive	—	*past passive*	расспро́шенный
VERBAL ADVERBS		VERBAL ADVERBS	
расспра́шивая		расспроси́в	
COMMANDS		**COMMANDS**	
расспра́шивай		расспроси́	
расспра́шивайте		расспроси́те	

Usage

(+acc.)(о+prep.)

Мы расспроси́ли её о здоро́вье родны́х.	*We inquired about the health of her relatives.*
Я расспра́шивала её, как попа́сть на таку́ю рабо́ту.	*I was questioning her how to get a job like that.*
Он расспроси́л встре́чного, как пройти́ к мо́рю.	*He asked a passerby how to get to the sea.*
Он расспра́шивал всех, что же случи́лось.	*He was asking everyone what happened.*

regular type 1 verb in imp./perf. form type 2 stem: **расстра́ивай+ся/расстро́й+ся**

IMPERFECTIVE ASPECT		PERFECTIVE ASPECT	
PRESENT			
расстра́иваюсь	расстра́иваемся		
расстра́иваешься	расстра́иваетесь		
расстра́ивается	расстра́иваются		
PAST		**PAST**	
расстра́ивался		расстро́ился	
расстра́ивалась		расстро́илась	
расстра́ивалось		расстро́илось	
расстра́ивались		расстро́ились	
FUTURE		**FUTURE**	
бу́ду расстра́иваться	бу́дем расстра́иваться	расстро́юсь	расстро́имся
бу́дешь расстра́иваться	бу́дете расстра́иваться	расстро́ишься	расстро́итесь
бу́дет расстра́иваться	бу́дут расстра́иваться	расстро́ится	расстро́ятся
SUBJUNCTIVE		**SUBJUNCTIVE**	
расстра́ивался бы		расстро́ился бы	
расстра́ивалась бы		расстро́илась бы	
расстра́ивалось бы		расстро́илось бы	
расстра́ивались бы		расстро́ились бы	
PARTICIPLES		**PARTICIPLES**	
pres. active	расстра́ивающийся	*pres. active*	—
pres. passive	—	*pres. passive*	—
past active	расстра́ивавшийся	*past active*	расстро́ившийся
past passive	—	*past passive*	—
VERBAL ADVERBS		**VERBAL ADVERBS**	
расстра́иваясь		расстро́ившись	
COMMANDS		**COMMANDS**	
расстра́ивайся		расстро́йся	
расстра́ивайтесь		расстро́йтесь	

Usage

(+acc.)(+instr.)

Не расстра́ивайся по пустяка́м.	*Don't get upset about little things.*
Не ну́жно расстра́иваться из-за её болтовни́.	*You should not be upset by her banter.*
Расстро́ившись, он при́нял лека́рство.	*Becoming upset, he took his medication.*
Он так расстро́ился, что мы его́ е́ле-е́ле успоко́или.	*He was so upset we could hardly calm him down.*
Расстра́иваясь, она́ до́лго не могла́ прийти́ в себя́.	*After she got upset, she took a long time to calm herself down.*
У нас все дела́ расстро́ились и́з-за непого́ды.	*All our plans fell through because of the bad weather.*

Idioms

Она́ расстро́илась не на шу́тку.	*She was deeply hurt.*

рассчи́тывать/рассчита́ть *to calculate*

stem: **рассчи́тывай-/рассчита́й-** regular type 1 verb (like **рабо́тать**)

IMPERFECTIVE ASPECT		PERFECTIVE ASPECT	
PRESENT			
рассчи́тываю	рассчи́тываем		
рассчи́тываешь	рассчи́тываете		
рассчи́тывает	рассчи́тывают		
PAST		PAST	
рассчи́тывал		рассчита́л	
рассчи́тывала		рассчита́ла	
рассчи́тывало		рассчита́ло	
рассчи́тывали		рассчита́ли	
FUTURE		FUTURE	
бу́ду рассчи́тывать	бу́дем рассчи́тывать	рассчита́ю	рассчита́ем
бу́дешь рассчи́тывать	бу́дете рассчи́тывать	рассчита́ешь	рассчита́ете
бу́дет рассчи́тывать	бу́дут рассчи́тывать	рассчита́ет	рассчита́ют
SUBJUNCTIVE		SUBJUNCTIVE	
рассчи́тывал бы		рассчита́л бы	
рассчи́тывала бы		рассчита́ла бы	
рассчи́тывало бы		рассчита́ло бы	
рассчи́тывали бы		рассчита́ли бы	
PARTICIPLES		PARTICIPLES	
pres. active	рассчи́тывающий	*pres. active*	—
pres. passive	рассчи́тываемый	*pres. passive*	—
past active	рассчи́тывавший	*past active*	рассчита́вший
past passive	—	*past passive*	рассчи́танный
VERBAL ADVERBS		VERBAL ADVERBS	
рассчи́тывая		рассчита́в	
COMMANDS		**COMMANDS**	
рассчи́тывай		рассчита́й	
рассчи́тывайте		рассчита́йте	

Usage

(+acc.)

Я стара́юсь рассчи́тывать то́лько на себя́ во всём, что я де́лаю. — *I try to count only on myself in everything I do.*

Он не рассчи́тывал на успе́х своей́ кни́ги. — *He did not count on his book's success.*

Она́ рассчи́тывала на подру́гу в пое́здке. — *She counted on her girlfriend for a trip.*

Не рассчи́тывай на слу́чай, э́то мо́жет подвести́. — *Don't count on chance, it can fail you.*

Кома́нда рассчи́тывает победи́ть в соревнова́ниях. — *The team is counting on winning in the competitions.*

Мать всю жизнь рассчи́тывала ка́ждый ру́бль. — *Her entire life, mother counted every penny.*

Он рассчи́тывал ка́ждый сво́й шаг. — *He calculated his every move.*

regular type 5 verb (like **нести́**) stem: **irreg./irreg.**

IMPERFECTIVE ASPECT		PERFECTIVE ASPECT	
PRESENT			
расту́	растём		
растёшь	растёте		
растёт	расту́т		
PAST		PAST	
рос		вы́рос	
росла́		вы́росла	
росло́		вы́росло	
росли́		вы́росли	
FUTURE		FUTURE	
бу́ду расти́	бу́дем расти́	вы́расту	вы́растем
бу́дешь расти́	бу́дете расти́	вы́растешь	вы́растете
бу́дет расти́	бу́дут расти́	вы́растет	вы́растут
SUBJUNCTIVE		SUBJUNCTIVE	
рос бы		вы́рос бы	
росла́ бы		вы́росла бы	
росло́ бы		вы́росло бы	
росли́ бы		вы́росли бы	
PARTICIPLES		PARTICIPLES	
pres. active	расту́щий	*pres. active*	—
pres. passive	—	*pres. passive*	—
past active	ро́сший	*past active*	вы́росший
past passive	—	*past passive*	—
VERBAL ADVERBS		VERBAL ADVERBS	
растя́		вы́росши	
COMMANDS		**COMMANDS**	
расти́		вы́расти	
расти́те		вы́растите	

Usage

(в, на+prep.)(+instr.)(с+instr.)

На на́шей у́лице расту́т клёны.	*Maples grow on our street.*
Он вы́рос здоро́вым ма́льчиком.	*He grew up a healthy boy.*
Она́ росла́ одино́кой и за́мкнутой.	*She was growing up a lonely and introverted woman.*
Мы вы́росли в ти́хом городке́.	*We grew up in a quiet town.*
Растёт благосостоя́ние масс.	*People's wealth is growing.*

Idioms

Эти иде́и вы́росли на гнило́й по́чве.	*These ideas grew out of a sour soil.*
Отку́да то́лько слу́хи расту́т?	*Where are these rumors coming from?*
Долги́ расту́т незаме́тно.	*Debts accumulate imperceptibly.*
От успе́хов он растёт над собо́й.	*His successes give him wings.*
Ей всё безразли́чно - хоть трава́ не расти́.	*She cares about nothing - everything can go to hell.*

423 расходи́ться/разойти́сь *to disperse, separate*

stem: **расходи+(ся)/irreg.** regular type 2 verb in imp./perf. forms irregular

IMPERFECTIVE ASPECT		PERFECTIVE ASPECT	
PRESENT			
расхожу́сь	расхо́димся		
расхо́дишься	расхо́дитесь		
расхо́дится	расхо́дятся		
PAST		**PAST**	
расходи́лся		разошёлся	
расходи́лась		разошла́сь	
расходи́лось		разошло́сь	
расходи́лись		разошли́сь	
FUTURE		**FUTURE**	
бу́ду расходи́ться	бу́дем расходи́ться	разойду́сь	разойдёмся
бу́дешь расходи́ться	бу́дете расходи́ться	разойдёшься	разойдётесь
бу́дет расходи́ться	бу́дут расходи́ться	разойдётся	разойду́тся
SUBJUNCTIVE		**SUBJUNCTIVE**	
расходи́лся бы		разошёлся бы	
расходи́лась бы		разошла́сь бы	
расходи́лось бы		разошло́сь бы	
расходи́лись бы		разошли́сь бы	
PARTICIPLES		**PARTICIPLES**	
pres. active	расходя́щийся	*pres. active*	—
pres. passive	—	*pres. passive*	—
past active	расходи́вшийся	*past active*	разоше́дшийся
past passive	—	*past passive*	—
VERBAL ADVERBS		**VERBAL ADVERBS**	
расходя́сь		разойдя́сь	
COMMANDS		**COMMANDS**	
расходи́сь		разойди́сь	
расходи́тесь		разойди́тесь	

Usage

(по+dat.)(в, на+acc.)(с+instr.)

После вечери́нки мы разошли́сь в ра́зных направле́ниях. — *After the party, we went in different directions.*

Разойдя́сь, они́ оста́лись в прия́тельских отноше́ниях. — *After the divorce, they remained friends.*

На перекрёстке доро́ги разошли́сь. — *At the intersection, the roads diverged.*

Го́сти разошли́сь по дома́м. — *The guests went home.*

Она́ разошла́сь с му́жем и бо́льше за́муж не вы́шла. — *She divorced her husband, and did not get married again.*

Мёд разошёлся в тёплом ча́е. — *The honey dissolved in a warm tea.*

Все де́ньги разошли́сь по мелоча́м. — *All the money was spent on nothing.*

Ва́ша то́чка зре́ния расхо́дится с мое́й. — *Your point of view diverges from mine.*

Кни́га разошла́сь больши́м тиражо́м. — *The book had a wide circulation.*

Idioms

У нас слова́ с де́лом не расхо́дятся. — *Our words match our deeds.*

Он разошёлся, как горя́чий самова́р. — *He was getting riled up like a hot kettle.*

Мы разошли́сь, как в мо́ре корабли́. — *We parted like ships in the sea.*

Я не согла́сна, и здесь на́ши пути́ расхо́дятся. — *I disagree, and here our paths diverge.*

regular type 3 verb (like **плáкать**) stem: **рва+(ся)/порва+(ся)**

IMPERFECTIVE ASPECT		PERFECTIVE ASPECT	
PRESENT			
рвý(сь)	рвём(ся)		
рвёшь(ся)	рвёте(сь)		
рвёт(ся)	рвýт(ся)		
PAST		**PAST**	
рвáл(ся)		порвáл(ся)	
рвалá(сь)		порвалá(сь)	
рвáло(сь)/рвалóсь		порвáло(сь)/порвалóсь	
рвáли(сь)/рвалúсь		порвáли(сь)/порвалúсь	
FUTURE		**FUTURE**	
бýду рвáть(ся)	бýдем рвáть(ся)	порвý(сь)	порвём(ся)
бýдешь рвáть(ся)	бýдете рвáть(ся)	порвёшь(ся)	порвёте(сь)
бýдет рвáть(ся)	бýдут рвáть(ся)	порвёт(ся)	порвýт(ся)
SUBJUNCTIVE		**SUBJUNCTIVE**	
рвáл(ся) бы		порвáл(ся) бы	
рвалá(сь) бы		порвалá(сь) бы	
рвáло(сь) бы/рвалóсь бы		порвáло(сь) бы/порвалóсь бы	
рвáли(сь) бы/рвалúсь бы		порвáли(сь) бы/порвалúсь бы	
PARTICIPLES		**PARTICIPLES**	
pres. active	рвýщий(ся)	*pres. active*	—
pres. passive	—	*pres. passive*	—
past active	рвáвший(ся)	*past active*	порвáвший(ся)
past passive	—	*past passive*	пóрванный
VERBAL ADVERBS		**VERBAL ADVERBS**	
рвя́(сь)		порвáв(шись)	
COMMANDS		**COMMANDS**	
рвú(сь)		порвú(сь)	
рвúте(сь)		порвúте(сь)	

Usage

(+acc.)(в, на+prep.)(+dat.)(от+gen.)(+instr.)(в+acc.)

Музыкáнт порвáл стрýны гитáры. *The musician broke his guitar strings.*
Пéсня прервалáсь, как пóрванная струнá. *The song stopped abruptly, like a torn string.*
Самолёт рвáлся ввысь. *The plane shot up into the sky.*
Плáтье порвалóсь по шву. *The dress tore along the seams.*
Он всегдá рвáлся сдéлать всё пéрвым. *He always tried to get everything done first.*
Мы надóлго порвáли отношéния. *We severed our relationship for a long time.*
Зáвтра мне рвут зуб. *Tomorrow they will pull my tooth.*
Он нéрвно чтó-то писáл и тут же рвáл бумáгу. *He was writing something nervously and then ripping the paper apart.*

Егó рвёт от кáчки на кораблé. *He was vomiting from the ship's wake.*
Он всегдá рвётся в дрáку, не разобрáвшись в ситуáции. *He is always ready to get into a fight, without understanding the situation.*
Пóсле войны́ ты́сячи людéй рвалúсь на Рóдину. *After the war, thousands of people were aching to get back to the Motherland.*

Idioms

От рáдости егó сéрдце рвалóсь из грудú. *His heart was leaping from his chest with joy.*
Из её грудú рвáлся крик побéды. *She wanted to shout the cry of victory.*
Ромáнс рвал мне дýшу. *The love song was tearing at my heart.*

425 ревнова́ть/приревнова́ть *to be jealous*

stem: **ревнова-/приревнова-** regular type 4 verb (like **тре́бовать)**

	IMPERFECTIVE ASPECT		PERFECTIVE ASPECT	
PRESENT				
	ревну́ю	ревну́ем		
	ревну́ешь	ревну́ете		
	ревну́ет	ревну́ют		
PAST				
	ревнова́л		приревнова́л	
	ревнова́ла		приревнова́ла	
	ревнова́ло		приревнова́ло	
	ревнова́ли		приревнова́ли	
FUTURE				
	бу́ду ревнова́ть	бу́дем ревнова́ть	приревну́ю	приревну́ем
	бу́дешь ревнова́ть	бу́дете ревнова́ть	приревну́ешь	приревну́ете
	бу́дет ревнова́ть	бу́дут ревнова́ть	приревну́ет	приревну́ют
SUBJUNCTIVE				
	ревнова́л бы		приревнова́л бы	
	ревнова́ла бы		приревнова́ла бы	
	ревнова́ло бы		приревнова́ло бы	
	ревнова́ли бы		приревнова́ли бы	
PARTICIPLES				
pres. active		ревну́ющий		—
pres. passive		ревну́емый		—
past active		ревнова́вший		приревнова́вший
past passive		—		приревно́ванный
VERBAL ADVERBS				
	ревну́я		приревнова́в	
COMMANDS				
	ревну́й		приревну́й	
	ревну́йте		приревну́йте	

Usage

(+acc.)(к+dat.)

Она́ приревнова́ла му́жа к сосе́дке. — *She was jealous of her husband and their neighbor.*

Я ревну́ю му́жа к рабо́те. — *I am jealous of my husband's job.*

Idioms

Он ревну́ет меня́ к свое́й те́ни. — *He is completely jealous of me.*

regular type 4 verb (like **тре́бовать**) stem: **регистри́рова-/зарегистри́рова-**

IMPERFECTIVE ASPECT		PERFECTIVE ASPECT	
PRESENT			
регистри́рую	регистри́руем		
регистри́руешь	регистри́руете		
регистри́рует	регистри́руют		
PAST		PAST	
регистри́ровал		зарегистри́ровал	
регистри́ровала		зарегистри́ровала	
регистри́ровало		зарегистри́ровало	
регистри́ровали		зарегистри́ровали	
FUTURE		FUTURE	
бу́ду регистри́ровать	бу́дем регистри́ровать	зарегистри́рую	зарегистри́руем
бу́дешь регистри́ровать	бу́дете регистри́ровать	зарегистри́руешь	зарегистри́руете
бу́дет регистри́ровать	бу́дут регистри́ровать	зарегистри́рует	зарегистри́руют
SUBJUNCTIVE		SUBJUNCTIVE	
регистри́ровал бы		зарегистри́ровал бы	
регистри́ровала бы		зарегистри́ровала бы	
регистри́ровало бы		зарегистри́ровало бы	
регистри́ровали бы		зарегистри́ровали бы	
PARTICIPLES		PARTICIPLES	
pres. active	регистри́рующий	*pres. active*	—
pres. passive	регистри́руемый	*pres. passive*	—
past active	регистри́ровавший	*past active*	зарегистри́ровавший
past passive	регистри́рованный	*past passive*	зарегистри́рованный
VERBAL ADVERBS		VERBAL ADVERBS	
регистри́руя		зарегистри́ровав	
COMMANDS		**COMMANDS**	
регистри́руй		зарегистри́руй	
регистри́руйте		зарегистри́руйте	

Usage

(+acc.)(в, на+prep.)

Секрета́рь регистри́рует поступа́ющую по́чту.	*The secretary registers incoming mail.*
Нас зарегистри́ровали на би́рже труда́.	*We were registered on the job market.*
Они́ зарегистри́ровали брак в городско́м сове́те.	*They registered their marriage in the City Hall.*
Реко́рд зарегистри́ровали в Кни́ге Реко́рдов Ги́ннеса.	*The record was registered in the Guinness Book of Records.*
Делега́тов регистри́руют на конфере́нцию.	*Delegates are registered for the conference.*
Сно́ва зарегистри́ровали подзе́мные толчки́ в Калифо́рнии.	*Underground earthquakes were again registered in California.*
Мы регистри́руем биле́ты на рейс в Пари́ж.	*We are confirming our tickets for the flight to Paris.*

ре́зать/разре́зать

to cut

stem: **ре́за-/разре́за-** type 3 verb (like **пла́кать**); **з-ж** stem change

IMPERFECTIVE ASPECT			PERFECTIVE ASPECT	
PRESENT				
ре́жу	ре́жем			
ре́жешь	ре́жете			
ре́жет	ре́жут			
PAST			**PAST**	
ре́зал			разре́зал	
ре́зала			разре́зала	
ре́зало			разре́зало	
ре́зали			разре́зали	
FUTURE			**FUTURE**	
бу́ду ре́зать	бу́дем ре́зать		разре́жу	разре́жем
бу́дешь ре́зать	бу́дете ре́зать		разре́жешь	разре́жете
бу́дет ре́зать	бу́дут ре́зать		разре́жет	разре́жут
SUBJUNCTIVE			**SUBJUNCTIVE**	
ре́зал бы			разре́зал бы	
ре́зала бы			разре́зала бы	
ре́зало бы			разре́зало бы	
ре́зали бы			разре́зали бы	
PARTICIPLES			**PARTICIPLES**	
pres. active	ре́жущий		*pres. active*	—
pres. passive	—		*pres. passive*	—
past active	ре́завший		*past active*	разре́завший
past passive	ре́занный		*past passive*	разре́занный
VERBAL ADVERBS			**VERBAL ADVERBS**	
ре́жа			разре́зав	
COMMANDS			**COMMANDS**	
режь			разре́жь	
ре́жьте			разре́жьте	

Usage

(+acc.)(+instr.)(по+dat.)(+dat.)

Ма́ма разре́зала хлеб на больши́е ло́мти. *My mother cut the bread into large pieces.*
Я разре́зала мя́со ножо́м и ста́ла его́ жа́рить. *I cut the meat with a knife and started frying it.*
Ма́стер ре́жет по мета́ллу краси́вые изде́лия. *The metalcutter cuts beautiful things.*
Он ре́жет по де́реву фигу́ры звере́й. *He cuts animal figurines from wood.*

Idioms

Э́та му́зыка ре́жет мне слу́х. *This music is tormenting my hearing.*
Со́лнце ре́жет глаза́. *The sun hurts my eyes.*
Она́ всю пра́вду в глаза́ ре́жет. *She tells it like it is.*
Её го́лос у́хо ре́жет. *Her voice bothers my ears.*

regular type 4 verb (like **тре́бовать)** stem: **рекомендова-/порекомендова-**

IMPERFECTIVE ASPECT		PERFECTIVE ASPECT	
PRESENT			
рекоменду́ю	рекоменду́ем		
рекоменду́ешь	рекоменду́ете		
рекоменду́ет	рекоменду́ют		
PAST		**PAST**	
рекомендова́л		порекомендова́л	
рекомендова́ла		порекомендова́ла	
рекомендова́ло		порекомендова́ло	
рекомендова́ли		порекомендова́ли	
FUTURE		**FUTURE**	
бу́ду рекомендова́ть	бу́дем рекомендова́ть	порекоменду́ю	порекоменду́ем
бу́дешь рекомендова́ть	бу́дете рекомендова́ть	порекоменду́ешь	порекоменду́ете
бу́дет рекомендова́ть	бу́дут рекомендова́ть	порекоменду́ет	порекоменду́ют
SUBJUNCTIVE		**SUBJUNCTIVE**	
рекомендова́л бы		порекомендова́л бы	
рекомендова́ла бы		порекомендова́ла бы	
рекомендова́ло бы		порекомендова́ло бы	
рекомендова́ли бы		порекомендова́ли бы	
PARTICIPLES		**PARTICIPLES**	
pres. active	рекоменду́ющий	*pres. active*	—
pres. passive	рекоменду́емый	*pres. passive*	—
past active	рекомендова́вший	*past active*	порекомендова́вший
past passive	рекомендо́ванный	*past passive*	порекомендо́ванный
VERBAL ADVERBS		**VERBAL ADVERBS**	
рекоменду́я		порекомендова́в	
COMMANDS		**COMMANDS**	
рекоменду́й		порекоменду́й	
рекоменду́йте		порекоменду́йте	

Usage

(+acc.)(в, на+acc.)(+dat.)(+inf.)(+instr.)

Я рекоменду́ю его́ как о́пытного специали́ста.	*I recommend him as an experienced specialist.*
Он рекоменду́ет италья́нские това́ры.	*He recommends Italian goods.*
Рекоменду́ют пить два ли́тра воды́ в день.	*It is recommended to drink two liters of water a day.*
Она́ рекоменду́ет его́ на высо́кую до́лжность.	*She recommends him for a high position.*
Я рекоменду́ю вам э́того врача́.	*I recommend you this doctor.*
Я рекоменду́ю его́ свои́м замести́телем.	*I recommend him as my second in command.*

429 ремонти́ровать/отремонти́ровать *to repair*

stem: **ремонти́рова-/отремонти́рова-** regular type 4 verb (like **тре́бовать)**

	IMPERFECTIVE ASPECT			PERFECTIVE ASPECT	
PRESENT					
	ремонти́рую	ремонти́руем			
	ремонти́руешь	ремонти́руете			
	ремонти́рует	ремонти́руют			
PAST			**PAST**		
	ремонти́ровал			отремонти́ровал	
	ремонти́ровала			отремонти́ровала	
	ремонти́ровало			отремонти́ровало	
	ремонти́ровали			отремонти́ровали	
FUTURE			**FUTURE**		
	бу́ду ремонти́ровать	бу́дем ремонти́ровать		отремонти́рую	отремонти́руем
	бу́дешь ремонти́ровать	бу́дете ремонти́ровать		отремонти́руешь	отремонти́руете
	бу́дет ремонти́ровать	бу́дут ремонти́ровать		отремонти́рует	отремонти́руют
SUBJUNCTIVE			**SUBJUNCTIVE**		
	ремонти́ровал бы			отремонти́ровал бы	
	ремонти́ровала бы			отремонти́ровала бы	
	ремонти́ровало бы			отремонти́ровало бы	
	ремонти́ровали бы			отремонти́ровали бы	
PARTICIPLES			**PARTICIPLES**		
	pres. active	ремонти́рующий		*pres. active*	—
	pres. passive	ремонти́руемый		*pres. passive*	—
	past active	ремонти́ровавший		*past active*	отремонти́ровавший
	past passive	ремонти́рованный		*past passive*	отремонти́рованный
VERBAL ADVERBS			**VERBAL ADVERBS**		
	ремонти́руя			отремонти́ровав	
COMMANDS			**COMMANDS**		
	ремонти́руй			отремонти́руй	
	ремонти́руйте			отремонти́руйте	

Usage

(+acc.)

Он ремонти́рует лю́дям кварти́ры.	*He remodels people's apartments.*
Он так отремонти́ровал свой дом, что про́сто загляде́нье.	*He remodeled his house so beautifully, it's a wonder.*
Всю жизнь он ремонти́рует часы́.	*All his life he has been repairing clocks.*
Он отремонти́ровал свою́ ста́рую маши́ну, и она вы́глядит как но́вая.	*He repaired his old car, and it looks like new.*

regular type 1 verb in imp./perf. form type 2 stem: **реша́й-/реши-**

IMPERFECTIVE ASPECT		PERFECTIVE ASPECT	
PRESENT			
реша́ю	реша́ем		
реша́ешь	реша́ете		
реша́ет	реша́ют		
PAST		PAST	
реша́л		реши́л	
реша́ла		реши́ла	
реша́ло		реши́ло	
реша́ли		реши́ли	
FUTURE		FUTURE	
бу́ду реша́ть	бу́дем реша́ть	решу́	реши́м
бу́дешь реша́ть	бу́дете реша́ть	реши́шь	реши́те
бу́дет реша́ть	бу́дут реша́ть	реши́т	реша́т
SUBJUNCTIVE		SUBJUNCTIVE	
реша́л бы		реши́л бы	
реша́ла бы		реши́ла бы	
реша́ло бы		реши́ло бы	
реша́ли бы		реши́ли бы	
PARTICIPLES		PARTICIPLES	
pres. active	реша́ющий	*pres. active*	—
pres. passive	реша́емый	*pres. passive*	—
past active	реша́вший	*past active*	реши́вший
past passive	—	*past passive*	решённый; решён, -а
VERBAL ADVERBS		VERBAL ADVERBS	
реша́я		реши́в	
COMMANDS		COMMANDS	
реша́й		реши́	
реша́йте		реши́те	

Usage

(+acc.)(в, на+prep.)(+inf.)(+instr.)

Мы бы́стро реши́ли э́тот вопро́с. — *We resolved this question quickly.*
Мы реши́ли уе́хать отсю́да. — *We decided to leave here.*
Они́ не реши́ли, где жить. — *They have not decided where to live.*
Они́ не мо́гут реши́ть, как поступи́ть. — *They cannot decide what to do.*
Не реша́йте за меня́. — *Don't make decisions for me.*
Я реша́ю, что о́деть на ве́чер. — *I am deciding what to wear tonight.*
Пробле́му реша́т ми́рным путём. — *The problem will be resolved peacefully.*
Э́то решено́ оконча́тельно. — *This decision is final.*

Idioms

Он всё с плеча́ реша́ет. — *He decides everything on the fly.*
Голосова́нием реша́т судьбу́ кандида́та. — *The vote will decide the fate of the candidate.*

431

рискова́ть/рискну́ть

to risk, take chances

stem: **рискова-/рискну́-**

regular type 4 verb in imp./perf. form type 3

IMPERFECTIVE ASPECT		PERFECTIVE ASPECT	
PRESENT			
риску́ю	риску́ем		
риску́ешь	риску́ете		
риску́ет	риску́ют		
PAST		**PAST**	
рискова́л		рискну́л	
рискова́ла		рискну́ла	
рискова́ло		рискну́ло	
рискова́ли		рискну́ли	
FUTURE		**FUTURE**	
бу́ду рискова́ть	бу́дем рискова́ть	рискну́	рискнём
бу́дешь рискова́ть	бу́дете рискова́ть	рискнёшь	рискнёте
бу́дет рискова́ть	бу́дут рискова́ть	рискнёт	рискну́т
SUBJUNCTIVE		**SUBJUNCTIVE**	
рискова́л бы		рискну́л бы	
рискова́ла бы		рискну́ла бы	
рискова́ло бы		рискну́ло бы	
рискова́ли бы		рискну́ли бы	
PARTICIPLES		**PARTICIPLES**	
pres. active	риску́ющий	*pres. active*	—
pres. passive	—	*pres. passive*	—
past active	рискова́вший	*past active*	рискну́вший
past passive	—	*past passive*	—
VERBAL ADVERBS		**VERBAL ADVERBS**	
риску́я		рискну́в	
COMMANDS		**COMMANDS**	
риску́й		рискни́	
риску́йте		рискни́те	

Usage

(+instr.)(+inf.)

Де́ло вы́годное, сто́ит рискну́ть.	*The business is profitable; it's worth the risk.*
Не риску́й жи́знью по пустяка́м.	*Don't risk your life over nothing.*
Он рискну́л сде́лать мне предложе́ние через два го́да.	*After two years, he dared to ask for my hand in marriage.*
Риску́я карье́рой, она́ подняла́ го́лос.	*Risking her career, she raised her voice.*
Он рискова́л потеря́ть всё на этой опера́ции.	*He risked losing everything with the operation.*
Он риску́ет своéй репута́цией, е́сли не вы́платит долг в срок.	*He risks his reputation if he doesn't pay his debt on time.*

Proverbs/Sayings

Кто не риску́ет, тот не живёт. (пословица)	*He who doesn't risk, doesn't live.*
Кто не риску́ет, тот не пьёт шампа́нское. (поговорка)	*Nothing ventured, nothing gained.*

regular type 4 verb (like **тре́бовать**) stem: **рисова-/нарисова-**

IMPERFECTIVE ASPECT		PERFECTIVE ASPECT	
PRESENT			
рису́ю	рису́ем		
рису́ешь	рису́ете		
рису́ет	рису́ют		
PAST		PAST	
рисова́л		нарисова́л	
рисова́ла		нарисова́ла	
рисова́ло		нарисова́ло	
рисова́ли		нарисова́ли	
FUTURE		FUTURE	
бу́ду рисова́ть	бу́дем рисова́ть	нарису́ю	нарису́ем
бу́дешь рисова́ть	бу́дете рисова́ть	нарису́ешь	нарису́ете
бу́дет рисова́ть	бу́дут рисова́ть	нарису́ет	нарису́ют
SUBJUNCTIVE		SUBJUNCTIVE	
рисова́л бы		нарисова́л бы	
рисова́ла бы		нарисова́ла бы	
рисова́ло бы		нарисова́ло бы	
рисова́ли бы		нарисова́ли бы	
PARTICIPLES		PARTICIPLES	
pres. active	рису́ющий	*pres. active*	—
pres. passive	рису́емый	*pres. passive*	—
past active	рисова́вший	*past active*	нарисова́вший
past passive	рисо́ванный	*past passive*	нарисо́ванный
VERBAL ADVERBS		VERBAL ADVERBS	
рису́я		нарисова́в	
COMMANDS		**COMMANDS**	
рису́й		нарису́й	
рису́йте		нарису́йте	

Usage

(+acc.)(в, на+prep.)(+instr.)(c+gen.)(+dat.)

Я рису́ю карандашо́м. *I draw with a pencil.*

Моя́ дочь рису́ет иллюстра́ции к де́тским кни́гам. *My daughter illustrates children's books.*

Вы нарисо́вали таку́ю гру́стную карти́ну происходя́щего с ва́ми! *You painted such a sad picture of your situation!*

Она́ рису́ет с нату́ры приро́ду Карме́ла. *She paints nature scenes of Carmel.*

Она́ рису́ет портре́т сы́на на холсте́. *She paints her son's portrait on a canvas.*

Ма́льчик нарисова́л соба́ку на песке́. *The boy drew a dog in the sand.*

Он рису́ет нам таки́е перспекти́вы, что голова́ кру́жится. *He is painting such prospects for us, that our heads are spinning.*

Proverbs/Sayings/Idioms

Что нам сто́ит дом постро́ить - нарису́ем - бу́дем жи́ть. (поговорка). *For us, it's nothing to build a house - we'll just draw it, and move in.*

Не рису́й мне возду́шные за́мки. *Stop building sand castles in the sky.*

рождáть(ся)/родúть(ся)

to bear, be born

stem: **рождáй+(ся)/родú+(ся)** regular type 1 verb in imp./perf. form type 2

Proverbs/Sayings/Idioms

Помы́лся - как на свет роди́лся. (поговорка)	*Washing oneself feels like been born again.*
Истина рожда́ется в спо́ре. (пословица)	*Truth is born in an argument.*
Прое́кт роди́лся в му́ках.	*The project came out of hard labor.*
Фильм сли́шком разреклами́ровали - гора́ родила́ мышь.	*The movie was overadvertised - a mountain gave birth to a mouse.*
Он был уда́члив в жи́зни, как в руба́шке роди́лся.	*He was lucky in life, like he was born with a silver spoon in his mouth.*
О таки́х говоря́т: "Не роди́сь краси́вым, а роди́сь счастли́вым". (пословица)	*They say about people like that: "Don't be born beautiful, be born lucky."*
Он стоя́л пе́ред врача́ми, в чём мать родила́.	*He stood in front of the doctors, naked as a jaybird.*

regular type 1 verb in imp./perf. form type 2 — stem: **рождáй+(ся)/роди́+(ся)**

IMPERFECTIVE ASPECT		PERFECTIVE ASPECT	
PRESENT			
рожда́ю(сь)	рожда́ем(ся)		
рожда́ешь(ся)	рожда́ете(сь)		
рожда́ет(ся)	рожда́ют(ся)		
PAST		PAST	
рожда́л(ся)		роди́л(ся)	
рожда́ла(сь)		родила́(сь)/роди́ла	
рожда́ло(сь)		роди́ло(сь)/родило́сь	
рожда́ли(сь)		роди́ли(сь)/родили́сь	
FUTURE		FUTURE	
бу́ду рожда́ть(ся)	бу́дем рожда́ть(ся)	рожу́	роди́м(ся)
бу́дешь рожда́ть(ся)	бу́дете рожда́ть(ся)	роди́шь(ся)	роди́те(сь)
бу́дет рожда́ть(ся)	бу́дут рожда́ть(ся)	роди́т(ся)	родя́т(ся)
SUBJUNCTIVE		SUBJUNCTIVE	
рожда́л(ся) бы		роди́л(ся) бы	
рожда́ла(сь) бы		родила́(сь) бы/роди́ла бы	
рожда́ло(сь) бы		роди́ло(сь) бы/родило́сь бы	
рожда́ли(сь) бы		роди́ли(сь) бы/родили́сь бы	
PARTICIPLES		PARTICIPLES	
pres. active	рожда́ющий(ся)	*pres. active*	—
pres. passive	рожда́емый	*pres. passive*	—
past active	рожда́вший(ся)	*past active*	роди́вший(ся)
past passive	—	*past passive*	рождённый
VERBAL ADVERBS		VERBAL ADVERBS	
рожда́я(сь)		роди́в(шись)	
COMMANDS		COMMANDS	
рождай(ся)		роди́(сь)	
рождайте(сь)		роди́те(сь)	

Usage

(в, на+prep.)(+instr.)(на+acc.)

Я родила́сь в конце́ войны́ в Ки́еве.	*I was born at the end of the war in Kiev.*
Он роди́лся кре́пким ребёнком.	*He was born a strong child.*
Эта же́нщина родила́ пятеры́х детей.	*This woman gave birth to five children.*
Мои́ роди́тели родили́сь в бе́дности.	*My parents were born in poverty.*
У них родили́сь близнецы́-де́вочки.	*They had twin daughters.*
Геро́ями не рожда́ются, геро́ями стано́вятся.	*Nobody is born a hero, you become one.*

Idioms

Он роди́лся под счастли́вой звездо́й.	*He was born under a lucky star.*

434 рубить/срубить

to chop

stem: **руби-/сруби-** regular type 2 verb (like **говорить**)

	IMPERFECTIVE ASPECT		PERFECTIVE ASPECT	
PRESENT				
	рублю́	ру́бим		
	ру́бишь	ру́бите		
	ру́бит	ру́бят		
PAST				
	руби́л		сруби́л	
	руби́ла		сруби́ла	
	руби́ло		сруби́ло	
	руби́ли		сруби́ли	
FUTURE				
	бу́ду руби́ть	бу́дем руби́ть	срублю́	сру́бим
	бу́дешь руби́ть	бу́дете руби́ть	сру́бишь	сру́бите
	бу́дет руби́ть	бу́дут руби́ть	сру́бит	сру́бят
SUBJUNCTIVE				
	руби́л бы		сруби́л бы	
	руби́ла бы		сруби́ла бы	
	руби́ло бы		сруби́ло бы	
	руби́ли бы		сруби́ли бы	
PARTICIPLES				
	pres. active	рубя́щий	*pres. active*	—
	pres. passive	—	*pres. passive*	—
	past active	руби́вший	*past active*	сруби́вший
	past passive	ру́бленный	*past passive*	сру́бленный
VERBAL ADVERBS				
	рубя́		сруби́в	
COMMANDS				
	руби́		сруби́	
	руби́те		сруби́те	

Usage

(+acc.)(+instr.)

Он сруби́л себе́ отли́чный дом. — *He built himself a wonderful log house.*
Дрова́ ру́бят топоро́м. — *The firewood is chopped with an axe.*
Он руби́л врага́ ша́шкой. — *He cut the enemy down with a sabre.*

Proverbs/Sayings/Idioms

За то, что он сде́лал, я гото́ва была́ ему́ го́лову сруби́ть. — *For what he has done, I could take his head off.*
Лес ру́бят - ще́пки летя́т. (пословица) — *You can't make an omlet without breaking an egg.*
Она́ ру́бит сук, на кото́ром сиди́т. — *She is chopping the branch she is sitting on. (She is biting the hand that feeds her.)*
Будь помя́гче, не руби́ с плеча́. — *Be nice, don't be so rough.*

regular type 1 verb (like **рабóтать**) stem: **ругáй-/отругáй-**

IMPERFECTIVE ASPECT		PERFECTIVE ASPECT	
PRESENT			
ругáю	ругáем		
ругáешь	ругáете		
ругáет	ругáют		
PAST		**PAST**	
ругáл		отругáл	
ругáла		отругáла	
ругáло		отругáло	
ругáли		отругáли	
FUTURE		**FUTURE**	
бýду ругáть	бýдем ругáть	отругáю	отругáем
бýдешь ругáть	бýдете ругáть	отругáешь	отругáете
бýдет ругáть	бýдут ругáть	отругáет	отругáют
SUBJUNCTIVE		**SUBJUNCTIVE**	
ругáл бы		отругáл бы	
ругáла бы		отругáла бы	
ругáло бы		отругáло бы	
ругáли бы		отругáли бы	
PARTICIPLES		**PARTICIPLES**	
pres. active	ругáющий	*pres. active*	—
pres. passive	ругáемый	*pres. passive*	—
past active	ругáвший	*past active*	отругáвший
past passive	рýганный	*past passive*	отрýганный
VERBAL ADVERBS		**VERBAL ADVERBS**	
ругáя		отругáв	
COMMANDS		**COMMANDS**	
ругáй		отругáй	
ругáйте		отругáйте	

Usage

(+acc.)(за+acc.)(+instr.)

Не ругáйте меня́, я бóльше не бýду. — *Don't scold me, I won't do it again.*
Они́ ругáют друг дрýга, как тóлько встречáются. — *Every time they meet, they curse each other.*
Мать отругáла сы́на за грýбость. — *The mother scolded her son for being rude.*
Фильм ругáли в печáти за слáбый сценáрий. — *The movie was criticized in the press for its weak script.*
Он ругáл мáтом собуты́льников. — *He was screaming profanities at his drinking buddies.*

Idioms

Он всех за глазá ругáет. — *He badmouths everyone behind their backs.*
Он на все кóрки ругáл сосéдей. — *He was cursing his neighbors left and right.*
Он ругáл всех послéдними словáми. — *He was cursing everyone up and down.*

садиться/сесть

to sit down

stem: **сади́+(ся)/irreg.**

type 2 verb in imp./perf. form irregular; type 5 endings

Proverbs/Sayings/Idioms

Не в свой са́ни не сади́сь. (пословица) — *Don't bite off more than you can chew.*

Со свои́ми вели́кими прогно́зами он сел в гало́шу. — *With all his great prospects, he got into a fix.*

Она́ понаде́ялась на чу́до и се́ла в лу́жу. — *She was hoping for a miracle and slipped up.*

Она́ се́ла на своего́ конька́ и до́лго говори́ла о но́вых тече́ниях в мо́де. — *She got onto her favorite topic and talked for a long time about new trends in fashion.*

Де́ти совсе́м се́ли нам на го́лову. — *The children have really overwhelmed us.*

Жена́ се́ла на ше́ю му́жа и не рабо́тала. — *His wife was living off her husband, and didn't work.*

Я уже́ се́ла на хлеб и во́ду, а всё равно́ не худе́ю. — *I am living on bread and water, yet can't lose weight.*

Я с ним за оди́н стол не ся́ду. — *I would not even get close to him.*

to sit down **садиться/сесть** **436**

type 2 verb in imp./perf. form irregular; type 5 endings stem: **сади́+(ся)/irreg.**

IMPERFECTIVE ASPECT		PERFECTIVE ASPECT	
PRESENT			
сажу́сь	сади́мся		
сади́шься	сади́тесь		
сади́тся	садя́тся		
PAST		PAST	
сади́лся		сел	
сади́лась		се́ла	
сади́лось		се́ло	
сади́лись		се́ли	
FUTURE		FUTURE	
бу́ду сади́ться	бу́дем сади́ться	ся́ду	ся́дем
бу́дешь сади́ться	бу́дете сади́ться	ся́дешь	ся́дете
бу́дет сади́ться	бу́дут сади́ться	ся́дет	ся́дут
SUBJUNCTIVE		SUBJUNCTIVE	
сади́лся бы		сел бы	
сади́лась бы		се́ла бы	
сади́лось бы		се́ло бы	
сади́лись бы		се́ли бы	
PARTICIPLES		PARTICIPLES	
pres. active	садя́щийся	*pres. active*	—
pres. passive	—	*pres. passive*	—
past active	сади́вшийся	*past active*	се́вший
past passive	—	*past passive*	—
VERBAL ADVERBS		VERBAL ADVERBS	
садя́сь		сев	
COMMANDS		**COMMANDS**	
сади́сь		сядь	
сади́тесь		ся́дьте	

Usage

(в, на, за+acc.)(в, на+prep.)

Он сел в тюрьму́ по ло́жному обвине́нию.	*He was sent to prison on a false accusation.*
Не сади́тесь сюда́, здесь гря́зно.	*Don't sit here, it's dirty.*
Сади́сь и жди меня́.	*Sit down and wait for me.*
Он сел на парохо́д в Си́днее.	*He got on a ship in Sydney.*
Он сел за руль подро́стком.	*He started driving when he was a teenager.*
Муж сел на дие́ту и похуде́л.	*My husband went on a diet and lost weight.*
Она́ волнова́лась, садя́сь на ло́шадь.	*Getting on the horse, she was nervous.*
Ма́льчик сел на велосипе́д и покати́л к дру́гу.	*The boy got on a bike and rode off to his friend.*
Кора́бль сел на мель недалеко́ от бе́рега.	*The ship capsized near the shore.*
Я се́ла в ваго́н и облегчённо вздохну́ла.	*I got into the train car and sighed with relief.*
Я се́ла за кни́ги, что́бы сдать экза́мен.	*I dived into the books to pass the test.*

437 сажа́ть/посади́ть

to plant, seat

stem: **сажа́й-/посади-**

regular type 1 verb in imp./perf. form type 2

IMPERFECTIVE ASPECT

PRESENT

сажа́ю	сажа́ем
сажа́ешь	сажа́ете
сажа́ет	сажа́ют

PAST

сажа́л
сажа́ла
сажа́ло
сажа́ли

FUTURE

бу́ду сажа́ть	бу́дем сажа́ть
бу́дешь сажа́ть	бу́дете сажа́ть
бу́дет сажа́ть	бу́дут сажа́ть

SUBJUNCTIVE

сажа́л бы
сажа́ла бы
сажа́ло бы
сажа́ли бы

PARTICIPLES

pres. active	сажа́ющий
pres. passive	сажа́емый
past active	сажа́вший
past passive	—

VERBAL ADVERBS

сажа́я

COMMANDS

сажа́й
сажа́йте

PERFECTIVE ASPECT

PAST

посади́л
посади́ла
посади́ло
посади́ли

FUTURE

посажу́	поса́дим
поса́дишь	поса́дите
поса́дит	поса́дят

SUBJUNCTIVE

посади́л бы
посади́ла бы
посади́ло бы
посади́ли бы

PARTICIPLES

pres. active	—
pres. passive	—
past active	посади́вший
past passive	поса́женный

VERBAL ADVERBS

посади́в

COMMANDS

посади́
посади́те

Usage

(+acc.)(в, на, за+acc.)(в, на+prep.)

Я сажа́ю о́вощи на гря́дках.	*I am planting vegetables in the garden beds.*
Люблю́ сажа́ть гера́нь в больши́е горшки́.	*I like to plant geraniums in large pots.*
Оте́ц посади́л берёзу перед ухо́дом на пе́нсию.	*Before he retired, my father planted a birch tree.*
На ме́сте пустыря́ посади́ли молодо́й лес.	*A new forest was planted on the vacant lot.*
Дава́йте сажа́ть госте́й за стол.	*Let's call the guests to the table.*
Сажа́йте пассажи́ров в ваго́н, ско́ро отправля́емся.	*Tell the passengers to get on a train; we will be departing soon.*
Пти́цу посади́ли в кле́тку.	*The bird was put in a cage.*
Я посади́ла ребёнка на дива́н.	*I sat the child down on the couch.*
Меня́ посади́ли за рабо́ту на полго́да.	*I was given work for half a year.*
Самолёт успе́шно посади́ли на по́ле.	*The plane was landed successfully on a field.*
Но́вых ученико́в посади́ли за па́рты.	*The new students were sitting behind desks.*
Его посади́ли за решётку за хулига́нство.	*He was put in jail for drunkenness.*
Он посади́л нажи́вку на крючо́к и заки́нул у́дочку в во́ду.	*He baited the hook and threw the line into the water.*
Меня́ посади́ли в жюри́ на неде́лю.	*I was selected for jury duty for a week.*

Idioms

Мне буква́льно посади́ли его́ на ше́ю.	*He was virtually dumped on me.*

regular type 1 verb in imp./perf. form irregular — stem: **сбивáй-/ с|бьй-**

	IMPERFECTIVE ASPECT		PERFECTIVE ASPECT
PRESENT			
сбивáю	сбивáем		
сбивáешь	сбивáете		
сбивáет	сбивáют		
PAST		**PAST**	
сбивáл		сбил	
сбивáла		сбúла	
сбивáло		сбúло	
сбивáли		сбúли	
FUTURE		**FUTURE**	
бýду сбивáть	бýдем сбивáть	собью́	собьём
бýдешь сбивáть	бýдете сбивáть	собьёшь	собьёте
бýдет сбивáть	бýдут сбивáть	собьёт	собью́т
SUBJUNCTIVE		**SUBJUNCTIVE**	
сбивáл бы		сбил бы	
сбивáла бы		сбúла бы	
сбивáло бы		сбúло бы	
сбивáли бы		сбúли бы	
PARTICIPLES		**PARTICIPLES**	
pres. active	сбивáющий	*pres. active*	—
pres. passive	сбивáемый	*pres. passive*	—
past active	сбивáвший	*past active*	сбúвший
past passive	—	*past passive*	сбúтый
VERBAL ADVERBS		**VERBAL ADVERBS**	
сбивáя		сбив	
COMMANDS		**COMMANDS**	
сбивáй		сбей	
сбивáйте		сбéйте	

Usage

(+acc.)(с, из+gen.)(+instr.)

Отéц сбил большóй я́щик из дóсок для картóшки.	*My father knocked together a large box for potatoes out of planks.*
Вóры сбúли замóк с двéри и очúстили квартúру.	*Thieves broke the lock off the door and cleaned out the apartment.*
У негó сбúли шáпку с головы́ и удрáли с ней.	*They knocked the hat off his head and ran away with it.*
Лéтом мы сбивáли я́блоки с дерéвьев.	*In the summer, we knocked apples off the trees.*
Он сбил хулигáна однúм удáром.	*He knocked the thug down with one blow.*
Вертолёт сбúли над рекóй.	*The helicopter was shot down over a river.*

сбива́ть/сбить

to knock down, reduce

stem: **сбива́й-/ с|бьй-**

regular type 1 verb in imp./perf. form irregular

Idioms

Не сбива́йте меня́ с то́лку, а то я совсе́м запу́тался. — *Stop confusing me, because I am completely muddled.*

Мне сби́ли температу́ру аспири́ном. — *My temperature was brought down with an aspirin.*

Мы реши́ли сбить с неё спесь. — *We decided to take her down a peg.*

Он сбил па́рня с пути́. — *He led the boy astray.*

Ритм жи́зни сбива́ет с ног. — *The pace of life exhausts a person.*

Ему́ рога́ сбить на́до, мо́жет ути́хнет. — *He needs to be put in his place; maybe he'll calm down.*

Тебе́ бы форс сбить, так норма́льным челове́ком ста́ла бы. — *You need to be knocked down a notch or two, and then you would be a normal human being.*

Лиса́ сби́ла охо́тника со сле́да. — *The fox mislead the hunter off her trail.*

Учи́тель сбил ученика́ вопро́сом. — *The teacher confused the student with a question.*

irregular verb in imp. & perf. stem: **сдавай+(ся)/irreg.**

IMPERFECTIVE ASPECT		PERFECTIVE ASPECT	
PRESENT			
сдаю́(сь)	сдаём(ся)		
сдаёшь(ся)	сдаёте(сь)		
сдаёт(ся)	сдаю́т(ся)		
PAST		**PAST**	
сдава́л(ся)		сда́л(ся)	
сдава́ла(сь)		сдала́(сь)	
сдава́ло(сь)		сда́ло(сь)	
сдава́ли(сь)		сда́ли(сь)	
FUTURE		**FUTURE**	
бу́ду сдава́ть(ся)	бу́дем сдава́ть(ся)	сда́м(ся)	сдади́м(ся)
бу́дешь сдава́ть(ся)	бу́дете сдава́ть(ся)	сда́шь(ся)	сдади́те(сь)
бу́дет сдава́ть(ся)	бу́дут сдава́ть(ся)	сда́ст(ся)	сдаду́т(сь)
SUBJUNCTIVE		**SUBJUNCTIVE**	
сдава́л(ся) бы		сда́л(ся) бы	
сдава́ла(сь) бы		сдала́(сь) бы	
сдава́ло(сь) бы		сда́ло(сь) бы	
сдава́ли(сь) бы		сда́ли(сь) бы	
PARTICIPLES		**PARTICIPLES**	
pres. active	сдаю́щий(ся)	*pres. active*	—
pres. passive	сдава́емый	*pres. passive*	—
past active	сдава́вший(ся)	*past active*	сда́вший(ся)
past passive	—	*past passive*	сда́нный
VERBAL ADVERBS		**VERBAL ADVERBS**	
сдава́я(сь)		сда́в(шись)	
COMMANDS		**COMMANDS**	
сдава́й(ся)		сда́й(ся)	
сдава́йте(сь)		сда́йте(сь)	

Usage

(+acc.)(+dat.)(в, на+acc.)

Я сдал дела́ но́вому колле́ге.	*I turned the work over to my new colleague.*
Я сдала́ докуме́нты на по́чту.	*I took the documents to the post office.*
Здесь хоро́шая да́ча сдаётся недо́рого.	*There is a good summerhouse available for rent inexpensively.*
Они́ сда́ли кварти́ру и уе́хали на се́вер.	*They gave up the apartment and moved north.*
Сдава́йте ка́рты, начина́ем игру́.	*Deal the cards; let's start the game.*
Враг сдал ору́жие.	*The enemy surrendered their weapons.*
Сла́ва бо́гу, мы сда́ли зачёты.	*Thank God, we passed the tests.*
Я сдала́ сочине́ние экзамена́тору.	*I handed the essay over to the examiner.*
К ве́черу го́род сда́лся проти́внику.	*By evening, the city fell to the enemy.*
Сдава́йте во́время кни́ги в библиоте́ку.	*Return the books to the library on time.*
Мы сда́ли ве́щи в бага́ж.	*We handed over our luggage.*
Я сдаю́ пальто́ в гардеро́б теа́тра.	*I dropped the coat off at the theater's coat check.*
Докуме́нты сда́ли в архи́в.	*The documents were placed in the archive.*
Я реша́ю сда́ться на ва́шу ми́лость.	*I am deciding to throw myself on your mercy.*
Он сего́дня сдал кровь на ана́лиз.	*He took a blood test today.*

440 серди́ться/рассерди́ться *to anger, get angry*

stem: **серди+ся/рассерди+ся** regular type 2 verb (like **говори́ть**)

IMPERFECTIVE ASPECT		PERFECTIVE ASPECT	
PRESENT			
сержу́сь	се́рдимся		
се́рдишься	се́рдитесь		
се́рдится	се́рдятся		
PAST		**PAST**	
серди́лся		рассерди́лся	
серди́лась		рассерди́лась	
серди́лось		рассерди́лось	
серди́лись		рассерди́лись	
FUTURE		**FUTURE**	
бу́ду серди́ться	бу́дем серди́ться	рассержу́сь	рассе́рдимся
бу́дешь серди́ться	бу́дете серди́ться	рассе́рдишься	рассе́рдитесь
бу́дет серди́ться	бу́дут серди́ться	рассе́рдится	рассе́рдятся
SUBJUNCTIVE		**SUBJUNCTIVE**	
серди́лся бы		рассерди́лся бы	
серди́лась бы		рассерди́лась бы	
серди́лось бы		рассерди́лось бы	
серди́лись бы		рассерди́лись бы	
PARTICIPLES		**PARTICIPLES**	
pres. active	сердя́щийся	*pres. active*	—
pres. passive	—	*pres. passive*	—
past active	серди́вшийся	*past active*	рассерди́вшийся
past passive	—	*past passive*	—
VERBAL ADVERBS		**VERBAL ADVERBS**	
сердя́сь		рассерди́вшись	
COMMANDS		**COMMANDS**	
серди́сь		рассерди́сь	
серди́тесь		рассерди́тесь	

Usage

(на+acc.)(за+acc.)

Ма́ша на меня́ о́чень се́рдится.	*Masha got really mad at me.*
Я сержу́сь на свою́ неосторо́жность.	*I am angry at my own carelessness.*
Она́ рассерди́лась на нас за опозда́ние.	*She was angry at us for being late.*
Я рассерди́лась, так как он обману́л меня́.	*I got angry because he lied to me.*
Рассерди́вшись, ба́бушка бы́стро успока́ивалась.	*Having gotten so angry, my grandmother quickly calmed down.*
Не серди́тесь на меня́!	*Don't be mad at me!*

regular type 2 verb (like **говори́ть**) stem: **сидé-/посидé-**

IMPERFECTIVE ASPECT		PERFECTIVE ASPECT	
PRESENT			
сижу́	сиди́м		
сиди́шь	сиди́те		
сиди́т	сидя́т		
PAST		**PAST**	
сидéл		посидéл	
сидéла		посидéла	
сидéло		посидéло	
сидéли		посидéли	
FUTURE		**FUTURE**	
бу́ду сидéть	бу́дем сидéть	посижу́	посиди́м
бу́дешь сидéть	бу́дете сидéть	посиди́шь	посиди́те
бу́дет сидéть	бу́дут сидéть	посиди́т	посидя́т
SUBJUNCTIVE		**SUBJUNCTIVE**	
сидéл бы		посидéл бы	
сидéла бы		посидéла бы	
сидéло бы		посидéло бы	
сидéли бы		посидéли бы	
PARTICIPLES		**PARTICIPLES**	
pres. active	сидя́щий	*pres. active*	—
pres. passive	—	*pres. passive*	—
past active	сидéвший	*past active*	посидéвший
past passive	—	*past passive*	—
VERBAL ADVERBS		**VERBAL ADVERBS**	
си́дя		посидéв	
COMMANDS		**COMMANDS**	
сиди́		посиди́	
сиди́те		посиди́те	

Usage

(в, на+prep.)(за, под, перед, с+instr.)(у, возле+gen.)

По вечера́м дед сидéл за столо́м, а ба́бушка - в крéсле. *In the evenings, grandpa sat at the table, grandma - in the chair.*
Она́ сидéла на вера́нде, окружённая детьми́ и соба́ками. *She was sitting on the patio, surrounded by kids and dogs.*
Ма́льчик сидéл на ко́рточках у воды́. *The boy was squatting by the water.*
Она́ сиди́т до́ма цéлый день. *She is sitting at home all day long.*
Он сиди́т в тюрьмé под арéстом. *He is in jail under arrest.*
В зоопа́рке звéри сидя́т в клéтках. *At the zoo, the animals are in cages.*
Он сиди́т за рулём всю жи́знь. *He spends his entire life behind the wheel.*
Я сижу́ без рабо́ты и без перспекти́вы. *I am sitting here without a job or prospects.*
Муж сиди́т за компью́тером до полу́ночи. *My husband sits at the computer until midnight.*

сидéть/посидéть

to sit, be sitting

stem: **сидé-/посидé-**

regular type 2 verb (like **говори́ть**)

Она́ сиди́т над кни́гами в библиотéке. — *She is pouring over books at the library.*
Жéнщина сиди́т до́ма с детьми́. — *The woman stays at home with the kids.*
Я сижу́ с вяза́нием у телеви́зора. — *I am knitting in front of the TV.*
Он сиди́т за махина́ции с докумéнтами. — *He is in prison on charges of fraud.*
Он сиди́т без дéла в ба́рах. — *He hangs out in bars without a purpose.*
Они́ сéли на скамью́ подсуди́мых. — *They are on trial.*

Idioms

Реша́йте скорéе, не сиди́те мéжду двух сту́льев. — *Make up your mind quickly, and stop trying to sit on two chairs at once.*
Мы уже сиди́м на чемода́нах. — *We are sitting on our suitcases.*
Эта рабо́та сиди́т у меня́ в печёнках. — *I'm sick of this work.*
На нём костю́м мешко́м сиди́т. — *This suit hangs on him like a sack.*

regular type 1 verb in imp./perf. form irregular stem: **скрывай-/скрой-**

IMPERFECTIVE ASPECT		PERFECTIVE ASPECT	
PRESENT			
скрыва́ю	скрыва́ем		
скрыва́ешь	скрыва́ете		
скрыва́ет	скрыва́ют		
PAST		PAST	
скрыва́л		скрыл	
скрыва́ла		скры́ла	
скрыва́ло		скры́ло	
скрыва́ли		скры́ли	
FUTURE		FUTURE	
бу́ду скрыва́ть	бу́дем скрыва́ть	скро́ю	скро́ем
бу́дешь скрыва́ть	бу́дете скрыва́ть	скро́ешь	скро́ете
бу́дет скрыва́ть	бу́дут скрыва́ть	скро́ет	скро́ют
SUBJUNCTIVE		SUBJUNCTIVE	
скрыва́л бы		скрыл бы	
скрыва́ла бы		скры́ла бы	
скрыва́ло бы		скры́ло бы	
скрыва́ли бы		скры́ли бы	
PARTICIPLES		PARTICIPLES	
pres. active	скрыва́ющий	*pres. active*	—
pres. passive	скрыва́емый	*pres. passive*	—
past active	скрыва́вший	*past active*	скры́вший
past passive	—	*past passive*	скры́тый
VERBAL ADVERBS		VERBAL ADVERBS	
скрыва́я		скры́в	
COMMANDS		**COMMANDS**	
скрыва́й		скро́й	
скрыва́йте		скро́йте	

Usage

(+acc.)(от, у+gen.)(в, на+prep.)

Не скрыва́йте своё про́шлое, я зна́ю мно́гое. *Do not hide your past, as I know a lot about it.*
Он скрыва́л от меня́ свои́ наме́рения. *He concealed from me his intentions.*
Старики́ скрыва́ли беглеца́ почти́ год. *The old people were hiding the escapee for almost a year.*

Я не мог скрыть свою́ ра́дость. *I could not hide my joy.*
Я не скрыва́ю своё безразли́чие к нему́. *I am not hiding my indifference to him.*
Он скрыва́л всю жизнь, что у него́ бы́ли ро́дственники за грани́цей. *He spent his entire life hiding the fact that he had relatives abroad.*

443 скуча́ть/поскуча́ть *to miss*

stem: **скучай-/поскучай-** regular type 1 verb (like **рабо́тать**)

	IMPERFECTIVE ASPECT		PERFECTIVE ASPECT	
PRESENT				
	скуча́ю	скуча́ем		
	скуча́ешь	скуча́ете		
	скуча́ет	скуча́ют		
PAST				
	скуча́л		поскуча́л	
	скуча́ла		поскуча́ла	
	скуча́ло		поскуча́ло	
	скуча́ли		поскуча́ли	
FUTURE				
	бу́ду скуча́ть	бу́дем скуча́ть	поскуча́ю	поскуча́ем
	бу́дешь скуча́ть	бу́дете скуча́ть	поскуча́ешь	поскуча́ете
	бу́дет скуча́ть	бу́дут скуча́ть	поскуча́ет	поскуча́ют
SUBJUNCTIVE				
	скуча́л бы		поскуча́л бы	
	скуча́ла бы		поскуча́ла бы	
	скуча́ло бы		поскуча́ло бы	
	скуча́ли бы		поскуча́ли бы	
PARTICIPLES				
pres. active		скуча́ющий		—
pres. passive		—		—
past active		скуча́вший		поскуча́вший
past passive		—		—
VERBAL ADVERBS				
	скуча́я		поскуча́в	
COMMANDS				
	скуча́й		поскуча́й	
	скуча́йте		поскуча́йте	

Usage

(по+dat.)(по+prep.)(без+gen.)

Я скуча́ю по ро́дине, по друзья́м.	*I miss my motherland and my friends.*
Пенсионе́ры скуча́ют от безде́лья.	*Retirees are bored from doing nothing.*
Я скуча́ю по вас, когда́ вы придёте?	*I miss you; when will you come?*
Я скуча́ю по де́тям.	*I miss the kids.*
Она́ скуча́ет по пре́жней рабо́те.	*She misses her old job.*
Она́ хо́дит со скуча́ющим ви́дом.	*She is walking around with a bored expression on her face.*
Я скуча́ю по тебе́.	*I miss you.*

regular type 4 verb (like **требовать**) stem: **сле́дова-/после́дова-**

	IMPERFECTIVE ASPECT		PERFECTIVE ASPECT	
PRESENT				
	сле́дую	сле́дуем		
	сле́дуешь	сле́дуете		
	сле́дует	сле́дуют		
PAST			**PAST**	
	сле́довал		после́довал	
	сле́довала		после́довала	
	сле́довало		после́довало	
	сле́довали		после́довали	
FUTURE			**FUTURE**	
	бу́ду сле́довать	бу́дем сле́довать	после́дую	после́дуем
	бу́дешь сле́довать	бу́дете сле́довать	после́дуешь	после́дуете
	бу́дет сле́довать	бу́дут сле́довать	после́дует	после́дуют
SUBJUNCTIVE			**SUBJUNCTIVE**	
	сле́довал бы		после́довал бы	
	сле́довала бы		после́довала бы	
	сле́довало бы		после́довало бы	
	сле́довали бы		после́довали бы	
PARTICIPLES			**PARTICIPLES**	
	pres. active	сле́дующий	*pres. active*	—
	pres. passive	—	*pres. passive*	—
	past active	сле́довавший	*past active*	после́довавший
	past passive	—	*past passive*	—
VERBAL ADVERBS			**VERBAL ADVERBS**	
	сле́дуя		после́довав	
COMMANDS			**COMMANDS**	
	сле́дуй		после́дуй	
	сле́дуйте		после́дуйте	

Usage

(за+instr.)(до, из, с+gen.)(к, по+dat.)(+dat.)(в, на+acc.)

Сле́дуйте за мной, пожа́луйста.	*Please follow me.*
Жена́ солда́та сле́довала всю́ду за му́жем.	*The soldier's wife followed him everywhere.*
Собы́тия сле́довали одно́ за други́м.	*Events followed one after another.*
По́езд сле́дует до Влади́мира.	*The train is going to Vladimir.*
Часть сле́довала к ме́сту назначе́ния.	*The unit was headed to its deployment.*
Он сле́довал плохо́му приме́ру дру́га.	*He followed his friend's bad example.*
Ты не сле́дуешь сове́ту ста́рших.	*You do not follow the advice of your elders.*
Я не успева́ю сле́довать мо́де.	*I am unable to keep up with fashion.*
Жизнь поверну́лась так, что я не смог сле́довать своему́ призва́нию.	*My life turned out in such a way that I was not able to follow my calling.*
Что же из всего́ э́того сле́дует?	*So what is going to happen now?*
Из э́того сле́дует, что мы продо́лжим на́шу рабо́ту.	*It follows that we will continue our work.*
С вас сле́дует ещё 20 рубле́й.	*You owe twenty roubles more.*
За ма́ем сле́дует ию́нь.	*June follows May.*
Он сле́довал за мной шаг в шаг.	*He followed me step by step.*
Коло́нна грузовико́в сле́довала по маршру́ту Доне́цк - Ха́рьков.	*The truck column took the Donetz - Kharkov route.*
По́езд сле́дует по гра́фику.	*The train is on schedule.*

445 служи́ть/послужи́ть *to serve*

stem: **служи-/послужи-** regular type 2 verb (like **ви́деть**)

IMPERFECTIVE ASPECT		PERFECTIVE ASPECT	
PRESENT			
служу́	слу́жим		
слу́жишь	слу́жите		
слу́жит	слу́жат		
PAST		PAST	
служи́л		послужи́л	
служи́ла		послужи́ла	
служи́ло		послужи́ло	
служи́ли		послужи́ли	
FUTURE		FUTURE	
бу́ду служи́ть	бу́дем служи́ть	послужу́	послу́жим
бу́дешь служи́ть	бу́дете служи́ть	послу́жишь	послу́жите
бу́дет служи́ть	бу́дут служи́ть	послу́жит	послу́жат
SUBJUNCTIVE		SUBJUNCTIVE	
служи́л бы		послужи́л бы	
служи́ла бы		послужи́ла бы	
служи́ло бы		послужи́ло бы	
служи́ли бы		послужи́ли бы	
PARTICIPLES		PARTICIPLES	
pres. active	слу́жащий	*pres. active*	—
pres. passive	—	*pres. passive*	—
past active	служи́вший	*past active*	послужи́вший
past passive	слу́женный	*past passive*	—
VERBAL ADVERBS		VERBAL ADVERBS	
служа́		послужи́в	
COMMANDS		**COMMANDS**	
служи́		послужи́	
служи́те		послужи́те	

Usage

(+instr.)(в, на+prep.)(+dat.)(на+acc.)(для+gen.)

Мой брат служи́л в а́рмии на Украи́не.	*My brother served in the army in the Ukraine.*
Он служи́л в раке́тных войска́х.	*He served in the rocket division.*
Солда́ты до́блестно слу́жат Ро́дине.	*Soldiers serve the Motherland valiantly.*
Учёные слу́жат нау́ке.	*Scientists serve science.*
Её жизнь в иску́сстве послужи́ла приме́ром пре́данности де́лу.	*Her life in art served as an example of dedication to a cause.*
Рабо́та делега́ции слу́жит де́лу ми́ра.	*The delegation's work serves the cause of peace.*
Она́ служи́ла секретарём фи́рмы.	*She worked as a firm's secretary.*
Роди́тели служи́ли де́тям опо́рой.	*The parents were their children's support.*
Дива́н слу́жит им посте́лью.	*They use the couch as their bed.*
Это послужи́ло по́водом для спле́тен.	*This became the cause of rumors.*

regular type 1 verb in imp./perf. form type 2; 3rd person only stem: **случа́й+ся/случи́+ся**

	IMPERFECTIVE ASPECT		PERFECTIVE ASPECT	
PRESENT				
	—	—		
	—	—		
	случа́ется	случа́ются		
PAST				
	случа́лся		случи́лся	
	случа́лась		случи́лась	
	случа́лось		случи́лось	
	случа́лись		случи́лись	
FUTURE				
	—	—	—	—
	—	—	—	—
	бу́дет случа́ться	бу́дут случа́ться	случи́тся	случа́тся
SUBJUNCTIVE				
	случа́лся бы		случи́лся бы	
	случа́лась бы		случи́лась бы	
	случа́лось бы		случи́лось бы	
	случа́лись бы		случи́лись бы	
PARTICIPLES				
pres. active		случа́ющийся		—
pres. passive		—		—
past active		случа́вшийся		случи́вшийся
past passive		—		—
VERBAL ADVERBS				
	случа́ясь		случи́вшись	
COMMANDS				
	случа́йся		случи́сь	
	случа́йтесь		случи́тесь	

Usage

(с+instr.)(в, на+prep.)(от, из-за+gen.)

Происше́ствие случи́лось в Монтере́е.	*The incident happened in Monterey.*
Это случи́лось по́сле полу́ночи в це́нтре го́рода.	*This happened after midnight, in downtown.*
Как э́то могло́ случи́ться?	*How could this have happened?*
Мне не случа́лось познако́миться с ним ра́ньше.	*I did not have a chance to meet him sooner.*
Пожа́р случи́лся от небре́жного обраще́ния со спи́чками.	*The fire happened due to a careless use of matches.*
Случи́сь тако́е с ва́ми, вы бы ина́че говори́ли.	*Were that to happen to you, you would sing a different tune.*

447 слу́шать(ся)/послу́шать(ся) *to listen*

stem: **слуша́й+(ся)/послуша́й+(ся)** regular type 1 verb (like **рабо́тать**)

	IMPERFECTIVE ASPECT		PERFECTIVE ASPECT	
PRESENT	слу́шаю(сь)	слу́шаем(ся)		
	слу́шаешь(ся)	слу́шаете(сь)		
	слу́шает(ся)	слу́шают(ся)		
PAST	слу́шал(ся)		послу́шал(ся)	
	слу́шала(сь)		послу́шала(сь)	
	слу́шало(сь)		послу́шало(сь)	
	слу́шали(сь)		послу́шали(сь)	
FUTURE	бу́ду слу́шать(ся)	бу́дем слу́шать(ся)	послу́шаю(сь)	послу́шаем(ся)
	бу́дешь слу́шать(ся)	бу́дете слу́шать(ся)	послу́шаешь(ся)	послу́шаете(сь)
	бу́дет слу́шать(ся)	бу́дут слу́шать(ся)	послу́шает(ся)	послу́шают(ся)
SUBJUNCTIVE	слу́шал(ся) бы		послу́шал(ся) бы	
	слу́шала(сь) бы		послу́шала(сь) бы	
	слу́шало(сь) бы		послу́шало(сь) бы	
	слу́шали(сь) бы		послу́шали(сь) бы	
PARTICIPLES	*pres. active*	слу́шающий(ся)	*pres. active*	—
	pres. passive	слу́шаемый	*pres. passive*	—
	past active	слу́шавший(ся)	*past active*	послу́шавший(ся)
	past passive	слу́шанный	*past passive*	—
VERBAL ADVERBS	слу́шая(сь)		послу́шав(шись)	
COMMANDS	слу́шай(ся)		послу́шай(ся)	
	слу́шайте(сь)		послу́шайте(сь)	

Usage

(+acc.)(+gen.)

Ма́льчик слу́шается мать.	*The boy listens to his mother.*
Я слу́шаю пе́нье птиц по утра́м.	*In the mornings I listen to the songbirds.*
Я люблю́ слу́шать, как затиха́ет всё перед грозо́й.	*I like to listen to the quiet before the storm.*
По вечера́м мы слу́шаем прогно́з пого́ды и и но́вости по ра́дио.	*In the evenings we listen to the weather broadcast and news on the radio.*
Суд слу́шал свиде́телей до обе́да.	*The court listened to the witnesses' testimonies before lunch.*
Зал внима́тельно слу́шал ора́тора.	*The auditorium attentively listened to the speaker.*
Я ча́сто слу́шаю класси́ческую му́зыку.	*I often listen to classical music.*
Студе́нты слу́шают ле́кцию преподава́теля.	*The students are listening to the professor's lecture.*
Я прошу́ его послу́шаться моего́ сове́та.	*I ask him to take my advice.*

Idioms

Он во все у́ши слу́шал, о чём мы говори́ли.	*He was intently listening to our conversation.*

regular type 2 verb (like **ви́деть**) stem: **слы́ша-/услы́ша-**

IMPERFECTIVE ASPECT		PERFECTIVE ASPECT	
PRESENT			
слы́шу	слы́шим		
слы́шишь	слы́шите		
слы́шит	слы́шат		
PAST		**PAST**	
слы́шал		услы́шал	
слы́шала		услы́шала	
слы́шало		услы́шало	
слы́шали		услы́шали	
FUTURE		**FUTURE**	
бу́ду слы́шать	бу́дем слы́шать	услы́шу	услы́шим
бу́дешь слы́шать	бу́дете слы́шать	услы́шишь	услы́шите
бу́дет слы́шать	бу́дут слы́шать	услы́шит	услы́шат
SUBJUNCTIVE		**SUBJUNCTIVE**	
слы́шал бы		услы́шал бы	
слы́шала бы		услы́шала бы	
слы́шало бы		услы́шало бы	
слы́шали бы		услы́шали бы	
PARTICIPLES		**PARTICIPLES**	
pres. active	слы́шащий	*pres. active*	—
pres. passive	слы́шимый	*pres. passive*	—
past active	слы́шавший	*past active*	услы́шавший
past passive	слы́шанный	*past passive*	услы́шанный
VERBAL ADVERBS		**VERBAL ADVERBS**	
слы́ша		услы́шав	
COMMANDS		**COMMANDS**	
—		услы́шь	
—		услы́шьте	

Usage

(+acc.)(в, на+prep.)(от, из+gen.)(на+acc.)(+instr.)

Я слы́шал но́вости о его́ назначе́нии. — *I heard the news about his appointment.*
Эти слу́хи я услы́шал от Ма́ши. — *I heard these rumors from Masha.*
Я ли́чно слы́шал э́ти слова́ из уст мэ́ра. — *I personally heard these words being said by the mayor.*
Я хорошо́ слы́шу, что вы говори́те. — *I hear perfectly well what you are saying.*
Мы услы́шали, что он сно́ва жени́лся. — *We heard that he got married again.*
Она́ слы́шала, как почтальо́н поднима́лся по ле́стнице. — *She heard the mailman going up the stairs.*
Ба́бушка не слы́шит на одно́ у́хо. — *Grandmother is deaf in one ear.*
Из ко́мнаты наверху́ я слы́шала ти́хую му́зыку. — *I heard soft music coming from the room upstairs.*

Sayings/Idioms

Я слы́шал кра́ем у́ха, что иду́т переме́ны. — *I overheard that changes are coming.*
Он бежа́л на свида́нье, не слы́ша ног под собо́й. (посло́вица) — *He was rushing to a date, head over heel.*

смея́ться/посмея́ться

to laugh

stem: **смея+ся/посмея+ся** regular type 3 verb (like **пла́кать**)

	IMPERFECTIVE ASPECT			PERFECTIVE ASPECT	
PRESENT					
	смею́сь	смеёмся			
	смеёшься	смеётесь			
	смеётся	смею́тся			
PAST			PAST		
	смея́лся			посмея́лся	
	смея́лась			посмея́лась	
	смея́лось			посмея́лось	
	смея́лись			посмея́лись	
FUTURE			FUTURE		
	бу́ду смея́ться	бу́дем смея́ться		посмею́сь	посмеёмся
	бу́дешь смея́ться	бу́дете смея́ться		посмеёшься	посмеётесь
	бу́дет смея́ться	бу́дут смея́ться		посмеётся	посмею́тся
SUBJUNCTIVE			SUBJUNCTIVE		
	смея́лся бы			посмея́лся бы	
	смея́лась бы			посмея́лась бы	
	смея́лось бы			посмея́лось бы	
	смея́лись бы			посмея́лись бы	
PARTICIPLES			PARTICIPLES		
	pres. active	смею́щийся		*pres. active*	—
	pres. passive	—		*pres. passive*	—
	past active	смея́вшийся		*past active*	посмея́вшийся
	past passive	—		*past passive*	—
VERBAL ADVERBS			VERBAL ADVERBS		
	смея́сь			посмея́вшись	
COMMANDS			**COMMANDS**		
	сме́йся			посме́йся	
	сме́йтесь			посме́йтесь	

Usage

(над+instr.)

Он посмея́лся над ва́ми, а вы и не по́няли. — *He was laughing at you, and you didn't even get it.*

Все посмея́лись над её наря́дом. — *Everyone laughed at her getup.*
Она́ то́лько посмея́лась над опа́сностями. — *She laughed in the face of danger.*
Он так зарази́тельно смеётся! — *His laugh is so contagious.*
Да́же родны́е смею́тся над моéй наи́вностью. — *Even my relatives laugh at my naïveté.*
Она́ смеётся по по́воду и без по́вода. — *She laughs, whether she has a reason to or not.*
Он смеётся над их угро́зами. — *He laughs at their threats.*

Proverbs/Sayings/Idioms

Он смея́лся себе́ в бо́роду. — *He laughed into his beard.*
Она́ смея́лась до упа́ду. — *She laughed till she dropped.*
Смеётся тот, кто смеётся после́дним. (посло́вица) — *He who laughs last, laughs longest.*

regular type 2 verb (like **говори́ть**) stem: **смотре-/посмотре-**

	IMPERFECTIVE ASPECT			PERFECTIVE ASPECT	
PRESENT					
	смотрю́(сь)	смо́трим(ся)			
	смо́тришь(ся)	смо́трите(сь)			
	смо́трит(ся)	смо́трят(ся)			
PAST			PAST		
	смотре́л(ся)			посмотре́л(ся)	
	смотре́ла(сь)			посмотре́ла(сь)	
	смотре́ло(сь)			посмотре́ло(сь)	
	смотре́ли(сь)			посмотре́ли(сь)	
FUTURE			FUTURE		
	бу́ду смотре́ть(ся)	бу́дем смотре́ть(ся)		посмотрю́(сь)	посмо́трим(ся)
	бу́дешь смотре́ть(ся)	бу́дете смотре́ть(ся)		посмо́тришь(ся)	посмо́трите(сь)
	бу́дет смотре́ть(ся)	бу́дут смотре́ть(ся)		посмо́трит(ся)	посмо́трят(ся)
SUBJUNCTIVE			SUBJUNCTIVE		
	смотре́л(ся) бы			посмотре́л(ся) бы	
	смотре́ла(сь) бы			посмотре́ла(сь) бы	
	смотре́ло(сь) бы			посмотре́ло(сь) бы	
	смотре́ли(сь) бы			посмотре́ли(сь) бы	
PARTICIPLES			PARTICIPLES		
	pres. active	смотря́щий(ся)		*pres. active*	—
	pres. passive	—		*pres. passive*	—
	past active	смотре́вший(ся)		*past active*	посмотре́вший(ся)
	past passive	смо́тренный		*past passive*	посмо́тренный
VERBAL ADVERBS			VERBAL ADVERBS		
	смотря́(сь)			посмотре́в(шись)	
COMMANDS			**COMMANDS**		
	смотри́(сь)			посмотри́(сь)	
	смотри́те(сь)			посмотри́те(сь)	

Usage

(+acc.)(в, на, под+acc.)(из, с+gen.)(по+dat.)(за+instr.)

Де́вушка посмотре́лась в зе́ркало и оста́лась дово́льна собо́й.	*The girl looked herself over in the mirror and was pleased.*
Она́ непло́хо смо́трится в чёрном.	*She looks good in black.*
Фильм смо́трится легко́.	*The movie is easy to watch.*
Я ходи́л в музе́й два́жды посмотре́ть карти́ну.	*I went to the museum twice to look at the painting.*
Он посмотре́л на часы́ и заторопи́лся.	*He looked at his watch and rushed off.*
Как вы на э́то смо́трите?	*What do you think about this?*
Посмотре́в в окно, я уви́дел сосе́да.	*Looking out the window, I saw my neighbor.*
Она́ смотре́ла в бино́кль на сце́ну.	*She watched the stage through her binoculars.*
Соба́ка смотре́ла из окна́ на хозя́ина.	*The dog was watching her owner through the window.*
Рабо́чие посмотре́ли с кры́ши вниз.	*The workers looked down from the roof.*
Реда́ктор внима́тельно смотре́л статью́.	*The editor was carefully reviewing the article.*
Шко́льники смотре́ли бале́т в теа́тре.	*The students watched the ballet in the theater.*
Мы смотре́ли телеви́зор у сосе́дей.	*We watched TV at our neighbors' place.*

TOP 50 VERB ☞

До́ктор посмотре́л больно́го и вы́сказал своё мне́ние. — *The doctor examined the patient and gave his opinion.*

Поли́ция хорошо́ смо́трит за поря́дком в го́роде. — *The police maintain order well in the city.*

Астроно́м смотре́л на звёзды в телеско́п. — *The astronomer looked at the stars through the telescope.*

Мать внима́тельно посмотре́ла на сы́на. — *Mother looked at her son intently.*

Ня́ня смотре́ла за детьми́. — *Nanny was taking care of the children.*

Бухга́лтер смотре́л за тем, что́бы счета́ во́время бы́ли в ба́нке. — *The accountant was responsible for ensuring that bills were paid to the bank on time.*

А́лла смотре́ла фильм в кинотеа́тре. — *Alla was watching a movie at the cinema.*

Idioms

Когда́ что́-то реши́ть на́до, он в кусты́ смо́трит. — *When it's time to make a decision, he is nowhere to be found.*

Ивано́в смотре́л на докла́дчика как бара́н на но́вые воро́та. — *Ivanov was watching the speaker and looked quite lost.*

На все неприя́тности на́до смотре́ть сквозь па́льцы. — *All troubles must be viewed in the proper light.*

Это опа́сное де́ло, смотри́ в о́ба! — *This is a dangerous enterprise, watch out!*

Он привы́к смотре́ть в рот нача́льству. — *He was used to hanging on his supervisor's every word.*

В моём во́зрасте я смотрю́ на жи́знь други́ми глаза́ми. — *At my age, I look at life from a different angle.*

Ты до́лжен испра́вить дво́йку по фи́зике, а то смотри́ у меня́! — *You need to make up for the "F" in physics, otherwise, watch out!*

В выходны́е дни на у́лицах мно́го пья́ных. Куда́ то́лько смо́трит мили́ция! — *On weekends, the streets are crawling with drunks. What are the police doing about it?!*

Ва́ля смотре́ла на жи́знь сквозь ро́зовые очки́. — *Valya was looking at life through rose-colored glasses.*

Дире́ктор смотре́л на подчинённых све́рху вниз. — *The director looked down on his subordinates.*

По́сле на́шей ссо́ры мой колле́га смо́трит на меня́ ко́со. — *After our fight, my colleague scowls at me.*

- Так ты смотре́л уже́ э́тот дом? — *- Did you look at that house already?*
- Ну что э́то за дом? Смотре́ть не́ на что! — *- It's not a house, it's a joke. There is nothing to look at there.*

regular type 1 verb in imp./perf. form type 2 stem: **смущáй+(ся)/смутú+(ся)**

IMPERFECTIVE ASPECT		PERFECTIVE ASPECT	
PRESENT			
смущáю(сь)	смущáем(ся)		
смущáешь(ся)	смущáете(сь)		
смущáет(ся)	смущáют(ся)		
PAST		**PAST**	
смущáл(ся)		смутúл(ся)	
смущáла(сь)		смутúла(сь)	
смущáло(сь)		смутúло(сь)	
смущáли(сь)		смутúли(сь)	
FUTURE		**FUTURE**	
бýду смущáть(ся)	бýдем смущáть(ся)	смущý(сь)	смутúм(ся)
бýдешь смущáть(ся)	бýдете смущáть(ся)	смутúшь(ся)	смутúте(сь)
бýдет смущáть(ся)	бýдут смущáть(ся)	смутúт(ся)	смутя́т(ся)
SUBJUNCTIVE		**SUBJUNCTIVE**	
смущáл(ся) бы		смутúл(ся) бы	
смущáла(сь) бы		смутúла(сь) бы	
смущáло(сь) бы		смутúло(сь) бы	
смущáли(сь) бы		смутúли(сь) бы	
PARTICIPLES		**PARTICIPLES**	
pres. active	смущáющий(ся)	*pres. active*	—
pres. passive	смущáемый	*pres. passive*	—
past active	смущáвший(ся)	*past active*	смутúвший(ся)
past passive	—	*past passive*	смущённый
VERBAL ADVERBS		**VERBAL ADVERBS**	
смущáя(сь)		смутúв(шись)	
COMMANDS		**COMMANDS**	
смущáй(ся)		смутú(сь)	
смущáйте(сь)		смутúте(сь)	

Usage

(+acc.)(от+gen.)(+instr.)(+gen.)

Не смущáйтесь, возьмúте ещё тóрта.	*Don't be shy, take another piece of cake.*
Я смутúлась от неожúданного вопрóса.	*I was flustered by an unexpected question.*
Пáрень смутúлся от похвалы́.	*The young man was embarrassed by all the praise.*
Онá смущáется своегó вúда.	*She is embarrassed by her looks.*
Онá всегдá сúльно смущáется незнакóмых людéй.	*She is always very shy around new people.*
Студéнт смутúл доклáдчика вопрóсом.	*The student threw the speaker off with his question.*
Вы смутúли меня́ комплимéнтами.	*You embarrassed me with your compliments.*

снима́ть(ся)/сня́ть(ся) *to take, remove; to rent*

stem: **снимай+(ся)/сним+(ся)** regular type 1 verb in imp./perf. form irregular

IMPERFECTIVE ASPECT		PERFECTIVE ASPECT	
PRESENT			
снима́ю(сь)	снима́ем(ся)		
снима́ешь(ся)	снима́ете(сь)		
снима́ет(ся)	снима́ют(ся)		
PAST		PAST	
снима́л(ся)		сня́л(ся)	
снима́ла(сь)		сняла́(сь)	
снима́ло(сь)		сня́ло(сь)/сняло́(сь)	
снима́ли(сь)		сня́ли(сь)/сняли́(сь)	
FUTURE		FUTURE	
бу́ду снима́ть(ся)	бу́дем снима́ть(ся)	сниму́(сь)	сни́мем(ся)
бу́дешь снима́ть(ся)	бу́дете снима́ть(ся)	сни́мешь(ся)	сни́мете(сь)
бу́дет снима́ть(ся)	бу́дут снима́ть(ся)	сни́мет(ся)	сни́мут(ся)
SUBJUNCTIVE		SUBJUNCTIVE	
снима́л(ся) бы		сня́л(ся) бы	
снима́ла(сь) бы		сняла́(сь) бы	
снима́ло(сь) бы		сня́ло́(сь) бы	
снима́ли(сь) бы		сня́ли́(сь) бы	
PARTICIPLES		PARTICIPLES	
pres. active	снима́ющий(ся)	*pres. active*	—
pres. passive	снима́емый	*pres. passive*	—
past active	снима́вший(ся)	*past active*	сня́вший(ся)
past passive	—	*past passive*	сня́тый
VERBAL ADVERBS		VERBAL ADVERBS	
снима́я(сь)		сня́в(шись)	
COMMANDS		**COMMANDS**	
снима́й(ся)		сними́(сь)	
снима́йте(сь)		сними́те(сь)	

Usage

(+acc.)(с+gen.)(+instr.)(в+prep.)

Он сня́л плащ и шля́пу в пере́дней.	*He took off his raincoat and his hat in the hall.*
Де́душка снял очки́ и пошёл спать.	*Grandpa took off his glasses and went to bed.*
Я не успе́ла снять тру́бку телефо́на.	*I didn't grab the phone in time.*
У магази́на сня́ли ночну́ю охра́ну.	*They canceled the night security at the store.*
Э́той о́сенью колхо́з сни́мет большо́й урожа́й.	*This fall, the collective farm will gather a large harvest.*
Я хочу́ сего́дня снять противоре́чия в коллекти́ве.	*Today I want to resolve the contradictions among the staff.*
Спо́рный вопро́с снима́ют с пове́стки дня.	*The heated question is withdrawn from the agenda.*
Я снима́ю своё предложе́ние о пре́миях.	*I withdraw my proposal about bonuses.*
По́сле пра́здника с домо́в сня́ли ло́зунги.	*After the holidays the placards were taken down from buildings.*
В ию́ле сни́мут запре́т на торго́влю с э́той страно́й.	*In July, the trade embargo with this country will be removed.*
Че́рез ме́сяц с него́ сни́мут вы́говор.	*In one month his reprimand will be withdrawn.*
То́лько че́рез два го́да фаши́сты сня́ли блока́ду Ленингра́да.	*The Nazis withdrew the blockade of Leningrad only after two years.*
Он хоте́л снять ко́пию с оригина́ла докуме́нта.	*He wanted to make a copy of the original.*
Фильм реши́ли снима́ть в Ита́лии.	*They decided to film the movie in Italy.*

regular type 1 verb in imp./perf. form irregular stem: **собирай+(ся)/ соб/ра+(ся)**

IMPERFECTIVE ASPECT		PERFECTIVE ASPECT	
PRESENT			
собира́ю(сь)	собира́ем(ся)		
собира́ешь(ся)	собира́ете(сь)		
собира́ет(ся)	собира́ют(ся)		
PAST		**PAST**	
собира́л(ся)		собра́л(ся)	
собира́ла(сь)		собрала́(сь)	
собира́ло(сь)		собра́ло(сь)/собрало́(сь)	
собира́ли(сь)		собра́ли(сь)/собрали́(сь)	
FUTURE		**FUTURE**	
бу́ду собира́ть(ся)	бу́дем собира́ть(ся)	соберу́(сь)	соберём(ся)
бу́дешь собира́ть(ся)	бу́дете собира́ть(ся)	соберёшь(ся)	соберёте(сь)
бу́дет собира́ть(ся)	бу́дут собира́ть(ся)	соберёт(ся)	соберу́т(сь)
SUBJUNCTIVE		**SUBJUNCTIVE**	
собира́л(ся) бы		собра́л(ся) бы	
собира́ла(сь) бы		собрала́(сь) бы	
собира́ло(сь) бы		собра́ло́(сь) бы/собрало́(сь) бы	
собира́ли(сь) бы		собра́ли́(сь) бы/собрали́(сь) бы	
PARTICIPLES		**PARTICIPLES**	
pres. active	собира́ющий(ся)	*pres. active*	—
pres. passive	собира́емый	*pres. passive*	—
past active	собира́вший(ся)	*past active*	собра́вший(ся)
past passive	—	*past passive*	со́бранный
VERBAL ADVERBS		**VERBAL ADVERBS**	
собира́я(сь)		собра́в(шись)	
COMMANDS		**COMMANDS**	
собира́й(ся)		собери́(сь)	
собира́йте(сь)		собери́те(сь)	

Usage

(+acc.)(в, на+prep.)(у+gen.)(в, на+acc.)

Мы лю́бим собира́ть грибы́ в лесу́.	*We like to gather mushrooms in the woods.*
Они́ собра́ли у себя́ друзе́й на юбиле́й сва́дьбы.	*They gathered their friends for their wedding anniversary.*
В зарпла́ту у всех собира́ют чле́нские взно́сы.	*On payday, everyone's union dues are collected.*
В шко́ле мы собира́ли металлоло́м.	*At school we gathered scrap metal.*
Он всю жизнь собира́л стари́нные кни́ги.	*All his life he gathered antique books.*
Мы собра́ли прили́чную библиоте́ку.	*We collected a decent library.*
Де́ти собира́ют ра́зные ма́рки.	*Children collect various stamps.*
Со́бранная им колле́кция карти́н поступи́ла в музе́й.	*The collection of paintings he had gathered arrived in the museum.*
Крестья́не собра́ли хоро́ший урожа́й ржи.	*The farmers gathered a good rye harvest.*
На вы́борах наш кандида́т собра́л большинство́ голосо́в.	*In the elections our candidate received a majority of the votes.*
Дед собра́л телеви́зор свои́ми рука́ми.	*My grandpa put a TV set together with his own hands.*
Я собира́ю материа́л для свое́й бу́дущей кни́ги.	*I am gathering materials for my future book.*
Руково́дство собра́ло све́дения о сотру́днике.	*Management gathered information about an employee.*

Не могу́ собра́ть де́ньги на хоро́шую маши́ну.	*I can't save enough money to buy a good car.*
Гид собира́ет тури́стов на экску́рсию.	*The tour guide is gathering the tourists for the tour.*
Мы собира́ем по пять до́лларов с челове́ка на цветы́.	*We are collecting five dollars from everyone to buy flowers.*
Он собира́ется жени́ться на япо́нке.	*He is planning to marry a Japanese girl.*
Лю́ди из разли́чных стран собира́ются в столи́це.	*People from many countries are getting together in the capital.*
Я бы́стро собира́юсь на рабо́ту.	*I quickly got ready for work.*
Нам запреща́ли собира́ться гру́ппами бо́льше трёх челове́к.	*We were prohibited from gathering in groups larger than three.*

Idioms

Мы должны́ собра́ть себя́ в кула́к.	*We need to pull ourselves together.*
Я поняла́, что над мое́й голово́й собира́ются ту́чи.	*I realized that dark clouds were gathering over my head.*
По́сле сканда́ла с ним косте́й не соберёшь.	*After fighting with him, you can barely recover.*
Все её люби́мчики собрали́сь к ней под крыло́.	*All her protégées gathered under her wing.*

regular type 4 verb in imp./perf. form type 3 stem: **суй+(ся)/суну+(ся)**

	IMPERFECTIVE ASPECT			PERFECTIVE ASPECT	
PRESENT					
	сую́(сь)	суём(ся)			
	суёшь(ся)	суёте(сь)			
	суёт(ся)	сую́т(ся)			
PAST			PAST		
	сова́л(ся)			су́нул(ся)	
	сова́ла(сь)			су́нула(сь)	
	сова́ло(сь)			су́нуло(сь)	
	сова́ли(сь)			су́нули(сь)	
FUTURE			FUTURE		
	бу́ду сова́ть(ся)	бу́дем сова́ть(ся)		су́ну(сь)	су́нем(ся)
	бу́дешь сова́ть(ся)	бу́дете сова́ть(ся)		су́нешь(ся)	су́нете(сь)
	бу́дет сова́ть(ся)	бу́дут сова́ть(ся)		су́нет(ся)	су́нут(ся)
SUBJUNCTIVE			SUBJUNCTIVE		
	сова́л(ся) бы			су́нул(ся) бы	
	сова́ла(сь) бы			су́нула(сь) бы	
	сова́ло(сь) бы			су́нуло(сь) бы	
	сова́ли(сь) бы			су́нули(сь) бы	
PARTICIPLES			PARTICIPLES		
	pres. active	сую́щий(ся)		*pres. active*	—
	pres. passive	—		*pres. passive*	—
	past active	сова́вший(ся)		*past active*	су́нувший(ся)
	past passive	со́ванный		*past passive*	су́нутый
VERBAL ADVERBS			VERBAL ADVERBS		
	суя́(сь)			су́нув(шись)	
COMMANDS			**COMMANDS**		
	су́й(ся)			су́нь(ся)	
	су́йте(сь)			су́ньте(сь)	

Usage

(+acc.)(в, на, под+acc.)

Ма́ма су́нула мне в ру́ку деся́тку. — *My mother stuffed a 10 dollar bill into my hand.*

Я су́нул но́ги в сапоги́ и вы́бежал во двор. — *I stuck my feet into my boots and ran into the yard.*

Она́ сова́ла замёрзшие па́льцы в перча́тки. — *She shoved her frozen fingers inside the gloves.*

Он су́нул ру́ки в брю́ки и нетороплúво пошёл прочь. — *He stuck his hands into his pants pockets and casually walked away.*

Я как попа́ло сова́ла ве́щи в чемода́н. — *I stuffed things into the suitcase every which way.*

Idioms

Не суй сво́й нос не в свои́ дела́. — *Don't stick your nose into other people's business.*

Не су́йся со свои́ми сове́тами. — *Don't bother us with your advice.*

Пререка́ясь с нача́льником, ты суёшь голову в пе́тлю. — *By arguing with your boss, you are sticking your neck into a noose.*

Что ты мне свои́ заслу́ги под нос суёшь? — *Why are you waving your accomplishments in front of my nose?*

Сего́дня ты мне лу́чше не су́йся на глаза́. — *Today you'd better stay out of my sight.*

На́до ожида́ть, что тебе́ бу́дут сова́ть па́лки в колёса. — *You should expect that others will try to trip you up.*

455 соверша́ть/соверши́ть *to commit, perform*

stem: **соверша́й-/соверши́-** regular type 1 verb in imp./perf. form type 2

IMPERFECTIVE ASPECT		PERFECTIVE ASPECT	
PRESENT			
соверша́ю	соверша́ем		
соверша́ешь	соверша́ете		
соверша́ет	соверша́ют		
PAST		**PAST**	
соверша́л		соверши́л	
соверша́ла		соверши́ла	
соверша́ло		соверши́ло	
соверша́ли		соверши́ли	
FUTURE		**FUTURE**	
бу́ду соверша́ть	бу́дем соверша́ть	совершу́	соверши́м
бу́дешь соверша́ть	бу́дете соверша́ть	соверши́шь	соверши́те
бу́дет соверша́ть	бу́дут соверша́ть	соверши́т	соверша́т
SUBJUNCTIVE		**SUBJUNCTIVE**	
соверша́л бы		соверши́л бы	
соверша́ла бы		соверши́ла бы	
соверша́ло бы		соверши́ло бы	
соверша́ли бы		соверши́ли бы	
PARTICIPLES		**PARTICIPLES**	
pres. active	соверша́ющий	*pres. active*	—
pres. passive	соверша́емый	*pres. passive*	—
past active	соверша́вший	*past active*	соверши́вший
past passive	—	*past passive*	совершённый
VERBAL ADVERBS		**VERBAL ADVERBS**	
соверша́я		соверши́в	
COMMANDS		**COMMANDS**	
соверша́й		соверши́	
соверша́йте		соверши́те	

Usage

(+acc.)

Безымя́нные солда́ты ка́ждый день на войне́ соверша́ли по́двиги.	*Nameless soldiers committed acts of heroism every day in the war.*
Ма́льчик по́нял, что соверши́л дурно́й посту́пок.	*The boy understood that he did a bad thing.*
Он соверши́л преступле́ние и сел в тюрьму́.	*He committed a crime and went to prison.*
Ру́сские первопрохо́дцы соверша́ли путеше́ствия в да́льние стра́ны.	*Russian explorers traveled to faraway countries.*
Они́ соверши́ли вы́годную сде́лку.	*They entered into a profitable contract.*
Меня́ поста́вили пере́д соверши́вшимся фа́ктом.	*I was presented with an accomplished fact.*
Я обраща́юсь к нему́ с соверше́нным почте́нием.	*I address him with absolute respect.*

regular type 4 verb (like **тре́бовать**) stem: **сове́това+(ся)/посове́това+(ся)**

IMPERFECTIVE ASPECT		PERFECTIVE ASPECT	
PRESENT			
сове́тую(сь)	сове́туем(ся)		
сове́туешь(ся)	сове́туете(сь)		
сове́тует(ся)	сове́туют(ся)		
PAST		**PAST**	
сове́товал(ся)		посове́товал(ся)	
сове́товала(сь)		посове́товала(сь)	
сове́товало(сь)		посове́товало(сь)	
сове́товали(сь)		посове́товали(сь)	
FUTURE		**FUTURE**	
бу́ду сове́товать(ся)	бу́дем сове́товать(ся)	посове́тую(сь)	посове́туем(ся)
бу́дешь сове́товать(ся)	бу́дете сове́товать(ся)	посове́туешь(ся)	посове́туете(сь)
бу́дет сове́товать(ся)	бу́дут сове́товать(ся)	посове́тует(ся)	посове́туют(ся)
SUBJUNCTIVE		**SUBJUNCTIVE**	
сове́товал(ся) бы		посове́товал(ся) бы	
сове́товала(сь) бы		посове́товала(сь) бы	
сове́товало(сь) бы		посове́товало(сь) бы	
сове́товали(сь) бы		посове́товали(сь) бы	
PARTICIPLES		**PARTICIPLES**	
pres. active	сове́тующий(ся)	*pres. active*	—
pres. passive	сове́туемый	*pres. passive*	—
past active	сове́товавший(ся)	*past active*	посове́товавший(ся)
past passive	—	*past passive*	посове́тованный
VERBAL ADVERBS		**VERBAL ADVERBS**	
сове́туя(сь)		посове́товав(шись)	
COMMANDS		**COMMANDS**	
сове́туй(ся)		посове́туй(ся)	
сове́туйте(сь)		посове́туйте(сь)	

Usage

(+dat.)(+acc.)(с+instr.)(о+prep.)(по+dat.)(+inf.)

Мы посове́товали ей хоро́шего кардио́лога.	*We suggested to her the name of a good cardiologist.*
Я не сове́тую вам встреча́ться с ней.	*I do not advise you to meet with her.*
Он посове́товал мне пое́здку к океа́ну.	*He suggested I travel to the ocean.*
Мы реши́ли посове́товаться с роди́телями о сва́дьбе.	*We decided to get our parents' advice about the wedding.*
Я не сове́тую вам сего́дня выступа́ть с ре́чью.	*I do not advise you to deliver your speech today.*
Я посове́товала им, где снять кварти́ру.	*I suggested to them where to rent an apartment.*

457

соглаша́ться/согласи́ться

to agree

stem: **соглашай+ся/согласи+ся** regular type 1 verb in imp./perf. form type 2

IMPERFECTIVE ASPECT		PERFECTIVE ASPECT	
PRESENT			
соглаша́юсь	соглаша́емся		
соглаша́ешься	соглаша́етесь		
соглаша́ется	соглаша́ются		
PAST		PAST	
соглаша́лся		согласи́лся	
соглаша́лась		согласи́лась	
соглаша́лось		согласи́лось	
соглаша́лись		согласи́лись	
FUTURE		FUTURE	
бу́ду соглаша́ться	бу́дем соглаша́ться	соглашу́сь	согласи́мся
бу́дешь соглаша́ться	бу́дете соглаша́ться	согласи́шься	согласи́тесь
бу́дет соглаша́ться	бу́дут соглаша́ться	согласи́тся	соглася́тся
SUBJUNCTIVE		SUBJUNCTIVE	
соглаша́лся бы		согласи́лся бы	
соглаша́лась бы		согласи́лась бы	
соглаша́лось бы		согласи́лось бы	
соглаша́лись бы		согласи́лись бы	
PARTICIPLES		PARTICIPLES	
pres. active	соглаша́ющийся	*pres. active*	—
pres. passive	—	*pres. passive*	—
past active	соглаша́вшийся	*past active*	согласи́вшийся
past passive	—	*past passive*	—
VERBAL ADVERBS		VERBAL ADVERBS	
соглаша́ясь		согласи́вшись	
COMMANDS		**COMMANDS**	
соглаша́йся		согласи́сь	
соглаша́йтесь		согласи́тесь	

Usage

(на+acc.)(с+instr.)(в, на+prep.)(по+dat.)(+inf.)

В результа́те перегово́ров администра́ция согласи́лась на все усло́вия. — *As a result of the negotiations, the administration agreed to all the terms.*

Мы согласи́лись с а́втором статьи́. — *We agreed with the author of the article.*

Прихо́дится иногда́ соглаша́ться с кри́тикой. — *Sometimes we have to agree with criticism.*

Я согласи́лась прове́рить оши́бки в его́ рабо́те. — *I agreed to check for errors in his work.*

Прису́тствующие согласи́лись с мне́нием председа́теля. — *Those present agreed with the chairman's opinion.*

Мы согласи́лись на написа́ние кни́ги. — *We agreed to write a book.*

Делега́ты согласи́лись по всем пу́нктам перегово́ров. — *The delegates agreed on all points of the negotiations.*

Мы согласи́лись, что ну́жно реши́ть э́ту пробле́му. — *We agreed that we needed to solve this problem.*

Вну́чка не соглаша́лась, что́бы ба́бушка уе́хала в дере́вню. — *The granddaughter disagreed with her grandmother's move to the country.*

regular type 1 verb in imp./perf. form type 2 stem: **соединя́й-/соедени́-**

IMPERFECTIVE ASPECT		PERFECTIVE ASPECT	
PRESENT			
соединя́ю	соединя́ем		
соединя́ешь	соединя́ете		
соединя́ет	соединя́ют		
PAST		**PAST**	
соединя́л		соедини́л	
соединя́ла		соедини́ла	
соединя́ло		соедини́ло	
соединя́ли		соедини́ли	
FUTURE		**FUTURE**	
бу́ду соединя́ть	бу́дем соединя́ть	соединю́	соедини́м
бу́дешь соединя́ть	бу́дете соединя́ть	соедини́шь	соедини́те
бу́дет соединя́ть	бу́дут соединя́ть	соедини́т	соединя́т
SUBJUNCTIVE		**SUBJUNCTIVE**	
соединя́л бы		соедини́л бы	
соединя́ла бы		соедини́ла бы	
соединя́ло бы		соедини́ло бы	
соединя́ли бы		соедини́ли бы	
PARTICIPLES		**PARTICIPLES**	
pres. active	соединя́ющий	*pres. active*	—
pres. passive	соединя́емый	*pres. passive*	—
past active	соединя́вший	*past active*	соедини́вший
past passive	—	*past passive*	соединённый
VERBAL ADVERBS		**VERBAL ADVERBS**	
соединя́я		соедини́в	
COMMANDS		**COMMANDS**	
соединя́й		соедини́	
соединя́йте		соедини́те	

Usage

(+acc.)(с+instr.)(в+acc.)(+instr.)

Люблю́ соединя́ть прия́тное с поле́зным. — *I like to combine business with pleasure.*

Учёные соединя́ют тео́рию с пра́ктикой. — *Scientists combine theory and practice.*

Опера́тор, соедини́те меня́ с дире́ктором! — *Operator, connect me with the director!*

Сего́дня в лаборато́рии шко́льники соединя́ют хлор с на́трием. — *Today at the lab, the students are combining chloride with sodium.*

Шоссе́ соединя́ет два го́рода. — *The highway connects two cities.*

Два бе́рега реки́ соединя́ют мосто́м. — *The two river shores are connected by a bridge.*

Эле́ктрик соедини́л по́рванные провода́. — *The electrician connected the torn wires.*

Соедини́в си́лы, войска́ уда́рили по врагу́. — *Joining forces, the armies struck the enemy.*

Ре́ки Во́лгу и Дон соедини́ли кана́лом. — *The channel connected the Volga and Don rivers.*

Ро́дственные чу́вства неразры́вно соединя́ют нас. — *Family ties unite us inseparably.*

459 создава́ть/созда́ть

to create

stem: **создава́й-/irreg.** — irregular verb in imp. & perf.

IMPERFECTIVE ASPECT		PERFECTIVE ASPECT	
PRESENT			
создаю́	создаём		
создаёшь	создаёте		
создаёт	создаю́т		
PAST		PAST	
создава́л		со́здал/созда́л	
создава́ла		создала́	
создава́ло		со́здало/созда́ло	
создава́ли		со́здали/созда́ли	
FUTURE		FUTURE	
бу́ду создава́ть	бу́дем создава́ть	созда́м	создади́м
бу́дешь создава́ть	бу́дете создава́ть	созда́шь	создади́те
бу́дет создава́ть	бу́дут создава́ть	созда́ст	создаду́т
SUBJUNCTIVE		SUBJUNCTIVE	
создава́л бы		со́здал бы/созда́л бы	
создава́ла бы		создала́ бы	
создава́ло бы		со́здало бы/созда́ло бы	
создава́ли бы		со́здали бы/созда́ли бы	
PARTICIPLES		PARTICIPLES	
pres. active	создаю́щий	*pres. active*	—
pres. passive	создава́емый	*pres. passive*	—
past active	создава́вший	*past active*	созда́вший
past passive	—	*past passive*	со́зданный
VERBAL ADVERBS		VERBAL ADVERBS	
создава́я		созда́в	
COMMANDS		**COMMANDS**	
создава́й		созда́й	
создава́йте		созда́йте	

Usage

(+acc.)(+instr.)(+dat.)

Мы со́здали наш дом свои́ми рука́ми. — *We built our house with our own hands.*

Вы создаёте мне затрудне́ние в рабо́те. — *You are creating difficulties for me in my work.*

Они́ создаю́т для неё идеа́льные усло́вия жи́зни. — *They create ideal living conditions for her.*

Он создаёт угро́зу для жи́зни окружа́ющих. — *He creates a danger to the lives of others.*

Для рассле́дования случи́вшегося со́здали коми́ссию. — *To investigate the incident, a committee was created.*

Худо́жник со́здал произведе́ние иску́сства. — *The artist created a work of art.*

Прое́кт перестро́йки заво́да создаю́т са́ми сотру́дники. — *The plant reconstruction project is put together by the employees themselves.*

Мы создади́м свою́ шко́лу преподава́ния языко́в. — *We will establish our own school for teaching languages.*

Сове́тское госуда́рство создава́ли в кровопроли́тной войне́. — *The Soviet state was created in a bloody war.*

Они́ создаю́т иллю́зию счастли́вой семе́йной жи́зни. — *They create an illusion of a happy family life.*

regular type 1 verb /perf. form not used stem: **сомнева́й+ся**

IMPERFECTIVE ASPECT

PRESENT

сомнева́юсь	сомнева́емся
сомнева́ешься	сомнева́етесь
сомнева́ется	сомнева́ются

PAST

сомнева́лся
сомнева́лась
сомнева́лось
сомнева́лись

FUTURE

бу́ду сомнева́ться	бу́дем сомнева́ться
бу́дешь сомнева́ться	бу́дете сомнева́ться
бу́дет сомнева́ться	бу́дут сомнева́ться

SUBJUNCTIVE

сомнева́лся бы
сомнева́лась бы
сомнева́лось бы
сомнева́лись бы

PARTICIPLES

pres. active	сомнева́ющийся
pres. passive	—
past active	сомнева́вшийся
past passive	—

VERBAL ADVERBS

сомнева́ясь

COMMANDS

сомнева́йся
сомнева́йтесь

Usage

(в+prep.)

Она́ сомнева́ется в пра́вильности свои́х посту́пков.	*She doubts the correctness of her actions.*
Я не сомнева́юсь в успе́хе э́того фи́льма.	*I do not doubt that this movie will be a success.*
В э́том челове́ке мо́жно не сомнева́ться.	*You do not need to doubt this man.*
Я сомнева́юсь в её и́скренности.	*I doubt her sincerity.*
Иногда́ он сомнева́ется в само́м себе́.	*Sometimes he doubts himself.*
Я не сомнева́юсь в свои́х си́лах.	*I do not doubt my own strength.*
Он сомнева́ется в том, что его́ пошлю́т в командиро́вку в Кана́ду.	*He doubts that he will be sent on a business trip to Canada.*

461 сообща́ть/сообщи́ть

to report, inform

stem: **сообща́й-/сообщи́-**

regular type 1 verb in imp./perf. form type 2

	IMPERFECTIVE ASPECT			PERFECTIVE ASPECT	
PRESENT					
	сообща́ю	сообща́ем			
	сообща́ешь	сообща́ете			
	сообща́ет	сообща́ют			
PAST			PAST		
	сообща́л			сообщи́л	
	сообща́ла			сообщи́ла	
	сообща́ло			сообщи́ло	
	сообща́ли			сообщи́ли	
FUTURE			FUTURE		
	бу́ду сообща́ть	бу́дем сообща́ть		сообщу́	сообщи́м
	бу́дешь сообща́ть	бу́дете сообща́ть		сообщи́шь	сообщи́те
	бу́дет сообща́ть	бу́дут сообща́ть		сообщи́т	сообща́т
SUBJUNCTIVE			SUBJUNCTIVE		
	сообща́л бы			сообщи́л бы	
	сообща́ла бы			сообщи́ла бы	
	сообща́ло бы			сообщи́ло бы	
	сообща́ли бы			сообщи́ли бы	
PARTICIPLES			PARTICIPLES		
	pres. active	сообща́ющий		*pres. active*	—
	pres. passive	сообща́емый		*pres. passive*	—
	past active	сообща́вший		*past active*	сообщи́вший
	past passive	—		*past passive*	сообщённый
VERBAL ADVERBS			VERBAL ADVERBS		
	сообща́я			сообщи́в	
COMMANDS			**COMMANDS**		
	сообща́й			сообщи́	
	сообща́йте			сообщи́те	

Usage

(+acc.)(о+prep.)(+dat.)(в, на+prep.)

Он сообщи́л интере́сную но́вость.	*He reported an interesting news item.*
По телеви́зору сообща́ют о войне́ в Ира́ке.	*On TV they are reporting about the war in Iraq.*
Друг сообщи́л мне о командиро́вке.	*My friend told me about the business trip.*
Мне сообщи́ли по телефо́ну о вре́мени визи́та к врачу́.	*I was told over the phone about the time of my doctor's appointment.*
В штаб сообщи́ли о происше́ствии на ба́зе.	*They reported to the headquarters about the incident on the military base.*
Из Пари́жа сообща́ли результа́ты автопробе́га.	*From Paris they were reporting on the results of the auto race.*
Мы сообщи́ли поли́ции всё, что мы зна́ли о жильца́х.	*We told the police everything we knew about the residents.*
Ему́ сообщи́ли, что он уво́лен.	*He was told that he was fired.*

regular type 1 verb in imp./perf. form type 2 stem: **составля́й+(ся)/соста́ви+(ся)**

IMPERFECTIVE ASPECT		PERFECTIVE ASPECT	
PRESENT			
составля́ю	составля́ем		
составля́ешь	составля́ете		
составля́ет(ся)	составля́ют(ся)		
PAST		PAST	
составля́л(ся)		соста́вил(ся)	
составля́ла(сь)		соста́вила(сь)	
составля́ло(сь)		соста́вило(сь)	
составля́ли(сь)		соста́вили(сь)	
FUTURE		FUTURE	
бу́ду составля́ть	бу́дем составля́ть	соста́влю	соста́вим
бу́дешь составля́ть	бу́дете составля́ть	соста́вишь	соста́вите
бу́дет составля́ть(ся)	бу́дут составля́ть(ся)	соста́вит(ся)	соста́вят(ся)
SUBJUNCTIVE		SUBJUNCTIVE	
составля́л(ся) бы		соста́вил(ся) бы	
составля́ла(сь) бы		соста́вила(сь) бы	
составля́ло(сь) бы		соста́вило(сь) бы	
составля́ли(сь) бы		соста́вили(сь) бы	
PARTICIPLES		PARTICIPLES	
pres. active	составля́ющий(ся)	*pres. active*	—
pres. passive	составля́емый	*pres. passive*	—
past active	составля́вший(ся)	*past active*	соста́вивший(ся)
past passive	—	*past passive*	соста́вленный
VERBAL ADVERBS		VERBAL ADVERBS	
составля́я(сь)		соста́вив(шись)	
COMMANDS		**COMMANDS**	
составля́й		соста́вь	
составля́йте		соста́вьте	

Usage

(+acc.)(из, с+gen.)(+dat.)(в, на+acc.)

По́сле вечери́нки мы соста́вили сту́лья в гости́ную.	*After the party we put the chairs into the living room.*
Мы соста́вили свою́ посу́ду на подно́сы.	*We stacked the plates on the trays.*
Ма́льчик составля́ет предложе́ние из слов.	*The boy creates sentences from words.*
Они́ составля́ют нам конкуре́нцию.	*They are our competition.*
Поте́ри в живо́й си́ле составля́ли ты́сячу челове́к.	*Manpower losses numbered one thousand.*
Он соста́вил ве́щи с чердака́ вниз.	*He brought things down from the attic.*
Он составля́ет докла́д для конфере́нции.	*He is writing a speech for the conference.*
Мы соста́вили спи́сок ученико́в.	*We put together a list of students.*
Я соста́вил расписа́ние на неде́лю.	*I wrote the schedule for the week.*
За ме́сяц я соста́вила мне́ние о рабо́те.	*After a month I formed an opinion about my job.*
Этот учи́тель составля́ет исключе́ние.	*This teacher is an exception.*
Вы соста́вите сча́стье всей моей жи́зни.	*You will be a source of happiness my entire life.*

Idioms

Он соста́вил себе́ и́мя в тридца́тые го́ды.	*He established a name for himself in the 1930s.*
Он соста́вил себе́ карье́ру худо́жника.	*He built himself a career as an artist.*
Соста́вьте ему́ компа́нию в рестора́н.	*Accompany him to the restaurant.*

состоя́ть(ся)

*to consist of; to take place**

stem: **состоя́+(ся)**

regular type 2 verb (like **говори́ть**)/no perf.

Как актёр он не состоя́лся. *As an actor, he did not succeed.*
Он состои́т на иждиве́нии ма́тери. *He lives off his mother.*
Они́ состоя́ли в за́говоре про́тив прави́тельства. *They were in a conspiracy against the government.*
Они́ состоя́т в знако́мстве с ре́ктором университе́та. *They are friends with the dean of the university.*
Он состои́т в запа́се. *He is in the reserves.*
Они́ состоя́т под сле́дствием. *They are under investigation.*
Моле́кула, как изве́стно, состои́т из а́томов. *A molecule, as it is well known, is comprised of atoms.*

regular type 2 verb (like **говори́ть**)/no perf. stem: **состоя́+(ся)**

IMPERFECTIVE ASPECT

PRESENT

состою́	состои́м
состои́шь	состои́те
состои́т(ся)	состоя́т(ся)

PAST

состоя́л(ся)
состоя́ла(сь)
состоя́ло(сь)
состоя́ли(сь)

FUTURE

бу́ду состоя́ть	бу́дем состоя́ть
бу́дешь состоя́ть	бу́дете состоя́ть
бу́дет состоя́ть	бу́дут состоя́ть

SUBJUNCTIVE

состоя́л(ся) бы
состоя́ла(сь) бы
состоя́ло(сь) бы
состоя́ли(сь) бы

PARTICIPLES

pres. active	состоя́щий
pres. passive	—
past active	состоя́вший(ся)
past passive	—

VERBAL ADVERBS

состоя́

COMMANDS

—
—

Usage

(из+gen.)(в, на+prep.)

В па́рке состоя́лся конце́рт.	*The concert took place at the park.*
По́хороны состоя́тся в воскресе́нье.	*The funeral will take place on Sunday.*
Жизнь состои́т из мно́жества пробле́м.	*Life is comprised of a myriad of problems.*
За́втрак состои́т из ча́шки чая и бутербро́да.	*Breakfast consists of a cup of tea and a sandwich.*
На́ша кварти́ра состои́т из трёх ко́мнат.	*Our apartment consists of three rooms.*
Мы состои́м в бра́ке уже́ де́сять лет.	*We have been married for ten years.*
Он состои́т на слу́жбе в посо́льстве.	*He works at the consulate.*
Она́ состои́т консульта́нтом при министе́рстве.	*She works as a consultant for the ministry.*
В чём состоя́т его́ обя́занности?	*What are his duties?*
Тру́дность состои́т в том, что́бы уговори́ть его́.	*The difficulty lies in convincing him.*
Он не состоя́л в па́ртии.	*He was not a member of the party.*

* *This verb differs in meaning between the reflexive and non-reflexive forms. The non-reflexive form means "to consist of," while the reflexive form means "to take place."*

сохраня́ть/сохрани́ть

to preserve, maintain

stem: **сохраня́й-/сохрани́-** regular type 1 verb in imp./perf. form type 2

	IMPERFECTIVE ASPECT		PERFECTIVE ASPECT	
PRESENT				
	сохраня́ю	сохраня́ем		
	сохраня́ешь	сохраня́ете		
	сохраня́ет	сохраня́ют		
PAST				
	сохраня́л		сохрани́л	
	сохраня́ла		сохрани́ла	
	сохраня́ло		сохрани́ло	
	сохраня́ли		сохрани́ли	
FUTURE				
	бу́ду сохраня́ть	бу́дем сохраня́ть	сохраню́	сохрани́м
	бу́дешь сохраня́ть	бу́дете сохраня́ть	сохрани́шь	сохрани́те
	бу́дет сохраня́ть	бу́дут сохраня́ть	сохрани́т	сохраня́т
SUBJUNCTIVE				
	сохраня́л бы		сохрани́л бы	
	сохраня́ла бы		сохрани́ла бы	
	сохраня́ло бы		сохрани́ло бы	
	сохраня́ли бы		сохрани́ли бы	
PARTICIPLES				
	pres. active	сохраня́ющий	*pres. active*	—
	pres. passive	сохраня́емый	*pres. passive*	—
	past active	сохраня́вший	*past active*	сохрани́вший
	past passive	—	*past passive*	сохранённый
VERBAL ADVERBS				
	сохраня́я		сохрани́в	
COMMANDS				
	сохраня́й		сохрани́	
	сохраня́йте		сохрани́те	

Usage

(+acc.)(о+prep.)(за+instr.)(от+gen.)

Я сохраня́ю ста́рые семе́йные фотогра́фии.	*I preserve old family photos.*
Она́ сохрани́ла па́мять о поги́бшем му́же.	*She preserved the memory of her dead husband.*
Сохраня́я о́вощи на зи́му в по́гребе, семья́ е́ла их до но́вого урожа́я.	*By preserving the vegetables in the cellar for the winter, the family ate them until the new harvest.*
Сохрани́в дру́жеские чу́вства, подру́ги переписывались всю жизнь.	*Maintaining their friendship, the women exchanged letters their entire lives.*
Она́ сохраня́ет ве́рность тради́циям.	*She strictly maintains traditions.*
При пожа́ре лю́ди не могли́ сохрани́ть иму́щество.	*In the fire, people could not save their belongings.*
Как сохрани́ть здоро́вье на вре́дной рабо́те?	*How does one preserve one's health in a hazardous occupation?*
В любо́й ситуа́ции он сохраня́л прису́тствие ду́ха.	*In any situation he would maintain his calm.*
Он говори́л споко́йно, сохраня́я прили́чия.	*He spoke calmly, maintaining his dignity.*
Он сохрани́л за собо́й пост дире́ктора.	*He managed to stay on as the director.*

regular type 1 verb in imp./perf. form type 5 stem: **спаса́й-/спас-**

IMPERFECTIVE ASPECT		PERFECTIVE ASPECT	
PRESENT			
спаса́ю	спаса́ем		
спаса́ешь	спаса́ете		
спаса́ет	спаса́ют		
PAST		PAST	
спаса́л		спас	
спаса́ла		спасла́	
спаса́ло		спасло́	
спаса́ли		спасли́	
FUTURE		FUTURE	
бу́ду спаса́ть	бу́дем спаса́ть	спасу́	спасём
бу́дешь спаса́ть	бу́дете спаса́ть	спасёшь	спасёте
бу́дет спаса́ть	бу́дут спаса́ть	спасёт	спасу́т
SUBJUNCTIVE		SUBJUNCTIVE	
спаса́л бы		спас бы	
спаса́ла бы		спасла́ бы	
спаса́ло бы		спасло́ бы	
спаса́ли бы		спасли́ бы	
PARTICIPLES		PARTICIPLES	
pres. active	спаса́ющий	*pres. active*	—
pres. passive	спаса́емый	*pres. passive*	—
past active	спаса́вший	*past active*	спа́сший
past passive	—	*past passive*	спасённый
VERBAL ADVERBS		VERBAL ADVERBS	
спаса́я		спася́	
COMMANDS		**COMMANDS**	
спаса́й		спаси́	
спаса́йте		спаси́те	

Usage

(+acc.)(+dat.)(от+gen.)

Сове́тские войска́ спасли́ мир от угро́зы фаши́зма. — *The Soviet army saved the world from the threat of Fascism.*

Врачи́ спасли́ больны́х от обмороже́ния. — *The doctors saved the patients from frostbite.*

Гражда́нское населе́ние спасло́ бе́женцев от врага́. — *The civilian population saved refugees from the enemy.*

Разве́дчики спасли́ го́род от уничтоже́ния. — *The scouts saved the city from destruction.*

Рабо́тники ско́рой по́мощи спаса́ют люде́й от сме́рти. — *Paramedics save people's lives.*

466 спать/поспа́ть

to sleep

stem: **irreg./irreg.**

regular type 2 verb (like **говори́ть**)

IMPERFECTIVE ASPECT

PRESENT

сплю́	спи́м
спи́шь	спи́те
спи́т	спя́т

PAST

спа́л
спала́
спа́ло
спа́ли

FUTURE

бу́ду спать	бу́дем спать
бу́дешь спать	бу́дете спать
бу́дет спать	бу́дут спать

SUBJUNCTIVE

спа́л бы
спала́ бы
спа́ло бы
спа́ли бы

PARTICIPLES

pres. active	спя́щий
pres. passive	—
past active	спа́вший
past passive	—

VERBAL ADVERBS

спя́

COMMANDS

спи́
спи́те

PERFECTIVE ASPECT

PAST

поспа́л
поспала́
поспа́ло
поспа́ли

FUTURE

посплю́	поспи́м
поспи́шь	поспи́те
поспи́т	поспя́т

SUBJUNCTIVE

поспа́л бы
поспала́ бы
поспа́ло бы
поспа́ли бы

PARTICIPLES

pres. active	—
pres. passive	—
past active	поспа́вший
past passive	—

VERBAL ADVERBS

поспа́в

COMMANDS

поспи́
поспи́те

Usage

(в, на+prep.)(с+instr.)(+instr.)

Я люблю́ спать в своéй постéли.	*I like to sleep in my own bed.*
Дед поспа́л в крéсле, потóм перешёл на дива́н.	*Grandpa slept in the chair, then moved to the couch.*
Он спит на крова́ти, а я - на тахтé.	*He sleeps on the bed, while I sleep on the sofa.*
Дéти спа́ли друг с дрýтом в однóй кóмнате.	*The children slept together in one room.*
Ребёнок сла́дко спал в коля́ске.	*The child was sleeping softly in the stroller.*

Proverbs/Sayings/Idioms

Мужи́к спал мёртвым сном.	*The man was sound asleep.*
Он так уста́л, что спал без за́дних ног.	*He was so tired, he fell sound asleep.*
Она́ спит сном пра́ведника.	*She sleeps the sleep of the righteous.*
Он тепéрь уж спит вéчным сном.	*He has gone to his final resting place.*
Не спи, а то проспи́шь всё ца́рство небéсное. (поговóрка)	*Don't sleep, or you'll sleep through the kingdom of God.*

regular type 2 verb (like **говори́ть**) stem: **спеши́-/поспеши́-**

IMPERFECTIVE ASPECT		PERFECTIVE ASPECT	
PRESENT			
спешу́	спеши́м		
спеши́шь	спеши́те		
спеши́т	спеша́т		
PAST		**PAST**	
спеши́л		поспеши́л	
спеши́ла		поспеши́ла	
спеши́ло		поспеши́ло	
спеши́ли		поспеши́ли	
FUTURE		**FUTURE**	
бу́ду спеши́ть	бу́дем спеши́ть	поспешу́	поспеши́м
бу́дешь спеши́ть	бу́дете спеши́ть	поспеши́шь	поспеши́те
бу́дет спеши́ть	бу́дут спеши́ть	поспеши́т	поспеша́т
SUBJUNCTIVE		**SUBJUNCTIVE**	
спеши́л бы		поспеши́л бы	
спеши́ла бы		поспеши́ла бы	
спеши́ло бы		поспеши́ло бы	
спеши́ли бы		поспеши́ли бы	
PARTICIPLES		**PARTICIPLES**	
pres. active	спеша́щий	*pres. active*	—
pres. passive	—	*pres. passive*	—
past active	спеши́вший	*past active*	поспеши́вший
past passive	—	*past passive*	—
VERBAL ADVERBS		**VERBAL ADVERBS**	
спеша́		поспеши́в	
COMMANDS		**COMMANDS**	
спеши́		поспеши́	
спеши́те		поспеши́те	

Usage

(в, на+acc.)(к+dat.)(+inf.)(с+instr.)

Утром де́ти спеша́т в шко́лу. — *In the morning, children rush off to school.*
Я спеши́л к ней на свида́нье. — *I was in a hurry to get to our date.*
Поспеши́ на рабо́ту, а то опозда́ешь. — *Hurry off to work, or you'll be late.*
Поспеши́те с реше́нием, бо́льше ме́длить нельзя́. — *Hurry up with your decision; there is no time left to dawdle.*
Она́ спеши́ла печа́тать статью́, что́бы уложи́ться в сро́ки. — *She was in a hurry, typing the article in order to complete it in time.*

Proverbs/Sayings

Кто спеши́т, тот люде́й смеши́т. — *He who hurries, amuses others.*

Other Uses

не спеша́ — *leisurely, unhurriedly*

спо́рить/поспо́рить

to argue

stem: **спо́ри-/поспо́ри-** regular type 2 verb (like **говори́ть**)

IMPERFECTIVE ASPECT		PERFECTIVE ASPECT	
PRESENT			
спо́рю	спо́рим		
спо́ришь	спо́рите		
спо́рит	спо́рят		
PAST		PAST	
спо́рил		поспо́рил	
спо́рила		поспо́рила	
спо́рило		поспо́рило	
спо́рили		поспо́рили	
FUTURE		FUTURE	
бу́ду спо́рить	бу́дем спо́рить	поспо́рю	поспо́рим
бу́дешь спо́рить	бу́дете спо́рить	поспо́ришь	поспо́рите
бу́дет спо́рить	бу́дут спо́рить	поспо́рит	поспо́рят
SUBJUNCTIVE		SUBJUNCTIVE	
спо́рил бы		поспо́рил бы	
спо́рила бы		поспо́рила бы	
спо́рило бы		поспо́рило бы	
спо́рили бы		поспо́рили бы	
PARTICIPLES		PARTICIPLES	
pres. active	спо́рящий	*pres. active*	—
pres. passive	—	*pres. passive*	—
past active	спо́ривший	*past active*	поспо́ривший
past passive	—	*past passive*	—
VERBAL ADVERBS		VERBAL ADVERBS	
спо́ря		поспо́рив	
COMMANDS		**COMMANDS**	
спо́рь		поспо́рь	
спо́рьте		поспо́рьте	

Usage

(с+instr.)(о+prep.)(из-за+gen.)

Я зря́ поспо́рил с това́рищем. — *I got into an argument with a friend over nothing.*

Они́ ве́чно спо́рят о пустяка́х. — *They constantly argue about little things.*

Не спо́рьте, жизнь коротка́. — *Don't argue, life is short.*

Proverbs/Sayings/Idioms

О вку́сах не спо́рят. (посло́вица) — *There's no accounting for tastes.*

Дава́й поспо́рим на твою́ маши́ну. — *Let's wager on your car.*

regular type 1 verb in imp./perf. form type 2 stem: **спра́шивай-/спроси-**

	IMPERFECTIVE ASPECT		PERFECTIVE ASPECT	
PRESENT				
	спра́шиваю	спра́шиваем		
	спра́шиваешь	спра́шиваете		
	спра́шивает	спра́шивают		
PAST				
	спра́шивал		спроси́л	
	спра́шивала		спроси́ла	
	спра́шивало		спроси́ло	
	спра́шивали		спроси́ли	
FUTURE				
	бу́ду спра́шивать	бу́дем спра́шивать	спрошу́	спро́сим
	бу́дешь спра́шивать	бу́дете спра́шивать	спро́сишь	спро́сите
	бу́дет спра́шивать	бу́дут спра́шивать	спро́сит	спро́сят
SUBJUNCTIVE				
	спра́шивал бы		спроси́л бы	
	спра́шивала бы		спроси́ла бы	
	спра́шивало бы		спроси́ло бы	
	спра́шивали бы		спроси́ли бы	
PARTICIPLES				
pres. active		спра́шивающий	*pres. active*	—
pres. passive		спра́шиваемый	*pres. passive*	—
past active		спра́шивавший	*past active*	спроси́вший
past passive		—	*past passive*	спро́шенный
VERBAL ADVERBS				
	спра́шивая		спроси́в	
COMMANDS				
	спра́шивай		спроси́	
	спра́шивайте		спроси́те	

Usage

(+acc.)(у, с+gen.)(о+prep.)(+instr.)(в, на+prep.)

Учи́тель спроси́л ученика́ о дома́шней рабо́те. *The teacher asked a student about his homework.*
Я спроси́ла доро́гу на по́чту. *I asked how to get to the post office.*
Я не спра́шиваю ва́ше мне́ние. *I am not asking for your opinion.*
Она́ спроси́ла разреше́ния уйти́ домо́й. *She asked for permission to go home.*
Он спроси́л у меня́ сове́та. *He asked my advice.*
Мы спра́шивали худо́жника о его́ пла́нах. *We asked the artist about his plans.*
Спроси́, когда́ она́ прихо́дит домо́й. *Ask when she will get home.*
Спроси́, где она́ бу́дет по́сле рабо́ты. *Ask where she will be after work.*
Спроси́, как э́то сде́лать. *Ask how to do it.*
Она́ спра́шивала взгля́дом моего́ одобре́ния. *She asked with her eyes for my approval.*
Эти де́ньги с вас спро́сят. *You will be asked for this money back.*
Спра́шивать не́ с кого - все разошли́сь. *There is no one left to ask - everyone is gone.*
Ученика́ спроси́ли по исто́рии. *The student was asked questions on history.*
Вас спра́шивают по телефо́ну. *You are summoned to the telephone.*

Idioms

С тебя́ за всё э́то спро́сят. *You will be held responsible for everything.*

спуска́ть(ся)/спусти́ть(ся)

to lower, descend

stem: **спуска́й+(ся)/спусти+(ся)** regular type 1 verb in imp./perf. form type 2

Мы спуска́лись в ли́фте и столкну́лись с ним но́сом к но́су. *We were going down on the elevator and ran right into him.*
Мы спуска́емся по ле́стнице во двор. *We are walking downstairs to the yard.*
Они́ спусти́лись с ле́стницы в подва́л. *They took the stairs down to the basement.*
Альпини́сты спусти́лись с горы́. *The climbers came down from the mountain.*
Он уда́чно спусти́лся на парашю́те. *He successfully landed with a parachute.*
Шля́па спуска́лась на глаза́ ма́льчика. *The hat covered the boy's eyes.*

Idioms

Спусти́сь с не́ба на зе́млю! *Come down from the clouds!*
Пусть то́лько поя́вится, я спущу́ его́ с ле́стницы. *Just let him come here; I will throw him down the stairs!*
Я с него́ шку́ру спущу́ за все проде́лки. *I will skin him alive for his pranks.*
Я вам э́того не спущу́! *I will not forgive you for this!*

regular type 1 verb in imp./perf. form type 2 stem: **спуска́й+(ся)/спусти+(ся)**

IMPERFECTIVE ASPECT		PERFECTIVE ASPECT	
PRESENT			
спуска́ю(сь)	спуска́ем(ся)		
спуска́ешь(ся)	спуска́ете(сь)		
спуска́ет(ся)	спуска́ют(ся)		
PAST		**PAST**	
спуска́л(ся)		спусти́л(ся)	
спуска́ла(сь)		спусти́ла(сь)	
спуска́ло(сь)		спусти́ло(сь)	
спуска́ли(сь)		спусти́ли(сь)	
FUTURE		**FUTURE**	
бу́ду спуска́ть(ся)	бу́дем спуска́ть(ся)	спущу́(сь)	спу́стим(ся)
бу́дешь спуска́ть(ся)	бу́дете спуска́ть(ся)	спу́стишь(ся)	спу́стите(сь)
бу́дет спуска́ть(ся)	бу́дут спуска́ть(ся)	спу́стит(ся)	спу́стят(ся)
SUBJUNCTIVE		**SUBJUNCTIVE**	
спуска́л(ся) бы		спусти́л(ся) бы	
спуска́ла(сь) бы		спусти́ла(сь) бы	
спуска́ло(сь) бы		спусти́ло(сь) бы	
спуска́ли(сь) бы		спусти́ли(сь) бы	
PARTICIPLES		**PARTICIPLES**	
pres. active	спуска́ющий(ся)	*pres. active*	—
pres. passive	спуска́емый	*pres. passive*	—
past active	спуска́вший(ся)	*past active*	спусти́вший(ся)
past passive	—	*past passive*	спу́щенный
VERBAL ADVERBS		**VERBAL ADVERBS**	
спуска́я(сь)		спусти́в(шись)	
COMMANDS		**COMMANDS**	
спускай(ся)		спусти́(сь)	
спуска́йте(сь)		спусти́те(сь)	

Usage

(+acc.)(в, на+acc.)(из, с+gen.)(на+prep.)(по+dat.)

Ве́чером на ба́зе спуска́ют флаг.	*In the evening they lower the flag at the base.*
Кора́бль спуска́ют на́ воду.	*The ship is being launched into the water.*
Све́рху спусти́ли директи́ву.	*The order came from upper management.*
Охо́тник спусти́л куро́к.	*The hunter pulled the trigger.*
Шахтёры спусти́лись в што́льню.	*The miners went down the shaft.*
Водола́зы спусти́лись на дно реки́.	*Divers went down to the bottom of the river.*
Что́бы чи́стить бассе́йн, спуска́ют из него́ во́ду.	*In order to clean the pool, you need to drain all the water from it.*
Хозя́ин на ночь спуска́ет соба́к с цепи́.	*At night, the owner lets the dogs out.*

сра́внивать(ся)/сравни́ть(ся) *to compare*

stem: **сра́внива́й+(ся)/сравни́+(ся)** regular type 1 verb in imp./perf. form type 2

IMPERFECTIVE ASPECT		PERFECTIVE ASPECT	
PRESENT			
сра́вниваю(сь)	сра́вниваем(ся)		
сра́вниваешь(ся)	сра́вниваете(сь)		
сра́внивает(ся)	сра́внивают(ся)		
PAST		**PAST**	
сра́внивал(ся)		сравни́л(ся)	
сра́внивала(сь)		сравни́ла(сь)	
сра́внивало(сь)		сравни́ло(сь)	
сра́внивали(сь)		сравни́ли(сь)	
FUTURE		**FUTURE**	
бу́ду сра́внивать(ся)	бу́дем сра́внивать(ся)	сравню́(сь)	сравни́м(ся)
бу́дешь сра́внивать(ся)	бу́дете сра́внивать(ся)	сравни́шь(ся)	сравни́те(сь)
бу́дет сра́внивать(ся)	бу́дут сра́внивать(ся)	сравни́т(ся)	сравня́т(ся)
SUBJUNCTIVE		**SUBJUNCTIVE**	
сра́внивал(ся) бы		сравни́л(ся) бы	
сра́внивала(сь) бы		сравни́ла(сь) бы	
сра́внивало(сь) бы		сравни́ло(сь) бы	
сра́внивали(сь) бы		сравни́ли(сь) бы	
PARTICIPLES		**PARTICIPLES**	
pres. active	сра́внивающий(ся)	*pres. active*	—
pres. passive	сра́вниваемый	*pres. passive*	—
past active	сра́внивавший(ся)	*past active*	сравни́вший(ся)
past passive	—	*past passive*	сравнённый
VERBAL ADVERBS		**VERBAL ADVERBS**	
сра́внивая(сь)		сравни́в(шись)	
COMMANDS		**COMMANDS**	
сра́внивай(ся)		сравни́(сь)	
сра́внивайте(сь)		сравни́те(сь)	

Usage

(+acc.)(с+instr.)

Я нево́льно сра́вниваю себя́ с подру́гами.	*Unwittingly, I compare myself with my girlfriends.*
Я сра́вниваю англи́йский с неме́цким.	*I compare English with German.*
Она́ сра́внивала арбу́зы по величине́.	*She compared the size of watermelons.*
Он сра́внивал ста́рость с зимо́й.	*He compared old age with winter.*
С ним никто́ не мог сравни́ться в зна́нии поли́тики.	*Nobody could compare with him in the knowledge of politics.*
Ничто́ не мо́жет сравни́ться с ли́чным о́пытом.	*Nothing can compare with personal experience.*

regular type 2 verb (like **говори́ть**) stem: **ссори+ся/поссори+ся**

IMPERFECTIVE ASPECT		PERFECTIVE ASPECT	
PRESENT			
ссóрюсь	ссóримся		
ссóришься	ссóритесь		
ссóрится	ссóрятся		
PAST		PAST	
ссóрился		поссóрился	
ссóрилась		поссóрилась	
ссóрилось		поссóрилось	
ссóрились		поссóрились	
FUTURE		FUTURE	
бýду ссóриться	бýдем ссóриться	поссóрюсь	поссóримся
бýдешь ссóриться	бýдете ссóриться	поссóришься	поссóритесь
бýдет ссóриться	бýдут ссóриться	поссóрится	поссóрятся
SUBJUNCTIVE		SUBJUNCTIVE	
ссóрился бы		поссóрился бы	
ссóрилась бы		поссóрилась бы	
ссóрилось бы		поссóрилось бы	
ссóрились бы		поссóрились бы	
PARTICIPLES		PARTICIPLES	
pres. active	ссóрящийся	*pres. active*	—
pres. passive	—	*pres. passive*	—
past active	ссóрившийся	*past active*	поссóрившийся
past passive	—	*past passive*	—
VERBAL ADVERBS		VERBAL ADVERBS	
ссóрясь		поссóрившись	
COMMANDS		**COMMANDS**	
ссóрься		поссóрься	
ссóрьтесь		поссóрьтесь	

Usage

(между, с+instr.)(по+dat.)(из-за+gen.)

Они́ поссóрились дрýг с дрýгом.	*They got into a fight.*
Он чáсто ссóрится с роди́телями.	*He often fights with his parents.*
Мы зря поссóрились.	*We had a fight over nothing.*
Мы ссóримся по пустякáм.	*We fight over silly little things.*
Поссóрившись, мы бы́стро мири́лись.	*After a fight we quickly made up.*

ста́вить/поста́вить

to place (upright)

stem: **ста́ви-/поста́ви-** regular type 2 verb (like **говори́ть**)

Ребёнка поста́вили в у́гол за плохо́е поведе́ние.	*The child got a timeout for misbehaving.*
Я ста́влю вас в изве́стность о прибы́тии мини́стра.	*I am notifying you of the arrival of the minister.*
Хоро́шую учени́цу всегда́ ста́вят в приме́р други́м.	*A good student is always cited as an example to others.*
Я люблю́ в ко́мнате ста́вить все ве́щи на свой места́.	*I like to put all things in my room in their proper places.*
Вопро́с о повыше́нии зарпла́ты поста́вили на обсужде́ние.	*The issue of salary raises was introduced for discussion.*
Резолю́цию поста́вили на голосова́ние.	*The resolution was put to a vote.*
Проду́кцию комбина́та поста́вили под контро́ль.	*Factory production was brought under control.*
Я ста́влю под сомне́ние его́ спосо́бности.	*I doubt his capabilities.*
Он поста́вил чемода́ны пе́ред две́рью и доста́л ключи́.	*He put the suitcases down by the door and got the keys out.*
По́здно что́-то меня́ть - меня́ поста́вили пе́ред фа́ктом.	*It's too late to change anything - I was presented with a fait accompli.*
В на́шей кварти́ре поста́вили телефо́н.	*They installed a phone line in our apartment.*
Поста́вьте существи́тельное в предло́жном падеже́.	*Put the noun in the locative case.*
Он поста́вил себе́ це́лью бе́гать по утра́м.	*He made his goal to go jogging every morning.*
Ма́льчику поста́вили пятёрку за поведе́ние.	*The boy got an "A" for conduct.*
Я ста́влю себе́ за пра́вило пить бо́льше воды́.	*I make it a rule to drink a lot of water.*
Вы ста́вите под угро́зу сро́ки выполне́ния пла́на.	*You are threatening completion of the plan on time.*
Он поста́вил стул во́зле меня́.	*He placed the chair beside me.*
Его́ поста́вили на до́лжность команди́ра полка́.	*He was appointed the regimental commander.*
Его́ ста́вят в руководи́тели прое́кта.	*He is appointed project manager.*
Я поста́вил на бе́лую ло́шадь на бега́х и вы́играл.	*I bet on a white horse at the races and won.*
Они́ ста́вят мне в заслу́гу моё терпе́ние.	*They praise me for my patience.*

Idioms

Ну́жно поста́вить перед ней вопро́с ребро́м - рабо́тать или уходи́ть.	*You need to ask her directly - to work or resign.*
Он всё ста́вит с ног на го́лову.	*He does everything backwards.*
Вы ста́вите меня́ в тупи́к свои́м вопро́сом.	*You baffled me with your question.*
В дра́ке ему́ поста́вили фона́рь.	*He got a black eye in the fight.*

regular type 2 verb (like **говори́ть**) stem: **ста́ви-/поста́ви-**

IMPERFECTIVE ASPECT		PERFECTIVE ASPECT	
PRESENT			
ста́влю	ста́вим		
ста́вишь	ста́вите		
ста́вит	ста́вят		
PAST		PAST	
ста́вил		поста́вил	
ста́вила		поста́вила	
ста́вило		поста́вило	
ста́вили		поста́вили	
FUTURE		FUTURE	
бу́ду ста́вить	бу́дем ста́вить	поста́влю	поста́вим
бу́дешь ста́вить	бу́дете ста́вить	поста́вишь	поста́вите
бу́дет ста́вить	бу́дут ста́вить	поста́вит	поста́вят
SUBJUNCTIVE		SUBJUNCTIVE	
ста́вил бы		поста́вил бы	
ста́вила бы		поста́вила бы	
ста́вило бы		поста́вило бы	
ста́вили бы		поста́вили бы	
PARTICIPLES		PARTICIPLES	
pres. active	ста́вящий	*pres. active*	—
pres. passive	—	*pres. passive*	—
past active	ста́вивший	*past active*	поста́вивший
past passive	ста́вленный	*past passive*	поста́вленный
VERBAL ADVERBS		VERBAL ADVERBS	
ста́вя		поста́вив	
COMMANDS		**COMMANDS**	
ста́вь		поста́вь	
ста́вьте		поста́вьте	

Usage

(+acc.)(в, на+acc.)(в, на+prep.)(у+gen.)(+dat.)(перед+instr.)

Ставь стака́ны на стол и дава́й чай пить.	*Put the glasses on the table and let's drink tea.*
Вокру́г вое́нной ба́зы поста́вили часовы́х.	*Guards were posted around the military base.*
Мне хорошо́ поста́вили го́лос в консервато́рии.	*I was well-trained in voice at the conservatory.*
Ба́бушка поста́вила те́сто в тепло́ до утра́.	*My grandmother put the dough in a warm place until morning.*
Я поста́вила па́мятник роди́телям.	*I placed a headstone for my parents.*
Простуди́вшись, я поста́вила себе́ компре́сс на грудь.	*Having caught a cold, I put a compress on my chest.*
В ме́стном теа́тре ста́вят италья́нскую о́перу.	*An Italian opera is being performed at the local theater.*
Опыт, поста́вленный в хими́ческой лаборато́рии, не уда́лся.	*The experiment conducted in the chemistry lab was unsuccessful.*
Спортсме́н поста́вил мирово́й реко́рд в бе́ге.	*The athlete set a world record in the race.*
Библиоте́карь ста́вит кни́ги на по́лки.	*The librarian puts the books on the shelf.*

стано́виться/стать

to become; to begin

stem: **станови+(ся)/ста́н-** regular type 2 verb in imp./perf. form irregular

Кора́бль стал на я́корь. — *The ship was at anchor.*

Он стал на защи́ту оби́женных. — *He came to the defense of the upset person.*

По́сле а́рмии па́рень стал на пра́вильный путь. — *After serving in the army, the young man took the right path.*

Мы ста́ли на о́чередь на кварти́ру. — *We were waiting in line for an apartment.*

Пиани́но не ста́нет ме́жду дива́ном и окно́м. — *The piano will not fit between the couch and the window.*

Idioms

Бы́ло тру́дно станови́тся на́ ноги без подде́ржки. — *It was hard to stand on my own without any help.*

Он на цы́почках стано́вится пе́ред нача́льством. — *He is on his tippy toes with management.*

Он встал в по́зу и отверну́лся от меня́. — *He struck an attitude and turned away from me.*

На на́ше замеча́ние он стал на дыбы́. — *He got upset about our comments.*

Вам ну́жно во что бы то ни ста́ло увиде́ть его. — *You need to see him by hook or crook.*

regular type 2 verb in imp./perf. form irregular stem: **станови+(ся)/ста́н-**

IMPERFECTIVE ASPECT		PERFECTIVE ASPECT	
PRESENT			
становлю́сь	стано́вимся		
стано́вишься	стано́витесь		
стано́вится	стано́вятся		
PAST		PAST	
станови́лся		стал	
станови́лась		ста́ла	
станови́лось		ста́ло	
станови́лись		ста́ли	
FUTURE		FUTURE	
—	—	ста́ну	ста́нем
—	—	ста́нешь	ста́нете
—	—	ста́нет	ста́нут
SUBJUNCTIVE		SUBJUNCTIVE	
станови́лся бы		стал бы	
станови́лась бы		ста́ла бы	
станови́лось бы		ста́ло бы	
станови́лись бы		ста́ли бы	
PARTICIPLES		PARTICIPLES	
pres. active	становя́щийся	*pres. active*	—
pres. passive	—	*pres. passive*	—
past active	станови́вшийся	*past active*	ста́вший
past passive	—	*past passive*	—
VERBAL ADVERBS		VERBAL ADVERBS	
становя́сь		ста́в	
COMMANDS		**COMMANDS**	
станови́сь		стань	
станови́тесь		ста́ньте	

Usage

(+instr.)(в, на, за+acc.)(к+dat.)(в, на+prep.)(за+instr.)

Я ста́ла учи́телем в два́дцать два го́да.	*I became a teacher at twenty-two years of age.*
Их де́ятельность ста́ла угро́зой о́бществу.	*Their activities became a threat to society.*
Террори́сты ста́ли акти́вными в Евро́пе.	*The terrorists became active in Europe.*
Что ста́ло с ва́шим бра́том?	*Whatever happened to your brother?*
Я ста́ла на стул и доста́ла коро́бку со шка́фа.	*I climbed on the chair and pulled the box down from the cupboard.*
Она́ ста́ла к конве́йеру.	*She worked on the assembly line.*
Она́ ста́ла за стано́к.	*She worked behind the bench press.*
Я ста́ла чита́ть Че́хова сно́ва.	*I started reading Chekhov again.*
Отца́ не ста́ло в ию́не.	*Father died in June.*
Я ста́ла в о́чередь за соси́сками.	*I got in line to buy hot dogs.*
Я ста́ла на ковёр в спа́льне.	*I stood on the carpet in the bedroom.*

475 стара́ться/постара́ться *to attempt, try*

stem: **стара́й+ся/постара́й+ся** regular type 1 verb (like **рабо́тать**)

IMPERFECTIVE ASPECT		PERFECTIVE ASPECT	
PRESENT			
стара́юсь	стара́емся		
стара́ешься	стара́етесь		
стара́ется	стара́ются		
PAST		**PAST**	
стара́лся		постара́лся	
стара́лась		постара́лась	
стара́лось		постара́лось	
стара́лись		постара́лись	
FUTURE		**FUTURE**	
бу́ду стара́ться	бу́дем стара́ться	постара́юсь	постара́емся
бу́дешь стара́ться	бу́дете стара́ться	постара́ешься	постара́етесь
бу́дет стара́ться	бу́дут стара́ться	постара́ется	постара́ются
SUBJUNCTIVE		**SUBJUNCTIVE**	
стара́лся бы		постара́лся бы	
стара́лась бы		постара́лась бы	
стара́лось бы		постара́лось бы	
стара́лись бы		постара́лись бы	
PARTICIPLES		**PARTICIPLES**	
pres. active	стара́ющийся	*pres. active*	—
pres. passive	—	*pres. passive*	—
past active	стара́вшийся	*past active*	постара́вшийся
past passive	—	*past passive*	—
VERBAL ADVERBS		**VERBAL ADVERBS**	
стара́ясь		постара́вшись	
COMMANDS		**COMMANDS**	
стара́йся		постара́йся	
стара́йтесь		постара́йтесь	

Usage

(+inf.)

Я стара́юсь учи́ться поле́зному де́лу. *I try to learn useful skills.*
Он стара́лся и́зо всех сил зако́нчить семе́стр. *He tried very hard to finish the semester.*
Постара́йтесь прийти́ пора́ньше. *Try to come early.*
Я был рад стара́ться услужи́ть ему́. *I was glad to try and help him.*

to be shy, feel awkward — стесня́ться/постесня́ться — 476

regular type 1 verb in imp./perf. form type 2 — stem: **стесня́й+ся/постесня́й+ся**

	IMPERFECTIVE ASPECT		PERFECTIVE ASPECT	
PRESENT	стесня́юсь	стесня́емся		
	стесня́ешься	стесня́етесь		
	стесня́ется	стесня́ются		
PAST	стесня́лся		постесня́лся	
	стесня́лась		позстесня́лась	
	стесня́лось		постесня́лось	
	стесня́лись		постесня́лись	
FUTURE	бу́ду стесня́ться	бу́дем стесня́ться	постесня́юсь	постесня́емся
	бу́дешь стесня́ться	бу́дете стесня́ться	постесня́ешься	постесня́етесь
	бу́дет стесня́ться	бу́дут стесня́ться	постесня́ется	постесня́ются
SUBJUNCTIVE	стесня́лся бы		постесня́лся бы	
	стесня́лась бы		позстесня́лась бы	
	стесня́лось бы		постесня́лось бы	
	стесня́лись бы		постесня́лись бы	
PARTICIPLES	*pres. active*	стесня́ющийся	*pres. active*	—
	pres. passive	—	*pres. passive*	—
	past active	стесня́вшийся	*past active*	постесня́вшийся
	past passive	—	*past passive*	—
VERBAL ADVERBS	стесня́ясь		постесня́вшись	
COMMANDS	стесня́йся		постесня́йся	
	стесня́йтесь		постесня́йтесь	

Usage

(+gen.)(+instr.)(+inf.)

Ма́льчик стесня́ется незнако́мых люде́й.	*The boy is shy around strangers.*
Он стесня́лся свое́й немо́дной оде́жды.	*He felt awkward in his unfashionable clothes.*
Она́ стесня́ется проси́ть повыше́ния зарпла́ты.	*She feels awkward about asking for a raise.*
Он постесня́лся примени́ть си́лу.	*He was shy about using force.*
Не стесня́йтесь! Чу́вствуйте себя́ как до́ма!	*Don't be shy! Make yourself at home!*

477

сто́ить

to be worth

stem: **сто́и-**

regular type 2 verb (like **говори́ть**)/no perf.

IMPERFECTIVE ASPECT

PRESENT

сто́ю	сто́им
сто́ишь	сто́ите
сто́ит	сто́ят

PAST

сто́ил
сто́ила
сто́ило
сто́или

FUTURE

бу́ду сто́ить	бу́дем сто́ить
бу́дешь сто́ить	бу́дете сто́ить
бу́дет сто́ить	бу́дут сто́ить

SUBJUNCTIVE

сто́ил бы
сто́ила бы
сто́ило бы
сто́или бы

PARTICIPLES

pres. active	сто́ящий
pres. passive	—
past active	сто́ивший
past passive	—

VERBAL ADVERBS

сто́я

COMMANDS

стой
сто́йте

Usage

(+acc.)(+infin.)

Блу́зка сто́ит сто до́лларов.	*The blouse costs one hundred dollars.*
Эта пое́здка могла́ сто́ить ему́ жи́зни.	*This trip could have cost him his life.*
Ему́ сто́ило больши́х уси́лий доби́ться призна́ния.	*He expended a lot of effort to gain recognition.*
Мне не сто́ит большо́го труда́ повторя́ть слова́ мно́го раз.	*It is not hard for me to repeat the words many times.*
Но́вый фильм сто́ит посмотре́ть.	*You should see the new movie.*
Не сто́ит об э́том говори́ть в их до́ме.	*We should not talk about that in their house.*

Idioms

Я не возьму́ э́ту рабо́ту - игра́ не сто́ит свеч.	*I will not take this job - it's not worth it.*
Эта ба́ба гроша́ ме́дного не сто́ит, а стро́ит из себя́ цари́цу.	*This woman is not worth a copper penny, yet she acts like a queen.*
Ва́ша ссо́ра вы́еденного яйца́ не сто́ит.	*Your argument is not worth a brass farthing.*
Он неплохо́й па́рень, но её не сто́ит.	*He is not a bad guy, but he is beneath her.*
Сто́ит то́лько мне вы́йти из ко́мнаты, как сын перестаёт занима́ться.	*As soon as I leave the house, my son stops studying.*
С ним руга́ться - себе́ доро́же сто́ит.	*To fight with him is not worth it.*

regular type 2 verb (like **говори́ть**) stem: **стоя́-/постоя́-**

	IMPERFECTIVE ASPECT		PERFECTIVE ASPECT	
PRESENT	стою́	стои́м		
	стои́шь	стои́те		
	стои́т	стоя́т		
PAST	стоя́л		постоя́л	
	стоя́ла		постоя́ла	
	стоя́ло		постоя́ло	
	стоя́ли		постоя́ли	
FUTURE	бу́ду стоя́ть	бу́дем стоя́ть	постою́	постои́м
	бу́дешь стоя́ть	бу́дете стоя́ть	постои́шь	постои́те
	бу́дет стоя́ть	бу́дут стоя́ть	постои́т	постоя́т
SUBJUNCTIVE	стоя́л бы		постоя́л бы	
	стоя́ла бы		постоя́ла бы	
	стоя́ло бы		постоя́ло бы	
	стоя́ли бы		постоя́ли бы	
PARTICIPLES	*pres. active*	стоя́щий	*pres. active*	—
	pres. passive	—	*pres. passive*	—
	past active	стоя́вший	*past active*	постоя́вший
	past passive	—	*past passive*	—
VERBAL ADVERBS	сто́я		постоя́в	
COMMANDS	сто́й		посто́й	
	сто́йте		посто́йте	

Usage

(в, на+prep.)(под, перед+instr.)(у+gen.)

Я стою́ в о́череди на такси́. — *I am standing in line to get a taxi.*
Посу́да стои́т на столе́. — *The dishes are on the table.*
Кни́ги стоя́т в шкафу́. — *The books are on the bookshelf.*
Де́вушка стои́т перед зе́ркалом. — *The girl is standing in front of the mirror.*
Она́ стои́т у окна́. — *She is standing by the window.*
Я стою́ за ва́ми. — *I am standing behind you.*
Она́ стои́т на коле́нях и мо́ет пол. — *She is washing the floor on her knees.*
Он стоя́л лицо́м к нам. — *He was facing us.*
Скажи́те, за че́м вы здесь стои́те? — *Can you tell me what you're standing in line for?*
Вопро́с стои́т на пове́стке дня. — *The question is on the daily agenda.*
Часово́й стоя́л на стра́же. — *The guard was on duty.*
Дом стоя́л в па́рке на горе́. — *The house stood in the park on the hill.*
Пого́да стоя́ла тёплая. — *The weather was warm.*

Sayings

Земля́ не стои́т на трёх кита́х. — *The Earth does not rest on three whales.*

Idioms

Он не учи́тся, а на голове́ стои́т.	*He is not studying, just fooling around.*
Он кре́пко стои́т на нога́х.	*He is well situated in life.*
Он стои́т пе́редо мной на цы́почках.	*He is pussy-footing before me.*
Уви́дев её, я стал как вко́панный.	*Seeing her, I froze in my step.*
Он за неё горо́й стои́т.	*He fights for her tooth and nail.*
Не сто́й у меня́ над душо́й!	*Stop breathing down my neck!*
Эта рабо́та стои́т у меня́ попере́к го́рла.	*I'm sick and tired of this work.*
Она́ таку́ю чушь несла́, хоть стой, хоть па́дай.	*She was spouting such nonsense that I couldn't believe my ears.*
Мы за цено́й не постои́м.	*Money is no object with us.*
Хоть ло́пни, а она стои́т на своём!	*No matter what, she won't budge!*

479 to suffer — страда́ть/пострада́ть

regular type 1 verb (like **рабо́тать**) stem: **страдай-/пострадай-**

IMPERFECTIVE ASPECT

PRESENT

страда́ю	страда́ем
страда́ешь	страда́ете
страда́ет	страда́ют

PAST

страда́л
страда́ла
страда́ло
страда́ли

FUTURE

бу́ду страда́ть	бу́дем страда́ть
бу́дешь страда́ть	бу́дете страда́ть
бу́дет страда́ть	бу́дут страда́ть

SUBJUNCTIVE

страда́л бы
страда́ла бы
страда́ло бы
страда́ли бы

PARTICIPLES

pres. active	страда́ющий
pres. passive	—
past active	страда́вший
past passive	—

VERBAL ADVERBS

страда́я

COMMANDS

страда́й
страда́йте

PERFECTIVE ASPECT

PAST

пострада́л
пострада́ла
пострада́ло
пострада́ли

FUTURE

пострада́ю	пострада́ем
пострада́ешь	пострада́ете
пострада́ет	пострада́ют

SUBJUNCTIVE

пострада́л бы
пострада́ла бы
пострада́ло бы
пострада́ли бы

PARTICIPLES

pres. active	—
pres. passive	—
past active	пострада́вший
past passive	—

VERBAL ADVERBS

пострада́в

COMMANDS

пострада́й
пострада́йте

Usage

(+instr.)(от, из-за+gen.)(за+acc.)

Я страда́ю артри́том.	*I suffer from arthritis.*
Он страда́ет от зубно́й бо́ли.	*He is suffereing from a toothache.*
Они́ страда́ли от жары́.	*They were miserable owing to the heat.*
Я страда́ю за больну́ю подру́гу.	*I am worried about a sick girlfriend.*
Я пострада́ла за свои́ убежде́ния.	*I suffered for my convictions.*
Мы пострада́ли из-за её по́длости.	*We suffered from her meanness.*
Они́ страда́ли за Ро́дину.	*They felt for their Motherland.*

стреля́ть(ся)/стрельну́ть *to shoot*

stem: **стреляй+(ся)/стрелну-** regular type 1 verb in imp./perf. form type 3

IMPERFECTIVE ASPECT		PERFECTIVE ASPECT	
PRESENT			
стреля́ю(сь)	стреля́ем(ся)		
стреля́ешь(ся)	стреля́ете(сь)		
стреля́ет(ся)	стреля́ют(ся)		
PAST		**PAST**	
стреля́л(ся)		стрельну́л	
стреля́ла(сь)		стрельну́ла	
стреля́ло(сь)		стрельну́ло	
стреля́ли(сь)		стрельну́ли	
FUTURE		**FUTURE**	
бу́ду стреля́ть(ся)	бу́дем стреля́ть(ся)	стрельну́	стрельнём
бу́дешь стреля́ть(ся)	бу́дете стреля́ть(ся)	стрельнёшь	стрельнёте
бу́дет стреля́ть(ся)	бу́дут стреля́ть(ся)	стрельнёт	стрельну́т
SUBJUNCTIVE		**SUBJUNCTIVE**	
стреля́л(ся) бы		стрельну́л бы	
стреля́ла(сь) бы		стрельну́ла бы	
стреля́ло(сь) бы		стрельну́ло бы	
стреля́ли(сь) бы		стрельну́ли бы	
PARTICIPLES		**PARTICIPLES**	
pres. active	стреля́ющий(ся)	*pres. active*	—
pres. passive	стреля́емый	*pres. passive*	—
past active	стреля́вший(ся)	*past active*	стрельну́вший
past passive	стре́лянный	*past passive*	—
VERBAL ADVERBS		**VERBAL ADVERBS**	
стреля́я(сь)		стрельну́в	
COMMANDS		**COMMANDS**	
стреля́й(ся)		стрельни́	
стреля́йте(сь)		стрельни́те	

Usage

(в+acc.)(по+dat.)(из, у+gen.)(+acc.)(+dat.)(+instr.)

Солда́ты стреля́ли в цель. — *The soldiers were target shooting.*
Охо́тники стреля́ли в кабано́в. — *The hunters were shooting wild boar.*
Мальчи́шки стреля́ли по воробья́м из рога́ток. — *Boys were shooting sparrows with sling shots.*
Они́ стреля́ют дро́бью из ружья́. — *They are shooting buckshot from a rifle.*
Они́ стреля́ют пу́лями из винто́вки. — *They shoot bullets from a gun.*
Я стрельну́л ему́ в след. — *I fired a shot after him.*
Дуэля́нты стреля́лись на пистоле́тах в у́треннем лесу́. — *The duelists were shooting pistols in the morning forest.*
Сто́ит ли из-за э́того стреля́ться? — *Is it worth shooting each other over this?*
Он два́жды стреля́лся. — *He shot himself twice.*

Idioms

Он стрельну́л у меня́ сигаре́ту. — *He bummed a cigarette from me. (coll.)*
Мы стрельну́ли у него́ деся́тку. — *We borrowed 10 dollars from him. (coll.)*
Всю но́чь у меня́ стреля́ло в у́хе. — *All night long I had a shooting pain in my ear.*
Бе́лка стрельну́ла на де́рево. — *The squirrel shot up the tree.*
Она́ стреля́ет гла́зками нале́во и напра́во. — *She is darting her eyes left and right.*

regular type 2 verb (like **говори́ть**)/no perf. stem: **стреми́+ся**

IMPERFECTIVE ASPECT

PRESENT

стремлю́сь	стреми́мся
стреми́шься	стреми́тесь
стреми́тся	стремя́тся

PAST

стреми́лся
стреми́лась
стреми́лось
стреми́лись

FUTURE

бу́ду стреми́ться	бу́дем стреми́ться
бу́дешь стреми́ться	бу́дете стреми́ться
бу́дет стреми́ться	бу́дут стреми́ться

SUBJUNCTIVE

стреми́лся бы
стреми́лась бы
стреми́лось бы
стреми́лись бы

PARTICIPLES

pres. active	стремя́щийся
pres. passive	—
past active	стреми́вшийся
past passive	—

VERBAL ADVERBS

стремя́сь

COMMANDS

стреми́сь
стреми́тесь

Usage

(в, на+acc.)(к+dat.)(+inf.)

Он стреми́тся к свое́й це́ли.	*He is striving to achieve his goal.*
Студе́нты стремя́тся к зна́ниям.	*The students are striving for knowledge.*
Она́ стреми́тся к соверше́нству в та́нце.	*She is striving for perfection in dance.*
Он стреми́тся к сла́ве.	*He is striving for glory.*
Наро́ды ми́ра стремя́тся к ми́ру и свобо́де.	*The people of the world are striving for peace and freedom.*
Лю́ди стремя́тся к сча́стью.	*People strive for happiness.*
Я стреми́лась поня́ть, что произошло́.	*I was trying to understand what happened.*
Он стреми́лся к тому́, чтобы у дете́й был дом.	*He was striving to provide his children with a house.*

482 стро́ить(ся)/постро́ить(ся) *to build, be built*

stem: **стро́й+(ся)/постро́й+(ся)** regular type 2 verb (like **говори́ть**)

IMPERFECTIVE ASPECT		PERFECTIVE ASPECT	
PRESENT			
стро́ю(сь)	стро́им(ся)		
стро́ишь(ся)	стро́ите(сь)		
стро́ит(ся)	стро́ят(ся)		
PAST		**PAST**	
стро́ил(ся)		постро́ил(ся)	
стро́ила(сь)		постро́ила(сь)	
стро́ило(сь)		постро́ило(сь)	
стро́или(сь)		постро́или(сь)	
FUTURE		**FUTURE**	
бу́ду стро́ить(ся)	бу́дем стро́ить(ся)	постро́ю(сь)	постро́им(ся)
бу́дешь стро́ить(ся)	бу́дете стро́ить(ся)	постро́ишь(ся)	постро́ите(сь)
бу́дет стро́ить(ся)	бу́дут стро́ить(ся)	постро́ит(ся)	постро́ят(ся)
SUBJUNCTIVE		**SUBJUNCTIVE**	
стро́ил(ся) бы		постро́ил(ся) бы	
стро́ила(сь) бы		постро́ила(сь) бы	
стро́ило(сь) бы		постро́ило(сь) бы	
стро́или(сь) бы		постро́или(сь) бы	
PARTICIPLES		**PARTICIPLES**	
pres. active	стро́ящий(ся)	*pres. active*	—
pres. passive	стро́имый	*pres. passive*	—
past active	стро́ивший(ся)	*past active*	постро́ивший(ся)
past passive	стро́енный	*past passive*	постро́енный
VERBAL ADVERBS		**VERBAL ADVERBS**	
стро́я(сь)		постро́ив(шись)	
COMMANDS		**COMMANDS**	
стро́й(ся)		постро́й(ся)	
стро́йте(сь)		постро́йте(сь)	

Usage

(+acc.)(в, на+prep.)(по+dat.)

Мы стро́им но́вый дом в ро́ще. — *We are building a new house in the grove.*
В го́роде стро́ится кинотеа́тр. — *They are building a movie theater in the city.*
Взвод постро́ился по кома́нде. — *The platoon fell in on command.*
Они́ стро́или свою́ жизнь на уваже́нии друг к дру́гу. — *They built their life on the basis of mutual respect.*
Вы́воды стро́ят на фа́ктах. — *Conclusions are built on facts.*
Сло́во стро́ится из букв. — *A word is composed of letters.*

Idioms

Она́ ве́чно им гла́зки стро́ит. — *She is constantly making eyes at them.*
Де́ти стро́или ро́жи друг дру́гу. — *The children were making faces at each other.*
Не стро́й траге́дии из чепухи́. — *Don't blow this out of proportion.*
Она́ из себя́ ду́рочку стро́ит. — *She pretends to be a fool.*

regular type 2 verb (like **говорúть**) stem: **стучá-/постучá-**

	IMPERFECTIVE ASPECT		PERFECTIVE ASPECT	
PRESENT				
	стучý	стучúм		
	стучúшь	стучúте		
	стучúт	стучáт		
PAST				
	стучáл		постучáл	
	стучáла		постучáла	
	стучáло		постучáло	
	стучáли		постучáли	
FUTURE				
	бýду стучáть	бýдем стучáть	постучý	постучúм
	бýдешь стучáть	бýдете стучáть	постучúшь	постучúте
	бýдет стучáть	бýдут стучáть	постучúт	постучáт
SUBJUNCTIVE				
	стучáл бы		постучáл бы	
	стучáла бы		постучáла бы	
	стучáло бы		постучáло бы	
	стучáли бы		постучáли бы	
PARTICIPLES				
	pres. active	стучáщий	*pres. active*	—
	pres. passive	—	*pres. passive*	—
	past active	стучáвший	*past active*	постучáвший
	past passive	—	*past passive*	—
VERBAL ADVERBS				
	стучá		постучáв	
COMMANDS				
	стучú		постучú	
	стучúте		постучúте	

Usage

(в+acc.)(у+gen.)(+instr.)(в+prep.)

Я постучáла в окнó, и занавéска открылась. — *I knocked on the window, and a curtain slid open.*

Кто там стучúт в дверь? — *Who is knocking on the door?*

Дед стучúт кулакóм по столý. — *An old man is banging on the table with his fist.*

Рабóчие стучáли молоткáми во дворé. — *Construction workers were pounding with hammers in the yard.*

Proverbs/Sayings/Idioms

Стучúте - и вам открóют. (поговорка) — *Ask - and you shall receive.*

Он стучáл зубáми от хóлода. — *His teeth were chattering from cold.*

суди́ть(ся)

to judge; to be judged

stem: **суди+(ся)**

type 2 verb (like **говори́ть**) **д-ж** stem change;/no perf.

IMPERFECTIVE ASPECT

PRESENT

сужу́(сь)	су́дим(ся)
су́дишь(ся)	су́дите(сь)
су́дит(ся)	су́дят(ся)

PAST

су́дил(ся)
суди́ла(сь)
суди́ло(сь)
суди́ли(сь)

FUTURE

бу́ду суди́ть(ся)	бу́дем суди́ть(ся)
бу́дешь суди́ть(ся)	бу́дете суди́ть(ся)
бу́дет суди́ть(ся)	бу́дут суди́ть(ся)

SUBJUNCTIVE

су́дил(ся) бы
суди́ла(сь) бы
суди́ло(сь) бы
суди́ли(сь) бы

PARTICIPLES

pres. active	судя́щийся
pres. passive	суди́мый
past active	суди́вшийся
past passive	суждённый; суждён, -а

VERBAL ADVERBS

судя́(сь)

COMMANDS

суди́(сь)
суди́те(сь)

Usage

(+acc.)(o+prep.)(по+dat.)(c+instr.)(за+acc.)

Су́дя по пого́де, мы долети́м благополу́чно.	*Judging by the weather, our flight will be safe.*
Су́дя по тому́, что все в сбо́ре, собра́ние пройдёт по пла́ну.	*Based on the fact that everyone is here, the meeting will go ahead as planned.*
Челове́ка су́дят не по вне́шности, а по уму́.	*A man is judged on his mind, not his appearance.*
О зна́ниях студе́нтов су́дят по результа́там экза́менов.	*Students' knowledge is ascertained by the results of exams.*
Его́ суди́ли за растра́ту де́нег.	*He was tried for embezzlement.*
Нам бо́льше не суждено́ бы́ло встре́титься.	*We were not destined to meet again.*

Proverbs/Sayings/Idioms

С си́льным не бори́сь, с бога́тым не суди́сь. (пословица)	*Don't fight the strong, don't sue the rich.*
Не суди́те и не суди́мы бу́дете. (пословица)	*Don't judge, lest you be judged.*
Что суди́ть да ряди́ть? Де́ло де́лать на́до.	*What's there to figure out? It's time to do the work.*

regular type 4 verb (like **тре́бовать**)/no perf. stem: **существова-**

IMPERFECTIVE ASPECT

PRESENT

существу́ю	существу́ем
существу́ешь	существу́ете
существу́ет	существу́ют

PAST

существова́л
существова́ла
существова́ло
существова́ли

FUTURE

бу́ду существова́ть	бу́дем существова́ть
бу́дешь существова́ть	бу́дете существова́ть
бу́дет существова́ть	бу́дут существова́ть

SUBJUNCTIVE

существова́л бы
существова́ла бы
существова́ло бы
существова́ли бы

PARTICIPLES

pres. active	существу́ющий
pres. passive	—
past active	существова́вший
past passive	—

VERBAL ADVERBS

существу́я

COMMANDS

существу́й
существу́йте

Usage

(на+acc.)(+instr.)(благодаря+dat.)(без+gen.)

Мно́гие лю́ди сего́дня существу́ют случа́йными за́работками.	*Many people today live on casual earnings.*
Студе́нты существова́ли на одну́ стипе́ндию.	*The students lived on just their stipend.*
Мы существу́ем свои́м трудо́м.	*We live on what we earn.*
Они́ существу́ют на сре́дства роди́телей.	*They live on their parents' money.*
Они́ существу́ют благодаря́ по́мощи бога́тых ро́дственников.	*They live on aid from wealthy relatives.*

486 схва́тывать(ся)/схвати́ть(ся) *to seize*

stem: **схва́тывай+(ся)/схвати+(ся)** regular type 1 verb in imp./perf. form type 2

IMPERFECTIVE ASPECT		PERFECTIVE ASPECT	
PRESENT			
схва́тываю(сь)	схва́тываем(ся)		
схва́тываешь(ся)	схва́тываете(сь)		
схва́тывает(ся)	схва́тывают(ся)		
PAST		PAST	
схва́тывал(ся)		схвати́л(ся)	
схва́тывала(сь)		схвати́ла(сь)	
схва́тывало(сь)		схвати́ло(сь)	
схва́тывали(сь)		схвати́ли(сь)	
FUTURE		FUTURE	
бу́ду схва́тывать(ся)	бу́дем схва́тывать(ся)	схвачу́(сь)	схва́тим(ся)
бу́дешь схва́тывать(ся)	бу́дете схва́тывать(ся)	схва́тишь(ся)	схва́тите(сь)
бу́дет схва́тывать(ся)	бу́дут схва́тывать(ся)	схва́тит(ся)	схва́тят(ся)
SUBJUNCTIVE		SUBJUNCTIVE	
схва́тывал(ся) бы		схвати́л(ся) бы	
схва́тывала(сь) бы		схвати́ла(сь) бы	
схва́тывало(сь) бы		схвати́ло(сь) бы	
схва́тывали(сь) бы		схвати́ли(сь) бы	
PARTICIPLES		PARTICIPLES	
pres. active	схва́тывающий(ся)	*pres. active*	—
pres. passive	схва́тываемый	*pres. passive*	—
past active	схва́тывавший(ся)	*past active*	схвати́вший(ся)
past passive	—	*past passive*	схва́ченный
VERBAL ADVERBS		VERBAL ADVERBS	
схва́тывая(сь)		схвати́в(шись)	
COMMANDS		**COMMANDS**	
схва́тывай(ся)		схвати́(сь)	
схва́тывайте(сь)		схвати́те(сь)	

Usage

(+acc.)(за+acc.)(с+instr.)(в, на+acc.)

Они́ схвати́лись врукопа́шную. — *They got into a wrestling match.*
Мы яро́стно схвати́лись с враго́м. — *We fiercely clashed with the enemy.*
Малы́ш схвати́л отца́ за ше́ю. — *The toddler grabbed his father around the neck.*
Он схвати́л её ру́ку и поцелова́л. — *He grabbed her hand and kissed it.*

Idioms

Она́ на лету́ ка́ждое сло́во схва́тывает. — *She quickly grasps every word.*
Они́ схвати́лись не на жи́знь, а на сме́рть. — *They fought to the death.*
Беда́ схвати́ла его́ за го́рло. — *Troubles got him by the throat.*
Проти́вники схвати́лись за грудки́ и повали́лись на зе́млю. — *The opponents grabbed each other's lapels and fell to the ground.*
Он схвати́л быка́ за рога́ вопреки́ о́бщему мне́нию. — *Against everyone's advice, he grabbed the bull by the horns.*
Жени́вшись на ней, он схвати́лся за соло́минку. — *By marrying her, he was grasping at straws.*

regular type 2 verb in imp./perf. form irregular stem: **сходи+(ся)/irreg.**

IMPERFECTIVE ASPECT		PERFECTIVE ASPECT	
PRESENT			
схожу́(сь)	схо́дим(ся)		
схо́дишь(ся)	схо́дите(сь)		
схо́дит(ся)	схо́дят(ся)		
PAST		**PAST**	
сходи́л(ся)		сошёл(ся)	
сходи́ла(сь)		сошла́(сь)	
сходи́ло(сь)		сошло́(сь)	
сходи́ли(сь)		сошли́(сь)	
FUTURE		**FUTURE**	
бу́ду сходи́ть(ся)	бу́дем сходи́ть(ся)	сойду́(сь)	сойдём(ся)
бу́дешь сходи́ть(ся)	бу́дете сходи́ть(ся)	сойдёшь(ся)	сойдёте(сь)
бу́дет сходи́ть(ся)	бу́дут сходи́ть(ся)	сойдёт(ся)	сойду́т(ся)
SUBJUNCTIVE		**SUBJUNCTIVE**	
сходи́л(ся) бы		сошёл(ся) бы	
сходи́ла(сь) бы		сошла́(сь) бы	
сходи́ло(сь) бы		сошло́(сь) бы	
сходи́ли(сь) бы		сошли́(сь) бы	
PARTICIPLES		**PARTICIPLES**	
pres. active	сходя́щий(ся)	*pres. active*	—
pres. passive	—	*pres. passive*	—
past active	сходи́вший(ся)	*past active*	соше́дший(ся)
past passive	—	*past passive*	—
VERBAL ADVERBS		**VERBAL ADVERBS**	
сходя́(сь)		сойдя́(сь)	
COMMANDS		**COMMANDS**	
сходи́(сь)		сойди́(сь)	
сходи́те(сь)		сойди́те(сь)	

Usage

(с+gen.)(в, на+acc.)(в, на+prep.)(к, по+dat.)(за, с+instr.)(+inf.)

Они́ сошли́сь хара́ктерами.	*They were a good match.*
Они́ схо́дятся во взгля́дах на жизнь.	*Their views on life are compatible.*
Ле́ктор сошёл с трибу́ны в зал.	*The speaker came down from the podium into the auditorium.*
Дед сошёл в подва́л за солёными огурца́ми.	*Grandpa went down to the basement to get pickles.*
Мы сошли́ на платфо́рму и пошли́ к вы́ходу.	*We came down the platform and went to the exit.*
Кора́бль сошёл на во́ду, гото́вый к бо́ю.	*The ship was launched ready for battle.*
Мы сошли́ с парохо́да на при́стань.	*We came down from the ship onto the pier.*
Моряки́ сошли́ на бе́рег.	*The sailors came ashore.*
Маши́на сошла́ с доро́ги и пое́хала по по́лю.	*The car went off the road and drove on the field.*
Капита́н сошёл после́дним с корабля́.	*The captain was the last off the ship.*

Idioms

Я ско́ро сойду́ с ума́ от мои́х дете́й!	*I am going to go crazy soon because of my kids!*
До́лгое вре́мя ему́ всё сходи́ло с рук.	*For a long time he could get away with anything.*
В конце́ концо́в его́ авторите́т сошёл на нет.	*Finally, his authority went the way of the dinosaurs.*
Он сойдёт в моги́лу из-за ва́ших сканда́лов.	*He is being driven to an early grave by your fighting.*

счита́ть/посчита́ть

to consider

stem: **счита́й-/посчита́й-**

regular type 1 verb (like **рабо́тать**)

IMPERFECTIVE ASPECT		PERFECTIVE ASPECT	
PRESENT			
счита́ю	счита́ем		
счита́ешь	счита́ете		
счита́ет	счита́ют		
PAST		PAST	
счита́л		посчита́л	
счита́ла		посчита́ла	
счита́ло		посчита́ло	
счита́ли		посчита́ли	
FUTURE		FUTURE	
бу́ду счита́ть	бу́дем счита́ть	посчита́ю	посчита́ем
бу́дешь счита́ть	бу́дете счита́ть	посчита́ешь	посчита́ете
бу́дет счита́ть	бу́дут счита́ть	посчита́ет	посчита́ют
SUBJUNCTIVE		SUBJUNCTIVE	
счита́л бы		посчита́л бы	
счита́ла бы		посчита́ла бы	
счита́ло бы		посчита́ло бы	
счита́ли бы		посчита́ли бы	
PARTICIPLES		PARTICIPLES	
pres. active	счита́ющий	*pres. active*	—
pres. passive	счита́емый	*pres. passive*	—
past active	счита́вший	*past active*	посчита́вший
past passive	счи́танный	*past passive*	посчи́танный
VERBAL ADVERBS		VERBAL ADVERBS	
счита́я		посчита́в	
COMMANDS		**COMMANDS**	
счита́й		посчита́й	
счита́йте		посчита́йте	

Usage

(от, до+gen.)(+acc.)(+instr.)(с+instr.)

Де́ти счита́ют от одного́ до десяти́.	*The children are counting from one to ten.*
Он счита́ет в уме́ дово́льно бы́стро.	*He can count in his head very fast.*
Мы счита́ем геро́ями тех, кто на войне́.	*We think of those fighting in the war as heroes.*
Я счита́ю свои́м до́лгом помога́ть больны́м и нужда́ющимся.	*I consider it my duty to help the sick and the needy.*
Президе́нт счита́ет необходи́мым заяви́ть о вы́воде во́йск.	*The President considers it necessary to announce the withdrawal of troops.*
Мы счита́ем ва́ши прете́нзии обосно́ванными.	*We consider your demands reasonable.*
Я счита́ю за честь быть при́нятым в ва́шем до́ме.	*I consider it an honor to be received in your home.*
Он счита́ется хоро́шим специали́стом.	*He is considered to be a good specialist.*
Его́ посчита́ли пропа́вшим бе́з вести.	*He was considered missing in action.*
Меня́ там за челове́ка не счита́ли.	*They did not consider me to be worthy.*
Она́ всегда́ копе́йки счита́ет.	*She is always counting pennies.*
У нас оста́лись счи́танные дни до конца́ прое́кта.	*We had just a few days before the project was due.*

Proverbs/Sayings/Idioms

Цыпля́т по о́сени счита́ют. (пословица)	*Don't count your chickens until they're hatched.*
Он на уро́ке воро́н счита́ет.	*In class, he spends the time daydreaming.*

regular type 2 verb (like **говори́ть**); perf. only stem: **съе́зди-**

PERFECTIVE ASPECT

PAST

съе́здил
съе́здила
съе́здило
съе́здили

FUTURE

съе́зжу	съе́здим
съе́здишь	съе́здите
съе́здит	съе́здят

SUBJUNCTIVE

съе́здил бы
съе́здила бы
съе́здило бы
съе́здили бы

PARTICIPLES

pres. active	—
pres. passive	—
past active	съе́здивший
past passive	—

VERBAL ADVERBS

съе́здив

COMMANDS

съе́зди
съе́здите

Usage

(в, на, за+acc.)(на+prep.)(к+dat.)(за+instr.)

Я съе́здила в дере́вню к прия́телям.	*I went to the village to visit my friends.*
Она́ съе́здит домо́й за бра́том.	*She will go home to get her brother.*
Мы съе́здим в о́тпуск в Ри́гу.	*We will go to Riga on our vacation.*

Idioms

Прекрати́ сейча́с же, а то я тебе́ съе́зжу в зу́бы.	*Stop immediately, or I will punch you in the teeth.*
На́до бы́ло ему́ съе́здить по мо́рде.	*You should have punched him in the face.*

490 танцева́ть/станцева́ть

to dance

stem: **танцева-/станцева-**

regular type 4 verb (like **тре́бовать**)

	IMPERFECTIVE ASPECT		PERFECTIVE ASPECT	
PRESENT				
	танцу́ю	танцу́ем		
	танцу́ешь	танцу́ете		
	танцу́ет	танцу́ют		
PAST				
	танцева́л		станцева́л	
	танцева́ла		станцева́ла	
	танцева́ло		станцева́ло	
	танцева́ли		станцева́ли	
FUTURE				
	бу́ду танцева́ть	бу́дем танцева́ть	станцу́ю	станцу́ем
	бу́дешь танцева́ть	бу́дете танцева́ть	станцу́ешь	станцу́ете
	бу́дет танцева́ть	бу́дут танцева́ть	станцу́ет	станцу́ют
SUBJUNCTIVE				
	танцева́л бы		станцева́л бы	
	танцева́ла бы		станцева́ла бы	
	танцева́ло бы		станцева́ло бы	
	танцева́ли бы		станцева́ли бы	
PARTICIPLES				
	pres. active	танцу́ющий	*pres. active*	—
	pres. passive	танцу́емый	*pres. passive*	—
	past active	танцева́вший	*past active*	станцева́вший
	past passive	—	*past passive*	станцо́ванный
VERBAL ADVERBS				
	танцу́я		станцева́в	
COMMANDS				
	танцу́й		станцу́й	
	танцу́йте		станцу́йте	

Usage

(+acc.)(с+instr.)(в, на+prep.)

Я непло́хо танцева́ла в институ́те. — *At the university, I danced quite well.*
Па́па с ма́мой танцева́ли вальс. — *My mother and father were dancing the waltz.*
Балери́ны танцева́ли на сце́не. — *The ballerinas were dancing on stage.*
Он танцева́л до самозабве́ния. — *He danced himself into a stupor.*
Она́ танцева́ла в анса́мбле лет пять. — *She danced with the troupe for five years.*

Idioms

Что ж ты всё от пе́чки танцу́ешь? — *Why did you start from the beginning again?*
Мы танцева́ли полно́чи до упа́ду. — *We danced the night away.*

type 1 verb in indef./def. & perf. forms type 2 stem: **таскáй-/тащи-/потащи-**

IMPERFECTIVE ASPECT				PERFECTIVE ASPECT	
INDEFINITE		**DEFINITE**			
PRESENT		**PRESENT**			
таскáю	таскáем	тащу́	тáщим		
таскáешь	таскáете	тáщишь	тáщите		
таскáет	таскáют	тáщит	тáщат		
PAST		PAST		PAST	
таскáл		тащи́л		потащи́л	
таскáла		тащи́ла		потащи́ла	
таскáло		тащи́ло		потащи́ло	
таскáли		тащи́ли		потащи́ли	
FUTURE		FUTURE		FUTURE	
бу́ду таскáть	бу́дем таскáть	бу́ду тащи́ть	бу́дем тащи́ть	потащу́	потáщим
бу́дешь таскáть	бу́дете таскáть	бу́дешь тащи́ть	бу́дете тащи́ть	потáщишь	потáщите
бу́дет таскáть	бу́дут таскáть	бу́дет тащи́ть	бу́дут тащи́ть	потáщит	потáщат
SUBJUNCTIVE		SUBJUNCTIVE		SUBJUNCTIVE	
таскáл бы		тащи́л бы		потащи́л бы	
таскáл бы		тащи́ла бы		потащи́ла бы	
таскáл бы		тащи́ло бы		потащи́ло бы	
таскáл бы		тащи́ли бы		потащи́ли бы	
PARTICIPLES		PARTICIPLES		PARTICIPLES	
pres. active	таскáющий	тáщащий		—	
pres. passive	таскáемый	тащи́мый		—	
past active	таскáвший	тащи́вший		потащи́вший	
past passive	тáсканный	—		потáщенный	
VERBAL ADVERBS		VERBAL ADVERBS		VERBAL ADVERBS	
таскáя		тащá		потащи́в	
COMMANDS		**COMMANDS**		**COMMANDS**	
таскáй		тащи́		потащи́	
таскáйте		тащи́те		потащи́те	

Usage

(+acc.)(в, на, за+acc.)(по+dat.)(из, с, до+gen.)

Бáбка чáсто таскáла непослу́шных вну́ков за вóлосы. — *Grandma often pulled her disobedient grandkids by the hair.*

Они́ потащи́ли лóдку в вóду. — *They dragged the rowboat into the water.*

Меня́ потащи́ли в теáтр на премьéру. — *They dragged me to the theater to see the premiere.*

Лóшадь потащи́ла сáни по снéгу. — *The horse pulled the sleigh across the snow.*

Я тащи́л чемодáн до вокзáла. — *I dragged the suitcase to the station.*

Idioms

Он так устáл, что éле нóги тáщит. — *He is so tired, he can barely move his feet.*

Егó ну́жно клещáми тащи́ть в гóсти. — *Wild horses couldn't drag him to visit friends.*

Отéц и́зредка таскáл зá уши детéй. — *The father sometimes boxed the kids' ears.*

Егó хоть на аркáне тащи́ от телеви́зора. — *You need a lasso to pull him away from the TV.*

Он люби́л таскáть каштáны из огня́. — *He liked to do other's dirty work.*

492 терпе́ть/потерпе́ть *to endure*

stem: **терпе-/потерпе-** regular type 2 verb (like **говори́ть**)

	IMPERFECTIVE ASPECT		PERFECTIVE ASPECT	
PRESENT				
	терплю́	те́рпим		
	те́рпишь	те́рпите		
	те́рпит	те́рпят		
PAST				
	терпе́л		потерпе́л	
	терпе́ла		потерпе́ла	
	терпе́ло		потерпе́ло	
	терпе́ли		потерпе́ли	
FUTURE				
	бу́ду терпе́ть	бу́дем терпе́ть	потерплю́	поте́рпим
	бу́дешь терпе́ть	бу́дете терпе́ть	поте́рпишь	поте́рпите
	бу́дет терпе́ть	бу́дут терпе́ть	поте́рпит	поте́рпят
SUBJUNCTIVE				
	терпе́л бы		потерпе́л бы	
	терпе́ла бы		потерпе́ла бы	
	терпе́ло бы		потерпе́ло бы	
	терпе́ли бы		потерпе́ли бы	
PARTICIPLES				
	pres. active	те́рпящий	*pres. active*	—
	pres. passive	терпи́мый	*pres. passive*	—
	past active	терпе́вший	*past active*	потерпе́вший
	past passive	—	*past passive*	—
VERBAL ADVERBS				
	терпя́		потерпе́в	
COMMANDS				
	терпи́		потерпи́	
	терпи́те		потерпи́те	

Usage

(в, на, за+acc.)(в, на+prep.)(к+dat.)(+gen.)(+instr.)(+inf.)

Челове́к мно́гое те́рпит за свою́ жи́знь. *A man endures a lot in his lifetime.*

Она́ до́лго терпе́ла па́кости от сотру́дников. *She endured her colleagues' dirty tricks for a long time.*

Миллио́ны люде́й потерпе́ли при сталини́зме. *Millions of people suffered under Stalin's regime.*

Самолёт потерпе́л ава́рию над мо́рем. *A plane crashed over the sea.*

Она́ терпе́ла боль до утра́. *She endured pain till morning.*

Фи́рма потерпе́ла убы́тки. *The firm suffered losses.*

Я его́ терпе́ть не могу́! *I cannot stand him!*

Он вообще́ не те́рпит возраже́ний. *He does not tolerate objections.*

Proverbs/Sayings/Idioms

Как то́лько его земля́ те́рпит? *How does the earth hold him?*

Торопи́тесь, дело не те́рпит. *Hurry up, there is no time to lose.*

Вре́мя те́рпит, не волну́йся. *There is plenty of time, don't worry.*

Бог терпе́л и нам веле́л. (поговорка) *God endured, and so shall we.*

Терпи́, каза́к, атама́ном бу́дешь. (пословица) *A patient man shall win the day.*

regular type 1 verb (like **рабо́тать**) stem: **теря́й-/потеря́й-**

IMPERFECTIVE ASPECT		PERFECTIVE ASPECT	
PRESENT			
теря́ю	теря́ем		
теря́ешь	теря́ете		
теря́ет	теря́ют		
PAST		PAST	
теря́л		потеря́л	
теря́ла		потеря́ла	
теря́ло		потеря́ло	
теря́ли		потеря́ли	
FUTURE		FUTURE	
бу́ду теря́ть	бу́дем теря́ть	потеря́ю	потеря́ем
бу́дешь теря́ть	бу́дете теря́ть	потеря́ешь	потеря́ете
бу́дет теря́ть	бу́дут теря́ть	потеря́ет	потеря́ют
SUBJUNCTIVE		SUBJUNCTIVE	
теря́л бы		потеря́л бы	
теря́ла бы		потеря́ла бы	
теря́ло бы		потеря́ло бы	
теря́ли бы		потеря́ли бы	
PARTICIPLES		PARTICIPLES	
pres. active	теря́ющий	*pres. active*	—
pres. passive	теря́емый	*pres. passive*	—
past active	теря́вший	*past active*	потеря́вший
past passive	те́рянный	*past passive*	поте́рянный
VERBAL ADVERBS		VERBAL ADVERBS	
теря́я		потеря́в(ши)	
COMMANDS		COMMANDS	
теря́й		потеря́й	
теря́йте		потеря́йте	

Usage

(+acc.)(в, на+prep.)

Я потеря́ла кошелёк.	*I lost my wallet.*
Мы потеря́ли хоро́шего рабо́тника.	*We lost a good employee.*
Он потеря́л слух.	*He lost his hearing.*
От пережива́ний он потеря́л сон и аппети́т.	*He lost his sleep and appetite from worries.*
Челове́к потеря́л созна́ние на у́лице.	*A man passed out on the street.*
Мы теря́ем терпе́ние, ожида́я его́.	*We are losing patience waiting for him.*
Он потеря́л уваже́ние друзе́й.	*He lost his friends' respect.*
Он потеря́л права́ на ребёнка.	*He lost custody of his child.*
Вы теря́ете вре́мя.	*You are wasting time.*
Те́ма потеря́ла актуа́льность.	*The topic became moot.*
Он си́льно потеря́л в ве́се.	*He lost a lot of weight.*
Он потеря́л на торго́вле ко́фе.	*He lost money on the coffee trade.*

Idioms

Я теря́ю по́чву под нога́ми.	*I am losing my footing.*
Она́ здо́рово потеря́ла в мои́х глаза́х.	*She lost a lot in my eyes.*
От неожи́данности я потеря́ла дар ре́чи.	*I was rendered speechless by the surprise.*

494 течь/поте́чь *to flow*

stem: **irreg./irreg.** regular type 6 verb (like **печь**); 3rd person only

IMPERFECTIVE ASPECT

PRESENT

—	—
—	—
течёт	теку́т

PAST

тёк
текла́
текло́
текли́

FUTURE

—	—
—	—
бу́дет течь	бу́дут течь

SUBJUNCTIVE

тёк бы
текла́ бы
текло́ бы
текли́ бы

PARTICIPLES

pres. active	теку́щий
pres. passive	—
past active	тёкший
past passive	—

VERBAL ADVERBS

—

COMMANDS

теки́
теки́те

PERFECTIVE ASPECT

PAST

потёк
потекла́
потекло́
потекли́

FUTURE

—	—
—	—
потечёт	потеку́т

SUBJUNCTIVE

потёк бы
потекла́ бы
потекло́ бы
потекли́ бы

PARTICIPLES

pres. active	—
pres. passive	—
past active	потёкший
past passive	—

VERBAL ADVERBS

потёкши

COMMANDS

потеки́
потеки́те

Usage

(из, с+gen.)(в, на+acc.)(по+dat.)

У него́ из ра́ны течёт кровь.	*His wound is bleeding.*
Во́лга течёт в Каспи́йское мо́ре.	*The Volga flows into the Caspian Sea.*
Вода́ течёт из кра́на в ра́ковину.	*Water flows from the faucet into the sink.*
Из трубы́ вдруг потекла́ вода́.	*The pipe suddenly sprung a leak.*
С потолка́ потекла́ в ко́мнату вода́.	*Water poured from the ceiling into the room.*
Из ва́нной вода́ потекла́ на пол.	*Water spilled from the tub onto the floor.*
За теку́щий пери́од измене́ний на фронта́х не произошло́.	*For the following period, there were no changes in the situation on the fronts.*
Полново́дные ре́ки теку́т в Сиби́ри.	*Deep rivers flow in Siberia.*

Proverbs/Sayings/Idioms

Под лежа́чий ка́мень вода́ не течёт. (поговорка)	*A rolling stone gathers no moss.*
В его́ жи́лах текла́ голуба́я кровь.	*Blue blood ran in his veins.*
Вре́мя текло́ незаме́тно.	*Time passed by unnoticed.*
Коло́нны демонстра́нтов потекли́ че́рез весь го́род.	*Columns of demonstrators were flowing through the city.*

regular type 3 verb (like **пла́кать**) stem: **тони-/утони-**

IMPERFECTIVE ASPECT		PERFECTIVE ASPECT	
PRESENT			
тону́	то́нем		
то́нешь	то́нете		
то́нет	то́нут		
PAST		**PAST**	
тону́л		утону́л	
тону́ла		утону́ла	
тону́ло		утону́ло	
тону́ли		утону́ли	
FUTURE		**FUTURE**	
бу́ду тону́ть	бу́дем тону́ть	утону́	уто́нем
бу́дешь тону́ть	бу́дете тону́ть	уто́нешь	уто́нете
бу́дет тону́ть	бу́дут тону́ть	уто́нет	уто́нут
SUBJUNCTIVE		**SUBJUNCTIVE**	
тону́л бы		утону́л бы	
тону́ла бы		утону́ла бы	
тону́ло бы		утону́ло бы	
тону́ли бы		утону́ли бы	
PARTICIPLES		**PARTICIPLES**	
pres. active	то́нущий	*pres. active*	—
pres. passive	—	*pres. passive*	—
past active	тону́вший	*past active*	утону́вший
past passive	—	*past passive*	—
VERBAL ADVERBS		**VERBAL ADVERBS**	
—		утону́в	
COMMANDS		**COMMANDS**	
тони́		утони́	
тони́те		утони́те	

Usage

(в, на+prep.)

Я тону́ла в реке́ в де́тстве. — *In my childhood, I nearly drowned in the river.*
Я чуть не утону́ла в мо́ре. — *I almost drowned in the sea.*
Здесь глубоко́, смотри́ - не утони́! — *It's deep here. Be careful, don't sink!*

Idioms

Она́ утону́ла в рабо́те. — *She buried herself in work.*
Он утону́л в мо́ре любви. — *He was drowning in the sea of love.*
Мы утону́ли в многочи́сленных реча́х. — *We drowned in numerous speeches.*

496 торопи́ться/поторопи́ться *to hurry, rush*

stem: **торопи+ся/поторопи+ся** regular type 2 verb (like **говори́ть**)

IMPERFECTIVE ASPECT		PERFECTIVE ASPECT	
PRESENT			
тороплю́сь	торо́пимся		
торо́пишься	торо́питесь		
торо́пится	торо́пятся		
PAST		**PAST**	
торопи́лся		поторопи́лся	
торопи́лась		поторопи́лась	
торопи́лось		поторопи́лось	
торопи́лись		поторопи́лись	
FUTURE		**FUTURE**	
бу́ду торопи́ться	бу́дем торопи́ться	поторoплю́сь	поторо́пимся
бу́дешь торопи́ться	бу́дете торопи́ться	поторо́пишься	поторо́питесь
бу́дет торопи́ться	бу́дут торопи́ться	поторо́пится	поторо́пятся
SUBJUNCTIVE		**SUBJUNCTIVE**	
торопи́лся бы		поторопи́лся бы	
торопи́лась бы		поторопи́лась бы	
торопи́лось бы		поторопи́лось бы	
торопи́лись бы		поторопи́лись бы	
PARTICIPLES		**PARTICIPLES**	
pres. active	торопя́щийся	*pres. active*	—
pres. passive	—	*pres. passive*	—
past active	торопи́вшийся	*past active*	поторопи́вшийся
past passive	—	*past passive*	—
VERBAL ADVERBS		**VERBAL ADVERBS**	
торопя́сь		поторопи́вшись	
COMMANDS		**COMMANDS**	
торопи́сь		поторопи́сь	
торопи́тесь		поторопи́тесь	

Usage

(в, на+acc.)(к+dat.)(с+instr.)(+inf.)

Я всю жизнь тороплю́сь на рабо́ту.	*All my life I have been rushing off to work.*
Не торопи́тесь с реше́нием, ещё есть вре́мя.	*Do not rush with your decision, there is still time.*
Вы торо́питесь с вы́водами.	*You are jumping to conclusions.*
Мы торопи́лись в кино́.	*We hurried to the movies.*
Они́ поторопи́лись отпра́вить нам посы́лку.	*They hurried to send us a package.*

regular type 2 verb (like **говори́ть**); 3rd person only stem: **тошни́-/затошни́-**

IMPERFECTIVE ASPECT		PERFECTIVE ASPECT	
PRESENT			
—	—		
—	—		
тошни́т	—		
PAST		PAST	
—		—	
—		—	
тошни́ло		затошни́ло	
—		—	
FUTURE		FUTURE	
—	—	—	—
—	—	—	—
бу́дет тошни́ть	—	затошни́т	—
SUBJUNCTIVE		SUBJUNCTIVE	
—		—	
—		—	
тошни́ло бы		затошни́ло бы	
—		—	
PARTICIPLES		PARTICIPLES	
pres. active	—	*pres. active*	—
pres. passive	—	*pres. passive*	—
past active	—	*past active*	—
past passive	—	*past passive*	—
VERBAL ADVERBS		VERBAL ADVERBS	
—		—	
COMMANDS		**COMMANDS**	
—		—	
—		—	

Usage

(+acc.)(от+gen.)

Меня́ тошни́т от за́паха по́та.	*The smell of sweat nauseates me.*
Меня́ тошни́ло да́же от одного́ его́ ви́да.	*I was sick to my stomach just looking at him.*
Ребёнка вдруг затошни́ло.	*The child suddenly became nauseous.*
Если вас бу́дет тошни́ть, воспо́льзуйтесь гигиени́ческим паке́том.	*If you are going to get sick, use an airsickness bag.*

498 тра́тить/потра́тить *to spend*

stem: **тра́ти-/потра́ти-** type 2 verb (like **говори́ть**); **т-ч** stem change

	IMPERFECTIVE ASPECT		PERFECTIVE ASPECT	
PRESENT				
	тра́чу	тра́тим		
	тра́тишь	тра́тите		
	тра́тит	тра́тят		
PAST				
	тра́тил		потра́тил	
	тра́тила		потра́тила	
	тра́тило		потра́тило	
	тра́тили		потра́тили	
FUTURE				
	бу́ду тра́тить	бу́дем тра́тить	потра́чу	потра́тим
	бу́дешь тра́тить	бу́дете тра́тить	потра́тишь	потра́тите
	бу́дет тра́тить	бу́дут тра́тить	потра́тит	потра́тят
SUBJUNCTIVE				
	тра́тил бы		потра́тил бы	
	тра́тила бы		потра́тила бы	
	тра́тило бы		потра́тило бы	
	тра́тили бы		потра́тили бы	
PARTICIPLES				
	pres. active	тра́тящий	*pres. active*	—
	pres. passive	—	*pres. passive*	—
	past active	тра́тивший	*past active*	потра́тивший
	past passive	тра́ченный	*past passive*	потра́ченный
VERBAL ADVERBS				
	тра́тя		потра́тив	
COMMANDS				
	тра́ть		потра́ть	
	тра́тьте		потра́тьте	

Usage

(+acc.)(на+acc.)

Я тра́чу де́ньги на са́мое необходи́мое. — *I spend money only on bare necessities.*

Мы тра́тим сре́дства на строи́тельство до́ма. — *We are spending our money on the construction of the house.*

Вы тра́тите вре́мя по́пусту. — *You are wasting your time.*

Он тра́тит впусту́ю свою́ жизнь. — *He is wasting his life.*

Мы потра́тили мно́го на пое́здку. — *We spent a lot of money on the trip.*

Idioms

Не трать не́рвы на ме́лочи. — *Don't get stressed out over nothing.*

Что ты зря по́рох тра́тишь? — *Why are you wasting your energy on nothing?*

regular type 4 verb

stem: **тре́бова-/потре́бова-**

IMPERFECTIVE ASPECT		PERFECTIVE ASPECT	
PRESENT			
тре́бую	тре́буем		
тре́буешь	тре́буете		
тре́бует	тре́буют		
PAST		**PAST**	
тре́бовал		потре́бовал	
тре́бовала		потре́бовала	
тре́бовало		потре́бовало	
тре́бовали		потре́бовали	
FUTURE		**FUTURE**	
бу́ду тре́бовать	бу́дем тре́бовать	потре́бую	потре́буем
бу́дешь тре́бовать	бу́дете тре́бовать	потре́буешь	потре́буете
бу́дет тре́бовать	бу́дут тре́бовать	потре́бует	потре́буют
SUBJUNCTIVE		**SUBJUNCTIVE**	
тре́бовал бы		потре́бовал бы	
тре́бовала бы		потре́бовала бы	
тре́бовало бы		потре́бовало бы	
тре́бовали бы		потре́бовали бы	
PARTICIPLES		**PARTICIPLES**	
pres. active	тре́бующий	*pres. active*	—
pres. passive	тре́буемый	*pres. passive*	—
past active	тре́бовавший	*past active*	потре́бовавший
past passive	тре́бованный	*past passive*	потре́бованный
VERBAL ADVERBS		**VERBAL ADVERBS**	
тре́буя		потре́бовав	
COMMANDS		**COMMANDS**	
тре́буй		потре́буй	
тре́буйте		потре́буйте	

Usage

(+gen.)(у, от+gen.)(+inf.)(в, на+acc.)(к+dat.)

Учи́тель тре́бовал тишины́ и поря́дка.	*The teacher demanded peace and quiet.*
Этот ребёнок тре́бует осо́бого внима́ния.	*This child demands special attention.*
Я тре́бую отве́та за ва́ши де́йствия.	*I demand an answer for your actions.*
Реше́ние нача́льника не тре́бует обсужде́ния.	*The supervisor's decision does not call for any discussion.*
Роди́тели тре́бовали объясне́ний у сы́на за его́ поведе́ние.	*The parents demanded an explanation from their son for his behavior.*
Я тре́бую, что́бы он отве́тил за свои́ дела́.	*I demand that he answers for his deeds.*
Жи́тели потре́бовали доставля́ть газе́ты у́тром.	*The occupants requested morning delivery of newspapers.*
Рабо́та тре́бует серьёзной подгото́вки.	*This work requires considerable preparation.*
Студе́нта потре́бовали в декана́т.	*The student was told to report to the office of the dean.*
Не тре́буйте от него́ невозмо́жного.	*Don't ask him to do the impossible.*

500 трениров́ать/натренирова́ть — *to train*

stem: **тренирова-/натренирова-** regular type 4 verb (like **тре́бовать**)

IMPERFECTIVE ASPECT		PERFECTIVE ASPECT	
PRESENT			
трениру́ю	трениру́ем		
трениру́ешь	трениру́ете		
трениру́ет	трениру́ют		
PAST		**PAST**	
тренирова́л		натренирова́л	
тренирова́ла		натренирова́ла	
тренирова́ло		натренирова́ло	
тренирова́ли		натренирова́ли	
FUTURE		**FUTURE**	
бу́ду тренирова́ть	бу́дем тренирова́ть	натрениру́ю	натрениру́ем
бу́дешь тренирова́ть	бу́дете тренирова́ть	натрениру́ешь	натрениру́ете
бу́дет тренирова́ть	бу́дут тренирова́ть	натрениру́ет	натрениру́ют
SUBJUNCTIVE		**SUBJUNCTIVE**	
тренирова́л бы		натренирова́л бы	
тренирова́ла бы		натренирова́ла бы	
тренирова́ло бы		натренирова́ло бы	
тренирова́ли бы		натренирова́ли бы	
PARTICIPLES		**PARTICIPLES**	
pres. active	трениру́ющий	*pres. active*	—
pres. passive	трениру́емый	*pres. passive*	—
past active	тренирова́вший	*past active*	натренирова́вший
past passive	трениро́ванный	*past passive*	натрениро́ванный
VERBAL ADVERBS		**VERBAL ADVERBS**	
трениру́я		натренирова́в	
COMMANDS		**COMMANDS**	
трениру́й		натрениру́й	
трениру́йте		натрениру́йте	

Usage

(+acc.)(+instr.)(в, на+prep.)(+inf.)

Спортсме́нку трениру́ют но́вым ме́тодом. — *The athlete is trained by a new method.*

Кома́нду тренирова́ли на Олимпи́йском стадио́не. — *The team was trained at the Olympic Stadium.*

Его́ трениру́ют лу́чшие тре́неры уже́ год. — *He has been trained by the best trainers for a year.*

Студе́нтов так натренирова́ли, что они́ че́рез полго́да заговори́ли по-ру́сски. — *The students were prepared so well, that they started speaking Russian after only half a year.*

regular type 2 verb (like **говори́ть**) stem: **irreg./irreg.**

IMPERFECTIVE ASPECT		PERFECTIVE ASPECT	
PRESENT			
тружу́сь	тру́димся		
тру́дишься	тру́дитесь		
тру́дится	тру́дятся		
PAST		PAST	
труди́лся		потруди́лся	
труди́лась		потруди́лась	
труди́лось		потруди́лось	
труди́лись		потруди́лись	
FUTURE		FUTURE	
бу́ду труди́ться	бу́дем труди́ться	потружу́сь	потру́димся
бу́дешь труди́ться	бу́дете труди́ться	потру́дишься	потру́дитесь
бу́дет труди́ться	бу́дут труди́ться	потру́дится	потру́дятся
SUBJUNCTIVE		SUBJUNCTIVE	
труди́лся бы		потруди́лся бы	
труди́лась бы		потруди́лась бы	
труди́лось бы		потруди́лось бы	
труди́лись бы		потруди́лись бы	
PARTICIPLES		PARTICIPLES	
pres. active	трудя́щийся	*pres. active*	—
pres. passive	—	*pres. passive*	—
past active	труди́вшийся	*past active*	потруди́вшийся
past passive	—	*past passive*	—
VERBAL ADVERBS		VERBAL ADVERBS	
трудя́сь		потруди́вшись	
COMMANDS		**COMMANDS**	
труди́сь		потруди́сь	
труди́тесь		потруди́тесь	

Usage

(в, на, за+acc.)(над+instr.)(на+prep.)(для+gen.)

Мы все должны́ труди́ться на бла́го о́бщества.	*We all need to work for the benefit of our society.*
Я давно́ тружу́сь над э́той кни́гой.	*I have been working on this book for a long time.*
Мы сла́вно потруди́лись, тепе́рь мо́жно отдохну́ть.	*We worked very hard; now we can relax.*
Он труди́лся то́лько за де́ньги.	*He only worked for the money.*
Она́ тру́дится секрета́ршей.	*She works as a secretary.*
Крестья́не тру́дятся на земле́, не покладая́ рук.	*The farmers work the land indefatigably.*
Он упо́рно тру́дится, что́бы обеспе́чить семью́.	*He works very hard to support his family.*
Адвока́т тру́дится на э́ту семью́ де́сять лет.	*The attorney has been working for this family for ten years.*

тяну́ть(ся)/потяну́ть(ся)

to pull; to extend

stem: **тяну+(ся)/потяну+(ся)** regular type 3 verb (like **пла́кать**)

	IMPERFECTIVE ASPECT		PERFECTIVE ASPECT	
PRESENT				
	тяну́(сь)	тя́нем(ся)		
	тя́нешь(ся)	тя́нете(сь)		
	тя́нет(ся)	тя́нут(ся)		
PAST				
	тяну́л(ся)		потяну́л(ся)	
	тяну́ла(сь)		потяну́ла(сь)	
	тяну́ло(сь)		потяну́ло(сь)	
	тяну́ли(сь)		потяну́ли(сь)	
FUTURE				
	бу́ду тяну́ть(ся)	бу́дем тяну́ть(ся)	потяну́(сь)	потя́нем(ся)
	бу́дешь тяну́ть(ся)	бу́дете тяну́ть(ся)	потя́нешь(ся)	потя́нете(сь)
	бу́дет тяну́ть(ся)	бу́дут тяну́ть(ся)	потя́нет(ся)	потя́нут(ся)
SUBJUNCTIVE				
	тяну́л(ся) бы		потяну́л(ся) бы	
	тяну́ла(сь) бы		потяну́ла(сь) бы	
	тяну́ло(сь) бы		потяну́ло(сь) бы	
	тяну́ли(сь) бы		потяну́ли(сь) бы	
PARTICIPLES				
	pres. active	тя́нущий(ся)	*pres. active*	—
	pres. passive	—	*pres. passive*	—
	past active	тяну́вший(ся)	*past active*	потяну́вший(ся)
	past passive	тя́нутый	*past passive*	потя́нутый
VERBAL ADVERBS				
	—		потяну́в(шись)	
COMMANDS				
	тяни́(сь)		потяни́(сь)	
	тяни́те(сь)		потяни́те(сь)	

Usage

(+acc.)(за+acc.)(к+dat.)(+instr.)(до+gen.)

Дитя́ потяну́лось к цветку́. — *The child reached for the flower.*
Всё живо́е тя́нется к со́лнцу. — *Everything alive reaches towards the sun.*
Де́ти тя́нутся к ма́тери. — *The children are attached to their mother.*
Она́ сла́дко потяну́лась во сне́. — *She stretched in her sleep.*
Он тя́нется к сла́ве и успеху́. — *He strives for glory and success.*
Она́ потяну́лась за су́мкой. — *She reached for her handbag.*
Па́рень тяну́лся за това́рищами. — *The young man followed his friends.*
Поля́ тяну́лись до горизо́нта на мно́гие киломе́тры. — *The fields stretched all the way to the horizon for many kilometers.*

Idioms

Она́ тяну́лась изо всех сил, но око́нчить год не смогла́. — *She tried very hard, but was not able to complete the program.*

regular type 1 verb in imp./perf. form irregular — stem: **убега́й-/irreg.**

	IMPERFECTIVE ASPECT		PERFECTIVE ASPECT	
PRESENT				
	убега́ю	убега́ем		
	убега́ешь	убега́ете		
	убега́ет	убега́ют		
PAST				
	убега́л		убежа́л	
	убега́ла		убежа́ла	
	убега́ло		убежа́ло	
	убега́ли		убежа́ли	
FUTURE				
	бу́ду убега́ть	бу́дем убега́ть	убегу́	убежи́м
	бу́дешь убега́ть	бу́дете убега́ть	убежи́шь	убежи́те
	бу́дет убега́ть	бу́дут убега́ть	убежи́т	убегу́т
SUBJUNCTIVE				
	убега́л бы		убежа́л бы	
	убега́ла бы		убежа́ла бы	
	убега́ло бы		убежа́ло бы	
	убега́ли бы		убежа́ли бы	
PARTICIPLES				
	pres. active	убега́ющий	*pres. active*	—
	pres. passive	—	*pres. passive*	—
	past active	убега́вший	*past active*	убежа́вший
	past passive	—	*past passive*	—
VERBAL ADVERBS				
	убега́я		убежа́в	
COMMANDS				
	убега́й		убеги́	
	убега́йте		убеги́те	

Usage

(от, из, с+gen.)(в, на, за+acc.)(к+dat.)

Убежа́вшего щенка́ нашли́ в сосе́днем дворе́.	*The runaway puppy was found in the neighbor's yard.*
Де́вочка убежа́ла в лес и заблуди́лась.	*The girl ran into the woods and got lost.*
Ма́льчик убежа́л из до́ма.	*The boy ran away from home.*
Я убежа́ла незаме́тно с собра́ния за ребёнком.	*I quietly snuck out of the meeting to pick up my child.*
Я убега́ю на рабо́ту в во́семь утра́.	*I leave for work at 8 o'clock in the morning.*
Шко́льник убежа́л к това́рищу.	*The young student ran to his friend.*
Он убежа́л от това́рища, когда́ ста́ло темне́ть.	*He left his friend when it got dark.*
Сын убежа́л погуля́ть с ребя́тами.	*The son ran out to play with his friends.*
Он убежа́л за грани́цу при пе́рвой же возмо́жности.	*He emigrated abroad at the first opportunity.*

Idioms

От себя́ не убежи́шь.	*You cannot escape yourself.*

504 убеждáть(ся)/убеди́ть(ся) *to convince*

stem: **убеждáй+(ся)/убеди́+(ся)** regular type 1 verb in imp./perf. form type 2

	IMPERFECTIVE ASPECT			PERFECTIVE ASPECT	
PRESENT					
убеждáю(сь)	убеждáем(ся)				
убеждáешь(ся)	убеждáете(сь)				
убеждáет(ся)	убеждáют(ся)				
PAST			**PAST**		
убеждáл(ся)			убеди́л(ся)		
убеждáла(сь)			убеди́ла(сь)		
убеждáло(сь)			убеди́ло(сь)		
убеждáли(сь)			убеди́ли(сь)		
FUTURE			**FUTURE**		
бýду убеждáть(ся)	бýдем убеждáть(ся)		—	убеди́м(ся)	
бýдешь убеждáть(ся)	бýдете убеждáть(ся)		убеди́шь(ся)	убеди́те(сь)	
бýдет убеждáть(ся)	бýдут убеждáть(ся)		убеди́т(ся)	убедя́т(ся)	
SUBJUNCTIVE			**SUBJUNCTIVE**		
убеждáл(ся) бы			убеди́л(ся) бы		
убеждáла(сь) бы			убеди́ла(сь) бы		
убеждáло(сь) бы			убеди́ло(сь) бы		
убеждáли(сь) бы			убеди́ли(сь) бы		
PARTICIPLES			**PARTICIPLES**		
pres. active	убеждáющий(ся)		*pres. active*	—	
pres. passive	убеждáемый		*pres. passive*	—	
past active	убеждáвший(ся)		*past active*	убеди́вший(ся)	
past passive	—		*past passive*	убеждённый	
VERBAL ADVERBS			**VERBAL ADVERBS**		
убеждáя			убеди́в(шись)		
COMMANDS			**COMMANDS**		
убеждáй(ся)			убеди́(сь)		
убеждáйте(сь)			убеди́те(сь)		

Usage

(+acc.)(в+prep.)(+inf.)

В концé концóв он убеди́л меня́ в своéй правотé.	*He finally convinced me that he was right.*
Онá убеждáла суд фáктами.	*She convinced the court with the facts.*
Я убеди́ла подрýгу погости́ть у меня́.	*I convinced my girlfriend to stay with me for a while.*
Мы убеди́лись в том, что нáше решéние прáвильно.	*We were satisfied that our decision was right.*

Other Uses

Дед был убеждённым большевикóм.	*My grandfather was a die-hard Bolshevik.*

regular type 1 verb in imp./perf. form irregular stem: **убива́й-/убьй-**

	IMPERFECTIVE ASPECT			PERFECTIVE ASPECT	
PRESENT					
	убива́ю	убива́ем			
	убива́ешь	убива́ете			
	убива́ет	убива́ют			
PAST			PAST		
	убива́л			уби́л	
	убива́ла			уби́ла	
	убива́ло			уби́ло	
	убива́ли			уби́ли	
FUTURE			FUTURE		
	бу́ду убива́ть	бу́дем убива́ть		убью́	убьём
	бу́дешь убива́ть	бу́дете убива́ть		убьёшь	убьёте
	бу́дет убива́ть	бу́дут убива́ть		убьёт	убью́т
SUBJUNCTIVE			SUBJUNCTIVE		
	убива́л бы			уби́л бы	
	убива́ла бы			уби́ла бы	
	убива́ло бы			уби́ло бы	
	убива́ли бы			уби́ли бы	
PARTICIPLES			PARTICIPLES		
	pres. active	убива́ющий		*pres. active*	—
	pres. passive	убива́емый		*pres. passive*	—
	past active	убива́вший		*past active*	уби́вший
	past passive	—		*past passive*	уби́тый
VERBAL ADVERBS			VERBAL ADVERBS		
	убива́я			уби́в	
COMMANDS			**COMMANDS**		
	убива́й			убе́й	
	убива́йте			убе́йте	

Usage

(+acc.)(+instr.)(из+gen.)

Охо́тник убил звéря вы́стрелом из ружья́. *The hunter killed the animal with a gunshot.*
Полице́йский уби́л банди́та уда́ром ножа́. *The police officer killed the bandit with a knife.*
Он уби́л женý из ре́вности. *He killed his wife in a jealous rage.*

Idioms

Хоть убе́йте, я с ней не заговорю́.	*You can kill me, but I will not talk to her.*
Убе́й меня́ гром на э́том ме́сте, е́сли я вру.	*May lightning strike me down if I am lying.*
Убе́й бог мою́ ду́шу, е́сли я не сдержу́ сло́ва.	*God may strike me down if I do not keep my word.*
Пока́ она́ была́ на приёме у врача́, мы убива́ли вре́мя во дворе́.	*While she was at the doctor's appointment, we were killing time in the yard.*
Если поéдем в центр го́рода, то смо́жем уби́ть двух за́йцев.	*If we go downtown, we can kill two birds with one stone.*
Я спал как уби́тый по́сле трениро́вки.	*I slept like a log after the workout.*
Он сидéл в углу́ с уби́тым ви́дом.	*He was sitting in the corner with a dazed look in his eyes.*
Уби́ться мо́жно, каки́е на ней се́рьги!	*You could just die - look at her earrings!*
Его́ слова́ убива́ли напова́л.	*His words could kill on the spot.*
Она́ уби́ла его́ отка́зом.	*She killed him with her denial.*
Она́ уби́ла на него́ де́сять лет жи́зни.	*She wasted ten years of her life on him.*
Вы уби́ли мои́ наде́жды.	*You killed my hopes.*

regular type 1 verb in imp./perf. form irregular stem: **убира́й-/ уб|ра-**

IMPERFECTIVE ASPECT		PERFECTIVE ASPECT	
PRESENT			
убира́ю	убира́ем		
убира́ешь	убира́ете		
убира́ет	убира́ют		
PAST		PAST	
убира́л		убра́л	
убира́ла		убрала́	
убира́ло		убра́ло	
убира́ли		убра́ли	
FUTURE		FUTURE	
бу́ду убира́ть	бу́дем убира́ть	уберу́	уберём
бу́дешь убира́ть	бу́дете убира́ть	уберёшь	уберёте
бу́дет убира́ть	бу́дут убира́ть	уберёт	уберу́т
SUBJUNCTIVE		SUBJUNCTIVE	
убира́л бы		убра́л бы	
убира́ла бы		убрала́ бы	
убира́ло бы		убра́ло бы	
убира́ли бы		убра́ли бы	
PARTICIPLES		PARTICIPLES	
pres. active	убира́ющий	*pres. active*	—
pres. passive	убира́емый	*pres. passive*	—
past active	убира́вший	*past active*	убра́вший
past passive	—	*past passive*	у́бранный
VERBAL ADVERBS		VERBAL ADVERBS	
убира́я		убра́в	
COMMANDS		**COMMANDS**	
убира́й		убери́	
убира́йте		убери́те	

Usage

(+acc.)(в, на+prep.)(из, с, от+gen.)(+instr.)

Де́ти убира́ют за собо́й посу́ду со стола́.	*The children clean their own dishes off the table.*
Ну́жно убра́ть посте́ль и идти́ за хле́бом.	*You need to make the bed and go get bread.*
С поле́й убра́ли урожа́й.	*They gathered the harvest from the fields.*
Убери́ кни́ги в шкаф.	*Put the books away in the bookcase.*
Я убрала́ ко́мнату цвета́ми.	*I decorated the room with flowers.*
Убери́те чемода́ны из ко́мнаты.	*Take the suitcases out of the room.*
Убери́ во́лосы со лба.	*Brush the hair off your forehead.*
Войска́ убира́ют из э́того райо́на.	*The troops are been pulled out of this region.*
Я убрала́ в кварти́ре к прихо́ду дете́й из шко́лы.	*I cleaned the house before the children got home from school.*
Хлеб убира́ли комба́йнами.	*The wheat was gathered by harvesters.*

уважа́ть

to respect

stem: **уважа́й-**

regular type 1 verb (like **рабо́тать**)/no perf.

IMPERFECTIVE ASPECT

PRESENT

уважа́ю	уважа́ем
уважа́ешь	уважа́ете
уважа́ет	уважа́ют

PAST

уважа́л
уважа́ла
уважа́ло
уважа́ли

FUTURE

бу́ду уважа́ть	бу́дем уважа́ть
бу́дешь уважа́ть	бу́дете уважа́ть
бу́дет уважа́ть	бу́дут уважа́ть

SUBJUNCTIVE

уважа́л бы
уважа́ла бы
уважа́ло бы
уважа́ли бы

PARTICIPLES

pres. active	уважа́ющий
pres. passive	уважа́емый
past active	уважа́вший
past passive	—

VERBAL ADVERBS

уважа́я

COMMANDS

уважа́й
уважа́йте

Usage

(+acc.)(за+acc.)

Мы уважа́ем его́ за поря́дочность и че́стность.	*We respect him for his decency and honesty.*
Её уважа́ли как прекра́сного преподава́теля.	*She was respected as a great teacher.*
Я глубоко́ уважа́ю ва́ши чу́вства.	*I deeply respect your feelings.*
Она́ и́скренне уважа́ла ста́рых сосе́дей.	*She sincerely respected the old neighbors.*
Ну́жно уважа́ть чужо́й труд.	*You need to respect someone else's work.*
Я уважа́ю тех, кто уме́ет постоя́ть за себя́.	*I respect those who can stand up for themselves.*
Я пре́жде всего́ уважа́ю челове́ка в челове́ке.	*Most of all I appreciate humanity in a person.*
Мы уважа́ем зако́ны госуда́рства.	*We respect the laws of the country.*
Они́ уважа́ют пра́вила гостеприи́мства.	*They follow the rules of hospitality.*

Idioms

Во́дочку я кре́пко уважа́ю.	*I really appreciate vodka.*

regular type 1 verb in imp./perf. form type 2 stem: **увели́чивай+(ся)/увели́чи+(ся)**

IMPERFECTIVE ASPECT		PERFECTIVE ASPECT	
PRESENT			
увели́чиваю(сь)	увели́чиваем(ся)		
увели́чиваешь(ся)	увели́чиваете(сь)		
увели́чивает(ся)	увели́чивают(ся)		
PAST		PAST	
увели́чивал(ся)		увели́чил(ся)	
увели́чивала(сь)		увели́чила(сь)	
увели́чивало(сь)		увели́чило(сь)	
увели́чивали(сь)		увели́чили(сь)	
FUTURE		FUTURE	
бу́ду увели́чивать(ся)	бу́дем увели́чивать(ся)	увели́чу(сь)	увели́чим(ся)
бу́дешь увели́чивать(ся)	бу́дете увели́чивать(ся)	увели́чишь(ся)	увели́чите(сь)
бу́дет увели́чивать(ся)	бу́дут увели́чивать(ся)	увели́чит(ся)	увели́чат(ся)
SUBJUNCTIVE		SUBJUNCTIVE	
увели́чивал(ся) бы		увели́чил(ся) бы	
увели́чивала(сь) бы		увели́чила(сь) бы	
увели́чивало(сь) бы		увели́чило(сь) бы	
увели́чивали(сь) бы		увели́чили(сь) бы	
PARTICIPLES		PARTICIPLES	
pres. active	увели́чивающий(ся)	*pres. active*	—
pres. passive	увели́чиваемый	*pres. passive*	—
past active	увели́чивавший(ся)	*past active*	увели́чивший(ся)
past passive	—	*past passive*	увели́ченный
VERBAL ADVERBS		VERBAL ADVERBS	
увели́чивая(сь)		увели́чив(шись)	
COMMANDS		**COMMANDS**	
увели́чивай(ся)		увели́чь(ся)	
увели́чивайте(сь)		увели́чьте(сь)	

Usage

(+acc.)(в, на+acc.)(в, на+prep.)

В связи́ с наплы́вом студе́нтов увели́чили коли́чество преподава́телей.	*Due to the influx of students, they increased the number of teachers.*
Фа́брика приняла́ реше́ние увели́чить вы́пуск проду́кции.	*The factory made a decision to increase the production output.*
Муж увели́чил мой портре́т.	*My husband had my portrait enlarged.*
Очки́ увели́чивают бу́квы при чте́нии.	*Reading glasses magnify letters.*
Нам увели́чили зарпла́ту на во́семь проце́нтов.	*Our salary was raised by eight percent.*
Произво́дство эне́ргии увели́чилось вдво́е.	*Energy production increased twofold.*
Коли́чество уро́ков в день увели́чили до пяти́.	*The number of lessons per day increased to five.*
Ну́жно увели́чить до́зу лека́рства больно́му.	*The patient's medication dosage needs to be increased.*
Семья́ увели́чилась на два челове́ка.	*The family increased by two people.*
Опухоль значи́тельно увели́чилась.	*The tumor grew considerably.*

509 увлека́ть(ся)/увле́чь(ся) *to interest, be keen on*

stem: **увлека́й+(ся)/увлёк+(ся)** regular type 1 verb in imp./perf. form type 6

	IMPERFECTIVE ASPECT			PERFECTIVE ASPECT	
PRESENT					
	увлека́ю(сь)	увлека́ем(ся)			
	увлека́ешь(ся)	увлека́ете(сь)			
	увлека́ет(ся)	увлека́ют(ся)			
PAST			**PAST**		
	увлека́л(ся)			увлёк(ся)	
	увлека́ла(сь)			увлекла́(сь)	
	увлека́ло(сь)			увлекло́(сь)	
	увлека́ли(сь)			увлекли́(сь)	
FUTURE			**FUTURE**		
	бу́ду увлека́ть(ся)	бу́дем увлека́ть(ся)		увлеку́(сь)	увлечём(ся)
	бу́дешь увлека́ть(ся)	бу́дете увлека́ть(ся)		увлечёшь(ся)	увлечёте(сь)
	бу́дет увлека́ть(ся)	бу́дут увлека́ть(ся)		увлечёт(ся)	увлеку́т(ся)
SUBJUNCTIVE			**SUBJUNCTIVE**		
	увлека́л(ся) бы			увлёк(ся) бы	
	увлека́ла(сь) бы			увлекла́(сь) бы	
	увлека́ло(сь) бы			увлекло́(сь) бы	
	увлека́ли(сь) бы			увлекли́(сь) бы	
PARTICIPLES			**PARTICIPLES**		
	pres. active	увлека́ющий(ся)		*pres. active*	—
	pres. passive	увлека́емый		*pres. passive*	—
	past active	увлека́вший(ся)		*past active*	увлёкший(ся)
	past passive	—		*past passive*	увлечённый
VERBAL ADVERBS			**VERBAL ADVERBS**		
	увлека́я(сь)			увлёкши(сь)	
COMMANDS			**COMMANDS**		
	увлека́й(ся)			увлеки́(сь)	
	увлека́йте(сь)			увлеки́те(сь)	

Usage

(+acc.)(+instr.)

Толпа́ люде́й увлекла́ меня́ за собо́й. — *A crowd of people pulled me along.*

Актёр увлёк зри́телей свои́м ю́мором. — *The actor entertained the spectators with his jokes.*

Я так увлекла́сь кни́гой, что не замеча́ла вре́мени. — *I was so caught up in the book, I did not realize what time it was.*

Брат увлека́ется разведе́нием рыб. — *My brother is into breeding fish.*

Па́рень увлёкся е́ю на дискоте́ке. — *The young man became attracted to her at the nightclub.*

Мать увлекла́ дете́й ска́зкой. — *The mother engaged her kids with a fairy tale.*

Во́лны увлекли́ ло́дку в мо́ре. — *The waves pulled the boat out to sea.*

Он увлёкся гимна́стикой в шко́ле. — *He got involved in gymnastics in school.*

regular type 1 verb in imp./perf. form type 2 stem: **увольня́й-/уво́ли-**

IMPERFECTIVE ASPECT		PERFECTIVE ASPECT	
PRESENT			
увольня́ю	увольня́ем		
увольня́ешь	увольня́ете		
увольня́ет	увольня́ют		
PAST		PAST	
увольня́л		уво́лил	
увольня́ла		уво́лила	
увольня́ло		уво́лило	
увольня́ли		уво́лили	
FUTURE		FUTURE	
бу́ду увольня́ть	бу́дем увольня́ть	уво́лю	уво́лим
бу́дешь увольня́ть	бу́дете увольня́ть	уво́лишь	уво́лите
бу́дет увольня́ть	бу́дут увольня́ть	уво́лит	уво́лят
SUBJUNCTIVE		SUBJUNCTIVE	
увольня́л бы		уво́лил бы	
увольня́ла бы		уво́лила бы	
увольня́ло бы		уво́лило бы	
увольня́ли бы		уво́лили бы	
PARTICIPLES		PARTICIPLES	
pres. active	увольня́ющий	*pres. active*	—
pres. passive	увольня́емый	*pres. passive*	—
past active	увольня́вший	*past active*	уво́ливший
past passive	—	*past passive*	уво́ленный
VERBAL ADVERBS		VERBAL ADVERBS	
увольня́я		уво́лив	
COMMANDS		**COMMANDS**	
увольня́й		уво́ль	
увольня́йте		уво́льте	

Usage

(+acc.)(с, из, от+gen.)(за+acc.)(по+dat.)

Её уво́лили из институ́та. — *She was fired from the institute.*

Секретаря́ уво́лили с рабо́ты. — *The secretary was fired from her job.*

Его́ уво́лили за пья́нство и прогу́лы. — *He was fired for drinking and absenteeism.*

Офице́ра уво́лили в запа́с. — *The officer was transferred to the reserve.*

Уво́льте меня́ от ва́шей невоспи́танности. — *Spare me your bad manners.*

На́шего сы́на увольня́ют из а́рмии. — *Our son is being discharged from the army.*

Мно́гие сотру́дники оказа́лись уво́ленными без предупрежде́ния. — *Many employees were laid off without any warning.*

Меня́ уво́лили по со́бственному жела́нию. — *I voluntarily resigned from my job.*

511 угáдывать/угадáть *to guess*

stem: **угáдывай-/угадáй-** regular type 1 verb (like **рабóтать**)

IMPERFECTIVE ASPECT		PERFECTIVE ASPECT	
PRESENT			
угáдываю	угáдываем		
угáдываешь	угáдываете		
угáдывает	угáдывают		
PAST		PAST	
угáдывал		угадáл	
угáдывала		угадáла	
угáдывало		угадáло	
угáдывали		угадáли	
FUTURE		FUTURE	
бýду угáдывать	бýдем угáдывать	угадáю	угадáем
бýдешь угáдывать	бýдете угáдывать	угадáешь	угадáете
бýдет угáдывать	бýдут угáдывать	угадáет	угадáют
SUBJUNCTIVE		SUBJUNCTIVE	
угáдывал бы		угадáл бы	
угáдывала бы		угадáла бы	
угáдывало бы		угадáло бы	
угáдывали бы		угадáли бы	
PARTICIPLES		PARTICIPLES	
pres. active	угáдывающий	*pres. active*	—
pres. passive	угáдываемый	*pres. passive*	—
past active	угáдывавший	*past active*	угадáвший
past passive	—	*past passive*	угáданный
VERBAL ADVERBS		VERBAL ADVERBS	
угáдывая		угадáв	
COMMANDS		**COMMANDS**	
угáдывай		угадáй	
угáдывайте		угадáйте	

Usage

(+acc.)(в+prep.)

Я угадáла вáше желáние.	*I guessed your wish.*
Он угадáл в мáльчике талáнт.	*He perceived a talent in the boy.*
Мáма всегдá угáдывала, что я хотéла.	*My mother always guessed what I wanted.*
Угадáй, откýда я звоню́.	*Guess where I am calling from.*
Сестрá срáзу угадáла егó ни́зкую натýру.	*My sister immediately guessed his base nature.*
Я давнó угадáл, как повернýтся собы́тия.	*I figured out a long time ago how events would turn out.*
Погóду мóжно угадáть по движéнию облакóв на нéбе.	*The weather can be predicted by the movement of the clouds.*
По выражéнию её лицá я угадáл, что случи́лось.	*I guessed what happened by the expression on her face.*
Лю́ди иногдá угáдывают мы́сли по глазáм.	*Sometimes people can guess thoughts by looking into the person's eyes.*
Он угадáл моё бýдущее.	*He guessed my future. (He told my fortune.)*

regular type 1 verb in imp./perf. form type 2 stem: **угова́ривай-/уговори́-**

IMPERFECTIVE ASPECT		PERFECTIVE ASPECT	
PRESENT			
угова́риваю	угова́риваем		
угова́риваешь	угова́риваете		
угова́ривает	угова́ривают		
PAST		**PAST**	
угова́ривал		уговори́л	
угова́ривала		уговори́ла	
угова́ривало		уговори́ло	
угова́ривали		уговори́ли	
FUTURE		**FUTURE**	
бу́ду угова́ривать	бу́дем угова́ривать	уговорю́	уговори́м
бу́дешь угова́ривать	бу́дете угова́ривать	уговори́шь	уговори́те
бу́дет угова́ривать	бу́дут угова́ривать	уговори́т	уговоря́т
SUBJUNCTIVE		**SUBJUNCTIVE**	
угова́ривал бы		уговори́л бы	
угова́ривала бы		уговори́ла бы	
угова́ривало бы		уговори́ло бы	
угова́ривали бы		уговори́ли бы	
PARTICIPLES		**PARTICIPLES**	
pres. active	угова́ривающий	*pres. active*	—
pres. passive	угова́риваемый	*pres. passive*	—
past active	угова́ривавший	*past active*	уговори́вший
past passive	—	*past passive*	уговорённый
VERBAL ADVERBS		**VERBAL ADVERBS**	
угова́ривая		уговори́в	
COMMANDS		**COMMANDS**	
угова́ривай		уговори́	
угова́ривайте		уговори́те	

Usage

(+acc.)(+inf.)

Я угова́риваю му́жа уе́хать из Калифо́рнии. — *I am persuading my husband to leave California.*

Меня́ уговори́ли пойти́ на вечери́нку. — *They persuaded me to go to a party.*

Его́ уговори́ли на вечéрнюю рабо́ту. — *They persuaded him to take an evening job.*

Больно́го уговори́ли на опера́цию. — *They convinced the patient to have a surgery.*

Его́ уговори́ли не жа́ловаться. — *They convinced him not to file a complaint.*

Меня́ уговори́ли вы́пить пи́ва. — *They persuaded me to have a beer.*

Он насто́йчиво угова́ривает меня́ дать ему́ де́нег взаймы́. — *He is persistent in asking me to lend him money.*

513 угоща́ть/угости́ть *to treat*

stem: **угоща́й-/угости́-** regular type 1 verb in imp./perf. form type 2

IMPERFECTIVE ASPECT		PERFECTIVE ASPECT	
PRESENT			
угоща́ю	угоща́ем		
угоща́ешь	угоща́ете		
угоща́ет	угоща́ют		
PAST		**PAST**	
угоща́л		угости́л	
угоща́ла		угости́ла	
угоща́ло		угости́ло	
угоща́ли		угости́ли	
FUTURE		**FUTURE**	
бу́ду угоща́ть	бу́дем угоща́ть	угощу́	угости́м
бу́дешь угоща́ть	бу́дете угоща́ть	угости́шь	угости́те
бу́дет угоща́ть	бу́дут угоща́ть	угости́т	угостя́т
SUBJUNCTIVE		**SUBJUNCTIVE**	
угоща́л бы		угости́л бы	
угоща́ла бы		угости́ла бы	
угоща́ло бы		угости́ло бы	
угоща́ли бы		угости́ли бы	
PARTICIPLES		**PARTICIPLES**	
pres. active	угоща́ющий	*pres. active*	—
pres. passive	угоща́емый	*pres. passive*	—
past active	угоща́вший	*past active*	угости́вший
past passive	—	*past passive*	угощённый
VERBAL ADVERBS		**VERBAL ADVERBS**	
угоща́я		угости́в	
COMMANDS		**COMMANDS**	
угоща́й		угости́	
угоща́йте		угости́те	

Usage

(+acc.)(+instr.)

По слу́чаю получе́ния пре́мии я реши́л угости́ть колле́г. — *Since I got a bonus, I decided to treat my colleagues to dinner.*

Мы угоща́ли прия́телей ча́ем на вера́нде. — *We treated friends to tea on the patio.*

Они́ угости́ли нас обе́дом в рестора́не. — *They treated us to dinner at the restaurant.*

Я угости́л всех моро́женым. — *I treated everyone to ice cream.*

Сигаре́ткой не угости́те? — *Can I borrow a cigarette?*

Idioms

Оте́ц угости́л меня́ па́лкой за по́здний прихо́д. — *My father gave me a licking for coming home late.*

Он угоща́л нас анекдо́тами. — *He treated us to his jokes.*

irregular verb in imp. & perf.; 3rd person only — stem: **удавай+ся/irreg.**

IMPERFECTIVE ASPECT		PERFECTIVE ASPECT	
PRESENT			
—	—		
—	—		
удаётся	удаю́тся		
PAST		PAST	
удава́лся		уда́лся	
удава́лась		удала́сь	
удава́лось		удало́сь	
удава́лись		удали́сь	
FUTURE		FUTURE	
—	—	—	—
—	—	—	—
бу́дет удава́ться	бу́дут удава́ться	уда́стся	удаду́тся
SUBJUNCTIVE		SUBJUNCTIVE	
удава́лся бы		уда́лся бы	
удава́лась бы		удала́сь бы	
удава́лось бы		удало́сь бы	
удава́лись бы		удали́сь бы	
PARTICIPLES		PARTICIPLES	
pres. active	удаю́щийся	*pres. active*	—
pres. passive	—	*pres. passive*	—
past active	удава́вшийся	*past active*	уда́вшийся
past passive	—	*past passive*	—
VERBAL ADVERBS		VERBAL ADVERBS	
удава́ясь		уда́вшись	
COMMANDS		**COMMANDS**	
—		—	
—		—	

Usage

(+dat.)(+inf.)

Сего́дня борщ мне уда́лся.	*Today my borscht turned out very well.*
Обе́д уда́лся на сла́ву.	*The dinner turned out perfectly.*
Ему́ удало́сь найти́ вы́ход из положе́ния.	*He managed to find a solution for this conundrum.*
На́ши наме́рения не удали́сь.	*Our intentions did not work out.*
Ма́льчик не уда́лся ро́стом.	*The boy did not turn out very tall.*
Его́ ли́чная жи́знь не удала́сь.	*His personal life did not work out well.*
Худо́жнику осо́бенно уда́лся портре́т.	*The artist was especially successful in painting portraits.*
День для похо́да в лес уда́лся на сла́ву.	*The day turned out perfect for the trip to the woods.*
Нам удало́сь доста́ть биле́т в теа́тр на за́втра.	*We managed to get tickets to the theater for tomorrow.*
Она́ и хара́ктером, и лицо́м удала́сь в мать.	*She turned out just like her mother, both in her personality and her looks.*

ударя́ть/уда́рить

to strike, hit

stem: **ударя́й-/уда́ри-**

regular type 1 verb in imp./perf. form type 2

Idioms

Смотри́, не уда́рь в грязь лицо́м.	*Watch out! Do not disgrace yourself.*
Она́ па́лец о па́лец не уда́рит, что́бы сказа́ть сло́во обо мне.	*She would not lift a finger to say a good word about me.*
Меня́ как о́бухом по голове́ уда́рило от тако́го сообще́ния.	*I was dumbfounded after hearing this news.*
Во́дка уда́рила ему́ в го́лову.	*The vodka went straight to his head.*
Он уда́ряет меня́ по больно́му ме́сту.	*He hit me on my sore spot.*
Де́ло пло́хо, на́до уда́рить в наба́т.	*Things are bad; sound all the alarms.*
Что́бы привле́чь внима́ние к вопро́су, мы уда́рим во все колокола́.	*To raise attention to this issue, we started raising all kinds of hell.*
От возмуще́ния кровь уда́рила ему́ в го́лову.	*Full of anger, the blood rushed to his head.*

ударя́ться/уда́риться *to bang, hit, run into*

Во́лны ударя́лись о борт корабля́.	*The waves were pounding the sides of the ship.*
Во вре́мя ава́рии води́тель уда́рился гру́дью о руль.	*During the accident the driver struck his chest against the steering wheel.*

уда́риться об закла́д *to wager, bet*

Прия́тели уда́рились об закла́д.	*The friends made a bet.*

уда́риться в амби́цию *to take offense*

Она́ уда́рилась в амби́цию и не жела́ла ничего́ слы́шать.	*She was offended and didn't want to hear anything.*

Other Uses

Он не согну́лся под уда́рами судьбы́.	*He was relentless in the face of adversity.*

ударя́ть/уда́рить

regular type 1 verb in imp./perf. form type 2

stem: **ударя́й-/уда́ри-**

	IMPERFECTIVE ASPECT		PERFECTIVE ASPECT	
PRESENT				
	ударя́ю	ударя́ем		
	ударя́ешь	ударя́ете		
	ударя́ет	ударя́ют		
PAST				
	ударя́л		уда́рил	
	ударя́ла		уда́рила	
	ударя́ло		уда́рило	
	ударя́ли		уда́рили	
FUTURE				
	бу́ду ударя́ть	бу́дем ударя́ть	уда́рю	уда́рим
	бу́дешь ударя́ть	бу́дете ударя́ть	уда́ришь	уда́рите
	бу́дет ударя́ть	бу́дут ударя́ть	уда́рит	уда́рят
SUBJUNCTIVE				
	ударя́л бы		уда́рил бы	
	ударя́ла бы		уда́рила бы	
	ударя́ло бы		уда́рило бы	
	ударя́ли бы		уда́рили бы	
PARTICIPLES				
	pres. active	ударя́ющий	*pres. active*	—
	pres. passive	ударя́емый	*pres. passive*	—
	past active	ударя́вший	*past active*	уда́ривший
	past passive	—	*past passive*	уда́ренный
VERBAL ADVERBS				
	ударя́я		уда́рив	
COMMANDS				
	ударя́й		уда́рь	
	ударя́йте		уда́рьте	

Usage

(+acc.)(в+acc.)(по+dat.)(+instr.)

Он бо́льно уда́рил сопе́рника по лицу́. — *He hit his opponent hard in the face.*
Маши́на уда́рила соба́ку. — *The car hit a dog.*
Хозя́ин уда́рил пса па́лкой. — *The owner hit the dog with a stick.*
Он удари́л кула́ком по столу́. — *He hit the table with his fists.*
Мо́лния уда́рила в наш са́рай. — *Lightning hit our barn.*
Во́лны ударя́ли о бо́рт корабля́. — *Waves were beating against the sides of the ship.*
Мы уда́рили по врагу́ с ле́вого фла́нга. — *We struck the enemy from the left flank.*

удивля́ть(ся)/удиви́ть(ся) *to amaze, be surprised*

stem: **удивля́й+(ся)/удиви́+(ся)** regular type 1 verb in imp./perf. form type 2

IMPERFECTIVE ASPECT		PERFECTIVE ASPECT	
PRESENT			
удивля́ю(сь)	удивля́ем(ся)		
удивля́ешь(ся)	удивля́ете(сь)		
удивля́ет(ся)	удивля́ют(ся)		
PAST		**PAST**	
удивля́л(ся)		удиви́л(ся)	
удивля́ла(сь)		удиви́ла(сь)	
удивля́ло(сь)		удиви́ло(сь)	
удивля́ли(сь)		удиви́ли(сь)	
FUTURE		**FUTURE**	
бу́ду удивля́ть(ся)	бу́дем удивля́ть(ся)	удивлю́(сь)	удиви́м(ся)
бу́дешь удивля́ть(ся)	бу́дете удивля́ть(ся)	удиви́шь(ся)	удиви́те(сь)
бу́дет удивля́ть(ся)	бу́дут удивля́ть(ся)	удиви́т(ся)	удивя́т(ся)
SUBJUNCTIVE		**SUBJUNCTIVE**	
удивля́л(ся) бы		удиви́л(ся) бы	
удивля́ла(сь) бы		удиви́ла(сь) бы	
удивля́ло(сь) бы		удиви́ло(сь) бы	
удивля́ли(сь) бы		удиви́ли(сь) бы	
PARTICIPLES		**PARTICIPLES**	
pres. active	удивля́ющий(ся)	*pres. active*	—
pres. passive	удивля́емый	*pres. passive*	—
past active	удивля́вший(ся)	*past active*	удиви́вший(ся)
past passive	—	*past passive*	удивлённый
VERBAL ADVERBS		**VERBAL ADVERBS**	
удивля́я(сь)		удиви́в(шись)	
COMMANDS		**COMMANDS**	
удивля́й(ся)		удиви́(сь)	
удивля́йте(сь)		удиви́те(сь)	

Usage

(+acc.)(+instr.)(+dat.)

Учени́к удиви́л всех свои́ми зна́ниями.	*The student surprised everyone with his knowledge.*
Меня́ удивля́ет, что вы расстро́ились.	*I am surprised that you became upset.*
Я удиви́лся ва́шему звонку́.	*I was surprised by your call.*
Я удивля́юсь его́ му́дрости.	*I am surprised by his wisdom.*
Я удивля́юсь тому́, что здесь твори́тся.	*I am surprised by everything that goes on here.*
Она́ удивля́ла нас свои́м пе́нием.	*She astounded us with her singing.*
Мы удиви́лись сто́имости това́ра.	*We were amazed at the price of goods.*
Я иногда́ удивля́юсь сам себе́.	*Sometimes I surprise myself.*

regular type 1 verb in imp./perf. form irregular stem: **уезжа́й-/irreg.**

IMPERFECTIVE ASPECT		PERFECTIVE ASPECT	
PRESENT			
уезжа́ю	уезжа́ем		
уезжа́ешь	уезжа́ете		
уезжа́ет	уезжа́ют		
PAST		**PAST**	
уезжа́л		уе́хал	
уезжа́ла		уе́хала	
уезжа́ло		уе́хало	
уезжа́ли		уе́хали	
FUTURE		**FUTURE**	
бу́ду уезжа́ть	бу́дем уезжа́ть	уе́ду	уе́дем
бу́дешь уезжа́ть	бу́дете уезжа́ть	уе́дешь	уе́дете
бу́дет уезжа́ть	бу́дут уезжа́ть	уе́дет	уе́дут
SUBJUNCTIVE		**SUBJUNCTIVE**	
уезжа́л бы		уе́хал бы	
уезжа́ла бы		уе́хала бы	
уезжа́ло бы		уе́хало бы	
уезжа́ли бы		уе́хали бы	
PARTICIPLES		**PARTICIPLES**	
pres. active	уезжа́ющий	*pres. active*	—
pres. passive	—	*pres. passive*	—
past active	уезжа́вший	*past active*	уе́хавший
past passive	—	*past passive*	—
VERBAL ADVERBS		**VERBAL ADVERBS**	
уезжа́я		уе́хав	
COMMANDS		**COMMANDS**	
уезжа́й		уезжа́й	
уезжа́йте		уезжа́йте	

Usage

(в, на, за+acc.)(на+prep.)(к+dat.)(из, с, из-за+gen.)(+instr.)

Подру́га уе́хала на куро́рт.	*My girlfriend went off to a resort.*
Я уе́хала на рабо́ту в семь часо́в утра́.	*I left for work at seven o'clock in the morning.*
Муж уе́хал в командиро́вку в Москву́.	*My husband went to Moscow on a business trip.*
Сын уе́хал ненадо́лго к дру́гу.	*My son went to his friend for a little while.*
Я ско́ро уезжа́ю с куро́рта.	*I will be leaving the resort soon.*
Он уезжа́ет из Ки́ева.	*He is leaving Kiev.*
Мы уе́хали от роди́телей за грани́цу.	*We left our parents to go overseas.*
Она́ уе́хала за поку́пками на авто́бусе.	*She went by bus to go shopping.*
Они́ уе́хали обе́дать в рестора́не.	*They went out to dinner at the restaurant.*

Idioms

С таки́ми приятелями далеко́ не уе́дешь.	*With friends like this, who needs enemies?*

у́жинать/поу́жинать

to have supper

stem: **у́жинай-/поу́жинай-**

regular type 1 verb (like **рабо́тать**)

IMPERFECTIVE ASPECT		PERFECTIVE ASPECT	
PRESENT			
у́жинаю	у́жинаем		
у́жинаешь	у́жинаете		
у́жинает	у́жинают		
PAST		**PAST**	
у́жинал		поу́жинал	
у́жинала		поу́жинала	
у́жинало		поу́жинало	
у́жинали		поу́жинали	
FUTURE		**FUTURE**	
бу́ду у́жинать	бу́дем у́жинать	поу́жинаю	поу́жинаем
бу́дешь у́жинать	бу́дете у́жинать	поу́жинаешь	поу́жинаете
бу́дет у́жинать	бу́дут у́жинать	поу́жинает	поу́жинают
SUBJUNCTIVE		**SUBJUNCTIVE**	
у́жинал бы		поу́жинал бы	
у́жинала бы		поу́жинала бы	
у́жинало бы		поу́жинало бы	
у́жинали бы		поу́жинали бы	
PARTICIPLES		**PARTICIPLES**	
pres. active	у́жинающий	*pres. active*	—
pres. passive	—	*pres. passive*	—
past active	у́жинавший	*past active*	поу́жинавший
past passive	—	*past passive*	—
VERBAL ADVERBS		**VERBAL ADVERBS**	
у́жиная		поу́жинав	
COMMANDS		**COMMANDS**	
у́жинай		поу́жинай	
у́жинайте		поу́жинайте	

Usage

(в, на+prep.)(+instr.)(с+instr.)(у+gen.)

Обы́чно мы у́жинаем до́ма, часо́в в шесть. — *Usually we eat supper at home, at around six o'clock.*

Поу́жинайте с на́ми, нам бу́дет ве́село. — *Have supper with us! It's fun to spend time together.*

Мы у́жинали ры́бой и сала́тами. — *We had fish and salad for supper.*

Вчера́ они́ у́жинали с друзья́ми. — *Yesterday they had dinner with their friends.*

Мы у́жинаем в компа́нии с иностра́нцами. — *We are having dinner in the company of foreigners.*

irregular verb in imp./perf. form type 1 stem: **узнава́й-/узна́й-**

IMPERFECTIVE ASPECT		PERFECTIVE ASPECT	
PRESENT			
узнаю́	узнаём		
узнаёшь	узнаёте		
узнаёт	узнаю́т		
PAST		PAST	
узнава́л		узна́л	
узнава́ла		узна́ла	
узнава́ло		узна́ло	
узнава́ли		узна́ли	
FUTURE		FUTURE	
бу́ду узнава́ть	бу́дем узнава́ть	узна́ю	узна́ем
бу́дешь узнава́ть	бу́дете узнава́ть	узна́ешь	узна́ете
бу́дет узнава́ть	бу́дут узнава́ть	узна́ет	узна́ют
SUBJUNCTIVE		SUBJUNCTIVE	
узнава́л бы		узна́л бы	
узнава́ла бы		узна́ла бы	
узнава́ло бы		узна́ло бы	
узнава́ли бы		узна́ли бы	
PARTICIPLES		PARTICIPLES	
pres. active	узнаю́щий	*pres. active*	—
pres. passive	узнава́емый	*pres. passive*	—
past active	узнава́вший	*past active*	узна́вший
past passive	—	*past passive*	у́знанный
VERBAL ADVERBS		VERBAL ADVERBS	
узнава́я		узна́в	
COMMANDS		**COMMANDS**	
узнава́й		узна́й	
узнава́йте		узна́йте	

Usage

(+acc.)(о+prep.)(по+dat.)(из, от+gen.)

Я узна́ла ста́рого дру́га по го́лосу.	*I recognized my old friend by his voice.*
Я не узнаю́ свой дом.	*I do not recognize my house.*
В де́тстве она́ узна́ла и го́лод, и нищету́.	*In childhood, she suffered hunger and poverty.*
Я пыта́юсь узна́ть его́ хара́ктер.	*I am trying to figure out his personality.*
Мы узна́ли но́вости от знако́мых.	*We learned the news from our friends.*
Прави́тельство стара́ется узна́ть о судьбе́ военнопле́нных.	*The government is trying to learn the fate of prisoners of war.*
Мы хоти́м узна́ть, как ва́ше здоро́вье.	*We would like to inquire about your health.*
Я хоте́ла бы узна́ть о ва́ших наме́рениях.	*I would like to know what your intentions are.*
Они́ узна́ли о переворо́те из газе́т.	*They learned about the coup from the newspapers.*
Я узна́ла о сокраще́нии из пе́рвых рук.	*I learned about the layoff firsthand.*

520 ука́зывать/указа́ть

to point, indicate, mention

stem: **ука́зывай-/указа-**

regular type 1 verb in imp./perf. form type 3

IMPERFECTIVE ASPECT		PERFECTIVE ASPECT	
PRESENT			
ука́зываю	ука́зываем		
ука́зываешь	ука́зываете		
ука́зывает	ука́зывают		
PAST		PAST	
ука́зывал		указа́л	
ука́зывала		указа́ла	
ука́зывало		указа́ло	
ука́зывали		указа́ли	
FUTURE		FUTURE	
бу́ду ука́зывать	бу́дем ука́зывать	укажу́	ука́жем
бу́дешь ука́зывать	бу́дете ука́зывать	ука́жешь	ука́жете
бу́дет ука́зывать	бу́дут ука́зывать	ука́жет	ука́жут
SUBJUNCTIVE		SUBJUNCTIVE	
ука́зывал бы		указа́л бы	
ука́зывала бы		указа́ла бы	
ука́зывало бы		указа́ло бы	
ука́зывали бы		указа́ли бы	
PARTICIPLES		PARTICIPLES	
pres. active	ука́зывающий	*pres. active*	—
pres. passive	ука́зываемый	*pres. passive*	—
past active	ука́зывавший	*past active*	указа́вший
past passive	—	*past passive*	ука́занный
VERBAL ADVERBS		VERBAL ADVERBS	
ука́зывая		указа́в	
COMMANDS		**COMMANDS**	
ука́зывай		укажи́	
ука́зывайте		укажи́те	

Usage

(+acc.)(на+acc.)(+dat.)(+instr.)

Я указа́ла ему́ доро́гу на окра́ину го́рода.	*I showed him the way to the suburbs.*
На конве́рте был ука́зан ста́рый а́дрес.	*An old address was written on the envelope.*
Сто́ит указа́ть сро́ки выполне́ния рабо́ты.	*You should indicate the deadline for the completion of this work.*
Дире́ктор указа́л на недоста́тки в рабо́те.	*The director pointed out defects in the work.*
Малы́ш ука́зывал па́льцем на игру́шку.	*The boy pointed a finger at the toy.*
В статье́ ука́зывается, что положе́ние на фро́нте стабилизи́руется.	*The article indicates that the situation on the front is stabilizing.*
Она́ указа́ла го́стю на стул во́злеками́на.	*She showed the guest to the chair by the fireplace.*
Я указа́ла ей на дверь.	*I showed her the door.*

regular type 1 verb in imp./perf. form type 3 stem: **улыба́й+ся/улыбну+ся**

IMPERFECTIVE ASPECT		PERFECTIVE ASPECT	
PRESENT			
улыба́юсь	улыба́емся		
улыба́ешься	улыба́етесь		
улыба́ется	улыба́ются		
PAST		**PAST**	
улыба́лся		улыбну́лся	
улыба́лась		улыбну́лась	
улыба́лось		улыбну́лось	
улыба́лись		улыбну́лись	
FUTURE		**FUTURE**	
бу́ду улыба́ться	бу́дем улыба́ться	улыбну́сь	улыбнёмся
бу́дешь улыба́ться	бу́дете улыба́ться	улыбнёшься	улыбнётесь
бу́дет улыба́ться	бу́дут улыба́ться	улыбнётся	улыбну́тся
SUBJUNCTIVE		**SUBJUNCTIVE**	
улыба́лся бы		улыбну́лся бы	
улыба́лась бы		улыбну́лась бы	
улыба́лось бы		улыбну́лось бы	
улыба́лись бы		улыбну́лись бы	
PARTICIPLES		**PARTICIPLES**	
pres. active	улыба́ющийся	*pres. active*	—
pres. passive	—	*pres. passive*	—
past active	улыба́вшийся	*past active*	улыбну́вшийся
past passive	—	*past passive*	—
VERBAL ADVERBS		**VERBAL ADVERBS**	
улыба́ясь		улыбну́вшись	
COMMANDS		**COMMANDS**	
улыба́йся		улыбни́сь	
улыба́йтесь		улыбни́тесь	

Usage

(+dat.)(от+gen.)

Ребёнок улыба́лся ма́тери. — *The child smiled at his mother.*
Все улыбну́лись шу́тке. — *Everyone smiled at the joke.*
Она́ улыба́лась от ра́дости. — *She was smiling with joy.*

Idioms

Жизнь начала́ улыба́ться мне. — *Life started to smile upon me.*
Мне не улыба́ется рабо́тать но́чью. — *I am not overjoyed at the prospect of working at night.*
Уда́ча улыба́лась ему впервы́е. — *Good luck smiled upon him for the first time.*

уменьша́ть(ся)/уме́ньшить(ся) *to reduce, decrease*

stem: **уменьша́й+(ся)/уме́ньши+(ся)** regular type 1 verb in imp./perf. form type 2

	IMPERFECTIVE ASPECT		PERFECTIVE ASPECT	
PRESENT				
	уменьша́ю(сь)	уменьша́ем(ся)		
	уменьша́ешь(ся)	уменьша́ете(сь)		
	уменьша́ет(ся)	уменьша́ют(ся)		
PAST				
	уменьша́л(ся)		уме́ньшил(ся)	
	уменьша́ла(сь)		уме́ньшила(сь)	
	уменьша́ло(сь)		уме́ньшило(сь)	
	уменьша́ли(сь)		уме́ньшили(сь)	
FUTURE				
	бу́ду уменьша́ть(ся)	бу́дем уменьша́ть(ся)	уме́ньшу	уме́ньшим
	бу́дешь уменьша́ть(ся)	бу́дете уменьша́ть(ся)	уме́ньшишь	уме́ньшите
	бу́дет уменьша́ть(ся)	бу́дут уменьша́ть(ся)	уме́ньшит	уме́ньшат
SUBJUNCTIVE				
	уменьша́л(ся) бы		уме́ньшил(ся) бы	
	уменьша́ла(сь) бы		уме́ньшила(сь) бы	
	уменьша́ло(сь) бы		уме́ньшило(сь) бы	
	уменьша́ли(сь) бы		уме́ньшили(сь) бы	
PARTICIPLES				
	pres. active	уменьша́ющий(ся)	*pres. active*	—
	pres. passive	уменьша́емый	*pres. passive*	—
	past active	уменьша́вший(ся)	*past active*	уме́ньшивший(ся)
	past passive	—	*past passive*	уме́ньшенный
VERBAL ADVERBS				
	уменьша́я(сь)		уме́ньшив(шись)	
COMMANDS				
	уменьша́й(ся)		уме́ньши(сь)	
	уменьша́йте(сь)		уме́ньшите(сь)	

Usage

(+acc.)

Уме́ньши ско́рость на пять миль в час. — *Reduce your speed by five miles per hour.*

Наш годово́й дохо́д уме́ньшился на два́дцать проце́нтов. — *Our annual income decreased by twenty percent.*

Чи́сленность вое́нного континге́нта за грани́цей уме́ньшится в два ра́за. — *The size of the military contingent overseas will be cut in half.*

Разме́р посо́бия по безрабо́тице уме́ньшился. — *The amount of unemployment benefit was reduced.*

Я похуде́ла, и разме́р мое́й оде́жды уме́ньшился. — *I lost weight, and my clothes size went down.*

regular type 1 verb (like **рабо́тать**) stem: **уме́й-/суме́й-**

IMPERFECTIVE ASPECT		PERFECTIVE ASPECT	
PRESENT			
уме́ю	уме́ем		
уме́ешь	уме́ете		
уме́ет	уме́ют		
PAST		PAST	
уме́л		суме́л	
уме́ла		суме́ла	
уме́ло		суме́ло	
уме́ли		суме́ли	
FUTURE		FUTURE	
бу́ду уме́ть	бу́дем уме́ть	суме́ю	суме́ем
бу́дешь уме́ть	бу́дете уме́ть	суме́ешь	суме́ете
бу́дет уме́ть	бу́дут уме́ть	суме́ет	суме́ют
SUBJUNCTIVE		SUBJUNCTIVE	
уме́л бы		суме́л бы	
уме́ла бы		суме́ла бы	
уме́ло бы		суме́ло бы	
уме́ли бы		суме́ли бы	
PARTICIPLES		PARTICIPLES	
pres. active	уме́ющий	*pres. active*	—
pres. passive	—	*pres. passive*	—
past active	уме́вший	*past active*	суме́вший
past passive	—	*past passive*	—
VERBAL ADVERBS		VERBAL ADVERBS	
уме́я		суме́в	
COMMANDS		**COMMANDS**	
уме́й		суме́й	
уме́йте		суме́йте	

Usage

(+inf.)

Де́ти уме́ют чита́ть и писа́ть. — *The children know how to read and write.*

Мы суме́ем преодоле́ть тру́дности на на́шем пути́. — *We will be able to overcome obstacles in our path.*

Она́ умее́т льсти́ть. — *She knows how to flatter.*

Proverbs/Sayings

Уме́й нача́ть, уме́й и конча́ть. (пословица) — *Don't start anything you can't finish.*

Уме́й во́время сказа́ть, во́время смолча́ть. (поговорка). — *Know when to speak, and when to keep quiet.*

Уме́л дитя́ роди́ть, уме́й и научи́ть. (поговорка) — *You knew how to bring a child into this world - figure out how to teach him to live.*

Дай Бог тому́ честь, кто уме́ет её снесть. (пословица) — *God give honor to those who know how to carry it.*

умира́ть/умере́ть

to die

stem: **умира́й-/умр-**

regular type 1 verb in imp./perf. form irregular

Мать умерла́ у меня́ на рука́х.	*My mother died in my arms.*
Он у́мер преждевре́менно в автокатастро́фе.	*He died before his time in a car accident.*
Она́ скоропости́жно умерла́ от воспале́ния лёгких.	*She died suddenly from pneumonia.*

Idioms

Я чуть от ску́ки не умерла́ на э́том конце́рте.	*I nearly died from boredom at this concert.*
От его́ анекдо́тов со́ смеху умере́ть мо́жно.	*You can just die from his jokes.*
Ра́ньше сме́рти не умрёшь.	*You will not die before your time.*
Умира́ть - так с му́зыкой!	*If you are going down - go down in flames.*

умира́ть/умере́ть

regular type 1 verb in imp./perf. form irregular — stem: **умира́й-/умр-**

IMPERFECTIVE ASPECT		PERFECTIVE ASPECT	
PRESENT			
умира́ю	умира́ем		
умира́ешь	умира́ете		
умира́ет	умира́ют		
PAST		PAST	
умира́л		у́мер	
умира́ла		умерла́	
умира́ло		у́мерло	
умира́ли		у́мерли	
FUTURE		FUTURE	
бу́ду умира́ть	бу́дем умира́ть	умру́	умрём
бу́дешь умира́ть	бу́дете умира́ть	умрёшь	умрёте
бу́дет умира́ть	бу́дут умира́ть	умрёт	умру́т
SUBJUNCTIVE		SUBJUNCTIVE	
умира́л бы		у́мер бы	
умира́ла бы		умерла́ бы	
умира́ло бы		у́мерло бы	
умира́ли бы		у́мерли бы	
PARTICIPLES		PARTICIPLES	
pres. active	умира́ющий	*pres. active*	—
pres. passive	—	*pres. passive*	—
past active	умира́вший	*past active*	уме́рший
past passive	—	*past passive*	—
VERBAL ADVERBS		VERBAL ADVERBS	
умира́я		умере́в	
COMMANDS		**COMMANDS**	
умира́й		умри́	
умира́йте		умри́те	

Usage

(от+gen.)(за+acc.)

Солда́т умира́л от тяжёлых ран. — *The soldier was dying from severe wounds.*

Пу́тники в пусты́не умира́ли от жа́жды. — *The travelers were dying of thirst in the desert.*

Мно́гие мои́ ро́дственники у́мерли с го́лоду на Украи́не в тридца́тые го́ды. — *Many of my relatives starved to death in the 1930s in the Ukraine.*

Миллио́ны сове́тских люде́й умира́ли за Ро́дину во вре́мя войны́. — *Millions of Soviet people were dying for the Motherland during the war.*

Ба́бушка умерла́ молодо́й, лет пяти́десяти. — *My grandmother died young, at around fifty.*

Ма́льчик у́мер от дифтери́и. — *The boy died from diphtheria.*

Он жела́л умере́ть свое́й сме́ртью, в своём до́ме. — *He wanted to die a natural death, at home.*

Он у́мер наси́льственной сме́ртью, от ножа́ ба́ндита. — *He died a violent death, from a thief's knife wound.*

525 умоля́ть/умоли́ть

to implore

stem: **умоля́й-/умоли́-** regular type 1 verb in imp./perf. form type 2

	IMPERFECTIVE ASPECT		PERFECTIVE ASPECT	
PRESENT				
	умоля́ю	умоля́ем		
	умоля́ешь	умоля́ете		
	умоля́ет	умоля́ют		
PAST				
	умоля́л		умоли́л	
	умоля́ла		умоли́ла	
	умоля́ло		умоли́ло	
	умоля́ли		умоли́ли	
FUTURE				
	бу́ду умоля́ть	бу́дем умоля́ть	умолю́	умоли́м
	бу́дешь умоля́ть	бу́дете умоля́ть	умоли́шь	умоли́те
	бу́дет умоля́ть	бу́дут умоля́ть	умоли́т	умоля́т
SUBJUNCTIVE				
	умоля́л бы		умоли́л бы	
	умоля́ла бы		умоли́ла бы	
	умоля́ло бы		умоли́ло бы	
	умоля́ли бы		умоли́ли бы	
PARTICIPLES				
	pres. active	умоля́ющий	*pres. active*	—
	pres. passive	умоля́емый	*pres. passive*	—
	past active	умоля́вший	*past active*	умоли́вший
	past passive	—	*past passive*	умолённый
VERBAL ADVERBS				
	умоля́я		умоли́в	
COMMANDS				
	умоля́й		умоли́	
	умоля́йте		умоли́те	

Usage

(+acc.)(о+prep.)(+inf.)

Я умоля́л его́ помо́чь мои́м роди́телям.	*I begged him to help my parents.*
Он умоля́л суд об отме́не наказа́ния.	*He begged the court to revise the sentence.*
Она́ умоля́ла команди́ра о милосе́рдии к пле́нным.	*She begged the commander for mercy for the prisoners.*
Он слёзно умоля́л коми́ссию приня́ть его́ докуме́нты.	*He tearfully begged the commission to accept his documents.*

regular type 1 verb in imp./perf. form irregular stem: **умыва́й+ся/умо́й+ся**

IMPERFECTIVE ASPECT		PERFECTIVE ASPECT	
PRESENT			
умыва́юсь	умыва́емся		
умыва́ешься	умыва́етесь		
умыва́ется	умыва́ются		
PAST		PAST	
умыва́лся		умы́лся	
умыва́лась		умы́лась	
умыва́лось		умы́лось	
умыва́лись		умы́лись	
FUTURE		FUTURE	
бу́ду умыва́ться	бу́дем умыва́ться	умо́юсь	умо́емся
бу́дешь умыва́ться	бу́дете умыва́ться	умо́ешься	умо́етесь
бу́дет умыва́ться	бу́дут умыва́ться	умо́ется	умо́ются
SUBJUNCTIVE		SUBJUNCTIVE	
умыва́лся бы		умы́лся бы	
умыва́лась бы		умы́лась бы	
умыва́лось бы		умы́лось бы	
умыва́лись бы		умы́лись бы	
PARTICIPLES		PARTICIPLES	
pres. active	умыва́ющийся	*pres. active*	—
pres. passive	—	*pres. passive*	—
past active	умыва́вшийся	*past active*	умы́вшийся
past passive	—	*past passive*	—
VERBAL ADVERBS		VERBAL ADVERBS	
умыва́ясь		умы́вшись	
COMMANDS		**COMMANDS**	
умыва́йся		умо́йся	
умыва́йтесь		умо́йтесь	

Usage

(в, на+prep.)(+instr.)

По утра́м он бы́стро умыва́ется холо́дной водо́й с мы́лом. — *In the morning, he quickly washed up with cold water and soap.*

В дере́вне мы умыва́лись речно́й водо́й. — *We bathed in the river water in the village.*

Idioms

Трава́ умыва́ется росо́й. — *The grass is bathing in dew drops.*

Лес умы́лся дождём. — *The forest was washed clean by the rain.*

Мать умыва́лась слеза́ми по поги́бшему му́жу. — *The mother was crying desperately for her fallen husband.*

Была́ така́я дра́ка, что он кро́вью умы́лся. — *The fight was so severe that he was bathed in blood.*

На фа́брике рабо́чие умыва́лись солёным по́том. — *At the factory, the workers swam in their own sweat.*

Когда́ нужна́ по́мощь, она́ умыва́ет ру́ки. — *When help is needed, she washes her hands of it.*

уничтожа́ть/уничто́жить

to destroy, annihilate

stem: **уничтожа́й-/уничто́жи-** regular type 1 verb in imp./perf. form type 2

Прозвуча́ла уничтожа́ющая кри́тика руково́дства.	*Criticism was voiced that was highly scathing toward management.*
Она́ сме́рила меня́ уничтожа́ющим взгля́дом.	*She looked me up and down with a murderous gaze.*
В его́ слова́х звуча́ла уничтожа́ющая иро́ния.	*His words were dripping with murderous irony.*
Война́ уничто́жила всех жи́телей дере́вни.	*The war wiped out all the villagers.*
Они́ уничто́жили до́брые отноше́ния ме́жду на́ми.	*They destroyed a good relationship between us.*
Он уничто́жил во мне ве́ру в бу́дущее.	*He destroyed in me my faith in tomorrow.*
Луч све́та уничто́жил темноту́.	*A ray of light broke the darkness.*

Idioms

Он уничто́жил по́лностью обе́д.	*He polished off the entire dinner.*

regular type 1 verb in imp./perf. form type 2 stem: **уничтожа́й-/уничто́жи-**

IMPERFECTIVE ASPECT		PERFECTIVE ASPECT	
PRESENT			
уничтожа́ю	уничтожа́ем		
уничтожа́ешь	уничтожа́ете		
уничтожа́ет	уничтожа́ют		
PAST		**PAST**	
уничтожа́л		уничто́жил	
уничтожа́ла		уничто́жила	
уничтожа́ло		уничто́жило	
уничтожа́ли		уничто́жили	
FUTURE		**FUTURE**	
бу́ду уничтожа́ть	бу́дем уничтожа́ть	уничто́жу	уничто́жим
бу́дешь уничтожа́ть	бу́дете уничтожа́ть	уничто́жишь	уничто́жите
бу́дет уничтожа́ть	бу́дут уничтожа́ть	уничто́жит	уничто́жат
SUBJUNCTIVE		**SUBJUNCTIVE**	
уничтожа́л бы		уничто́жил бы	
уничтожа́ла бы		уничто́жила бы	
уничтожа́ло бы		уничто́жило бы	
уничтожа́ли бы		уничто́жили бы	
PARTICIPLES		**PARTICIPLES**	
pres. active	уничтожа́ющий	*pres. active*	—
pres. passive	уничтожа́емый	*pres. passive*	—
past active	уничтожа́вший	*past active*	уничто́живший
past passive	—	*past passive*	уничто́женный
VERBAL ADVERBS		**VERBAL ADVERBS**	
уничтожа́я		уничто́жив	
COMMANDS		**COMMANDS**	
уничтожа́й		уничто́жь	
уничтожа́йте		уничто́жьте	

Usage

(+acc.)

У нас была́ одна́ цель - уничто́жить врага́.	*We had one goal - to destroy the enemy.*
Револю́ция уничто́жила эксплуата́цию челове́ка челове́ком.	*The revolution ended the exploitation of man.*
Прави́тельство пыта́ется уничто́жить безрабо́тицу.	*The government is trying to end unemployment.*
Враг отступа́л, уничтожа́я всё на своём пути́.	*The enemy was retreating, and destroying everything in his path.*
Он уничто́жил свои́ докуме́нты, что́бы они́ не попа́лись проти́внику.	*He destroyed all the documents to make sure they would not fall into enemy hands.*
Артилле́рия нанесла́ уничтожа́ющий ого́нь по врагу́.	*The artillery inflicted destructive fire upon the enemy.*

упротребля́ть/употреби́ть

to use

stem: **употребля́й-/употреби́-** regular type 1 verb in imp./perf. form type 2

IMPERFECTIVE ASPECT		PERFECTIVE ASPECT	
PRESENT			
употребля́ю	употребля́ем		
употребля́ешь	употребля́ете		
употребля́ете	употребля́ют		
PAST		PAST	
употребля́л		употреби́л	
употребля́ла		употреби́ла	
употребля́ло		употреби́ло	
употребля́ли		употреби́ли	
FUTURE		FUTURE	
бу́ду употребля́ть	бу́дем употребля́ть	употреблю́	употреби́м
бу́дешь употребля́ть	бу́дете употребля́ть	употреби́шь	употреби́те
бу́дет употребля́ть	бу́дут употребля́ть	употреби́т	употребя́т
SUBJUNCTIVE		SUBJUNCTIVE	
употребля́л бы		употреби́л бы	
употребля́ла бы		употреби́ли бы	
употребля́ло бы		употреби́ло бы	
употребля́ли бы		употреби́ли бы	
PARTICIPLES		PARTICIPLES	
pres. active	употребля́ющий	*pres. active*	—
pres. passive	употребля́емый	*pres. passive*	—
past active	употребля́вший	*past active*	употреби́вший
past passive	—	*past passive*	употреблённый
VERBAL ADVERBS		VERBAL ADVERBS	
употребля́я		употреби́в	
COMMANDS		**COMMANDS**	
употребля́й		употреби́	
употребля́йте		употреби́те	

Usage

(+acc.)(в, на+acc.)(для+gen.)

Она́ употребля́ла руга́тельства, когда́ была́ вне себя́.	*She used profanities when she was beside herself with anger.*
Он употреби́л де́ньги на поку́пку маши́ны.	*He used the money to buy a car.*
Мы употребля́ем в пи́щу свёклу.	*We use beets in our food.*
Руково́дство употребля́ет все сре́дства возде́йствия на э́того челове́ка.	*Management is using all means to influence this person.*
Для подавле́ния бу́нта войска́ употреби́ли си́лу.	*To suppress the revolt, the army used force.*
Мы употребля́ем лека́рства из трав.	*We use herbal remedies.*
Она́ употребля́ет в ре́чи интере́сные оборо́ты.	*She uses interesting forms of speech.*

regular type 1 verb (like **рабо́тать**)/no perf. stem: **управляй+(ся)**

IMPERFECTIVE ASPECT

PRESENT

управля́ю(сь)	управля́ем(ся)
управля́ешь(ся)	управля́ете(сь)
управля́ет(ся)	управля́ют(ся)

PAST

управля́л(ся)
управля́ла(сь)
управля́ло(сь)
управля́ли(сь)

FUTURE

бу́ду управля́ть(ся)	бу́дем управля́ть(ся)
бу́дешь управля́ть(ся)	бу́дете управля́ть(ся)
бу́дет управля́ть(ся)	бу́дут управля́ть(ся)

SUBJUNCTIVE

управля́л(ся) бы
управля́ла(сь) бы
управля́ло(сь) бы
управля́ли(сь) бы

PARTICIPLES

pres. active	управля́ющий
pres. passive	управля́емый
past active	управля́вший(ся)
past passive	—

VERBAL ADVERBS

управля́я

COMMANDS

управля́й
управля́йте

Usage

(+acc.)(+instr.)

Он управля́ет институ́том уже́ че́тверть ве́ка.	*He has governed the institute for a quarter of a century.*
Он управля́ет автомоби́лем любо́й ма́рки.	*He can drive any model of car.*
Дирижёр управля́ет орке́стром.	*The conductor leads the orchestra.*
Президе́нт управля́ет вели́кой страно́й.	*The president rules a great country.*
Команди́р батаре́и управля́ет огнём.	*The battery commander is directing fire.*
Я упра́вилась со сти́ркой к ве́черу.	*I finished the laundry by the evening.*

Idioms

Посто́й, я с тобо́й упра́влюсь!	*Just you wait, I'll take care of you!*

530 успева́ть/успе́ть

to have time, manage, make progress

stem: **успева́й-/успе́й-** regular type 1 verb (like **рабо́тать**)

	IMPERFECTIVE ASPECT		PERFECTIVE ASPECT	
PRESENT				
	успева́ю	успева́ем		
	успева́ешь	успева́ете		
	успева́ет	успева́ют		
PAST				
	успева́л		успе́л	
	успева́ла		успе́ла	
	успева́ло		успе́ло	
	успева́ли		успе́ли	
FUTURE				
	бу́ду успева́ть	бу́дем успева́ть	успе́ю	успе́ем
	бу́дешь успева́ть	бу́дете успева́ть	успе́ешь	успе́ете
	бу́дет успева́ть	бу́дут успева́ть	успе́ет	успе́ют
SUBJUNCTIVE				
	успева́л бы		успе́л бы	
	успева́ла бы		успе́ла бы	
	успева́ло бы		успе́ло бы	
	успева́ли бы		успе́ли бы	
PARTICIPLES				
	pres. active	успева́ющий	*pres. active*	—
	pres. passive	—	*pres. passive*	—
	past active	успева́вший	*past active*	успе́вший
	past passive	—	*past passive*	—
VERBAL ADVERBS				
	успева́я		успе́в	
COMMANDS				
	успева́й		успе́й	
	успева́йте		успе́йте	

Usage

(+inf.)(в, на+acc.)(по, к+dat.)

Он хорошо́ успева́ет в шко́ле. — *He does well in school.*
Она́ успева́ет по матема́тике лу́чше други́х. — *She does better in math than anyone else.*
Я е́ле успе́л на собра́ние. — *I barely made it to the meeting.*
Постара́йся успе́ть к обе́ду. — *Try to make it to dinner.*
Мы с трудо́м успе́ли на по́езд. — *We barely made it in time to the train.*
Я успе́л погуля́ть с соба́кой по́сле рабо́ты. — *I was able to take the dog for a walk after work.*
Самолёт не успе́л приземли́ться, как прозвуча́ла сире́на. — *The plane hadn't landed yet when the siren sounded.*

regular type 1 verb in imp./perf. form type 2 stem: **успока́ивай+(ся)/успоко́й+(ся)**

IMPERFECTIVE ASPECT		PERFECTIVE ASPECT	
PRESENT			
успока́иваю(сь)	успока́иваем(ся)		
успока́иваешь(ся)	успока́иваете(сь)		
успока́ивает(ся)	успока́ивают(ся)		
PAST		PAST	
успока́ивал(ся)		успоко́ил(ся)	
успока́ивала(сь)		успоко́ила(сь)	
успока́ивало(сь)		успоко́ило(сь)	
успока́ивали(сь)		успоко́или(сь)	
FUTURE		FUTURE	
бу́ду успока́ивать(ся)	бу́дем успока́ивать(ся)	успоко́ю(сь)	успоко́им(ся)
бу́дешь успока́ивать(ся)	бу́дете успока́ивать(ся)	успоко́ишь(ся)	успоко́ите(сь)
бу́дет успока́ивать(ся)	бу́дут успока́ивать(ся)	успоко́ит(ся)	успоко́ят(ся)
SUBJUNCTIVE		SUBJUNCTIVE	
успока́ивал(ся) бы		успоко́ил(ся) бы	
успока́ивала(сь) бы		успоко́ила(сь) бы	
успока́ивало(сь) бы		успоко́ило(сь) бы	
успока́ивали(сь) бы		успоко́или(сь) бы	
PARTICIPLES		PARTICIPLES	
pres. active	успока́ивающий(ся)	*pres. active*	—
pres. passive	успока́иваемый	*pres. passive*	—
past active	успока́ивавший(ся)	*past active*	успоко́ивший(ся)
past passive	—	*past passive*	успоко́енный
VERBAL ADVERBS		VERBAL ADVERBS	
успока́ивая(сь)		успоко́ив(шись)	
COMMANDS		**COMMANDS**	
успока́ивай(ся)		успоко́й(ся)	
успока́ивайте(сь)		успоко́йте(сь)	

Usage

(+acc.)(+instr.)

Больно́й успоко́ился от валериа́нки. — *The patient calmed down after taking valerian root.*

Ребёнок успоко́ился по́сле купа́ния. — *The child calmed down after a bath.*

Я успоко́ила дете́й за пять мину́т. — *I calmed the kids down in five minutes.*

Я ста́ла успока́иваться, когда́ услы́шала объявле́ние по телеви́зору. — *I began to calm down when I heard the announcement on TV.*

Вам на́до успоко́ить не́рвы. — *You need to calm your nerves.*

Idioms

Он успоко́ил боль души́ бока́лом вина́. — *He calmed his soul with a glass of wine.*

Вы не винова́ты, успоко́йте свою́ совесть. — *You are not responsible; give your conscience a break.*

532 уставáть/устáть

to get tired

stem: **уставáй-/устан-** irregular verb in imp./perf. stem change to **-ай**

IMPERFECTIVE ASPECT		PERFECTIVE ASPECT	
PRESENT			
устаю́	устаём		
устаёшь	устаёте		
устаёт	устаю́т		
PAST		**PAST**	
уставáл		устáл	
уставáла		устáла	
уставáло		устáло	
уставáли		устáли	
FUTURE		**FUTURE**	
бу́ду уставáть	бу́дем уставáть	устáну	устáнем
бу́дешь уставáть	бу́дете уставáть	устáнешь	устáнете
бу́дет уставáть	бу́дут уставáть	устáнет	устáнут
SUBJUNCTIVE		**SUBJUNCTIVE**	
уставáл бы		устáл бы	
уставáла бы		устáла бы	
уставáло бы		устáло бы	
уставáли бы		устáли бы	
PARTICIPLES		**PARTICIPLES**	
pres. active	устаю́щий	*pres. active*	—
pres. passive	—	*pres. passive*	—
past active	уставáвший	*past active*	устáвший
past passive	—	*past passive*	—
VERBAL ADVERBS		**VERBAL ADVERBS**	
уставáя		устáв	
COMMANDS		**COMMANDS**	
уставáй		устáнь	
уставáйте		устáньте	

Usage

(от+gen.)(+inf.)

Я уставáла пóсле рабóты.	*I was tired after work.*
Я устáла от егó болтовни́.	*I was tired from his chatter.*
Начáльник устáл от посети́телей.	*The supervisor was tired of visitors.*
Онá устáла от ходьбы́ и присéла в пáрке.	*She was tired from walking and sat down in the park.*
Я устáла ждать благодáрности.	*I was tired of waiting for gratitude.*
Вы устáли с дорóги, ложи́тесь спать порáньше.	*You are tired after your trip, so go to bed early.*

regular type 1 verb in imp./perf. form type 2 stem: **устана́вливай+(ся)/установи+(ся)**

	IMPERFECTIVE ASPECT		PERFECTIVE ASPECT	
PRESENT				
	устана́вливаю(сь)	устана́вливаем(ся)		
	устана́вливаешь(ся)	устана́вливаете(сь)		
	устана́вливает(ся)	устана́вливают(ся)		
PAST				
	устана́вливал(ся)		установи́л(ся)	
	устана́вливала(сь)		установи́ла(сь)	
	устана́вливало(сь)		установи́ло(сь)	
	устана́вливали(сь)		установи́ли(сь)	
FUTURE				
	бу́ду устана́вливать(ся)	бу́дем устана́вливать(ся)	установлю́(сь)	устано́вим(ся)
	бу́дешь устана́вливать(ся)	бу́дете устана́вливать(ся)	устано́вишь(ся)	устано́вите(сь)
	бу́дет устана́вливать(ся)	бу́дут устана́вливать(ся)	устано́вит(ся)	устано́вят(ся)
SUBJUNCTIVE				
	устана́вливал(ся) бы		установи́л(ся) бы	
	устана́вливала(сь) бы		установи́ла(сь) бы	
	устана́вливало(сь) бы		установи́ло(сь) бы	
	устана́вливали(сь) бы		установи́ли(сь) бы	
PARTICIPLES				
	pres. active	устана́вливающий(ся)	*pres. active*	—
	pres. passive	устана́вливаемый	*pres. passive*	—
	past active	устана́вливавший(ся)	*past active*	установи́вший(ся)
	past passive	—	*past passive*	устано́вленный
VERBAL ADVERBS				
	устана́вливая		установи́в	
COMMANDS				
	устана́вливай(ся)		установи́	
	устана́вливайте(сь)		установи́те	

Usage

(+acc.)

Он установи́л миров́ой реко́рд по прыжка́м в высоту́.	*He set a world record in the high jump.*
Поли́ция установи́ла да́ту происше́ствия.	*The police established the date of the incident.*
Бы́ло устано́влено, что подсуди́мый соверши́л растра́ту.	*It was established that the defendant embezzled funds.*
Вам сле́дует жить согла́сно устано́вленным пра́вилам.	*You must live according to the established rules.*
Установи́те таре́лку на кры́ше и смотри́те ру́сские програ́ммы телеви́денья.	*Install the satellite dish on the roof and (you can) watch Russian TV programs.*
Они́ установи́ли вре́мя встре́чи.	*They set the time of the meeting.*
Наконе́ц установи́ли госуда́рственную грани́цу ме́жду двумя́ стра́нами.	*Finally, the border between the two countries was established.*
Ради́сты пыта́лись установи́ть связь с парохо́дом.	*The radio operators attempted to establish contact with the ship.*
Сего́дня установи́ли но́вые це́ны на бензи́н.	*Today they set new gasoline prices.*

устра́ивать(ся)/устро́ить(ся) *to place, arrange, suit*

stem: **устраивай+(ся)/устрой+(ся)** regular type 1 verb in imp./perf. form type 2

Я ему́ таку́ю неприя́тность устро́ю! — *I will create real troubles for him!*
Нас не устра́ивает, что́бы она́ сиде́ла и молча́ла. — *We are not pleased that she was sitting silently.*
Балери́не устро́или ова́цию. — *The ballerina received an ovation.*
Не устра́ивай мне сце́ны ре́вности. — *Stop throwing fits of jealousy.*
Я устро́ился спать на черда́ке. — *I got ready to sleep in the attic.*
Они́ устро́ились рабо́тать перево́дчиками. — *They got jobs as interpreters.*
Он устро́ился рабо́тать на заво́д. — *He got a job at the plant.*
Она́ устро́илась бухга́лтером. — *She got a job as a bookkeeper.*

regular type 1 verb in imp./perf. form type 2 stem: **устраивай+(ся)/устрой+(ся)**

IMPERFECTIVE ASPECT		PERFECTIVE ASPECT	
PRESENT			
устра́иваю(сь)	устра́иваем(ся)		
устра́иваешь(ся)	устра́иваете(сь)		
устра́ивает(ся)	устра́ивают(ся)		
PAST		**PAST**	
устра́ивал(ся)		устро́ил(ся)	
устра́ивала(сь)		устро́ила(сь)	
устра́ивало(сь)		устро́ило(сь)	
устра́ивали(сь)		устро́или(сь)	
FUTURE		**FUTURE**	
бу́ду устра́ивать(ся)	бу́дем устра́ивать(ся)	устро́ю(сь)	устро́им(ся)
бу́дешь устра́ивать(ся)	бу́дете устра́ивать(ся)	устро́ишь(ся)	устро́ите(сь)
бу́дет устра́ивать(ся)	бу́дут устра́ивать(ся)	устро́ит(ся)	устро́ят(ся)
SUBJUNCTIVE		**SUBJUNCTIVE**	
устра́ивал(ся) бы		устро́ил(ся) бы	
устра́ивала(сь) бы		устро́ила(сь) бы	
устра́ивало(сь) бы		устро́ило(сь) бы	
устра́ивали(сь) бы		устро́или(сь) бы	
PARTICIPLES		**PARTICIPLES**	
pres. active	устра́ивающий(ся)	*pres. active*	—
pres. passive	устра́иваемый	*pres. passive*	—
past active	устра́ивавший(ся)	*past active*	устро́ивший(ся)
past passive	—	*past passive*	устро́енный
VERBAL ADVERBS		**VERBAL ADVERBS**	
устра́ивая(сь)		устро́ив(шись)	
COMMANDS		**COMMANDS**	
устра́ивай(ся)		устро́й(ся)	
устра́ивайте(сь)		устро́йте(сь)	

Usage

(+acc.)(в, на+prep.)(+dat.)(для+gen.)(+instr.)(+inf.)

Мы устро́или мать в больни́цу.	*We admitted mother to the hospital.*
Па́рень устро́ился на ночле́г у прия́теля.	*The young man settled in for the night at his friend's place.*
Я устро́ила ему́ на ле́то ко́мнату.	*I arranged a room for him for the summer.*
Мы устро́или его́ на фа́брику.	*We got him a job at the factory.*
Мы устра́иваем бра́та в институ́т.	*We are getting our brother admitted at the university.*
Мы устра́иваем сестру́ секретарём на фи́рму.	*We are getting our sister a job as a secretary.*
Они́ устро́или сы́на рабо́тать в магази́н.	*They got their son a job at the store.*
Я устра́иваю пра́здник для семьи́.	*I am arranging a celebration for my family.*
Устро́йте мне встре́чу с мини́стром.	*Get me an appointment with the minister.*
Устро́й так, что́бы мы встре́тились у тебя́ до́ма.	*Do whatever you need to so that we will meet at your house.*

535 уступ́ать/уступ́ить

to yield, give in, hand over

stem: **уступа́й-/уступи-** regular type 1 verb in imp./perf. form type 2

	IMPERFECTIVE ASPECT		PERFECTIVE ASPECT	
PRESENT				
	уступа́ю	уступа́ем		
	уступа́ешь	уступа́ете		
	уступа́ет	уступа́ют		
PAST				
	уступа́л		уступи́л	
	уступа́ла		уступи́ла	
	уступа́ло		уступи́ло	
	уступа́ли		уступи́ли	
FUTURE				
	бу́ду уступа́ть	бу́дем уступа́ть	уступлю́	усту́пим
	бу́дешь уступа́ть	бу́дете уступа́ть	усту́пишь	усту́пите
	бу́дет уступа́ть	бу́дут уступа́ть	усту́пит	усту́пят
SUBJUNCTIVE				
	уступа́л бы		уступи́л бы	
	уступа́ла бы		уступи́ла бы	
	уступа́ло бы		уступи́ло бы	
	уступа́ли бы		уступи́ли бы	
PARTICIPLES				
	pres. active	уступа́ющий	*pres. active*	—
	pres. passive	—	*pres. passive*	—
	past active	уступа́вший	*past active*	усту́пивший
	past passive	—	*past passive*	—
VERBAL ADVERBS				
	уступа́я		уступи́в	
COMMANDS				
	уступа́й		уступи́	
	уступа́йте		уступи́те	

Usage

(+acc.)(+dat.)(в+prep.)

Я уступа́ю ва́шей про́сьбе. — *I concede to your request.*
Я уступи́л прия́телю и пошёл в кино́. — *I gave in to my friend and went to the movies.*
Я уступи́л дру́гу в спо́ре. — *I yielded to my friend in an argument.*
Он уступи́л биле́т в теа́тр сосе́ду. — *He gave up his theater ticket to his neighbor.*
Как знато́к А́фрики, он никому́ не уступа́л. — *As an expert on Africa, he had no rivals.*
Он уступа́ет ме́сто в тра́нспорте старика́м. — *He yields his place on public transportation to the elderly.*
Он никому́ не уступа́ет в спо́рте. — *He never gives in to anyone in sports.*
Я уступи́л ему́ телеви́зор за сто до́лларов. — *I gave him the TV for one hundred dollars.*
Войска́ уступи́ли на́тиску врага́. — *The army gave in to the onslaught of the enemy.*

Idioms

Он никому́ ни на йо́ту не усту́пит. — *He will not yield to anyone even an inch.*

regular type 1 verb (like **рабóтать**) stem: **ухáживай-/поухáживай-**

IMPERFECTIVE ASPECT		PERFECTIVE ASPECT	
PRESENT			
ухáживаю	ухáживаем		
ухáживаешь	ухáживаете		
ухáживает	ухáживают		
PAST		**PAST**	
ухáживал		поухáживал	
ухáживала		поухáживала	
ухáживало		поухáживало	
ухáживали		поухáживали	
FUTURE		**FUTURE**	
бýду ухáживать	бýдем ухáживать	поухáживаю	поухáживаем
бýдешь ухáживать	бýдете ухáживать	поухáживаешь	поухáживаете
бýдет ухáживать	бýдут ухáживать	поухáживает	поухáживают
SUBJUNCTIVE		**SUBJUNCTIVE**	
ухáживал бы		поухáживал бы	
ухáживала бы		поухáживала бы	
ухáживало бы		поухáживало бы	
ухáживали бы		поухáживали бы	
PARTICIPLES		**PARTICIPLES**	
pres. active	ухáживающий	*pres. active*	—
pres. passive	—	*pres. passive*	—
past active	ухáживавший	*past active*	поухáживавший
past passive	—	*past passive*	—
VERBAL ADVERBS		**VERBAL ADVERBS**	
ухáживая		поухáживав	
COMMANDS		**COMMANDS**	
ухáживай		поухáживай	
ухáживайте		поухáживайте	

Usage

(за+instr.)

Мать мнóго лет ухáживала за больны́м отцóм.	*For many years, my mother cared for her sick father.*
Ня́ня хорошó ухáживает за детьми́.	*The nanny takes good care of the children.*
Я старáюсь ухáживать за цветáми во дворé.	*I try to take care of the flowers in the yard.*
Брат ухáживает за хорóшенькими дéвушками.	*My brother chases pretty girls.*
Поухáживайте за собóй - возьми́те кóфе и торт.	*Serve yourself - grab a cup of coffee and some cake.*

уходи́ть/уйти́

to leave (on foot)

stem: **уходи-/irreg.**

regular type 2 verb in imp./perf. form irregular

Сын ушёл к прия́телю.	*My son went over to his friend's house.*
Она́ ушла́ из институ́та на второ́м ку́рсе.	*She left the institute in her second year.*
Он ушёл из до́ма, когда́ око́нчил шко́лу.	*He left home after he graduated high school.*
Ученики́ без разреше́ния ушли́ с уро́ка.	*Students left classes without permission.*
Он ушёл со слу́жбы в се́мьдесят лет.	*He left his job when he turned seventy.*
Сестра́ ушла́ в магази́н за хле́бом.	*My sister went to the store to get bread.*
Балери́на ушла́ со сце́ны.	*The ballerina left the stage.*
Он ушёл от жены́ и уе́хал из го́рода.	*He left his wife and moved from the city.*
Лю́ди стара́лись уйти́ от опа́сности.	*The people tried to escape danger.*
Престу́пник уходи́л от пресле́дования.	*The criminal got away from the pursuit.*
Ему́ не уда́стся уйти́ от распла́ты.	*He will not avoid payback.*
Сын хоте́л уйти́ из-под влия́ния прия́телей.	*My son wanted to get away from his friends' influence.*
Уйди́ отсю́да!	*Go away!*

Idioms

По́сле получе́ния дипло́ма она́ ушла́ в нау́ку.	*After getting her diploma, she went into science.*

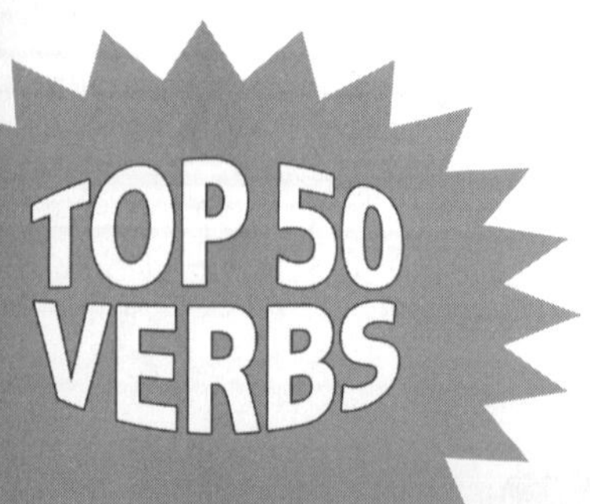

to leave (on foot) — уходи́ть/уйти́ — 537

regular type 2 verb in imp./perf. form irregular — stem: **уходи-/irreg.**

IMPERFECTIVE ASPECT		PERFECTIVE ASPECT	
PRESENT			
ухожу́	ухо́дим		
ухо́дишь	ухо́дите		
ухо́дит	ухо́дят		
PAST		**PAST**	
уходи́л		ушёл	
уходи́ла		ушла	
уходи́ло		ушло	
уходи́ли		ушли	
FUTURE		**FUTURE**	
бу́ду уходи́ть	бу́дем уходи́ть	уступлю́	усту́пим
бу́дешь уходи́ть	бу́дете уходи́ть	усту́пишь	усту́пите
бу́дет уходи́ть	бу́дут уходи́ть	усту́пит	усту́пят
SUBJUNCTIVE		**SUBJUNCTIVE**	
уходи́л бы		ушёл бы	
уходи́ла бы		ушла бы	
уходи́ло бы		ушло бы	
уходи́ли бы		ушли бы	
PARTICIPLES		**PARTICIPLES**	
pres. active	уходя́щий	*pres. active*	—
pres. passive	—	*pres. passive*	—
past active	уходи́вший	*past active*	ушéдший
past passive	—	*past passive*	—
VERBAL ADVERBS		**VERBAL ADVERBS**	
уходя́		уйдя́	
COMMANDS		**COMMANDS**	
уходи́		уйди́	
уходи́те		уйди́те	

Usage

(из, от, с+gen.)(в, на+acc.)(к+dat.)(за+instr.)(+inf.)

Оте́ц уходи́л в по́ле на заре́.	*My father went out to the fields early at dawn.*
Он ушёл в университе́т в де́сять часо́в.	*He went to the university at ten o'clock.*
Полко́вник ушёл в отста́вку.	*The colonel retired.*
Я ухожу́ на рабо́ту к восьми́ утра́.	*I leave for work at eight o'clock.*
Профе́ссор ухо́дит на пе́нсию.	*The professor is retiring.*
Прия́тели ушли́ с мои́м бра́том на конце́рт.	*My friends and my brother went out to a concert.*

участвовать/поучаствовать *to participate*

stem: **участвова-/поучаствова-** regular type 4 verb (like **требовать**)

IMPERFECTIVE ASPECT		PERFECTIVE ASPECT	
PRESENT			
участвую	участвуем		
участвуешь	участвуете		
участвует	участвуют		
PAST		**PAST**	
участвовал		поучаствовал	
участвовала		поучаствовала	
участвовало		поучаствовало	
участвовали		поучаствовали	
FUTURE		**FUTURE**	
буду участвовать	будем участвовать	поучаствую	поучаствуем
будешь участвовать	будете участвовать	поучаствуешь	поучаствуете
будет участвовать	будут участвовать	поучаствует	поучаствуют
SUBJUNCTIVE		**SUBJUNCTIVE**	
участвовал бы		поучаствовал бы	
участвовала бы		поучаствовала бы	
участвовало бы		поучаствовало бы	
участвовали бы		поучаствовали бы	
PARTICIPLES		**PARTICIPLES**	
pres. active	участвующий	*pres. active*	—
pres. passive	—	*pres. passive*	—
past active	участвовавший	*past active*	поучаствовавший
past passive	—	*past passive*	—
VERBAL ADVERBS		**VERBAL ADVERBS**	
участвуя		поучаствовав	
COMMANDS		**COMMANDS**	
участвуй		поучаствуй	
участвуйте		поучаствуйте	

Usage

(в+prep.)

В создании учебного пособия участвуют много людей. — *Many people are involved in the development of the textbook.*

В научно-исследовательской работе участвуют ученики старших классов. — *The students from the upper grades participate in the scientific research projects.*

Сотни людей участвовали в демонстрации протеста. — *Hundreds of people took part in protest demonstrations.*

Я не участвую в выборах в этом году. — *I am not taking part in elections this year.*

Он не участвовал в расходах семьи. — *He did not participate in his family's expenditures.*

regular type 2 verb (like **говори́ть**) stem: **учи+(ся)/научи+(ся)**

IMPERFECTIVE ASPECT		PERFECTIVE ASPECT	
PRESENT			
учу́(сь)	у́чим(ся)		
у́чишь(ся)	у́чите(сь)		
у́чит(ся)	у́чат(ся)		
PAST		PAST	
учи́л(ся)		научи́л(ся)	
учи́ла(сь)		научи́ла(сь)	
учи́ло(сь)		научи́ло(сь)	
учи́ли(сь)		научи́ли(сь)	
FUTURE		FUTURE	
бу́ду учи́ть(ся)	бу́дем учи́ть(ся)	научу́(сь)	нау́чим(ся)
бу́дешь учи́ть(ся)	бу́дете учи́ть(ся)	нау́чишь(ся)	нау́чите(сь)
бу́дет учи́ть(ся)	бу́дут учи́ть(ся)	нау́чит(ся)	нау́чат(ся)
SUBJUNCTIVE		SUBJUNCTIVE	
учи́л(ся) бы		научи́л(ся) бы	
учи́ла(сь) бы		научи́ла(сь) бы	
учи́ло(сь) бы		научи́ло(сь) бы	
учи́ли(сь) бы		научи́ли(сь) бы	
PARTICIPLES		PARTICIPLES	
pres. active	у́чащий(ся)	*pres. active*	—
pres. passive	учи́мый	*pres. passive*	—
past active	учи́вший(ся)	*past active*	научи́вший(ся)
past passive	—	*past passive*	нау́ченный
VERBAL ADVERBS		VERBAL ADVERBS	
уча́(сь)		научи́в(шись)	
COMMANDS		COMMANDS	
учи́(сь)		научи́(сь)	
учи́те(сь)		научи́те(сь)	

Usage

(+acc.)(+dat.)(+inf.) ;with reflexive form (у+gen.)(+instr.)

Ви́ктор у́чит кита́йский язы́к. — *Victor studies Chinese.*
Ма́ша у́чится ката́нию на конька́х. — *Masha is learning how to skate.*
Они́ у́чатся на инжене́ра. — *They are studying to be engineers.*
Ната́ша пло́хо учи́лась в университе́те. — *Natasha was a poor student at the university.*
О́ля пло́хо у́чится. — *Olya is a bad student.*
Учи́тель учи́л их ру́сскому. — *The teacher taught them Russian.*

Sayings

Уче́нье свет — а неуче́нье тьма́. — *Knowledge is power.*

учи́ть(ся)/научи́ть(ся)

to teach; to study, learn

stem: **учи+(ся)/научи+(ся)**

regular type 2 verb (like **говори́ть**)

Proverbs/Sayings/Idioms

Век живи́ - век учи́сь. (пословица)	*Live and learn!*
Учи́ться никогда́ не по́здно.	*It's never too late to learn.*
Не учи́ учёного.	*Do not teach the expert.*
Не учи́сь до ста́рости, а учи́сь до сме́рти.	*Do not study till you are old, study till you are dead.*
Наму́чится - нау́чится. (пословица)	*No pain, no gain.*
Му́дрым никто́ не роди́лся, а научи́лся.	*You are not born wise, you become so.*
Учёному везде́ доро́га.	*An educated man has all paths open to him.*
Учи́ други́х - и сам поймёшь. (поговорка)	*Teach others - and you will understand it too.*
Не шко́ла, а жи́знь у́чит. (поговорка)	*Life, not school, teaches you.*
Повторе́ние - мать уче́нья. (пословица)	*Repetition is the mother of learning.*
Для уче́ния нет ста́рости.	*There is no such thing as being too old for learning.*
Уче́нье свет, а неуче́нье тьма. (пословица)	*Knowledge is light, ignorance is darkness.*

regular type 4 verb (like **тре́бовать**) stem: **фотографи́рова-/сфотографи́рова-**

	IMPERFECTIVE ASPECT			PERFECTIVE ASPECT	
PRESENT					
	фотографи́рую	фотографи́руем			
	фотографи́руешь	фотографи́руете			
	фотографи́рует	фотографи́руют			
PAST			PAST		
	фотографи́ровал			сфотографи́ровал	
	фотографи́ровала			сфотографи́ровала	
	фотографи́ровало			сфотографи́ровало	
	фотографи́ровали			сфотографи́ровали	
FUTURE			FUTURE		
	бу́ду фотографи́ровать	бу́дем фотографи́ровать		сфотографи́рую	сфотографи́руем
	бу́дешь фотографи́ровать	бу́дете фотографи́ровать		сфотографи́руешь	сфотографи́руете
	бу́дет фотографи́ровать	бу́дут фотографи́ровать		сфотографи́рует	сфотографи́руют
SUBJUNCTIVE			SUBJUNCTIVE		
	фотографи́ровал бы			сфотографи́ровал бы	
	фотографи́ровала бы			сфотографи́ровала бы	
	фотографи́ровало бы			сфотографи́ровало бы	
	фотографи́ровали бы			сфотографи́ровали бы	
PARTICIPLES			PARTICIPLES		
	pres. active	фотографи́рующий		*pres. active*	—
	pres. passive	фотографи́руемый		*pres. passive*	—
	past active	фотографи́ровавший		*past active*	сфотографи́ровавший
	past passive	—		*past passive*	сфотографи́рованный
VERBAL ADVERBS			VERBAL ADVERBS		
	фотографи́руя			сфотографи́ровав	
COMMANDS			**COMMANDS**		
	фотографи́руй			сфотографи́руй	
	фотографи́руйте			сфотографи́руйте	

Usage

(+acc.)(с+instr.)

Я обы́чно фотографи́рую фотоаппара́том "Ле́йка".	*I usually use a "Leika" camera to take pictures.*
Нас фотографи́ровали для рекла́мы.	*We were photographed for the commercial.*
Я фотографи́ровала вну́ка на берегу́ океа́на.	*I took pictures of my grandson by the ocean.*
Мы сфотографи́ровали на па́мять наш дом.	*We took a picture of our house for a keepsake.*
Меня́ с друзья́ми сфотографи́ровал фото́граф в ателье́.	*The photographer took a picture of me with my friends in the studio.*

541 хвали́ть/похвали́ть — *to praise*

stem: **хвали-/похвали-** regular type 2 verb (like **говори́ть**)

IMPERFECTIVE ASPECT		PERFECTIVE ASPECT	
PRESENT			
хвалю́	хва́лим		
хва́лишь	хва́лите		
хва́лит	хва́лят		
PAST		**PAST**	
хвали́л		похвали́л	
хвали́ла		похвали́ла	
хвали́ло		похвали́ло	
хвали́ли		похвали́ли	
FUTURE		**FUTURE**	
бу́ду хвали́ть	бу́дем хвали́ть	похвалю́	похва́лим
бу́дешь хвали́ть	бу́дете хвали́ть	похва́лишь	похва́лите
бу́дет хвали́ть	бу́дут хвали́ть	похва́лит	похва́лят
SUBJUNCTIVE		**SUBJUNCTIVE**	
хвали́л бы		похвали́л бы	
хвали́ла бы		похвали́ла бы	
хвали́ло бы		похвали́ло бы	
хвали́ли бы		похвали́ли бы	
PARTICIPLES		**PARTICIPLES**	
pres. active	хваля́щий	*pres. active*	—
pres. passive	хвали́мый	*pres. passive*	—
past active	хвали́вший	*past active*	похвали́вший
past passive	—	*past passive*	похва́ленный
VERBAL ADVERBS		**VERBAL ADVERBS**	
хваля́		похвали́в	
COMMANDS		**COMMANDS**	
хвали́		похвали́	
хвали́те		похвали́те	

Usage

(+acc.)(за+acc.)(в, на+prep.)

Мать похвали́ла сы́на за успе́хи в шко́ле. — *The mother praised her son for his success at school.*

Я хвалю́ его́ за открове́нность. — *I praise him for his honesty.*

Меня́ о́чень хвали́ли на собра́нии. — *I was well praised at the meeting.*

Фильм похвали́ли в газе́те. — *The movie was praised in the newspaper.*

Его́ чересчу́р хва́лят. — *He is overly praised.*

regular type 1 verb in imp./perf. form type 2 stem: **хвата́й-/хвати-**

	IMPERFECTIVE ASPECT		PERFECTIVE ASPECT	
PRESENT				
	хвата́ю	хвата́ем		
	хвата́ешь	хвата́ете		
	хвата́ет	хвата́ют		
PAST				
	хвата́л		хвати́л	
	хвата́ла		хвати́ла	
	хвата́ло		хвати́ло	
	хвата́ли		хвати́ли	
FUTURE				
	бу́ду хвата́ть	бу́дем хвата́ть	хвачу́	хва́тим
	бу́дешь хвата́ть	бу́дете хвата́ть	хва́тишь	хва́тите
	бу́дет хвата́ть	бу́дут хвата́ть	хва́тит	хва́тят
SUBJUNCTIVE				
	хвата́л бы		хвати́л бы	
	хвата́ла бы		хвати́ла бы	
	хвата́ло бы		хвати́ло бы	
	хвата́ли бы		хвати́ли бы	
PARTICIPLES				
	pres. active	хвата́ющий	*pres. active*	—
	pres. passive	—	*pres. passive*	—
	past active	хвата́вший	*past active*	хвати́вший
	past passive	—	*past passive*	хва́ченный
VERBAL ADVERBS				
	хвата́я		хвати́в	
COMMANDS				
	хвата́й		хвати́	
	хвата́йте		хвати́те	

Usage

(+acc.)(за, на+acc.)(+gen.)(у+gen.)(+inf.)

В СССР всегда́ не хвата́ло проду́ктов пита́ния.	*In the USSR there was always a shortage of food supplies.*
У тебя́ не хва́тит де́нег на э́то пла́тье.	*You will not have enough money to buy this dress.*
Заво́ду не хвата́ло то́плива.	*The plant did not have enough fuel.*
Нам хва́тит надо́лго э́тих запа́сов.	*These reserves will last us a long time.*
Ешьте, не стесня́йтесь, здесь хва́тит на всех.	*Eat, don't be shy; there is enough for everyone.*
Нам вполне́ хвата́ет на жизнь.	*We have enough to live on.*
Его́ вну́кам хва́тит де́нег на мно́го лет вперёд.	*His grandchildren will have enough money for many years into the future.*
Мне не хва́тит вре́мени уложи́ться в срок.	*I will not have enough time to meet the deadline.*

хвата́ть/хвати́ть

to grab, seize; be enough, suffice

stem: **хвата́й-/хвати-**

regular type 1 verb in imp./perf. form type 2

Мне вас не хвата́ет.	*I miss you.*
Хва́тит спо́рить по по́воду и без по́вода.	*Stop arguing about anything and everything.*
Воды́ хва́тит до пя́тницы.	*Water will last till Friday.*
Её про́сто не хва́тит на э́то де́ло.	*She will not be able to do this.*

Proverbs/Sayings/Idioms

Этого ещё не хвата́ло! (поговорка)	*Not this too!*
Ну всё, с меня хва́тит.	*That's it, I've had enough.*
У него́ мозго́в не хвата́ет.	*He is not smart enough.*

regular type 2 verb in indef./def. & perf. forms irregular stem: **ходи-/irreg./irreg.**

IMPERFECTIVE ASPECT				PERFECTIVE ASPECT	
INDEFINITE		**DEFINITE**			
PRESENT		**PRESENT**			
хожу́	хо́дим	иду́	идём		
хо́дишь	хо́дите	идёшь	идёте		
хо́дит	хо́дят	идёт	иду́т		
PAST		PAST		PAST	
ходи́л		шёл		пошёл	
ходи́ла		шла		пошла́	
ходи́ло		шло		пошло́	
ходи́ли		шли		пошли́	
FUTURE		FUTURE		FUTURE	
бу́ду ходи́ть	бу́дем ходи́ть	бу́ду идти́	бу́дем идти́	пойду́	пойдём
бу́дешь ходи́ть	бу́дете ходи́ть	бу́дешь идти́	бу́дете идти́	пойдёшь	пойдёте
бу́дет ходи́ть	бу́дут ходи́ть	бу́дет идти́	бу́дут идти́	пойдёт	пойду́т
SUBJUNCTIVE		SUBJUNCTIVE		SUBJUNCTIVE	
ходи́л бы		шёл бы		пошёл бы	
ходи́ла бы		шла бы		пошла́ бы	
ходи́ло бы		шло бы		пошло́ бы	
ходи́ли бы		шли бы		пошли́ бы	
PARTICIPLES		PARTICIPLES		PARTICIPLES	
pres. active	ходя́щий	иду́щий		—	
pres. passive	—	—		—	
past active	ходи́вший	ше́дший		—	
past passive	—	—		—	
VERBAL ADVERBS		VERBAL ADVERBS		VERBAL ADVERBS	
ходя́		идя́		пойдя́	
COMMANDS		**COMMANDS**		**COMMANDS**	
ходи́		иди́		пойди́	
ходи́те		иди́те		пойди́те	

Usage

(в, на, через+acc.)(по+dat.)(из, с, вокруг+gen.)(с, за, перед+instr.)(+inf.)(в+prep.)

Она́ ходи́ла на рабо́ту.	*She was going to work.*
Как иду́т ва́ши дела́?	*How are things going?*
Часы́ не хо́дят.	*The clock is broken.*
По́сле шко́лы я иду́ домо́й.	*I am going home after school.*
Ребёнок уже́ хо́дит.	*The baby is already walking.*
Идёт снег и дождь.	*It is raining and snowing.*
Что ты хо́дишь вокру́г да о́коло?	*Why are you beating around the bush?*

Idioms

Не́чего ходи́ть "вокру́г да о́коло" — говори́ пря́мо.	*Don't beat around the bush: tell me bluntly.*

Все его́ уси́лия пошли́ пра́хом.	*All his efforts went up in smoke.*
Иди́ свое́й доро́гой!	*Take on your own path!*
А не пошёл бы ты пода́льше!	*Take a hike!*

Idioms

После́ институ́та Ми́ла пошла́ в го́ру.	*After university, Mila rose up in the world.*
Пре́жде чем стать больши́м нача́льником, она́ ходи́ла по тру́пам.	*She trampled others into the ground before she became the big boss.*
Для учёного гла́вное - идти́ в но́гу со вре́менем.	*The most important thing for a scholar is to keep in step with the times.*
Оле́г хо́дит на поводу́ у же́нщин.	*Oleg lets women lead him around by the nose.*
Мне надое́ло молча́ть, и я реши́л идти́ ва-ба́нк.	*I got tired of being quiet and decided to put everything on the line.*
Эти ребя́та всегда́ хо́дят на голове́.	*The boys are always playing pranks.*
Ле́на хо́дит по стру́нке на рабо́те.	*Lena tows the line at work.*

irregular verb in imp. & perf. stem: **irreg./irreg.**

IMPERFECTIVE ASPECT		PERFECTIVE ASPECT	
PRESENT			
хочу́	хоти́м		
хо́чешь	хоти́те		
хо́чет(ся)	хотя́т		
PAST		**PAST**	
хоте́л		захоте́л	
хоте́ла		захоте́ла	
хоте́ло(сь)		захоте́ло(сь)	
хоте́ли		захоте́ли	
FUTURE		**FUTURE**	
бу́ду хоте́ть	бу́дем хоте́ть	захочу́	захоти́м
бу́дешь хоте́ть	бу́дете хоте́ть	захо́чешь	захоти́те
бу́дет хоте́ть	бу́дут хоте́ть	захо́чет(ся)	захотя́т
SUBJUNCTIVE		**SUBJUNCTIVE**	
хоте́л бы		захоте́л бы	
хоте́ла бы		захоте́ла бы	
хоте́ло(сь) бы		захоте́ло(сь) бы	
хоте́ли бы		захоте́ли бы	
PARTICIPLES		**PARTICIPLES**	
pres. active	хотя́щий	*pres. active*	—
pres. passive	—	*pres. passive*	—
past active	хоте́вший	*past active*	захоте́вший
past passive	—	*past passive*	—
VERBAL ADVERBS		**VERBAL ADVERBS**	
хотя́		захоте́в	
COMMANDS		**COMMANDS**	
—		—	
—		—	

Usage

(+gen.)(+inf.)(в, на+acc.)

Мне захоте́лось пое́сть.	*I got hungry.*
Ребёнок захоте́л конфе́ту.	*The child wanted candy.*
Мне хо́чется овча́рку.	*I want a German Shepherd.*
Ему́ так хоте́лось но́вую маши́ну!	*He wanted a new car badly.*
Хоти́те воды́ и́ли ча́я?	*Would you like water or tea?*
Всем хоте́лось ми́ра и поко́я.	*Everyone wanted peace and quiet.*
Они́ хотя́т учи́ться в Га́рварде.	*They want to study at Harvard.*
Им хоте́лось жить по-ста́рому.	*They wanted to live in the old ways.*
Нам хо́чется, что́бы вы помири́лись.	*We want you to make up.*
Мне захоте́лось домо́й, в Ки́ев.	*I felt like going home, to Kiev.*
Де́тям хо́чется спать.	*The children want to sleep.*
Ему́ захоте́лось пи́ва.	*He wanted beer.*
Да ма́ло ли, кому́ чего́ хо́чется!	*Who cares what someone wants?*
Мне хо́чется в теа́тр.	*I want to go to the theater.*

Idioms

Плева́ть я хоте́л на них!	*I don't care about them!*

храни́ть(ся) *to keep, store, save, preserve*

stem: **храни+(ся)** regular type 2 verb (like **говори́ть**)/no perf.

IMPERFECTIVE ASPECT

PRESENT

храню́	храни́м
храни́шь	храни́те
храни́т(ся)	храня́т(ся)

PAST

храни́л(ся)
храни́ла(сь)
храни́ло(сь)
храни́ли(сь)

FUTURE

бу́ду храни́ть	бу́дем храни́ть
бу́дешь храни́ть	бу́дете храни́ть
бу́дет храни́ть(сь)	бу́дут храни́ть(сь)

SUBJUNCTIVE

храни́л(ся) бы
храни́ла(сь) бы
храни́ло(сь) бы
храни́ли(сь) бы

PARTICIPLES

pres. active	храня́щий(ся)
pres. passive	храни́мый
past active	храни́вший(ся)
past passive	хранённый

VERBAL ADVERBS

храня́(сь)

COMMANDS

храни́
храни́те

Usage

(+acc.)(о+prep.)(по+dat.)(из, от+gen.)(+instr.)(+inf.)

Я храню́ ста́рые фотогра́фии для вну́ков.	*I save the old photographs for my grandchildren.*
Он бе́режно храни́л в па́мяти о́браз люби́мой же́нщины.	*He cherished in his memory the image of a beloved woman.*
Проду́кты храня́тся в холоди́льнике.	*Food is kept in the refrigerator.*
Оде́жду храня́т от мо́ли в кедро́вом шкафу́.	*The clothes are protected from moths in a cedar closet.*
Мы храни́м де́ньги в ба́нке.	*We keep our money in the bank.*

Proverbs/Sayings/Idioms

Ба́бушка храни́ла нас от дурно́го гла́за.	*Grandmother protected us from the evil eye.*
Этот секре́т храни́тся за семью́ печа́тями.	*This secret is kept under lock and key.*
Она́ храни́ла молча́ние мно́го лет.	*She kept silent for many years.*
Что име́ем - не храни́м, потеря́вши - пла́чем. (пословица)	*You do not know what you have until you lose it.*

целова́ть/поцелова́ть

regular type 4 verb (like **тре́бовать**) stem: **целова-/поцелова-**

IMPERFECTIVE ASPECT		PERFECTIVE ASPECT	
PRESENT			
целу́ю	целу́ем		
целу́ешь	целу́ете		
целу́ет	целу́ют		
PAST		PAST	
целова́л		поцелова́л	
целова́ла		поцелова́ла	
целова́ло		поцелова́ло	
целова́ли		поцелова́ли	
FUTURE		FUTURE	
бу́ду целова́ть	бу́дем целова́ть	поцелу́ю	поцелу́ем
бу́дешь целова́ть	бу́дете целова́ть	поцелу́ешь	поцелу́ете
бу́дет целова́ть	бу́дут целова́ть	поцелу́ет	поцелу́ют
SUBJUNCTIVE		SUBJUNCTIVE	
целова́л бы		поцелова́л бы	
целова́ла бы		поцелова́ла бы	
целова́ло бы		поцелова́ло бы	
целова́ли бы		поцелова́ли бы	
PARTICIPLES		PARTICIPLES	
pres. active	целу́ющий	*pres. active*	—
pres. passive	целу́емый	*pres. passive*	—
past active	целова́вший	*past active*	поцелова́вший
past passive	цело́ванный	*past passive*	поцело́ванный
VERBAL ADVERBS		VERBAL ADVERBS	
целу́я		поцелова́в	
COMMANDS		**COMMANDS**	
целу́й		поцелу́й	
целу́йте		поцелу́йте	

Usage

(+acc.)(+dat.)(в+acc.)

Мать не́жно поцелова́ла ребёнка.	*The mother gently kissed her child.*
Ю́ноша тре́петно целова́л ру́ку де́вушки.	*The young man timidly kissed the girl's hand.*
Дед поцелова́л меня́ в о́бе щеки́.	*My grandpa kissed me on both cheeks.*
На экра́не актёр стра́стно целова́л свою́ партнёршу.	*On the screen, the actor passionately kissed his partner.*

Proverb

Далеко́ ходи́ть целова́ться.	*It's too far to go for a kiss.*

547 чини́ть/почини́ть

to fix, repair

stem: **чини-/почини-**

regular type 2 verb (like **говори́ть**)

IMPERFECTIVE ASPECT		PERFECTIVE ASPECT	
PRESENT			
чиню́	чи́ним		
чи́нишь	чи́ните		
чи́нит	чи́нят		
PAST		PAST	
чини́л		почини́л	
чини́ла		почини́ла	
чини́ло		почини́ло	
чини́ли		почини́ли	
FUTURE		FUTURE	
бу́ду чини́ть	бу́дем чини́ть	починю́	почи́ним
бу́дешь чини́ть	бу́дете чини́ть	почи́нишь	почи́ните
бу́дет чини́ть	бу́дут чини́ть	почи́нит	почи́нят
SUBJUNCTIVE		SUBJUNCTIVE	
чини́л бы		почини́л бы	
чини́ла бы		почини́ла бы	
чини́ло бы		почини́ло бы	
чини́ли бы		почини́ли бы	
PARTICIPLES		PARTICIPLES	
pres. active чи́нящий		*pres. active*	—
pres. passive чини́мый		*pres. passive*	—
past active чини́вший		*past active*	почини́вший
past passive чи́ненный		*past passive*	почи́ненный
VERBAL ADVERBS		VERBAL ADVERBS	
чиня́		почини́в	
COMMANDS		**COMMANDS**	
чини́		почини́	
чини́те		почини́те	

Usage

(+acc.)(+instr.)

Оте́ц почини́л кры́шу. — *My father fixed the roof.*
Стари́к чи́нит кухо́нную у́тварь . — *An old man is repairing kitchen utensils.*
Ма́льчик чини́л каранда́ш ле́звием. — *The boy was sharpening a pencil with a blade.*
Ма́стер чини́л часы́. — *The master craftsman was repairing a clock.*
Сапо́жник чи́нит о́бувь. — *The shoemaker repairs shoes.*
Мать по вечера́м чини́ла де́тскую оде́жду. — *In the evenings, mother would mend the children's clothes.*

type 2 verb (like **говори́ть**); **ст-щ** stem change stem: **чи́сти-/почи́сти-**

	IMPERFECTIVE ASPECT		PERFECTIVE ASPECT
PRESENT			
чи́щу	чи́стим		
чи́стишь	чи́стите		
чи́стит	чи́стят		
PAST		PAST	
чи́стил		почи́стил	
чи́стила		почи́стила	
чи́стило		почи́стило	
чи́стили		почи́стили	
FUTURE		FUTURE	
бу́ду чи́стить	бу́дем чи́стить	почи́щу	почи́стим
бу́дешь чи́стить	бу́дете чи́стить	почи́стишь	почи́стите
бу́дет чи́стить	бу́дут чи́стить	почи́стит	почи́стят
SUBJUNCTIVE		SUBJUNCTIVE	
чи́стил бы		почи́стил бы	
чи́стила бы		почи́стила бы	
чи́стило бы		почи́стило бы	
чи́стили бы		почи́стили бы	
PARTICIPLES		PARTICIPLES	
pres. active	чи́стящий	*pres. active*	—
pres. passive	—	*pres. passive*	—
past active	чи́стивший	*past active*	почи́стивший
past passive	чи́щенный	*past passive*	почи́щенный
VERBAL ADVERBS		VERBAL ADVERBS	
чи́стя		почи́стив	
COMMANDS		**COMMANDS**	
чи́сти		почи́сти	
чи́стите		почи́стьте	

Usage

(+acc.)(+dat.)(+instr.)(+inf.)

Зу́бы чи́стят зубно́й щёткой. — *Teeth are cleaned with a toothbrush.*
Я чи́щу зу́бы па́стой. — *I brush my teeth with toothpaste.*
Она́ почи́стила пальто́ щёткой. — *She cleaned the coat with a brush.*
Я чи́щу оде́жду в химчи́стке. — *I have my clothes cleaned at the dry cleaner.*
Я чи́щу ковры́ пылесо́сом. — *I clean the rugs with a vacuum cleaner.*
Он чи́стит о́бувь сапо́жным кре́мом. — *He polishes his shoes with shoe polish.*
Я чи́щу о́вощи ножо́м. — *I clean the vegetables with a knife.*

чита́ть/прочита́ть

to read

stem: **чита́й-/почита́й-** regular type 1 verb (like **рабо́тать**)

Студе́нт чита́ет иностра́нные кни́ги со словарём.	*The student reads foreign language books with a dictionary.*
Ма́ма всегда́ чита́ла мне нота́ции.	*Mother always nagged me.*
Я чита́ла кни́ги про себя́ до но́чи.	*I read books till midnight.*
О чём он сего́дня чита́ет?	*What is he lecturing about today?*
Мы прочита́ли в газе́те, что ле́то бу́дет дождли́вое.	*We read in the newspaper that summer will be rainy.*
Он чита́л запо́ем о войне́.	*He read nonstop about war.*
Вчера́ в це́ркви чита́ли про́поведь.	*Yesterday at church they held a sermon.*
Мы чита́ли про полёт на Луну́.	*We read about the flight to the moon.*
Он прочита́л ле́кцию о вреде́ куре́ния.	*He presented a lecture on the dangers of smoking.*
Дека́н прочита́л докла́д о ро́ли руководи́теля.	*The Dean presented a speech about the role of a manager.*
Прочи́танная кни́га лежа́ла на ту́мбочке.	*The finished book was lying on the stand.*
Дед люби́л чита́ть нравоуче́ния.	*Grandpa liked to teach morals.*
Ма́льчик чита́ет то́лько по слога́м.	*The boy can read only by syllables.*
Он чита́л по глаза́м, что у меня́ кипе́ло внутри́.	*He could read in my eyes that I was steaming.*
Студе́нты чита́ют те́ксты на иностра́нном языке́.	*Students read texts in a foreign language.*

Idioms

чита́ть ме́жду строк *to read between the lines*

Ну́жно уме́ть чита́ть ме́жду строк. — *You should learn how to read between the lines.*

чита́ть мораль *to preach to, give a good talking-to*

Что ты мне мора́ль чита́ешь? — *Why are you moralizing at me?*

чита́ть мы́сли *to read someone's mind*

Я уме́ю чита́ть твои́ мы́сли. — *I can read your thoughts.*

чита́ть по бу́квам *to spell*

Прочита́йте э́то сло́во по бу́квам. — *Spell this word.*

regular type 1 verb (like **рабо́тать**) stem: **чита́й-/почита́й-**

IMPERFECTIVE ASPECT		PERFECTIVE ASPECT	
PRESENT			
чита́ю	чита́ем		
чита́ешь	чита́ете		
чита́ет	чита́ют		
PAST		PAST	
чита́л		прочита́л	
чита́ла		прочита́ла	
чита́ло		прочита́ло	
чита́ли		прочита́ли	
FUTURE		FUTURE	
бу́ду чита́ть	бу́дем чита́ть	прочита́ю	прочита́ем
бу́дешь чита́ть	бу́дете чита́ть	прочита́ешь	прочита́ете
бу́дет чита́ть	бу́дут чита́ть	прочита́ет	прочита́ют
SUBJUNCTIVE		SUBJUNCTIVE	
чита́л бы		прочита́л бы	
чита́ла бы		прочита́ла бы	
чита́ло бы		прочита́ло бы	
чита́ли бы		прочита́ли бы	
PARTICIPLES		PARTICIPLES	
pres. active	чита́ющий	*pres. active*	—
pres. passive	чита́емый	*pres. passive*	—
past active	чита́вший	*past active*	прочита́вший
past passive	чи́танный	*past passive*	прочи́танный
VERBAL ADVERBS		VERBAL ADVERBS	
чита́я		прочита́в	
COMMANDS		COMMANDS	
чита́й		прочита́й	
чита́йте		прочита́йте	

Usage

(+acc.)(о, в, на+prep.)(+dat.)

Ба́бушка чита́ла де́тям ска́зки.	*The grandmother read fairy-tales to the children.*
Она́ лю́бит чита́ть о приключе́ниях.	*She likes to read adventure novels.*
Мать люби́ла чита́ть Шевче́нко.	*My mother liked to read Shevchenko.*
Они́ люби́ли чита́ть об А́фрике.	*They liked to read about Africa.*
На шко́льном ве́чере она́ чита́ет стихи́.	*She is reading poems at the school party.*
Музыка́нт чита́ет но́ты с листа́.	*The musician reads notes from the sheet.*
Капита́н корабля́ чита́ет ка́рту мо́ря.	*The captain of the ship reads the sea map.*
Она́ чита́ла курс ру́сской литерату́ры в университе́те.	*She taught a course on Russian literature at the university.*

чиха́ть/чихну́ть

to sneeze

stem: **чиха́й-/чихну́-**

regular type 1 verb in imp./perf. form type 3

IMPERFECTIVE ASPECT		PERFECTIVE ASPECT	
PRESENT			
чиха́ю	чиха́ем		
чиха́ешь	чиха́ете		
чиха́ет	чиха́ют		
PAST		PAST	
чиха́л		чихну́л	
чиха́ла		чихну́ла	
чиха́ло		чихну́ло	
чиха́ли		чихну́ли	
FUTURE		FUTURE	
бу́ду чиха́ть	бу́дем чиха́ть	чихну́	чихнём
бу́дешь чиха́ть	бу́дете чиха́ть	чихнёшь	чихнёте
бу́дет чиха́ть	бу́дут чиха́ть	чихнёт	чихну́т
SUBJUNCTIVE		SUBJUNCTIVE	
чиха́л бы		чихну́л бы	
чиха́ла бы		чихну́ла бы	
чиха́ло бы		чихну́ло бы	
чиха́ли бы		чихну́ли бы	
PARTICIPLES		PARTICIPLES	
pres. active	чиха́ющий	*pres. active*	—
pres. passive	—	*pres. passive*	—
past active	чиха́вший	*past active*	чихну́вший
past passive	—	*past passive*	—
VERBAL ADVERBS		VERBAL ADVERBS	
чиха́я		чихну́в	
COMMANDS		**COMMANDS**	
чиха́й		чихни́	
чиха́йте		чихни́те	

Usage

(в, на+acc.)(от+gen.)

Дед гро́мко чиха́л на всю кварти́ру. — *Grandpa sneezed so loudly that the whole apartment could hear him.*

Я ти́хо чихну́ла в кула́к. — *I quietly sneezed into my fist.*

Больно́й ребёнок чиха́л и ка́шлял. — *The sick child coughed and sneezed.*

Он непроизво́льно чихну́л от пы́ли. — *He uncontrollably sneezed from the dust.*

Idioms

Мото́р чиха́л и не хоте́л заводи́ться. — *The engine coughed and did not want to start.*

Я три́жды чиха́л на ва́ши запре́ты! — *I triple sneeze on your rules!*

А на вы́говор я про́сто чиха́л! — *I spit on the reprimand!*

Да чиха́л я на всё э́то! — *I don't care about (any of) that!*

regular type 4 verb (like **тре́бовать**) stem: **чу́вствова-/почу́вствова-**

IMPERFECTIVE ASPECT		PERFECTIVE ASPECT	
PRESENT			
чу́вствую	чу́вствуем		
чу́вствуешь	чу́вствуете		
чу́вствует	чу́вствуют		
PAST		PAST	
чу́вствовал		почу́вствовал	
чу́вствовала		почу́вствовала	
чу́вствовало		почу́вствовало	
чу́вствовали		почу́вствовали	
FUTURE		FUTURE	
бу́ду чу́вствовать	бу́дем чу́вствовать	почу́вствую	почу́вствуем
бу́дешь чу́вствовать	бу́дете чу́вствовать	почу́вствуешь	почу́вствуете
бу́дет чу́вствовать	бу́дут чу́вствовать	почу́вствует	почу́вствуют
SUBJUNCTIVE		SUBJUNCTIVE	
чу́вствовал бы		почу́вствовал бы	
чу́вствовала бы		почу́вствовала бы	
чу́вствовало бы		почу́вствовало бы	
чу́вствовали бы		почу́вствовали бы	
PARTICIPLES		PARTICIPLES	
pres. active	чу́вствующий	*pres. active*	—
pres. passive	—	*pres. passive*	—
past active	чу́вствовавший	*past active*	почу́вствовавший
past passive	—	*past passive*	—
VERBAL ADVERBS		VERBAL ADVERBS	
чу́вствуя		почу́вствовав	
COMMANDS		COMMANDS	
чу́вствуй		почу́вствуй	
чу́вствуйте		почу́вствуйте	

Usage

(+acc.)(к+dat.)(+себя)(себя+instr.)

Я так замёрз, что уже́ не чу́вствовал хо́лода.	*I was so cold that I could no longer feel the cold.*
Он всё ча́ще стал чу́вствовать го́лод.	*He started to feel hunger pangs more and more.*
Вдру́г я почу́вствовал стра́шную уста́лость.	*Suddenly I felt dead tired.*
Она́ почу́вствовала озно́б и приняла́ аспири́н.	*She felt feverish and took some aspirin.*
Под нарко́зом он не чу́вствовал бо́ли.	*Under anesthesia he did not feel any pain.*
Я чу́вствую огро́мное уваже́ние к мои́м учителя́м.	*I have a great deal of respect for my teachers.*
Он не чу́вствовал не́нависти да́же к оби́дчикам.	*He did not feel hatred even toward his wrongdoers.*
Она́ почу́вствовала свою́ вину́ пе́ред на́ми.	*She felt guilty before them.*
Он то́нко чу́вствовал му́зыку и поэ́зию.	*He was very sensitive to music and poetry.*
Я чу́вствую себя́ счастли́вой.	*I feel happy.*
Я чу́вствую, что мы договори́мся.	*I feel that we will agree.*
Свое́й интуи́цией она́ почу́вствовала подво́х в его́ слова́х.	*With her intuition she felt deceit in his words.*
Он чу́вствует себя́ здесь хозя́ином.	*He feels like the master of the house here.*
Он бежа́л так, что не чу́вствовал под собо́й ног.	*He ran so fast he could not feel his legs.*

552 шить/сшить

to sew

stem: **шьй-/ с|шьй-** — irregular verb in imp. & perf.

IMPERFECTIVE ASPECT		PERFECTIVE ASPECT	
PRESENT			
шью́	шьём		
шьёшь	шьёте		
шьёт	шью́т		
PAST		**PAST**	
шил		сшил	
ши́ла		сши́ла	
ши́ло		сши́ло	
ши́ли		сши́ли	
FUTURE		**FUTURE**	
бу́ду шить	бу́дем шить	сошью́	сошьём
бу́дешь шить	бу́дете шить	сошьёшь	сошьёте
бу́дет шить	бу́дут шить	сошьёт	сошью́т
SUBJUNCTIVE		**SUBJUNCTIVE**	
шил бы		сшил бы	
ши́ла бы		сши́ла бы	
ши́ло бы		сши́ло бы	
ши́ли бы		сши́ли бы	
PARTICIPLES		**PARTICIPLES**	
pres. active	шью́щий	*pres. active*	—
pres. passive	—	*pres. passive*	—
past active	ши́вший	*past active*	сши́вший
past passive	ши́тый	*past passive*	сши́тый
VERBAL ADVERBS		**VERBAL ADVERBS**	
шив		сшив	
COMMANDS		**COMMANDS**	
ше́й		сше́й	
ше́йте		сше́йте	

Usage

(+acc.)(на+prep.)(из, у+gen.)(+dat.)

Я сама́ сши́ла себе́ пла́тье из ба́рхата. — *I made myself a dress from velvet.*

Я сошью́ наря́д подру́те на сва́дьбу. — *I will make an outfit for my girlfriend to wear to a wedding.*

Ба́бушка ши́ла нам оде́жду на вы́рост. — *Grandmother was making our clothes several sizes too large.*

Я учи́лась шить на шве́йной маши́нке. — *I was learning how to sew on a sewing machine.*

Она́ шьёт у портно́го. — *She has her clothes made at the tailor's.*

Мы ши́ли оде́жду в ателье́. — *We had our clothes made at the tailor shop.*

Она́ ши́ла би́сером по канве́. — *She was embroidering with beads on the canvas.*

Proverbs/Sayings/Idioms

Его́ слова́ шёлком ши́ты. — *His words are silky sweet.*

Он не лы́ком шит. (пословица) — *He was not born yesterday.*

Это всё бе́лыми ни́тками ши́то. — *It is all so transparent.*

type 2 verb in imp.; **м-мл** stem change/no perf. stem: **шуме-**

IMPERFECTIVE ASPECT

PRESENT

шумлю́	шуми́м
шуми́шь	шуми́те
шуми́т	шумя́т

PAST

шуме́л
шуме́ла
шуме́ло
шуме́ли

FUTURE

бу́ду шуме́ть	бу́дем шуме́ть
бу́дешь шуме́ть	бу́дете шуме́ть
бу́дет шуме́ть	бу́дут шуме́ть

SUBJUNCTIVE

шуме́л бы
шуме́ла бы
шуме́ло бы
шуме́ли бы

PARTICIPLES

pres. active	шумя́щий
pres. passive	—
past active	шуме́вший
past passive	—

VERBAL ADVERBS

шумя́

COMMANDS

шуми́
шуми́те

Usage

(+instr.)(о, в, на+prep.)(по+dat.)

Мать шуме́ла посу́дой в ку́хне.	*Mother was banging pots in the kitchen.*
Он шуми́т о свои́х успе́хах.	*He boasts about his successes.*
Де́ти гро́мко шуме́ли на проща́дке.	*Children made a lot of noise on the playground.*
От вина́ у меня́ шуме́ло в голове́.	*My head was spinning from all the wine.*
Что ты шуми́шь по пустяка́м?	*Why are you making noise about nothing?*

Proverbs/Sayings/Idioms

Ве́тер шуме́л в кро́нах дере́вьев.	*The wind was blowing through the treetops.*
Её сла́ва шуме́ла на весь мир.	*Her fame was known all over the world.*
Лю́ди шуме́ли о но́вой рефо́рме. (пословица)	*People were talking about the new reforms.*

554 шути́ть/пошути́ть *to joke*

stem: **шути-/пошути-** type 2 verb (like **говори́ть**); **т-ч** stem change

IMPERFECTIVE ASPECT		PERFECTIVE ASPECT	
PRESENT			
шучу́	шу́тим		
шу́тишь	шу́тите		
шу́тит	шу́тят		
PAST		**PAST**	
шути́л		пошути́л	
шути́ла		пошути́ла	
шути́ло		пошути́ло	
шути́ли		пошути́ли	
FUTURE		**FUTURE**	
бу́ду шути́ть	бу́дем шути́ть	пошучу́	пошу́тим
бу́дешь шути́ть	бу́дете шути́ть	пошу́тишь	пошу́тите
бу́дет шути́ть	бу́дут шути́ть	пошу́тит	пошу́тят
SUBJUNCTIVE		**SUBJUNCTIVE**	
шути́л бы		пошути́л бы	
шути́ла бы		пошути́ла бы	
шути́ло бы		пошути́ло бы	
шути́ли бы		пошути́ли бы	
PARTICIPLES		**PARTICIPLES**	
pres. active	шутя́щий	*pres. active*	—
pres. passive	—	*pres. passive*	—
past active	шути́вший	*past active*	пошути́вший
past passive	—	*past passive*	—
VERBAL ADVERBS		**VERBAL ADVERBS**	
шутя́		пошути́в	
COMMANDS		**COMMANDS**	
шути́		пошути́	
шути́те		пошути́те	

Usage

(с, над+instr.)(+instr.)

Он шути́ть не лю́бит. — *He does not like to joke.*
Мы ве́село шути́ли с това́рищами над учителя́ми. — *My friends and I were joking about our teachers.*
Он ехи́дно шу́тит над все́ми. — *He maliciously jokes about everyone.*
Он доброду́шно пошути́л над ребя́тами. — *He played a good-natured joke on the kids.*

Proverbs/Sayings/Idioms

Чем чёрт не шу́тит, когда́ бог спит! (пословица) — *When God is asleep, the devil is at play!*
Не шути́ с огнём. (поговорка) — *Do not play with fire.*
Не шути́те свои́м здоро́вьем! — *Don't toy with your own health!*
Она́ шу́тит свои́м бу́дущим. — *She is playing with her own future!*

type 1 verb in imp./perf. form type 2; **в-вл** stem change stem: **явля́й+ся/яви+ся**

IMPERFECTIVE ASPECT		PERFECTIVE ASPECT	
PRESENT			
явля́юсь	явля́емся		
явля́ешься	явля́етесь		
явля́ется	явля́ются		
PAST		PAST	
явля́лся		яви́лся	
явля́лась		яви́лась	
явля́лось		яви́лось	
явля́лись		яви́лись	
FUTURE		FUTURE	
бу́ду явля́ться	бу́дем явля́ться	явлю́сь	я́вимся
бу́дешь явля́ться	бу́дете явля́ться	я́вишься	я́витесь
бу́дет явля́ться	бу́дут явля́ться	я́вится	я́вятся
SUBJUNCTIVE		SUBJUNCTIVE	
явля́лся бы		яви́лся бы	
явля́лась бы		яви́лась бы	
явля́лось бы		яви́лось бы	
явля́лись бы		яви́лись бы	
PARTICIPLES		PARTICIPLES	
pres. active	явля́ющийся	*pres. active*	—
pres. passive	—	*pres. passive*	—
past active	явля́вшийся	*past active*	яви́вшийся
past passive	—	*past passive*	—
VERBAL ADVERBS		VERBAL ADVERBS	
явля́ясь		яви́вшись	
COMMANDS		**COMMANDS**	
явля́йся		яви́сь	
явля́йтесь		яви́тесь	

Usage

(в, на+acc.)(в+prep.)(+dat.)(к+dat.)(из, с, без+gen.)(за+instr.)(+inf.)

Учи́тель потре́бовал, что́бы роди́тели ученика́ яви́лись в шко́лу.	*The teacher demanded that the student's parents come to school.*
Она́ яви́лась на собра́ние по́зже всех.	*She showed up at the meeting last.*
Он яви́лся с рабо́ты уста́вшим.	*He came from work tired.*
Я яви́лся в отде́л ка́дров за докуме́нтами.	*I came to the human resources department to get my documents.*
Он ча́сто явля́лся мне во сне́.	*He often came to me in my sleep.*
Ви́рус явля́ется причи́ной боле́зни.	*A virus is the cause of the disease.*
Она́ явля́лась нам дру́гом в любо́й ситуа́ции.	*She was our friend in any situation.*
Этот факт явля́ется доказа́тельством его невино́вности.	*This fact proves his innocence.*

Idioms

Он яви́лся к нам с пови́нной.	*He gave himself up to us.*
Я яви́лась на свет в конце́ ле́та.	*I came into this world at the end of summer.*

Exercises

A *Practice writing verbs in the* ***present*** *tense. Write the correct form of the verb in the present tense to complete each of the following sentences.*

Пример: Маша и Саша <u>пишут</u> письма. (писать)

1. Марина ______________________ в Киеве. (жить)
2. Она часто ______________________ в парке. (гулять)
3. Мы ______________________ в шахматы. (играть)
4. Они ______________________ музыку. (слушать)
5. Мой сосед ______________________ на заводе. (работать)
6. Они теперь ______________________ трудную проблему. (решать)
7. Утром я ______________________ бутерброд. (есть)
8. Мой сын ______________________ литературой. (заниматься)
9. У жены ______________________ живот. (болеть)
10. Дети ______________________ зубы три раза в день. (чистить)
11. Она часто ______________________ о нём. (думать)
12. Я хорошо ______________________ по-русски. (говорить)

B *Practice writing verbs in the* ***imperfective past*** *tense. Write the correct form of the verb in the imperfective past tense to complete each of the following sentences.*

Пример: Где вы <u>были</u> сегодня утром? (быть)

1. Мы ______________________ в плавании. (тренироваться)
2. Раньше лейтенант______________________ взводом. (командовать)
3. Вчера он ______________________ в столовой. (есть)
4. Я долго ______________________ её квартиру на тёмной улице. (искать)
5. Мама ______________________ по мне и писала много писем. (скучать)
6. Его болезнь ______________________ три месяца. (тянуться)
7. Я ______________________ в последних выборах. (участвовать)
8. Отец ______________________ ребёнка на руках. (держать)

9. Она быстро ______________________ комнату. (убрать)
10. Вчера вечером мы ______________________ телевизор. (смотреть)
11. Осенью он ______________________ грибы. (собирать)
12. Каждое лето девочки ______________________ в озере. (купаться)

C *Practice writing verbs in the* ***perfective past*** *tense. Write the correct form of the verb in the perfective past tense to complete each of the following sentences.*

Пример: Моя сестра играла в теннис и сломала ногу. (сломать)

1. Учитель ______________________ интересную историю. (рассказать)
2. Вчера мы с женой ______________________ новый дом. (купить)
3. Отец ______________________ сына на почту. (взять)
4. Мне ______________________ этот фильм. (понравиться)
5. Мой муж ______________________ без отца. (вырасти)
6. Виктор ______________________ письмо от друга. (получить)
7. В прошлом году мы ______________________ квартиру. (найти)
8. Вчера нас ______________________ в милицию. (вызвать)
9. У жены вдруг ______________________ аппетит. (пропасть)
10. Наконец ______________________ телефонный звонок. (раздаться)
11. Он мне уже ______________________ своими просьбами. (надоесть)

D *Practice writing verbs in the* ***future*** *tense. Write the correct form in the perfective future tense of the verb in parenthesis.*

Пример Лекция начнётся завтра в девять часов. (начаться)

1. Скоро Серёжа ______________________ профессором. (стать)
2. Ты не ______________________ туда на трамвае. (попасть)
3. Игорь быстро ______________________ к новой работе. (привыкнуть)
4. Мне ______________________ попасть в Париж в марте. (удасться)
5. Его не ______________________ с работы в этом году. (уволить)
6. Я ______________________ завтра кончить статью. (смочь)
7. Мы ______________________ у учителя, когда будет экзамен. (узнать)
8. Поезд ______________________ на вокзал поздно вечером. (прибыть)
9. Она ______________________ здесь на всю зиму. (остаться)

10. Мария скоро ______________ со своим мужем. (разводиться)
11. Завтра я вам ______________ правду. (сказать)
12. Если ты мне не ______________, я не смогу кончить работу. (помочь)

E *Practice writing motion verbs in the* ***present tense****. Complete each of the following sentences by writing in the present tense form (definite or indefinite) of the verb in parenthesis.*

Пример: Папа сегодня <u>ходит</u> в новом костюме. (ходить)

1. Моя дочь плохо ______________ машину. (водить)
2. Отец обычно ______________ детей в школу. (возить)
3. Завтра мы ______________ в Санкт-Петербург. (ехать)
4. Я редко ______________ туда на автобусе. (ездить)
5. Валентина часто ______________ в Москву. (летать)
6. Вечером дядя ______________ в Нью-Йорк. (лететь)
7. Сегодня родители ______________ в Сан Диего. (плыть)
8. Дети ______________ в школу. (ходить)
9. Она ______________ красивую одежду. (носить)
10. Миша хорошо себя ______________ . (вести)
11. О чём ______________ речь? (идти)
12. По этой реке ______________ только пароходы. (плавать)

F *Practice writing verbs in the* ***subjunctive mood****. Complete each of the following sentences by writing in the correct subjunctive form of the verb in parentheses.*

Пример: Хочу, чтобы вы здесь <u>были</u> . (быть)

1. Если бы я её ______________ , я бы ______________ тебя с ней. (знать/познакомить)
2. Если бы она ______________ дома, то она ______________ бы тебе. (быть/позвонить)
3. Мой друг дал мне деньги, чтобы я ______________ машину. (купить)
4. Мать пишет, чтобы сын ______________ на родину. (переехать)
5. Важно, чтобы вы ______________ к директору сегодня. (зайти)
6. Профессор объяснил урок, чтобы мы все ______________ . (понять)

7. Врач хочет, чтобы я месяц ________________ это лекарство. (принимать)
8. Жена просила, чтобы я ________________ курить. (бросить)
9. Виктор пошёл на рынок, чтобы ________________ продукты. (купить)
10. Все просили артиста, чтобы он ________________ эту песню. (исполнить)
11. Дядя очень хотел, чтобы тренер его ________________ в команду. (включить)
12. Если бы мы ________________ работу в Киеве, мы ________________ бы намного лучше. (получить/жить)

G *Practice writing verbs in the* ***imperative****. Write the correct command form (perfective or imperfective) of the verb in parenthesis.*

Пример: Виктор, снимите эту дешёвую квартиру около университета. (снимать)

1. Петя, ________________ поужинать. (остаться)
2. Не ________________ ребёнка так строго! (наказывть)
3. Пожалуйста, не ________________ тишину. (нарушать)
4. ________________, где она живёт. (узнать)
5. Скорее ________________ соседей! (позвать)
6. Не ________________ сто рублей, а ________________ сто друзей. (иметь)
7. ________________ новый материал на завтра. (повторить)
8. ________________ меня просто Вова. (называть)
9. ________________, это моя жена. (познакомиться)
10. Не ________________ выключить свет. (забыть)
11. ________________ книгу на странице двадцать. (открыть)
12. ________________ до дна! (пить)

H *Practice writing verbs in the* ***imperfective future*** *tense. Complete each of the following sentences by writing in the correct subjunctive form of the verb in parentheses.*

Пример: В этом году я буду работать в Англии. (работать)

1. В пятницу мы ________________ новый год. (праздновать)
2. Летом они ________________ в Вермонте. (учиться)
3. Что вы завтра ________________? (делать)

4. Миша ________________ книгу всю ночь. (читать)
5. Саша ________________ после школы. (обедать)
6. В марте я ________________ в новом отделе. (работать)
7. Завтра вы ________________ новый фильм? (смотреть)
8. Они часто вам ________________ . (писать)
9. В этом году женщины не ________________ мех. (носить)
10. Что ты ________________ на ужин? (жарить)
11. По утрам я ________________ спортом. (заниматься)
12. Когда ты придёшь, мы ________________ в шахматы. (играть)

I *Practice writing past passive paticiples. Complete each of the following sentences by changing the* **который** *construction into one using the past passive participle. Remember to put the ending of the participle in the correct case, number and gender.*

Пример: Мне понравился роман, который вы написали.

Мне понравился роман, написанный вами. (писать)

1. Вы видели дом, который построил мой отец?

   Вы видели дом, ________________ моим отцом? (построить)
2. Вы живёте около магазина, который недавно открыли?

   Вы живёте около недавно ________________ магазина? (открыть)
3. Розы, которые мы посадили во дворе, очень хорошо растут.

   Розы, ________________ нами во дворе, очень хорошо растут. (посадить)
4. Деньги, которые жена нашла, лежат на полке.

   Деньги, ________________ женой, лежат на полке. (найти)
5. В журнале была статья, которую написал профессор Ривкин.

   В журнале была статья, ________________ профессором Ривкиным. (написать)
6. Словарь, который составили ведущие учёные, очень популярен.

   Словарь, ________________ведущими учёными, очень популярен. (составать)
7. Я получил телеграмму, которую послала Нина.

   Я получил телеграмму, ________________ Ниной. (послать)
8. Платье, которое купила студентка, очень модное.

   Платье, ________________ студенткой, очень модное. (купить)

9. Вы видели студентов, которых мы пригласили на обед?

   Вы видели студентов, ________________ нами на обед? (приглашать)

10. Мы не получили деньги за перевод книги, который мы сделали.

    Мы не получили деньги за перевод книги, ________________ нами. (сделать)

11. Билеты, которые мы заказале по телефону, дома на столе.

    Билеты, ________________ нами по телефону, дома на столе. (заказать)

12. Дети, которых оставили играть на площадке, хорошо себя вели.

    Дети, ________________ играть на площадке, хорошо себя вели. (оставить)

ANSWERS TO EXERCISES

A 1. живут 2. гуляет 3. играем 4. слушают 5. работает 6. решают 7. ем 8. занимается 9. болит 10. чистят 11. думает 12. говорю

B 1. тренировались 2. командовал 3. ел 4. искал 5. скучала 6. тянулась 7. участвовал 8. держал 9. убирала 10. смотрели 11. собирали 12. купались

C 1. рассказал 2. купили 3. взял 4. понравился 5. вырос 6. получил 7. нашли 8. вызвали 9. пропал 10. раздался 11. надоел

D 1. станет 2. попадёшь 3. привыкнет 4. удастся 5. уволят 6. смогу 7. узнаем 8. прибудет 9. останется 10. разводится 11. скажу 12. поможешь

E 1. водит 2. возит 3. едем 4. езжу 5. летает 6. летит 7. плывут 8. ходят 9. носит 10. ведёт 11. идёт 12. плавают

F 1. знал/познакомил 2. была/позвонила 3. купил 4. переехал 5. зашли 6. поняли 7. принимал 8. бросил 9. купил 10. исполнил 11. включил 12. получили/жили

G 1. останься/останьтесь 2. наказывай/наказывайте 3. нарушай/нарушайте 4. узнай/узнайте 5. позови/позовите 6. имей/имей 7. повтори/повторите 8. назови/назовите 9. познакомьтесь 10. забывай/забывайте 11. открой/откройте 12. Пей/Пейте

H 1. будем праздновать 2. будут учиться 3. будете делать 4. будет читать 5. будет обедать 6. буду работать 7. будете смотреть 8. будут писать 9. будут носить 10. будешь жарить 11. буду заниматься 12. будем играть

I 1. построенный 2. открытого 3. посаженные 4. найденные 5. написанная 6. составленный 7. посланную 8. купленное 9. приглашённых 10. сделанный 11. заказанные 12. оставленные

English-Russian Verb Index

This index contains all of the English meanings given for the 555 verbs conjugated in this book. The motion verbs are included with prepositions to show the nuances of verbs like "to go," "to bring," "to take," etc. Some verbs have a range of meanings: as an example, see the entry **добива́ть/доби́ть, добива́ть(ся)/ доби́ть(ся),** where the non-reflexive form may mean "to kill," or even "to finish." The reflexive form may imply "to achieve, seek, or strive." In the examples provided beneath the conjugation, the reader will find many shades of meaning.

accompany, guide **провожа́ть/проводи́ть**
accuse **обвиня́ть/обвини́ть**
achieve, seek, strive; kill **добива́ть(ся)/доби́ть(ся)**
act, use; influence **де́йствовать/поде́йствовать**
add **прибавля́ть/приба́вить**
add (to) **добавля́ть(ся)/доба́вить(ся)**
admit, confess **признава́ть(ся)/призна́ть(ся)**
admit, let **допуска́ть/допусти́ть**
advise, suggest **сове́товать(ся)/посове́товать(ся)**
agree **догова́ривать(ся)/договори́ть(ся); соглаша́ться/согласи́ться**
allow, let, permit **позволя́ть/позво́лить**
allow, let; shoot **пуска́ть/пусти́ть**
allow, permit **разреша́ть/разреши́ть**
amaze, be surprised **удивля́ть(ся)/удиви́ть(ся)**
anger, get angry **серди́ться/рассерди́ться**
announce, declare **заявля́ть/заяви́ть**
answer **отвеча́ть/отве́тить**
apologize, excuse, pardon **извиня́ть/извини́ть**
appear **появля́ться/появи́ться**
appear, spring up **возника́ть/возни́кнуть**
applaud **аплоди́ровать/зааплоди́ровать**
appoint, set up, arrange **назнача́ть/назна́чить**
approach, suit **подходи́ть/подойти́**
argue **спо́рить/поспо́рить**
argue, quarrel **ссо́риться/поссо́риться**
arrest **аресто́вывать/арестова́ть**
arrive **прибыва́ть/прибы́ть**
arrive (by plane) **прилета́ть/прилете́ть**
arrive (on foot); have to **приходи́ть(ся)/прийти́(сь)**
ask (a question) **спра́шивать/спроси́ть**
associate, have contact **обща́ться/пообща́ться**
attack **наступа́ть**
attempt, try **пыта́ться/попыта́ться; стара́ться/постара́ться**
attract **привлека́ть/привле́чь**
avoid **избега́ть/избежа́ть**

bake **печь/испе́чь**
bathe oneself, swim **купа́ться/вы́купаться**
be **быть/побы́ть**
be able **мочь/смочь**
be absent **отсу́тствовать**
be at war **воева́ть**
be concerned, worry about **забо́титься/позабо́титься**
be friends, make friends **дружи́ть/подружи́ться**
be heard; ring out **раздава́ться/разда́ться**
be interested **интересова́ться/заинтересова́ться**
be jealous **ревнова́ть/приревнова́ть**
be late **опа́здывать/опозда́ть**
be located; find oneself **находи́ться**
be mistaken **заблужда́ться**
be nauseous **тошни́ть/затошни́ть**
be outraged, disturb **возмуща́ться/возмути́ться**
be present **прису́тствовать**
be proud, take pride (in) **горди́ться/загорди́ться**
be shy, feel awkward **стесня́ться/застесня́ться**
be sick, become ill; root for **боле́ть/заболе́ть**
be silent, keep silent **молча́ть/замолча́ть**
be tired of, pester **надоеда́ть/надое́сть**
be upset, break down **расстра́иваться/расстро́иться**
be worth **сто́ить**
bear, be born **рожда́ть(ся)/роди́ть(ся)**
become; begin **станови́ться/стать**
begin, start **начина́ть(ся)/нача́ть(ся)**
believe **ве́рить/пове́рить**
belong to **принадлежа́ть**
blow **дуть/ду́нуть**
boil **вари́ть(ся)/свари́ть(ся)**
bother, disturb **меша́ть/помеша́ть**
break **разбива́ть(ся)/разби́ть(ся)**
break, break up **лома́ть(ся)/слома́ть(ся)**
breathe **дыша́ть/подыша́ть**
bring **приноси́ть/принести́**
bring (by vehicle), deliver **привози́ть/привезти́**
bring (by vehicle), drive, take **довози́ть/довезти́**
bring (on foot), lead **приводи́ть/привести́**
bring (to), lead; let down **подводи́ть/подвести́**
bring, take **заводи́ть/завести́**
build, be built **стро́ить(ся)/постро́ить(ся)**
burn **горе́ть/сгоре́ть; жечь/сжечь**
buy **покупа́ть/купи́ть**

calculate **рассчи́тывать/рассчита́ть**

call, summon **звать/позва́ть**
call, telephone **звони́ть/позвони́ть**
call upon, summon, draft **призыва́ть/призва́ть**
calm down **успока́ивать(ся)/успоко́ить(ся)**
cancel, abolish **отменя́ть/отмени́ть**
carry **носи́ть/нести́/понести́**
carry, endure, reschedule **переноси́ть/перенести́**
carry (by vehicle), transport
вози́ть/везти́/повезти́
carry away, treat; pertains to
относи́ть(ся)/отнести́(сь)
carry in; introduce **вноси́ть/внести́**
carry out (on foot); bring **выноси́ть/вы́нести**
catch **лови́ть/пойма́ть**
catch a cold **простужа́ться/простуди́ться**
catch up (with), overtake **догоня́ть/догна́ть**
celebrate **пра́здновать/отпра́здновать**
change, alter (oneself)
изменя́ть(ся)/измени́ть(ся)
change, exchange **меня́ть(ся)/поменя́ть(ся)**
change one's clothing
переодева́ться/переоде́ться
change one's mind, rethink
переду́мывать/переду́мать
check **проверя́ть/прове́рить**
choose, select **выбира́ть/вы́брать**
choose, select, elect **избира́ть/избра́ть**
chop **руби́ть/сруби́ть**
clarify, turn out, find out **выясня́ть/вы́яснить**
clean **чи́стить/почи́стить**
climb, crawl **ла́зить/ле́зть/поле́зть**
close, lock **закрыва́ть(ся)/закры́ть(ся)**
come, arrive (by vehicle) **приезжа́ть/прие́хать**
come closer **приближа́ть(ся)/прибли́зить(ся)**
come forward, appear, perform
выступа́ть/вы́ступить
come running, run **прибега́ть/прибежа́ть**
command **кома́ндовать/скома́ндовать**
commit, perform **соверша́ть/соверши́ть**
compare **сра́внивать(ся)/сравни́ть(ся)**
complain **жа́ловаться/пожа́ловаться**
conceive, think up, invent
приду́мывать/приду́мать
conclude **заключа́ть/заключи́ть**
condemn, convict, sentence **осужда́ть/осуди́ть**
conduct, lead **проводи́ть/провести́**
confirm, corroborate **подтвержда́ть/подтверди́ть**
congratulate **поздравля́ть/поздра́вить**
conquer, win **завоёвывать/завоева́ть**
consider **счита́ть/посчита́ть**
consist of; take place **состоя́ть(ся)**
continue **продолжа́ть(ся)/продо́лжить(ся)**
converse, discuss, talk **разгова́ривать**
convince **убежда́ть(ся)/убеди́ть(ся)**
correct, straighten out **исправля́ть/испра́вить**
correspond, rewrite
перепи́сывать(ся)/переписа́ть
cough **ка́шлять/кашляну́ть**
cover **накрыва́ть/накры́ть**
crawl **по́лзать/ползти́/поползти́**
create **создава́ть/созда́ть**
cry, weep **пла́кать/запла́кать**
cure, heal **выле́чивать/вы́лечить**
cut **ре́зать/разре́зать**
cut off **отре́зать/отреза́ть**

dance **танцева́ть/станцева́ть**
date, look after, care for **уха́живать/поуха́живать**
deceive, cheat, trick **обма́нывать/обману́ть**
decide, solve **реша́ть/реши́ть**
declare **объявля́ть/объяви́ть**
dedicate, devote **посвяща́ть/посвяти́ть**
defend **защища́ть/защити́ть**
delay, restrain, stop
заде́рживать(ся)/задержа́ть(ся)
deliver, provide **доставля́ть/доста́вить**
demand, insist **тре́бовать/потре́бовать**
depart, leave, drive **выезжа́ть/вы́ехать**
depend **зави́сеть**
depict, portray **изобража́ть/изобрази́ть**
describe **опи́сывать(ся)/описа́ть(ся)**
destroy **разруша́ть/разру́шить**
destroy, annihilate **уничтожа́ть/уничто́жить**
determine, define
определя́ть(ся)/определи́ть(ся)
develop **развива́ть/разви́ть**
die **умира́ть/умере́ть**
disappear, be missing **пропада́ть/пропа́сть**
disappear, vanish **исчеза́ть/исче́знуть**
discover, find out **обнару́живать/обнару́жить**
discuss, consider **обсужда́ть/обсуди́ть**
dismiss, fire **увольня́ть/уво́лить**
disperse, separate **расходи́ться/разойти́сь**
distinguish, tell apart **отлича́ть(ся)/отличи́ть(ся)**
divide **разделя́ть(ся)/раздели́ть(ся)**
divide, group **дели́ть(ся)/раздели́ть(ся)**
do, make **де́лать/сде́лать**
doubt **сомнева́ться/усомни́ться**
drag, pull, extract **выта́скивать/вы́тащить**
draw **рисова́ть/нарисова́ть**
dream, daydream, wish **мечта́ть/помечта́ть**
dress, get dressed **одева́ть(ся)/оде́ть(ся)**
dress, put on **надева́ть/наде́ть**
drink **пить/вы́пить**
drive **гоня́ть/гна́ть**
drive past, ride (past, through)
проезжа́ть/прое́хать
drop in, stop by (on foot) **заходи́ть/зайти́**

earn, earn on the side
подраба́тывать/подрабо́тать
earn, make a living **зараба́тывать/зарабо́тать**
eat **есть/съесть;** (coll.) **ку́шать/ску́шать**
embarrass, confuse **смуща́ть(ся)/смути́ть(ся)**
embroider **вышива́ть/вы́шить**
endure **терпе́ть/потерпе́ть**
enroll, enter; treat **поступа́ть/поступи́ть**
enter into, join **вступа́ть/вступи́ть**
enter, go in **входи́ть/войти́**
envy **зави́довать/позави́довать**
examine **рассма́тривать/рассмотре́ть**
examine, inspect
осма́тривать(ся)/осмотре́ть(ся)
examine, look around, glance
огля́дываться/огляну́ться
exist **существова́ть**

exit, leave, go out (on foot) **выходи́ть/вы́йти**
expect **ожида́ть**
expel, exclude, dismiss **исключа́ть/исключи́ть**
explain **объясня́ть(ся)/объясни́ть(ся)**
explode, blow up **взрыва́ть/взорва́ть**
express **выража́ть/вы́разить**

fall **па́дать/упа́сть**
fall asleep **засыпа́ть/засну́ть**
feed **корми́ть/накорми́ть**
feel **чу́вствовать/почу́вствовать**
fill (out, in) **заполня́ть/запо́лнить**
fill (with gas), tuck in **заправля́ться/запра́виться**
find **находи́ть/найти́**
finish, complete **ока́нчивать/око́нчить**
finish, end **зака́нчивать(ся)/зако́нчить(ся); конча́ть(ся)/ко́нчить(ся)**
fix, repair **чини́ть/почини́ть**
flow **течь/поте́чь**
fly **лета́ть/лете́ть/полете́ть**
fly, shoot out, go charging **вылета́ть/вы́лететь**
follow **сле́довать/после́довать**
forbid, prohibit **запреща́ть/запрети́ть**
force, compel **заставля́ть/заста́вить**
forget, leave **забыва́ть/забы́ть**
forgive, excuse **проща́ть/прости́ть**
found, establish **осно́вывать/основа́ть**
freeze **замерза́ть/замёрзнуть**
fry, grill, roast **жа́рить/пожа́рить**
fulfill, attain, perform, turn **исполня́ть(ся)/испо́лнить(ся)**
fulfill, complete, comply (with) **выполня́ть/вы́полнить**

gather, collect; dial **набира́ть/набра́ть**
gather, collect; plan **собира́ть(ся)/собра́ть(ся)**
get a suntan, sunbathe **загора́ть/загоре́ть**
get cold **просты́ть**
get married (of a man) **жени́ться/пожени́ться**
get tired **устава́ть/уста́ть**
get to, reach (by foot) **доходи́ть/дойти́**
get up, rise **встава́ть/встать**
get used to, get accustomed to **привыка́ть/привы́кнуть**
get, receive **получа́ть(ся)/получи́ть(ся)**
give **дава́ть/дать**
give back, return **отдава́ть/отда́ть**
give out, issue, award **выдава́ть/вы́дать**
glue, paste together **кле́ить/скле́ить**
go, direct, send **направля́ть(ся)/напра́вить(ся)**
go (by vehicle), drive **е́здить/е́хать/пое́хать**
go (on foot), walk, wear **ходи́ть/идти́/пойти́**
go (through, past), pass (on foot) **проходи́ть/пройти́**
go across, turn, move, cross **переходи́ть/перейти́**
go down, descend; meet, agree **сходи́ть(ся)/сойти́(сь)**
grab, seize; be enough, suffice **хвата́ть/хвати́ть**
greet, say hello **здоро́ваться/поздоро́ваться; приве́тствовать/поприве́тствовать**
grow, grow up **расти́/вы́расти**
guard, protect; take care **бере́чь(ся)/сбере́чь(ся)**
guess **уга́дывать/угада́ть**
guess, figure out, suspect **дога́дываться/догада́ться**

hand over, deliver; surrender **сдава́ть(ся)/сда́ть(ся)**
hand over, give, pass **передава́ть/переда́ть**
hang **ве́шать/пове́сить**
hang, be hanging **висе́ть/повисе́ть**
happen, occur **происходи́ть/произойти́; случа́ться/случи́ться**
hate, despise **ненави́деть/возненави́деть**
have **име́ть**
have a chill, feel feverish **знobи́ть/зазноби́ть**
have breakfast **за́втракать/поза́втракать**
have dinner (lunch) **обе́дать/пообе́дать**
have supper **у́жинать/поу́жинать**
have time, manage, make progress **успева́ть/успе́ть**
hear, be heard **слы́шать(ся)/услы́шать(ся)**
help, assist **помога́ть/помо́чь**
hide **пря́тать(ся)/спря́тать(ся); скрыва́ть/скрыть**
hit, strike **би́ть(ся)/проби́ть(ся)**
hit; get to **попада́ть/попа́сть**
hold, keep; bear **держа́ть(ся)/подержа́ть(ся)**
hope, wish **наде́яться/понаде́яться**
hug, embrace **обнима́ть/обня́ть**
hurry, rush **спеши́ть/поспеши́ть; торопи́ться/поторопи́ться**
hurt, ache, be sore **боле́ть/заболе́ть**

implement, realize, carry out **осуществля́ть/осуществи́ть**
implore **умоля́ть/умоли́ть**
increase **увели́чивать(ся)/увели́чить(ся)**
insist **наста́ивать/настоя́ть**
install, determine; be established **устана́вливать(ся)/установи́ть(ся)**
insult, offend, hurt **обижа́ть(ся)/оби́деть(ся)**
interest **интересова́ть/заинтересова́ть**
interest, be keen on **увлека́ть(ся)/увле́чь(ся)**
interrogate, question **допра́шивать/допроси́ть**
interrupt **перебива́ть(ся)/переби́ть(ся)**
intervene, get mixed up **вме́шиваться/вмеша́ться**
introduce, bring in, declare **вводи́ть/ввести́**
invite **приглаша́ть/пригласи́ть**
iron, pat, stroke **гла́дить/погла́дить**

joke **шути́ть/пошути́ть**
judge; be judged **суди́ть**
jump **пры́гать/пры́гнуть**
justify, defend oneself **опра́вдывать(ся)/оправда́ть(ся)**

keep, store, save, preserve **храни́ть(ся)**
kill **убива́ть/уби́ть**
kiss **целова́ть/поцелова́ть**
knit **вяза́ть/связа́ть**
knock **стуча́ть/постуча́ть**
knock down, reduce **сбива́ть/сбить**
know **знать**
know how, be able **уме́ть/суме́ть**

labor **труди́ться/потруди́ться**
lag behind, trail; lose touch **отстава́ть/отста́ть**
laugh **смея́ться/посмея́ться**
lead; drive **води́ть/вести́/повести́**
lead across, transfer, translate **переводи́ть/перевести́**
lead out, bring out **выводи́ть/вы́вести**
leave, abandon **оставля́ть/оста́вить**
leave (by car) **уезжа́ть/уе́хать**
leave (on foot) **уходи́ть/уйти́**
let, publish, put out, produce **выпуска́ть/вы́пустить**
liberate, free **освобожда́ть(ся)/освободи́ть(ся)**
lie, tell a lie **врать/совра́ть**
lie, be in a lying position **лежа́ть/полежа́ть**
lie down **ложи́ться/лечь**
lift, raise; ascend **поднима́ть(ся)/подня́ть(ся)**
light **зажига́ть/заже́чь**
light up, illuminate **освеща́ть(ся)/освети́ть(ся)**
like, love, fall in love **люби́ть/полюби́ть**
like, please **нра́виться/понра́виться**
listen **слу́шать(ся)/послу́шать(ся)**
live **жить/пожи́ть**
look, appear **вы́глядеть**
look (at) **гляде́ть/гля́нуть**
look for, search for **иска́ть/поиска́ть**
lose **прои́грывать/проигра́ть; теря́ть/потеря́ть**
lower, descend **спуска́ть(ся)/спусти́ть(ся)**
lower, drop **опуска́ть/опусти́ть**

make a mistake, be mistaken **ошиба́ться/ошиби́ться**
make a trip **съезжа́ть/съе́хать**
make noise, be noisy **шуме́ть**
mean, signify **зна́чить**
measure **ме́рить/изме́рить**
meet, acquaint **знако́мить(ся)/познако́мить(ся)**
meet (with) **встреча́ть(ся)/встре́тить(ся)**
miss **скуча́ть/поскуча́ть**
miss, leave out; let **пропуска́ть/пропусти́ть**
move, cross, run over **переезжа́ть/перее́хать**
move, go **дви́гать(ся)/дви́нуть(ся)**
move, transport (by vehicle) **перевози́ть/перевезти́**

name, call, be called **называ́ть(ся)/назва́ть(ся)**
need, be in need of **нужда́ться**
note, mark **отмеча́ть(ся)/отме́тить(ся)**
note, record **запи́сывать/записа́ть**
notice, mention, point out **замеча́ть/заме́тить**

observe **наблюда́ть/понаблюда́ть**
obtain; reach, get to **достава́ть/доста́ть**
occupy, take; study, work **занима́ть(ся)/заня́ть(ся)**
offer, suggest **предлага́ть/предложи́ть**
open **открыва́ть(ся)/откры́ть(ся)**
order **зака́зывать/заказа́ть; прика́зывать/приказа́ть**
organize **организо́вывать/организова́ть**

paint **кра́сить/покра́сить**
park **паркова́ть/запаркова́ть**
participate **уча́ствовать/поуча́ствовать**
pay **плати́ть/заплати́ть**
perish, be killed, die **погиба́ть/поги́бнуть**
persuade **угова́ривать/уговори́ть**
photograph **фотографи́ровать/сфотографи́ровать**
pity, sorry (for) **жале́ть/пожале́ть**
place (upright) **ста́вить/поста́вить**
place, arrange, suit **устра́ивать(ся)/устро́ить(ся)**
plant, seat **сажа́ть/посади́ть**
play **игра́ть/сыгра́ть/поигра́ть**
please, make happy **ра́довать(ся)/обра́довать(ся)**
plow, till; work hard (colloquial) **паха́ть/вспаха́ть**
point, indicate, mention **ука́зывать/указа́ть**
ponder, reflect, think **заду́мывать(ся)/заду́мать(ся)**
pose (a question), assign **задава́ть/зада́ть**
possess; own, seize **владе́ть/овладе́ть**
pour **лить/нали́ть**
pour, fill, serve **налива́ть/нали́ть**
praise **хвали́ть/похвали́ть**
prefer **предпочита́ть/предпоче́сть**
prepare **подгота́вливать(ся)/подгото́вить(ся); приготовля́ть(ся)/пригото́вить(ся)**
prepare, get ready **гото́вить(ся)/пригото́вить(ся)**
present (a gift) **дари́ть/подари́ть**
present to, introduce **представля́ть/предста́вить**
preserve, maintain **сохраня́ть/сохрани́ть**
press, squeeze **жать/сжать**
produce **производи́ть/произвести́**
promise **обеща́ть/пообеща́ть**
pronounce, utter **произноси́ть/произнести́**
prove **дока́зывать/доказа́ть**
provide, supply **обеспе́чивать/обеспе́чить**
publish, issue **издава́ть/изда́ть**
pull **таска́ть/тащи́ть/потащи́ть**
pull; extend **тяну́ть(ся)/потяну́ть(ся)**
punish **нака́зывать/наказа́ть**
put together, assemble **составля́ть(ся)/соста́вить(ся)**
put, place (horizontally) **класть/положи́ть**

question, inquire **расспра́шивать/расспроси́ть**

raise, rear **воспи́тывать/воспита́ть**
reach, achieve, attain **достига́ть/дости́чь**
reach, get (to) **добира́ться/добра́ться**
reach (by vehicle), ride **доезжа́ть/дое́хать**
read **чита́ть/прочита́ть**
recognize **узнава́ть/узна́ть**
recommend **рекомендова́ть/порекомендова́ть**
recover, get well **выздора́вливать/вы́здороветь**
redial, call back **перезва́нивать/перезвони́ть**
reduce, decrease **уменьша́ть(ся)/уме́ньшить(ся)**
reflect **отража́ть(ся)/отрази́ть(ся)**
refuse, reject **отка́зываться/отказа́ться**
register **регистри́ровать/зарегистри́ровать**
relax, rest **отдыха́ть/отдохну́ть**
release, let go **отпуска́ть/отпусти́ть**
remain, stay **остава́ться/оста́ться**
remember **запомина́ть(ся)/запо́мнить(ся);**

remember **по́мнить/вспо́мнить**
remember, recollect **вспомина́ть/вспо́мнить**
remind, look like **напомина́ть/напо́мнить**
remove, clean **убира́ть/убра́ть**
render, offer **ока́зывать(ся)/оказа́ть(ся)**
repair **ремонти́ровать/отремонти́ровать**
repeat **повторя́ть/повтори́ть**
replace, take the place of **заменя́ть/замени́ть**
report, announce **докла́дывать/доложи́ть**
report, inform **сообща́ть/сообщи́ть**
request, ask **проси́ть/попроси́ть**
reserve **брони́ровать/заброни́ровать**
respect **уважа́ть**
restore, re-establish
восстана́вливать/восстанови́ть
retreat **отступа́ть/отступи́ть**
return; come back **возвраща́ть(ся)/верну́ть(ся)**
ride **ката́ть(ся)/players ката́ть(ся)**
risk, take chances **рискова́ть/рискну́ть**
rule, operate, govern **управля́ть(ся)/упра́вить(ся)**
run **бе́гать/бежа́ть/побежа́ть**
run across; desert, defect
перебега́ть/перебежа́ть
run away **убега́ть/убежа́ть**

save **спаса́ть/спасти́**
scare, frighten **пуга́ть(ся)/испуга́ть(ся)**
scream, shout **крича́ть/кри́кнуть**
seal **закле́ивать/закле́ить**
see; catch a glimpse **ви́деть(ся)/уви́деть(ся)**
seem **каза́ться/показа́ться**
seize **хвата́ть(ся)/схвати́ть(ся)**
sell **продава́ть(ся)/прода́ть(ся)**
send **посыла́ть/посла́ть;**
присыла́ть/присла́ть
send; depart, leave
отправля́ть(ся)/отпра́вить(ся)
serve **служи́ть/послужи́ть**
serve, submit, apply **подава́ть/пода́ть**
sew **шить/сшить**
shave **бри́ться/побри́ться**
shoot **стреля́ть(ся)/стрельну́ть**
show **пока́зывать(ся)/показа́ть(ся)**
show up, appear, turn out to be **явля́ться/яви́ться**
sigh, pine away **вздыха́ть/вздохну́ть**
sign, subscribe **подпи́сывать/подписа́ть**
sing **петь/спеть**
sink, drown **тону́ть/утону́ть**
sit down **сади́ться/сесть**
sit, be sitting **сиде́ть/посиде́ть**
sleep **спать/поспа́ть**
smell **па́хнуть/запа́хнуть**
smile **улыба́ться/улыбну́ться**
smoke **кури́ть/покури́ть**
sneeze **чиха́ть/чихну́ть**
sound, be heard **звуча́ть/прозвуча́ть**
speak, talk, say **говори́ть/сказа́ть**
spend **тра́тить/потра́тить**
spend the night **ночева́ть/переночева́ть**
spoil, ruin **по́ртить/испо́ртить**
stand, be standing **стоя́ть/постоя́ть**
stay (with), be a guest **гости́ть/погости́ть**
steal **красть/укра́сть**
steam **па́рить(ся)/попа́рить(сь)**
stick, thrust **сова́ть(ся)/су́нуть(ся)**
stop **перестава́ть/переста́ть**
stop, halt; stay
остана́вливать(ся)/останови́ть(ся)
stop by, drive, pick up (by vehicle)
заезжа́ть/зае́хать
strike, hit **ударя́ть/уда́рить**
strive **стреми́ться**
stroll, take a walk **броди́ть/брести́/побрести́**
struggle, fight **боро́ться/поборо́ться**
study (in depth) **изуча́ть/изучи́ть**
succeed **удава́ться/уда́ться**
suffer **страда́ть/пострада́ть**
summon, call, appeal **вызыва́ть/вы́звать**
support **подде́рживать/поддержа́ть**
surround, encircle **окружа́ть/окружи́ть**
survive, experience, endure
пережива́ть/пережи́ть
swear, curse, scold **руга́ть/отруга́ть**
swim **пла́вать/плыть/поплы́ть**

take a walk, stroll **гуля́ть/погуля́ть**
take, mix; divorce **разводи́ть(ся)/развести́(сь)**
take, receive, accept **принима́ть/приня́ть**
take, remove, confiscate
забира́ть(ся)/забра́ть(ся)
take, remove; rent **снима́ть(ся)/сня́ть(ся)**
take; plan, grab **бра́ть(ся)/взя́ть(ся)**
teach **преподава́ть/препода́ть**
teach; study, learn **учи́ть(ся)/научи́ть(ся)**
tear; vomit; crave **рва́ть(ся)/порва́ть(ся)**
tear up **порыва́ть/порва́ть**
tell, say **расска́зывать/рассказа́ть**
thank **благодари́ть/поблагодари́ть**
think of, pose (a riddle) **зага́дывать/загада́ть**
think, consider, intend **ду́мать(ся)/поду́мать(ся)**
throw out, throw away **выбра́сывать/вы́бросить**
throw, drop, bring **забра́сывать/забро́сить**
throw; throw oneself at **броса́ть(ся)/бро́сить(ся)**
touch upon, concern **каса́ться/косну́ться**
train **тренирова́ть/потренирова́ть**
transfer, move, change
переса́живать(ся)/пересе́сть
travel **путеше́ствовать**
treat **угоща́ть/угости́ть**
treat, cure **лечи́ть(ся)/вы́лечить(ся)**
tremble, shake **дрожа́ть/дро́гнуть**
try, taste **про́бовать/попро́бовать**
tune, put **настра́ивать/настро́ить**
turn **повора́чивать(ся)/поверну́ть(ся)**
turn (to), face, deal with
обраща́ть(ся)/обрати́ть(ся)
turn off **выключа́ть/вы́ключить**
turn on **включа́ть/включи́ть**
type, print, publish **печа́тать/напеча́тать**

underline, emphasize **подчёркивать/подчеркну́ть**
understand **понима́ть/поня́ть**
undress, get undressed
раздева́ть(ся)/разде́ть(ся)
unite, connect **соединя́ть/соедини́ть**
use **по́льзоваться/воспо́льзоваться;**

Irregular Verb Index

Verbs with irregular forms are listed in the infinitive below. If the verb is one of the 555 verbs conjugated in this book, it is printed in bold and its assigned number is also given. If a form has no number, the verb can be found in the Russian Verb Index.

Russian Verb Index

This index contains more than 2,000 verbs (including reflexive forms) that are cross-referenced to a fully conjugated verb that follows the same pattern. Verbs that are models appear in bold type. All verbs are listed according to their conjugation type in parentheses. When there are differences between the imperfective and perfective, both conjugation types are listed in order.

де́йствовать/поде́йствовать (4) *act, use, influence* 83
де́лать/сде́лать (1) *do, make* 84
дели́ть(ся)/раздели́ть(ся) (2) *divide, group* 85
держа́ть(ся)/подержа́ть(ся) (2) *hold, keep; bear* 86
дифференци́ровать (4) *differentiate* 499
добавля́ть(ся)/доба́вить(ся) (1,2) *add (to)* 87
добега́ть/добежа́ть (1,i) *reach by running, run to* 166
добива́ть(ся)/доби́ть(ся) (1,i) *achieve, seek, strive* 88
добира́ться/добра́ться (1,i) *reach, get (to)* 89
доверя́ть/дове́рить (1,2) *entrust* 380
доводи́ть/довести́ (2,5) *take to, bring to (on foot)* 362
довози́ть/довезти́ (2,5) *bring (by vehicle), drive, take* 90
дога́дываться/догада́ться (1) *guess, figure out, suspect* 91
догова́ривать(ся)/договори́ть(ся) (1,2) *agree* 92
догоня́ть/догна́ть (1,i) *catch up (with), overtake* 93
доезжа́ть/дое́хать (1,i) *reach (by vehicle), ride* 94
дожива́ть/дожи́ть (1,i) *live to, live to see* 302
дожида́ть(ся)/дожда́ть(ся) (1,3) *wait until, wait for* 95
дозва́ниваться/дозвони́ться (1,2) *reach (by phone)* 225
дока́зывать/доказа́ть (1,3) *prove* 96
докла́дывать/доложи́ть (1,2) *report, announce* 97
долета́ть/долете́ть (1,2) *reach (by flying)* 372
долива́ть/доли́ть (1,i) *fill, pour more (of)* 201
доноси́ть/донести́ (2,5) *carry to, deliver; report* 375
дополня́ть/допо́лнить (1,2) *supplement* 147
допра́шивать/допроси́ть (1,2) *interrogate, question* 98
допуска́ть/допусти́ть (1,2) *admit, let* 99
дораба́тывать/дорабо́тать (1) *finish, work until* 151
достава́ть/доста́ть (i,i) *obtain; reach, get* 100
доставля́ть/доста́вить (1,2) *deliver, provide* 101
достига́ть/дости́гнуть (1,3) *reach, achieve, attain* 102
доходи́ть/дойти́ (2,i) *get to, reach (by foot)* 103
дра́ться/подра́ться (i,i) *fight* 12
дрема́ть/задрема́ть (3) *doze, slumber* 294
дрожа́ть/дро́гнуть (2,3) *tremble, shake* 104
дружи́ть/подружи́ться (2) *be friends, make friends* 105
ду́мать/поду́мать (1) *think, consider, intend* 106
ду́ть/ду́нуть (1,3) *blow* 107
дыша́ть/подыша́ть (2) *breathe* 108

е́здить/е́хать/пое́хать (2,i,i) *go (by vehicle), drive* 109
есть/съесть (i,i) *eat* 110

жале́ть/пожале́ть (1) *pity, be sorry for* 111
жа́ловаться/пожа́ловаться (4) *complain* 112
жа́рить/пожа́рить (2) *fry, grill, roast* 113
жать/сжать (3) *press, squeeze* 114
ждать/подожда́ть (3) *wait, expect* 115
жева́ть/разжева́ть (4) *chew* 235
жела́ть/пожела́ть (1) *wish, desire* 116
желте́ть/пожелте́ть (1) *turn yellow* 111
жени́ть(ся)/пожени́ть(ся) (2) *married, get married (of a man)* 117
жечь/сжечь (6) *burn* 118
жить/прожи́ть (i) *live* 119

забега́ть/забежа́ть (1,i) *drop in, stop by, start running* 166
забира́ть(ся)/забра́ть(ся) (1,i) *take, remove, confiscate* 120
заблужда́ться (1) *be mistaken* 121
заболева́ть/заболе́ть (1) *get sick* 84
забо́титься/позабо́титься (2) *be concerned, worry about* 122
забра́сывать/забро́сить (1,2) *throw, drop, bring* 123
забыва́ть/забы́ть (1,i) *forget, leave* 124
заверша́ть/заверши́ть (1,2) *complete, conclude* 455
зави́довать/позави́довать (4) *envy* 125
зави́сеть (2) *depend* 126
заводи́ть/завести́ (2,5) *bring, take* 127
завоёвывать/завоева́ть (1,4) *conquer, win* 128
зава́ра́чивать/заверну́ть (1,3) *turn, turn around* 274
за́втракать/поза́втракать (1) *have breakfast* 129
завя́зывать/завяза́ть (1,3) *tie, tie up, bind* 96
зага́дывать/загада́ть (1) *think of, pose (a riddle)* 511
загля́дывать/загляну́ть (1,3) *glance, drop by* 153
загора́ть/загоре́ть (1,2) *get a suntan, sunbathe* 131
задава́ть/зада́ть (i,i) *pose (a question), assign* 132
заде́рживать(ся)/задержа́ть(ся) (1,2) *delay, restrain, stop* 133
заду́мывать(ся)/заду́мать(ся) (1) *ponder, reflect, think* 134
задыха́ться/задохну́ться (1,3) *choke, suffocate* 183
заезжа́ть/зае́хать (1,i) *stop by, drive, pick up* 135
зажига́ть/заже́чь (1,6) *light* 136
зака́зывать/заказа́ть (1,3) *order* 137
зака́нчивать(ся)/зако́нчить(ся) (1,2) *finish, end* 138
закла́дывать/заложи́ть (1,2) *place, put behind, lay* 219
закле́ивать/закле́ить (1,2) *seal* 139
заключа́ть/заключи́ть (1,2) *conclude* 140
закрыва́ть(ся)/закры́ть(ся) (1,i) *close, lock* 141
залеза́ть/зале́зть (1,5) *climb* 197
заменя́ть/замени́ть (1,2) *replace, take the place of* 142
замерза́ть/замёрзнуть (1,3) *freeze* 143

купа́ться/вы́купаться (1) *bathe oneself, swim* 194
кури́ть/покури́ть (2) *smoke* 195
ку́шать/ску́шать (1) *eat (coll.)* 196

ла́зить/ле́зть/поле́зть (2,5,5) *climb* 197
ла́ять (3) *bark* 502
лга́ть/солга́ть (i,i) *lie, tell lies* 201
лежа́ть/полежа́ть (2) *lie, be in a lying position* 198
лени́ться (2) *be lazy* 73
лета́ть/лете́ть/полете́ть (1,2,2) *fly* 199
лечи́ть(ся)/вы́лечить(ся) (2) *treat, cure* 200
лить/нали́ть (i,i) *pour* 201
лиша́ть/лиши́ть (1,2) *deprive* 28
лови́ть/пойма́ть (2,1) *catch* 202
ложи́ться/лечь (2,i) *lie down* 203
лома́ть(ся)/слома́ть(ся) (1) *break, break up* 204
люби́ть/полюби́ть (2) *like, love; fall in love* 205
любова́ться/полюбова́ться (4) *admire* 540

ма́зать/мазну́ть (3) *spread, smear* 502
маха́ть/махну́ть (3) *wave; wag* 206
медли́ть (2) *admire* 205
мелька́ть/мелькну́ть (1,3) *flash* 96
меня́ть(ся)/поменя́ть(ся) (1) *change, exchange* 207
мёрзнуть/замёрзнуть (3) *freeze, become frozen* 424
ме́рить/изме́рить (2) *measure* 208
мести́ (5) *sweep, scatter* 422
мечта́ть/помечта́ть (1) *dream, daydream, wish* 209
меша́ть/помеша́ть (1) *bother, disturb* 210
мири́ть(ся)/помири́ть(ся) (2) *reconcile, make up* 73
моли́ться/помоли́ться (2) *pray* 205
моло́ть/смоло́ть (i,i) *mill, grind; talk nonsense (coll.)* 12
молча́ть/замолча́ть (2) *be silent, keep silent* 211
мочь/смочь (i,i) *be able* 212
му́чить/изму́чить (2) *torment, harass* 539
мы́ть(ся)/помы́ть(ся) (i,i) *wash, wash (oneself)* 213
мыча́ть (2) *moo* 73
мя́ть/смя́ть (i,i) *knead, wrinkle, crush* 12
мяу́кать/мяу́кнуть (1) *meow* 102

набира́ть/набра́ть (1,i) *gather, collect; dial* 214
наблюда́ть/понаблюда́ть (1) *observe* 215
навеща́ть/навести́ть (1,2) *visit* 23
нагиба́ть/нагну́ть (1,3) *bend, stoop* 274
нагрева́ть/нагре́ть (1) *warm up, heat* 404
надева́ть/наде́ть (1,i) *dress, put on* 216
наде́яться/понаде́яться (3) *hope* 217
надоеда́ть/надое́сть (1,i) *be tired of, pester* 218
наезжа́ть/нае́хать (1,i) *run into (by vehicle), strike* 94
назнача́ть/назна́чить (1,2) *appoint, set up, arrange* 219
называ́ть(ся)/назва́ть(ся) (1,2) *name, call, be called* 220
нака́зывать/наказа́ть (1,3) *punish* 221
нака́пливать/накопи́ть (1,2) *accumulate* 156
накле́ивать/накле́ить (1,2) *glue on, paste on* 238
накрыва́ть/накры́ть (1,i) *cover* 222
накупа́ть/накупи́ть (1,2) *buy (a quantity)* 335
налива́ть/нали́ть (1,i) *pour, fill, serve* 223
нама́зывать/нама́зать (1,3) *spread (on), grease* 284
намеча́ть/наме́тить (1,2) *mark, plan, schedule* 144
нанима́ть/наня́ть (1,i) *hire, rent* 341
напада́ть/напа́сть (1,5) *attack, come across* 342
напива́ться/напи́ться (1,i) *drink one's fill, get drunk* 315
наполня́ть/напо́лнить (1,2) *fill (with)* 147
напомина́ть/напо́мнить (1,2) *remind, look like* 224
направля́ть(ся)/напра́вить(ся) (1,2) *go, direct, send* 225
нареза́ть/наре́зать (1,3) *cut, slice* 427
наруша́ть/нару́шить (1,2) *violate, break* 226
наслажда́ться/наслади́ться (1,2) *delight, enjoy* 44
наста́ивать/настоя́ть (1,2) *insist* 227
настра́ивать/настро́ить (1,2) *tune; put* 228
наступа́ть (1) *attack* 229
насчи́тывать/насчита́ть (1) *count, number* 421
насыпа́ть/насы́пать (1,3) *sprinkle, pour* 221
находи́ть/найти́ (2,i) *find* 230
находи́ться (2) *be located; find oneself* 231
начина́ть(ся)/нача́ть(ся) (1,i) *begin, start* 232
нездоро́виться (2) *not feel well* 236
ненави́деть/возненави́деть (2) *hate, despise* 233
нести́сь/пронести́сь (5) *race, tear along, rush* 234
носи́ть/нести́/понести́ (1,5,5) *carry; wear* 234
ночева́ть/переночева́ть (4) *spend the night* 235
нра́виться/понра́виться (2) *like, please* 236
нужда́ться (1) *need, be in need of* 237
ныря́ть/нырну́ть (1,3) *dive* 95
ня́нчить (2) *nurse, take care of* 73

обвиня́ть/обвини́ть (1,2) *accuse* 238
обвя́зывать/обвяза́ть (1,3) *tie around* 96
обгоня́ть/обогна́ть (1,i) *pass (on the road)* 74
обду́мывать/обду́мать (1) *think over, consider* 300
обе́дать/пообе́дать (1) *have dinner (lunch)* 239
оберега́ть/обере́чь (1,6) *guard, protect* 4
обёртывать/оберну́ть (1,3) *wrap around* 95
обеспе́чивать/обеспе́чить (1,2) *provide, supply* 240
обеща́ть/пообеща́ть (1) *promise* 241
обжига́ть/обже́чь (1,6) *burn, bake* 136
обижа́ть(ся)/оби́деть(ся) (1,2) *insult, offend, hurt* 242
облада́ть (1) *possess, have* 404
облива́ть/обли́ть (1,i) *pour over, douse* 201
обма́нывать/обману́ть (1,3) *deceive, cheat, trick* 243
обме́нивать/обменя́ть (1,2) *exchange, trade, swap* 142
обнару́живать/обнару́жить (1,2) *discover, find out* 244

охо́титься (2) *hunt, go hunting* 78
охраня́ть/охрани́ть (1,2) *guard, safeguard* 464
оце́нивать/оцени́ть (1,2) *appraise, assess; estimate* 325
очища́ть/очи́стить (1,2) *clean, purify, cleanse, clear up* 152
ошиба́ться/ошиби́ться (1,3) *make a mistake; be mistaken* 289
ощуща́ть/ощути́ть (1,2) *feel, sense* 150

па́дать/упа́сть (1,3) *fall* 290
паркова́ть/припаркова́ть (4) *park* 291
па́риться/попа́рить(сь) (2) *steam* 292
паха́ть/вспаха́ть (3) *plow, till; work hard (coll.)* 293
па́хнуть/запа́хнуть (3) *smell; blow in* 294
па́чкать/запа́чкать (1) *soil, dirty, stain* 404
перебега́ть/перебежа́ть (1,i) *run across; desert, defect* 295
перебива́ть(ся)/переби́ть(ся) (1,i) *interrupt; manage* 296
переводи́ть/перевести́ (2,5) *lead across, transfer, translate* 297
перевози́ть/перевезти́ (2,5) *move, transport (by vehicle)* 298
передава́ть/переда́ть (i) *hand over, give, pass* 299
переде́лывать/переде́лать (1) *alter, redo, remake* 404
переду́мывать/переду́мать (1) *change one's mind; rethink* 300
переезжа́ть/перее́хать (1,i) *move, cross, run over* 301
пережива́ть/пережи́ть (1,i) *survive, experience, endure* 302
перезва́нивать/перезвони́ть (1,2) *redial, call back* 303
переноси́ть/перенести́ (2,5) *carry, endure, reschedule* 304
переодева́ться/переоде́ться (1,i) *change clothes* 305
перепи́сывать(ся)/переписа́ть(ся) (1,3) *correspond, rewrite* 306
переполня́ть/перепо́лнить (1,2) *overfill, overcrowd* 61
переса́живать(ся)/пересе́сть (1,5) *transfer, move, change* 307
пересека́ть/пересе́чь (1,6) *cross, traverse, intersect* 504
пересма́тривать/пересмотре́ть (1,2) *look over, go over again; re-examine, review; revise* 418
перестава́ть/переста́ть (i) *stop* 308
перестра́ивать/перестро́ить (1,2) *rebuild, reconstruct, reorganize; reform; tune* 420
переходи́ть/перейти́ (2,i) *go across, turn, move, cross* 309
перечисля́ть/перечи́слить (1,2) *enumerate; transfer* 152
петь/спеть (i) *sing* 310
печа́тать/напеча́тать (1) *type, print, publish* 311
печь/испе́чь (6) *bake* 312
писа́ть/написа́ть (3) *write* 313
пить/вы́пить (i) *drink* 314
пла́вать/плыть/поплы́ть (1,i,i) *swim* 315
пла́кать/запла́кать (3) *cry, weep* 316
плати́ть/заплати́ть (2) *pay* 317
побежда́ть/победи́ть (1,2) *win, defeat* 318
повора́чивать(ся)/поверну́ть(ся) (1,3) *turn* 319
повторя́ть/повтори́ть (1,2) *repeat* 320
повыша́ть/повы́сить (1,2) *raise, enhance, promote* 255
погиба́ть/поги́бнуть (1,3) *perish, be killed, die* 321
подава́ть/пода́ть (i) *serve, submit, apply* 322
подбега́ть/подбежа́ть (1,i) *come running up (to)*
подбира́ть/подобра́ть (1,i) *pick up, tuck up; put up (one's hair); draw in (reins, stomach); purse (one's lips)* 47
подводи́ть/подвести́ (2,5) *bring (to), lead; let down* 323
подвози́ть/подвезти́ (2,5) *transport; pick up along the way; give (someone) a lift* 298
подгота́вливать(ся)/подгото́вить(ся) (1,2) *prepare* 324
подде́рживать/поддержа́ть (1,2) *support* 325
поднима́ть(ся)/подня́ть(ся) (1,i) *lift, raise; ascend* 326
подноси́ть/поднести́ (2,5) *bring (to), carry (to); give* 304
подозрева́ть (1) *suspect* 404
подпи́сывать/подписа́ть (1,3) *sign, subscribe* 327
подпуска́ть/подпусти́ть (1,2) *allow to approach* 99
подраба́тывать/подрабо́тать (1) *earn, earn on the side* 328
подража́ть (1) *imitate* 404
подска́зывать/подсказа́ть (1,3) *prompt; suggest* 417
подтвержда́ть/подтверди́ть (1,2) *confirm, corroborate* 329
подходи́ть/подойти́ (2,i) *approach, suit* 330
подчёркивать/подчеркну́ть (1,3) *underline, emphasize* 331
подчиня́ть/подчини́ть (1,2) *subjugate; subordinate to* 152
подъезжа́ть/подъе́хать (1,i) *drive up to; pull up to* 135
позволя́ть/позво́лить (1,2) *allow, let, permit* 332
поздравля́ть/поздра́вить (1,2) *congratulate* 333
пока́зывать(ся)/показа́ть(ся) (1,3) *show* 334
покида́ть/поки́нуть (1,3) *leave, desert, abandon* 181
покрыва́ть/покры́ть (1,i) *cover; coat (with paint), hide; cover up; defray (expenses, losses); drown out* 276
покупа́ть/купи́ть (1,2) *buy* 335
полага́ть (1) *think, believe, suppose* 404
полага́ться/положи́ться (1,2) *be in order, be expected* 242